Cay Horstmann
San Jose State University
Rance Necaise
Randolph-Macon College

Python for Everyone

3/e

WILEY

Python for Everyone 3/e

모두를 위한 파이썬

Cay Horstmann · Rance Necaise 지음

김광수 · 박혁로 · 전희성 · 천인국 옮김

(주)한티에듀

역자 소개

김광수(대표역자)	한밭대학교	전자 · 제어공학과	(서문, 9, 10장, 부록, 전체 감수)
박혁로	전남대학교	전자컴퓨터공학부	(4, 5장)
전희성	울산대학교	IT융합학부	(6, 7, 8장)
천인국	순천향대학교	컴퓨터공학과	(1, 2, 3장)

모두를 위한 파이썬 제3판

발 행 일 2020년 03월 02일 1쇄 발행
저　　자 Cay Horstmann · Rance Necaise
역　　자 김광수 · 박혁로 · 전희성 · 천인국
펴 낸 이 김준호
펴 낸 곳 (주)한티에듀 | 서울시 마포구 동교로 23길 67 Y빌딩 3층
등　　록 제2018-000145호 2018년 5월 15일
전　　화 02) 332-7993~4 | **팩　　스** 02) 332-7995
I S B N 979-11-90017-06-0 (93000)
가　　격 35,000원

마 케 팅 노호근 박재인 최상욱 김원국
편　　집 김은수 유채원
관　　리 김지영 문지희
디 자 인 **내지** 우일미디어 **표지** 유채원

이 책에 대한 의견이나 잘못된 내용에 대한 수정정보는 아래의 홈페이지나 이메일로 알려주십시오.
독자님의 의견을 충분히 반영하도록 늘 노력하겠습니다.

홈페이지 www.hanteemedia.co.kr | **이메일** hantee@hanteemedia.co.kr

---

저자 서문

Preface

이 책은 프로그래밍의 본질과 효과적인 학습에 초점을 맞춘 파이썬을 이용하여 컴퓨터 프로그래밍에 대해 소개한다. 이 책은 컴퓨터 과학자와 공학자 그리고 기타 다른 분야의 학생들을 위한 첫 프로그래밍 교과목에서 사용하기에 적합하다. 이 책을 학습하는 데에는 이전에 프로그래밍 경험이 전혀 없더라도 문제가 없고 단지 적당한 양의 중등 과정 수학 지식만 있으면 충분하다. 교육적인 이유로, 이 책은 Python 2보다 좀 더 일반적인 Python 3를 사용한다.

다음은 이 책의 주요한 특징들이다.

기초적인 내용부터 먼저 설명한다.

이 책은 전통적인 프로그래밍 학습 경로를 따라, 먼저 제어 구조, 함수, 절차적인 분해, 그리고 내장 데이터 구조를 강조한다. 객체는 앞 장들에서 적절한 시점에 사용하고, 9장에서야 자신만의 클래스를 설계하고 구현하게 된다.

단계별 안내와 풀이가 있는 예로 학생들이 성공하도록 돕는다.

프로그래밍을 처음 하는 사람은 종종 "어떻게 시작하지? 이제 뭘 해야 하지?"와 같은 질문들을 하곤 한다. 물론 프로그래밍과 같이 복잡한 활동을 요리책 스타일의 간단한 몇 가지의 지시들로 축약할 수는 없지만, 단계별 안내는 자신감을 쌓고 당면한 문제의 윤곽을 보는 데 큰 도움이 된다. "Problem Solving" 절은 설계와 계획의 중요성을 강조하고 "How To" 안내는 일반적인 프로그래밍 작업을 하는 학생들을 돕는다. 수많은 "Worked Examples"는 그 장에서 배운 개념을 여러 흥미로운 문제들에 어떻게 응용하는지 보여준다.

문제 해결 전략을 명확하게 설명한다.

실제적이고 단계적인 테크닉을 보여줌으로써 프로그래밍 문제에 대한 해결책을 고안하고 평가하도록 도와준다. 가장 적절한 곳에서 전략을 소개함으로써 많은 학생들의 성공을 가로막는 장애물을 제거한다. 이러한 전략에는 다음과 같은 것들이 포함된다.

- 알고리즘 설계(유사 코드를 이용하여)
- 먼저 손으로 해보기(손으로 몇 가지 계산을 해보면서)
- 순서도
- 테스트 케이스
- 직접-따라가기

- 스토리보드
- 더 간단한 문제부터 먼저 해결하기
- 재사용 가능한 함수
- 단계별 개선
- 알고리즘 조정하기
- 물리적인 개체를 조작함으로써 알고리즘 발견하기
- 객체 따라가기
- 객체 데이터를 위한 패턴
- 재귀적으로 생각하기
- 알고리즘의 실행 시간을 어림해 보기

연습을 통해 완벽해진다.

프로그래밍을 공부하는 학생들은 물론 사소하지 않은 프로그램도 구현할 수 있는 능력을 갖추어야겠지만, 먼저 성공할 수 있다는 자신감을 가져야 한다. 각 절에는 학생들이 점진적으로 점점 더 복잡한 작업들을 해내도록 요구하는 수많은 문제들이 들어 있다. 학생들은 코드를 따라가며 각 코드들이 나타낼 효과를 이해하고, 작은 프로그램 조각들을 만들다가 최종적으로는 간단하지만 하나의 완전한 프로그램을 작성하게 된다. 각 장의 끝부분에는 그 장의 내용을 요약하고 추가적인 프로그래밍 문제들을 제시하였다.

시각적인 접근 방법으로 동기를 부여하면서 읽기 쉽게 하였다.

이 책의 곳곳에서 볼 수 있는 사진들은 여러 컴퓨터 개념들의 성질과 동작 특성들을 설명해 주는 시각적인 비유를 담고 있다. 또한 단계별 그림들은 복잡한 프로그램의 동작 과정을 상세하게 설명해 준다. 문법 요약 상자와 여러 가지 예들을 정리한 표는 다양한 종류의 일반적인 경우와 특별한 경우들을 압축된 형태로 제시한다. 텍스트의 내용에 집중하기 전에 이러한 시각적인 자료들을 훑어보면서 전체적인 모습을 한눈에 쉽게 볼 수 있다.

© Terraxplorer/iStockphoto.

시각적인 보조 자료들은 독자들의 탐색을 돕는다.

기술적으로 정확하면서도 핵심에 집중하다.

백과사전식으로 내용을 다루는 것은 처음 프로그램을 배우는 사람에게는 그다지 도움이 되지 않는다. 정반대의 경우로 본문 내용들을 모두 개괄식으로 간략하게 보여주는 것 또한 도움이 되지 않는다. 이 책에서는 핵심 내용들을 충분히 소화가 가능한 단위들로 묶어서 제공하고 있는데, 독자가 핵심적인 내용을 먼저 익히고 추가적인 정보를 받아들일 준비가 되었을 때, 좋은 프로그래밍 습관이나 언어의 특성과 같은 좀 더 깊은 내용을 별도로 제시하였다.

3판에서 새로 추가된 내용들

대화형 학습

이번 3판에서는 대화형 본문 내용이 가장 중요한 위치에 있다. 몰입 활동이 이 책과 어우러져 심도 있는 학습을 함양하도록 고안된 활동들에 학생들을 참여시킨다. 학생들은 단지 애니메이션과 코드를 추적하는 모습을 바라만 보는 것이 아니라 이런 내용들을 만들어내는 작업을 직접 하게 된다. 생생한 코드 예제들을 통해 독자는 직접 프로그램 구축을 실험해 보고 배우게 된다. 이러한 활동을 통해 학생들은 본인이 제대로 했는지 그리고 어느 부분을 좀 더 학습해야 하는지에 대한 직접적인 피드백을 받게 된다.

데이터 과학에 초점을 맞춤

데이터 과학에서 사용하는 방법들이 매우 중요해지고 있어서 단지 컴퓨터 공학에 종사하는 사람들만이 아니고 여러 분야의 학생들도 프로그래밍의 기본 원칙들을 배우고 싶어 한다. 파이썬은 언어의 논리적인 구조와 써보고 싶도록 사람들을 불러 모으는 프로그래밍 라이브러리 그리고 데이터를 조작하는 풍부한 라이브러리 덕분에 데이터 과학자가 되기 위해 "반드시 찾는" 언어로 독특하게 자리매김되어 있다.

이 책은 컴퓨터 과학을 전공으로 하는 사람들에게만 한정되지 않은 검증된 프로그래밍 교습법을 채택하고 있다. 이번 3판에서는 데이터 과학의 다양한 면들에 초점을 맞춘 예제와 연습문제들을 추가하였다.

딱 적당한 양의 파이썬

이 책을 처음 쓸 때, 저자들의 목표는 파이썬 그 자체가 목적이 아니고 가르치는 도구로써 파이썬을 이용하여 좋은 프로그래밍과 컴퓨터 과학을 가르치는 것이었다.

이전 판에 대한 독자들의 의견을 반영하여, 이번 3판에서는 문자열과 리스트를 다루는 편리한 연산들에 대해 좀 더 일찍 앞부분에서 다루고 있다.

좀 더 많은 Toolbox

이전 2판에서 추가된 내용 중 인기가 좋았던 것은 파이썬 라이브러리의 멋진 생태계 내의 유용한 패키지들을 소개하는 "Toolbox" 절을 도입한 것이었다. 이를 통해 학생들은 통계 처리, 그래프와 도표 그리기, 이메일 보내기, 스프레드시트 처리하기, 웹 페이지 분석과 같은 유용한 작업들을 해낼 수 있게 되었다. 이 라이브러리들은 컴퓨터 과학 원리의 맥락에서 배치되어 있고, 학생들은 이 원리들을 실제 세계의 문제들을 해결할 때 어떻게 적용하는지 배우게 된다. 각 Toolbox에는 장 끝부분의 새로운 요약과 프로그래밍 연습문제가 함께 딸려온다.

이번 3판에서는 거북이 그래픽스와 게임 프로그래밍에 대한 Toolbox가 새로 추가되었다.

책 둘러보기

그림 1에서는 각 장들 사이의 의존성과 여러 주제들이 어떻게 조직되어 있는지 볼 수 있다. 이 책의 핵심 내용은 1장부터 8장까지에 해당하고, 9장과 10장은 객체-지향 프로그래밍을 다루고 있다.

부록

여섯 절로 이루어진 부록에서는 연산자 우선순위, 예약어, 유니코드, 파이썬 표준 라이브러리, 그리고 기타 내용을 편리하게 참조할 수 있다.

그래픽스와 이미지 처리

도형을 그리거나 이미지를 처리하는 프로그램을 작성하게 되면 학생들에게 복잡한 주제를 효과적으로 시각화하여 보여줄 수 있다. 2장은 오픈-소스 라이브러리인 EzGraphics와 이 라이브러리를 사용하여 기본적인 그래픽 도형을 어떻게 생성해내는지에 대해 소개한다. 파이썬의 표준 Tkinter 라이브러리보다 학생들이 사용하기 더 쉬운 이 라이브러리는 또한 간단한 이미지 처리 기능도 제공한다. 5장에는 거북이 그래픽스에 대한 Toolbox가 포함되어 있다. Graphics Worked 예제와 연습문제들은 이 책 전반에 걸쳐서 나오고 모두 선택 사항이다.

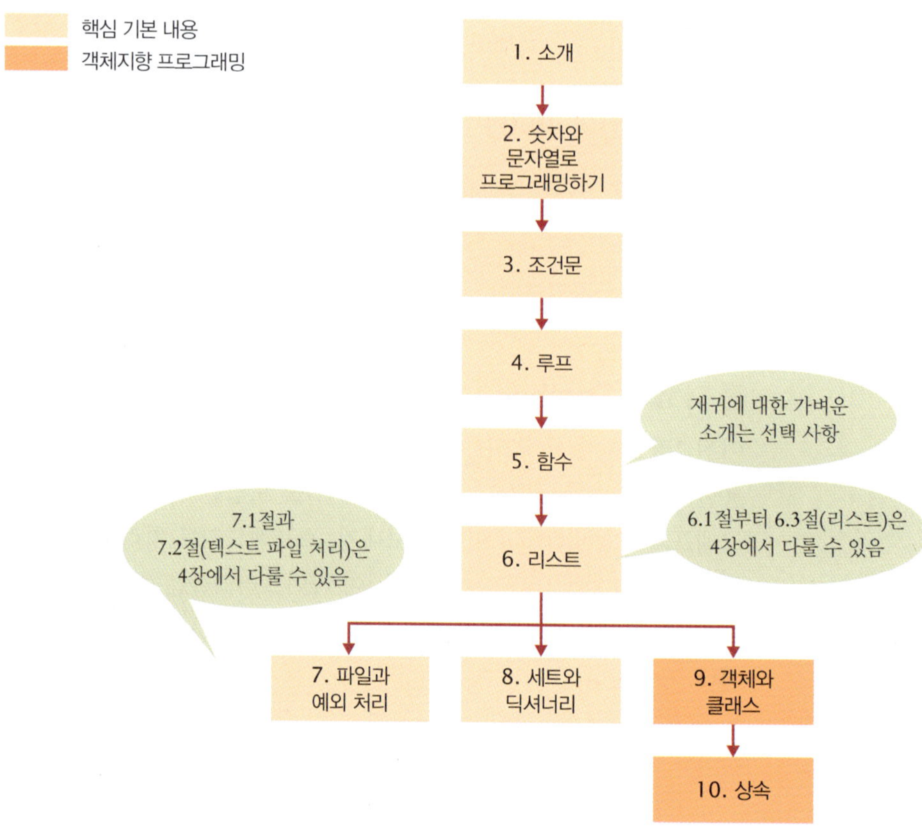

그림 1
각 장들의 의존성

연습문제

각 장의 끝에 있는 연습문제들은 복습문제와 프로그래밍 문제가 폭넓게 섞여 있고, 선택적으로 그래픽스, 과학, 비즈니스 분야에 대한 문제들을 실었다. 학생들이 참여하도록 설계되어 있는 이 연습문제들은 여러 응용 분야에서 프로그래밍의 값어치를 잘 보여준다.

프로그래밍을 학습하는 학생들을 위해 설계된 대화형 eText

wiley.com, vitalsource.com을 통한 온라인 또는 각 지역별 서점에서, 심도 있는 학습을 함양하도록 고안된 활동들이 통합되어 있는 대화형 eText의 특성들을 이용할 수 있다. Cay Horstmann가 고안한 이러한 활동들은 학생들이 제대로 했는지 그리고 좀 더 학습이 필요한 부분은 어디인지에 대해 즉각적인 피드백을 준다. 학생들은 단지 애니메이션을 보거나 코드를 따라가는 모습을 보는 것 이상으로, eText 환경에서 이것들을 즉석에서 만들어내는 활동을 하게 된다. eText 미리보기를 하고 싶다면, 웹 사이트(http://wiley.com/college/sc/horstmann)를 방문해 보기 바란다.

웹 리소스

완전하게 갖춰진 온라인 리소스 세트가 이 책을 보완해 준다. 다음과 같은 것들을 포함하고 있는 온라인 보조 사이트(www.wiley.com/go/pfe3)를 방문하길 바란다.

- 이 책에 있는 모든 예제 프로그램, Toolbox, Worked Example의 소스 코드
- 강의 슬라이드 자료(강의자에게만 제공)
- 각 장 끝의 연습문제 및 프로그래밍 연습문제에 대한 모든 답(강의자에게만 제공)
- 단순한 용어가 아닌 프로그래밍 능력에 초점을 맞춘 문제 은행(강의자에게만 제공). 매우 많은 양의 객관식 문항들은 워드 프로세서에서 사용할 수 있거나 수업 관리 시스템으로 가져올 수도 있다.
- 강의자가 그들 자신만의 자동 채점 프로그래밍 연습문제를 만들 수 있도록 해주는 창의적인 온라인 서비스인 CodeCheck

학습 보조 장치들에 대한 자세한 설명

이 책의 여러 교육적인 요소들은 프로그래밍의 핵심 기본 원리와 주요 개념들에 집중하고 이를 강화하기 위해 함께 동작한다. 이와 더불어 추가적인 팁과 세부 사항들이 이러한 기초 내용을 지원하고 심화시키도록 조직되어 있다. 각 장의 학습목표와 풍부한 연습문제와 같은 전통적인 특성들 외에, 각 장에는 현 세대의 시각적인 학습자들에게 적합하도록 맞춰진 다양한 요소들이 들어 있다.

1.5 첫 번째 프로그램 분석 _Analyzing Your First Program

© Amanda Rohde/iStockphoto.

이 절에서는 첫 번째 파이썬 프로그램을 자세히 분석한다. 다음은 코드이다.

sec04/hello.py

```
# 나의 첫 번째 파이썬 프로그램
print("Hello, World!")
```

파이썬 프로그램에는 파이썬 인터프리터가 번역하고 실행할 하나 이상의 명령 또는 명령문이 포함되어 있다. 첫 줄

```
# 나의 첫 번째 파이썬 프로그램
```

은 주석이다. 주석은 #으로 시작하며 명령문이 아니다. 주석은 프로그래머에게 설명 정보를 제공한다. 주석은 2.1.5절에서 더 자세히 논의할 것이다.

주석은 프로그래머에게 정보를 제공한다.

두 번째 줄에는 명령문이 포함되어 있다.

```
print("Hello, World!")
```

위의 명령문은 텍스트 즉 "Hello, World!"를 출력한다. 이 명령문에서 print라는 함수를 호출하고 표시할 정보를 전달한다. 함수는 특정 작업을 수행하는 프로그래밍 명령어 모음이다. 우리는 이 함수를 구현할 필요가 없다. 그것은 파이썬 언어의 일부이다. 우리는 단순히 함수가 의도한 작업, 즉 값을 출력하기를 원한다.

함수는 특정 작업을 수행하는 명령 모음이다.

파이썬에서 함수를 사용하거나 호출하려면 다음을 지정해야 한다.

함수 이름과 인자를 지정하여 함수를 호출한다.

1. 사용하려는 함수의 이름(이 경우 print).
2. 함수가 작업을 수행하는 데 필요한 모든 값(이 경우 "Hello, World!"). 이 값의 기술 용어는 **인자**(argument)이다. 인자는 괄호로 묶는다. 여러 인자는 쉼표로 구분된다. 필요한 인자의 수는 함수에 따라 다르다.

각 장 전체에 걸쳐, **좌우 여백 주석**은 새로운 개념이 소개되는 곳을 보여주고 핵심 아이디어를 요약해 준다.

주석이 달린 **문법 상자**는 새로운 언어의 구성 요소를 빠르고 시각적으로 개괄해 준다.

Syntax 1.1 print 명령어

```
Syntax   print()
         print(value1, value2, ..., valuen)

print("The answer is", 6 + 7, "!")
```

모든 인자는 선택사항이다. 인자가 없으면 빈 줄이 출력된다.

공백으로 분리된 값들은 차례대로 출력된다.

주석들은 필요한 요소들을 설명하고 해당 문법과 관련된 저지르기 쉬운 오류 또는 가장 좋은 프로그래밍 습관에 대한 더 많은 정보를 말해준다.

컴퓨터 프로그램의 변수와 마찬가지로 주차 공간에는 식별자와 내용이 있다.

Javier Larrea/Age Fotostock.

일상생활 속에서의 물체에 **비유**하여 변수, 데이터 타입, 반복문 등과 같은 개념의 성질과 동작 특성들을 설명한다.

기억에 남는 사진들은 비유를 강화시켜 학생들이 개념을 외우는 것을 도와준다.

과일 파이 요리법은 어떤 종류의 과일도 사용할 수 있다고 말한다. 여기서 "과일"이 파라미터 변수의 예이다. 사과 혹은 체리는 인자의 예이다.

Problem Solving 절은 연필과 종이 또는 다른 도구들을 이용하여 아이디어를 생성하고 제안된 해결책을 평가하는 기법들을 가르친다. 이 절은 학생들이 성공하게 해주는 대부분의 계획 세우기와 문제 해결은 컴퓨터와 떨어진 곳에서 일어난다는 사실을 강조한다.

6.6 문제 풀이: 실제 물체를 이용해 알고리즘 찾기 **355**

계속해서 동전을 정렬하고 지금 당장 이 세 가지 동작을 시도해 보자.

이제 리스트의 선만과 후빈을 바꾸는 것이 문제에 어떻게 도움이 될까?

첫 번째 동전을 다섯 번째 동전과 교환한다. 파이썬 프로그램은 위치 0과 위치 4의 농선을 교환한다고 한다.

HOW TO 1.1

의사코드로 알고리즘을 기술하는 방법 *_Describing an Algorithm with Pseudocode*

이 책은 컴퓨터 프로그램 개발에서 중요한 작업을 수행하기 위한 단계별 절차를 제공하는 많은 HOW TO 절 중 첫 번째 파트다.

여러분이 파이썬으로 프로그램을 작성할 준비가 되기 전에 특정 문제에 대한 해결책에 도달하기 위한 방법인 알고리즘을 개발해야 한다. 알고리즘을 의사코드(자연어로 공식화된 일련의 정확한 단계)로 설명하라.

문제 정의 당신은 두 대의 자동차를 구입할 수 있다. 하나는 다른 것보다 연료 효율적이지만 비싸다. 우리는 두 차량의 가격과 연료 효율(갤런당 마일, mpg)을 알고 있다. 자동차를 10년 동안 유지할 계획이다. 휘발유 1갤런당 $4의 가격과 연간 15,000마일의 사용량을 가정하라. 당신은 자동차에 대한 현금을 지불할 수 있고 자금 조달 비용에 대해 걱정하지 않는다. 어떤 차가 더 좋은 거래인가?

© David H. Lewis/Getty Images.

1단계 입력 및 출력을 결정한다.

How to 안내는 계획 세우기와 테스트를 강조하면서 일반적인 프로그래밍 작업들을 각 단계별로 안내한다. 이 안내는 "이제 뭘 해야 하지?"와 같은 초보자들의 질문에 답을 하고, 핵심 개념들을 통합하여 문제를 해결하는 하나의 순차별 단계를 만들어낸다.

WORKED EXAMPLE 1.1

마루에 타일을 까는 알고리즘 *_Writing an Algorithm for Tiling a Floor*

문제 정의 4 × 4인치 크기의 검은색과 흰색 타일을 번갈아 가며 욕실 바닥에 깔려고 한다. 욕실의 크기는 인치로 측정되었으며 4의 배수이다.

1단계 입력 및 출력을 결정한다.

입력은 인치 단위로 측정한 바닥 크기(길이 × 너비)이다.
출력은 타일 바닥이다.

2단계 문제를 더 작은 작업으로 분류한다.

자연스러운 하위 작업은 한 줄의 타일을 배치하는 것이다. 이를 해결할 수 있으면 벽에서 시작하여 반대쪽 벽에 도달할 때까지 한 줄씩 놓아서 문제를 해결할 수 있다.

어떻게 한 행을 깔 수 있

© kilukilu/Shutterstock.

Worked Example은 How to에서의 각 단계들을 또 다른 예에 적용하여, 이 단계들을 사용하여 어떻게 다른 프로그래밍 문제에 대한 해결책을 계획하고, 구현하며 테스트하는지 보여준다.

표 1 파이썬에서의 숫자 리터럴

숫자	타입	설명
6	int	정수는 소수 부분이 없다.
-6	int	정수는 음수일 수 있다.
0	int	0은 정수에 속한다.
0.5	float	소수 부분이 있으면 float 타입이다.
1.0	float	소수 부분이 .0인 정수는 float 유형이다.
1E6	float	지수 표기법의 숫자: 10의 6승 또는 1000000. 지수 표기법의 숫자는 항상 float 유형이다.
2.96E-2	float	음의 지수: $2.96 \times 10^{-2} = 2.96 / 100 = 0.0296$
🚫 100,000		오류이다. 컴마를 사용하면 안 된다.
🚫 3 1/2		오류이다. 3.5와 같이 표기하여야 한다.

Example table은 초보자들에게 다수의 구체적인 예들을 표 형태로 제공한다. 이 표는 저지르기 쉬운 오류를 지적하고 각 절의 주제에 대한 또 하나의 빠른 참조가 된다.

선택 사항인 **Graphics programming example**은 도형이 포함된 프로그램 구축 과정을 보여주어, 시각적으로 프로그래밍 개념을 강화시킨다.

Progressive figure는 코드의 일부분을 따라가면서 학생들이 프로그램의 흐름을 시각적으로 볼 수 있도록 도와준다. 색깔을 일관되게 사용하여 변수와 다른 요소들을 쉽게 알아볼 수 있도록 해준다.

그림 3
파라미터 전달

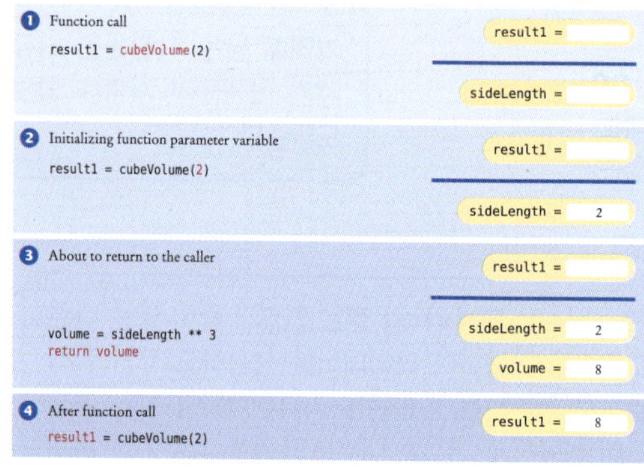

그림 3의 다음 함수 호출을 생각해 보자.

```
result1 = cubeVolume(2)
```

- 함수가 호출되면 cubeVolume 함수의 파라미터 변수 sideLength가 생성된다. ❶
- 함수 호출에서 주어진 인수 값으로 파라미터 변수가 초기화된다. 이 예에서는 sideLength가 2로 지정된다. ❷
- 함수는 sideLength ** 3을 계산하고, 이 값은 8이 된다. 이 값이 변수 volume에 저장된다. ❸
- 함수로부터 복귀한다. 함수의 모든 변수들은 삭제된다. 반환값이 호출자에게 전달되고, 호출자는 반환값을 result1 변수에 저장한다. ❹

... 변수가
... 이 변수

sec01/elevatorsim.py

```
##
# 이 프로그램을 엘리베이터 패널을 시뮬레이트한다.
#

# 사용자로부터 층수를 입력받는다.
floor = int(input("Floor: "))

# 필요하면 층수를 조정한다.
if floor > 13 :
    actualFloor = floor - 1
else :
    actualFloor = floor

# 결과를 출력한다.
print("The elevator will travel to the actual floor", actualFloor)
```

Program listing은 단순히 색깔로 표시한 코딩 이상으로 잘 넘어가면서도 쉽게 읽힐 수 있도록 주의 깊게 설계되었다. eText에서는 학생들이 이와 동일한 프로그램을 바로 실행할 수 있고 또한 수정할 수도 있다.

sec01/elevatorsim.py

```
##
# This program simulates an elevator panel that skips the 13th floor.
#

# Obtain the floor number from the user as an integer.
floor = int(input("Floor: "))

# Adjust floor if necessary.
if floor > 13 :
    actualFloor = floor - 1
else :
    actualFloor = floor

# Print the result.
print("The elevator will travel to the actual floor", actualFloor)
```

Program Run

```
Floor: 20
The elevator will travel to the actual floor 19
```

SELF CHECK

•• 2. For each of the following, indicate whether it is appropriate to define a constant variable for the given value.

✓ True False Number of days per week

The number of days in a week is a constant.

True False The total purchase price based on a quantity of items purchased

True False Number of days per month

True False Hours per day

One correct, 0 errors

eText에 있는 **Self-check exercise**는 학생들이 다음 주제로 넘어가기 전에 새로 배운 내용에 관심을 갖도록 하고 이를 잘 이해하였는지 여부를 체크하도록 설계되었다.

선택 사항인 **science, graphics, business exercise**는 실제 응용문제에 학생들이 참여하도록 한다.

•• **Business P4.30** *환전.* 사용자에게 1달러가 몇 엔인지 오늘의 시세를 입력받은 후, 달러 값들을 읽어서 엔으로 변환하는 프로그램을 작성하라. 0을 보초값으로 사용하라.

•• **Graphics P2.30** 올림픽 링을 그리는 프로그램을 작성하라. 올림픽 색으로 링을 색칠하라.

•• **Science P4.39** 방사능 물질의 방사성 붕괴는 식 $A = A_0e^{-t(\log 2/h)}$으로 모델링한다. 여기서 A는 시간 t에서 물질의 양이고, A_0는 시간 0에서 물질의 양이며 h는 반감기이다.
테크네튬-99는 뇌 촬영에서 사용되는 방사성 동위원소이다. 이 물질의 반감기는 6시간이다. 물질을 투여한 후 24시간 후까지 각 시간마다 A/A_0의 비율을 출력하는 프로그램을 작성하라.

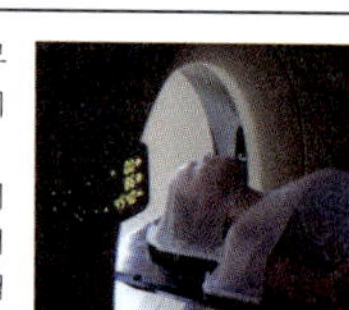

© Snowleopard1/iStockphoto.

Toolbox 절은 실제 생활의 문제들을 해결하는 데에 파이썬 라이브러리를 어떻게 사용하는지 가르쳐준다.

TOOLBOX 7.1

CSV 파일 작업 _*Working with CSV Files*

텍스트 파일을 읽고 쓰는 방법과 다양한 형식으로 저장된 데이터를 처리하는 방법을 보았지만 스프레드시트에 저장된 데이터를 처리하려면 어떻게 해야 할까? 예를 들어, 아래 표시된 영화 데이터로 채워진 스프레드시트에서 1990년대에 출시된 모든 영화 목록을 출력해야 한다고 가정하자.

	A	B	C	D
1	Detective Story	1951	William Wyler	
2	Airport 1975	1974	Jack Smight	
3	Hamlet	1996	Kenneth Branagh	
4	American Beauty	1999	Sam Mendes	
5	Bitter Moon	1992	Roman Polanski	
6	Million Dollar Baby	2004	Clint Eastwood	
7	Round Midnight	1986	Bertrand Tavernier	
8	Kiss of the Spider Woman	1985	Héctor Babenco	
9	Twin Falls Idaho	1999	Michael Polish	
10	Traffic	2000	Steven Soderbergh	
11				

대부분의 스프레드시트 응용 프로그램은 다른 프로그램에서 직접 액세스할 수 없는 고유의 파일 형식으로 데이터를 저장한다. 다행히 데이터의 사본을 CSV(Comma-Separated Values, 쉼표로 구분된 값)라는 형식으로 저장할 수 있다. CSV 파일은 스프레드시트의 각 행이 한 줄의 텍스트로 저장되는 텍스트 파일이다. 각 행의 데이터 값은 쉼표로 구분된다. 예를 들어, 위의 스프레드시트에서 작성된 CSV 파일에는 다음이 포함된다.

Common error는 학생들이 흔히 저지르는 다양한 종류의 오류를 기술하는데, 왜 이러한 오류가 발생하는지 그리고 이러한 오류에 대해 어떻게 대처해야 하는지 함께 설명한다.

Common Error 3.2

부동-소수점 숫자의 정확한 비교

부동-소수점 숫자는 정밀도가 제한되어 있으며 계산 시 반올림 오류가 발생할 수 있다. 부동-소수점 숫자를 비교할 때 이러한 불가피한 반올림을 고려해야 한다. 예를 들어 다음 코드는 2의 제곱근을 곱한다. 이상적으로, 우리는 답 2를 얻을 것으로 기대한다.

```
from math import sqrt

r = sqrt(2.0)
if r * r == 2.0 :
   print("sqrt(2.0) squared is 2.0")
else :
   print("sqrt(2.0) squared is not 2.0 but", r * r)
```

이 프로그램의 출력은 다음과 같다.

```
sqrt(2.0) squared is not 2.0 but 2.0000000000000004
```

부동-소수점 숫자를 비교할 때 제한된 정밀도를 고려하라.

© caracterdesign/iStockphoto.

부동-소수점 수를 사용할 때는 항상 정밀도가 제한되어 있다는 것을 고려해야 한다.

…것들이 …는 다음

Programming Tips는 좋은 프로그래밍 습관을 설명하고 손으로 따라가기와 같은 팁과 기술들로 학생들이 좀 더 생산적이 되도록 격려한다.

Programming Tip 3.2

손으로 따라가 보기

프로그램이 올바르게 작동하는지 이해하기 위한 매우 유용한 기술을 **수동 추적**(hand-tracing)이라고 한다. 한 장의 종이로 프로그램의 활동을 시뮬레이션한다. 이 방법은 의사코드 또는 파이썬 코드와 함께 사용할 수 있다.

색인 카드, 칵테일 냅킨 또는 종이를 준비하라. 각 변수에 대한 열을 만든다. 프로그램 코드를 준비한다. 종이 클립과 같은 마커를 사용하여 현재 명령문을 표시하라. 마음속으로 한 번에 하나씩 명령문을 실행하라. 변수 값이 변경될 때마다 이전 값을 제거하고 새 값을 이전 값 아래에 쓴다.

© thomasd007/iStockphoto.

수동 추적은 프로그램이 올바르게 작동하는지 이해하는 데 도움이 된다.

이전 페이지의 taxes.py 프로그램에 입력을 주고 프로그램 실행을 추적하여 보겠다. 라인 12 및 13에서, income과 maritalStatus은 input() 문에 의해 초기화된다.

```
5 # 세율과 한도를 위한 상수를 정의한다.
6 RATE1 = 0.10
7 RATE2 = 0.25
8 RATE1_SINGLE_LIMIT = 32000.0
9 RATE1_MARRIED_LIMIT = 64000.0
10
11 # 소득과 결혼 상태를 얻는다.
12 income = float(input("Please enter your income: "))
13 maritalStatus = input("Please enter s for single, m for married: ")
```

tax1	tax2	income	marital status
		80000	m

16번째 줄과 17번째 줄에서 tax1과 tax2는 0.0으로 초기화된다.

```
16 tax1 = 0.0
17 tax2 = 0.0
```

Special Topics는 선택 사항인 주제들에 대해 추가적인 설명을 한다.

Special Topic 3.4

부울 연산자의 단락 평가 _*Short-Circuit Evaluation of Boolean Operators*

and 및 or 연산자는 **단락 평가**(short-circuit evaluation)를 사용하여 계산된다. 다시 말해서, 논리식은 왼쪽에서 오른쪽으로 평가되며, 진리값이 결정되자마자 평가가 중지된다. and가 평가될 때는 첫 번째 조건이 거짓이면 두 번째 조건의 결과가 중요하지 않기 때문에 두 번째 조건은 평가되지 않는다.

and와 or 연산자는 단락 회로를 사용하여 계산된다. 진리값이 결정되면 나머지 조건은 평가되지 않는다.

예를 들어

```
quantity > 0 and price / quantity < 10
```

quantity 값이 0이라고 가정하라. 그러면 quantity > 0이 실패하고 두 번째 테스트는 시도되지 않는다. 0으로 나누는 것은 불법이기 때문에 두 번째는 시도는 안 하는 것이 좋다.

마찬가지로, or 표현식의 첫 번째 조건이 참이면 결과가 참이어야 하므로 나머지는 평가되지 않는다.

단락 회로에서는 전기가 최소 저항 경로를 따라 이동한다. 마찬가지로 단락 평가에서는 부울 식의 결과를 계산하기 위한 가장 빠른 경로를 선택한다.

© YouraPechkin/iStockphoto.

역자 서문

Translator Preface

최근 전 세계적으로 그리고 특히 우리나라에서 파이썬이 큰 인기를 끌고 있다. 파이썬이 인기가 좋은 이유는 배우기 쉬운 간결한 문법과 높은 생산성 그리고 폭넓은 사용자 커뮤니티와 그에 따른 풍부한 라이브러리 등 언어 자체가 가지고 있는 여러 가지 장점 때문일 것이다. 거기에 더하여 우리나라 대학가에서 불고 있는 컴퓨팅 사고 및 소프트웨어에 대한 교육 열풍으로 많은 학교에서 전체 신입생들이 필수로 소프트웨어 수업을 수강하도록 요구하면서 가장 많이 선택받는 언어가 되었다.

이러한 인기에 힘입어 최근 몇 년 사이에 파이썬 관련 서적의 출판이 갑자기 늘어난 추세다. 하지만 대부분의 서적들은 너무 기초적이거나 또는 인공 지능 등과 같이 파이썬의 특정한 활용에 치우쳐 있어서 대학교에서 한 학기용 수업 교재로 활용할 만한 책은 찾기 쉽지 않다. 저자 서문에서 자세하게 설명하고 있는 것과 같이 이 책은 파이썬의 핵심 내용을 짜임새 있게 잘 전달하고 있을 뿐만 아니라 매우 다양한 보조 장치들을 활용하여 교육적인 효과를 극대화시켰고 충분히 많고 다양한 성격을 가진 연습문제를 제공하고 있다. 역자들은 이 책이 대학 교재로 활용하기에 매우 적합하다고 판단하였고, 한국 학생들이 쉽게 내용에 접근할 수 있도록 번역을 하게 되었다.

원서의 양이 방대하여 네 명의 역자가 팀을 이뤄 작업을 진행하였고, 한 학기용 교재를 염두에 두고 자료 구조와 알고리즘 심화 내용에 해당하는 11장과 12장은 이번 한국어판에서는 생략하였다. 네 명의 역자가 참여하였지만 용어나 문장이 통일성을 이루도록 전체적인 조율 작업을 충분히 거쳤다.

원서보다도 더 깔끔하게 책을 만들어주신 디자인 팀과 여러 가지 오류를 잡아주고 교정해 준 장미향 선생님께 감사의 말을 전한다. 또한 좋은 책이 나올 수 있도록 모든 지원을 아끼지 않으신 김준호 사장님께도 감사의 말을 전하고 싶다.

2020. 2. 역자 일동

차례

Contents

10 상속 551

CHAPTER 01

소개

INTRODUCTION

이 장의 목표 _Chapter Goals

컴퓨터와 프로그래밍에 대해 알아보기
첫 파이썬 프로그램을 작성하고 실행하기
컴파일 시간 및 실행-시간 오류를 인식하기
의사코드를 사용하여 알고리즘을 기술하기

1장 차례 _Chapter Contents

여러분이 어떤 일을 할 때, 도구를 모으고 프로젝트를 수행하며 공략하기 위한 계획을 세우는 것처럼, 이 장에서는 프로그래밍 학습을 시작하는 데 필요한 기본 사항을 알아본다. 일반적으로 컴퓨터 하드웨어, 소프트웨어 및 프로그래밍에 대한 간단한 소개를 마치면 첫 번째 파이썬 프로그램을 작성하고 실행하는 방법을 배운다. 또한 컴퓨터 프로그램을 계획할 때 프로그래밍 오류를 진단하고 수정하는 방법과 의사코드를 사용하여 알고리즘(문제 해결 방법에 대한 단계별 설명)을 기술하는 방법도 배운다.

1.1 컴퓨터 프로그램 _Computer Programs

컴퓨터는 매우 기본적인 명령을 빠르게 연속해서 실행한다.

여러분은 틀림없이 일이나 재미를 위해 컴퓨터를 많이 사용했을 것이다. 많은 사람들이 인터넷 뱅킹이나 기말 보고서 쓰기와 같은 일상 업무에 컴퓨터를 사용한다. 컴퓨터는 그러한 작업에 매우 적합하다. 컴퓨터는 지루해하거나 지치지 않고 숫자를 합산하거나 페이지에 단어를 배치하는 것과 같은 반복적인 일들을 처리할 수 있다.

컴퓨터의 유연성은 실로 놀랍다. 우리는 동일한 기계로 통장의 잔고를 계산할 수 있고 기말 보고서를 편집할 수 있으며, 게임도 할 수 있다. 대조적으로 다른 기계는 훨씬 좁은 범위의 작업을 수행한다. 자동차는 달리기만 하고 토스터는 하루 종일 토스트만 굽는다. 컴퓨터는 다양한 프로그램을 실행하기 때문에 다양한 작업을 수행할 수 있으며, 각 프로그램은 컴퓨터가 특정 작업을 수행하도록 지시한다.

컴퓨터 프로그램은 일련의 지침과 결정이다.

컴퓨터 자체는 데이터(숫자, 단어, 그림)를 저장하고 장치(모니터, 사운드 시스템, 프린터)와 상호 작용하고 프로그램을 실행하는 기기이다. 컴퓨터 프로그램은 컴퓨터에게 작업을 수행하는 데 필요한 일련의 단계를 자세하게 알려준다. 물리적 컴퓨터와 주변 장치를 한꺼번에 **하드웨어**(hardware)라고 한다. 컴퓨터가 실행하는 프로그램을 **소프트웨어**(software)라고 한다.

오늘날의 컴퓨터 프로그램은 매우 정교하여 매우 원시적인 명령으로 구성되어 있다고 믿기가 어렵다. 하지만 사실이다. 일반적인 명령은 다음 중 하나일 수 있다.

- 주어진 화면 위치에 빨간 점을 그린다.
- 두 개의 숫자를 더한다.
- 이 값이 음수이면 특정한 명령을 수행한다.

프로그램에는 아주 많은 명령이 포함되어 있지만 컴퓨터가 아주 빠른 속도로 명령들을 실행할 수 있기 때문에 컴퓨터 사용자는 원활한 상호 작용을 할 수 있다.

프로그래밍은 컴퓨터 프로그램을 디자인하고 구현하는 동작이다.

컴퓨터 프로그램을 디자인하고 구현하는 것을 **프로그래밍**(programming)이라고 한다. 이 책에서는 컴퓨터를 프로그래밍하는 방법, 즉 컴퓨터가 어떤 작업을 실행하도록 지시하는 방법을 배운다.

모션 및 사운드 효과가 있는 컴퓨터 게임이나 멋진 글꼴과 그림을 지원하는 워드 프로세서를 작성하려면 많은 숙련된 프로그래머 팀이 필요하다. 우리의 첫 번째 프로그램은 훨씬 소박할 것이다. 하지만 이 책에서 배우는 개념과 기술은 중요한 기초를 형성하며, 첫 번째 프로그램이 상용 소프트웨어만큼 화려하지 않다고 해서 실망하면 안 된다. 실제로 간단한 프로그래밍 작업에서도 엄청난 스릴이 있을 수 있다. 컴퓨터를 정확하고 신속하게 조작하여 우리가 몇 시간 동안 해야 할 허드렛일을 시킬 수도 있다. 또 프로그램을 약간 변경하여서 즉각적으로 속도를 빠르게 개선하는 작업도 즐거운 일이다. 컴퓨터를 사용하여 우리의 정신력을 확장하는 것을 보는 것도 또 하나의 즐거움이다.

1.2 컴퓨터의 구성 _The Anatomy of a Computer

프로그래밍 과정을 이해하려면 컴퓨터를 구성하는 구성 요소에 대한 기초적인 이해가 필요하다. 우리는 개인용 컴퓨터를 살펴볼 것이다. 대형 컴퓨터는 구성 요소가 더 빠르거나 크며 더 강력한 구성 요소를 갖지만 기본적으로 동일한 설계를 가지고 있다.

중앙 처리 장치(CPU)는 프로그램 제어 및 데이터 처리를 수행한다.

컴퓨터의 중심에는 **중앙 처리 장치**(CPU)가 있다(그림 1 참조). CPU의 내부 배선은 엄청나게 복잡하다. 이 문서를 작성하는 개인용 컴퓨터에 사용된 CPU는 수억 개의 트랜지스터로 구성되어 있다.

© Amorphis/iStockphoto.

그림 1 중앙 처리 장치

저장 장치는 메모리와 보조 저장 장치를 포함한다.

CPU는 프로그램 제어 및 데이터 처리를 수행한다. 즉, CPU는 프로그램 명령을 찾아서 실행한다. 즉 덧셈, 뺄셈, 곱셈, 나눗셈과 같은 산술 연산을 수행한다. 또 외부 메모리나 장치에서 데이터를 가져와서 처리된 데이터를 저장장치에 저장한다.

저장장치에는 두 가지 종류가 있다. **주저장장치**(primary storage)는 메모리 칩으로 만들어진다. 이

© PhotoDisc, Inc./Getty Images, Inc.

그림 2 하드 디스크

메모리 칩은 전기가 공급되는 경우에만 데이터를 저장할 수 있다. 일반적으로 **하드 디스크**(hard disk)인 **보조 저장장치**(Secondary storage, 그림 2 참조)는 전기 없이도 데이터를 저장하는 반면 속도는 느린 저렴한 저장 공간을 제공한다. 하드 디스크는 자성 물질로 코팅된 회전 플래터와 플래터의 자속을 감지하고 변경할 수 있는 읽기/쓰기 헤드로 구성된다.

컴퓨터는 데이터와 프로그램을 모두 저장한다. 이들은 보조 저장 장치에 위치하고 프로그램이 시작될 때 메모리에 로드된다. 그런 다음 프로그램은 메모리의 데이터를 변경하고 수정된 데이터를 보조 저장장치에 다시 쓴다.

사용자와 상호 작용하려면 컴퓨터에 주변 장치가 필요하다. 컴퓨터는 디스플레이 화면, 스피커 및 프린터를 통해 사용자에게 정보(출력)를 전달한다. 사용자는 키보드 또는 마우스와 같은 포인팅 장치를 사용하여 컴퓨터로 정보(입력)를 입력할 수 있다.

일부 컴퓨터는 독립적으로 사용되지만 다른 컴퓨터는 **네트워크**(network)를 통해 상호 연결되어 있다. 컴퓨터는 네트워크 케이블을 통해 중앙 저장소 위치에서 데이터 및 프로그램을 읽거나 다른 컴퓨터로 데이터를 보낼 수 있다. 네트워크 컴퓨터의 사용자에게는 컴퓨터 자체에 어떤 데이터가 있고 네트워크를 통해 어떤 데이터가 전송되는지 명확하지 않을 수 있다.

그림 3은 개인용 컴퓨터의 아키텍처를 개략적으로 보여준다. 프로그램 명령어 및 데이터(예: 텍스트, 숫자, 오디오 또는 비디오)는 하드 디스크, 콤팩트디스크(또는 DVD) 또는 네트워크의 어딘가에 저장된다. 프로그램이 시작되면 이것을 메모리로 가져와 CPU가 읽을 수 있다. CPU는 한 번에 한 명령씩 프로그램을 읽는다. 이 명령에 따라 CPU는 데이터를 읽고 수정한 후 메모리나 하드 디스크에 다시 쓴다. 일부 프로그램 명령어로 인해 CPU가

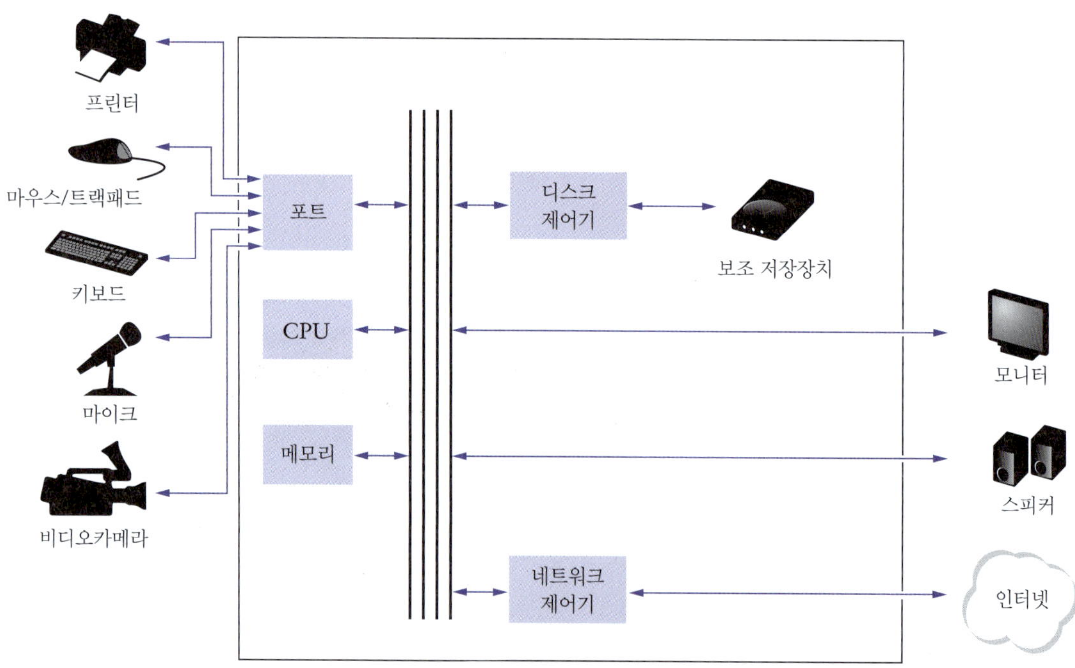

그림 3 PC의 구조

디스플레이 화면이나 프린터에 점을 표시하거나 스피커를 진동시킨다. 이러한 동작은 빠르게 여러 번 반복되므로 인간은 이미지와 사운드를 인식한다. 일부 프로그램 명령은 키보드 또는 마우스에서 사용자 입력을 읽는다. 프로그램은 이러한 입력의 특성을 분석한 후 적절한 명령을 실행한다.

1.3 파이썬 프로그래밍 언어 _The Python Programming Language

컴퓨터 프로그램을 작성하려면 CPU가 실행할 수 있는 일련의 명령을 제공해야 한다. 컴퓨터 프로그램은 많은 수의 간단한 CPU 명령어로 구성되어 있으며, 이를 한 번에 하나씩 작성하면 지루하고 오류가 발생하기 쉽다. 이런 이유로 고급 프로그래밍 언어가 만들어졌다. 이러한 언어를 통해 프로그래머는 원하는 프로그램 동작을 높은 수준으로 지정할 수 있다. 작성된 후에는 고급 명령어는 CPU에 필요한, 보다 자세한 저급 명령어로 자동 변환된다.

이 책에서는 귀도 반 로섬(Guido van Rossum)이 1990년대 초에 개발한 파이썬(Python)이라는 고급 프로그래밍 언어를 사용한다. 반 로섬은 컴퓨터 시스템 관리를 위해 반복적인 작업을 수행해야 했다. 그는 크고 빠른 프로그램 작성을 위해 최적화된 다른 언어에 불만을 나타냈다. 그는 최적의 속도로 실행할 필요가 없는 더 작은 프로그램을 작성할 필요가 있었다. 그에게는 프로그램을 빠르게 작성하고 필요에 따라 신속하게 업데이트할 수 있는 것이 중요했다. 따라서 복잡한 데이터로 작업하기가 매우 쉬운 언어를 설계했다. 파이썬은 시작 때보다는 무척 발전했다. 이 책에서는 파이썬 언어 버전 3을 사용한다. 반 로섬은 여전히 언어의 주요 저자이지만 지금은 많은 자원봉사자들이 노력하고 있다.

Guido van Rossum

파이썬은 이식성이 좋고 배우기 쉬우며 사용하기도 쉽다.

파이썬은 비즈니스, 과학 및 학술 응용 프로그램으로 인기를 얻었으며 초보자에게 매우 적합하다. 파이썬이 성공한 데는 여러 가지 이유가 있다. 파이썬은 Java, C, C++와 같은 다른 대중적인 언어보다 훨씬 간단하고 깔끔한 구문을 가지고 있어 배우기가 더 쉽다. 또한 대화식 환경에서 짧은 파이썬 프로그램을 사용해 볼 수 있어 실험과 빠른 처리가 가능하다. 파이썬은 컴퓨터 시스템 간에도 이식성이 뛰어나다. 동일한 파이썬 프로그램이 Windows, UNIX, Linux, Macintosh에서 변경 없이 실행된다.

패키지는 특정 문제 영역에 대한 코드를 제공한다.

오늘날 많은 프로그래머들은 특정 문제를 해결하는 코드 묶음인 패키지가 많아서 파이썬을 선택한다. 컴퓨터 생물학, 기계 학습, 통계, 데이터 시각화 등과 같은 다양한 영역에 대한 수많은 파이썬 패키지를 찾을 수 있다. 전문적인 개발자들은 이러한 패키지를 만들어 무료로 배포한다. 패키지를 사용하면 자신의 프로젝트에서 이들의 전문 지식을 활용할 수 있다.

예를 들어 기계 학습 패키지를 사용하여 데이터에서 패턴을 찾고 시각화 패키지를 사용하여 결과를 표시할 수 있다. 이 책에서는 Toolbox에서 이러한 패키지 중 일부를 소개한다.

1.4 프로그래밍 환경에 익숙해지기 _Becoming Familiar with Your Programming Environment

수업 시간에 사용할 프로그래밍 환경에 익숙해지도록 시간을 내자.

많은 학생들은 프로그래머로서 필요한 도구가 익숙한 소프트웨어와 매우 다르다는 것을 알게 된다. 프로그래밍 환경에 익숙해지려면 약간의 시간을 함께 보내야 한다. 컴퓨터 시스템은 매우 다양하기 때문에 이 책은 따라야 할 단계의 개요만 제공할 수 있다. 실습에 참여하거나 지식이 풍부한 친구에게 둘러보기를 요청하는 것도 좋다.

1단계 파이썬 개발 환경을 설치하라.

담당 강사가 강의에 사용되는 환경에 대한 설치 지침을 제공했을 수 있다. 그렇지 않은 경우 `http://horstmann.com/python4everyone/install.html`에서 제공하는 설치 지침을 따라라.

2단계 파이썬 개발 환경을 시작하라.

텍스트 편집기는 파이썬 프로그램과 같은 텍스트를 입력하고 수정하기 위한 프로그램이다.

컴퓨터 시스템에 따라 이 단계는 상당히 달라진다. 많은 컴퓨터에는 프로그램을 작성하고 테스트할 수 있는 **통합 개발 환경**(integrated development environment)이 있다. 다른 컴퓨터에서는 먼저 워드 프로세서와 같은 기능을 하는 텍스트 편집기인 **텍스트 편집기**(text editor)를 시작한다. 여기에서 파이썬 명령어를 입력할 수 있다. 그런 다음 터미널 창을 열고 명령을 입력하여 프로그램을 실행하라. 담당 강사 또는 `http://horstmann.com/python4everyone/install.html`에 있는 지침을 따라라.

3단계 간단한 프로그램을 작성하라.

새로운 프로그래밍 언어에서 첫 번째 프로그램에 대한 전통적인 선택은 "Hello, World!"라는 간단한 인사말을 표시하는 프로그램이다. 그 전통을 따르자. 다음은 파이썬의 "Hello, World!" 프로그램이다.

```
# My first Python program.
print("Hello, World!")
```

다음 절에서 이 프로그램을 살펴보자.

어떤 프로그래밍 환경을 사용하든지 프로그램 명령을 편집기 창에 입력하여 활동을 시작한다.

새 파일을 작성하고 `hello.py`라고 한다(개발 환경에 따라 파일 이름과 함께 프로젝트 이름을 제공해야 하는 경우 프로젝트에 `hello`라는 이름을 사용하라). 위의 프로그램 명령을 정확하게 입력하라. 또는 이 책의 보조 사이트의 소스 코드에서 소스 파일을 찾아 편집기에 붙여 넣어라.

파이썬은 대소문자를 구분한다. 대문자와 소문자를 구분해서 사용하여야 한다.

이 프로그램을 작성할 때 다양한 기호에 주의를 기울여야 한다. 파이썬은 대소문자를 구분한다. 프로그램 목록에 표시된 대로 정확하게 대문자와 소문자를 입력해야 한다. `Print` 또는 `PRINT`를 입력하면 안 된다. 주의하지 않으면 문제가 발생할 수 있다. Common Error 1.1

을 참조하라.

4단계 프로그램을 실행하라.

프로그램 실행 프로세스는 프로그래밍 환경에 따라 크게 다르다. 버튼을 클릭하거나 명령을 입력해야 할 수도 있다. 테스트 프로그램을 실행할 때 메시지

```
Hello, World!
```

가 화면 어딘가에 나타난다(그림 4 및 그림 5 참조).

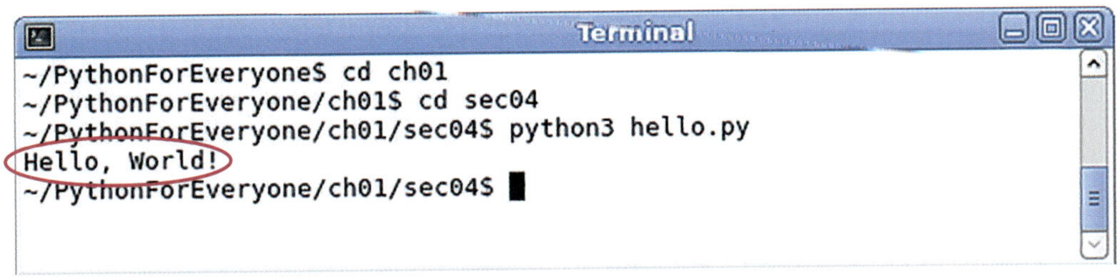

그림 4 터미널 창에서 `hello.py` 프로그램 실행

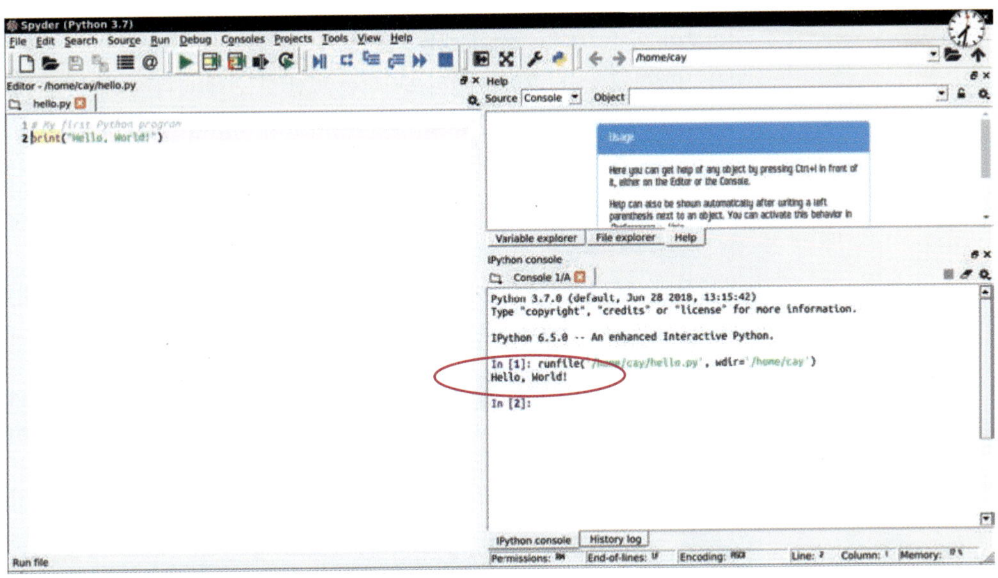

그림 5 통합 개발 환경에서 `hello.py` 프로그램 실행

> 파이썬 인터프리터는 파이썬 프로그램을 읽고 프로그램 명령어를 실행한다.

파이썬 프로그램은 **파이썬 인터프리터**(Python interpreter)를 사용하여 실행된다. 인터프리터는 프로그램을 읽고 모든 단계를 실행한다. (Special Topic 1.1은 파이썬 인터프리터의 기능에 대해 자세히 설명한다.) 일부 프로그래밍 환경에서 "실행" 버튼을 클릭하거나 메뉴에서 "실행" 옵션을 선택하면 파이썬 인터프리터가 자동으로 실행된다. 다른 환경에서는 인터프리터를 명시적으로 시작해야 한다.

5단계 작업을 정리하라.

프로그래머는 프로그램을 작성하고 시험해 보고 개선한다. 프로그램을 저장하거나 채점을 위해 제출하려면 파일에 저장하라. 파이썬 프로그램은 `.py`로 끝나는 이름으로 파일에 저장할

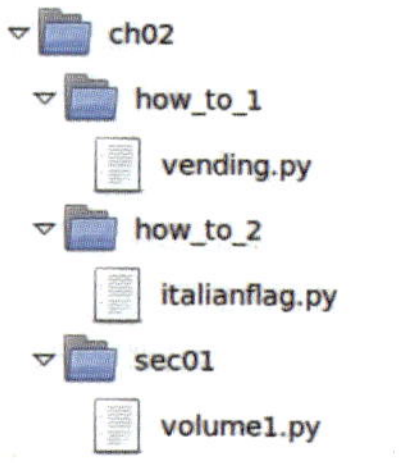

그림 6
폴더 계층 구조

수 있다. 예를 들어, 첫 번째 프로그램을 `hello.py` 또는 `welcome.py` 파일에 저장할 수 있다.

파일은 폴더 또는 디렉토리에 저장된다. 폴더에는 파일뿐만 아니라 다른 폴더도 포함될 수 있다. 이들 폴더에는 또 많은 파일과 폴더가 포함될 수 있다(그림 6 참조). 이 계층은 상당히 클 수 있으며 모든 분기에 대해 걱정할 필요는 없다. 그러나 작업을 구성할 폴더를 만들어야 한다. 프로그래밍 클래스를 위해 별도의 폴더를 만드는 것이 좋다. 해당 폴더 안에 각 프로그램마다 별도의 폴더를 만든다.

폴더를 지정하지 않으면 일부 프로그래밍 환경에서 프로그램을 기본 위치에 저장한다. 이 경우 해당 파일이 있는 위치를 찾아야 한다. 폴더 계층에서 파일이 있는 위치를 이해해야 한다. 이 정보는 채점 위해 파일을 제출할 때나 복사본을 만들 때 필수적으로 알아야 한다(Programming Tip 1.2 참조).

Programming Tip 1.1

대화식 모드

여러분이 프로그램을 작성할 때는 프로그램 명령어를 파일에 넣고 파이썬 인터프리터가 프로그램 파일을 실행하게 한다. 그러나 인터프리터는 또한 한 번에 하나씩 파이썬 명령어를 입력할 수 있는 대화식 모드를 제공한다. 터미널 창에서 파이썬 대화식 모드를 시작하려면 다음 명령을 입력하라.

```
python
```

(여러 버전의 파이썬이 설치된 시스템에서는 `python3` 명령을 사용하여 파이썬 버전 3을 실행하라.) 대화식 모드는 대부분의 파이썬 통합 개발 환경에서 시작할 수도 있다.

대화식 모드에서 작업하기 위한 인터페이스를 **파이썬 셸**(Python shell)이라고 한다. 먼저 다음과 유사한 정보 메시지가 표시된다.

```
Python 3.1.4 (default, Nov 3 2014, 14:38:10)
[GCC 4.9.1 20140930 (Red Hat 4.9.1-11)] on linux
Type "help", "copyright", "credits" or "license" for more information.
>>>
```

출력 하단의 >>>가 **프롬프트**(prompt)이다. 파이썬 명령어를 입력할 수 있음을 나타낸다. (`[1]:`과 같이 프롬프트가 다르게 보일 수 있다.) 명령을 입력하고 엔터키를 누르면 코드가 즉시 파이썬 인터프리터에 의해 실행된다. 예를 들어,

```
print("Hello, World!")
```

인터프리터는 출력 함수를 실행하고 출력을 표시한 후에 다른 프롬프트를 표시한다.

```
>>> print("Hello, World!")
Hello World!
>>>
```

대화식 모드는 프로그래밍을 처음 배우는 경우 매우 유용하다. 개별 파이썬 명령어를 실험하고 테스트하여 어떤 일이 발생하는지 확인할 수 있다. 대화형 모드를 간단한 계산기로 사용할 수도 있다. 파이썬 구문을 사용하여 수학 표현식을 입력해 보라.

```
>>> 7035 * 0.15
1055.25
>>>
```

새로운 언어 구조를 실험할 때 대화식 모드를 사용하는 습관을 들여라.

Programming Tip 1.2

백업 사본

재해가 발생하기 전에 작업의 백업 사본을 보관하기 위한 전략을 개발하라.

© Tatiana Popova/iStockphoto.

파이썬 프로그램을 작성하고 개선하는 데에는 많은 시간이 소요된다. 하지만 실수로 파일을 삭제하기 쉽고 컴퓨터 고장으로 인해 파일이 손실되는 경우가 있다. 손실된 파일의 내용을 다시 입력하려면 많은 시간과 노력이 필요하다. 따라서 재난이 발생하기 전에 파일을 보호하는 습관을 들이는 방법을 배우는 것이 특히 중요하다. 메모리 스틱에 파일을 백업하는 것은 많은 사람들에게 쉽고 편리한 저장 방법이다. 점점 더 많이 사용되는 백업 형태는 인터넷 파일 저장소이다.

다음은 명심해야 할 몇 가지 사항이다.

- 자주 백업하라. 파일을 백업하는 데 몇 초밖에 걸리지 않으며 쉽게 저장할 수 있는 작업을 다시 작성하는 데 많은 시간을 소비해야 한다면 스스로를 원망할 것이다. 작업은 30분마다 한 번씩 백업하는 것이 좋다.
- 백업을 회전시킨다. 백업에 둘 이상의 디렉토리를 사용하고 회전하라. 즉, 먼저 첫 번째 디렉토리로 백업하라. 그런 다음 두 번째 디렉토리로 백업하라. 그런 다음 세 번째를 사용하고 다시 첫 번째로 돌아간다. 이렇게 하면 항상 세 개의 최신 백업이 있다. 최근 변경 사항으로 인해 문제가 악화되면 이전 버전으로 돌아갈 수 있다.
- 백업 방향에 주의하라. 백업에는 한 장소에서 다른 장소로 파일을 복사하는 작업이 포함된다. 이 작업을 올바르게 수행하는 것이 중요하다. 즉, 작업 위치에서 백업 위치로 복사하라. 잘못된 방향으로 백업하면 새 파일을 이전 버전으로 덮어 쓴다.
- 백업을 가끔 확인하라. 백업이 원하는 위치에 있는지 다시 확인하라. 백업이 필요할 때 백업이 없다는 것을 아는 것보다 더 실망스러운 일은 없다.
- 휴식을 취한 후 복원하라. 파일을 잃어버려 백업에서 복원해야 하는 경우 불행하고 긴장된 상태일 수 있다. 심호흡을 하고 시작하기 전에 회복 과정을 생각하라. 혼란 상태인 컴퓨터 사용자가 손상된 파일을 복원하려고 할 때 마지막 백업을 지우는 것은 드문 일이 아니다.

Special Topic 1.1

파이썬 인터프리터 _The Python Interpreter_

파이썬 인터프리터를 사용하여 프로그램을 실행하면 프로그램을 읽고 한 번에 한 단계씩 실행한다고 상상할 수 있다. 그러나 실제로는 그렇지 않다. 일반적으로 프로그램을 여러 번 실행하기 때문에 파이썬 인터프리터는 분업을 사용한다. 프로그램을 읽고 프로그램을 이해하는 데 많은 시간이 걸리는 작업은 **컴파일러**(compiler)라는 구성 요소에 의해 한 번만 수행된다. 컴파일러는 **소스 코드**(source code)가 포함된 파일(즉, 작성한 파이썬 명령어)을 읽고 명령어를 **바이트 코드**(byte code)로 변환한다. 바이트 코드는 컴퓨터의 CPU와 유사한 별도의 프로그램인 가상 컴퓨터가 이해하는 매우 간단한 명령이다. 컴파일러가 프로그램을 **가상 머신**(virtual machine) 명령어로 변환한 후에는 원하는 만큼 가상 컴퓨터에서 실행한다.

소스 코드에 가상 컴퓨터에 필요한 모든 정보가 포함되어 있지 않다. 예를 들어, 출력 함수의 구현을 포함하지 않는다. 가상 컴퓨터는 표준 파이썬 라이브러리에서 출력와 같은 함수를 찾는다. 표준 라이브러리의 함수에 액세스하기 위해 특별한 작업을 수행할 필요는 없다. 그러나 그래픽 프로그래밍과 같은 특수화된 작업을 수행하려면 필요한 패키지를 설치해야 할 수 있다. 세부 사항은 파이썬 환경에 따라 다르다.

파일 시스템에서 가상 컴퓨터 명령어가 포함된 파일을 찾을 수 있다. 이 파일의 확장자는 `.pyc`이며 컴파일러에서 생성한다. 이러한 파일에 많은 주의를 기울일 필요는 없지만 과제 채점을 위해 제출하지 않아도 된다. 그것들은 인간 채점자가 아닌 파이썬 가상 컴퓨터에만 유용하다.

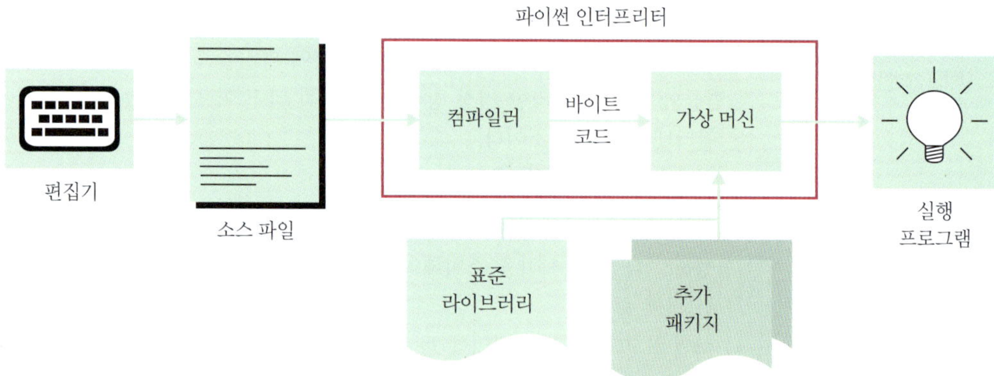

그림 7 소스 코드에서 실행 프로그램이 되기 위한 과정

1.5 첫 번째 프로그램 분석 _Analyzing Your First Program

이 절에서는 첫 번째 파이썬 프로그램을 자세히 분석한다. 다음은 코드이다.

sec04/hello.py

```
1  # 나의 첫 번째 파이썬 프로그램
2  print("Hello, World!")
```

파이썬 프로그램에는 파이썬 인터프리터가 번역하고 실행할 하나 이상의 명령 또는 명령문이 포함되어 있다. 첫 줄

```
# 나의 첫 번째 파이썬 프로그램
```

은 주석이다. 주석은 `#`으로 시작하며 명령문이 아니다. 주석은 프로그래머에게 설명 정보를 제공한다. 주석은 2.1.5절에서 더 자세히 논의할 것이다.

주석은 프로그래머에게 정보를 제공한다.

두 번째 줄에는 명령문이 포함되어 있다.

```
print("Hello, World!")
```

위의 명령문은 텍스트 즉 "Hello, World!"를 출력한다. 이 명령문에서 `print`라는 함수를 호출하고 표시할 정보를 전달한다. 함수는 특정 작업을 수행하는 프로그래밍 명령어 모음이다. 우리는 이 함수를 구현할 필요가 없다. 그것은 파이썬 언어의 일부이다. 우리는 단순히 함수가 의도한 작업, 즉 값을 출력하기를 원한다.

함수는 특정 작업을 수행하는 명령 모음이다.

함수 이름과 인자를 지정하여 함수를 호출한다.

파이썬에서 함수를 사용하거나 호출하려면 다음을 지정해야 한다.

1. 사용하려는 함수의 이름(이 경우 `print`).
2. 함수가 작업을 수행하는 데 필요한 모든 값(이 경우 `"Hello, World!"`). 이 값의 기술 용어는 **인자**(argument)이다. 인자는 괄호로 묶는다. 여러 인자는 쉼표로 구분된다. 필요한 인자의 수는 함수에 따라 다르다.

문자열은 작은따옴표 또는 큰따옴표로 묶인 일련의 문자이다.

따옴표로 묶은 일련의 문자

```
"Hello, World!"
```

는 **문자열**(string)이라고 한다. 문자 그대로 `"Hello, World!"`를 의미하도록 문자열의 내용을 따옴표로 묶어야 한다. 따옴표로 묶는 것은 이유가 있다. *print*라는 단어를 출력한다고 가정해 보자. 따옴표로 묶어야만 `"print"`는 `p r i n t`라는 함수가 아니라 문자열을 의미한다는 것이 분명하다. 규칙은 단순히 모든 텍스트 문자열을 작은따옴표(`'`) 또는 큰따옴표(`"`)로 묶어야 한다는 것이다.

숫자 값을 출력할 수도 있다. 예를 들어,

```
print(3 + 4)
```

식 3 + 4를 계산하고 숫자 7을 표시한다. 여러 값을 함수에 전달할 수 있다. 예를 들어

```
print("The answer is", 6 * 7)
```

`The answer is 42`가 출력된다. `print` 함수에 전달된 각 값은 순서대로 하나씩 표시된다. 중간에는 공백이 들어간다. 기본적으로 `print` 함수는 인수가 출력된 후는 새 줄을 시작한다.

Syntax 1.1 print문

Syntax

```
print()
print(value1, value2, ..., valuen)
```

```
print("The answer is", 6 + 7, "!")
```

모든 인자는 선택사항이다. 인자가 없으면 빈 줄이 출력된다.

공백으로 분리된 값들은 차례대로 출력된다.

예를 들어

```
print("Hello")
print("World!")
```

는 두 줄의 텍스트를 인쇄한다.

```
Hello
World
```

`print` 함수에 인자가 없으면 새 줄이 시작된다. 이것은 텍스트 편집기에서 엔터키를 누르는

것과 유사하다.

예를 들어

```
print("Hello")
print()
print("World!")
```

는 빈 줄을 포함하여 세 줄의 텍스트를 인쇄한다.

```
Hello

World
```

파이썬 프로그램의 명령문은 같은 열에서 시작해야 한다. 예를 들어, 다음 프로그램은

```
print("Hello")
   print("World!")
```

들여쓰기가 일치하지 않기 때문에 유효하지 않다.

출력 함수 사용을 보여주는 샘플 프로그램은 다음과 같다.

sec05/printtest.py

```
##
#  Sample program that demonstrates the print function.
#

# Prints 7.
print(3 + 4)

# Prints "Hello World!" in two lines.
print("Hello")
print("World!")

# Prints multiple values with a single print function call.
print("My favorite numbers are", 3 + 4, "and", 3 + 10)

# Prints three lines of text with a blank line.
print("Goodbye")
print()
print("Hope to see you again")
```

Program Run

```
7
Hello
World!
My favorite numbers are 7 and 13
Goodbye

Hope to see you again
```

1.6 오류 _Errors

hello.py 프로그램으로 조금 실험해 보자. 다음과 같은 입력 오류가 발생하면 어떻게 되는가?

```
print("Hello, World!)
```

© Martin Carlsson/iStockphoto.

프로그래머는 컴파일 시간 및 실행-시간 오류를 수정하는 데 상당한 시간을 소비한다.

(인사말 끝에 따옴표가 누락되어 있다.) 프로그램을 실행하려고 하면 인터프리터가 중지되고 다음 메시지가 표시된다.

```
File "hello.py", line 2
   print("Hello, World)
                      ^
SyntaxError: EOL while scanning string literal
```

컴파일 시간 오류는 코드가 실행 가능한 형식으로 변환될 때 감지되는 프로그래밍 언어 규칙을 위반하는 것이다.

이것은 **컴파일 시간 오류**(compile-time error)이다. (파이썬 명령어를 실행 가능한 형태로 변환하는 과정을 컴파일이라고 한다. Special Topic 1.1 참조). 언어 규칙에 따라 문제가 있으며 프로그램을 실제로 실행하기 전에 오류가 감지되었다. 이러한 이유로 컴파일 시간 오류를 **구문 오류**(syntax error)라고도 한다. 이러한 오류가 발견되면 프로그램이 실행되지 않는다. 오류를 수정하고 프로그램을 다시 실행해야 한다. 인터프리터는 매우 까다롭기 때문에 프로그램을 처음 실행하기 전에 컴파일 시간 오류를 여러 번 해결하는 것이 일반적이다. 이 경우 수정은 간단하다. 문자열 끝에 따옴표를 추가하면 된다.

불행하게도, 인터프리터는 똑똑하지 않으며 종종 구문 오류를 식별하는 데 도움이 되지 않는다. 예를 들어, 문자열 주위의 따옴표를 모두 잊었다고 가정하자.

```
print(Hello, World!)
```

오류 보고서는 다음과 같다.

```
File "hello.py", line 2
   print(Hello, World!)
                     ^
SyntaxError: invalid syntax
```

문자열을 따옴표로 묶어야 하는 것은 사용자의 책임이다.

일부 오류는 프로그램이 실행될 때만 찾을 수 있다. 예를 들어, 프로그램에 다음 명령문이 있다고 가정하라.

```
print(1 / 0)
```

이 문장은 파이썬 언어의 규칙을 위반하지 않으며 프로그램이 실행되기 시작한다. 그러나 0으로 나누기가 발생하면 프로그램이 중지되고 다음 오류 메시지가 표시된다.

```
Traceback (most recent call last):
   File "hello.py", line 3, in <module>
ZeroDivisionError: int division or modulo by zero
```

명령이 구문적으로 정확하지만 수행할 수 없는 경우 예외가 발생한다.

이것을 **예외**(exception)라고 한다. 프로그램 코드를 분석할 때 보고되는 컴파일 시간 오류와 달리 프로그램 실행 시 예외가 발생한다. 예외는 **실행 시간 오류**(run-time error)이다.

다른 종류의 실행 시간 오류가 있다. 다음 내용이 포함된 프로그램을 생각해 보자.

```
print("Hello, Word!")
```

컴파일과 실행은 문제없지만 결과가 잘못 나오는 경우는 실행 시간 오류이다.

프로그램은 구문적으로 정확하고 예외 없이 실행되지만 예상한 결과를 생성하지는 않는다. “Hello, World!”를 출력하는 대신 “World” 대신 “Word”를 출력한다.

어떤 사람들은 실행 시간 오류 대신 **논리 오류**(logic error)라는 용어를 사용한다. 결국 프로그램이 잘못 작동하면 프로그램 논리에 문제가 있는 것이다. 잘 작성된 프로그램은 0으로 나누기가 없고 출력에 결함이 없는지 확인할 것이다.

프로그램 개발 중에는 오류를 피할 수 없다. 프로그램이 몇 줄보다 긴 경우, 한 번 만에 프로그램이 제대로 실행되려면 초인간적 집중이 필요하다. 맞춤법이 틀린 단어, 따옴표를 생략하거나 하는 잘못된 작업이 있을 수 있다. 다행히 이러한 문제는 컴파일 시간에 보고되며 문제를 해결할 수 있다. 실행 시간 오류는 더 번거롭다. 컴파일러가 보고할 수 없기 때문에 찾기와 수정이 더 어렵다. 프로그램을 테스트하고 실행-시간 오류를 방지하는 것은 프로그램 작성자의 책임이다.

Common Error 1.1

맞춤법이 틀린 단어

실수로 단어의 철자를 잘못 입력하면 이상한 일이 발생할 수 있으며 오류 메시지에서 문제가 완전히 명확하지 않을 수도 있다. 간단한 철자 오류로 인해 문제가 발생할 수 있는 좋은 예는 다음과 같다.

```
Print("Hello, World!")
print("How are you?")
```

첫 번째 문장은 `Print` 함수를 호출한다. `Print`는 대문자로 시작하고 파이썬 언어는 대소 문자를 구분하므로 `print` 함수와 동일하지 않다. 대문자와 소문자는 서로 완전히 다른 것으로 간주된다. 인터프리터는 `Print`를 보고 `print`라고 생각하지 못한다. 물론 오류 메시지 `Name 'Print' is not defined`는 오류를 찾을 수 있는 단서를 제공한다.

파이썬 인터프리터가 오류 메시지를 표시되면 철자와 대문자를 확인하는 것이 좋다.

1.7 문제 해결: 알고리즘 설계 _Problem Solving: Algorithm Design

파이썬에서 계산 및 의사 결정을 프로그래밍하는 방법을 곧 배울 것이다. 그러나 다음 장에서 계산을 구현하는 메커니즘을 살펴보기 전에 문제에 대한 해결책을 찾는 데 필요한 단계를 설명하는 방법을 살펴보자.

© mammamaart/iStockphoto.

완벽한 파트너를 찾는 것은 컴퓨터가 해결할 수 있는 문제가 아니다.

여러분들은 결혼 파트너와 매치해 주는 전산화된 유료 서비스 광고를 마주쳤을 수 있다. 이것이 어떻게 작동하는지 생각해 보자. 여러분은 양식을 작성하여 보내야 한다. 다른 사람도 마찬가지이다. 이 데이터가 컴퓨터 프로그램에 의해 처리된다. 이 경우에 컴퓨터가 가장 적합한 파트너를 찾는 작업을 수행할 수 있다고 가정하는 것이 합리적일까?

여러분의 남동생(컴퓨터가 아니다)이 책상 위에 모든 사람들의 신청서를 가지고 있다고 가정해 보자. 어떤 지침을 남동생한테 주면 좋을까? "인라인 스케이트와 인터넷 탐색을 좋아하는 가장 멋진 사람을 찾아라"라고 말할 수 없다. 외모에 대한 객관적인 표준은 없으며 형제의 의견(또는 디지털화된 사진을 분석하는 컴퓨터 프로그램의 의견)은 여러분의 의견과 다를 수 있다. 여러분이 다른 사람에게 문제를 해결하라고 서면으로 지시할 수 없다면, 컴퓨터도 마찬가지로 마술처럼 올바른 해결책을 찾지 못한다. 컴퓨터는 지시한 대로만 수행할 수 있다. 하지만 컴퓨터는 인간처럼 지루해하거나 지치지 않고 더 빨리 한다. 이러한 이유로 전산화된 짝맺기 서비스는 여러분에게 가장 적합한 짝을 찾아줄 수 없다.

하지만 다음 문제를 생각해 보자.

> 연간 5%의 이자를 받는 은행 계좌에 $10,000를 투자한다. 계정 잔액이 원금보다 두 배가 되기까지 몇 년이 걸릴까?

이 문제를 손으로 해결할 수 있는가? 물론이다. 다음과 같이 잔액을 계산한다.

year	interest	balance
0		10000
1	10000.00 x 0.05 = 500.00	10000.00 + 500.00 = 10500.00
2	10500.00 x 0.05 = 525.00	10500.00 + 525.00 = 11025.00
3	11025.00 x 0.05 = 551.25	11025.00 + 551.25 = 11576.25
4	11576.25 x 0.05 = 578.81	11576.25 + 578.81 = 12155.06

잔액이 $20,000 이상이 될 때까지 계속 진행하면 된다. 그런 다음, 연도 열의 마지막 숫자가 답이다.

물론, 이 계산을 수행하는 것은 여러분과 남동생에게 지루하다. 그러나 컴퓨터는 반복적인 계산을 빠르고 완벽하게 수행하는 데 매우 능숙하다. 컴퓨터에서 중요한 것은 솔루션을 찾는 단계에 대한 설명이다. 각 단계는 명확하고 모호하지 않아야 하며 추측할 필요가 없어야 한다.

이러한 설명은 다음과 같다.

연도를 0으로 설정하고 잔액을 10000으로 설정한다.

year	interest	balance
0		10000

```
while 잔액이 $20,000 미만인 경우
    연도에 1을 더하라.
    이자를 잔액x0.05(즉, 5% 이자)로 설정한다.
    잔액에 이자를 추가하라.
```

year	interest	balance
0		10000
1	500.00	10500.00
14	942.82	19799.32
15	989.96	20789.28

```
15년을 답으로 보고한다.
```

의사코드는 문제를 해결하기 위한 일련의 단계에 대한 비공식적인 설명이다.

물론, 이 단계들은 아직 컴퓨터가 이해할 수 있는 언어가 아니지만 곧 파이썬으로 바꾸는 방법을 배우게 될 것이다. 이 비공식적인 코드를 **의사코드**(pseudocode)라고 한다.

의사코드는 컴퓨터 프로그램이 아닌 사람이 읽을 수 있으므로 의사코드에 대한 엄격한 요구 사항은 없다. 이 책에서 사용할 의사코드 종류는 다음과 같다.

- 값을 설정하거나 변경하는 방법을 설명하려면 다음과 같은 명령문을 사용한다.

```
총 비용 = 구매 가격 + 운영 비용
잔액 값에 1.05를 곱하라.
단어에서 첫 번째 문자와 마지막 문자를 제거하라.
```

- 결정 및 반복을 다음과 같이 설명한다.

```
If 총 비용 1 < 총 비용 2
While 잔액이 $20,000 미만인 경우
각 그림마다
```

들여쓰기를 사용하여 선택하거나 반복해야 할 문장을 나타낸다.

```
각 차마다
    운영 비용 = 10 x 연간 연료 비용
    총 비용 = 구매 가격 + 운영 비용
```

여기에서 들여쓰기는 각 자동차에 대해 두 명령문을 모두 실행해야 함을 나타낸다.

- 다음과 같은 명령문으로 결과를 나타낸다.

```
car2를 선택하라.
답으로 연도를 보고하라.
```

정확한 표현은 중요하지 않다. 중요한 것은 의사코드는 다음과 같은 일련의 단계를 설명한다는 것이다.

- 모호하지 않은 단계
- 실행 가능 단계
- 반드시 종료

© Claudiad/iStockphoto.

알고리즘은 솔루션을 찾기 위한 레시피이다.

각 단계에서 수행할 작업과 다음에 수행할 작업에 대한 정확한 지침이 있는 경우는 명확하다. 추측이나 개인적인 의견에 대한 여지가 없다. 실제로 수행할 수 있는 단계는 실행 가능하다. 우리가 앞으로 매년 변동되는 실제 이자율(5%의 고정 이율이 아니고)을 사용한다고 말한다면 누구든지 이 금리가 무엇인지 알 수 있는 방법이 없기 때문에 이 단계를 실행할 수 없었을 것이다. 최종 단계가 끝나면 일련의 단계가 종료된다. 이 예에서는 시퀀스가 영원히 진행되지 않는다는 것을 알기 위해 약간의 사고가 필요하다. 각 단계에서 잔액은 최소한 500달러 증가되므로 결국 2만 달러에 도달할 것이다. 따라서 영원히 실행되지는 않는다.

문제를 해결하기 위한 알고리즘은 명확하고 실행 가능하며 종료되는 일련의 단계이다.

명확하고 실행 가능하며 종료되는 일련의 단계를 **알고리즘**(algorithm)이라고 한다. 투자 문제를 해결하는 알고리즘을 찾았으므로 컴퓨터를 프로그래밍하여 솔루션을 찾을 수 있다. 알고리즘의 존재는 작업을 프로그래밍하기 위한 필수 전제 조건이다. 프로그래밍을 시작하기 전에 해결하려는 작업에 대한 알고리즘을 먼저 개발하고 기술해야 한다(그림 8 참조).

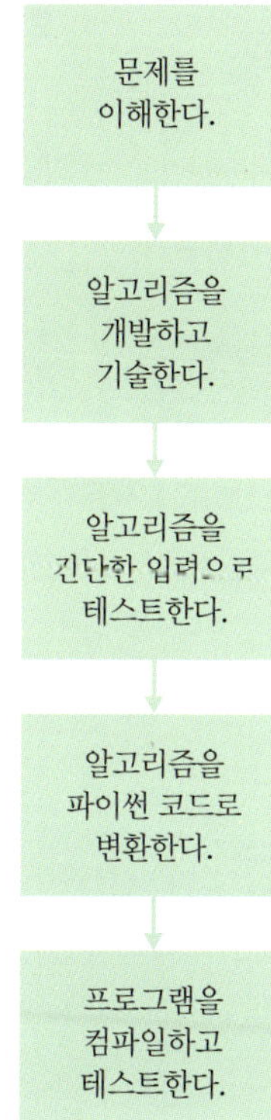

그림 8
소프트웨어 개발 과정

HOW TO 1.1

의사코드로 알고리즘을 기술하는 방법 _Describing an Algorithm with Pseudocode

이 책은 컴퓨터 프로그램 개발에서 중요한 작업을 수행하기 위한 단계별 절차를 제공하는 많은 HOW TO 절 중 첫 번째 파트다.

여러분이 파이썬으로 프로그램을 작성할 준비가 되기 전에 특정 문제에 대한 해결책에 도달하기 위한 방법인 알고리즘을 개발해야 한다. 알고리즘을 의사코드(자연어로 공식화된 일련의 정확한 단계)로 설명하라.

© David H. Lewis/Getty Images.

문제 정의 당신은 두 대의 자동차를 구입할 수 있다. 하나는 다른 것보다 연료 효율적이지만 비싸다. 우리는 두 차량의 가격과 연료 효율(갤런당 마일, mpg)을 알고 있다. 자동차를 10년 동안 유지할 계획이다. 휘발유 1갤런당 $4의 가격과 연간 15,000마일의 사용량을 가정하라. 당신은 자동차에 대한 현금을 지불할 수 있고 자금 조달 비용에 대해 걱정하지 않는다. 어떤 차가 더 좋은 거래인가?

1단계 입력 및 출력을 결정한다.

샘플 문제에는 다음과 같은 입력이 있다.

- *purchase_price1*와 *fuel_efficiency1*: 첫 번째 자동차의 구매 가격과 연료 효율(mpg)
- *purchase_price2*와 *fuel_efficiency2*: 두 번째 자동차의 가격 및 연료 효율

우리는 단순히 어떤 자동차가 더 나은 구매인지 알고 싶다. 이것이 원하는 출력이다.

2단계 문제를 더 작은 작업으로 분류한다.

각 차량마다 총 비용을 알아야 한다. 이 계산을 각 차량마다 따로 해보자. 각 차량의 총 비용이 정해지면 어느 차가 더 좋은지 결정할 수 있다.

각 차량의 총 비용은 *구매 가격* + *운영 비용*이다.

우리는 10년 동안 일정한 주행 거리 및 휘발유 가격을 가정하므로 운영 비용은 1년 동안 자동차를 운전하는 비용에만 달려 있다.

총 운영 비용은 *연간 연료 비용의 10배*이다.

연간 연료 비용은 *갤런당 가격* × *연간 소비 연료*이다.

소비되는 연간 연료는 *연간 주행 거리* / *연료 효율*이다. 예를 들어, 15,000마일 동안 자동차를 운전하고 연료 효율이 15마일 / 갤런인 경우 자동차는 1,000갤런을 소비한다.

3단계 각 하위 작업을 의사코드로 설명한다.

중간값들이 먼저 계산되도록 단계를 정렬하라. 중간값들은 다른 계산에서 필요하다. 예를 들어, 다음과 같이 단계를 나열하라.

```
총 비용 = 구매 가격 + 운영 비용
```

운영 *비용*을 계산한 후에 위의 단계를 놓는다.

```
구매할 차량을 결정하는 알고리즘은 다음과 같다.
For 각 차량에 대해 다음과 같이 총 비용을 계산하라.
    연간 연료 소비 = 연간 주행 거리 / 연료 효율
    연간 연료 비용 = 갤런당 가격 x 연간 연료 소비
    운영 비용 = 10 x 연간 연료 비용
    총 비용 = 구매 가격 + 운영 비용
If 자동차1의 총비용 < 자동차2의 총비용
    car1을 선택하라.
Else
    car2를 선택하라.
```

4단계 구체적인 값을 입력하여 의사코드를 테스트한다.

우리는 다음 값을 사용한다.

자동차 1: $25,000, 50마일 / 갤런

자동차 2: $20,000, 30마일 / 갤런

첫 번째 자동차 비용에 대한 계산은 다음과 같다.

```
연간 연료 소비 = 연간 주행 거리 / 연료 효율 = 15000/50 = 300
연간 연료 비용 = 갤런당 가격 x 연간 연료 소비 = 4 x 300 = 1200
운영 비용 = 10 x 연간 연료 비용 = 10 x 1200 = 12000
총 비용 = 구매 가격 + 운영 비용 = 25000 + 12000 = 37000
```

마찬가지로, 두 번째 자동차의 총 비용은 $40,000이다. 따라서 알고리즘의 출력은 자동차 1을 선택하는 것이다.

WORKED EXAMPLE 1.1

마루에 타일을 까는 알고리즘 _*Writing an Algorithm for Tiling a Floor*

문제 정의 4 × 4인치 크기의 검은색과 흰색 타일을 번갈아 가며 욕실 바닥에 깔려고 한다. 욕실의 크기는 인치로 측정되었으며 4의 배수이다.

1단계 입력 및 출력을 결정한다.

입력은 인치 단위로 측정한 바닥 크기(길이 × 너비)이다. 출력은 타일 바닥이다.

© kilukilu/Shutterstock.

2단계 문제를 더 작은 작업으로 분류한다.

자연스러운 하위 작업은 한 줄의 타일을 배치하는 것이다. 이를 해결할 수 있으면 벽에서 시작하여 반대쪽 벽에 도달할 때까지 한 줄씩 놓아서 문제를 해결할 수 있다.

어떻게 한 행을 깔 수 있을까? 한쪽 벽에 타일 한 개로 시작하라. 타일이 흰색이면 옆에 검은색 타일을 넣어라. 타일이 검은색이면 옆에 흰색을 넣어라. 반대쪽 벽에 도달할 때까지 계속 진행하라. 한 행은(너비/4) 타일을 포함한다.

3단계 각 하위 작업을 의사코드로 설명한다. 의사코드에서는 타일이 배치되는 위치를 정확하게 지정하려고 한다.

```
북서쪽 모서리에 검은색 타일을 놓는다.
While 바닥이 아직 채워지지 않은 상태에서 다음 단계를 반복하라.
    이 단계를 너비/4 - 1회 반복하라.
        If 이전에 배치한 타일이 흰색인 경우
            검은색 타일을 선택하라.
        Else
            흰색 타일을 선택하라.
    선택한 타일을 이전에 배치한 타일의 동쪽에 놓는다.
방금 배치한 행의 시작 부분에서 타일을 찾는다. 남쪽에 공간이 있으면
아래쪽에 반대 색상의 타일을 놓는다.
```

4단계 샘플 데이터를 제공하여 의사코드를 테스트한다.

20 × 12인치 크기의 영역을 타일링한다고 가정한다. 첫 번째 단계는 북서쪽 모서리에 검은색 타일을 배치하는 것이다.

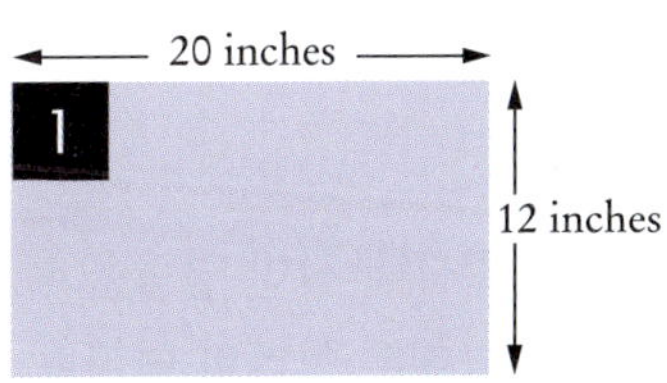

그런 다음 동쪽 벽에 도달할 때까지 네 개의 타일을 번갈아 깐다(너비 / 4 – 1 = 20/4 – 1 = 4).

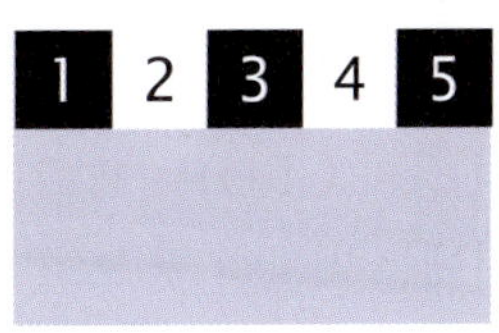

남쪽에는 공간이 있다. 완성된 행의 시작 부분에서 타일을 찾는다. 그것은 검은색이다. 남쪽에 흰색 타일을 놓는다.

줄을 완성한다.

여전히 남쪽에 빈 공간이 있다. 완성된 행의 시작 부분에서 타일을 찾는다. 흰색이다. 남쪽에 검은 타일을 놓는다.

줄을 완성하라.

이제 전체 바닥이 채워지고 완료되었다.

1장 요약 _Chapter Summary

"컴퓨터 프로그램"과 프로그래밍을 정의하라.

- 컴퓨터는 아주 기본적인 명령을 빠르게 연속해서 실행한다.
- 컴퓨터 프로그램은 일련의 명령과 결정이다.
- 프로그래밍은 컴퓨터 프로그램을 설계하고 구현하는 행위이다.

컴퓨터의 구성 요소를 설명하라.

- 중앙 처리 장치(CPU)는 프로그램 제어 및 데이터를 수행한다.
- 저장 장치에는 메모리 및 보조 저장 장치가 포함된다.

파이썬 언어의 장점을 설명하라.

- 파이썬은 이식성이 뛰어나고 배우고 사용하기 쉽다.
- 패키지는 특정 문제 영역에 대한 코드를 제공한다.

파이썬 프로그래밍 환경에 익숙해져라.

- 수업 시간에 사용할 프로그래밍 환경에 익숙해지도록 시간을 내라.
- 텍스트 편집기는 파이썬 프로그램과 같은 텍스트를 입력하고 수정하기 위한 프로그램이다.
- 파이썬은 대소 문자를 구분한다. 대문자와 소문자를 구분할 때는 주의해야 한다.
- 파이썬 인터프리터는 파이썬 프로그램을 읽고 프로그램 명령어를 실행한다.
- 재난이 발생하기 전에 작업의 백업 사본을 보관하기 위한 전략을 개발하라.

간단한 프로그램의 구성 요소를 설명하라.

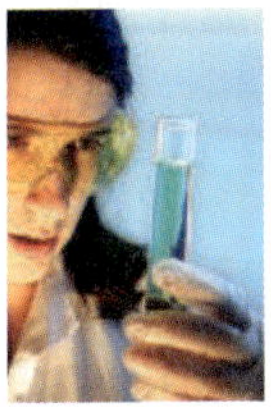

- 주석은 프로그래머에게 정보를 제공한다.
- 함수는 특정 작업을 수행하는 명령 모음이다.
- 함수 이름과 인자를 지정하여 함수를 호출한다.
- 문자열은 단일 또는 이중 인용 부호로 묶인 일련의 문자이다.

프로그램 오류를 컴파일 타임 및 실행-시간 오류로 분류하라.

- 컴파일 시간 오류는 코드가 실행 가능한 형식으로 변환될 때 감지되는 오류로, 프로그래밍 언어 규칙을 위반하는 것이다.
- 명령이 구문적으로 정확하지만 수행할 수 없는 경우, 예외가 발생한다.
- 실행 시간 오류는 프로그램을 컴파일하고 실행할 때 발생하지 않지만 예기치 않은 결과가 발생하는 오류이다.

간단한 알고리즘을 위한 의사코드를 작성하라.

- 의사코드는 문제를 해결하기 위한 일련의 단계에 대한 비공식적인 설명이다.
- 문제를 해결하기 위한 알고리즘은 분명하고 실행 가능하며 종료되는 일련의 단계이다.

연습문제

- **R1.1** 컴퓨터 프로그램 사용과 컴퓨터 프로그래밍의 차이점을 설명하라.
- **R1.2** 컴퓨터의 어느 부분이 프로그램 코드를 저장할 수 있는가? 어느 것이 사용자 데이터를 저장할 수 있는가?

▪ **R1.3** 컴퓨터의 어떤 부분이 사용자에게 정보를 제공하는 역할을 하는가? 어느 부분이 사용자 입력을 받는가?

▪▪▪ **R1.4** 토스터는 단일 기능 장치이지만, 컴퓨터는 다른 작업을 수행하도록 프로그래밍할 수 있다. 여러분의 휴대 전화는 단일 기능 장치인가, 아니면 프로그래밍 가능한 컴퓨터인가? (응답은 여러분이 가지고 있는 휴대폰 모델에 따라 다르다.)

▪ **R1.5** 이 장에서 언급한 프로그래밍 언어는 무엇인가? 그것은 언제 발명되었는가? 누구에 의해? (인터넷에서 찾아보라.)

▪▪ **R1.6** 컴퓨터 또는 노트북 컴퓨터에서 다음의 정확한 위치(폴더 또는 디렉토리 이름)를 찾아라.

a. 편집기로 작성한 샘플 파일 `hello.py`

b. 파이썬 프로그램 실행기 `python`, `python.exe` 또는 `python.app`

▪▪ **R1.7** 이 프로그램은 무엇을 출력하는가?

```
print("39 + 3")
print(39 + 3)
```

▪▪ **R1.8** 이 프로그램은 무엇을 출력하는가? 공백에 주의를 기울여라.

```
print("Hello", "World", "!")
```

▪▪ **R1.9** 이 프로그램의 컴파일 시간 오류는 무엇인가?

```
print("Hello", "World!)
```

▪ **R1.10** 컴파일 시간 오류가 있는 `hello.py` 프로그램의 세 가지 서로 다른 버전을 작성하라.

실행 시간 오류가 있는 버전을 작성하라.

▪ **R1.11** 컴파일 시간 오류를 어떻게 발견하는가? 실행 시간 오류를 어떻게 발견하는가?

▪▪ **R1.12** 다음 질문을 해결하는 알고리즘을 작성하라. 은행 계좌는 $10,000로 시작한다. 이자는 매월 0.5%씩 복리로 계산된다. 매달, 대학 비용을 충당하기 위해 $500가 인출된다. 몇 년 후 계정이 고갈될까?

▪▪▪ **R1.13** R1.12를 고려하라. 숫자($10,000, 6%, $500)를 사용자가 선택할 수 있다고 가정한다. 개발한 알고리즘이 종료하지 않은 값이 있는가? 그렇다면 알고리즘이 항상 종료되도록 변경하라.

▪▪▪ **R1.14** 집을 칠하는 데 드는 비용을 추정하기 위해, 페인트공은 외부의 표면적을 알아야 한다. 그 값을 계산하기 위한 알고리즘을 개발하라. 입력은 집의 너비, 길이 및 높이, 창 및 문의 수 및 치수이다. (창문과 문이 같은 크기라고 가정하라.)

▪▪ **R1.15** 차를 운전해야 하는지, 기차를 타야 하는지를 결정하려고 한다. 당신은 집에서 직장까지의 거리 및 자동차의 연료 효율(갤런당 마일)을 알고 있다. 당신은 또한 기차표 가격을 알고 있다. 휘발유 비용은 갤런당 $4로, 자동차 정비는 마일당 5센트로 가정한다. 어느 통근 방법이

더 싼지를 결정하는 알고리즘을 작성하라.

■■ **R1.16** 자동차가 통근에 사용되는 비율과 개인적인 용도에 사용되는 비율을 계산해 보자. 집에서 직장까지의 거리는 알고 있다. 특정 기간 동안 주행 거리계의 시작 및 끝 값과 근무 일수를 기록했다. 이 질문을 해결하는 알고리즘을 작성하라.

■ **R1.17** How To 1.1에서는 자동차를 비교하기 위하여 휘발유 가격과 자동차의 연간 사용량에 대해 가정했다. 이상적으로, 당신은 이러한 가정을 하지 않고 어떤 차가 더 나은 거래인지 알고 싶다. 이 경우, 왜 컴퓨터 프로그램이 이 문제를 해결할 수 없는가?

■■■ **R1.18** π 값은 다음 공식에 따라 계산할 수 있다.

$$\frac{\pi}{4} = 1 - \frac{1}{3} + \frac{1}{5} - \frac{1}{7} + \frac{1}{9} - \cdots$$

π를 계산하는 알고리즘을 작성하라. 수식은 무한 급수이므로 유한한 단계 후에 알고리즘을 중지해야 하므로 결과가 6자리 유효 숫자로 결정되면 중지하라.

■■ **R1.19** 남동생이 백업 작업을 담당한다고 가정해 보자. 남동생이 작업을 수행하기 위한 자세한 지침을 작성하라. 얼마나 자주 수행해야 하는지, 어떤 폴더에서 어떤 위치로 어떤 파일을 복사해야 하는지 설명하라. 백업이 올바르게 수행되었는지 확인하는 방법을 설명하라.

■ **Business R1.20** 당신과 많은 친구들이 고급 식당에 가고, 청구서를 요청할 때 금액과 팁(15%)을 모두 나누고 싶다고 상상해 보라. 각 사람이 지불해야 하는 금액을 계산하기 위한 의사코드를 작성하라. 프로그램은 청구서 금액, 팁, 총 비용 및 각 사람이 지불해야 하는 금액을 출력해야 한다. 또한 각 개인이 지불하는 금액이 청구서 및 팁에 대해 얼마인지를 출력해야 한다.

프로그래밍 연습문제

■ **P1.1** 영어 이외의 언어로 인사말을 출력하는 프로그램을 작성하라.

■■ **P1.2** 처음 10개의 양의 정수의 합(1 + 2 +⋯ + 10)을 출력하는 프로그램을 작성하라.

■■ **P1.3** 처음 10개의 양의 정수의 곱(1 × 2 ×⋯ ×10)을 출력하는 프로그램을 작성하라.

(*를 사용하여 파이썬에서 곱셈을 나타낸다.)

■■ **P1.4** 1년, 2년 및 3년 후에 계정 잔액을 출력하는 프로그램을 작성하라. 이 계정의 초기 잔고는 $1,000이며 매년 5%의 이자를 얻는다.

■ **P1.5** 다음과 같이 화면의 상자 안에 이름을 표시하는 프로그램을 작성하라.

```
Dave
```

| - +와 같은 문자로 줄을 비슷하게 출력하라.

■■■ **P1.6** 이름을 큰 글자로 인쇄하는 프로그램을 작성하라.

```
*   *    **    ****    ****   *   *
*   *   *  *   *   *   *   *  *   *
*****  *    *  ****    ****     * *
*   *  ******  *   *   *   *    *
*   *  *    *  *    *  *    *   *
```

■■ **P1.7** 다음과 같이 얼굴을 출력하는 프로그램을 작성하라.

```
  /////
 +"""""+
(| o o |)
 |  ^  |
 | '-' |
 +-----+
```

■■ **P1.8** Piet Mondrian(몬드리안) 그림과 유사한 패턴을 출력하는 프로그램을 작성하라. 그의 그림에 익숙하지 않은 경우, 인터넷을 검색하라. @@@ 또는 :::와 같은 문자를 사용하여 서로 다른 색상을 표시하고 - 및 |으로 선을 형성한다.

■■ **P1.9** 다음과 같은 모양의 집을 출력하는 프로그램을 작성하라.

```
   +
  + +
 +   +
+-----+
| .-. |
| | | |
+-+-+-+
```

■■■ **P1.10** 다음과 유사하지만 다른 인사말을 말하는 동물을 출력하는 프로그램을 작성하라.

```
 /\_/\     -----
( ' ' )  / Hello \
(  -  ) <  Junior |
 | | |   \ Coder!/
(__|__)    -----
```

■ **P1.11** 가장 친한 친구의 이름 또는 좋아하는 영화와 같은 세 가지 항목을 세 개의 개별 라인에 출력하는 프로그램을 작성하라.

■ **P1.12** 좋아하는 시를 출력하는 프로그램을 작성하라. 좋아하는 시가 없다면 인터넷에서 "Emily Dickinson" 또는 "e e cummings"를 검색하라.

■■ **P1.13** * 및 = 문자를 사용하여 태극기를 출력하는 프로그램을 작성하라.

■ **Business P1.14** 여러분의 친구 생일 목록을 2단으로 출력하는 프로그램을 작성하라. 첫 번째 열에는 가장 친한 친구의 이름을 출력하라. 두 번째 열에는 생일을 출력하라.

■ **Business P1.15** 미국에는 연방 판매세가 없으므로 모든 주에서 자체 판매세를 부과할 수 있다. 인터넷에서 미국 5개 주에서 부과된 판매세를 찾은 다음 선택한 5개 주에 대한 세율을 출력하는 프로그램을 작성하라.

```
Sales Tax Rates
-----------
Alaska: 0%
Hawaii: 4%
. . .
```

■ **Business P1.16** 여러 언어를 구사할 수 있는 능력은 오늘날의 노동 시장에서 귀중한 기술이다. 기본 기술 중 하나는 사람들과 인사하는 방법을 배우는 것이다. 2열로 인사말을 출력하는 프로그램을 작성하라. 첫 번째 열에 문구를 영어로 출력하고 두 번째 열에 다른 언어로 동일한 문구를 출력하라. 영어 이외의 다른 언어를 할 수 없는 경우 온라인 번역기를 사용하거나 친구에게 문의하라.

번역할 문구 목록
Good morning.
It is a pleasure to meet you.
Please call me tomorrow.
Have a nice day!

CHAPTER 02

숫자와 문자열로 프로그래밍하기

PROGRAMMING WITH NUMBERS AND STRINGS

이 장의 목표 _*Chapter Goals*

변수 및 상수를 정의하고 사용하기
정수 및 부동-소수점 수의 속성 및 제약 사항 이해하기
주석의 중요성과 올바른 코드 레이아웃 이해하기
산술 수식 및 대입문 작성하기
입력을 읽어 처리하고 결과를 표시하는 프로그램 만들기
파이썬 문자열을 사용하는 방법 학습하기
기본 모양과 텍스트를 사용하여 간단한 그래픽 프로그램 만들기

2장 차례 _*Chapter Contents*

숫자 및 문자열(예: 왼쪽 전광판에서의 텍스트)은 모든 파이썬 프로그램에서 중요한 자료형이다. 이 장에서는 숫자와 텍스트로 작업하는 방법과 이를 이용한 유용한 작업을 수행하는 간단한 프로그램을 작성하는 방법을 배운다.

2.1 변수 _Variables

작성한 프로그램이 계산을 수행한다면, 나중에 이 계산값을 사용할 수 있도록 저장하고 싶을 수 있다. 파이썬 프로그램에서는 변수를 사용하여 값을 저장한다. 이 절에서는 변수를 정의하고 사용하는 방법을 배운다.

© blackred/iStockphoto. bottle: © travismanley/iStockphoto.

12온스 여섯 개짜리와 2리터 한 개 중에서 어디에 더 많은 청량음료가 들어 있는가?

변수 사용을 설명하기 위해 다음 문제를 해결하는 프로그램을 개발할 것이다. 청량음료는 캔과 병으로 판매된다. 상점은 2리터 병과 같은 가격으로 12온스 캔 여섯 팩을 제공한다. 어느 것을 사야 할까? (1온스는 대략 0.355리터이다.)

우리의 프로그램에서, 우리는 팩당 캔의 수와 각 캔의 부피에 대한 변수를 정의할 것이다. 그런 다음 여섯 팩의 부피를 리터로 계산하고 답을 출력한다.

2.1.1 변수 정의하기

변수는 이름을 가진 저장 위치이다.

변수는 컴퓨터 프로그램의 저장 공간이다. 각 변수에는 이름이 있으며 값도 있다.

변수는 주차장의 주차 공간과 유사하다. 주차 공간에는 식별자(예: "J 053")가 있으며 차량을 수납할 수 있다. 변수에는 이름(예: `cansPerPack`)이 있으며 값(예: 6)을 보관할 수 있다.

컴퓨터 프로그램의 변수와 마찬가지로 주차 공간에는 식별자와 내용이 있다.

Javier Larrea/Age Fotostock.

Syntax 2.1 할당문

Syntax *variableName = value*

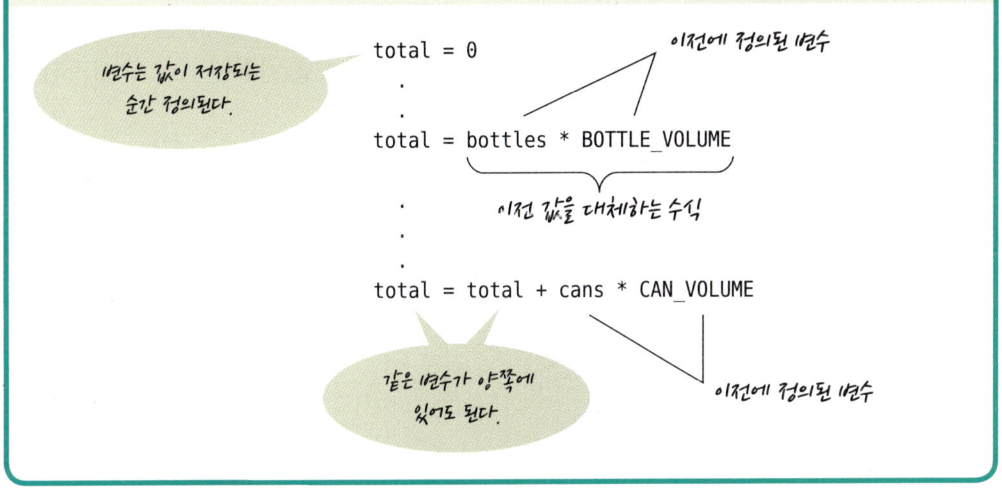

할당문은 변수에 값을 저장한다.

할당문을 사용하여 값을 변수에 할당한다. 여기에 예가 있다.

```
cansPerPack = 6  ❶ ❷
```

할당문의 왼쪽은 변수로 구성된다. 오른쪽은 값이 있는 수식이다. 해당 값은 변수에 저장된다.

변수에 처음으로 값을 할당하면 변수가 생성된다.

변수에 처음으로 값이 할당되면 변수가 생성되고 해당 값으로 초기화된다. 변수가 정의되면 다른 명령문에서 사용할 수 있다. 예를 들어

```
print(cansPerPack)
```

는 변수 cansPerPack에 저장된 값을 출력한다.

기존 변수에 값을 지정하면 이전에 저장된 값이 바뀐다.

기존 변수에 새 값이 할당되면 해당 값이 변수의 이전 내용을 대체한다. 예를 들어

```
cansPerPack = 8  ❸
```

변수 cansPerPack에 저장된 값을 6에서 8로 변경한다. 그림 1은 위에서 사용된 두 가지 할당문을 보여준다.

할당 연산자 =은 수학에서의 동등을 나타내지 않는다.

= 기호는 왼쪽이 오른쪽과 같음을 의미하지 않는다. 오른쪽의 값이 왼쪽의 변수에 할당된다.

이 할당 연산자를 수학에서 동등성을 나타내기 위해 사용하는 =과 혼동하지 마라. 할당은 무언가를 수행하는 명령이다. 즉, 값을 변수에 넣는다.

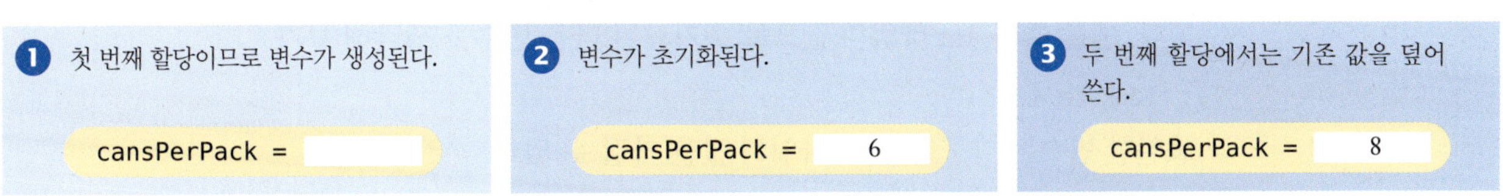

그림 1 두 번의 할당문 실행

예를 들어, 파이썬에서는 다음과 같이 작성하는 것이 합법이다.

```
cansPerPack = cansPerPack + 2
```

위의 할당문은 변수 cansPerPack에 저장된 값을 찾아서 2를 더한 후 결과를 cansPerPack에 다시 저장하는 것을 의미한다(그림 2 참조). 이 할당문을 실행하면 cansPerPack이 2씩 증가한다. 할당문 실행 전에 cansPerPack이 8이면 이후에 10으로 설정된다. 물론 수학에서 $x = x + 2$라고 쓰면 의미가 없다.

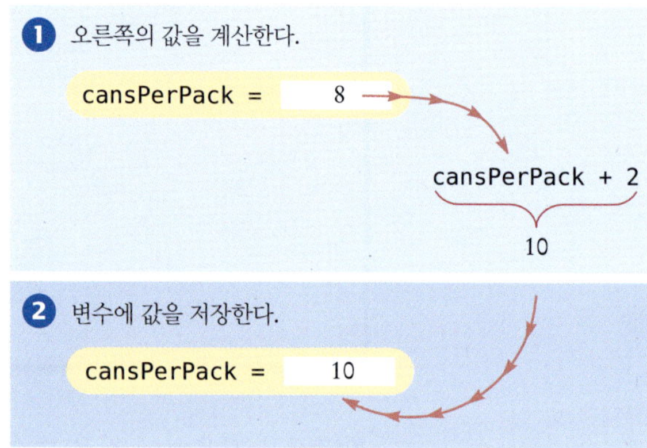

그림 2

cansPerPack = cansPerPack + 2 할당 실행 과정

2.1.2 숫자 유형

자료형은 값이 컴퓨터에 저장되는 방법과 값에 대해 수행할 수 있는 작업을 지정한다.

컴퓨터는 정보를 나타내는 데이터 값을 조작하며 이러한 값은 타입이 다를 수 있다. 실제로 파이썬 프로그램의 각 값은 특정 **자료형**(data type)이다. 값의 자료형에 따라 컴퓨터에서 데이터가 표현되는 방식과 해당 데이터에 대해 수행할 수 있는 작업이 결정된다. 언어 자체에서 제공하는 자료형을 **기본 자료형**(primitive data type)이라고 한다. 파이썬은 숫자, 텍스트 문자열, 파일, 컨테이너 및 기타 많은 자료형을 지원한다. 프로그래머는 또한 사용자 정의 자료형을 정의할 수도 있다. 이에 대해서는 9장에서 자세히 다룰 것이다.

정수는 소수 부분이 없는 수이다.

부동-소수점 숫자는 소수 부분을 포함한다.

파이썬에는 여러 종류의 숫자가 있다. 정수 값은 소수 부분이 없는 정수이다. 예를 들어, 캔 팩에는 정수 개의 캔이 있어야 한다. 캔의 일부만 가질 수는 없다. 파이썬에서는 이 자료형을 int라고 한다. 소수 부분(예: 0.355)이 필요한 경우 부동-소수점 숫자를 사용한다. 이 숫자는 파이썬에서 float라고 한다.

파이썬 프로그램에서 6 또는 0.355와 같은 값이 등장하면 이를 **숫자 리터럴**(number literal)이라고 한다. 숫자 리터럴에 소수점이 있으면 부동-소수점 수이다. 그렇지 않으면 정수이다. 표 1은 파이썬에서 정수 및 부동-소수점 수 리터럴을 작성하는 방법을 보여준다.

파이썬의 변수는 모든 자료형의 값을 저장할 수 있다. 자료형은 변수가 아니라 값과 연관된다. 예를 들어, int 타입의 값으로 초기화된 다음 변수를 생각해 보자.

```
taxRate = 5
```

동일한 변수는 나중에 float 타입의 값을 가질 수 있다.

```
taxRate = 5.5
```

표 1 파이썬에서의 숫자 리터럴

숫자	타입	설명
6	int	정수는 소수 부분이 없다.
-6	int	정수는 음수일 수 있다.
0	int	0은 정수에 속한다.
0.5	float	소수 부분이 있으면 float 타입이다.
1.0	float	소수 부분이 .0인 정수는 float 타입이다.
1E6	float	지수 표기법의 숫자: 10의 6승 또는 1000000. 지수 표기법의 숫자는 항상 float 유형이다.
2.96E-2	float	음의 지수: $2.96 \times 10^{-2} = 2.96 / 100 = 0.0296$
🚫 100,000		**오류**이다. 컴마를 사용하면 안 된다.
🚫 3 1/2		**오류**이다. 3.5와 같이 표기하여야 한다.

또는 문자열을 저장할 수도 있다.

```
taxRate = "Non-taxable"    # 권장하지 않는다
```

그러나 이것은 좋은 생각이 아니다. 변수에 예상치 못한 타입의 값이 포함된 경우 프로그램에서 오류가 발생한다. 특정 타입의 값으로 변수를 초기화한 후에는 해당 변수에 동일한 타입의 값을 계속 저장하는 것이 좋다.

변수가 특정 유형의 값으로 초기화되면 항상 같은 유형의 값을 저장하는 것이 좋다.

예를 들어, 세율이 반드시 정수일 필요는 없으므로 실제로 값이 우연히 정수라 하더라도 taxRate 변수를 부동-소수점 값으로 초기화하는 것이 좋다.

```
taxRate = 5.0    # 세율은 소수 부분을 가질 수 있다
```

이는 초깃값에 소수 부분이 없더라도 taxRate에 부동-소수점 값이 포함될 수 있음을 기억하는 데 도움이 된다.

2.1.3 변수 이름

변수를 정의할 때 변수의 목적을 설명하는 이름을 지정해야 한다. 파이썬에서 이름을 지정할 때마다 몇 가지 간단한 규칙을 따라야 한다.

1. 이름은 문자 또는 밑줄(_) 문자로 시작해야 하며 나머지 문자는 문자, 숫자 또는 밑줄이어야 한다.
2. ?나 %와 같은 다른 기호는 사용할 수 없다. 이름 안에 공백도 허용되지 않는다. cansPerPack에서와 같이 대문자를 사용하여 단어 경계를 나타낼 수 있다. 이름 중간에 대문자가 낙타의 혹처럼 보이기 때문에 이 명명 규칙을 **낙타체**(camel case)라

© GlobalP/iStockphoto.

고 한다.

3. 이름은 대소 문자를 구분한다. 즉, canVolume과 canvolume은 다른 이름이다.
4. if 또는 class와 같은 예약어를 이름으로 사용할 수 없다. 이 단어들은 그들의 특별한 의미를 위해 독점적으로 예약되어 있다. (파이썬의 모든 예약어 목록은 부록 B를 참조하라.)

관례에 따라 변수 이름은 소문자로 시작한다.

위의 것들은 파이썬 언어의 확고한 규칙이다. 아래 사항은 반드시 지켜야 할 사항은 아니지만 지키면 좋은 규칙이다.

1. cpp와 같은 간결한 이름보다 설명적인 이름(예: cansPerPack)을 사용하는 것이 좋다.
2. 대부분의 파이썬 프로그래머는 소문자로 시작하는 변수(예: cansPerPack)의 이름을 사용한다. 반대로, 모두 대문자인 이름(예: CAN_VOLUME)은 상수를 나타낸다. 대문자로 시작하는 이름은 일반적으로 사용자 정의 데이터 형식(예: GraphicsWindow)에 사용된다.

표 2는 파이썬에서 합법적이고 불법적인 변수 이름의 예를 보여준다.

표 2 파이썬에서의 변수 이름

변수 이름	설명
canVolume1	변수 이름은 문자, 숫자, 밑줄 문자로 이루어진다.
x	수학에서처럼 *x*와 *y* 같은 짧은 변수 이름을 사용할 수 있다. 하지만 이 경우, 프로그램을 이해하기가 힘들어진다.
⚠ CanVolume	**주의**: 변수 이름은 대소 문자를 구분한다. 이 변수 이름은 canVolume과 다르며 변수 이름이 소문자로 시작해야 한다는 규칙을 위반한다.
🚫 6pack	**오류**: 변수 이름은 숫자로 시작할 수 없다.
🚫 can volume	**오류**: 변수 이름은 공백을 포함할 수 없다.
🚫 class	**오류**: 예약어를 변수 이름으로 사용할 수 없다.
🚫 ltr/fl.oz	**오류**: .나 / 같은 기호를 사용할 수 없다.

2.1.4 상수

프로그램 전체에서 변하지 않아야 하는 값에 상수를 사용한다.

상수 변수 또는 간단히 **상수**(constant)는 초깃값이 지정된 후에 값을 변경하지 않아야 하는 변수이다. 일부 언어는 변수를 상수로 표시하는 명시적 메커니즘을 제공하며 변수에 새 값을 할당하려고 하면 구문 오류가 발생한다. 파이썬은 상수가 변경되지 않게 하는 것을 프로그래머에게 맡긴다. 따라서 이름에 모든 대문자를 사용하여 상수 변수를 지정하는 것이 일반적이다.

```
BOTTLE_VOLUME = 2.0
MAX_SIZE = 100
```

이 규칙을 따르면, 대문자로 된 변수는 프로그램 전체에서 상수라고 하는 정보를 자신과 다른 사람에게 제공한다.

프로그램에서 기호 상수를 사용하여 숫자로 된 값을 설명하는 것이 좋은 프로그래밍 스타일이다. 예를 들어, 문장을 비교하라.

```
totalVolume = bottles * 2
```

과

```
totalVolume = bottles * BOTTLE_VOLUME
```

첫 번째 문장을 읽는 프로그래머는 숫자 2의 중요성을 이해하지 못할 수 있다. 기호 상수를 가진 두 번째 문장은 계산을 훨씬 명확하게 만든다.

2.1.5 주석

프로그램이 복잡해지면 코드를 읽는 사람들을 위한 설명을 추가해야 한다. 예를 들어, 상수에 사용된 값을 설명하는 주석이 있다.

```
CAN_VOLUME = 0.355    # 12온스 캔의 리터 단위 부피
```

주석을 사용하여 코드를 읽는 사람에게 설명을 추가하라. 인터프리터는 주석을 무시한다.

이 주석은 사람들에게 0.355 값의 중요성을 설명한다. 컴파일러는 주석을 전혀 실행하지 않는다. # 구분 기호부터 줄 끝까지 모든 것을 무시한다.

주석을 제공하는 것은 좋은 프로그래밍 습관이다. 주석을 통해 코드를 읽는 프로그래머가 여러분의 의도를 이해할 수 있다. 또한 자신의 프로그램을 다시 검토할 때 유용한 설명을 찾을 수 있다. 소스 파일 상단에 프로그램의 목적을 설명하는 설명을 제공하라. 이 책에서는 이러한 주석에 다음 스타일을 사용한다.

© jgroup/iStockphoto.

텔레비전 해설자가 뉴스를 설명하는 것처럼 프로그램의 주석을 사용하여 동작을 설명하자.

```
##
#   이 프로그램은 여섯 팩짜리 음료수의 부피(리터 단위)를 계산한다.
#
```

변수, 상수, 할당문 및 주석에 대해 배웠으므로 이번 장의 시작 부분에서 이야기했던 문제를 해결하는 프로그램을 작성할 준비가 되었다. 이 프로그램은 여섯 팩 캔의 총부피와 2리터 병의 부피를 표시한다. 캔과 병 부피에 상수를 사용하고 totalVolume 변수는 캔의 볼륨으로 초기화된다. 할당문을 사용하여 병 볼륨을 추가한다. 프로그램 출력에서 볼 수 있듯이 여섯 팩 캔에는 2리터 이상의 청량음료가 들어 있다.

sec01/volume1.py

```
##
#  This program computes the volume (in liters) of a six-pack of soda
#  cans and the total volume of a six-pack and a two-liter bottle.
#

# Liters in a 12-ounce can and a two-liter bottle.
CAN_VOLUME = 0.355
BOTTLE_VOLUME = 2.0

```

```
# Number of cans per pack.
cansPerPack = 6

# Calculate total volume in the cans.
totalVolume = cansPerPack * CAN_VOLUME
print("A six-pack of 12-ounce cans contains", totalVolume, "liters.")

# Calculate total volume in the cans and a two-liter bottle.
totalVolume = totalVolume + BOTTLE_VOLUME
print("A six-pack and a two-liter bottle contain", totalVolume, "liters.")
```

Program Run

```
A six-pack of 12-ounce cans contains 2.13 liters.
A six-pack and a two-liter bottle contain 4.13 liters.
```

Common Error 2.1

정의되지 않은 변수 사용하기

변수를 처음 사용하기 전에 생성하고 초기화해야 한다. 예를 들어, 다음과 같은 문장으로 시작하는 프로그램은 합법적이지 않다.

```
canVolume = 12 * literPerOunce   # 오류: literPerOunce가 아직 생성되지 않았다.
literPerOunce = 0.0296
```

프로그램에서 명령문은 순서대로 실행된다. 가상 머신이 첫 번째 명령문을 실행할 때 다음 줄에 literPerOunce가 생성될 것임을 알지 못하고 "정의되지 않은 이름"의 오류를 보고한다. 해결책은 각 변수가 사용되기 전에 생성되고 초기화되도록 명령문을 재정렬하는 것이다.

Programming Tip 2.1

설명하는 변수 이름 선택

짧은 변수 이름을 사용하면 타이핑 수고를 줄일 수 있다. 하지만 이것이 좋은 걸까?

```
cv = 0.355
```

이 변수 선언을 이전에 사용한 것과 비교하라. 어느 것이 더 읽기 쉬운가? 비교할 수가 없다. canVolume이 cv보다 훨씬 알기 쉬우며 우리는 금방 이것이 "canVolume"을 의미한다는 것을 알 수 있다.

Programming Tip 2.2

매직 넘버를 사용하지 마라

매직 넘버(magic number)는 설명 없이 코드에 나타나는 숫자 상수이다. 예를 들어

```
totalVolume = bottles * 2
```

왜 2인가? 병이 캔보다 두 배나 부피가 큰가? 아니다, 그 이유는 모든 병에 2리터가 들어 있기 때문이다. 기호 상수를 사용하여 코드를 자체 문서화하라.

```
BOTTLE_VOLUME = 2.0
totalVolume = bottles * BOTTLE_VOLUME
```

© FinnBrandt/iStockphoto.

우리는 마술로 작동하는 것보다 이해하기 쉬운 프로그램을 선호한다.

기호 상수를 사용하는 또 다른 이유가 있다. 상황이 바뀌고 병의 부피가 1.5리터라고 가정한다. 기호 상수를 사용한 경우 한 번만 변경하면 된다. 그렇지 않으면 프로그램에서 2의 모든 값을 보고 병의 부피인지 또는 다른 것을 의미하는지 숙고해야 한다. 몇 페이지를 넘어가는 프로그램에서는 매우 지루한 작업이고 오류가 발생하기 쉽다.

가장 합리적인 우주 상수조차도 언젠가는 변할 것이다. 연간 365일이 있다고 생각하는가? 화성에 있는 고객은 바보 같은 편견에 대해 매우 불만스러울 것이다. 다음과 같이 기호 상수를 만드는 것이 좋겠다.

```
DAYS_PER_YEAR = 365
```

2.2 수식 _Arithmetic

© hocus-focus/iStockphoto.

이번 절에서는 파이썬에서 산술 계산을 수행하는 방법을 배운다.

2.2.1 기본 산술 연산

파이썬은 계산기와 같은 4가지 기본 산술 연산(더하기, 빼기, 곱하기, 나누기)을 지원하지만 곱셈과 나누기에 서로 다른 기호를 사용한다.

곱셈을 나타내려면 `a * b`를 써야 한다. 수학과 달리, `a b`, `a · b` 또는 `a × b`를 쓸 수 없다. 마찬가지로 나누기는 항상 `/`로 표시되며 ÷ 또는 분수 막대는 절대 사용하지 않는다.

예를 들어

$\frac{a+b}{2}$는 `(a + b) / 2`가 된다.

산술 연산을 위한 `+ - * /` 기호를 연산자라고 한다. 변수, 리터럴, 연산자 및 괄호의 조합을 표현식이라고 한다. 예를 들어 `(a + b) / 2`는 표현식이다.

괄호는 대수와 마찬가지로 표현식의 일부를 먼저 계산해야 한다는 것을 나타낸다. 예를 들어 식 `(a + b) / 2`에서 합계 `a + b`가 먼저 계산된 다음, 합계는 2로 나뉜다. 대조적으로 다음 표현식에서는

```
a + b / 2
```

`b`만 2로 나눈 다음 `a`와 `b / 2`의 합이 형성된다. 정규 대수 표기법에서와 같이 곱셈과 나눗셈은 덧셈과 뺄셈보다 우선순위가 높다. 예를 들어, `a + b / 2` 표현식에서 `+`가 왼쪽에 있지만 `/`가 먼저 수행된다. 또 대수학에서와 같이 우선순위가 같은 연산자는 왼쪽에서 오른쪽으로 실행된다. 예를 들어, `10 - 2 - 3`은 8–3이 되어서 5이다.

> 산술 표현식에서 정수와 부동-소수점 값을 혼합하면 부동-소수점 값이 생성된다.

산술 표현식에서 정수와 부동-소수점 값을 혼합하면 결과는 부동-소수점 값이다. 예를 들어 `7 + 4.0`은 부동-소수점 값 `11.0`이다.

2.2.2 지수

파이썬은 지수 연산자 `**`를 사용하여 지수 연산을 나타낸다. 예를 들어, 수학 표현식 a^2와 동등한 파이썬 표현식은 `a ** 2`이다. 두 별표 사이에는 공백이 있을 수 없다. 수학에서와 같이 지수 연산자는 다른 산술 연산자보다 우선순위가 높다. 예를 들어 `10 * 2 ** 3`은 $10 \cdot 2^3 = 80$이다. 다른 산술 연산자와 달리 지수 연산자는 오른쪽에서 왼쪽으로 평가되었다. 따라서 파이썬 표현식 `10 ** 2 ** 3`은 $10^{(2^3)} = 10^8 = 100{,}000{,}000$과 같다.

대수에서는 분수와 지수를 사용하여 간단한 2차원 형식으로 식을 정렬한다. 파이썬에서는 모든 표현식을 1차원 형식으로 작성해야 한다. 예를 들어, 수학적 표현

$$b \times \left(1 + \frac{r}{100}\right)^n$$

은 다음과 같이 된다.

```
b * (1 + r / 100) ** n
```

그림 3은 이러한 표현식을 분석한 것이다.

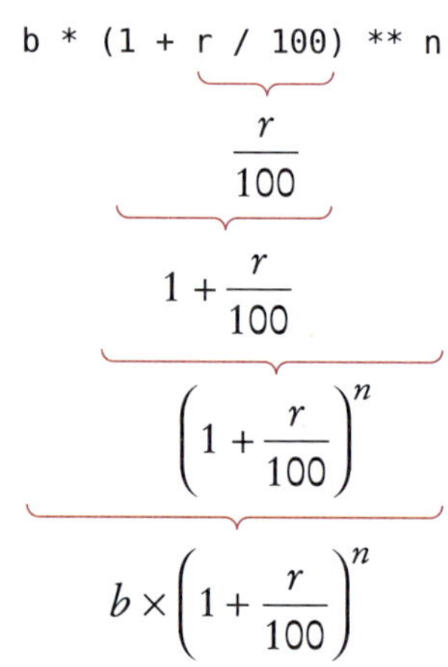

그림 3 수식의 계산 과정

2.2.3 버림 나눗셈 및 나머지

> // 연산자는 정수 나누기를 계산하며 나머지는 버린다.

/ 연산자로 두 정수를 나누면 부동-소수점 값을 얻는다. 예를 들어

```
7 / 4
```

은 1.75이다. 그러나 // 연산자를 사용하여 버림 나누기를 수행할 수도 있다. 양의 정수의 경우 버림 나누기는 몫을 계산하고 분수 부분을 버린다. 버림 나누기 연산은

```
7 // 4
```

1로 평가되는 데 7/4한 값 1.75에서 소수 부분을 버리므로 1로 평가된다.

% 연산자는 정수 나누기의 나머지를 계산한다.

나머지 연산에 관심이 있는 경우 % 연산자를 사용한다. 다음 표현식의 값은

```
7 % 4
```

7을 4로 나눈 나머지 값이다. % 기호는 대수적으로 유사하지 않다. /와 비슷하게 보이기 때문에 선택되었으며 나머지 작업은 나누기와 관련이 있다. 나머지 연산자를 **모듈러스**(modulus)라고도 한다(일부 사람들은 이를 **모듈로**(modulo) 또는 mod라고 부른다). 일부 계산기에서 찾은 백분율 연산과는 아무런 관계가 없다.

// 및 % 작업에 대한 일반적인 사용법은 다음과 같다. 돼지 저금통에 약간의 동전이 있다고 가정한다.

```
pennies = 1729
```

달러와 센트 단위로 값을 계산하려고 한다. 이것은 다음과 같이 100으로 나누는 버림 나눗셈을 통해 달러를 얻을 수 있다.

```
dollars = pennies // 100    # 17달러
```

버림 나눗셈은 나머지를 버린다. 나머지를 얻으려면 다음과 같이 % 연산자를 사용한다.

```
cents = pennies % 100    # 나머지 29센트
```

추가 예는 표 3을 참조하라.

© Michael Flippo/iStockphoto.

정수 나누기와 % 연산자는 동전으로 가득 찬 돼지 저금통의 달러와 센트 값을 산출한다.

버림 나눗셈 및 나머지 연산은 음의 정수 및 부동-소수점 숫자에 대해서도 정의된다. 그러나 이러한 정의는 그다지 의미가 없는 내용이므로 이 책에서는 다루지 않는다.

표 3 정수 나눗셈과 나머지 연산

표현식 (n = 1729일 때)	값	설명
n % 10	9	양의 정수 n의 경우 n % 10은 n의 마지막 숫자이다.
n // 10	172	마지막 숫자가 없는 n이다.
n % 100	29	n의 2개의 끝 숫자이다.
n % 2	1	n이 짝수이면 n % 2는 0이고 n이 홀수이면 1이다(n이 음수가 아닌 경우).
-n // 10	-173	–173는 –172.9보다 작은 정수 중에서 가장 큰 정수이다. 우리는 음수에 대해서는 정수 나눗셈을 사용하지 않는다.

2.2.4 함수 호출하기

1장에서 함수는 특정 작업을 수행하는 프로그래밍 명령의 모음이라는 것을 배웠다. 우리는 정보를 표시하기 위해 print 함수를 사용하고 있지만 파이썬에는 많은 다른 함수들이 있다. 이 절에서는 숫자와 함께 작동하는 함수에 대해 자세히 설명한다.

함수는 변수에 저장할 수 있는 값을 반환할 수 있다.

대부분의 함수는 값을 반환한다. 즉, 함수가 작업을 완료하면 함수가 호출된 지점으로 값

을 다시 전달한다. 숫자 인자의 절댓값(부호 없는 값)을 반환하는 abs 함수가 그 예이다. 예를 들어, abs(-173) 호출은 값 173을 반환한다.

Syntax 2.2 함수 호출하기

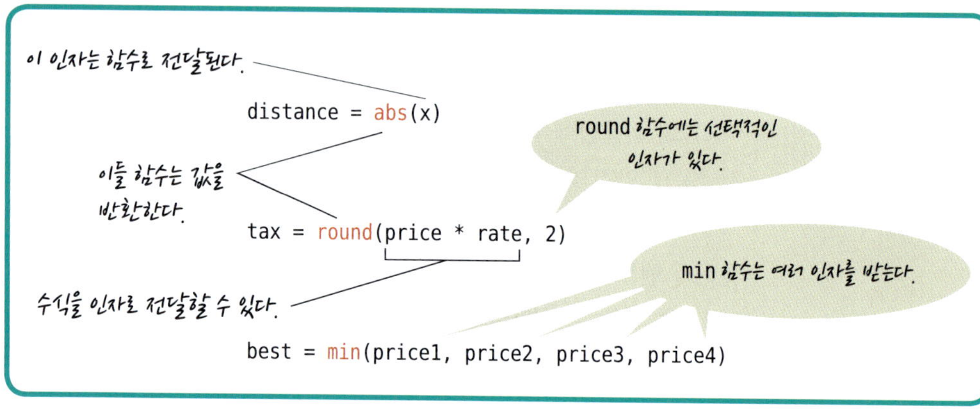

함수에 의해 반환된 값은 변수에 저장될 수 있다.

```
distance = abs(x)
```

실제로, 반환된 값은 동일한 타입의 값이 사용될 수 있는 모든 곳에서 사용될 수 있다.

```
print("The distance from the origin is", abs(x))
```

abs 함수는 작업을 수행하기 위해 데이터, 즉 절댓값을 계산할 숫자를 요구한다. 앞에서 배운 것처럼, 함수에 제공한 데이터는 호출의 인자이다. 예를 들어,

```
abs(-10)
```

값 −10은 abs 함수에 전달된 인자이다.

함수를 호출할 때 올바른 개수의 인자를 제공해야 한다. abs 함수는 정확히 하나의 인자를 받아들인다. 다음과 같이 호출하면

```
abs(-10, 2)
```

또는

```
abs()
```

프로그램이 오류 메시지를 생성한다.

일부 함수에는 특정 상황에서만 제공하는 선택적 인자가 있다. 예는 round 함수이다. 다음과 같은 하나의 인자로 호출될 때

```
round(7.625)
```

이 함수는 가장 가까운 정수, 이 경우에는 8을 반환한다. 두 개의 인자로 호출될 때 두 번째 인자는 원하는 소수 자릿수를 지정한다.

예를 들어

```
round(7.627, 2)
```

7.63이다.

선택적 인자를 설명하기 위한 두 가지 공통 스타일이 있다. 이 책에서 사용하는 한 스타

일은 선택적 인자가 있거나 없는 다른 함수 호출을 보여준다.

```
round(x)        # x를 정수로 반올림한다.
round(x, n)     # x를 소수점 이하 n 자리로 반올림한다.
```

파이썬의 표준 문서에서 사용되는 두 번째 스타일은 대괄호를 사용하여 선택적 인자를 나타낸다.

```
round(x[, n])    # x를 정수 또는 소수점 이하 자릿수로 반올림한다.
```

마지막으로 max 및 min 함수와 같은 일부 함수는 임의 개수의 인자를 사용한다. 예를 들어

```
cheapest = min(7.25, 10.95, 5.95, 6.05)
```

는 변수 cheapest를 인자들의 최솟값으로 설정한다. 이 경우 5.95이다.

표 4는 이 절에서 소개한 함수들을 보여준다.

표 4 내장 수학 함수들

함수	반환값
abs(x)	x의 절댓값
round(x) round(x, n)	소수점 n자리까지의 부동-소수점 수
max(x_1, x_2, ..., x_n)	인자 중에서 가장 큰 수
min(x_1, x_2, ..., x_n)	인자 중에서 가장 작은 수

2.2.5 수학적인 함수

파이썬은 함수들과 자료형을 제공하는 표준 라이브러리를 가지고 있다.

라이브러리는 사용되기 전에 포함되어야 한다.

파이썬 언어 자체는 비교적 단순하지만 파이썬에는 강력한 프로그램을 만드는 데 사용할 수 있는 표준 라이브러리가 포함되어 있다. 라이브러리는 전문가가 작성하고 컴파일한 코드 모음으로 프로그램에서 사용할 수 있다. 표준 라이브러리는 언어의 일부로 간주되는 라이브러리이며 모든 파이썬 시스템에 포함되어야 한다.

파이썬의 표준 라이브러리는 모듈로 구성되어 있다. 연관된 함수 및 자료형은 동일한 모듈로 그룹화된다. 모듈에 정의된 기능을 사용하려면 프로그램에 명시적으로 적재해야 한다. 파이썬의 math 모듈은 많은 수학 함수를 포함한다. 이 모듈의 기능을 사용하려면 먼저 함수를 포함시켜야 한다. 예를 들어, 인자의 제곱근을 계산하는 sqrt 함수를 사용하려면 먼저 프로그램 파일 상단에 다음의 문장을 포함하라.

```
from math import sqrt
```

그런 다음, 단순히 함수를 다음과 같이 호출할 수 있다.

```
y = sqrt(x)
```

표 5는 math 모듈에 정의된 추가 함수를 보여준다.

대부분의 함수는 모듈에 정의되어 있지만 모듈을 가져오지 않고도 소수의 함수(예: 출력 및 이전 절에서 소개한 함수)를 사용할 수 있다. 이러한 함수는 언어 자체의 일부로 정의되

어 있으며 프로그램에서 직접 사용할 수 있으므로 **내장 함수**(built-in functions)라고 한다.

표 5 math 모듈에서 몇 개의 함수들

함수	반환값
`sqrt(x)`	x의 제곱근
`trunc(x)`	x를 정수로 변환한다.
`cos(x)`	코사인값 계산
`sin(x)`	사인값 계산
`tan(x)`	탄젠트값 계산
`exp(x)`	e^x
`degrees(x)`	라디안을 도 단위로 변환한다(i.e., returns $x \cdot 180/\pi$).
`radians(x)`	도 단위를 라디안으로 변환한다(i.e., returns $x \cdot \pi/180$).
`log(x)` `log(x, base)`	밑수가 *base*인 x의 로그값을 계산한다.

표 6 산술 표현식 예제

수학적인 표현	파이썬 표현식	설명
$\frac{x+y}{2}$	`(x + y) / 2`	괄호가 있어야 한다. `x + y / 2`는 $x + \frac{y}{2}$를 계산한다.
$\frac{xy}{2}$	`x * y / 2`	괄호가 없어도 된다. 동일한 우선순위이므로 왼쪽에서 오른쪽으로 계산된다.
$\left(1+\frac{r}{100}\right)^n$	`(1 + r / 100) ** n`	괄호가 필요하다.
$\sqrt{a^2+b^2}$	`sqrt(a ** 2 + b ** 2)`	`math` 모듈에서 `sqrt`를 포함하여야 한다.
π	`pi`	`pi`는 `math` 모듈에 선언된 상수이다.

Common Error 2.2

반올림 오류

반올림 오류는 부동-소수점 수로 계산할 때 실제로 발생한다. 손으로 계산할 때도 이 현상을 볼 수 있다. 1/3을 두 자리까지 계산하면 0.33이 된다. 다시 3을 곱하면 1.00이 아닌 0.99를 얻는다.

프로세서 하드웨어에서 수는 이진수 시스템으로 표현된다. 즉 숫자 0과 1만 사용하여 표시된다. 십진수와 마찬가지로 이진수가 손실되면 반올림 오류가 발생할 수 있다. 이들 숫자들은 예상과 달리 다른 위치에서도 잘릴 수 있다.

예를 들면 다음과 같다.

```
price = 4.35
quantity = 100
total = price * quantity   # 100 * 4.35 = 435가 되어야 한다.
print(total)   # 434.99999999999994을 출력한다.
```

이진법에서, 십진법에서 1/3에 대한 정확한 표현이 없는 것처럼 이진법에서는 4.35에 대한 정확한 표현은 없다. 컴퓨터가 사용하는 표현은 4.35보다 약간 작으므로 그 값의 100배는 435보다 약간 작다.

가장 가까운 정수로 반올림하거나 소수점 이하 자릿수를 고정하여 반올림 오류를 처리할 수 있다(2.5.3절 참조).

Common Error 2.3

불균형 괄호

다음과 같은 표현식을 고려해 보자.

```
((a + b) * t / 2 * (1 - t)
```

무엇이 잘못되었나? 괄호를 세어보자. 3개의 (기호와 2개의) 기호가 있다. 괄호의 균형이 맞지 않다. 이러한 유형의 타이핑 오류는 복잡한 표현식에서 매우 일반적이다. 이제 이 표현식을 고려하라.

```
(a + b) * t) / (2 * (1 - t)
```

이 표현식에는 3개의(와 3개의)이 있지만 여전히 올바르지 않다. 표현의 중간에

```
(a + b) * t) / (2 * (1 - t)
           ↑
```

(기호는 1개인데) 기호는 2개이어서 오류이다. 식의 어느 시점에서나 (의 개수는)의 개수보다 크거나 같아야 하고, 식의 끝에서는 두 개의 개수가 같아야 한다.

© Croko/iStockphoto.

다음은 연필과 종이를 사용하지 않고 계산을 쉽게 하는 간단한 방법이다. 뇌가 동시에 두 개의 개수를 유지하는 것은 어렵다. 표현식을 스캔할 때 하나의 개수만 유지하라. 첫 번째 (기호에서 1로 시작하고 여는 괄호가 나타날 때마다 1을 추가하고 닫는 괄호가 나타날 때마다 1을 뺀다. 스캔할 때 큰 소리로 말하라. 개수가 0 아래로 떨어지거나 끝에서 0이 아닌 경우 괄호의 균형이 맞지 않는 것이다. 예를 들어, 이전 식을 스캔할 때

```
(a + b) * t) / (2 * (1 - t)
1      0   -1
```

오류가 발생한다.

Programming Tip 2.3

표현식에 공백 사용하기

```
x1 = (-b + sqrt(b ** 2 - 4 * a * c)) / (2 * a)
```

아래의 식보다 위의 식이 읽기 쉽다.

```
x1=(-b+sqrt(b**2-4*a*c))/(2*a)
```

간단히 모든 연산자 주위에 공백을 두기만 하면 된다(+ - * / % = 등). 그러나 음수를 만드는 데 사용

되는 - 연산자 뒤에는 공백을 두지 마라. –는 -b와 같이 숫자를 음수로 만드는 데 사용된다. 이렇게 하면 a - b에서와 같이 뺄셈 연산자와는 쉽게 구별할 수 있다.

함수 이름 뒤에 공백을 두지 않는 것이 일반적이다. 즉, sqrt (x)와 같이 쓰지 말고 sqrt(x)와 같이 써라.

Special Topic 2.1

모듈을 가져오는 다른 방법 _Other Ways to Import Modules

파이썬은 모듈에서 함수를 가져오는 다양한 방법을 제공한다. 다음과 같이 동일한 모듈에서 여러 함수를 가져올 수 있다.

```
from math import sqrt, sin, cos
```

모듈의 전체 내용을 프로그램으로 가져올 수도 있다.

```
from math import *
```

또는 다음과 같은 명령문을 사용하여 모듈을 가져올 수 있다.

```
import math
```

이 형식의 import문을 사용하면 다음과 같이 각 함수 호출 전에 모듈 이름과 마침표를 추가해야 한다.

```
y = math.sqrt(x)
```

일부 프로그래머는 이 스타일을 선호한다. 특정 함수가 어떤 모듈에 속하는지를 매우 명확하게 알 수 있기 때문이다.

Special Topic 2.2

할당과 산술 결합 _Combining Assignment and Arithmetic

파이썬에서는 산술과 할당 연산을 결합할 수 있다. 예를 들어, 명령문

```
total += cans
```

은 다음과 같은 명령문의 요약이다.

```
total = total + cans
```

유사하게

```
total *= 2
```

는 다음 명령문의 요약이다.

```
total = total * 2
```

많은 프로그래머들은 변수의 값을 1씩 증가하거나 감소할 때 이 방법을 사용한다.

```
count += 1
```

여러분이 이것을 좋아한다면, 자신의 코드로 사용하라. 간단하게 하기 위해 이 책에서는 사용하지 않는다.

Special Topic 2.3

라인 결합 _Line Joining

한 줄에 맞추기에는 너무 긴 표현식이 있으면 다른 줄에서 계속할 수 있다. 다만 줄바꿈이 괄호 안에 있어야 한다. 예를 들어

```
x1 = ((-b + sqrt(b ** 2 - 4 * a * c))
   / (2 * a))   # Ok
```

그러나 가장 바깥쪽 괄호를 생략하면 오류가 발생한다.

```
x1 = (-b + sqrt(b ** 2 - 4 * a * c))
   / (2 * a)   # 오류
```

첫 번째 줄은 완전한 문장으로, 파이썬 인터프리터가 바로 처리해 버린다. 다음 줄인 `/ (2 * a)`는 그 자체로는 의미가 없다.

긴 줄을 연결하는 두 번째 형태가 있다. 줄의 마지막 문자가 백슬래시인 경우, 그 줄은 다음에 나오는 것과 결합된다.

```
x1 = (-b + sqrt(b ** 2 - 4 * a * c)) \
   / (2 * a)   # Ok
```

백슬래시 뒤에 공백이나 탭을 넣지 않도록 주의해야 한다. 이 책에서는 첫 번째 형식의 라인 결합만을 사용한다.

2.3 문제 해결: 손으로 먼저 해보기 _Problem Solving: First Do It By Hand

이전 절에서는 파이썬으로 계산을 수행하는 방법을 배웠다. 이제 문제 해결을 위한 프로그램을 작성하라는 요청을 받으면 계산을 위한 파이썬 구문에 대해 자연스럽게 생각할 수 있다. 그러나 프로그래밍을 시작하기 전에 먼저 손으로 계산을 하는 매우 중요한 단계를 수행해야 한다. 솔루션을 직접 계산할 수 없다면 계산을 자동화하는 프로그램을 작성할 수 없을 것이다.

손으로 계산하기를 설명하기 위해 다음 문제를 고려해 보자. 흑백 타일 행을 벽을 따라 배치해야 한다. 미적인 이유로 건축가는 첫 번째 타일과 마지막 타일을 검은색으로 지정했다.

사용 가능한 공간과 각 타일의 너비를 고려하여 필요한 타일 수와 각 끝의 간격을 계산해야 한다.

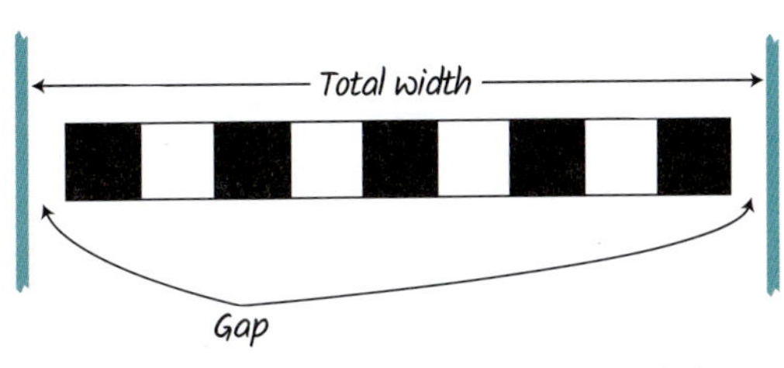

문제에 대한 구체적인 값들을 선택하여 손으로 계산해 본다.

문제를 보다 구체적으로 만들기 위해 다음과 같은 치수를 가정해 보겠다.

- 총 너비: 100인치
- 타일 폭: 5인치

확실한 해결책은 20개의 타일로 공간을 채우는 것이지만 해답이 아니다. 이 경우에는, 마지막 타일은 흰색이다.

대신, 이런 식으로 문제를 보라: 첫 번째 타일은 항상 검은색이어야 한다. 그런 다음 몇 개의 흰색/검정색 쌍을 추가한다.

첫 번째 타일은 5인치를 차지하고 95인치는 타일의 쌍으로 덮여 있다. 각 쌍의 너비는 10인치이다. 따라서 쌍의 수는 95/10 = 9.5이다. 그러나 타일 쌍의 소수 부분이 있을 수 없으므로 소수 부분을 삭제해야 한다.

따라서 9개의 타일 쌍 또는 18개의 타일과 초기 검은 타일을 사용한다. 모두 19개의 타일이 필요하다.

타일은 19 × 5 = 95인치이며 전체 남는 공간은 100 – 19 × 5 = 5인치이다.

간격은 양쪽 끝에 고르게 분포되어야 한다. 각 끝에서 간격은 (100 – 19 × 5) / 2 = 2.5인치이다.

이 계산은 우리에게 총 너비와 타일 너비에 대한 임의의 값을 가진 알고리즘을 고안하기에 충분한 정보를 제공한다.

number of pairs = (total width – tile width) / (2 × tile width)의 정수 부분
number of tiles = 1 + 2 × number of pairs
gap at each end = (total width – number of tiles x tile width) / 2

보다시피, 손으로 계산을 수행해 보면 문제에 대한 충분한 통찰력을 얻을 수 있어서 알고리즘 개발이 쉬워진다.

예제 코드 전체 프로그램은 보조 사이트의 소스 코드 `sec03/tiles.py`를 참조하라.

WORKED EXAMPLE 2.1

여행 시간 계산 _*Computing Travel Time*

문제 정의 로봇은 도로 옆의 바위가 많은 지형에 있는 물건을 가져와야 한다. 로봇은 바위가 많은 지형보다 도로에서 더 빠른 속도로 이동할 수 있기 때문에 일정 거리만큼 이동한 후에 이 물건으로 직선 이동한다. 이 물건에 도달하는 데 걸리는 시간을 손으로 계산하라.

Courtesy of NASA.

당신의 임무는 로봇이 목표에 도달하는 데 걸리는 총 시간을 계산하는 것이다.

- 로봇과 물건 사이의 거리(dx 및 dy)
- 도로 및 바위 지형에서 로봇의 속도 (s_1 및 s_2)
- 도로에서 첫 번째 직선 구간의 길이 l_1

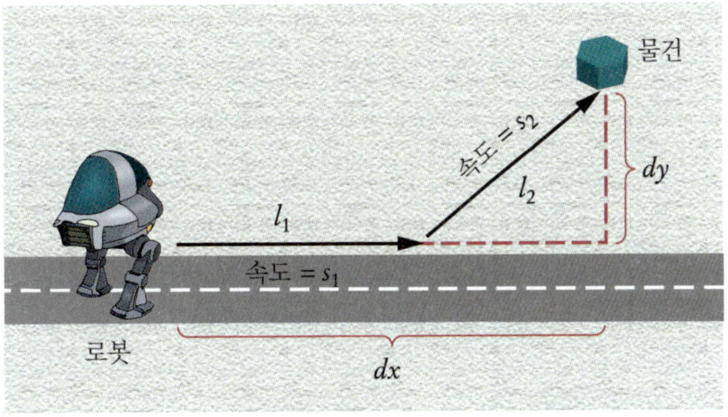

문제를 보다 구체적으로 만들기 위해 다음과 같은 치수를 가정해 보겠다.

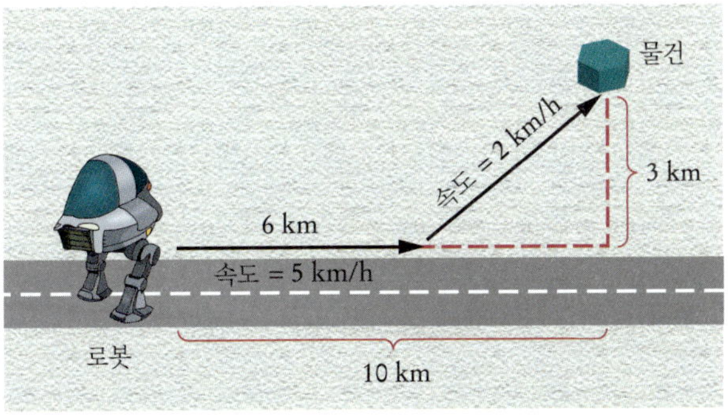

총 시간은 두 개의 직선 구간을 주행하는 시간이다. 첫 번째 구간을 주행하는 시간은 단순히 구간의 길이를 속도로 나눈 값이다: 즉 6 km를 5 km / h로 나눈 1.2시간이다.

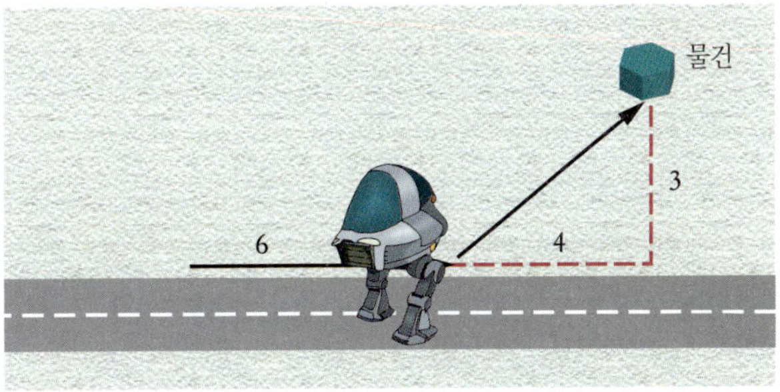

두 번째 구간의 시간을 계산하려면 먼저 길이를 알아야 한다. 변의 길이가 3과 4인 직각 삼각형의 빗변이다.

따라서 길이는 5이다. 2 km / h 속도로 횡단하는 데 2.5 시간이 걸린다. 총 여행 시간은 3.7시간이다. 이 계산은 임의의 인자로 총 이동 시간에 대한 알고리즘을 고안할 수 있는 충분한 정보를 제공한다.

Time for segment 1 = l_1 / s_1
Length of segment 2 = square root of $[(dx - l_1)^2 + dy^2]$
Time for segment 2 = length of segment 2 / s_2
Total time = time for segment 1 + time for segment 2

파이썬으로 번역하면 계산은 다음과 같다.

```
segment1Time = segment1Length / segment1Speed
segment2Length = sqrt((xDistance - segment1Length) ** 2 + yDistance ** 2)
segment2Time = segment2Length / segment2Speed
totalTime = segment1Time + segment2Time
```

우리는 dx 또는 s_1보다 길고 설명이 많은 변수 이름을 사용한다. 손으로 계산할 때는 더 짧은 이름을 사용하는 것이 편리하지만 프로그램에서는 변수 이름을 설명이 포함된 이름으로 변경하는 것이 좋다. 일반적으로 복잡한 프로그램은 많은 사람들이 개발한다. s_1과 같이 짧은 이름을 가진 변수는 나중에 프로그램을 작업하는 사람에게는 의미가 없을 수 있다.

예제 코드 전체 프로그램은 eText 또는 보조 사이트의 소스 코드에서 `worked_example_1/traveltime.py`를 참조하라.

2.4 문자열 _Strings

문자열은 문자들의 모임이다.

많은 프로그램이 숫자가 아닌 텍스트를 처리한다. 텍스트는 문자, 숫자, 문장 부호, 공백 등의 문자로 구성된다. **문자열**(string)은 일련의 문자이다. 예를 들어 문자열 `"Hello"`는 5개의 문자 시퀀스이다.

© essxboy/iStockphoto.

2.4.1 string 타입

우리는 이미 다음과 같은 출력문에서 문자열을 보았다.

```
print("Hello")
```

문자열은 변수에 저장될 수 있다.

```
greeting = "Hello"
```

문자열 리터럴은 특정한 문자열을 나타낸다.

나중에 필요할 때 액세스할 수 있다.

```
print(greeting)
```

문자열 리터럴(string literal)은 숫자 리터럴(예: 2)이 특정 숫자를 나타내는 것처럼 특정 문자열(예: `"Hello"`)을 나타낸다. 파이썬에서 문자열 리터럴은 작은따옴표나 큰따옴표의 일치하는 쌍으로 일련의 문자를 묶어 지정한다.

```
print("This is a string.", 'So is this.')
```

두 유형의 구분 기호를 모두 허용함으로써 파이썬은 문자열 내에 아포스트로피나 따옴표를 쉽게 포함할 수 있다.

```
message = 'He said "Hello"'
```

이 책에서 우리는 문자열 주위에 큰따옴표를 사용한다. 왜냐하면 이것은 많은 다른 프로그래밍 언어에서 일반적인 관례이기 때문이다. 그러나 대화식 파이썬 인터프리터는 항상 작은따옴표로 문자열을 표시한다.

len 함수는 문자열에 있는 문자의 개수를 반환한다.

문자열의 문자 개수를 문자열 길이라고 한다. 예를 들어, `"Harry"`의 길이는 5이다. 파이썬의 `len` 함수를 사용하여 문자열의 길이를 계산할 수 있다.

```
length = len("World!")   # 길이는 6이다
```

길이가 0인 문자열을 **공백 문자열**(empty string)이라고 한다. 공백 문자열에는 문자가 하나도 없고 `""` 또는 `''`로 생성된다.

2.4.2 문자열 결합과 반복

+ 연산자를 이용하여 문자열을 합칠 수 있다.

"Harry" 및 "Morgan"과 같은 두 개의 문자열을 하나의 긴 문자열로 연결할 수 있다. 결과 문자열은 첫 번째 문자열의 모든 문자와 두 번째 문자열의 모든 문자로 구성된다. 파이썬에서는 + 연산자를 사용하여 두 개의 문자열을 연결한다. 예를 들어

```
firstName = "Harry"
lastName = "Morgan"
name = firstName + lastName
```

결과는 다음과 같다.

```
"HarryMorgan"
```

성과 이름을 공백으로 구분하려면 어떻게 해야 하는가? 쉽다.

```
name = firstName + " " + lastName
```

이 명령문은 firstName, 문자열 리터럴 " " 및 lastName의 3개의 문자열을 연결한다.

결과는

```
"Harry Morgan"
```

이다.

+ 연산자의 왼쪽 또는 오른쪽에 있는 표현식이 문자열인 경우 다른 하나도 문자열이어야 한다. 그렇지 않으면 구문 오류가 발생한다. 문자열을 숫자 값으로 연결할 수 없다.

문자열을 여러 번 반복한 문자열을 생성할 수도 있다. 예를 들어, 점선을 출력해야 한다고 가정하라. 50개의 -로 리터럴 문자열을 생성하는 대신 * 연산자를 사용하여 50번 반복된 문자열 "-"로 구성된 문자열을 작성할 수 있다. 예를 들어

```
dashes = "-" * 50
```

결과는

```
"--------------------------------------------------"
```

가 된다.

문자열은 * 연산자로 반복될 수 있다.

* 연산자를 사용하여 모든 길이의 문자열을 반복할 수 있다. 예를 들어,

```
message = "Echo..."
print(message * 5)
```

결과는 다음과 같다.

```
Echo...Echo...Echo...Echo...Echo...
```

문자열이 복제되는 개수는 정수 값이어야 한다. 인자는 * 연산자의 양쪽에 나타날 수 있지만 문자열을 왼쪽에, 정수 인자를 오른쪽에 배치하는 것이 일반적이다.

2.4.3 숫자와 문자열의 변환

때로는 숫자 값을 문자열로 변환해야 한다. 예를 들어 문자열 끝에 숫자를 추가해야 한다고 가정한다. 문자열과 숫자를 연결할 수 없다:

```
name = "Agent " + 1729    # 오류: 문자열과 문자열만 연결할 수 있다
```

문자열 연결은 두 문자열 사이에서만 수행할 수 있으므로 먼저 숫자를 문자열로 변환해야 한다.

숫자 값의 문자열 표현을 생성하려면 `str` 함수를 사용하라.

다음 문장은 정수 값 1729를 문자열 `"1729"`로 변환한다.

```
str(1729)
```

이제 다음과 같이 `str` 함수를 이용하면 문자열에 숫자를 연결할 수 있다.

```
id = 1729
name = "Agent " + str(id)
```

`str` 함수는 정수나 부동-소수점 수를 문자열로 변환한다.

`str` 함수를 사용하여 부동-소수점 값을 문자열로 변환할 수도 있다.

반대로 숫자를 포함하는 문자열을 숫자 값으로 바꾸려면 `int`와 `float` 함수를 사용하라.

```
id = int("1729")
price = float("17.29")
```

이 변환은 문자열이 사용자 입력에서 나올 때 중요하다(2.5.1절 참조).

`int`와 `float` 함수는 문자열을 수치값으로 변환한다.

`int` 또는 `float` 함수에 전달된 문자열은 원하는 자료형의 적절한 문자로만 구성되어야 한다. 예를 들어, 다음과 같은 문장은 오류이다.

```
value = float("17x29")
```

문자 "x"는 부동-소수점 리터럴의 일부가 될 수 없으므로 실행 시간 오류가 발생한다.

앞이나 뒤에 공백이 있으면 무시된다. `int("  1729  ")`는 여전히 1729이다.

2.4.4 문자열과 문자

문자열은 유니코드 문자의 시퀀스이다. 문자열 내 위치에 따라 문자열의 개별 문자에 액세스할 수 있다. 이 위치를 문자의 인덱스라고 한다.

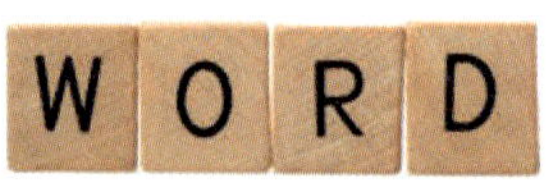

© slpix/iStockphoto.

문자열은 문자의 시퀀스이다.

문자열 인덱스는 0부터 시작한다.

첫 번째 문자의 인덱스는 0이고 두 번째 문자의 인덱스는 1이다.

H	a	r	r	y
0	1	2	3	4

개별 문자는 대괄호 안에 인덱스를 표기하여 액세스한다. 예를 들어 변수 이름이 다음과 같이 정의된 경우

```
name = "Harry"
```

다음의 문장은

```
first = name[0]
last = name[4]
```

문자열에서 두 개의 다른 문자를 추출한다. 첫 번째 명령문은 문자열의 첫 번째 문자 `"H"`를 추출하여 변수 `first`에 저장한다. 두 번째 문장은 위치 4에서 문자를 추출한다. 이 경우에는 마지막 문자 y이며 변수 `last`에 저장한다.

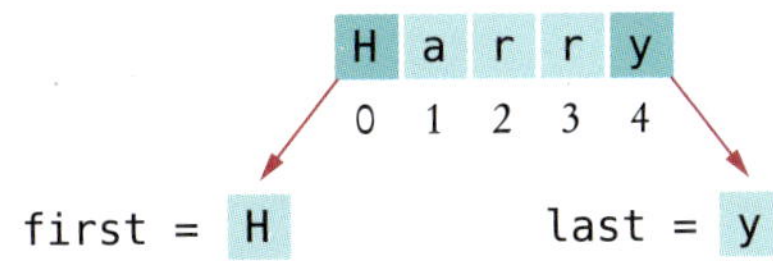

인덱스 값은 유효한 문자 위치 범위 내에 있어야 한다. 그렇지 않으면 "인덱스 범위를 벗어남" 예외가 실행 중에 생성된다. `len` 함수는 마지막 인덱스의 위치를 반환한다. 따라서 문자열의 마지막 문자를 결정하는 데 사용될 수 있다.

```
pos = len(name) - 1   # "Harry"의 길이는 5
last = name[pos]   # last는 "y"로 설정된다
```

© Rich Legg/iStockphoto.

이니셜은 각 이름의 첫 번째 문자로 만든다.

다음 프로그램은 이러한 개념을 적용한다. 이 프로그램은 두 개의 변수를 문자열로 초기화한다. 하나의 변수에는 여러분의 이름이 저장되어 있고 다른 변수에는 친구의 이름이 있다고 하자. 이 두 개의 이름의 이니셜을 출력한다.

`first[0]` 연산은 첫 번째 이름의 첫 번째 문자로만 구성된 문자열을 만든다. `second[0]` 연산은 두 번째 이름에 대해서도 동일한 연산을 한다. 마지막으로, 한 문자로 구성된 문자열을 문자열 리터럴 "&"와 연결하여 길이 3의 이니셜 문자열을 얻는다(그림 4 참조).

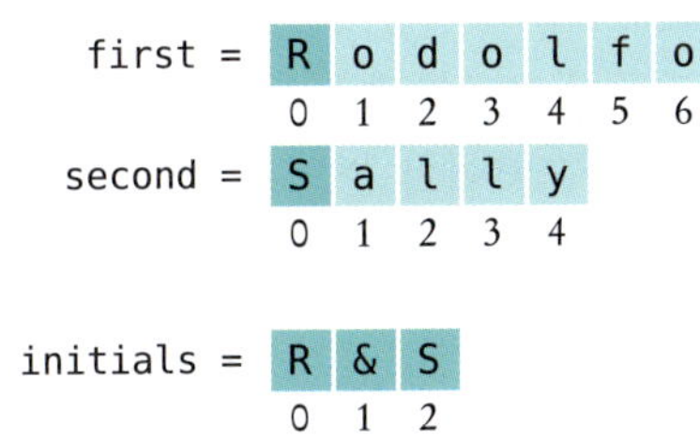

그림 4 이니셜 만들기

sec04/initials.py

```
##
#   This program prints a pair of initials.
#

# Set the names of the couple.
first = "Rodolfo"
second = "Sally"

# Compute and display the initials.
initials = first[0] + "&" + second[0]
print(initials)
```

Program Run

```
R&S
```

표 7 문자열 연산

명령문	결과	설명
`string = "Py"` `string = string + "thon"`	`string`이 `"Python"`으로 설정된다.	+ 연산자가 문자열에 적용되면 문자열을 연결한다.
`print("Please" +` `" enter your name: ")`	다음을 출력한다. `Please enter your name:`	한 줄에 다 넣을 수 없는 문자열을 분리하여 입력할 수 있다.
`team = str(49) + "ers"`	`team`이 `"49ers"`로 설정된다.	49는 정수이기 때문에 문자열로 변환되어야 한다.
`greeting = "H & S"` `n = len(greeting)`	`n`이 5로 설정된다.	스페이스도 하나의 문자로 계산된다.
`string = "Sally"` `ch = string[1]`	`ch`가 `"a"`로 설정된다.	초기 위치는 0부터 시작한다.
`last = string[len(string) - 1]`	`last`는 문자열의 마지막 문자이다.	마지막 문자의 인덱스는 `len(string) - 1`이다.

2.4.5 문자열 메소드

컴퓨터 프로그래밍에서 **객체**(object)는 특정 동작과 값을 함께 저장하는 소프트웨어 엔티티이다. 문자열과 같은 객체는 단순하지만, 그래픽 창이나 데이터 파일과 같이 복잡할 수도 있다. 9장에서 객체에 대해 훨씬 더 많이 배울 것이다. 지금은 문자열 객체로 작업하기 위해 약간의 표기법을 마스터해야 한다.

객체의 동작은 해당 **메소드**(method)를 통해 제공된다. 함수와 유사한 메소드는 특정 작업을 수행하는 프로그래밍 명령 모음이다. 그러나 독립형 조각인 함수와 달리 메소드는 정의된 타입의 객체에만 적용할 수 있다. 예를 들어 다음과 같이 `upper` 메소드를 모든 문자열에 적용할 수 있다.

```
name = "John Smith"
uppercaseName = name.upper()    # uppercaseName을 "JOHN SMITH"로 설정
```

객체를 먼저 쓰고 이어서 메소드 이름을 쓴다. 점(.)은 객체와 메소드 이름을 구분한다.

문자열의 소문자 버전을 생성하는 `lower`라는 또 다른 문자열 메소드가 있다.

```
print(name.lower())    # john smith를 출력한다
```

함수(예: `len(name)`)를 호출해야 할 때와 메소드(`name.lower()`)를 호출해야 할 때 어디서 찾아야 할까? 메소드 이름을 기억하거나 아니면 온라인 파이썬 레퍼런스에서 찾아야 한다.

함수 호출과 마찬가지로 메소드 호출에도 인자가 있을 수 있다. 예를 들어, string 메소드 `replace`는 지정된 하위 문자열이 발견될 때마다 두 번째 문자열로 대체한다. 다음은 두 가지 인자로 해당 메소드를 호출하는 예이다.

```
name2 = name.replace("John", "Jane")    # name2를 "Jane Smith"로 설정
```

메소드 호출은 호출된 문자열의 내용을 변경하지 않는다. `name.upper()` 호출 후에도 `name` 변

수는 여전히 "John Smith"를 보유한다. 메소드 name.upper() 호출은 대문자로 된 새로운 문자열을 반환한다. 마찬가지로 replace 메소드도 원본을 수정하지 않고 대체 문자열이 포함된 새 문자열을 반환한다.

표 8에는 이 절에서 소개한 문자열 메소드가 나와 있다.

표 8 유용한 문자열 메소드

메소드	반환값
s.lower()	문자열 *s*의 소문자 버전
s.upper()	문자열 *s*의 대문자 버전
s.replace(*old*, *new*)	문자열 *s* 안에서 *old* 문자열이 *new* 문자열로 교체된 문자열을 반환한다.

Special Topic 2.4

문자 값 _Character Values

문자는 내부적으로 정수 값으로 저장된다. 문자에 사용되는 특정 코드 값은 표준 코드 세트를 기반으로 한다. 부록 D에서 서유럽 언어로 사용되는 문자 코드 값을 찾을 수 있다. 예를 들어 문자 "H"의 값을 조회하면 실제로 숫자 72로 인코딩된 것을 볼 수 있다.

파이썬은 문자 인코딩과 관련된 두 가지 기능을 제공한다. ord 함수는 주어진 문자를 나타내는 데 사용되는 숫자를 반환한다. chr 함수는 주어진 코드와 관련된 문자를 반환한다. 예를 들어

```
print("The letter H has a code of", ord("H"))
print("Code 97 represents the character", chr(97))
```

다음과 같은 출력을 생성한다.

```
The letter H has a code of 72
Code 97 represents the character a
```

Special Topic 2.5

이스케이프 시퀀스 _Escape Sequences

때로는 리터럴 문자열에 작은따옴표와 큰따옴표를 모두 포함해야 할 수도 있다. 예를 들어 리터럴 문자열 “You’re Welcome”에서 Welcome이라는 단어를 큰따옴표로 묶으려면 다음과 같이 따옴표 앞에 백슬래시(\)를 붙이다.

```
"You're \"Welcome\""
```

백슬래시는 문자열에 포함되지 않는다. 뒤에 오는 따옴표는 문자열의 일부로서 문자열의 끝을 표시하지 않는다. 즉 특수한 의미를 잃어버린다. 시퀀스 \"를 **이스케이프 시퀀스**(escape sequence)라고 한다.

문자열에 백슬래시를 포함시키려면 다음과 같이 이스케이프 시퀀스 \\를 사용하라.

```
"C:\\Temp\\Secret.txt"
```

또 다른 일반적인 이스케이프 시퀀스는 \n으로, **줄바꿈**(newline) 문자를 나타낸다. 줄바꿈 문자를 출력하면 화면에서 줄 바꾸기가 시작된다. 예를 들어,

```
print("*\n**\n***")
```

는 다음과 같이 3개의 별도의 줄에 문자를 출력한다.

```
*
**
***
```

2.5 입력과 출력 _Input and Output

가장 흥미로운 프로그램은 프로그램 사용자에게 입력 값을 제공하도록 요청한 다음, 사용자 입력에 따라 약간 다른 출력을 생성하는 프로그램이다. 이번 절에서는 사용자 입력을 읽는 방법과 프로그램이 생성하는 출력 형태를 제어하는 방법을 설명한다.

2.5.1 사용자 입력

고정된 값을 사용하지 않고 프로그램 사용자에게 입력을 요청하면 프로그램을 보다 유연하게 만들 수 있다. 예를 들어, 한 쌍의 이니셜을 인쇄하는 2.4.4절의 initials.py 프로그램을 생각해 보자. 이니셜을 뽑는 두 개의 이름은 리터럴 값으로 프로그램 안에서 지정된다. 프로그램 사용자가 이름을 입력한다면, 프로그램은 모든 이름 쌍에 사용될 수 있다.

프로그램이 사용자 입력을 요청하려면 먼저 사용자에게 어떤 입력이 예상되는지 알려주는 메시지를 출력해야 한다. 이러한 메시지를 **프롬프트**(prompt)라고 한다. 파이썬에서는 프롬프트를 표시하고 키보드 입력을 읽는 것이 한 번의 작업으로 결합된다.

```
first = input("이름을 입력하시오: ")
```

input 함수를 이용하여 키보드 입력을 읽을 수 있다.

입력 함수는 콘솔 창에 문자열 인자를 표시하고 문자열 바로 다음에 커서를 놓는다.

```
이름을 입력하시오: █
```

콜론과 커서 사이의 공백에 유의하라. 프롬프트와 입력을 시각적으로 분리하기 위한 일반적인 방법이다. 프롬프트가 표시되면 프로그램은 사용자가 이름을 입력할 때까지 기다린다. 사용자가 입력을 제공한 후

```
이름을 입력하시오: Rodolfo█
```

사용자는 엔터키를 누른다. 이어서 문자 시퀀스가 입력 함수에서 문자열로 반환된다. 이 예에서는 문자열을 변수에 먼저 저장하여 나중에 사용할 수 있도록 한다. 그런 다음 프로그램은 다음 문장으로 계속 진행된다.

이전 버전 initials.py 프로그램이 사용자로부터 입력을 받도록 변경되었다.

sec05_01/initials2.py

```
##
#   This program obtains two names from the user and prints a pair of initials.
#

# Obtain the two names from the user.
first = input("Enter your first name: ")
second = input("Enter your significant other's first name: ")

# Compute and display the initials.
initials = first[0] + "&" + second[0]
print(initials)
```

Program Run

```
Enter your first name: Sally
Enter your significant other's first name: Harry
S&H
```

2.5.2 숫자 입력

입력 함수는 사용자로부터 텍스트 문자열만 얻을 수 있다. 숫자 값을 얻으려면 어떻게 해야 할까? 예를 들어 청량음료의 가격과 수량을 요구하는 프로그램을 고려하라. 총 가격을 계산하려면 청량 음료병의 수는 정수 값이어야 하고 병당 가격은 부동-소수점 값이어야 한다.

사용자로부터 정수나 부동-소수점 수를 얻으려면 input 함수 뒤에 int 함수나 float 함수를 사용한다.

정수 값을 읽으려면 먼저 입력 함수를 사용하여 데이터를 문자열로 얻은 다음 int 함수를 사용하여 정수로 변환해야 한다.

```
userInput = input("Please enter the number of bottles: ")
bottles = int(userInput)
```

이 예에서 userInput은 정수 값의 문자열 표현을 저장하는 데 사용되는 임시 변수이다(그림 5 참조). 입력 문자열이 정수 값으로 변환되어 bottles에 저장된 후에는 더 이상 필요하지 않다.

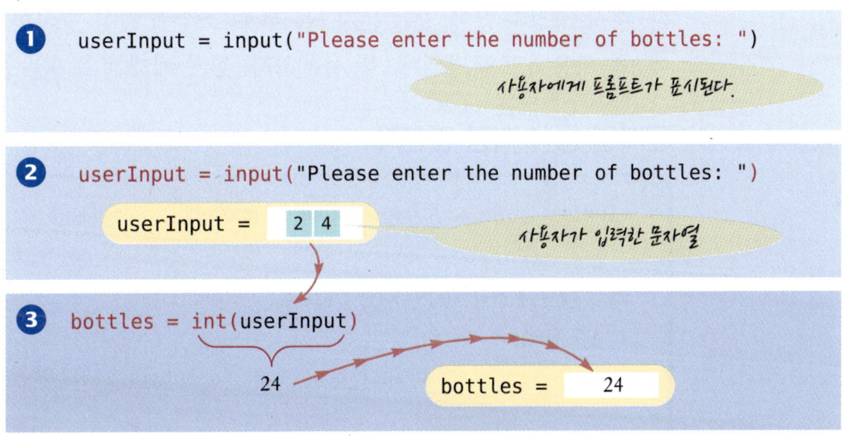

그림 5 사용자로부터 정수 값 읽기

사용자로부터 부동-소수점 값을 읽으려면 입력 문자열을 부동-소수점 수로 변환해야 한다는 점을 제외하고 동일한 방법이 사용된다.

```
userInput = input("병당 가격 입력: ")
price = float(userInput)
```

2.5.3 형식화된 출력

계산 결과를 출력할 때 종종 모양을 제어할 필요가 있다. 예를 들어, 금액을 달러와 센트로 출력할 때는 일반적으로 유효 숫자 두 자리로 반올림한다. 즉, 출력이 다음과 같이 보이기를 원한다.

```
리터당 가격: 1.22
```

형식을 지정하지 않으면 다음과 같이 표시된다.

```
리터당 가격: 1.215962441314554
```

다음 명령문은 소수점 이하 두 자리 숫자로 가격을 표시한다.

```
print("%.2f" % price)   # 출력 1.22
```

다음과 같이 필드 너비(공백을 포함한 총 문자 수)를 지정할 수도 있다.

```
print("%10.2f" % price)
```

가격은 10개의 문자, 즉 6개의 공백과 4개의 문자 1.22를 사용하여 오른쪽 정렬로 출력된다.

						1	.	2	2

다음과 같은 인자가 print 함수에 전달되었다.

```
"%10.2f" % price
```

이 인자는 문자열의 형식을 지정한다. 결과는 출력하거나 저장할 수 있는 문자열이다.

출력되는 값을 제어하려면 형식 지정자를 사용한다.

이전에 % 기호가 나머지 계산에 사용된다는 것을 알았지만, 연산자의 왼쪽과 오른쪽 값이 모두 숫자인 경우에만 나머지 연산자이다. 왼쪽의 값이 문자열이면 % 기호가 문자열 형식 연산자가 된다.

%10.2f를 **형식 지정자**(format specifier)라고 한다. 값의 형식을 지정하는 방법을 설명한다. 형식 지정자 끝에 있는 문자 f는 부동-소수점 값을 형식화하고 있음을 나타낸다. 정수 값에 d를 사용하고 문자열에 s를 사용하라. 추가 예제는 표 9를 참조하라.

Syntax 2.3 문자열 형식 지정 연산자

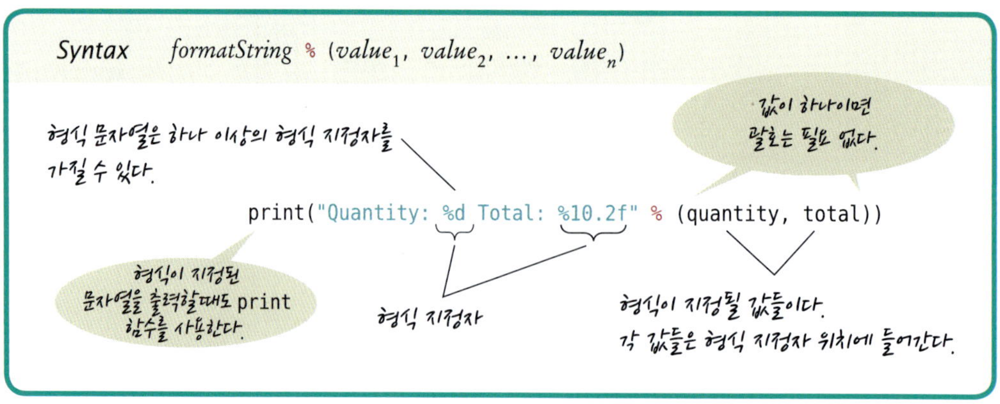

형식 문자열(문자열 형식 연산자의 왼쪽에 있는 문자열)에는 하나 이상의 형식 지정자와 리터럴 문자가 포함될 수 있다. 형식 지정자가 아닌 문자는 그대로 포함된다. 예를 들어

```
"리터당 가격:%10.2f" % price
```

은 다음과 같은 문자열을 생성한다.

```
"리터당 가격:      1.22"
```

하나의 문자열을 이용하여 여러 값의 형식을 지정할 수 있지만, 이때는 값을 괄호로 묶고 쉼표로 구분해야 한다. 예제는 다음과 같다.

표 9 형식 지정자 예제

형식 문자열	출력 예제	설명
"%d"	`24`	정수에는 d를 사용한다.
"%5d"	`   24`	필드 너비가 5이므로 스페이스가 추가된다.
"%05d"	`00024`	필드 너비 앞에 0을 붙이면 0이 추가된다.
"Quantity:%5d"	`Quantity:   24`	형식 문자열 안의 문자들은 출력에 그대로 나타난다.
"%f"	`1.21997`	부동-소수점 수를 출력하려면 f를 사용한다.
"%.2f"	`1.22`	소수점 이하 두 자리로 출력한다.
"%7.2f"	`   1.22`	스페이스가 추가된다.
"%s"	`Hello`	문자열을 출력하려면 s를 사용한다.
"%d %.2f"	`24 1.22`	여러 값의 형식을 동시에 지정할 수 있다.
"%9s"	`    Hello`	문자열은 오른쪽 정렬된다.
"%-9s"	`Hello    `	마이너스 기호를 붙이면 왼쪽 정렬된다.
"%d%%"	`24%`	% 기호를 출력하려면 %%를 사용한다.
"%+5d"	`  +24`	+ 기호를 붙이면 양수를 출력할 때 + 기호가 붙는다.

```
print("Quantity: %d Total: %10.2f" % (quantity, total))
```

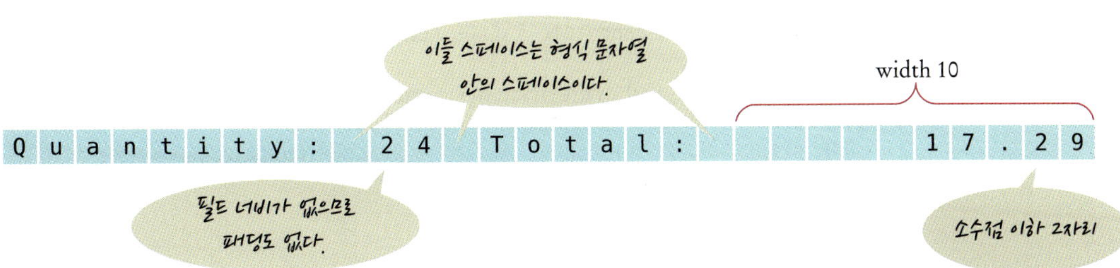

형식화할 값(이 경우 quantity 및 total)은 나열된 순서대로 사용된다. 즉, 첫 번째 값은 첫 번

째 형식 지정자(%d)를 기준으로 형식이 지정되고 두 번째 값(total에 저장됨)은 두 번째 형식 지정자(%10.2f)를 기반으로 한다.

필드 너비가 지정되면 지정된 열 수 내에서 값이 오른쪽 정렬된다. 이것은 테이블 형식으로 출력된 숫자 값과 함께 사용되는 일반적인 레이아웃이지만 문자열 데이터에 사용되는 스타일은 아니다. 예를 들어,

```
title1 = "Quantity:"
title2 = "Price:"
print("%10s %10d" % (title1, 24))
print("%10s %10.2f" % (title2, 17.29))
```

결과는 다음과 같다.

```
Quantity:         24
   Price:      17.29
```

그러나 제목이 왼쪽 정렬된 경우 출력이 더 좋아 보인다. 왼쪽 자리 맞추기를 지정하려면 문자열 필드 너비 앞에 마이너스 부호를 추가하라.

```
print("%-10s %10d" % (title1, 24))
print("%-10s %10.2f" % (title2, 17.29))
```

결과는 훨씬 더 보기 편하다.

```
Quantity:         24
Price:         17.29
```

다음 예제 프로그램은 여섯 팩 가격과 각 캔의 수량을 묻는 메시지를 표시한 다음 온스당 가격을 출력한다. 이 프로그램은 입력 및 출력에 관해 방금 배운 것을 적용한다.

sec05_03/volume2.py

```
##
#  This program prints the price per ounce for a six-pack of cans.
#

# Define constant for pack size.
CANS_PER_PACK = 6

# Obtain price per pack and can volume.
userInput = input("Please enter the price for a six-pack: ")
packPrice = float(userInput)

userInput = input("Please enter the volume for each can (in ounces): ")
canVolume = float(userInput)

# Compute pack volume.
packVolume = canVolume * CANS_PER_PACK

# Compute and print price per ounce.
pricePerOunce = packPrice / packVolume
print("Price per ounce: %8.2f" % pricePerOunce)
```

Program Run

```
Please enter the price for a six-pack: 2.95
Please enter the volume for each can (in ounces): 12
Price per ounce:     0.04
```

Programming Tip 2.4

변환을 기다리지 마라

입력에서 숫자 값을 얻을 때는 input 함수 직후에 바로 문자열을 해당 숫자 값으로 변환해야 한다.

문자열을 가져와서 임시 변수에 저장한 후, 필요할 때마다 숫자로 변환하면 안 된다. 문자열을 숫자로 변환하는 데도 시간이 걸린다.

```
unitPrice = input("Enter the unit price: ")
price1 = float(unitPrice)
price2 = 12 * float(unitPrice)   # 나쁜 스타일
```

동일한 계산을 여러 번 반복하는 것은 좋지 않다. 또 변환을 잊을 수도 있다.

따라서 문자열 입력을 즉시 숫자로 변환하라.

```
unitPriceInput = input("Enter the unit price: ")
unitPrice = float(unitPriceInput)   # 입력을 읽은 직후에 이것을 하라
price1 = unitPrice
price2 = 12 * unitPrice
```

또는 단일 호출로 input 호출과 float 함수 호출을 결합하는 것이 더 좋다.

```
unitPrice = float(input("Enter the unit price: "))
```

input 함수가 반환한 문자열은 변수에 저장되지 않고 float 함수로 직접 전달된다.

HOW TO 2.1

간단한 프로그램 작성하기 _*Writing Simple Programs*

이번 How To는 어떻게 문제의 문장을 의사코드로 변환하고 궁극적으로 어떻게 파이썬 프로그램으로 변환하는지를 보여준다.

문제 정의 자동판매기를 시뮬레이션하는 프로그램을 작성하라. 고객이 구매할 품목을 선택하고 자동판매기에 지폐를 삽입한다. 자동판매기는 구매한 품목을 출력하고 나머지 돈을 지급한다. 모든 품목 가격이 25센트의 배수이고 기계는 1달러 동전과 25센트 동전으로 잔돈을 제공한다고 가정한다. 당신의 임무는 자동판매기가 반환할 각 유형의 동전 수를 계산하는 것이다.

1단계 문제 이해: 입력은 무엇인가? 원하는 출력은 무엇인가?

이 문제에는 두 가지 입력이 있다.

- 고객이 삽입한 지폐의 단위
- 구매한 품목의 가격

이 문제에는 두 가지 출력이 있다.

- 기계가 반환하는 1달러 동전의 개수
- 기계가 반환하는 25센트 동전의 개수

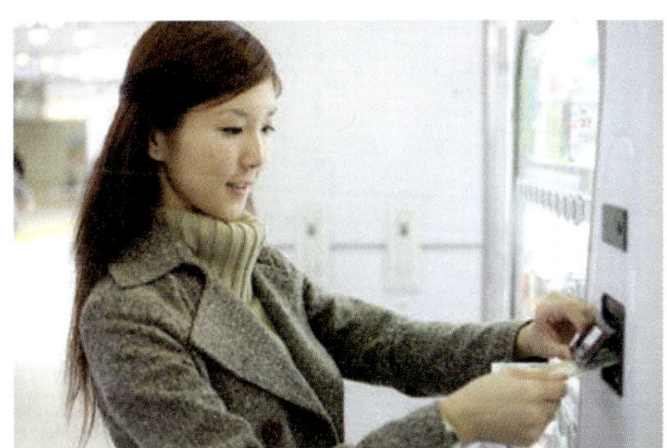

Jupiterimages/Getty Images, Inc.

자동판매기는 지폐를 받아서 동전을 반환한다.

2단계 손으로 예제를 풀어보자.

이것은 매우 중요한 단계이다. 손으로 솔루션을 계산할 수 없다면 계산을 자동화하는 프로그램을 작성할 수 없다.

고객이 $2.25의 품목을 구매하고 $5의 지폐를 삽입했다고 가정해 보자. 고객은 $2.75 즉 2달러짜리 동전과 세 개의 25센트 동전을 받으면 된다.

사람은 쉽게 계산할 수 있지만 파이썬 프로그램이 어떻게 같은 결론을 내릴 수 있을까? 열쇠는 달러가 아닌 페니로 계산해 보는 것이다. 고객에게 줄 잔돈은 275페니이다. 100으로 나누면 달러 수인 2가 산출된다. 나머지(75)를 25로 나누면 25센트짜리 동전 개수인 3이 된다.

3단계 답을 계산하기 위한 의사코드를 작성한다.

이전 단계에서 문제의 특정 사례를 분석했다. 이제는 일반적으로 작동하는 방법을 고안해야 한다.

임의의 품목 가격과 지폐가 주어지면, 어떻게 코인을 계산할 수 있는가? 먼저, 페니로 변경하여 계산하라.

change due = 100 x bill value - item price in pennies

달러 가격을 얻으려면 100으로 나누고 소수 부분을 버린다:

num dollar coins = change due divided by 100 (소수 부분 버림)

만약 여러분이 선호한다면 정수 나눗셈을 사용할 수도 있다.

num dollar coins = change due // 100

그러나 꼭 그럴 필요는 없다. 의사코드의 목적은 특정 프로그래밍 언어의 구문을 사용하지 않고 사람이 읽을 수 있는 형태로 계산을 설명하는 것이다.

나머지 돈은 두 가지 방법으로 계산할 수 있다. 나머지를 계산할 수 있다는 것을 알고 있다면(파이썬의 나머지 연산자를 사용하여) 다음과 같이 할 수 있다.

change due = remainder of dividing change due by 100

다른 방법으로는 나머지 돈에서 1달러 동전을 페니로 바꾸어서 빼도 된다.

change due = change due - 100 × num dollar coins

25센트 동전의 개수를 알고 싶으면 나머지 돈을 25로 나눈다.

num quarters = change due // 25

바닥 함수를 사용하면 가격이 25의 배수가 아니면 초과 동전은 무시된다.

4단계 필요한 변수와 상수를 선언하고 변수의 자료형을 결정하라.

여기에는 다섯 가지 변수가 있다.

- `billValue`
- `itemPrice`
- `changeDue`
- `dollarCoins`
- `quarters`

우리는 100과 25를 `PENNIES_PER_DOLLAR` 및 `PENNIES_PER_QUARTER`로 정의하는 상수를 도입해야 하는가? 그렇게 하면 프로그램을 국제판으로 쉽게 전환할 수 있으므로 이 단계를 수행할 것이다.

정수 나누기와 나머지 연산자를 사용하기 때문에 모든 값이 정수가 되길 원한다.

5단계 의사코드를 파이썬 명령문으로 바꾼다. 의사코드로 철저한 작업을 수행한 경우라면, 이 단계는 쉬워야 한다. 물론 파이썬에서 수학 연산(예: 정수 나누기 및 나머지 연산)을 표현하는 방법을 알아야 한다.

```
changeDue = PENNIES_PER_DOLLAR * billValue - itemPrice
dollarCoins = changeDue // PENNIES_PER_DOLLAR
changeDue = changeDue % PENNIES_PER_DOLLAR
quarters = changeDue // PENNIES_PER_QUARTER
```

6단계 입력 및 출력을 제공한다.

계산을 시작하기 전에 지폐 값과 품목 가격을 입력하라는 메시지가 표시된다.

```
userInput = input("Enter bill value (1 = $1 bill, 5 = $5 bill, etc.): ")
billValue = int(userInput)
userInput = input("Enter item price in pennies: ")
itemPrice = int(userInput)
```

계산이 끝나면 결과가 표시된다. 추가 점수를 받기 위해 출력 문자열을 깔끔하게 정렬하도록 출력 문자열의 형식을 지정한다.

```
print("Dollar coins: %6d" % dollarCoins)
print("Quarters:     %6d" % quarters)
```

7단계 파이썬 프로그램을 작성한다.

모든 계산은 프로그램 안에 배치해야 한다. 계산 목적을 설명하는 프로그램의 이름을 찾아라. 이 예에서는 이름 vending을 선택한다. 프로그램에서 상수 및 변수를 선언하고(4단계) 계산을 수행하고(5단계) 입력 및 출력을 제공해야 한다(6단계). 먼저 사용자로부터 입력을 얻은 다음 계산을 수행하고 마지막으로 출력을 표시하려고 한다. 프로그램 시작 시 상수를 정의하고 각 변수가 필요하기 직전에 정의하라. 다음은 완전한 프로그램이다.

how_to_1/vending.py

```
##
#  This program simulates a vending machine that gives change.
#

# Define constants.
PENNIES_PER_DOLLAR = 100
PENNIES_PER_QUARTER = 25

# Obtain input from user.
userInput = input("Enter bill value (1 = $1 bill, 5 = $5 bill, etc.): ")
billValue = int(userInput)
userInput = input("Enter item price in pennies: ")
itemPrice = int(userInput)

# Compute change due.
changeDue = PENNIES_PER_DOLLAR * billValue - itemPrice
dollarCoins = changeDue // PENNIES_PER_DOLLAR
changeDue = changeDue % PENNIES_PER_DOLLAR
quarters = changeDue // PENNIES_PER_QUARTER

# Print change due.
print("Dollar coins: %6d" % dollarCoins)
print("Quarters:     %6d" % quarters)
```

Program Run

```
Enter bill value (1 = $1 bill, 5 = $5 bill, etc.): 5
Enter item price in pennies: 225
Dollar coins:      2
Quarters:          3
```

WORKED EXAMPLE 2.2

우표의 가격 계산하기 _Computing the Cost of Stamps

문제 정의 우표 자동판매기를 시뮬레이션한다. 고객이 자동판매기에 1달러 지폐를 넣은 다음 "구매" 버튼을 누른다. 자동판매기는 고객이 지불한 일급 우표를 제공하고 1페니 우표로 잔돈을 반환한다. 이 책을 쓸 당시 일급 우표는 49센트였다.

1단계 문제 이해: 무엇이 입력인가? 원하는 출력은 무엇인가?

이 문제에는 하나의 입력이 있다.

- 고객이 삽입하는 금액

원하는 출력이 두 가지 있다.

- 기계가 반환하는 일급 우표의 개수
- 기계가 반환하는 1페니 우표의 수

2단계 손으로 예제를 풀어본다. 일급 우표의 가격이 49센트이고 고객이 $1.00를 삽입한다고 가정해 보자. 그것은 두 개의 우표(98센트)에는 충분하지만 세 개의 우표($1.47)에는 충분하지 않다. 따라서, 기계는 2개의 일급 우표와 2개의 페니 우표를 반환한다.

3단계 정답을 계산하기 위한 의사코드를 작성한다. 금액과 일급 우표의 가격이 주어지면, 돈으로 얼마나 많은 일급 우표를 구입할 수 있는지 계산할 수 있는가? 분명히 대답은 나머지 계산의 몫과 관련이 있다.

$$\frac{\text{amount of money}}{\text{price of first-class stamp}}$$

예를 들어, 고객이 $1.00를 지불했다고 가정하라. 포켓 계산기를 사용하여 몫을 계산하라: $1.00/$0.49 = 2.04.

2.04에서 "스탬프 2개"는 어떻게 얻는가? 소수 부분이 없는 몫이다. 파이썬에서는 두 인자가 모두 정수이면 계산하기 쉽다. 따라서 계산을 페니 단위로 바꾸겠다. 그러면 다음과 같다.

number of first-class stamps = 100 / 49 (나머지 없이)

사용자가 2달러를 입력하면 어떻게 될까? 분자는 200이 된다. 스탬프 가격이 올라가면 어떻게 될까? 보다 일반적인 방정식은 다음과 같다.

number of first-class stamps = 100 x dollars / price of first-class stamp in cents (나머지 없이)

나머지는 어떤가? 계산하는 방법이 한 가지 있다. 고객이 우표를 받으면 고객이 지불한 금액이 구매한 우표의 가치만큼 감소한다. 이 예에서, 나머지는 2센트이다. 일반적인 공식은 다음과 같다:

change = 100 x dollars – number of first-class stamps x price of first-class stamp

4단계 필요한 변수와 상수를 정의하고 변수의 자료형을 결정하라.

여기에는 세 가지 변수가 있다.

- `dollars`
- `firstClassStamps`
- `change`

FIRST_CLASS_STAMP_PRICE 상수가 있다. 상수를 사용하면 프로그램에서 우표 가격으로 사용된 49를 검색하고 바꿀 필요 없이 한 곳에서 가격을 변경할 수 있다.

firstClassStamps 계산에는 정수 나눗셈이 사용되므로 변수 dollars와 상수 FIRST_CLASS_STAMP_PRICE는 정수여야 한다. 나머지 변수도 정수이며 일급 우표 및 페니 우표 수를 계산한다.

5단계 의사코드를 파이썬 명령문으로 바꾼다.

우리의 계산은 사용자가 제공하는 달러 지폐 개수에 달려 있다. 이것을 파이썬으로 번역하면 다음과 같은 문장이 나온다.

```
firstClassStamps = 100 * dollars // FIRST_CLASS_STAMP_PRICE
change = 100 * dollars - firstClassStamps * FIRST_CLASS_STAMP_PRICE
```

6단계 입력 및 출력을 제공한다. 계산하기 전에 사용자에게 달러 개수를 묻고 값을 얻는다.

```
dollarStr = input("Enter number of dollars: ")
dollars = int(dollarStr)
```

계산이 끝나면 결과가 표시된다.

```
print("First class stamps: %6d" % firstClassStamps)
print("Penny stamps:       %6d" % change)
```

7단계 파이썬 프로그램을 작성한다.

다음은 완전한 프로그램이다.

worked_example_2/stamps.py

```
##
#  This program simulates a stamp machine that receives dollar bills and
#  dispenses first class and penny stamps.
#

# Define the price of a stamp in pennies.
FIRST_CLASS_STAMP_PRICE = 49

# Obtain the number of dollars.
dollarStr = input("Enter number of dollars: ")
dollars = int(dollarStr)

# Compute and print the number of stamps to dispense.
firstClassStamps = 100 * dollars // FIRST_CLASS_STAMP_PRICE
change = 100 * dollars - firstClassStamps * FIRST_CLASS_STAMP_PRICE
print("First class stamps: %6d" % firstClassStamps)
print("Penny stamps:       %6d" % change)
```

Program Run

```
Enter number of dollars: 5
First class stamps:     10
Penny stamps:           10
```

2.6 그래픽스: 간단한 그림 그리기 _Graphics: Simple Drawings

프로그램에 그림, 그래프 또는 차트와 같은 간단한 그림을 포함시키고 싶을 때가 있다. 파이썬 라이브러리는 완전한 그래픽 응용 프로그램을 만들기 위한 모듈을 제공하지만 이 책의 범위를 벗어난다.

이 책에서는 간단한 그림을 만들 수 있도록 파이썬의 복잡한 라이브러리 모듈을 단순화한 ezgraphics 모듈을 포함시켰다. 모듈 코드 및 사용 지침은 이 책의 동반자 코드에 포함되어 있다.

이번 절에서는 이 모듈에 대한 모든 내용과 이 모듈을 사용하여 기본 도형과 텍스트로 구성된 간단한 그림을 만드는 방법을 배운다.

© Alexey Avdeev/iStockphoto.

여러분은 직선, 사각형, 원 등을 그릴 수 있다.

2.6.1 윈도우 생성하기

그래픽 응용 프로그램은 그림 6과 같이 사각형 영역과 제목 표시줄이 있는 데스크톱의 창 내부에 정보를 표시한다. ezgraphics 모듈에서 이 창을 **그래픽 윈도우**(graphics window)라고 한다.

ezgraphics 모듈을 사용하여 그래픽 응용 프로그램을 만들려면 다음을 수행하라.

1. ezgraphics에서 GraphicsWindow 클래스 가져오기

   ```
   from ezgraphics import GraphicsWindow
   ```

   9장에서 볼 수 있듯이 클래스는 객체의 동작을 정의한다. 우리는 GraphicsWindow 클래스의 객체를 만들고 메소드를 호출한다.

2. 그래픽 윈도우를 만든다.

   ```
   win = GraphicsWindow()
   ```

   그래픽 윈도우는 그림을 그리는 데 사용된다.

   새 윈도우는 바탕 화면에 자동으로 표시되며 가로 400픽셀, 높이 400픽셀의 캔버스를 포함한다. 특정 크기의 캔버스로 그래픽 윈도우를 만들려면 캔버스의 너비와 높이를 인자로 지정할 수 있다.

   ```
   win = GraphicsWindow(500, 500)
   ```

   그래픽 윈도우가 만들어지면 윈도우를 나타내는 객체가 반환된다. 다음 단계에서 필요하므로 변수에 저장해야 한다. GraphicsWindow 객체와 함께 사용할 수 있는 몇 가지 메소드가 표 10에 나와 있다.

3. 그래픽 윈도우에 포함된 캔버스에 액세스한다.

   ```
   canvas = win.canvas()
   ```

   도형과 텍스트는 캔버스에 그려진다. 캔버스는 그래픽 윈도우에서 얻을 수 있다.

   그림을 만들려면 아티스트가 그림을 만드는 것처럼 캔버스에 기하학적 모양을 그려야 한다. GraphicsCanvas 클래스의 객체는 GraphicsWindow 객체를 만들 때 자동으로 만들

그림 6 그래픽 윈도우

어진다. canvas 메소드를 사용하면 해당 캔버스를 나타내는 객체에 액세스할 수 있다. 다음 단계에서 사용된다.

4. 그림을 생성하라. 도형과 텍스트는 GraphicsCanvas 클래스에 정의된 메소드를 사용하여 캔버스에 그려진다. 이러한 방법은 다음 절에서 설명한다. 지금, 우리는 사각형을 그릴 것이다:

```
canvas.drawRect(15, 10, 20, 30)
```

5. 사용자가 그래픽 윈도우를 닫을 때까지 기다린다:

```
win.wait()
```

캔버스에 장면을 그린 후, 프로그램은 닫기 버튼을 클릭하여 사용자가 창을 닫을 때까지 기다리거나 일시 중지한다. 이 문장이 없으면 프로그램이 즉시 종료되고 그래픽 창이 사라져 그림을 볼 시간이 없다. 아래의 간단한 프로그램은 그림 6과 같은 그래픽 창을 생성한다.

sec06_01/window.py

```
##
#  This program creates a graphics window with a rectangle. It provides the
#  template used with all of the graphical programs used in the book.
#

from ezgraphics import GraphicsWindow

# Create the window and access the canvas.
win = GraphicsWindow()
canvas = win.canvas()

# Draw on the canvas.
canvas.drawRect(5, 10, 20, 30)

# Wait for the user to close the window.
win.wait()
```

표 10 GraphicWindow 메소드

메소드	설명
w = GraphicsWindow() *w* = GraphicsWindow(*width*, *height*)	새로운 그래픽 윈도우를 생성한다. 크기가 지정되지 않으면 400 × 400이다.
w.canvas()	그래픽 윈도우 안의 캔버스를 반환한다.
w.wait()	사용자가 종료 버튼을 누를 때까지 윈도우를 유지한다.

2.6.2 직선과 다각형

캔버스에 도형을 그리려면 캔버스에 대해 정의된 "draw" 메소드 중 하나를 호출한다.

```
canvas.drawLine(x1, y1, x2, y2)
```

위의 명령문은 캔버스에 (x_1, y_1)과 (x_2, y_2) 사이의 직선을 그린다.

```
canvas.drawRect(x, y, width, height)
```

위의 함수 호출은 왼쪽 상단 모서리가 (x, y)이고 너비와 높이를 가진 사각형을 그린다.

캔버스는 직선, 사각형, 다른 도형을 그리는 메소드를 가지고 있다.

2차원 직교 좌표계에서 점을 지정하여 캔버스에 기하학적 모양과 텍스트를 그린다. 그러나 좌표계는 수학에서 사용되는 것과 다르다. 원점 (0, 0)은 캔버스의 왼쪽 상단에 있으며 y 좌표는 아래로 커진다.

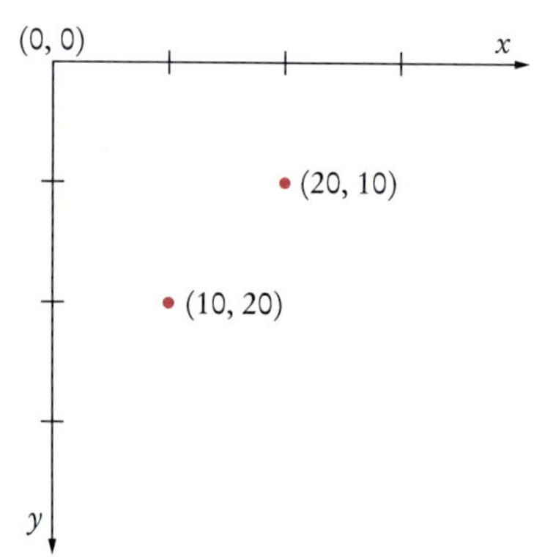

캔버스의 점은 화면의 픽셀에 해당한다. 따라서 실제 캔버스 크기와 기하학적 모양은 화면 해상도에 따라 다르다. 다음은 그림 7에 표시된 막대그래프를 그리는 간단한 프로그램의 코드이다.

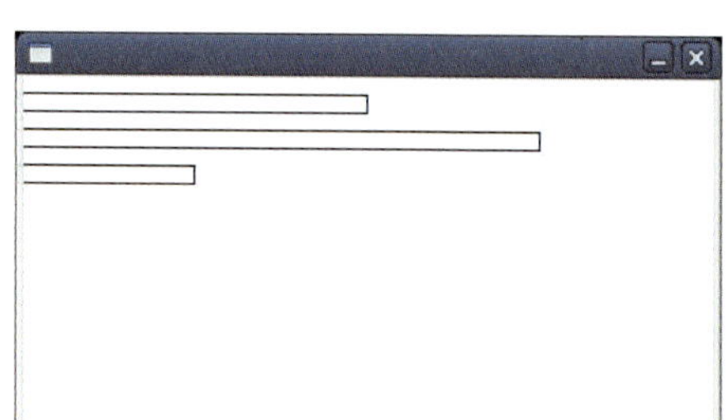

그림 7 막대그래프 그리기

sec06_02/barchart1.py

```
##
#  This program draws three rectangles on a canvas.
#

from ezgraphics import GraphicsWindow

# Create the window and access the canvas.
win = GraphicsWindow(400, 200)
canvas = win.canvas()

# Draw on the canvas.
canvas.drawRect(0, 10, 200, 10)
canvas.drawRect(0, 30, 300, 10)
canvas.drawRect(0, 50, 100, 10)

# Wait for the user to close the window.
win.wait()
```

2.6.3 채워진 도형과 색상

캔버스는 도형을 그리는 데 필요한 여러 가지 인자를 저장한다.

캔버스는 도형 및 텍스트를 그리는 데 사용되는 그리기 인자(현재 색상, 글꼴, 선 너비 등)를 저장한다. 캔버스에서 처음 그리기를 시작하면 모든 모양이 검은색 펜으로 그려진다. 펜 색상을 변경하려면

```
canvas.setOutline(red, green, blue)
canvas.setOutline(colorName)
```

색상은 이름으로 지정하거나 R,G,B 값으로 지정한다.

위의 메소드 호출 중 하나를 사용하라. 메소드 인수는 색상 값을 지정하는 0에서 255 사이의 정수 값이거나 표 11의 색상을 설명하는 문자열이다.

표 11 많이 사용되는 색상 이름

색상 이름	색상 이름	색상 이름	색상 이름
"black"	"magenta"	"maroon"	"pink"
"blue"	"yellow"	"darkblue"	"orange"
"red"	"white"	"darkred"	"seagreen"
"green"	"gray"	"darkgreen"	"lightgray"
"cyan"	"gold"	"darkcyan"	"tan"

예를 들어, 빨간색 사각형을 그리려면

```
canvas.setOutline(255, 0, 0)
canvas.drawRect(10, 20, 100, 50)
```

또는

```
canvas.setOutline("red")
canvas.drawRect(10, 20, 100, 50)
```

를 호출하라. 도형의 모양은 세 가지 스타일 중 하나–외곽선, 채우기, 윤곽선 및 채우기 중 하나로 그릴 수 있다.

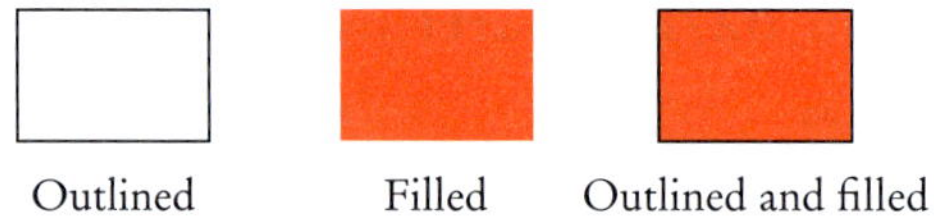

특정 모양을 그리는 데 사용되는 스타일은 캔버스에 설정된 현재 채우기 색상 및 윤곽선 색상에 따라 다르다. 기본 설정(채우기 또는 윤곽선을 변경하지 않음)을 사용하면 도형의 윤곽이 검은색으로 표시되고 채움 색상이 없다. 채우기 색상을 설정하려면

```
canvas.setFill(red, green, blue)
canvas.setFill(colorName)
```

위의 메소드 중 하나를 사용하라.

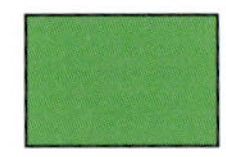

다음 명령문은 검은색 테두리를 가지고 초록색으로 채워진 사각형을 그린다.

```
canvas.setOutline("black")
canvas.setFill(0, 255, 0)
canvas.drawRect(10, 20, 100, 50)
```

윤곽선 없이 채울려면 `setOutline`메소드를 인자 없이 호출하라.

```
canvas.setOutline()    # 외곽선 색상을 지운다
```

인자 없이 `setFill` 메소드를 호출하여 채우기 색상을 지울 수도 있다. 채워진 모양을 그리기 위해 채우기 색을 설정한 이후에, 마음이 바뀌어 채워지지 않은 모양을 그리려면 이 옵션이 필요하다.

마지막으로 `setColor` 메소드를 사용하여 채우기 색상과 윤곽선 색상을 동일한 색상으로 설정할 수 있다. 예를 들어,

```
canvas.setColor("red")
```

호출은 채우기 색상과 윤곽선 색상을 모두 빨간색으로 설정한다.

표 12 GraphicsCanvas 색상 메소드

메소드	색상 이름
`c.setColor(`*colorName*`)` `c.setColor(`*red*`,` *green*`,` *blue*`)`	윤곽선 색상과 채우기 색상을 동일한 색상으로 설정한다. 이름을 사용하거나 R, G, B 값을 지정할 수 있다.

`c.setFill()`
`c.setFill(`*colorName*`)`
`c.setFill(`*red*`,` *green*`,` *blue*`)`
	도형을 채우는 데 사용되는 색상을 지정한다.

`c.setOutline()`
`c.setOutline(`*colorName*`)`
`c.setOutline(`*red*`,` *green*`,` *blue*`)`
	윤곽선 색상을 지정한다. 인자가 없으면 윤곽선 색상이 없어진다.

다음 프로그램은 그림 8과 같이 채워진 사각형 3개를 만들도록 수정된 `barchart1.py` 프로그램 버전이다.

그림 8 색상을 사용하는 막대그래프 그리기

sec06_03/barchart2.py

```
##
#  This programs draws three colored rectangles on a canvas.
#

from ezgraphics import GraphicsWindow

# Create the window and access the canvas.
win = GraphicsWindow(400, 200)
canvas = win.canvas()

# Draw on the canvas.
canvas.setColor("red")
canvas.drawRect(0, 10, 200, 10)

canvas.setColor("green")
canvas.drawRect(0, 30, 300, 10)

canvas.setColor("blue")
canvas.drawRect(0, 50, 100, 10)

# Wait for the user to close the window.
win.wait()
```

2.6.4 타원, 원, 텍스트

선과 사각형을 그리는 방법을 배웠으므로 추가 그래픽 요소를 살펴보자.

타원을 그리려면 사각형을 지정하는 것과 같은 방식으로 경계 상자(그림 9 참조)를 지정한다. 즉, 왼쪽 위 모서리의 x 및 y 좌표와 상자의 너비 및 높이이다. 타원을 그리려면 다음 메소드 호출을 사용하라.

```
canvas.drawOval(x, y, width, height)
```

사각형과 마찬가지로 타원도 현재 그리기 컨텍스트에 따라 채워진 도형으로 그려지거나 윤곽선만 그려진다. 원을 그리려면 너비와 높이를 같은 값으로 설정하라.

```
canvas.drawOval(x, y, diameter, diameter)
```

(x, y)는 경계 상자의 중심이 아니라 경계 상자의 왼쪽 위 모서리이다.

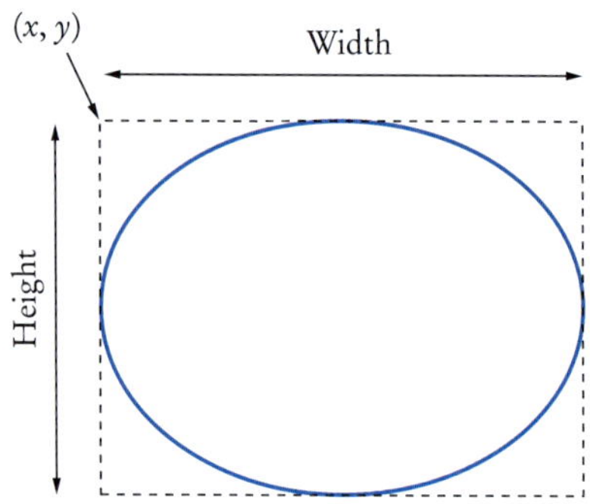

그림 9 타원과 경계 상자

예를 들어 일부 도형에 레이블을 지정하기 위해 도면에 텍스트를 넣는 경우가 종종 있다. 캔버스 메소드 `drawText`를 사용하여 캔버스의 어느 곳에서나 문자열을 그린다. 경계 상자의 왼쪽 상단 모서리의 *x*, *y* 좌표와 문자열을 지정해야 한다("앵커 포인트"—그림 10 참조). 예를 들어 다음과 같다.

```
canvas.drawText(50, 100, "Message")
```

그림 10 경계 상자와 앵커 포인트

표 13은 캔버스와 함께 사용할 수 있는 그리기 메소드 목록을 제공한다.

표 13 GraphicCanvas 그리기 메소드

메소드	결과	비고
`c.drawLine(`x_1, y_1, x_2, y_2`)`	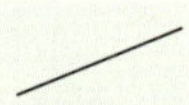	(x_1, y_1)과 (x_2, y_2)은 끝점이다.
`c.drawRect(`*x*, *y*, *width*, *height*`)`	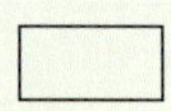	(*x*, *y*)은 왼쪽 상단 점이다.
`c.drawOval(`*x*, *y*, *width*, *height*`)`	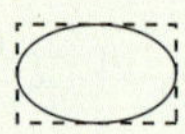	(*x*, *y*)은 경계 상자의 왼쪽 상단 점이다. 원을 그리려면 너비와 높이를 동일하게 한다.
`c.drawText(`*x*, *y*, *text*`)`		(*x*, *y*)는 앵커 포인트이다.

HOW TO 2.2

그래픽스: 그래픽 도형 그리기 _Graphics: Drawing Graphical Shapes

자동차, 외계인, 차트 또는 이미지와 같은 그래픽 모양을 표시하는 프로그램을 작성하려고 한다고 가정하라. 이 지침은 전체 그림을 여러 부분으로 분해하고 그림을 생성하는 프로그램을 구현하기 위한 단계별 절차를 제공한다.

문제 정의 국기를 그리는 프로그램을 만들어라.

1단계 그림에 필요한 모양을 결정한다. 다음 모양을 사용할 수 있다.

- 정사각형 및 사각형
- 원 및 타원
- 선

이들 도형의 외곽선은 어떤 색으로도 그릴 수 있으며 이러한 도형의 내부를 원하는 색으로 채울 수 있다. 텍스트를 사용하여 도형의 일부에 레이블을 지정할 수도 있다. 일부 국기 디자인은 여기에 표시된 이탈리아 국기와 같이 서로 다른 세 가지 색상으로 나뉘어 있다. 세 개의 사각형을 사용하여 이러한 국기를 그릴 수 있다. 그러나 이탈리아의 국기(초록, 하양, 빨강)와 같이 중간 사각형이 흰색인 경우 중간 부분의 위쪽과 아래쪽에 선을 그리는 것이 더 쉽고 좋다.

© Punchstock.

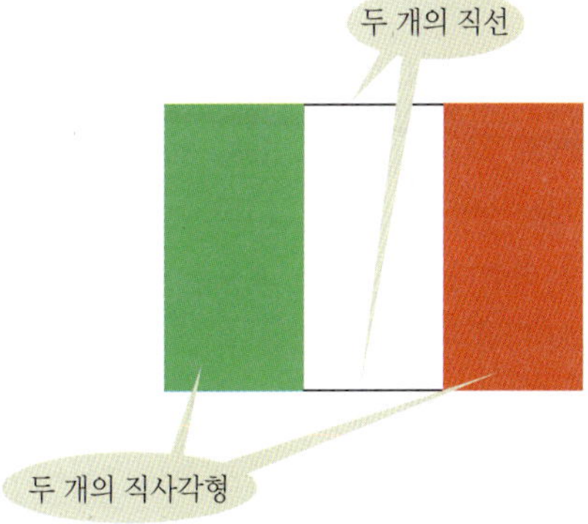

2단계 도형의 좌표를 찾는다.

이제 기하학적 모양의 정확한 위치를 찾아야 한다.

- 사각형의 경우 왼쪽 상단의 x 및 y 위치, 너비 및 높이가 필요하다.
- 타원의 경우 경계 사각형의 왼쪽 상단, 너비 및 높이가 필요하다.
- 선의 경우 시작점과 끝점의 x 및 y 위치가 필요하다.
- 텍스트의 경우 앵커 포인트의 x 및 y 위치가 필요하다.

일반적으로 사용되는 윈도우의 크기는 300 × 300픽셀이다. 국기가 맨 위로 꽉 차는 것을 원하지 않을 수 있으므로 국기의 왼쪽 상단 모서리가 (100, 100) 지점에 있어야 한다.

이탈리아 국기와 같은 많은 국기들의 너비 : 높이 비율은 3 : 2이다. (종종 세계 사이트의 여러 국기 중 하나에서 약간의 인터넷 조사를 수행하여 특정 국기에 대한 정확한 비율을 찾을 수 있다.) 예를 들어, 국기를 90픽셀 너비로 만들면 높이는 60픽셀이어야 한다. (너비 100픽셀로 만들지 않는 이유는 다음과 같다. 높이가 $100 \cdot 2/3 \approx 67$이 되어 더욱 어색해 보인다.)

이제 모양의 모든 중요한 점의 좌표를 계산할 수 있다.

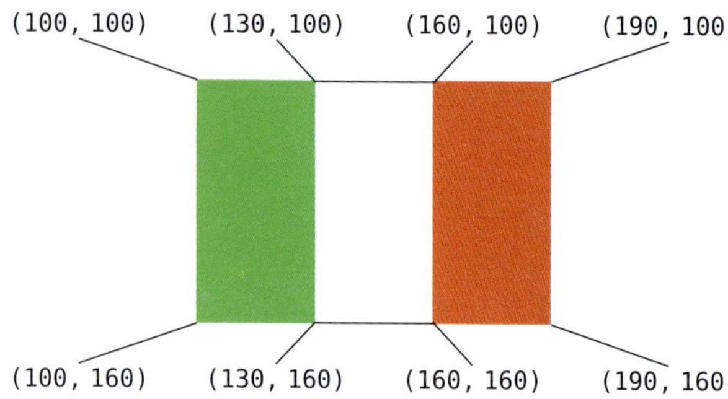

3단계 도형을 그리는 파이썬 문장을 작성하라.

이 예에는 두 개의 사각형과 두 개의 직선이 있다.

```
canvas.setColor("green")
canvas.drawRect(100, 100, 30, 60)

canvas.setColor("red")
canvas.drawRect(160, 100, 30, 60)

canvas.setColor("black")
canvas.drawLine(130, 100, 160, 100)
canvas.drawLine(130, 160, 160, 160)
```

더 야심이 있다면 추가적인 변수로 좌표를 표현할 수 있다. 국기의 경우 왼쪽 상단 모서리와 너비를 임의로 선택했다. 다른 모든 좌표는 이 값에서 결정된다. 야심찬 접근 방식을 따르기로 결정하면 사각형과 선이 다음과 같이 결정된다.

```
canvas.drawRect(xLeft, yTop, width / 3, width * 2 / 3)
. . .
canvas.drawRect(xLeft + 2 * width / 3, yTop, width / 3, width * 2 / 3)
. . .
canvas.drawLine(xLeft + width / 3, yTop, xLeft + width * 2 / 3, yTop)
canvas.drawLine(xLeft + width / 3, yTop + width * 2 / 3,
                xLeft + width * 2 / 3, yTop + width * 2 / 3)
```

4단계 그래픽 윈도우를 작성하고 적절한 위치에 그리기 명령어들을 놓는 프로그램을 작성하라.

```
win = GraphicsWindow("The Italian Flag", 300, 300)
canvas = win.canvas()

   ...

그리기 명령어들

win.wait()
```

국기를 그리는 전체 프로그램은 다음과 같다.

how_to_2/italianflag.py

```
##
#  This program draws an Italian flag using the ezgraphics module.
#

from ezgraphics import GraphicsWindow

win = GraphicsWindow(300, 300)
canvas = win.canvas()

```

```
# Define variables with the upper-left position and the size.
xLeft = 100
yTop = 100
width = 90

# Draw the flag.
canvas.setColor("green")
canvas.drawRect(xLeft, yTop, width / 3, width * 2 / 3)

canvas.setColor("red")
canvas.drawRect(xLeft + 2 * width / 3, yTop, width / 3, width * 2 / 3)

canvas.setColor("black")
canvas.drawLine(xLeft + width / 3, yTop, xLeft + width * 2 / 3, yTop)
canvas.drawLine(xLeft + width / 3, yTop + width * 2 / 3,
                xLeft + width * 2 / 3, yTop + width * 2 / 3)

# Wait for the user to close the window.
win.wait()
```

TOOLBOX 2.1

SymPy로 기호 처리하기 _Symbolic Processing with SymPy

이 책의 많은 "Toolbox" 파트 중 첫 번째이다. 파이썬은 아주 좋은 프로그래밍 언어일 뿐만 아니라 유용한 패키지로 구성된 큰 생태계를 가지고 있다. 특정 문제 영역에서 복잡한 계산을 수행해야 하는 경우, 누군가가 이미 그 작업을 위한 코드 라이브러리를 구성했을 가능성이 있다. 통계, 그래프 및 차트 그리기, 전자 메일 보내기, 웹 페이지 분석 및 기타 여러 작업을 위한 패키지가 있다. 그들 중 많은 라이브러리들이 자원 봉사자들에 의해 개발되었으며 인터넷에서 자유롭게 이용할 수 있다.

이 절에서는 기호 수학을 위한 SymPy 패키지를 소개한다. 2.2절에서 파이썬을 사용하여 `x`의 특정 값에 대한 `x ** 2 * sin(x)`와 같은 수학 표현식의 값을 계산하는 방법을 살펴보았다. SymPy 패키지는 그 이상을 수행할 수 있다. 함수의 도표를 제공하고 다양한 공식을 계산할 수 있다. 미적분학 과정을 수강한 경우 곱의 미분 계산을 계산하는 공식이 있다는 것을 알고 있다. SymPy는 이러한 규칙을 알고 있으므로 지루한 일상적인 조작을 모두 수행할 필요가 없다. 마치 상자에 미적분학 코스가 있는 것과 같다!

물론 수학 공식을 처리할 수 있는 프로그램은 50년 이상 사용되어 왔지만 SymPy에는 두 가지 큰 장점이 있다. 첫째로 SymPy는 별도의 프로그램이 아니며 파이썬 내에서 사용하는 프로그램이다. 둘째, 다른 수학 프로그램에는 파이썬과 다른 고유의 프로그래밍 언어가 있다. 여러분이 SymPy를 사용해야 하는 날이 오면 여기서 파이썬을 배운 것이 크게 도움이 될 것이다.

시작하기

SymPy와 같은 패키지를 사용하려면 시스템에 설치되어 있어야 한다. 강사가 특정 설치 지침을 제공했을 수 있다. 그렇지 않은 경우 `http://horstmann.com/python4everyone/install.html`의 지침을 따르는 것이 좋다. 이 절의 활동은 대화식 모드에서 실행할 때 가장 효과적이다(Programming Tip 1.1 참조). IPython 콘솔을 사용하면 매우 매력적인 결과를 얻을 수 있다. 설치 지침을 따르면 Spyder IDE 내에서 IPython 콘솔을 사용할 수 있다. SymPy와 같은 패키지의 기능은 하나 이상의 모듈로 구성된다. Special Topic 2.1에 설명된 대로 필요한 모듈을 가져와야 한다. 여기에서 sympy 모듈의 전체 내용을 가져온다.

```
from sympy import *
```

이제 해당 모듈의 기능에 액세스할 수 있다.

수식 작업

유용한 기능 중 하나는 sympify이다. 이 함수는 문자열에 포함된 식을 SymPy 형식으로 변환한다. 예를 들면 다음과 같다.

```
f = sympify("x ** 2 * sin(x)")
```

f를 출력하면

```
x**2*sin(x)
```

가 표시된다. 얻을 수 있는 것은 파이썬 코드가 아닌 기호 표현이다. 디스플레이에 표시되는 문자 x는 파이썬 변수가 아니라 SymPy가 조작하는 특수 자료형인 symbol이다. sympify(x * x ** 2)를 표시하면 알 수 있다. 결과는

```
x ** 3
```

SymPy는 $x^2 \cdot x = x^3$임을 알고 있다. 또는 먼저 기호식 x를 정의하여 변수에 저장할 수 있다. 변수 x의 이름을 지정하는 것이 편리하다.

그런 다음 연산자와 함수를 사용하여 SymPy 표현식을 작성하라.

```
x = sympify("x")
f = x ** 2 * sin(x)
```

sympy 모듈에는 수학 연산자에 대한 정의와 기호 표현식에 대한 함수가 포함되어 있으므로 파이썬 표현식과 같은 방식으로 기호를 결합할 수 있다.

IPython 노트북을 사용하는 경우

```
init_printing()
```

명령을 사용하여 수학 표기법으로 결과를 표시할 수 있다. 그림 11을 참조하라. 이 절의 나머지 부분에는 수학 표기법을 사용한다. IPython 노트북이 없으면 모든 것이 작동하지만 일반 컴퓨터 표기법으로 수식이 표시된다.

보다시피, 기호로 작업하는 것은 대수 표현식을 단순화하는 데 유용하다.

```
expand((x - 1) * (x + 1)) # Yields x^2 – 1
expand((x - 1) ** 5) # Yields x^5 – 5x^4 + 10x^3 – 10x^2 + 5x –1
```

방정식 풀기

SymPy는 2차 방정식을 비롯하여 여러 가지 방정식을 풀 수 있다. 식을 solve 메소드에 전달하면 식이 0인 값 목록이 표시된다.

```
solve(x**2 + 2 * x - 8) # Yields [–4, 2]
solve(sin(x) - cos(x)) # Yields [–3π/4, π/4]
```

얻은 결과를 해석하려면 수학을 조금 알아야 한다. 두 번째 방정식에는 무한히 많은 해가 있다. 모든 해에 π를 더해도 해가 되기 때문이다. SymPy는 기본적인 두 개의 해만 제공한다.

SymPy는 도함수를 계산할 수 있다:

```
diff(f) # Yields x^2 cos(x) + 2x sin(x)
```

적분 계산은 간단하다:

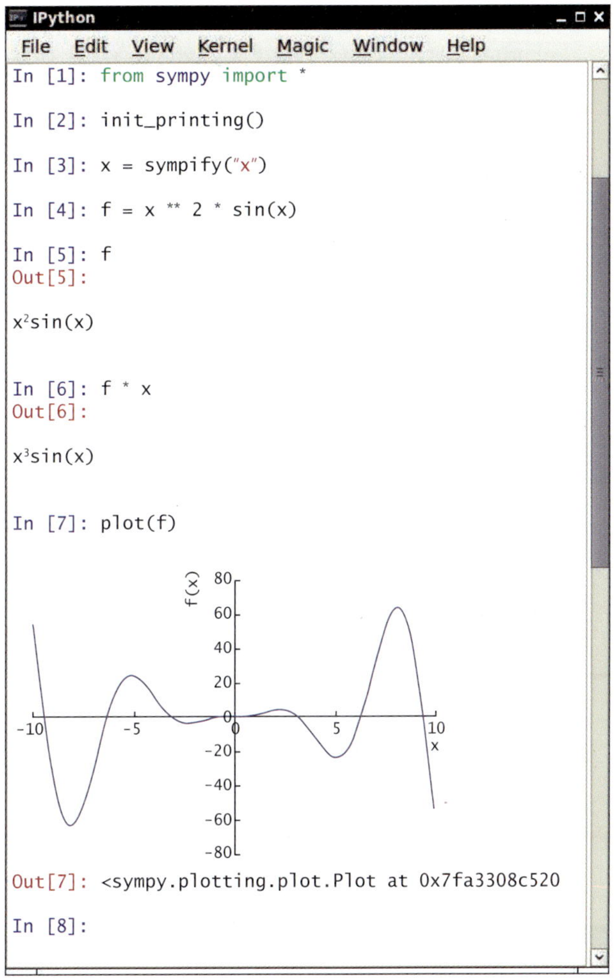

그림 11 SymPy 계산을 보여주는 IPython 노트북 실행 결과

```
g = integrate(f) # -x^2 cos(x) + 2x sin(x) + 2 cos(x)
```

전형적인 미적분 문제에서 종종 함수의 미분 또는 적분을 얻은 다음 주어진 x 값에 대한 결과값을 계산한다. subs 메소드로 변수의 값을 대체한 후 evalf 메소드를 사용하여 표현식을 부동-소수점 값으로 바꿀 수 있다.

```
result = g.subs(x, 0).evalf() # result is 2.0
```

마지막으로, 함수를 그릴 수 있다. plot을 호출하면 x의 범위가 −10에서 10 사이인 그래프가 나타난다. 예를 들어 다음 명령문은 아래의 그래프를 그린다.

```
plot(-x**2 * cos(x) + 2 * x * sin(x) + 2 * cos(x))
```

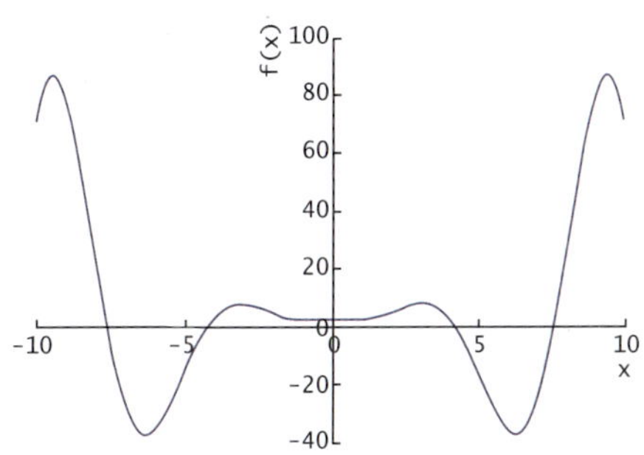

다음과 같이 x에 대해 –20에서 20까지 다른 범위를 제공할 수 있다.

```
plot(-x**2 * cos(x) + 2 * x * sin(x) + 2 * cos(x), (x, -20, 20))
```

결과는 다음과 같다.

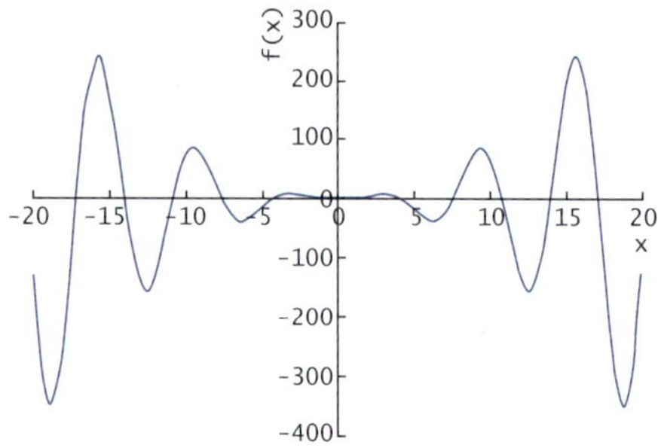

IPython 노트북을 사용하는 경우 그림을 노트북에 통합할 수 있다. 플롯이 별도의 창에 표시되면 지시어

```
%matplotlib inline
```

을 사용하라.

보다시피 SymPy는 미적분 숙제를 빠르게 수행할 수 있다. 이것이 파이썬 라이브러리를 배우는 좋은 이유이다. SymPy 제작자는 수학적인 전문 지식을 쉽게 사용할 수 있는 형태로 패키지했다. 이 책 전체에서 소개할 다른 파이썬 패키지는 프로그램에서 호출할 수 있는 다른 영역의 전문 지식을 제공한다.

2장 요약 _Chapter Summary

적절한 이름과 유형으로 변수를 선언하라.

- 변수는 이름을 가진 저장 위치이다.
- 할당문은 변수에 값을 저장한다.
- 변수는 처음으로 값이 할당될 때 만들어진다.
- 기존 변수에 값을 할당하면 이전에 저장된 값이 대체된다.
- 대입 연산자 =는 수학적인 동등을 나타내지 않는다.
- 값의 자료형은 값이 컴퓨터에 저장되는 방법과 값에 대해 수행할 수 있는 작업을 지정한다.
- 정수는 소수 부분이 없는 수이다.
- 부동-소수점 수는 소수 부분을 포함한다.
- 변수가 특정 유형의 값으로 초기화되면 항상 동일한 유형의 값을 저장해야 한다.
- 일반적으로 변수 이름은 소문자로 시작해야 한다.
- 프로그램 전체에서 변하지 않아야 하는 값에 상수를 사용하라.

- 주석을 사용하여 코드를 읽는 사람에게 설명을 추가하라. 컴파일러는 주석을 무시한다.

파이썬으로 산술 표현식을 작성하라.

- 산술 표현식에서 정수와 부동-소수점 값을 혼합하면 부동-소수점 값이 생성된다.
- // 연산자는 나머지를 버리는 나눗셈을 계산한다.
- % 연산자는 나머지를 계산한다.
- 함수는 리터럴 값인 것처럼 사용할 수 있는 값을 반환할 수 있다.
- 피이썬에는 기본 내장 함수 및 자료형을 제공하는 표준 라이브러리가 있다.
- 라이브러리 모듈을 사용하려면 프로그램으로 포함되어야 한다.

알고리즘을 개발할 때 손으로 계산을 수행하라.

- 손으로 계산을 할 때는 구체적인 값을 선택하라.

문자열을 처리하는 프로그램을 작성하라.

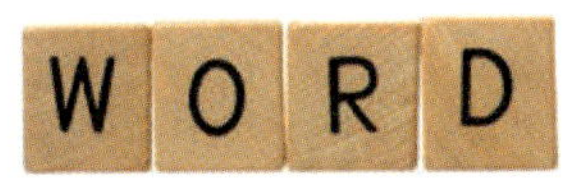

- 문자열은 일련의 문자이다.
- 문자열 리터럴은 특정 문자열을 나타낸다.
- `len` 함수는 문자열의 문자 수를 반환한다.
- \+ 연산자를 사용하여 문자열을 연결하라. 즉, 더 긴 문자열을 생성하기 위해 그것들을 함께 모으는 것이다.
- * 연산자를 사용하여 문자열을 반복할 수 있다.
- `str` 함수는 정수 또는 부동-소수점 값을 문자열로 변환한다.
- `int` 및 `float` 함수는 숫자가 포함된 문자열을 숫자 값으로 변환한다.
- 문자열 인덱스는 0부터 시작하여 계산된다.

사용자 입력을 읽고 포맷된 출력을 인쇄하는 프로그램을 작성하라.

- `input` 함수를 사용하여 키보드 입력을 읽는다.
- 정수 또는 부동-소수점 값을 읽으려면 `input` 함수와 `int` 또는 `float` 함수를 사용하라.
- 문자열 형식 연산자를 사용하여 값의 형식을 출력하는 방법을 지정하라.

간단한 그래픽 그림을 만든다.

- 그래픽 윈도우는 그래픽 화면을 만드는 데 사용된다.
- 기하학적인 도형과 텍스트가 그래픽 윈도우에 포함된 캔버스에 그려진다.
- 캔버스에는 선, 사각형 및 기타 모양을 그리는 메소드가 있다.
- 캔버스는 모양과 텍스트를 그리는 데 사용되는 여러 가지 인자를 저장한다.
- 색상 이름이나 빨강, 초록 및 파랑 기본 색상의 비율로 색상을 지정할 수 있다.

연습문제

■ **R2.1** 이 일련의 명령문 이후의 mystery의 값은 무엇인가?

```
mystery = 1
mystery = 1 - 2 * mystery
mystery = mystery + 1
```

■ **R2.2** 이 일련의 명령문 이후의 mystery의 값은 무엇인가?

```
mystery = 1
mystery = mystery + 1
mystery = 1 - 2 * mystery
```

■■ **R2.3** 다음 수학 수식을 파이썬으로 작성하라.

$$s = s_0 + v_0 t + \frac{1}{2} g t^2 \qquad \text{FV} = \text{PV} \cdot \left(1 + \frac{\text{INT}}{100}\right)^{\text{YRS}}$$

$$G = 4\pi^2 \frac{a^3}{p^2(m_1 + m_2)} \qquad c = \sqrt{a^2 + b^2 - 2ab\cos\gamma}$$

■■ **R2.4** 다음 파이썬 표현을 수학 표기법으로 작성하라.

a. `dm = m * (sqrt(1 + v / c) / sqrt(1 - v / c) - 1)`
b. `volume = pi * r * r * h`
c. `volume = 4 * pi * r ** 3 / 3`
d. `z = sqrt(x * x + y * y)`

■■ **R2.5** 다음 식의 값은 무엇인가? 각 줄에서 다음을 가정한다.

```
x = 2.5
y = -1.5
m = 18
n = 4
```

a. `x + n * y - (x + n) * y`
b. `m // n + m % n`
c. `5 * x - n / 5`
d. `1 - (1 - (1 - (1 - (1 - n))))`
e. `sqrt(sqrt(n))`

■ **R2.6** n이 17이고 m이 18이라고 가정하면 다음 식의 값은 무엇인가?

a. `n // 10 + n % 10`
b. `n % 2 + m % 2`
c. `(m + n) // 2`
d. `(m + n) / 2.0`
e. `int(0.5 * (m + n))`
f. `int(round(0.5 * (m + n)))`

■■ **R2.7** 다음 식의 값은 무엇인가? 각 줄에서 다음을 가정한다.

```
s = "Hello"
t = "World"
```

a. `len(s) + len(t)`
b. `s[1] + s[2]`
c. `s[len(s) // 2]`
d. `s + t`
e. `t + s`
f. `s * 2`

■ R2.8 다음 프로그램에서 적어도 세 개의 컴파일 시간 오류를 찾아라.

```
int x = 2
print(x, squared is, x * x)
xcubed = x *** 3
```

■■ R2.9 다음 프로그램에서 두 가지 실행 시간 오류를 찾아라.

```
from math import sqrt
x = 2
y = 4
print("The product of ", x, "and", y, "is", x + y)
print("The root of their difference is ", sqrt(x - y))
```

■ R2.10 다음 코드를 고려하라.

```
purchase = 19.93
payment = 20.00
change = payment - purchase
print(change)
```

코드는 거스름돈을 0.07000000000000028로 출력한다. 이유를 설명하라. 사용자가 혼동하지 않도록 코드를 개선할 것을 권장한다.

■ R2.11 `2`, `2.0`, `'2'`, `"2"` 및 `"2.0"`의 차이점을 설명하라.

■ R2.12 다음 각 코드가 무엇을 계산하는지 설명하라.

a.
```
x = 2
y = x + x
```
b.
```
s = "2"
t = s + s
```

■■ R2.13 단어를 읽은 다음 첫 문자, 마지막 문자 및 중간 문자를 출력하는 프로그램에 대한 의사코드를 작성한다. 예를 들어, 입력이 `Harry`인 경우 프로그램은 `H y r`을 출력한다. 단어의 길이가 짝수인 경우 중간 바로 앞에 문자를 출력하라.

■■ R2.14 사용자에게 이름(예: Harold James Morgan)을 입력하도록 요구하는 프로그램의 의사코드를 작성한 다음 이름, 중간 이름 및 성의 첫 글자(예: `HJM`)로 구성된 모노그램을 출력한다.

■■■ R2.15 숫자의 첫 번째 자리와 마지막 자리를 계산하는 프로그램의 의사코드를 작성하라. 예를 들어, 입력이 `23456`인 경우 프로그램은 `2`와 `6`을 출력해야 한다. `%`와 `log(x, 10)`를 사용하라.

■ R2.16 프로그램이 25센트 동전, 10센트 동전 및 5센트 동전으로 거스름돈을 줄 수 있도록 How To 2.1의 프로그램에 대한 의사코드를 수정하라. 가격이 5센트의 배수라고 가정할 수 있다. 의사코드를 개발하려면 먼저 몇 가지 구체적인 값으로 작업하라.

■■ R2.17 칵테일 셰이커는 3개의 원뿔대로 구성된다. 높이 h와 상단 및 하단 반지름 r_1 및 r_2를 갖는 원뿔대의 부피는 다음과 같다.

© Media Bakery.

$$V = \pi \frac{\left(r_1^2 + r_1 r_2 + r_2^2\right)h}{3}$$

반지름과 높이에 대한 현실적인 값 하나를 잡아서 총 부피를 손으로 계산한다. 그런 다음 임의의 크기에서 작동하는 알고리즘을 개발하라.

■■■ R2.18 파이 조각을 자르고 있다. 여기서 c는 직선 부분의 길이(현 길이)이고 h는 조각의 높이이다.

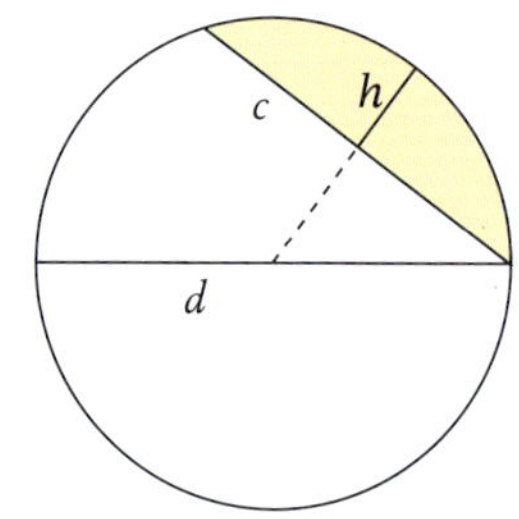

파이 조각의 면적을 계산하는 대략적인 공식이 있다.

$$A \approx \frac{2}{3}ch + \frac{h^3}{2c}$$

그러나 h는 측정하기 쉽지 않지만 파이의 지름 d는 일반적으로 잘 알려져 있다. 파이의 지름이 12인치이고 현 길이 c가 10인치인 면적을 계산한다. 모든 지름과 현 길이에 대한 면적을 산출하는 알고리즘으로 일반화하라.

■■ R2.19 다음 의사코드는 요일 번호(0 = 일요일, 1 = 월요일 등)를 사용하여 요일 이름을 얻는 방법을 설명한다.

Define a string called names containing "SunMonTueWedThuFriSat".
Compute the starting position as 3 x the day number.
Get the characters at position, position + 1, position + 2.
Concatenate them.

요일 번호 4를 사용하여 이 의사코드를 확인하라. 그림 4와 유사하게 계산 중인 문자열을 그림으로 그려라.

■■ R2.20 다음 의사코드는 한 단어에서 두 글자를 바꾸는 방법을 설명한다.

We are given a string myString and two letters l_1 and l_2.
*Change all occurrences of l_1 to the asterisk character. **
Change all occurrences of l_2 to l_1.
*Change all occurrences of * to l_2.*

문자열 `"marmalade"`와 문자 a와 e를 사용하여 이 의사코드를 확인하라.

■■ R2.21 문자열의 첫 문자를 어떻게 얻는가? 마지막 문자는? 중간 문자(길이가 홀수인 경우)는? 중간 두 문자(길이가 짝수인 경우)는?

■ R2.22 이 장에는 프로그램을 보다 쉽게 읽고 유지 관리할 수 있는 변수 및 상수에 대한 여러 권장 사항이 포함되어 있다. 이러한 권장 사항을 간단히 요약하라.

■ R2.23 경계 상자 안에 윤곽선이 있는 타원형을 그리는 명령어를 제공하라. 경계 상자에 초록 선을 사용하라.

- **Toolbox R2.24** SymPy에서 $f(x) = x^2$의 미분과 적분을 어떻게 계산하는가?
- **Toolbox R2.25** SymPy의 `diff(integrate(f))`란 무엇인가?
- **Toolbox R2.26** SymPy를 사용하여 임의의 이차 방정식 $ax^2 + bx + c = 0$에 대한 해를 표시하는 파이썬 프로그램을 어떻게 작성하겠는가?
- **Toolbox R2.27** SymPy를 사용하여 곡선 $y = \sin(1 / x)$를 어떻게 그리겠는가? x의 범위는 –0.5에서 0.5까지이다.
- **Toolbox R2.28** `sin(x) / x`의 그래프를 그려라. x가 0에 가까워질 때 극한값이 무엇이라고 생각하는가?

프로그래밍 연습문제

- **P2.1** 레터 크기(8.5 × 11인치) 용지를 밀리미터 단위로 표시하는 프로그램을 작성하라. 1인치는 25.4 mm이다. 프로그램에서 상수와 주석을 사용하라.
- **P2.2** 레터 크기(8.5 × 11인치) 용지의 둘레와 대각선 길이를 계산하고 표시하는 프로그램을 작성하라.
- **P2.3** 숫자를 읽고 숫자의 제곱, 세제곱 및 네제곱을 표시하는 프로그램을 작성하라. ** 연산자는 네제곱에만 사용하라.
- **P2.4** 사용자에게 두 개의 정수를 요구한 다음을 출력하는 프로그램을 작성하라.
  - 합계
  - 차
  - 곱
  - 평균
  - 거리(차의 절댓값)
  - 최댓값(둘 중 큰 것)
  - 최솟값(둘 중 작은 것)

  힌트: 파이썬은 각각 쉼표로 구분된 일련의 값을 허용하는 `max` 및 `min` 함수를 정의한다.
- **P2.5** P2.4 결과에서 숫자가 올바르게 정렬되도록 향상시켜라.

```
Sum:            45
Difference:     -5
Product:       500
Average:        22.50
Distance:        5
Maximum:        25
Minimum:        20
```

- **P2.6** 미터 단위로 입력하라는 메시지를 표시한 다음 마일, 피트 및 인치로 변환하는 프로그램을 작성하라.

■ **P2.7** 사용자에게 반지름을 묻는 메시지를 표시한 다음을 출력하라.
- 해당 반지름을 가진 원의 면적과 원주
- 해당 반지름을 가진 구의 부피와 표면적

■ **P2.8** 직사각형의 변의 길이를 요청하는 프로그램을 작성하고 다음을 출력하라.
- 직사각형의 면적과 둘레
- 대각선의 길이

■ **P2.9** How to 2.1에서 논의한 프로그램을 개선하여 지폐 외에 25센트 동전을 입력할 수 있도록 한다.

■■■ **P2.10** 하이브리드 자동차 구매 여부를 결정하는 데 도움이 되는 프로그램을 작성하라. 프로그램 입력은 다음과 같아야 한다:
- 새 자동차 비용
- 연간 주행 예상 거리
- 예상 휘발유 가격
- 갤런당 마일의 연비
- 5년 후의 예상 중고차 가격

5년 동안의 자동차의 총 소유 비용을 계산하라. (간단하게 하기 위해, 우리는 자금 조달 비용을 고려하지 않을 것이다.) 웹에서 하이브리드와 비슷한 자동차의 실제 가격(신차와 중고차)을 구하라. 오늘의 휘발유 가격과 1년에 15,000 주행 거리를 사용하여 프로그램을 두 번 실행하라. 결과에는 의사코드를 포함시키고 손으로 계산한 내용도 제출하라.

© asiseeit/iStockphoto.

■■ **P2.11** 사용자에게 다음을 입력하도록 요청하는 프로그램을 작성하라.
- 연료 탱크에 들어 있는 휘발유 갤런 수
- 갤런당 마일의 연료 효율
- 갤런당 휘발유 가격

100마일당 비용을 출력하고 자동차가 현재 연료 탱크에 들어 있는 휘발유로 갈 수 있는 거리도 출력하라.

■ **P2.12** *파일 이름 및 확장자*. 사용자에게 드라이브 문자(`C`), 경로(`\Windows\System`), 파일 이름(`Readme`) 및 확장명(`txt`)을 묻는 프로그램을 작성하라. 그런 다음 전체 파일 이름 `C:\Windows\System\Readme.txt`를 출력하라. (UNIX 또는 Macintosh를 사용하는 경우 드라이브 이름을 건너뛰고 \ 대신 /를 사용하여 디렉토리를 구분하라.)

■■■ **P2.13** 사용자로부터 10,000에서 99,999 사이의 숫자를 읽는 프로그램을 작성하라. 사용자는 쉼표

를 사용한다. 프로그램은 쉼표 없이 숫자를 출력하여야 한다. 다음은 예제 대화 상자이다. 사용자가 입력하는 부분은 파란색이다.

```
Please enter an integer between 10,000 and 99,999: 23,456
23456
```

힌트: 입력을 문자열로 읽어라. 처음 두 문자와 마지막 세 문자로 구성된 문자열을 숫자로 바꾸고 결합하라.

■■ P2.14 사용자로부터 1,000에서 999,999 사이의 숫자를 읽고 천 단위를 구분하는 쉼표를 넣어서 출력하는 프로그램을 작성하라. 다음은 예제 대화 상자이다.

```
Please enter an integer between 1000 and 999999: 23456
23,456
```

■ P2.15 *그리드 인쇄*. 다음 그리드를 출력하여 틱택토를 할 수 있는 프로그램을 작성하라.

```
+--+--+--+
|  |  |  |
+--+--+--+
|  |  |  |
+--+--+--+
|  |  |  |
+--+--+--+
```

물론, 여러분은 단순히 `print("+--+--+--+")` 형식의 7개의 문장을 쓸 수 있다. 하지만 똑똑한 방법으로 해야 한다. 문자열 변수에 빗 모양 패턴과 줄 모양의 2가지 패턴을 저장한다. 빗 모양을 세 번 출력하고 줄 모양을 한 번 출력하라.

■■ P2.16 5자리의 양의 정수를 읽고 이것을 개별 숫자로 나누는 프로그램을 작성하라. 예를 들어, 입력 16384는 `1 6 3 8 4`로 표시된다.

■ P2.17 군대 시간 (0900, 1730)으로 두 번 읽고 두 번 사이의 시간과 분을 출력하는 프로그램을 작성하라. 다음은 실행 예제이다.

```
Please enter the first time: 0900
Please enter the second time: 1730
8 hours 30 minutes
```

만약 첫 번째 시간이 두 번째 시간보다 늦은 경우를 처리할 수 있다면 추가 점수를 얻는다.

```
Please enter the first time: 1730
Please enter the second time: 0900
15 hours 30 minutes
```

■■■ P2.18 *큰 글자 쓰기*. 큰 문자 H는 다음과 같이 생성될 수 있다.

```
*   *
*   *
*****
*   *
*   *
```

다음과 같은 문자열 리터럴로 선언될 수 있다.

```
LETTER_H = "*   *\n*   *\n*****\n*   *\n*   *\n"
```

(\n 이스케이프 시퀀스는 "줄바꿈" 문자를 나타내며 이로 인해 후속 문자가 줄바꿈에 출력된다.) 문자 E, L 및 O에 대해서도 동일하게 수행하라. HELLO 메시지를 큰 글씨로 써라.

```
H
E
L
L
O
```

■■ P2.19 1, 2, 3, ⋯, 12를 January, February, March, ⋯, December 해당 월 이름으로 변환하는 프로그램을 작성하라. 힌트: 매우 긴 문자열 "January, February, March, ⋯, December"을 만들어 각 월 이름의 길이가 같도록 중간에 공백을 추가하라. 후행 공백이 방해가 되는 경우 strip 메소드를 사용하여 제거하라(부록 C 참조).

© José Luis Gutiérrez/iStockphoto.

■■ P2.20 크리스마스 트리를 출력하는 프로그램을 작성하라.

```
   /\
  /  \
 /    \
/      \
--------
  "  "
  "  "
  "  "
```

이스케이프 시퀀스를 사용해야 한다.

■■ P2.21 부활절 일요일은 봄의 첫 보름달 이후 첫 번째 일요일이다. 날짜를 계산하기 위해 1800년 수학자인 Carl Friedrich Gauss가 발명한 이 알고리즘을 사용할 수 있다.

1. y를 연도(예: 1800 또는 2001)로 지정하라.
2. y를 19로 나누고 나머지는 a로 부른다. 몫을 무시하라.
3. y를 100으로 나누어 몫 b와 나머지 c를 구한다.
4. b를 4로 나누어 몫 d와 나머지 e를 얻는다.
5. 8 * b + 13을 25로 나누면 몫 gg을 얻는다. 나머지는 무시하라.
6. 19 * a + b - d - g + 15를 30으로 나누면 나머지 h가 된다. 몫을 무시하라.
7. c를 4로 나누어 몫 j와 나머지 k를 얻는다.
8. a + 11 * h를 319로 나누면 몫 m이 된다. 나머지는 무시하라.
9. 2 * e + 2 * j - k - h + m + 32를 7로 나누면 나머지 r이 된다. 몫을 무시하라.
10. h - m + r + 90을 25로 나누면 몫 n이 된다. 나머지는 무시하라.
11. h - m + r + n + 19를 32로 나누면 나머지 p를 얻는다. 몫을 무시하라.

부활절은 n월의 p일에 해당한다. 예를 들어, y가 2001인 경우:

```
a = 6            g = 6            m = 0    n = 4
b = 20, c = 1    h = 18           r = 6    p = 15
d = 5, e = 0     j = 0, k = 1
```

따라서, 2001년 부활절 일요일은 4월 15일이다. 연도를 사용자로부터 받아서 부활절 일요일의 월과 일을 출력하는 프로그램을 작성하라.

■■ P2.22 문자열 변수를 초기화하고 처음 세 문자, 세 개의 마침표, 마지막 세 문자를 출력하는 프로그램을 작성하라. 예를 들어 문자열이 `"Mississippi"`로 초기화 된 경우 `Mis...ppi`를 출력하라.

■■ Graphics P2.23 파란색 사각형 안에 이름을 빨간색으로 그리는 그래픽 프로그램을 작성하라.

■■ Graphics P2.24 분홍색과 보라색의 두 개의 사각형을 그리는 그래픽 프로그램을 작성하라. 그중 하나에는 표준 색상을 사용하고 다른 하나에는 사용자 정의 색상을 사용하라.

■■ Graphics P2.25 다음 얼굴을 그리는 프로그램을 작성하라.

■■ Graphics P2.26 검은색과 흰색이 번갈아 나타나는 동심원 고리인 "과녁"을 그려라.

■■ Graphics P2.27 집의 그림을 그리는 프로그램을 작성하라. 첨부된 그림만큼 간단하거나 원하는 경우보다 정교하게 만들 수 있다(3D, 초고층 빌딩, 입구 통로의 대리석 기둥 등). 세 가지 이상의 다른 색상을 사용하라.

■■ Graphics P2.28 2.6.2절에 표시된 좌표계 그림을 그려라.

■■ Graphics P2.29 How To 2.2에서 `italianflag.py` 프로그램을 수정하여 독일 국기와 같이 세 개의 가로 줄무늬가 있는 국기를 그려라.

■■ Graphics P2.30 올림픽 링을 그리는 프로그램을 작성하라. 올림픽 색으로 링을 색칠하라.

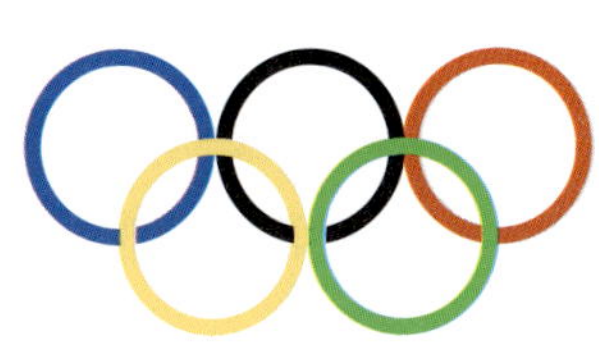

■■ Graphics P2.31 다음의 데이터를 막대그래프로 그린다. 각 막대에 레이블을 지정하라.

Bridge Name	Longest Span (ft)
Golden Gate	4,200
Brooklyn	1,595
Delaware Memorial	2,150
Mackinac	3,800

■■ Business P2.32 다음 의사코드는 서점에서 주문한 총 가격과 주문한 서적을 계산하는 방법을 설명한다.

총 도서 가격과 도서 수를 읽는다.
세금(총 도서 가격의 7.5퍼센트)을 계산한다.
배송료(한 권당 $2)를 계산한다.
주문 금액은 총 도서 가격, 세금, 배송료의 합이다.
주문 금액을 출력한다.

이 의사코드를 파이썬 프로그램으로 변환하라.

■■ Business P2.33 다음 의사코드는 10자리 전화번호(예: "4155551212")가 포함된 문자열을 괄호와 대시가 있는 읽기 쉬운 문자열로 바꾸는 방법을 설명한다. "(415) 555-1212".

첫 세 개의 문자로 이루어진 문자열을 받아 이것을 "("와 ")"로 둘러싼다. 이것이 지역 코드다.
그다음 세 개의 문자로 이루어진 문자열과 하이픈 그리고 마지막 네 개의 문자로 이루어진 문자열을
지역 코드에 추가하여 붙인다. 이것이 형식화된 숫자다.

이 의사코드를 파이썬 프로그램으로 변환하라.

■■ Business P2.34 다음 의사코드는 부동-소수점 값으로 제공된 가격에서 달러와 센트를 추출하는 방법을 설명한다. 예를 들어, 2.95의 가격은 달러와 센트에 대해 값 2와 95를 산출한다.

가격을 정수로 바꾸고 변수 dollars에 저장한다.
'가격 - dollars'에 100을 곱하고 0.5를 더한다.
이 결과를 정수로 변환하고 변수 cents에 저장한다.

이 의사코드를 파이썬 프로그램으로 변환하라. 가격을 읽고 달러와 센트를 출력하라. 입력 2.95 및 4.35로 프로그램을 테스트하라.

■■ Business P2.35 *거스름돈 지불.* 계산원에게 거스름돈을 주는 방법을 지시하는 프로그램을 구현하라. 프로그램에는 두 가지 입력, 즉 지불 금액과 고객으로부터 받은 금액이 있다. 고객이 거스름돈으로 받아야 할 달러, 쿼터, 다임, 니켈 및 페니를 표시한다. 반올림 오류를 피하기 위해 프로그램 사용자는 두 금액을 페니로 제공해야 한다(예: 2.74 대신 274).

© Captainflash/iStockphoto.

■ Business P2.36 온라인 은행에서는 잠재 고객에게 예금이 어떻게 증가할 것인지 보여주는 프로그램을 만들려고 한다. 프로그램은 초기 잔고와 연간 이자율을 읽어야 한다. 이자는 매월 복리로 계산된다. 처음 3개월 후 잔액을 출력하라. 실행 예제는 다음과 같다.

```
Initial balance: 1000
Annual interest rate in percent: 6.0
After first month:     1005.00
After second month:    1010.03
After third month:     1015.08
```

▪ Business P2.37 비디오 클럽은 회원의 영화 대여 수와 회원이 추천한 신입 회원 수에 따라 할인을 통해 최고의 회원에게 보상하기를 원한다. 할인율은 퍼센트 단위이며 비디오 임대료와 추천의 합과 동일하지만 75%를 초과할 수 없다. 할인가를 계산하는 프로그램을 작성하라.

실행 예제는 다음과 같다.

```
Enter the number of movie rentals: 56
Enter the number of members referred to the video club: 3
The discount is equal to:     59.00 percent.
```

▪ Science P2.38 다음 회로를 고려하라.

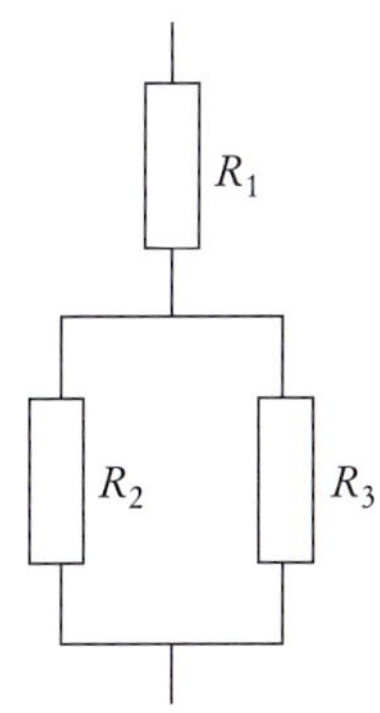

옴의 법칙을 사용하여 세 저항의 저항값을 읽고 총 저항값을 계산하는 프로그램을 작성하라.

▪▪ Science P2.39 이슬점 온도 T_d는 상대 습도 RH와 실제 온도 T에서 대략적으로 계산할 수 있다.

$$T_d = \frac{b \cdot f(T,RH)}{a - f(T,RH)}$$

$$f(T,RH) = \frac{a \cdot T}{b + T} + \ln(RH)$$

여기서 $a = 17.27$ 및 $b = 237.7$ °C이다.

상대 습도(0 ~ 1)와 온도(°C)를 읽어서 이슬점 값을 출력하는 프로그램을 작성하라. 파이썬 함수 `log`를 사용하여 자연 로그를 계산하라.

▪▪▪ Science P2.40 여기에 표시된 파이프 클립 온도 센서는 파이프의 액체 온도를 측정하기 위해 구리 파이프에 직접 클립할 수 있는 견고한 센서이다.

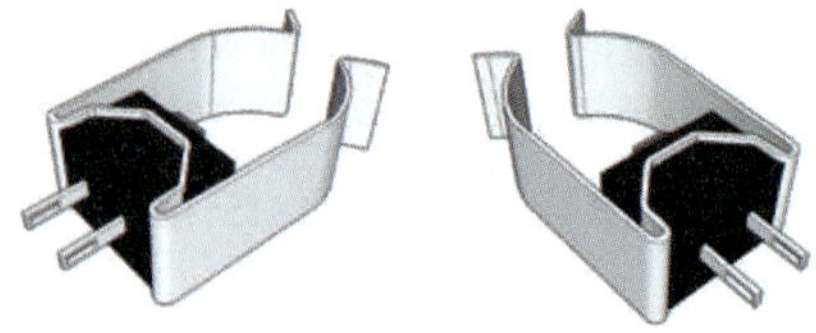

각 센서에는 서미스터라는 장치가 있다. 서미스터는 다음 식과 같이 온도에 따라 저항이 변하는 반도체 장치이다.

$$R = R_0 e^{\beta\left(\frac{1}{T} - \frac{1}{T_0}\right)}$$

여기서 R은 온도 T(°K)에서의 저항(Ω)이고 R_0은 온도 T_0(°K)에서의 저항(Ω)이다. β는 서미스터를 만드는 데 사용되는 재료에 따라 달라지는 상수이다. 서미스터는 R_0, T_0 및 β에 값을 제공하여 지정된다.

파이프 클립 온도 센서를 만드는 데 사용되는 서미스터는 T_0 = 85 °C에서 R_0 = 1075, β = 3969 °K이다. (β의 단위는 °K이다. °C 단위의 온도에 273.15를 더하여 °K 단위의 온도를 얻는다.) 액체 온도(°C)는 저항 R에서 Ω 단위로 결정된다.

$$T = \frac{\beta T_0}{T_0 \ln\left(\frac{R}{R_0}\right) + \beta} - 273$$

서미스터 저항 R에 대해 사용자에게 물어보고 액체 온도를 °C로 표시하는 메시지를 출력하는 파이썬 프로그램을 작성하라.

■■■ Science P2.41 아래의 회로는 전력 회사와 고객 중 하나의 연결에 대한 몇 가지 중요한 측면을 보여준다. 고객은 V_t, P 및 pf의 세 가지 인자로 표시된다. V_t는 벽면 콘센트에 연결하여 액세스하는 전압이다. 고객은 전자제품이 올바르게 작동하기 위해 V_t의 신뢰할 수 있는 값을 유지해야 한다. 따라서 전력 회사는 V_t의 값을 신중하게 규제한다. P는 고객이 사용하는 전력량을 설명하며 고객의 전기 요금을 결정하는 주요 요인이다. 역률 pf는 익숙하지 않다. 역률은 각도의 코사인으로 계산되어 값이 항상 0과 1 사이가 된다.이 문제에서는 역률의 중요성을 조사하기 위해 파이썬 프로그램을 작성해야 한다.

© TebNad/iStockphoto.

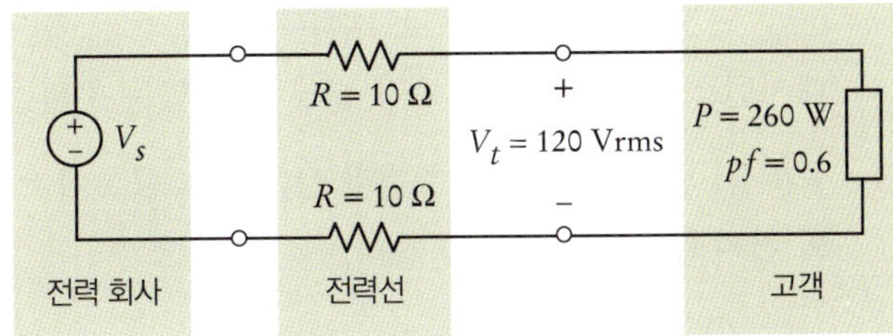

그림에서 전력선은 저항으로 다소 단순화되어 표시된다. 전력 회사는 AC 전압원으로 표시된다. 고객에게 전압 V_t에서 전력 P를 제공하는 데 필요한 소스 전압 V_s는 다음 공식을 사용하여 결정할 수 있다.

$$V_s = \sqrt{\left(V_t + \frac{2RP}{V_t}\right)^2 + \left(\frac{2RP}{pf V_t}\right)^2 \left(1 - pf^2\right)}$$

(V_s는 Vrms 단위를 가짐)

이 공식은 V_s 값이 pf 값에 의존한다는 것을 나타낸다. 사용자에게 역률 값을 묻는 메시지를 표시한 다음 위 그림에 표시된 P, R 및 V_t 값을 사용하여 해당 V_s 값을 출력하는 파이썬 프로그램을 작성하라.

■■■ Science P2.42 안테나에 연결된 다음 튜닝 회로를 고려하라. 여기서 C는 커패시턴스 범위가 $C_{\min}$에서 $C_{\max}$까지인 가변 커패시터이다.

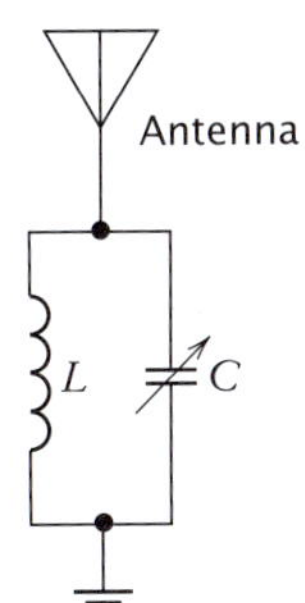

튜닝 회로는 주파수 $f = \dfrac{1}{2\pi\sqrt{LC}}$를 선택한다. 주어진 주파수에서 이 회로를 설계하려면 $C = \sqrt{C_{\min}C_{\max}}$를 취하고 f와 C에서 필요한 인덕턴스 L을 계산한다. 이제 회로는 범위 내의 모든 주파수로 튜닝할 수 있다.

$$f_{\min} = \frac{1}{2\pi\sqrt{LC_{\max}}} \text{ to } f_{\max} = \frac{1}{2\pi\sqrt{LC_{\min}}}.$$

$C_{\min}$과 $C_{\max}$ 값을 갖는 가변 커패시터를 사용하여 주어진 주파수에 대한 튜닝 회로를 설계하는 파이썬 프로그램을 작성하라. (일반적인 입력은 $f = 16.7$ MHz, $C_{\min} = 14$ pF 및

C_{max} = 365 pF이다.) 프로그램은 f(Hz), C_{min} 및 C_{max}(F)를 읽고 필요한 인덕턴스 값과 커패시턴스를 변경하여 회로가 튜닝할 수 있는 주파수 범위를 출력해야 한다.

▪ **Science P2.43** 쿨롱 힘 법칙에 따르면, 충전량 Q_1과 Q_2 쿨롱이고 r미터 떨어져 있는 2개의 하전 입자 사이의 전기적인 힘은 다음과 같다.

$$F = \frac{Q_1 Q_2}{4\pi\varepsilon r^2} \text{ Newtons}$$

여기서 $\varepsilon = 8.854 \times 10^{-12}$ 패럿 / 미터. 사용자가 입력하는 Q_1 쿨롱, Q_2 쿨롱 및 r 미터를 기반으로 한 쌍의 하전 입자에 대한 힘을 계산하고 표시하는 프로그램을 작성하라.

© zennie/iStockphoto.

CHAPTER 03

조건문
DECISIONS

이 장의 목표 _Chapter Goals

if문을 사용하여 조건문 구현하기
정수, 부동-소수점 수, 문자열 비교하기
부울식을 사용하여 문장 작성하기
프로그램 테스트 전략 개발하기
사용자 입력 검증하기

3장 차례 _Chapter Contents

컴퓨터 프로그램의 필수 기능 중 하나는 결정을 내릴 수 있는 능력이다. 스위치 설정에 따라 트랙을 변경하는 열차와 마찬가지로 프로그램은 입력 및 기타 상황에 따라 다른 조치를 취할 수 있다.

이 장에서는 간단하고 복잡한 결정을 프로그래밍하는 방법을 배운다. 학습한 내용을 사용자 입력 확인 작업에 적용한다.

3.1 if문 _The if Statement

if문을 사용하면 처리할 데이터의 특성에 따라 프로그램이 다른 작업을 수행할 수 있다.

if문은 조건문을 구현하는 데 사용된다(Syntax 3.1 참조). 조건이 충족되면 한 그룹의 명령문이 실행된다. 그렇지 않으면 다른 명령문 그룹이 실행된다.

if문을 사용한 예는 다음과 같다. 많은 국가에서 숫자 13은 불행한 것으로 간주된다. 임차인을 안심시키기 위하여 건물 소유자는 때때로 13층을 건너뛴다. 12층 바로 다음에는 14층을 둔다. 물론, 13층은 일부 음모 이론가들이 알고 있듯이 비밀 사무실과 연구소로 사용되지는 않는다. 그냥 13층을 간단히 14층이라고 한다. 빌딩 엘리베이터를 제어하는 컴퓨터는 이 공백을 처리하고 13층 이상의 모든 층수를 조정해야 한다.

© DrGrounds/iStockphoto.

이 엘리베이터는 실제로 13층을 건너뛰고 있다.

파이썬에서 이 과정을 시뮬레이션해 보자. 원하는 층 번호를 입력한 다음 실제 층을 계산하도록 요청한다. 입력이 13보다 높으면 실제 층을 얻기 위해 입력을 줄여야 한다.

© Media Bakery.

if문은 도로의 갈림길과 같다. 결정에 따라 프로그램의 다른 부분이 실행된다.

그림 1 if문의 순서도

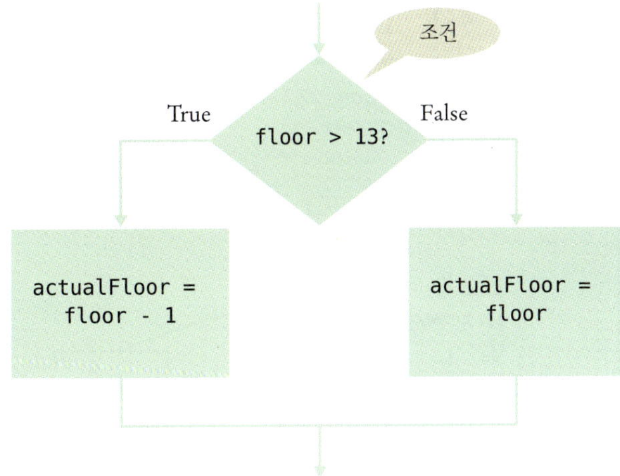

예를 들어, 사용자가 20을 입력하면 프로그램은 실제 층을 19로 결정한다. 13보다 작은 값을 입력하면 제공된 층 번호를 그대로 사용한다.

```
actualFloor = 0

if floor > 13 :
   actualFloor = floor - 1
else :
   actualFloor = floor
```

그림 1의 순서도는 분기 동작을 보여준다.

이 예에서 if문의 각 분기에는 단일 명령문이 포함되어 있다. 각 분기에 원하는 수만큼 문장을 포함할 수 있다. 때로는 else 분기에서 할 일이 없는 경우가 있다. 이 경우 다음 예와 같이 else 분기를 생략할 수 있다.

```
actualFloor = floor

if floor > 13 :
   actualFloor = actualFloor - 1
```

순서도는 그림 2를 참조하라.

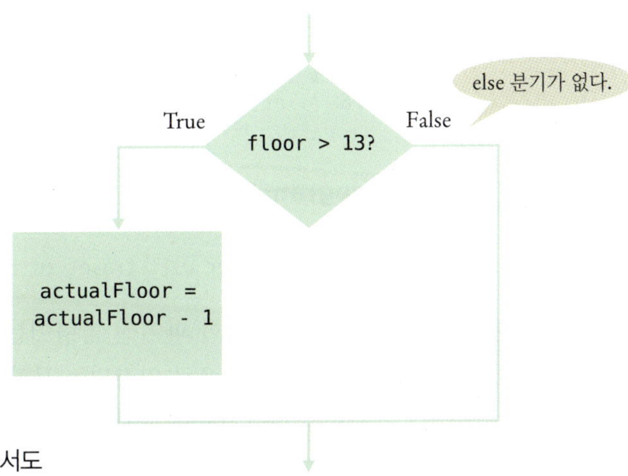

그림 2 else 분기가 없는 if문의 순서도

Syntax 3.1 if문

Syntax

```
if condition :
    statements

if condition :
    statements1
else :
    statements2
```

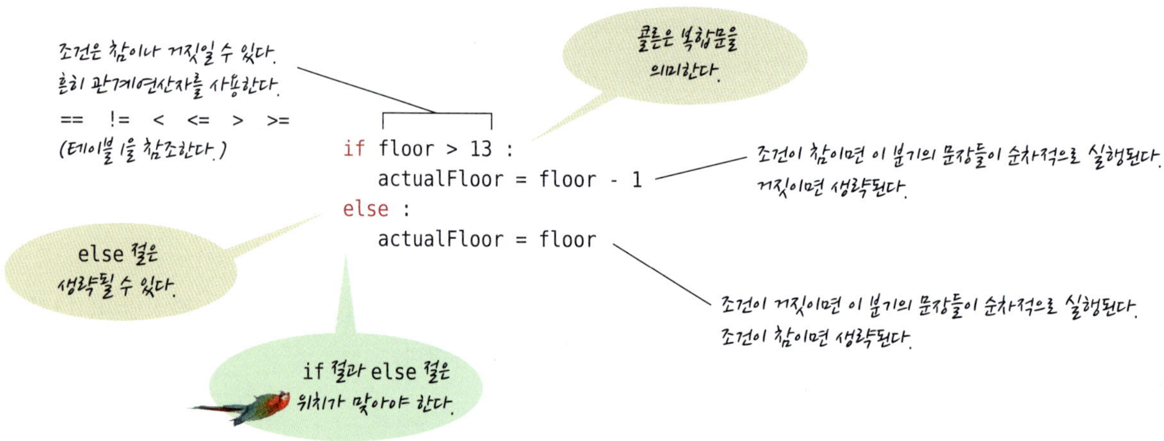

다음 프로그램은 if문을 사용한다. 이 프로그램은 원하는 층을 요청한 다음 실제 층을 출력한다.

sec01/elevatorsim.py

```
##
#  This program simulates an elevator panel that skips the 13th floor.
#

# Obtain the floor number from the user as an integer.
floor = int(input("Floor: "))

# Adjust floor if necessary.
if floor > 13 :
   actualFloor = floor - 1
else :
   actualFloor = floor

# Print the result.
print("The elevator will travel to the actual floor", actualFloor)
```

Program Run

```
Floor: 20
The elevator will travel to the actual floor 19
```

복합문은 헤더와 명령어 블록으로 구성된다.

지금까지 사용한 파이썬 명령어는 한 줄로만 된 다음과 같은 간단한 문장이었다(또는 다음 줄로 명시적으로 연장되는 문장–Special Topic 2.3 참조). 파이썬의 일부 구문은 **복합문**(compound statement)이며 여러 줄에 걸쳐 있으며 헤더와 **명령문 블록**(statement block)

으로 구성된다. if문은 복합 문장의 예이다.

```
if totalSales > 100.0 :   # 헤더는 콜론으로 끝난다.
   discount = totalSales * 0.05   # 블록의 줄이 같은 수준으로 들여쓰기 된다
   totalSales = totalSales - discount
   print("할인된 금액", discount)
```

복합 명령문은 헤더 끝에 콜론(:)이 필요하다. 명령문 블록은 하나 이상의 명령문 그룹으로, 모두 동일한 들여쓰기 레벨로 들여쓰기 된다. 명령문 블록은 헤더 다음 행에서 시작하여 블록의 첫 번째 명령문보다 덜 들여쓰기 된 명령문을 만나면 끝난다. 임의의 수의 공백을 사용하여 블록 내에서 명령문을 들여쓸 수 있지만 블록 내의 모든 명령문은 동일한 들여쓰기 레벨을 가져야 한다. 주석은 명령문이 아니므로 어떤 수준으로든 들여쓰기 할 수 있다.

블록 안의 명령문은 동일한 레벨로 들여쓰기 되어야 한다.

명령문 블록은 다른 블록 안에 중첩될 수 있다. if문의 경우 조건이 true이면 명령문 블록이 실행되고 조건이 false이면 명령문을 수행하지 않는다.

Common Error 3.1

탭 사용

블록 구조의 코드에는 중첩된 명령문이 하나 이상의 레벨로 들여쓰기 될 수도 있다.

```
if totalSales > 100.0 :
↑  discount = totalSales * 0.05
|  totalSales = totalSales - discount
|  print("You received a discount of $%.2f" % discount)
else :
↑  diff = 100.0 - totalSales
|  if diff < 10.0 :
|  ↑  print("If you were to purchase our item of the day you can receive a 5% discount.")
|  else :
|  ↑  print("You need to spend $%.2f more to receive a 5% discount." % diff)
|  |  ↑
|  |  |
0  1  2  들여쓰기 수준
```

파이썬에는 구문의 일부로 블록 구조의 코드가 필요하다. 파이썬 프로그램 내에서 문장의 정렬은 어떤 문장이 블록의 일부인지를 지정한다.

가장 왼쪽 열에서 적절한 들여쓰기 수준으로 커서를 어떻게 이동하는가? 합리적인 방법은 스페이스 바를 일정한 횟수만큼 누르는 것이다. 대부분의 편집기에서는 탭(Tab) 키를 대신 사용할 수 있다. 탭은 커서를 다음 들여쓰기 레벨로 이동한다. 일부 편집기에는 탭을 자동으로 채우는 옵션이 있다.

탭 키는 훌륭하지만 일부 편집기는 정렬할 때, 탭 문자(탭 키가 아니고 탭 문자 \t이다)를 사용한다. 파이썬은 명령문 블록 내에서 명령문을 정렬하는 방법에 대해 매우 까다롭다. 모든 명령문은 공백 또는 탭 문자로 정렬되어야 하지만 둘을 혼합해서는 안 된다. 또한 파일을 다른 사람이나 프린터로 보낼 때 탭 문자로 인해 문제가 발생할 수 있다. 탭 문자의 너비에 대한 일반적인 동의는 없으며 일부 소프트웨어는 탭 문자를 모두 무시한다. 따라서 탭 대신 공백으로 들여쓰기를 지정하는 것이 가장 좋다. 대부분의 편집기에는 모든 탭을 공백 문자로 자동 변환하는 설정이 있다.

개발 환경의 설정을 활성화하는 방법은 개발 환경의 설명서를 참조하라.

Programming Tip 3.1

분기에서 중복 방지

각 분기에서 중복된 코드가 있는지를 확인하라. 만약 그렇다면 if문에서 다른 곳으로 옮겨라. 이러한 중복의 예는 다음과 같다.

```
if floor > 13 :
   actualFloor = floor - 1
   print("Actual floor:", actualFloor)
else :
   actualFloor = floor
   print("Actual floor:", actualFloor)
```

출력문은 두 분기에서 정확히 동일하다. 이것은 오류가 아니다. 프로그램은 올바르게 실행된다. 그러나 다음과 같이 중복된 명령문을 이동하여 프로그램을 단순화할 수 있다.

```
if floor > 13 :
   actualFloor = floor - 1
else :
   actualFloor = floor
print("Actual floor:", actualFloor)
```

프로그램을 유지 관리할 때 중복 제거가 특히 중요하다. 동일한 효과를 갖는 두 개의 명령문 그룹이 있는 경우 프로그래머가 한 그룹은 수정했지만 다른 그룹은 깜빡하고 수정하지 않을 수 있다.

Special Topic 3.1

조건식 _Conditional Expressions

파이썬은 다음과 같은 형식의 조건 연산자를 가지고 있다.

$value_1$ if *condition* else $value_2$

해당 표현식의 값은 조건이 true인 경우 $value_1$이고 조건이 false인 경우 $value_2$이다. 예를 들어 실제 층 수를 다음과 같이 계산할 수 있다.

```
actualFloor = floor - 1 if floor > 13 else floor
```

위의 명령문은 다음과 같은 명령문과 동일하다.

```
if floor > 13 :
   actualFloor = floor - 1
else :
   actualFloor = floor
```

조건식은 단일 명령문이다(Special Topic 2.3 참조). 조건식이 복합 명령문이 아니므로 콜론이 필요하지 않다.

다음과 같이 값이 필요한 곳이면 어디에서나 조건식을 사용할 수 있다.

```
print("Actual floor:", floor - 1 if floor > 13 else floor)
```

이 책에서는 조건식을 사용하지 않지만 일부 파이썬 프로그램에서 찾을 수 있는 편리한 구문이다.

3.2 관계 연산자 _Relational Operators

숫자나 문자열을 서로 비교하려면 관계 연산자를 사용한다.

이 절에서는 파이썬에서 숫자와 문자열을 비교하는 방법을 배운다.

© arturbo/iStockphoto.

파이썬에서는 어떤 한 값이 다른 값보다 더 큰지 여부를 체크하기 위해 관계 연산자를 사용한다.

모든 if문은 조건을 포함한다. 대부분의 경우 조건은 두 값을 비교한다. 예를 들어, 이전 예제에서 `floor > 13`을 테스트했다. `>`를 **관계 연산자**(relational operator)라고 한다. 파이썬에는 6개의 관계 연산자가 있다(표 1 참조). 보다시피, 단 두 개의 파이썬 관계 연산자(`>` 및 `<`)는 수학 표기법에서 예상한 것처럼 보인다. 컴퓨터 키보드에는 ≥, ≤ 또는 ≠ 키가 없지만 `>=`, `<=` 및 `!=` 연산자는 비슷해 보이기 때문에 기억하기 쉽다. `==` 연산자는 처음에 파이썬을 처음 접하는 대부분의 사람들에게 혼란을 준다.

표 1 관계 연산자

파이썬	수학 표기법	설명
`>`	$>$	크다.
`>=`	$\geq$	크거나 같다.
`<`	$<$	작다.
`<=`	$\leq$	작거나 같다.
`==`	$=$	같다.
`!=`	$\neq$	같지 않다.

파이썬에서 `=`는 할당을 의미한다. `==` 연산자는 동등 검사를 나타낸다.

```
floor = 13    # 13을 floor에 할당
if floor == 13 :    # floor가 13인지 테스트한다
```

테스트 문장 안에서는 `==`을 사용해야 하고 테스트 문장 외부에서는 `=`을 사용해야 한다.

파이썬의 관계 연산자를 사용하여 문자열을 비교할 수도 있다. 예를 들어 두 문자열이 같은지 테스트하려면 `==` 연산자를 사용하라.

```
if name1 == name2 :
    print("The strings are identical.")
```

또는 같지 않은 것을 테스트하려면 `!=` 연산자를 사용하라.

```
if name1 != name2 :
    print("The strings are not identical.")
```

두 문자열이 동일하려면 길이가 같아야 하고 동일한 문자 시퀀스를 포함해야 한다.

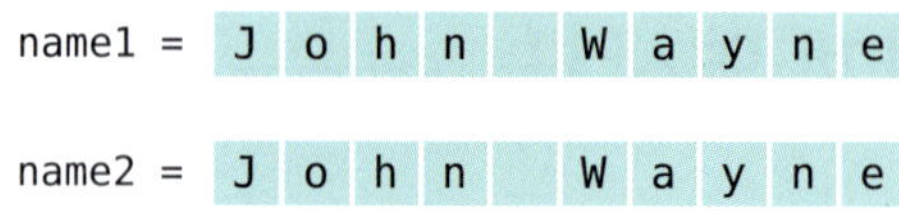

한 문자라도 다르면, 두 개의 문자열은 동일하지 않다.

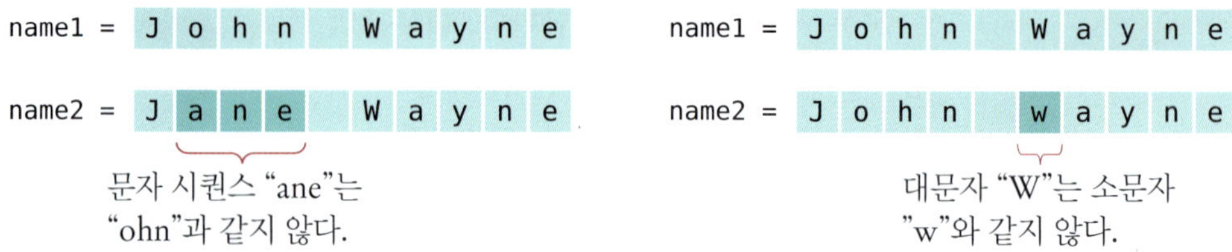

표 1의 관계 연산자는 산술 연산자보다 우선순위가 낮다. 즉, 괄호를 사용하지 않고 관계 연산자의 양쪽에 산술 표현식을 작성할 수 있다. 예를 들어

```
floor - 1 < 13
```

< 연산자의 양쪽(`floor - 1`과 13)이 먼저 평가되고 결과가 비교된다. 부록 A는 파이썬 연산자와 그 우선순위의 표를 보여준다.

표 2는 파이썬에서 값을 비교하는 방법을 요약한다.

표 2 관계 연산자 예제

표현식	값	설명
`3 <= 4`	True	3은 5보다 작다. <=은 같거나 작은지를 검사한다.
`3 =< 4`	**Error**	같거나 작은지를 검사하는 연산자는 <=이다. =<가 아니다. 작다를 나타내는 기호가 먼저 와야 한다.
`3 > 4`	False	>은 <=의 반대이다.
`4 < 4`	False	왼쪽이 오른쪽보다 하나라도 작아야 참이 된다.
`4 <= 4`	True	양쪽이 같으므로 참이 된다. <=은 같거나 작으면 참이 된다.
`3 == 5 - 2`	True	==은 동등성을 검사한다.
`3 != 5 - 1`	True	!=은 같지 않음을 검사한다. 3은 5 - 1과 같지 않다.
`3 = 6 / 2`	**Error**	동등성을 검사하려면 ==을 사용한다.
`1.0 / 3.0 == 0.333333333`	False	값이 서로 매우 비슷하지만 정확히 같지는 않다. Common Error 3.2를 참조하라.
`"10" > 5`	**Error**	문자열을 숫자와 비교할 수 없다.

다음의 프로그램은 논리식을 이용하여 비교하는 방법을 보여준다.

sec02/compare.py

```
##
#  This program demonstrates comparisons of numbers and strings.
#

from math import sqrt

# Comparing integers
m = 2
n = 4

if m * m == n :
   print("2 times 2 is four.")

# Comparing floating-point numbers
x = sqrt(2)
y = 2.0

if x * x == y :
   print("sqrt(2) times sqrt(2) is 2")
else :
   print("sqrt(2) times sqrt(2) is not two but %.18f" % (x * x))

EPSILON = 1E-14
if abs(x * x - y) < EPSILON :
   print("sqrt(2) times sqrt(2) is approximately 2")

# Comparing strings
s = "120"
t = "20"

if s == t :
   comparison = "is the same as"
else :
   comparison = "is not the same as"

print("The string '%s' %s the string '%s'." % (s, comparison, t))

u = "1" + t
if s != u :
   comparison = "not "
else :
   comparison = ""

print("The strings '%s' and '%s' are %sidentical." % (s, u, comparison))
```

Program Run

```
2 times 2 is four.
sqrt(2) times sqrt(2) is not two but 2.000000000000000444
sqrt(2) times sqrt(2) is approximately 2
The string '120' is not the same as the string '20'.
The strings '120' and '120' are identical.
```

Common Error 3.2

부동-소수점 수의 정확한 비교

부동-소수점 수는 정밀도가 제한되어 있으며 계산 시 반올림 오류가 발생할 수 있다. 부동-소수점 수를 비교할 때 이러한 불가피한 반올림을 고려해야 한다. 예를 들어 다음 코드는 2의 제곱근을 곱한다. 이상적으로, 우리는 답 2를 얻을 것으로 기대한다.

© caracterdesign/iStockphoto.

부동-소수점 수를 사용할 때는 항상 정밀도가 제한되어 있다는 것을 고려해야 한다.

```
from math import sqrt

r = sqrt(2.0)
if r * r == 2.0 :
   print("sqrt(2.0) squared is 2.0")
else :
   print("sqrt(2.0) squared is not 2.0 but", r * r)
```

이 프로그램의 출력은 다음과 같다.

```
sqrt(2.0) squared is not 2.0 but 2.0000000000000004
```

부동-소수점 수를 비교할 때 제한된 정밀도를 고려하라.

대부분의 경우 부동-소수점 수를 정확하게 비교하는 것은 의미가 없다. 대신, 우리는 그것들이 충분히 가까이 있는지 테스트해야 한다. 즉, 차이가 임계 값보다 작아야 한다. 수학적으로 우리는 다음 조건이 만족되면 x와 y가 충분히 가까운 것으로 판단한다. ε은 매우 적은 수이다.

$$|x-y|<\varepsilon$$

ε은 그리스 문자 엡실론으로, 극소량을 나타내는 데 사용된다. 부동-소수점 수를 비교할 때 ε을 10^{-14}로 설정하는 것이 일반적이다.

```
from math import sqrt

EPSILON = 1E-14
r = sqrt(2.0)
if abs(r * r - 2.0) < EPSILON :
   print("sqrt(2.0) squared is approximately 2.0")
```

Special Topic 3.2

문자열의 정렬 _Lexicographic Ordering of Strings

두 문자열이 서로 동일하지 않다고 하더라도 여전히 두 문자열의 관계를 알고 싶을 수 있다. 파이썬의 관계 연산자는 문자열을 "사전" 순서로 비교한다. 이 순서는 단어가 사전에서 정렬되는 방식과 매우 유사하다. 만약

```
string1 < string2
```

이면 문자열 `string1`은 사전에서 문자열 `string2` 앞에 온다. 예를 들어, `string1`이 `"Harry"`이고 `string2`가 `"Hello"`인 경우이다. 만약

```
string1 > string2
```

이면 `string1`은 사전 순서대로 `string2` 뒤에 온다.

Fuse/Getty Images.

사전에서 두 단어 중 어느 단어가 먼저 나오는지 보려면 두 단어가 어떤 문자부터 달라지는지를 봐야 한다.

이전 절에서 보았듯이

```
string1 == string2
```

이면 string1과 string2는 같다.

사전의 순서와 파이썬의 순서 사이에는 약간의 차이가 있다.

파이썬에서는 다음 규칙을 따른다.

- 모든 대문자는 소문자 앞에 온다. 예를 들어 "Z"는 "a" 앞에 온다.
- 공백 문자는 출력 가능한 모든 문자 앞에 온다.
- 숫자는 문자보다 앞에 온다.
- 문장 부호의 순서는 부록 D를 참조하라.

관계 연산자는 문자열을 사전 순서대로 비교한다.

두 문자열을 비교할 때 파이썬은 문자열 중 하나가 끝나거나, 일치하지 않는 첫 번째 문자 쌍을 찾을 때까지 각 단어의 첫 글자와 두 번째 글자 등을 비교한다.

문자열 중 하나가 끝나면 더 긴 문자열은 "더 큰" 문자열로 간주된다. 예를 들어 "car"와 "cart"를 비교해 보자. 처음 세 글자는 일치하고 이어서 첫 번째 문자열의 끝에 도달한다. 따라서 사전식 순서에서 "car"는 "cart" 앞에 온다.

불일치에 도달하면 "큰" 문자가 포함된 문자열은 "큰" 것으로 간주된다. 예를 들어 "cat"과 "cart"를 비교해 보자. 처음 두 글자가 일치한다. t는 r 다음에 오므로 사전식 순서에서 문자열 "cat"은 "cart" 뒤에 온다.

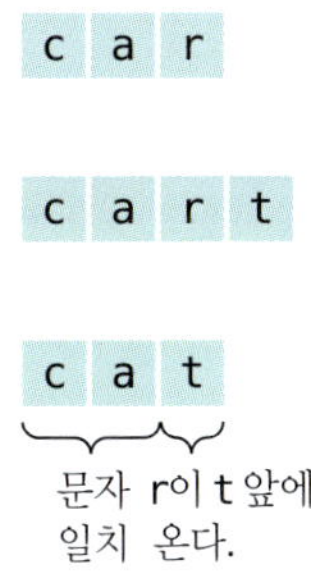

HOW TO 3.1

if문의 사용 _Implementing an if Statement

이 How To는 if문을 사용하는 과정을 안내한다.

문제 정의 대학 서점은 10월 24일에 킬로바이트 데이 세일을 하며, 가격이 $128 미만인 경우 모든 컴퓨터 액세서리 구매에 대해 8% 할인을, 가격이 $128 이상인 경우 16% 할인을 제공한다. 계산원에게 원래 가격을 요구한 다음, 할인된 가격을 출력하는 프로그램을 작성하라.

1단계 분기 조건을 결정한다.

이 문제에서 조건은 다음과 같다.

original_price < 128?

이것은 그런대로 괜찮고 우리의 프로그램에서 사용할 수 있다.

그러나 조건을 반대로 해도 올바른 솔루션을 얻을 수 있다. 가격이 최소 $128인가? 더 큰 할인이 적용되는 경우를 알고 싶어 하는 쇼핑객의 입장이라면 이 조건을 선택할 수 있다.

© MikePanic/iStockphoto.

고가의 제품에 대한 판매 할인은 종종 더 높다. 이러한 결정을 구현하려면 if문을 사용하라.

2단계 조건이 참일 때 수행해야 하는 작업에 대한 의사코드를 제공하라.

이 단계에서는 조건이 참인 분기에서 수행되어야 하는 작업을 나열한다. 세부 사항은 문제에 따라 다르다. 메시지를 출력하거나 값을 계산하거나 프로그램을 종료할 수도 있다.

이 예에서는 8% 할인을 적용해야 한다.

discounted_price = 0.92 × original_price

3단계 조건이 맞지 않을 때 수행해야 하는 작업(있는 경우)에 대한 의사코드를 제공하라.

1단계의 조건이 만족되지 않는 경우 어떻게 하겠는가? 때때로, 당신은 전혀 아무것도 하고 싶지 않다. 이 경우 `else` 분기가 없는 `if`문을 사용하라.

이 예제에서 우리는 가격이 $128 미만인지 테스트했다. 해당 조건이 아닌 경우 가격은 최소 $128이므로 16%의 높은 할인이 판매에 적용된다.

discounted price = 0.84 × original price

4단계 관계 연산자를 다시 확인하라.

먼저 테스트가 올바른 방향으로 진행되는지 확인하라. >와 <를 혼동하는 것은 일반적인 오류이다. 다음으로, < 연산자를 사용해야 하는지 또는 가까운 사촌인 <= 연산자를 사용해야 하는지 고려하라.

원래 가격이 정확히 $128이면 어떻게 될까? 문제를 주의 깊게 읽으면 원래 가격이 $128 미만인 경우 적은 할인이 적용되고, $128 이상인 경우 더 큰 할인이 적용된다. 따라서 가격이 $128이면 조건이 충족되지 않아야 하며 <=가 아니라 <를 사용해야 한다.

5단계 중복을 제거한다.

두 가지 모두에 공통적인 작업을 확인하고 외부로 이동하라.

이 예제에서는 다음과 같은 형식을 가지는 두 가지 명령문을 확인할 수 있다.

discounted price =___________× original price

할인율만 다르다. 분기에서 비율을 설정하고 나중에 계산을 수행하는 것이 가장 좋다.

```
If original price < 128
    discount rate = 0.92
Else
    discount rate = 0.84
discounted price = discount rate × original price
```

6단계 두 가지를 모두 테스트한다.

`if`문의 조건을 충족시키는 테스트 케이스와 그렇지 않은 테스트 케이스를 사용하여 코드를 검사하라. 각 경우에 어떻게 해야 하는지 스스로에게 물어보라. 그런 다음 의사코드를 추적하여 각각의 조치를 취하라.

이 예에서는 원래 가격에 대해 100달러와 200달러의 두 가지 시나리오를 살펴보자. 첫 번째 경우에, 8달러 할인되고, 두 번째 경우에는 32달러 할인된다.

원래 가격이 100달러이면 조건 100 <128이 참이고

discount rate = 0.92
discounted price = 0.92 × 100 = 92

원래 가격이 200인 경우 200 <128 조건은 거짓이며

discount rate = 0.84
discounted price = 0.84 × 200 = 168

두 경우 모두 예상되는 답변을 얻는다.

7단계 파이썬에서 `if`문을 조립한다.

골격을 먼저 입력한다.

```
if :
else :
```

구문 3.1에 표시된 대로 채워라. else 분기가 필요하지 않으면 생략하라.

우리의 예제에서는 완결된 문장은 다음과 같다.

```
if originalPrice < 128 :
   discountRate = 0.92
else :
   discountRate = 0.84
discountedPrice = discountRate * originalPrice
```

how_to_1/sale.py

```
##
#  Compute the discount for a given purchase.
#

# Obtain the original price.
originalPrice = float(input("Original price before discount: "))

# Determine the discount rate.
if originalPrice < 128 :
   discountRate = 0.92
else :
   discountRate = 0.84

# Compute and print the discount.
discountedPrice = discountRate * originalPrice
print("Discounted price: %.2f" % discountedPrice)
```

WORKED EXAMPLE 3.1

중간 문자 추출 _Extracting the Middle

문제 정의 과제는 주어진 문자열에서 중간 문자를 추출하는 것이다. 예를 들어 문자열이 "crate"이면 결과는 문자 "a"이다. 그러나 문자열의 문자 개수가 짝수인 경우 중간 두 문자를 추출하라. 문자열이 "crates"인 경우 결과는 "at"이다.

1단계 분기 조건을 결정하라.

홀수 및 짝수 길이의 문자열에 대해 다른 조치를 취해야 한다. 따라서 조건은 다음과 같다.

문자열 길이가 홀수인가?

파이썬에서는 2로 나누는 나머지 연산을 사용하여 값이 짝수인지 홀수인지 알아낸다.

그런 다음 문자열의 길이가 홀수인지 확인하는 테스트가 필요하다.

```
if len(string) % 2 == 1
```

2단계 조건이 참일 때 수행해야 하는 작업에 대한 의사코드를 제공하라.

중간 문자의 위치를 찾아야 한다. 길이가 5이면 위치는 2이다.

c	r	a	t	e
0	1	2	3	4

일반적으로는 다음과 같다.

```
position = len(string) / 2 (나머지는 무시한다)
result = string[position]
```

3단계 조건이 맞지 않을 때 수행해야 하는 작업(있는 경우)에 대한 의사코드를 제공하라.

다시 한번 중간 문자의 위치를 찾아야 한다. 길이가 6이면 시작 위치는 2이고 끝 위치는 3이다. 즉, 우리는

```
result = string[2] + string[3]
```

c	r	a	t	e	s
0	1	2	3	4	5

일반적으로는 다음과 같다.

```
position = len(string) / 2 – 1 (나머지는 무시한다)
result = string[position] + string[position + 1]
```

4단계 관계 연산자를 다시 확인하라.

`len(string) % 2 == 1`을 정말로 원하는가? 예를 들어, 길이가 5인 경우 `5 % 2`는 5/2의 나머지 부분인 1이다. 일반적으로 홀수를 2로 나누면 나머지는 1이 된다. 따라서 우리의 선택은 맞는다.

5단계 중복을 제거한다.

우리가 작성한 문장은 다음과 같다.

```
if 문자열의 길이가 홀수이면
    position = len(string) / 2 (나머지는 무시한다)
    result = string[position]
Else
    position = len(string) / 2 - 1 (나머지는 무시한다)
    result = string[position] + string[position + 1]
```

각 지점의 첫 번째 명령문은 거의 동일하다. 동일하게 만들 수 있을까? 두 번째 분기에서 위치를 조정하면 다음과 같이 할 수 있다.

```
if 문자열의 길이가 홀수이면
    position = len(string) / 2 (나머지는 무시한다)
    result = string[position]
Else
    position = len(string) / 2 (나머지는 무시한다)
    result = string[position - 1] + string[position]
```

이제 중복 계산을 `if`문 외부로 옮길 수 있다.

```
position = len(string) / 2 (나머지는 무시한다)
    If the length of string is odd
    result = string[position]
Else
    result = string[position - 1] + string[position]
```

6단계 두 가지를 모두 테스트한다.

테스트를 위해 다른 문자열 세트를 사용한다. 홀수 길이 문자열의 경우 `"monitor"`를 고려하라.

```
position = len(string) / 2 = 7 / 2 = 3 (나머지는 무시한다)
result = string[3] = "i"
```

짝수 길이 문자열 `"monitors"`의 경우도 테스트한다.

position = len(string) / 2 = 4
result = string[3] + string[4] = "it"

7단계 파이썬에서 if문을 조립한다. 완성된 코드는 다음과 같다.

```
position = len(string) // 2
if len(string) % 2 == 1 :
   result = string[position]
else :
   result = string[position - 1] + string[position]
```

예제 코드 전체 프로그램은 eText의 worked_example_1/middle.py를 참조하라.

3.3 중첩된 분기 _Nested Branches

조건문이 다른 조건문의 분기에 포함된 경우를 중첩되었다고 말한다.

다른 조건문 안에 if문을 포함시켜야 하는 경우가 종종 있다. 이러한 구조를 중첩된 조건문이라고 한다.

일반적인 예는 다음과 같다. 미국에서는 납세자의 결혼 여부에 따라 다른 세율이 적용된다. 독신 및 결혼한 납세자에 대한 세금이 다르다. 결혼한 납세자는 배우자의 소득도 합산하여 총 세금을 납부한다. 표 3은 2008년 과세 연도에 적용되는 규칙을 단순화하여 세율 계산을 보여준다. 각 부류에는 다른 세율이 적용된다. 이 표에서 첫 번째 부류의 소득에는 10%의 세금이 부과되고 두 번째 부류의 소득에는 25%의 세금이 부과된다. 각 부류의 소득 한도는 결혼 여부에 따라 다르다.

표 3 연방 세율표

독신이고 과세 소득이 다음과 같으면	세금은
최대 $32,000	10%
$32,000을 넘으면	$3,200 + $32,000를 넘는 금액의 25%
결혼한 상태이고 과세 소득이 다음과 같으면	**세금은**
최대 $64,000	10%
$64,000을 넘으면	$6,400 + $64,000를 넘는 금액의 25%

중첩된 분기는 의사 결정 자체가 중첩된 경우에 필요하다.

이제 결혼 상태와 소득 수치를 감안하여 납부해야 할 세금을 계산하라. 핵심은 두 가지 수준의 의사 결정이 있다는 것이다. 먼저, 결혼 상태에 따라 분기해야 한다. 그런 다음 각 결혼 상태에 대해 소득 수준에 대하여 또다시 분기하여야 한다.

소득세를 계산하는 것은 다중 수준의 의사 결정이 필요하다. © ericsphotography/iStockphoto.

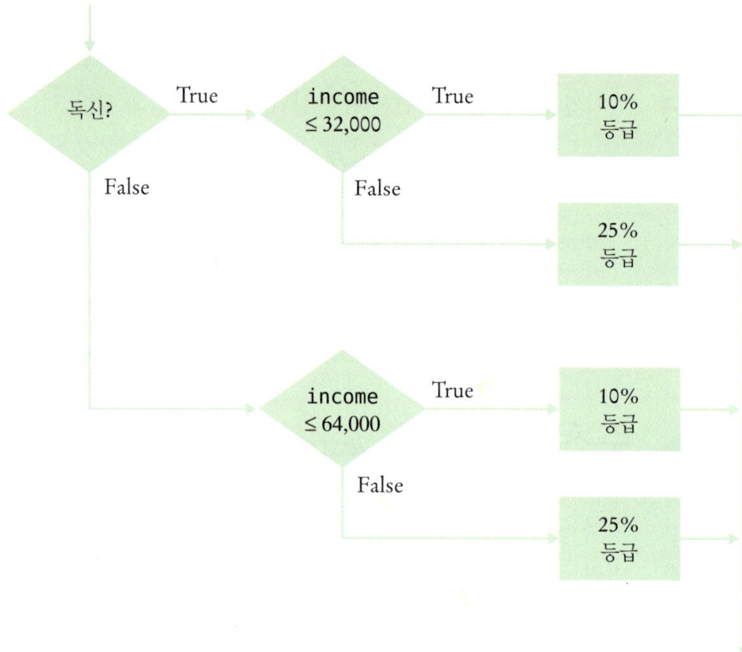

그림 3 소득세 계산

2단계 결정 프로세스는 아래 프로그램의 2단계 if문으로 반영된다. 순서도는 그림 3을 참조하라. 이론적으로 중첩은 두 수준보다 깊어질 수 있다. 3단계 의사 결정 프로세스(먼저 국가, 결혼 상태, 소득 수준)에는 3가지 중첩 수준이 필요하다.

sec03/taxes.py

```
##
#  This program computes income taxes, using a simplified tax schedule.
#

# Initialize constant variables for the tax rates and rate limits.
RATE1 = 0.10
RATE2 = 0.25
RATE1_SINGLE_LIMIT = 32000.0
RATE1_MARRIED_LIMIT = 64000.0

# Read income and marital status.
income = float(input("Please enter your income: "))
maritalStatus = input("Please enter s for single, m for married: ")

# Compute taxes due.
tax1 = 0.0
tax2 = 0.0

if maritalStatus == "s" :
   if income <= RATE1_SINGLE_LIMIT :
      tax1 = RATE1 * income
   else :
      tax1 = RATE1 * RATE1_SINGLE_LIMIT
      tax2 = RATE2 * (income - RATE1_SINGLE_LIMIT)
```

```
25 else :
26    if income <= RATE1_MARRIED_LIMIT :
27       tax1 = RATE1 * income
28    else :
29       tax1 = RATE1 * RATE1_MARRIED_LIMIT
30       tax2 = RATE2 * (income - RATE1_MARRIED_LIMIT)
31
32 totalTax = tax1 + tax2
33
34 # Print the results.
35 print("The tax is $%.2f" % totalTax)
```

Program Run

```
Please enter your income: 80000
Please enter s for single, m for married: m
The tax is $10400.00
```

Programming Tip 3.2

손으로 따라가 보기

© thomasd007/iStockphoto.

수동 추적은 프로그램이 올바르게 작동하는지 이해하는 데 도움이 된다.

프로그램이 올바르게 작동하는지 이해하기 위한 매우 유용한 기술을 **수동 추적**(hand-tracing)이라고 한다. 한 장의 종이로 프로그램의 활동을 시뮬레이션한다. 이 방법은 의사코드 또는 파이썬 코드와 함께 사용할 수 있다.

색인 카드, 칵테일 냅킨 또는 종이를 준비하라. 각 변수에 대한 열을 만든다. 프로그램 코드를 준비한다. 종이 클립과 같은 마커를 사용하여 현재 명령문을 표시하라. 마음속으로 한 번에 하나씩 명령문을 실행하라. 변수 값이 변경될 때마다 이전 값을 제거하고 새 값을 이전 값 아래에 쓴다.

이전 페이지의 taxes.py 프로그램에 입력을 주고 프로그램 실행을 추적하여 보겠다. 라인 12 및 13에서, income과 maritalStatus은 input() 문에 의해 초기화된다.

```
5  # 세율과 한도를 위한 상수를 정의한다.
6  RATE1 = 0.10
7  RATE2 = 0.25
8  RATE1_SINGLE_LIMIT = 32000.0
9  RATE1_MARRIED_LIMIT = 64000.0
10
11 # 소득과 결혼 상태를 얻는다.
12 income = float(input("Please enter your income: "))
13 maritalStatus = input("Please enter s for single, m for married: ")
```

tax1	tax2	income	marital status
		80000	m

16번째 줄과 17번째 줄에서 tax1과 tax2는 0.0으로 초기화된다.

```
16 tax1 = 0.0
17 tax2 = 0.0
```

maritalStatus가 "s"가 아니므로 우리는 if문의 else로 가야 한다.

```
19 if maritalStatus == "s" :
20    if income <= RATE1_SINGLE_LIMIT :
21       tax1 = RATE1 * income
22    else :
23       tax1 = RATE1 * RATE1_SINGLE_LIMIT
24       tax2 = RATE2 * (income - RATE1_SINGLE_LIMIT)
25 else :
```

income이 <= 64000보다 작지 않기 때문에 우리는 내부 if문의 else로 가야 한다.

```
    if income <= RATE1_MARRIED_LIMIT :
       tax1 = RATE1 * income
    else :
       tax1 = RATE1 * RATE1_MARRIED_LIMIT
       tax2 = RATE2 * (income - RATE1_MARRIED_LIMIT)
```

여기서 tax1과 tax2의 값이 갱신된다.

```
    else :
       tax1 = RATE1 * RATE1_MARRIED_LIMIT
       tax2 = RATE2 * (income - RATE1_MARRIED_LIMIT)
```

tax1	tax2	income	marital status
~~0~~	~~0~~	80000	m
6400	4000		

totalTax는 계산되고 출력된다.

```
totalTax = tax1 + tax2
. . .
print("The tax is $%.2f" % totalTax)
```

프로그램 추적이 예상 출력($10,400)을 표시하므로 이 테스트 사례가 올바르게 작동함을 성공적으로 보여준다.

tax1	tax2	income	marital status	total tax
~~0~~	~~0~~	80000	m	
6400	4000			10400

3.4 다중 분기 _Multiple Alternatives

다중 분기는 복잡한 결정을 평가하는 데 사용된다.

3.1절에서 if문을 사용하여 양방향 분기를 프로그래밍하는 방법을 보았다. 많은 상황에서 두 가지 이상의 경우가 있다. 이 절에서는 여러 개의 대안으로 의사 결정을 구현하는 방법을 설명한다.

예를 들어, 리히터 규모로 측정된 지진의 영향을 표시하는 프로그램을 생각해 보라(표 4 참조).

© kevinruss/iStockphoto.

샌프란시스코의 베이 브릿지를 손상시키고 많은 건물을 파괴한 1989년 로마 프리에 타 지진은 리히터 규모로 7.1을 측정했다.

표 4 리히터 규모

구분	영향
8	대부분의 건물 붕괴
7	많은 건물 파괴
6	많은 건물 손상, 일부는 붕괴
4.5	기반이 약한 건물 손상
<4.5	건물 붕괴는 없음

리히터 규모는 지진의 강도를 측정한 것이다. 규모의 모든 단계(예: 6.0에서 7.0까지)는 지진 강도가 10배 증가했음을 나타낸다.

이 경우, 5개의 분기가 있다: 피해에 대한 4가지의 설명과 피해가 없는 1가지가 그것이다. 그림 4는 이 다중 분기 명령문의 순서도를 보여준다.

여러 if문을 사용하여 다음과 같은 다중 분기를 구현할 수 있다.

```
if richter >= 8.0 :
   print("Most structures fall")
else :
   if richter >= 7.0 :
      print("Many buildings destroyed")
   else :
      if richter >= 6.0 :
         print("Many buildings considerably damaged, some collapse")
      else :
         if richter >= 4.5 :
            print("Damage to poorly constructed buildings")
         else :
            print("No destruction of buildings")
```

그러나 이것은 읽기가 어려워지고 분기 수가 증가함에 따라 들여쓰기로 인해 코드가 오른쪽으로 점점 더 이동하기 시작한다. 파이썬은 여러 가지를 포함하는 if문을 만들기 위한 특별한 구문을 제공한다. elif문을 사용하여 위의 코드를 다음과 같이 다시 작성할 수 있다.

```
if richter >= 8.0 :
   print("Most structures fall")

elif richter >= 7.0 :
   print("Many buildings destroyed")
elif richter >= 6.0 :
   print("Many buildings considerably damaged, some collapse")
elif richter >= 4.5 :
   print("Damage to poorly constructed buildings")
else :
   print("No destruction of buildings")
```

네 가지 테스트 중 하나에 성공하면 메시지가 출력되고 더 이상 테스트를 시도하지 않는다. 네 가지 경우 중 어느 것도 해당되지 않으면 마지막 else 절이 적용되고 기본 메시지가 출력된다.

다중 분기에서는 조건을 정렬하고 가장 큰 값에 대해 먼저 테스트해야 한다. 테스트 순서를 반대로 한다고 가정해 보자.

```
if richter >= 4.5 :   # 테스트 순서가 잘못되었음
   print("Damage to poorly constructed buildings")
elif richter >= 6.0 :
   print("Many buildings considerably damaged, some collapse")
elif richter >= 7.0 :
   print("Many buildings destroyed")
elif richter >= 8.0 :
   print("Most structures fall")
```

다중 if문을 사용할 때 구체적인 조건이 일반적인 조건 앞에 있어야 한다.

이것은 올바르게 작동하지 않는다. 예를 들어서 richter의 값이 7.1이라고 가정해 보자. 이 값은 4.5 이상이며 첫 번째 경우와 일치한다. 따라서 다른 테스트는 시도되지 않는다.

해결책은 보다 구체적인 조건을 먼저 테스트하는 것이다. 여기서 조건 richter >= 8.0은 조건 richter >= 7.0보다 더 구체적이며 조건 richter >= 4.5는 처음 두 개 중 하나보다 더 일반적이다(즉, 더 많은 값으로 충족된다).

여러 독립 if문을 사용하는 것도 좋지 않다. 이 예제에서는 반드시 if/elif 시퀀스를 사용하는 것이 중요하다. 독립적인 if문을 사용하여 다음과 같이 코드를 작성하였다고 가정해 보자.

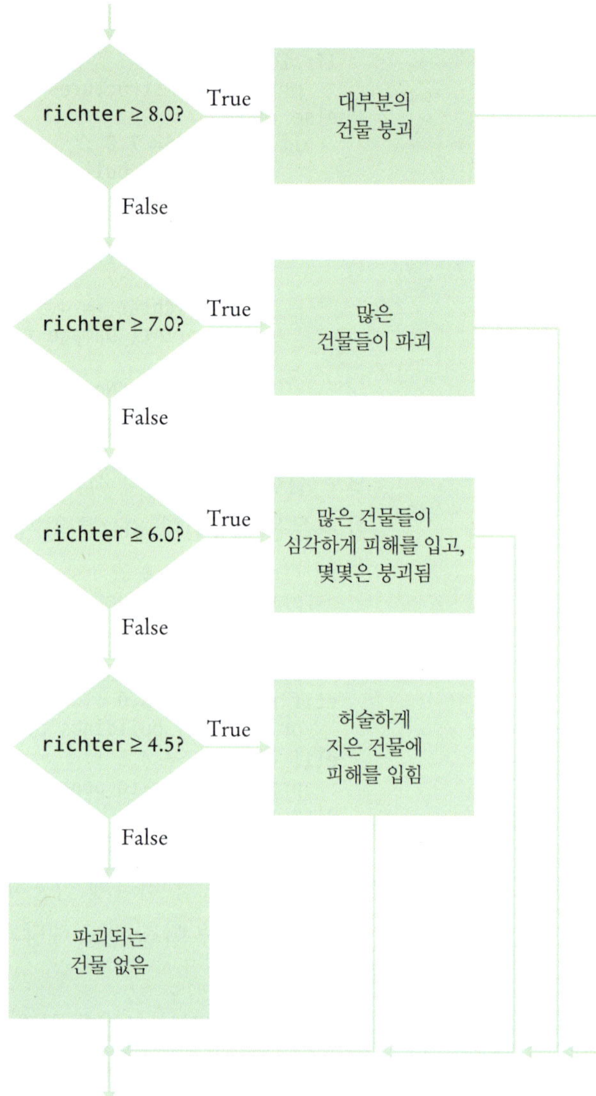

그림 4 다중 분기

```
if (richter >= 8.0) :   # else를 사용하지 않았다
   print("Most structures fall")
if richter >= 7.0 :
   print("Many buildings destroyed")
if richter >= 6.0 :
   print("Many buildings considerably damaged, some collapse")
if richter >= 4.5 :
   print("Damage to poorly constructed buildings")
```

이제 대안은 더 이상 배타적이지 않다. richter가 7.1이면 마지막 세 테스트가 모두 일치하고 세 개의 메시지가 출력된다.

리히터 규모로 지진에 대한 설명을 출력하기 위한 전체 프로그램은 다음과 같다.

sec04/earthquake.py

```
##
#  This program prints a description of an earthquake, given the Richter scale
#  magnitude.
#

# Obtain the user input.
richter = float(input("Enter a magnitude on the Richter scale: "))

# Print the description.
if richter >= 8.0 :
   print("Most structures fall")
elif richter >= 7.0 :
   print("Many buildings destroyed")
elif richter >= 6.0 :
   print("Many buildings considerably damaged, some collapse")
elif richter >= 4.5 :
   print("Damage to poorly constructed buildings")
else :
   print("No destruction of buildings")
```

TOOLBOX 3.1

이메일 보내기 _Sending E-mail

수업 조교로 일하면서 많은 학생들에게 시험 점수를 알려야 한다고 가정하라. 전자 메일 프로그램에서 60명의 메시지를 입력하는 것은 힘든 작업이 될 것이다. 다행히 파이썬의 이메일 모듈을 사용하여 이 작업을 자동화할 수 있다.

이메일 메시지 조립

먼저 메시지를 조립해야 한다. 일반적으로 메시지는 이미지 및 파일과 같은 텍스트와 첨부 파일의 조합일 수 있다. MIME(Multi-Purpose Internet Mail Extensions) 규격이 어떻게 이메일 메시지가 조립되어야 하는지를 지정한다.

다행히 서식의 세부 사항을 몰라도 된다. 파이썬이 제공하는 MIME 클래스를 사용하라. 다음 문장으로 가져온다.

```
from email.mime.multipart import MIMEMultipart
from email.mime.text import MIMEText
from email.mime.image import MIMEImage
from email.mime.application import MIMEApplication
```

여러 부분으로 구성될 수 있는 메시지를 작성하여 시작한다.

```
msg = MIMEMultipart()
```

발신자와 한 명 이상의 수신자의 이메일 주소를 지정하라.

```
msg.add_header("From", sender)
msg.add_header("To", recipient1)
msg.add_header("To", recipient2)
```

추가 수신자와 "블라인드 참조자"를 추가하려면 다음 명령문을 사용하라.

```
msg.add_header("Cc", recipient3)
msg.add_header("Bcc", recipient4)
```

이 명령문으로 제목 줄을 설정하라.

```
msg.add_header("Subject", subjectLine)
```

이제 메시지 본문을 포함할 준비가 되었다. 일반 텍스트 문자열인 경우, 다음 문장을 사용하면 된다.

```
msg.attach(MIMEText(body, "plain"))
```

다음 명령문을 호출하여 HTML 버전을 첨부할 수도 있다.

```
msg.attach(MIMEText(htmlBody, "html"))
```

두 가지를 모두 제공하면 사용자의 환경 설정과 수신 장치의 기능에 따라 수신자의 메일 프로그램에 하나 이상이 표시된다.

이미지를 포함하려면 먼저 파일에서 이미지를 읽어야 한다. 7장에서 파일 입력에 대해 자세히 설명하지만 이 경우에는 쉽게 수행할 수 있다. 이진 데이터 형식의 파일을 열고 데이터를 읽고 `MIMEImage` 객체를 만든다. 그런 다음 파일을 닫고 이미지를 메시지에 첨부하라.

```
file = open("myimage.jpg", "rb")
img = MIMEImage(file.read())
file.close()
msg.attach(img)
```

PDF 파일 또는 스프레드시트와 같은 첨부 파일의 경우, `MIMEApplication` 객체를 만든다. 수신자에게 이 파일이 저장 가능한 첨부 파일임을 알리기 위해 헤더를 추가하라.

```
fp = open("/somedir/myfile.pdf", "rb")
attachment = MIMEApplication(fp.read())
fp.close()
attachment.add_header("Content-Disposition",
   "attachment; filename=myfile.pdf")  # 디렉토리 없이 파일 이름만
msg.attach(attachment)
```

수신자는 아이콘을 클릭하여 파일을 저장할 수 있다. 기본적으로 파일 이름은 지정되지만 대부분의 전자 메일 리더에서는 수신자가 파일을 변경할 수 있다. (수신인이 발신자와 동일한 디렉토리를 가질 수 없으므로 첨부 파일 헤더에 디렉토리 이름을 포함하지 않아야 한다.)

물론 모든 이메일에 이미지와 첨부 파일이 있는 것은 아니다. 문자 메시지만 보내려면 이 부분을 건너뛰어라.

메시지 보내기

메시지를 조립한 후 `smtplib` 모듈을 사용하여 메시지를 보내야 한다. SMTP는 메일 서버와의 통신 규격인 "Simple Mail Transport Protocol"의 약자이다. 모듈을 가져온다.

```
import smtplib
```

그런 다음 메일 서버에 연결하라. 호스트 이름과 "포트 번호"를 지정하라. 여기서는 구글의 지메일(Gmail) 서비스를 예로 사용한다. 지메일(대부분의 다른 메일 서버)에서는 "트랜스포트 레벨 보안"을 위하여 포트 587을 사용한다. 즉, 컴퓨터와 메일 서버 간의 통신이 암호화된다. 다른 이메일 서비스를 사용하는 경우 호스트 이름과 포트 번호를 찾아야 한다.

```
host = "smtp.gmail.com"
port = 587
server = smtplib.SMTP(host, port)
```

`SMTP` 함수는 서버와 통신하는 데 사용하는 객체를 반환한다. 먼저 보안 통신을 켜라.

```
server.starttls()
```

그런 다음 이메일 사용자 이름과 비밀번호로 로그인하라(위에 지정된 이메일 서비스의 경우).

```
server.login(username, password)
```

이제 send_message 메소드를 사용하여 전자 우편을 보내고 세션을 종료하라.

```
server.send_message(msg)
server.quit()
```

샘플 이메일 프로그램

보다시피, 파이썬 프로그램으로 전자 메일을 쉽게 보낼 수 있다. 메시지를 조합하여 서버로 보낼 수 있다. 학생들에게 시험 성적을 알리고자 하는 조교라고 하자. 학생이 잘했다면 유쾌한 메시지를 보내고, 학생이 튜터링을 필요로 하는 경우 튜터링 센터에 대한 지시 사항을 포함시키려고 한다.

이러한 프로그램을 작성할 때 매번 입력할 필요가 없도록 프로그램에 정보(이메일 주소, 계정 이름, 서버 이름 등)를 포함시켜야 한다. 그러나 프로그램에 비밀번호를 저장하지 않는 것이 좋다. 대신 프로그램이 실행될 때마다 이것은 읽어야 한다.

시작하는 방법은 다음과 같다.

```
from email.mime.multipart import MIMEMultipart
from email.mime.text import MIMEText
import smtplib

sender = "sally.smith@mycollege.edu"
username = "sallysmith"
password = input("Password: ")

host = "smtp.myserver.com"
port = 587
```

그런 다음 수신자의 이메일 주소와 시험 점수를 입력하라는 메시지가 표시된다. 점수에 따라 메시지 본문을 만든다.

```
recipient = input("Student email: ")
score = int(input("Score: "))
body = "Your score on the last exam is " + str(score) + "\n"
if score <= 50 :
   body = body + "To do better next time, why not visit the tutoring center?"
elif score >= 90 :
   body = body + "Fantastic job! Keep it up."
```

이제 메시지를 조립하라. 여기서는 간단히 일반 문자 메시지를 보낸다. 연습문제 Toolbox P3.53 ~Toolbox P3.56에 개선을 위한 몇 가지 제안이 있다.

```
msg = MIMEMultipart()
msg.add_header("From", sender)
msg.add_header("To", recipient)
msg.add_header("Subject", "Exam score")
msg.attach(MIMEText(body, "plain"))
```

마지막으로 메시지를 보내라.

```
server = smtplib.SMTP(host, port)
server.starttls()
server.login(username, password)
server.send_message(msg)
server.quit()
```

이것이 전부이다. 커스텀화된 메시지가 수신자에게 전달된다.

이 프로그램은 단일 전자 메일 메시지를 보낸다. 4장에서는 여러 메시지를 보낼 수 있는 루프를 프로그래밍하는 방법을 배운다. 7장에서는 프로그램이 스프레드시트에서 데이터를 읽는 방법을 보여준다. 그런 다음 이 프로그램을 향상시켜 전자 우편 주소와 시험 점수가 스프레드시트에 있는 모든 학생에게 메시지를 자동으로 보낼 수 있다.

예제 코드 전체 프로그램은 eText 또는 보조 사이트의 소스 코드에서 `toolbox_1/mail.py`를 참조하라.

3.5 문제 해결: 순서도 _*Problem Solving: Flowcharts*

순서도는 작업, 입출력, 판단 등의 요소로 이루어진다.

이 장의 앞부분에서 순서도의 예를 보았다. 순서도는 문제를 해결하는 데 필요한 결정 및 작업의 구조를 보여준다. 복잡한 문제를 해결해야 하는 경우 제어 흐름을 시각화하기 위해 순서도를 그리는 것이 좋다. 기본 순서도 요소는 그림 5에 표시되어 있다.

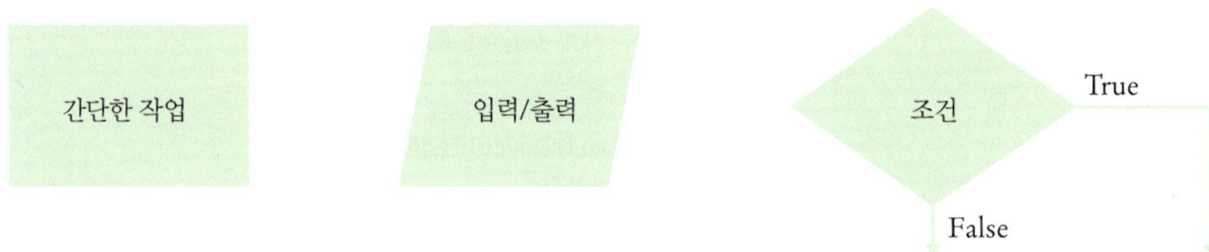

그림 5
순서도 구성 요소

판단의 각 분기는 작업이나 다른 분기를 포함할 수 있다.

기본 아이디어는 간단하다. 작업과 입력/출력 상자를 실행 순서대로 연결하라. 결정을 내릴 때마다 두 가지 결과로 다이아몬드를 그린다(그림 6 참조).

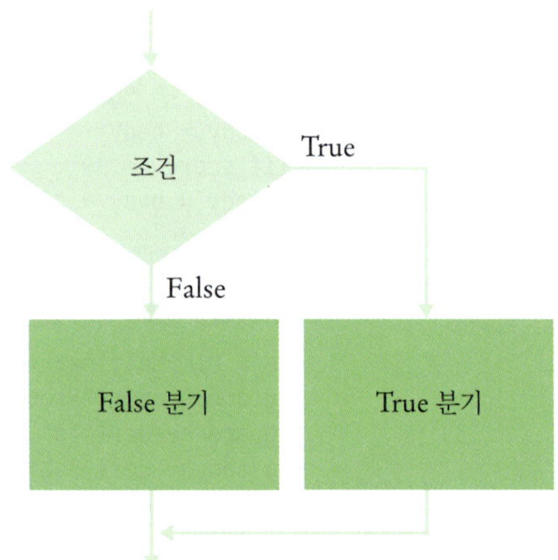

그림 6 두 개의 분기를 가진 순서도

각 분기에는 일련의 작업과 추가 결정이 포함될 수 있다. 선택할 수 있는 값이 여러 개 있으면 그림 7과 같이 배치하라.

순서도를 그릴 때 알아야 할 한 가지 문제가 있다. 제한되지 않은 분기 및 병합은 지저분한 구조인 "스파게티 코드"로 이어질 수 있다.

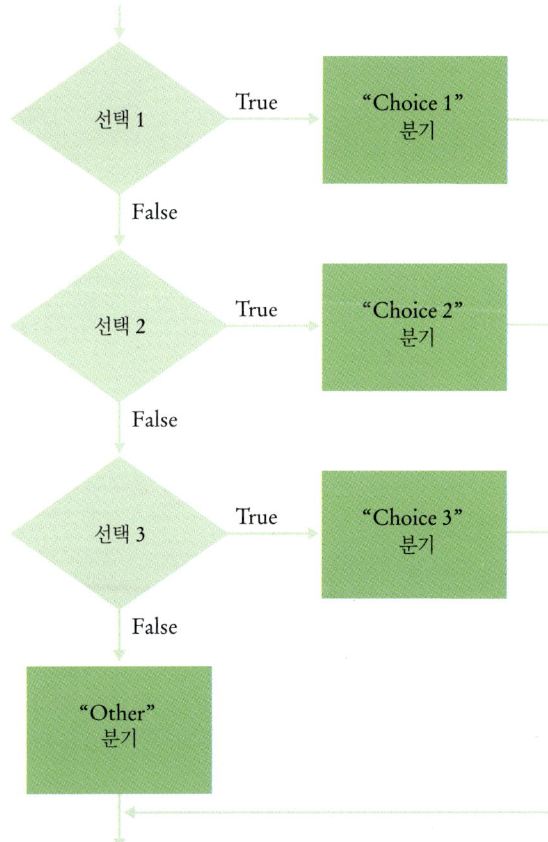

그림 7 여러 개의 분기를 가지는 순서도

다른 분기 안을 화살표로 가리키면 안 된다.

스파게티 코드를 피하는 간단한 규칙이 있다. 다른 분기 안을 화살표로 가리키면 안 된다는 것이다.

규칙을 이해하려면 다음 예를 고려하라. 미국 내 배송비는 $5이며 하와이와 알래스카는 배송비가 $10이다. 국제 운송 비용도 $10이다.

다음과 같은 순서도로 시작할 수 있다.

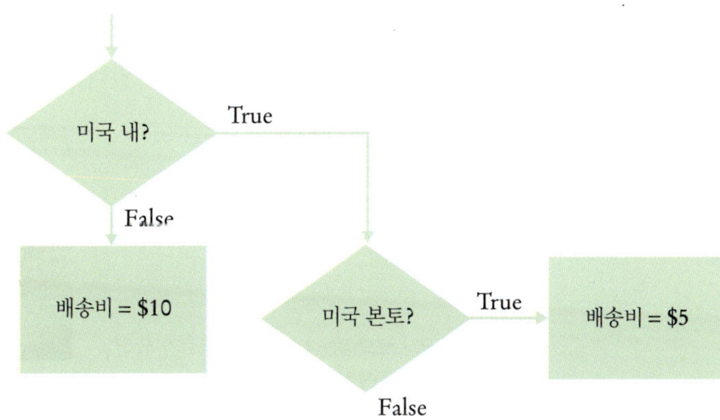

이제 "배송 비용 = $10" 작업을 재사용하고 싶을 수도 있다.

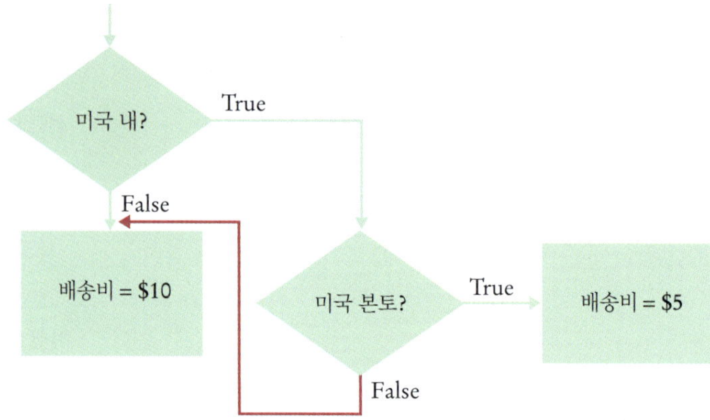

하지만 이것은 안 된다! 빨간색 분기는 다른 분기 내부를 가리킨다. 대신 다음과 같이 운송 비용을 $10로 설정하는 다른 작업을 추가하라.

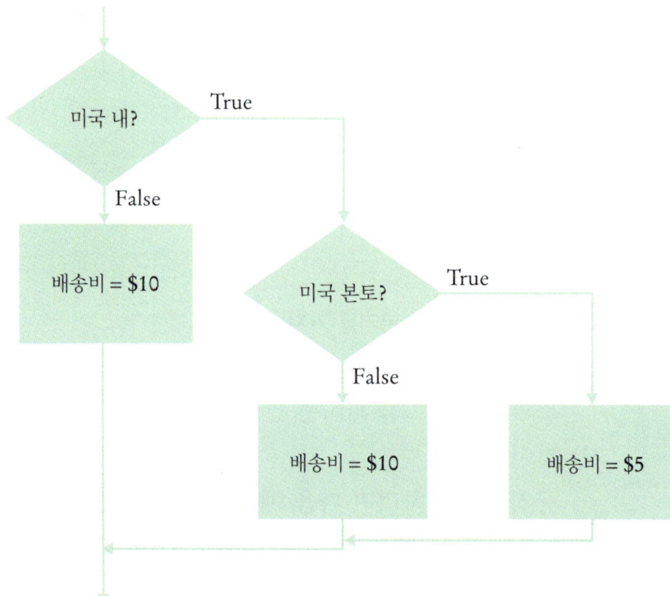

위와 같이 해야만 스파게티 코드를 피할 뿐만 아니라, 더 나은 디자인이다. 앞으로 국제 배송 비용이 알래스카 및 하와이와 다를 수 있다.

스파게티 코드에는 너무 많은 경로가 있어 이해하기가 어렵다.

© Ekspansio/iStockphoto.

순서도는 알고리즘의 흐름을 직관적으로 이해하는 데 매우 유용할 수 있다. 그러나 세부 정보를 추가하면 크기가 훨씬 커진다. 이때 순서도에서 의사코드로 전환하는 것이 좋다.

운송 비용을 계산하는 전체 프로그램은 다음과 같다.

sec05/shipping.py

```
##
#  A program to compute shipping costs.
#

# Obtain the user input.
country = input("Enter the country: ")
state = input("Enter the state or province: ")

# Compute the shipping cost.
shippingCost = 0.0

if country == "USA" :
   if state == "AK" or state == "HI" :   # See Section 3.7 for the or operator
      shippingCost = 10.0
   else :
      shippingCost = 5.0
else :
   shippingCost = 10.0

# Print the results.
print("Shipping cost to %s, %s: $%.2f" % (state, country, shippingCost))
```

Program Run

```
Enter the country: USA
Enter the state or province: VA
Shipping cost to VA, USA: $5.00
```

3.6 문제 해결: 테스트 케이스 _Problem Solving: Test Cases

3.3절의 세금 계산 프로그램을 테스트하는 방법을 생각해 보자. 물론 결혼 여부와 소득 수준에 대한 모든 가능한 입력을 시도할 수는 없다. 여러분이 할 수 있다고 해도, 모든 케이스를 시도하는 것은 아무런 의미가 없다. 프로그램이 하나 또는 두 개의 세금 금액을 정확하게 계산한다면, 우리는 모든 세금 계산이 정확하다고 믿을 만한 충분한 이유가 있다.

여러분 프로그램의 각 분기는 테스트되어야 한다.

하지만 우리는 모든 경우를 완벽하게 다루기를 원한다. 다음은 포괄적인 테스트 케이스를 얻기 위한 계획이다.

- 결혼 여부는 두 가지 가능성이 있으며 각 상태마다 두 개의 세금 부류가 있어 테스트 케이스는 네 가지이다.
- 경계 조건을 테스트하라. 예를 들어서 두 개의 부류 사이의 경계와 전혀 소득이 없을 때를 테스트하라.
- 프로그램이 오류 점검도 해야 한다면 음수 수입과 같은 유효하지 않은 입력 값도 테스트하라(3.9절에서 논의했음).

테스트 케이스 및 예상 결과 목록을 작성하라.

테스트 케이스		예상 결과	설명
30,000	s	3,000	10% bracket
72,000	s	13,200	3,200 + 25% of 40,000
50,000	m	5,000	10% bracket
104,000	m	16,400	6,400 + 25% of 40,000
32,000	s	3,200	boundary case
0	m	0	boundary case

일련의 테스트 케이스를 만들 때 프로그램 순서도를 가지고 있는 것이 좋다(3.5절 참조). 테스트 케이스가 들어가는 각 분기를 확인하라. 각 결정의 경계 케이스에 대한 테스트 케이스를 포함해야 한다. 예를 들어, 조건문이 입력이 100보다 작은지 여부를 확인한다면 입력을 100으로 테스트하라.

프로그램을 작성하기 전에 테스트 케이스를 먼저 만드는 것이 좋다.

코딩을 시작하기 전에 테스트 케이스를 설계하는 것이 좋다. 테스트 케이스를 구축하다 보면 구현하려는 알고리즘을 더 잘 이해할 수 있다.

Programming Tip 3.3

예상치 못한 문제에 대한 일정을 세우고 시간을 내라

상용 소프트웨어는 약속보다 늦게 제공되는 것으로 유명하다. 예를 들어, Microsoft는 원래 Windows Vista 운영 체제가 2003년 말, 2005년, 2006년 3월에 출시될 것이라고 약속했다. 초기 약속 중 일부는 현실적이지 않았을 수도 있다. 잠재 고객이 제품의 임박한 가용성을 기대할 수 있도록 하는 것이 Microsoft의 관심사였다. 고객이 실제 배송 날짜를 알고 있었다면 그동안 다른 제품으로 전환했을 수 있다. 그럼에도 불구하고, Microsoft는 해결해야 할 과제의 전체적인 복잡성을 예상하지 못했다.

Microsoft는 제품 배송을 지연시킬 수는 있었지만 여러분은 불가능할 수 있다. 학생이나 프로그래머는 시간을 현명하게 관리하고 정시에 과제를 완료해야 한다. 간단한 프로그래밍 숙제라면 마감일 전날 밤에 끝낼 수도 있지만, 두 배 어려운 과제는 네 배나 더 오래 걸릴 수 있다. 더 많은 일이 잘못될 수 있기 때문이다. 따라서 프로그래밍 프로젝트를 시작할 때마다 일정을 세워야 한다.

먼저 현실적으로 얼마나 많은 시간이 걸리는지 추정하라.

- 프로그램 로직을 설계하라.
- 테스트 케이스를 개발하라.
- 프로그램을 입력하고 구문 오류를 수정하라.
- 프로그램을 테스트하고 디버그하라.

Bananastock/Media Bakery.

프로그래밍 작업을 스케줄하고 문제에 대한 시간을 확보하라.

예를 들어, 소득세 프로그램의 경우 설계 시간 1시간, 테스트 케이스 개발 시간 30분, 데이터 입력 및 구문 오류 수정 시간 1시간, 테스트 및 디버깅 1시간을 예상할 수 있다. 전부 3.5시간이다. 이 프로젝트에서 하루에 두 시간씩 일한다면 거의 이틀이 걸릴 것이다.

그런 다음 잘못될 수 있는 것을 생각하라. 컴퓨터가 고장 날 수 있다. 컴퓨터 시스템에 문제가 있을 수 있다. (초보자에게는 특히 중요한 관심사이다. 사소한 문제로 하루를 잃는 것이 매우 일반적이다. 이것을 해결하기 위하여 마법의 명령을 아는 사람을 수배하는 데 시간이 걸린다.) 경험상, 예상 시간의 두 배가 걸린다. 즉, 마감일 이틀 전이 아닌 4일 전에 시작해야 한다. 아무것도 잘못되지 않으면 아주 좋은 것이다. 프로그램은 이틀 일찍 완료되었다. 피할 수 없는 문제가 발생하면 당황과 실패로부터 당신을 보호하는 시간의 여유가 있다.

3.7 부울 변수와 연산자들 _*Boolean Variables and Operators*

부울 유형 `bool`에는 `False`와 `True`의 두 값이 있다.

Jon Patton/E+/iStockphoto.

부울 변수는 위로(true) 또는 아래로(false) 가능하기 때문에 플래그라고도 한다.

때로는 프로그램의 한 부분에서 논리적 조건을 평가하여 다른 곳에서 사용해야 한다. 참 또는 거짓일 수 있는 조건을 저장하려면 **부울 변수**(Boolean variable)를 사용한다. 부울 변수는 논리학 연구의 선구자인 수학자 George Boole(1815~1864)의 이름을 따서 명명되었다.

파이썬에서 `bool` 데이터 타입에는 정확히 두 개의 값(`False` 및 `True`로 표시됨)이 있다. 이 값은 문자열이나 정수가 아니다. 부울 변수만 저장할 수 있는 특수한 값이다. 다음은 `True`로 설정된 변수의 초기화이다.

```
failed = True
```

프로그램에서 나중에 이 값을 사용하여 결정을 내릴 수 있다.

```
if failed :   # failed가 true로 설정된 경우에만 실행
   . . .
```

복잡한 결정을 내릴 때 종종 부울 값을 결합해야 한다. 부울 조건을 결합하는 연산자를 **부울 연산자**(Boolean operator)라고 한다. 파이썬에서 `and` 연산자는 두 조건이 모두 참인 경우에만 `True`를 산출한다. 조건 중 하나 이상이 true이면 `or` 연산자가 `True`를 생성한다.

온도 값을 처리하는 프로그램을 작성하고 주어진 온도가 액체에 해당하는지 테스트한다고 가정하라. (해수면에서 물은 섭씨 0도에서 얼고 100도에서 끓는다.) 온도가 0보다 크고 100보다 작으면 물은 액체이다.

© toos/iStockphoto.

아이슬란드의 간헐천에서는 얼음, 액체 및 증기를 볼 수 있다.

```
if temp > 0 and temp < 100 :
   print("Liquid")
```

파이썬은 2개의 부울 연산자를 가지고 있다. and와 or가 그것이다.

조건 테스트는 두 부분으로 구성되며, and 연산자로 연결된다. 각 부분은 부울 값이며 참 또는 거짓일 수 있다. 두 부분이 모두 참이면 결합된 표현식이 참이다. 표현식 중 하나가 거짓이면 결과도 거짓이다(그림 8 참조).

A	B	A and B
true	true	true
true	false	false
false	true	false
false	false	false

A	B	A or B
true	true	true
true	false	true
false	true	true
false	false	false

A	not A
true	false
false	true

그림 8 부울 연산자 진리표

부울 연산자 and와 or는 관계 연산자보다 우선순위가 낮다. 따라서 괄호를 사용하지 않고 부울 연산자의 양쪽에 관계식을 작성할 수 있다. 예를 들어, 다음 표현식에서

```
temp > 0 and temp < 100
```

temp > 0와 temp < 100 표현식이 먼저 평가된다. 그런 다음 and 연산자는 결과를 결합한다. 부록 A는 파이썬 연산자의 우선순위 표를 보여준다. 그러나 복잡한 식의 경우 괄호를 사용하면 코드를 보다 쉽게 읽을 수 있다.

반대로, 주어진 온도에서 물이 액체가 아닌지 테스트해 보자. 온도가 최대 0 또는 100 이상인 경우이다. or 연산자를 사용하여 표현식을 결합하라.

```
if temp <= 0 or temp >= 100 :
   print("Not liquid")
```

그림 9는 이러한 예에 대한 순서도를 보여준다.

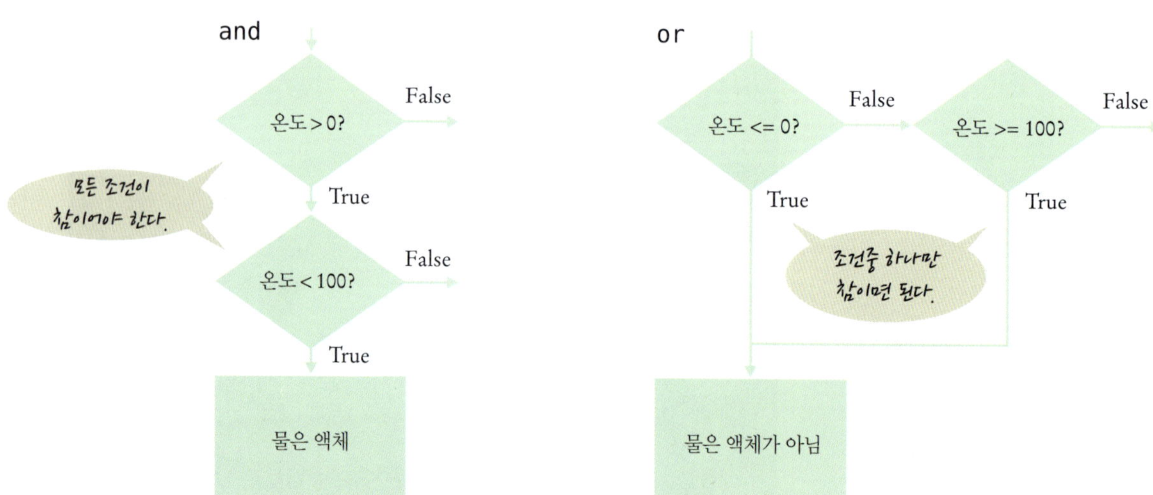

그림 9 and와 or 연산자의 순서도

조건을 반대로 하려면 not 연산자를 사용한다.

때로는 `not` 연산자로 조건의 값을 반전해야 한다. `not` 연산자는 단일 조건을 취하여 해당 조건이 거짓이면 `True`로 평가하고 조건이 참이면 `False`로 평가한다. 이 예에서 부울 변수 `frozen` 값이 `False`인 경우 출력이 발생한다.

```
if not frozen :
   print("Not frozen")
```

표 5는 부울 연산자 평가의 예를 보여준다.

표 5 부울 연신지 예제

평가식	값	설명
`0 < 200 and 200 < 100`	`False`	첫 번째 조건만 참인 경우
`0 < 200 or 200 < 100`	`True`	첫 번째 조건이 참인 경우
`0 < 200 or 100 < 200`	`True`	양쪽 조건이 모두 참인 경우
`0 < x and x < 100 or x == -1`	`(0 < x and x < 100) or x == -1`	`and` 연산자는 `or` 연산자보다 우선순위가 높다(부록 A 참조).
`not (0 < 200)`	`False`	`0 < 200`가 참이므로 이것의 부정은 거짓이다.
`frozen == True`	`frozen`	부울 변수의 값을 `True`와 비교할 필요는 없다.
`frozen == False`	`not frozen`	`False`와 비교하지 말고 `not` 연산자를 사용하는 것이 명확하다.

다음 프로그램은 부울 표현식 사용을 보여준다.

sec07/compare2.py

```
##
#  This program demonstrates comparisons of numbers, using Boolean expressions.
#

x = float(input("Enter a number (such as 3.5 or 4.5): "))
y = float(input("Enter a second number: "))

if x == y :
   print("They are the same.")
else :
   if x > y :
      print("The first number is larger")
   else :
      print("The first number is smaller")

   if -0.01 < x - y and x - y < 0.01 :
      print("The numbers are close together")

   if x > 0 and y > 0 or x < 0 and y < 0 :
      print("The numbers have the same sign")
   else :
      print("The numbers have different signs")
```

Program Run

```
Enter a number (such as 3.5 or 4.5): 3.25
Enter a second number: -1.02
The first number is larger
The numbers have different signs
```

Common Error 3.3

and와 or 조건을 혼동하는 경우

and 연산자와 or 연산자를 혼동하는 것은 놀랍게도 흔하게 발생하는 오류이다. 적어도 0이고(and) 최대 100이면 0 이상 100 이하의 값이다. 값이 0보다 작거나 100보다 큰 경우 해당 범위를 벗어난다. 황금률은 없다. 신중하게 생각해야 한다.

종종 and 또는 or가 명확하게 기술되면 구현하기는 어렵지 않다. 그러나 때로는 표현이 명시적이지 않다. 개별 조건이 목록으로 멋지게 분리되어 있지만 조건을 결합하는 방법에 대한 표시는 거의 없다. 세금 신고서를 제출하는 다음 지침을 살펴보자. 다음 중 하나에 해당하면 미혼 신고서(single filing status)를 주장할 수 있다.

- 당신은 결혼한 적이 없다.
- 세금 연도의 마지막 날에 법적으로 분리되거나 이혼했다.
- 당신은 미망인이었고 재혼하지 않았다.

조건 중 하나라도 해당되면 테스트가 통과되므로 조건을 or 연산자로 결합해야 한다. 다른 곳에서는 다음 조건 중 다섯 가지가 모두 해당되는 경우 "결혼 신고서(married filing jointly)"의 상태를 사용할 수 있다고 동일한 지침에 명시되어 있다.

- 배우자는 2년 전에 사망했으며 재혼하지 않았다.
- 부양가족이라고 주장할 수 있는 자녀가 있다.
- 그 아이는 모든 세금 연도 동안 집에서 살았다.
- 귀하는 이 자녀를 위해 집을 유지하는 비용의 절반 이상을 지불했다.
- 배우자가 사망한 해에 공동 신고서를 제출했다.

테스트를 통과하려면 모든 조건이 충족되어야 하므로 조건을 and 연산자로 묶어야 한다.

Programming Tip 3.4

가독성

프로그램은 컴퓨터에 의해 실행되는 명령어 이상의 것이다. 프로그램은 알고리즘을 구현하며 일반적으로 다른 사람들이 읽는다. 따라서 프로그램은 정확할 뿐만 아니라 다른 사람도 쉽게 읽을 수 있어야 한다. 많은 프로그래머가 코드를 읽을 수 있는 형식에만 초점을 맞추고 있지만 구문 선택도 가독성에 영향을 줄 수 있다.

읽을 수 있는 코드를 제공하려면 논리식에서 리터럴 부울 값(True 또는 False)과 비교해서는 안 된다. 예를 들어, 다음과 같은 경우가 여기에 해당된다.

```
if frozen == False :
   print("Not frozen")
```

이 코드의 독자는 if문이 실행되도록 하는 조건에 대해 혼동할 수 있다. 대신, 더 적합한 형식을 사용해야 한다.

```
if not frozen :
   print("Not frozen")
```

위의 형태가 조건을 읽기 쉽고 명시적으로 나타낸다.

부울 값을 가지는 변수에 적절한 이름을 주는 것도 중요하다. 변수가 True 또는 False로 설정될 때 수행할 조치가 명확해지도록 done 또는 valid와 같은 이름을 선택하라.

Special Topic 3.3

관계 연산자 연결하기 _*Chaining Relational Operators*

수학에서는 여러 관계 연산자를 결합하여 변수와 여러 값을 비교하는 것이 매우 일반적이다. 예를 들어 다음과 같다.

```
0 <= value <= 100
```

파이썬도 이런 방식으로 관계 연산자를 연결할 수 있다. 표현식이 평가될 때, 파이썬 인터프리터는 부울 연산자를 자동으로 삽입하고 두 개의 개별 관계식을 결합한다.

```
value >= 0 and value <= 100
```

관계 연산자는 임의로 연결될 수 있다. 예를 들어, a < x > b 표현은 완벽하게 합법적이다. a < x and x > b와 동일하다. 즉, x는 a와 b를 모두 초과해야 한다.

대부분의 프로그래밍 언어에서는 관계 연산자를 이 방식으로 결합할 수 없다. 명시적인 부울 연산자가 필요하다. 따라서 프로그래밍을 처음 배우는 경우 부울 연산자를 명시적으로 삽입하는 것이 좋다. 이렇게 하면 나중에 다른 프로그래밍 언어로 변경해야 할 경우에도 구문 오류를 피할 수 있다.

Special Topic 3.4

부울 연산자의 단락 평가 _*Short-Circuit Evaluation of Boolean Operators*

and 및 or 연산자는 **단락 평가**(short-circuit evaluation)를 사용하여 계산된다. 다시 말해서, 논리식은 왼쪽에서 오른쪽으로 평가되며, 진리값이 결정되자마자 평가가 중지된다. and가 평가될 때는 첫 번째 조건이 거짓이면 두 번째 조건의 결과가 중요하지 않기 때문에 두 번째 조건은 평가되지 않는다.

예를 들어

and와 or 연산자는 단란 회로를 사용하여 계산된다. 진리값이 결정되면 나머지 조건은 평가되지 않는다.

```
quantity > 0 and price / quantity < 10
```

quantity 값이 0이라고 가정하라. 그러면 quantity > 0이 실패하고 두 번째 테스트는 시도되지 않는다. 0으로 나누는 것은 불법이기 때문에 두 번째는 시도는 안 하는 것이 좋다.

마찬가지로, or 표현식의 첫 번째 조건이 참이면 결과가 참이어야 하므로 나머지는 평가되지 않는다.

단락 회로에서는 전기가 최소 저항 경로를 따라 이동한다. 마찬가지로 단락 평가에서는 부울 식의 결과를 계산하기 위한 가장 빠른 경로를 선택한다.

© YouraPechkin/iStockphoto.

Special Topic 3.5

드모르간의 법칙 _De Morgan's Law

인간은 일반적으로 *and/or* 표현식에 *not* 연산자가 적용되면 이해하기가 어렵다. 논리학자 Augustus De Morgan(1806~1871)의 이름을 따서 명명된 드모르간의 법칙을 사용하여 이러한 부울 식을 단순화할 수 있다.

미국 대륙 내로 배송하지 않는 경우 더 높은 배송비를 청구하려고 한다고 가정한다.

```
if not (country == "USA" and state != "AK" and state != "HI") :
   shippingCharge = 20.00
```

이 테스트는 약간 복잡하므로 논리를 신중하게 생각해야 한다. 국가가 미국이고 주가 알래스카가 아니며 주가 하와이가 아닌 것이 사실이 아닌 경우 $20.00가 배송료가 된다. 이것이 무엇을 의미하는가? 이 코드로 인해 많은 사람들이 혼동한다.

드모르간의 법칙은 and와 or 연산자를 부정하는 방법을 알려준다.

컴퓨터는 신경 쓰지 않지만, 인간 프로그래머는 코드를 작성하고 유지 관리해야 한다. 따라서 이러한 조건을 단순화하는 방법을 아는 것이 유용하다.

드모르간의 법칙에는 두 가지 형태가 있다. 하나는 and 표현식 부정과 하나는 or 표현식 부정에 대한 것이다.

`not (A and B)`은 `not A or not B`와 같다.
`not (A or B)`은 `not A and not B`와 같다.

and 및 or 연산자가 not 안으로 이동하면서 반전된다는 사실에 특히 주의하라. 예를 들어서 "주가 알래스카 또는 하와이"라는 부정은

```
not (state == "AK" or state == "HI")
```

"주가 알래스카가 아니며 하와이가 아니다"이다:

```
state != "AK" and state != "HI"
```

이제 배송료 계산에 이 규칙을 적용해 보자.

```
not (country == "USA" and state != "AK" and state != "HI")
```

은 다음과 같이 변경할 수 있다.

```
not (country == "USA") or not (state != "AK") or not (state != "HI")
```

부정을 부정하면 서로 상쇄되므로 결과는 더 간단한 테스트가 된다.

```
country != "USA" or state == "AK" or state == "HI"
```

즉, 미국 이외 지역이나 알래스카 또는 하와이로 배송하면 더 높은 배송료가 부과된다.

and 또는 or 표현식을 부정하는 조건을 단순화하려면 일반적으로 드모르간의 법칙을 적용하여 not을 가장 안쪽으로 옮기는 것이 좋다.

3.8 문자열 분석 _Analyzing Strings

in 연산자를 사용하여 문자열이 다른 문자열에서 발생하는지 테스트하라.

때로는 문자열 안에 다른 문자열이 포함되어 있는지 확인해야 한다. 즉, 한 문자열은 다른 문자열과 정확히 일치하는 부분 문자열을 가질 수 있다. 다음과 같은 명령문을 살펴보자.

```
name = "John Wayne"
```

True를 생성한다.

```
"Way" in name
```

왜냐하면 변수 name에 부분 문자열 "Way"가 저장되어 있기 때문이다.

파이썬은 in 연산자의 역을 제공한다.

```
if "-" not in name :
    print("The name does not contain a hyphen.")
```

때로는 문자열에 주어진 문자열이 포함되어 있는지 여부뿐만 아니라 문자열이 해당 문자열로 시작하거나 끝나는지 여부를 결정해야 한다. 예를 들어, 파일 이름이 주어지고 파일의 확장자가 올바른지 확인해야 한다고 가정하라.

```
if filename.endswith(".html") :
    print("This is an HTML file.")
```

endswith 문자열 메소드는 filename에 저장된 문자열에 적용되며 문자열이 ".html"로 끝나면 True를, 그렇지 않으면 False를 반환한다. 표 6은 부분 문자열 테스트에 사용할 수 있는 문자열 메소드를 설명한다.

표 6 부분 문자열 테스팅 연산

연산	설명
substring in *s*	문자열 *s*가 *substring*을 포함하고 있으면 True를 반환하고 그렇지 않으면 False를 반환한다.
s.count(*substring*)	문자열 *s* 안에서 *substring*이 등장하는 횟수를 반환한다.
s.endswith(*substring*)	문자열 *s*가 substring으로 끝나면 True를 반환한다. 그렇지 않으면 False를 반환한다.
s.find(*substring*)	문자열에서 *substring*이 시작되는 최저 인덱스를 반환하거나 *substring*이 없으면 –1을 반환한다.
s.startswith(*substring*)	문자열 *s*가 *substring*으로 시작하면 True를, 그렇지 않으면 False를 반환한다.

우리는 문자열의 특성을 테스트하기 위해 문자열을 검사할 수도 있다. 예를 들어 islower 문자열 메소드는 문자열의 모든 문자가 소문자인지 확인한다.

```
line = "Four score and seven years ago"
if line.islower() :
    print("The string contains only lowercase letters.")
else :
    print("The string contains uppercase letters.")
```

위의 코드는 다음을 출력한다.

```
The string contains uppercase letters.
```

line 문자열은 대문자로 시작하기 때문이다. 문자열에 알파벳 문자가 아닌 문자가 포함되어 있으면 무시되고 부울 결과에 영향을 미치지 않는다. 그러나 문자열에 알파벳 문자만 포함되어 있는지 확인하려면 어떻게 해야 할까? 그것에 대한 문자열 메소드도 있다.

```
if line.isalpha() :
   print("The string is valid.")
else :
   print("The string must contain only upper and lowercase letters.")
```

파이썬은 표 7에 설명된 대로 문자열의 특성을 테스트하는 여러 문자열 메소드를 제공한다.

표 7 문자열 특성 테스트 메소드

메소드	설명
`s.isalnum()`	문자열 *s*가 알파벳 문자(문자 또는 숫자)로만 구성되고 하나 이상의 문자를 포함하는 경우 `True`를 반환한다. 그렇지 않으면 `False`를 반환한다.
`s.isalpha()`	문자열 *s*가 알파벳 문자로만 구성되고 하나 이상의 문자가 포함된 경우 `True`를 반환한다. 그렇지 않으면 `False`를 반환한다.
`s.isdigit()`	문자열 *s*가 숫자로만 구성되고 하나 이상의 문자가 포함된 경우 `True`를 반환한다. 그렇지 않으면 `False`를 반환한다.
`s.islower()`	string *s*에 하나 이상의 문자가 포함되고 문자열의 모든 문자가 소문자인 경우 `True`를 반환한다. 그렇지 않으면 `False`를 반환한다.
`s.isspace()`	string *s*가 공백 문자(공백, 줄바꿈, 탭)로만 구성되고 하나 이상의 문자를 포함하는 경우 `True`를 반환한다. 그렇지 않으면 `False`를 반환한다.
`s.isupper()`	string *s*에 하나 이상의 문자가 포함되고 문자열의 모든 문자가 대문자인 경우 `True`를 반환한다. 그렇지 않으면 `False`를 반환한다.

표 8은 파이썬에서 문자열을 비교하고 검사하는 표현식을 요약한다.

표 8 문자열 비교 및 분석

수식	값	설명
`"John" == "John"`	`True`	`==`는 두 문자열의 동등성을 테스트하는 데에도 사용된다.
`"John" == "john"`	`False`	두 문자열이 동일하려면 모든 문자가 동일해야 한다. 대문자 "J"는 소문자 "j"와 같지 않다.
`"john" < "John"`	`False`	문자열의 사전식 순서에 따라 대문자 "J"가 소문자 "j" 앞에 오므로 `"john"` 문자열은 `"John"` 문자열을 뒤따른다. Special Topic 3.2를 보라.
`"john" in "John Johnson"`	`False`	부분 문자열 `"john"`은 정확히 일치해야 한다.
`name = "John Johnson"` `"ho" not in name`	`True`	문자열에 부분 문자열 `"ho"`가 포함되어 있지 않다.
`name.count("oh")`	2	겹치지 않는 모든 부분 문자열이 개수에 포함된다.
`name.find("oh")`	1	첫 번째 부분 문자열이 발생하는 위치 또는 문자열 인덱스를 찾는다.
`name.find("ho")`	–1	문자열에 부분 문자열 `ho`가 포함되어 있지 않다.

표 8 문자열 비교 및 분석(계속)

`name.startswith("john")`	`False`	문자열은 `"John"`으로 시작하지만 대문자 "J"는 소문자 "j"와 일치하지 않는다.
`name.isspace()`	`False`	문자열에 공백이 아닌 문자가 포함되어 있다.
`name.isalnum()`	`False`	문자열에 공백이 포함되어 있다.
`"1729".isdigit()`	`True`	문자열이 숫자로만 되어 있다.
`"-1729".isdigit()`	`False`	마이너스 기호는 숫자가 아니다.

다음 프로그램은 부분 문자열을 검사하기 위해 연산자와 메소드를 사용하는 방법을 보여준다.

sec08/substrings.py

```
##
#  This program demonstrates the various string methods that test substrings.
#

# Obtain a string and substring from the user.
theString = input("Enter a string: ")
theSubString = input("Enter a substring: ")

if theSubString in theString :
   print("The string does contain the substring.")

   howMany = theString.count(theSubString)
   print("   It contains", howMany, "instance(s)")

   where = theString.find(theSubString)
   print("   The first occurrence starts at position", where)

   if theString.startswith(theSubString) :
      print("   The string starts with the substring.")
   else :
      print("   The string does not start with the substring.")

   if theString.endswith(theSubString) :
      print("   The string ends with the substring.")
   else :
      print("   The string does not end with the substring.")

else :
   print("The string does not contain the substring.")
```

Program Run

```
Enter a string: The itsy bitsy spider went up the water spout
Enter a substring: itsy
The string does contain the substring.
   It contains 2 instance(s)
   The first occurrence starts at position 4
   The string does not start with the substring.
   The string does not end with the substring.
```

3.9 응용: 입력 검증 _Application: Input Validation

if문의 중요한 응용 프로그램은 입력 검증이다. 프로그램이 사용자 입력을 받아서 계산에 사용하기 전에 사용자가 제공한 값이 유효한지 확인해야 한다.

Tetra Images/Media Bakery.

품질 관리 담당자처럼 여러분도 사용자의 입력이 올바른지를 검사해야 한다.

3.1절의 elevatorsim.py 프로그램을 보자. 엘리베이터 패널에 1에서 20까지의 버튼(13은 제외)이 있다고 가정하라. 다음은 잘못된 입력이다.

- 숫자 13
- 0 또는 음수
- 20보다 큰 수
- 숫자가 아닌 입력(예: five)

만약 사용자가 잘못된 입력을 제공하면 오류 메시지를 출력하고 더 이상 처리하지 않아야 한다.

각각의 경우에 오류 메시지를 표시하고 프로그램을 종료하려고 한다.

입력 13을 처리하는 것은 간단하다.

```
if floor == 13 :
   print("Error: There is no thirteenth floor.")
```

사용자가 유효한 범위를 벗어난 숫자를 입력하지 않도록 하는 방법은 다음과 같다.

```
if floor <= 0 or floor > 20 :
   print("Error: The floor must be between 1 and 20.")
```

그러나 정수가 아닌 입력을 처리하는 것이 더 심각한 문제이다.

다음 문장이 실행되었다고 가정하자.

```
floor = int(input("Floor: "))
```

사용자가 정수가 아닌 입력(예: five)을 입력하면 변수 floor가 설정되지 않는다. 이 경우 실행 시간 예외가 발생하고 프로그램이 종료된다. 정수 및 부동-소수점 값을 검증하려면 파이썬의 예외 메커니즘이 필요하다. 예외에 대한 자세한 내용은 7장에서 다룰 것이다.

다음은 입력 검증이 포함된 수정된 엘리베이터 시뮬레이션 프로그램이다.

sec09/elevatorsim2.py

```
##
#  This program simulates an elevator panel that skips the 13th floor,
#  checking for input errors.
#

# Obtain the floor number from the user as an integer.
floor = int(input("Floor: "))

# Make sure the user input is valid.
if floor == 13 :
   print("Error: There is no thirteenth floor.")
elif floor <= 0 or floor > 20 :
   print("Error: The floor must be between 1 and 20.")
else :
```

```
# Now we know that the input is valid.
actualFloor = floor
if floor > 13 :
   actualFloor = floor - 1

print("The elevator will travel to the actual floor", actualFloor)
```

Program Run

```
Floor: 13
Error: There is no thirteenth floor.
```

어떤 동작을 수행하거나 특정 조건을 지정하기 위해 사용자에게 문자를 입력하도록 하는 프로그램도 매우 일반적이다. 3.3절의 소득세 계산 프로그램을 보자. 결혼 여부를 묻는 메시지가 표시되고 단일 문자를 입력하라는 메시지가 표시된다.

```
maritalStatus = input("Please enter s for single, m for married: ")
```

결혼 여부는 소문자를 사용하고 있다. 그러나 실수로 대문자를 입력하거나 Caps Lock 키가 켜져 있기 때문에 대문자를 입력하는 것이 일반적 오류이다. 이를 오류로 표시하는 대신 사용자가 대문자 또는 소문자로 입력하도록 할 수 있다. 사용자 입력의 유효성을 검사할 때 두 경우와 비교해야 한다.

```
if maritalStatus == "s" or maritalStatus == "S" :
   싱글 상태에 대한 데이터를 처리한다.

elif maritalStatus == "m" or maritalStatus == "M" :
   기혼자 상태에 대한 데이터를 처리한다.

else :
   print("Error: the marital status must be either s or m.")
```

한 글자의 입력은 대문자와 소문자를 간단히 비교하여 쉽게 확인할 수 있다. 그러나 사용자에게 여러 개의 문자를 입력하라는 메시지가 표시되면 어떻게 해야 할까? 예를 들어, 배송비 프로그램에서 사용자는 국가 및 시 /도에 대한 코드를 입력하라는 요청을 받는다. 프로그램의 원래 버전에서는 대문자 버전의 코드에 대해서만 사용자 입력을 확인했다.

```
if country == "USA" :
   if state == "AK" or state == "HI" :
```

사용자가 대문자와 소문자를 혼합하여 여러 문자로 된 코드를 입력하는 것은 드문 일이 아니다. 입력을 가능한 모든 대문자와 소문자 조합과 비교하는 것은 지루한 일이다. 대신, 먼저 사용자 입력을 모두 대문자 또는 소문자로 변환한 다음, 비교할 수 있다. 이 작업은 `lower` 또는 `upper` 문자열 메소드로 수행할 수 있다.

```
state = input("Enter the state or province: ")
state = state.upper()

country = input("Enter the country: ")
country = country.upper()

if country == "USA" :
   if state == "AK" or state == "HI" :
      배송료를 계산한다.
```

Special Topic 3.6

프로그램 종료 _Terminating a Program

텍스트 기반 프로그램(그래픽 사용자 인터페이스가 없는 프로그램)에서 사용자가 유효하지 않은 입력을 입력하면 프로그램을 중단하는 것이 일반적이다. 본문에서 보았듯이 유효한 입력이 제공된 경우에만 사용자 입력을 확인하고 데이터를 처리한다. 입력이 유효한 경우에만 데이터를 처리하기 위해 if/elif/else 문을 사용해야 한다. 이 방법은 입력 값을 한 번만 검사하는 작은 프로그램에서 잘 작동한다. 그러나 더 큰 프로그램에서는 여러 위치에서 입력 값을 검사해야 할 수도 있다. 입력 값을 사용할 때마다 오류 메시지를 확인하고 표시하는 대신, 유효하지 않은 데이터가 입력되면 프로그램을 즉시 중단할 수 있다.

sys 표준 라이브러리 모듈에 정의된 exit 함수는 프로그램을 즉시 중단한다. 프로그램이 중단되기 전에 옵션 메시지가 터미널에 표시될 수 있다.

```
from sys import exit

if not (userResponse == "n" or userResponse == "y") :
   exit("Error: you must enter either n or y.")
```

이 함수는 입력 오류 발생 시 프로그램을 중단하고 더 깔끔하고 읽기 쉬운 코드를 구성하는 데 사용할 수 있다.

Special Topic 3.7

대화식 그래픽 프로그램 _Interactive Graphical Programs

ezgraphics 모듈을 사용하는 프로그램에서 다른 파이썬 프로그램과 같은 방식으로 사용자 입력을 읽고 유효성을 검사할 수 있다. wait 메소드를 호출하기 전에 input 메소드를 호출하면 된다. 예를 들어

```
from ezgraphics import GraphicsWindow
from sys import exit

win = GraphicsWindow()
canvas = win.canvas()
x = int(input("Please enter the x-coordinate: "))
y = int(input("Please enter the y-coordinate: "))
if x < 0 or y < 0 :
   exit("Error: x and y must be >= 0".)
canvas.drawOval(x - 5, y - 5, 10, 10)
win.wait()
```

ezgraphics 모듈을 사용하면 사용자로부터 간단한 그래픽 정보를 얻을 수 있다. GraphicsWindow 메소드 getMouse는 사용자가 그래픽 창에서 마우스 버튼을 클릭할 때까지 실행을 일시 중지한다.

사용자가 마우스 버튼을 클릭한 지점의 x 및 y 좌표는 두 요소의 리스트로 반환된다. 위 예제에서 win.wait() 문 앞에 다음 코드를 삽입하면

```
point = win.getMouse()
x = point[0]
y = point[1]
canvas.drawRectangle(x, y, 40, 50)
```

사용자가 마우스 버튼을 클릭한 지점에 사각형이 그려진다.

Worked Example 3.2는 입력 유효성 검사가 있는 보다 복잡한 그래픽 응용 프로그램을 보여준다.

WORKED EXAMPLE 3.2

그래픽스: 교차하는 원 _Graphics: Intersecting Circles

문제 정의 두 개의 원을 그리는 그래픽 프로그램을 개발하라. 각 원은 중심과 반지름으로 정의된다. 그리고 두 개의 원이 서로 교차하는지를 판단하라.

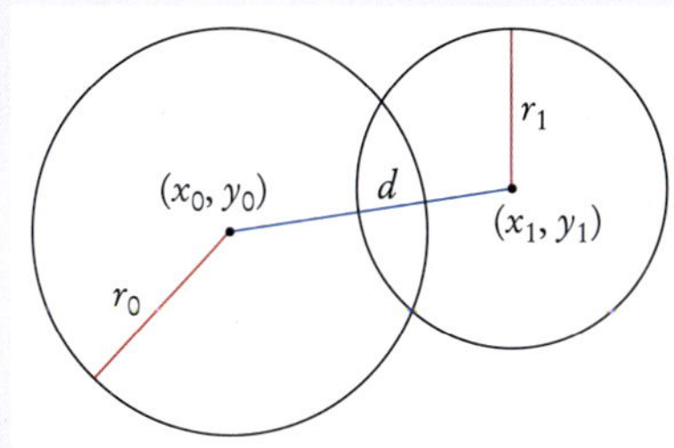

중심점과 반지름으로 정의된 두 개의 원이 주어지면 원들이 교차하는지를 결정할 수 있다.

두 개의 원은 한 점 또는 두 점에서 교차할 수 있고 또는 더 많은 수의 점에서 교차할 수도 있다(두 개의 원이 일치하는 경우). 두 개의 원이 교차하지 않으면 한 원이 다른 원 안에 완전히 포함되거나 두 원이 완전히 분리될 수 있다.

여기서 해야 할 일은 사용자로부터 두 개의 원에 대한 파라미터를 얻는 그래픽 프로그램을 작성하고 원이 교차하는지 여부를 알려주는 메시지와 함께 그래픽 창에 각 원을 그리는 것이다. 각 원의 파라미터는 사용자가 입력하고 프로그램이 검증한 직후에 그려져야 한다. 결과 메시지는 창의 맨 아래에 나타나고 다음 중 하나여야 한다.

The circles are completely separate.
One circle is contained within the other.
The circles intersect at a single point.
The circles are coincident.
The circles intersect at two points.

각 원의 중심은 그래픽 창 안에 있어야 하며 반지름은 5픽셀 이상이어야 한다.

1단계 사용자로부터 추출할 데이터를 결정하고 적절한 입력 검증 테스트를 결정한다.

원을 정의하고 그리려면 사용자는 중심점과 반지름의 x 및 y 좌표를 입력해야 한다. 원은 `ezgraphics` 모듈을 사용하여 그래픽 창에 그려지므로 이 파라미터는 정수여야 한다.

사용자가 입력한 데이터는 원이 창에 표시되고 우리가 볼 수 있을 정도로 충분히 커야 한다. 그래픽 창의 크기는 생성될 때 지정할 수 있다.

```
WIN_WIDTH = 500
WIN_HEIGHT = 500
win = GraphicsWindow(WIN_WIDTH, WIN_HEIGHT)
```

창을 만드는 데 사용되는 상수 변수를 사용하여 중심 좌표를 확인할 수도 있다. 각 입력에 필요한 검증 테스트에는 다음이 포함된다.

If x < 0 or x >= WIN_WIDTH or y < 0 or y >= WIN_HEIGHT
　　잘못된 중심 좌표이므로 프로그램을 종료한다.
If radius < MIN_RADIUS
　　반지름 크기가 잘못되었음을 나타내고 프로그램을 종료한다.

2단계 원을 그린다.

`ezgraphics` 모듈은 원을 그리는 메소드를 정의하지 않는다. 그러나 타원을 그리는 메소드 `drawOval`가 있다.

```
canvas.drawOval(x, y, width, height)
```

이 메소드를 사용하려면 왼쪽 위 모서리의 좌표와 타원을 둘러싸는 경계 상자의 크기(너비 및 높이)가 필요하다.

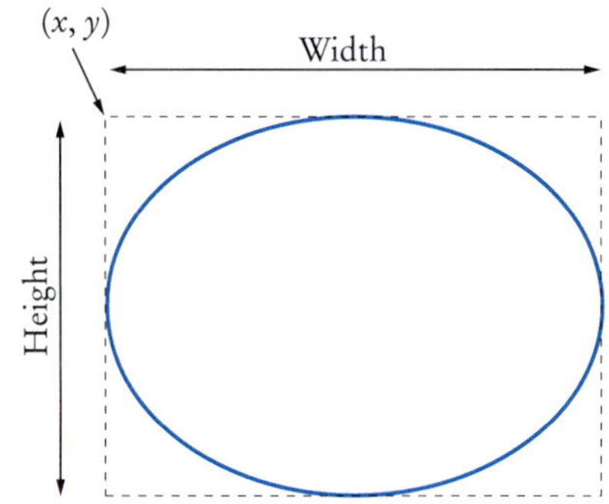

원을 그리려면 `width` 및 `height` 인자에 동일한 값을 사용해야 한다. 즉 원의 지름을 사용한다. 원의 지름은 반지름의 두 배이다.

diameter = 2 × radius

사용자가 원의 중심에 대한 x 및 y 좌표를 입력하므로 경계 상자의 왼쪽 위 모서리에 대한 좌표를 계산해야 한다.

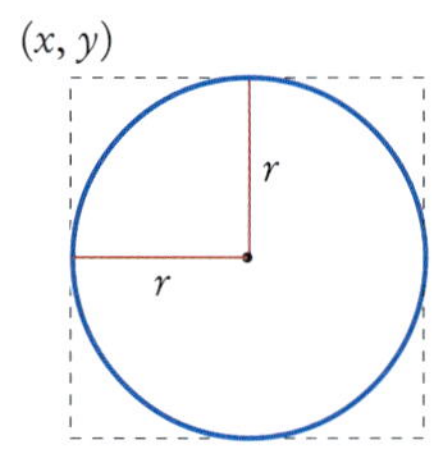

원의 중심과 경계 상자의 중심 또는 왼쪽 사이의 거리가 원의 반지름과 같기 때문에 간단하다.

left side = centerX − radius
top side = centerY − radius

3단계 두 원이 교차하는지 확인한다.

두 원이 교차하는지 확인하려면 두 중심점 사이의 유클리드 거리를 계산해야 한다.

$$d = \sqrt{(x_1 - x_0)^2 + (y_1 - y_0)^2}$$

이것을 다음과 같이 두 원의 반지름과 비교하라.

- $d > r_0 + r_1$이면 두 원이 교차하지 않고 완전히 분리된다.
- $d < | r_0 - r_1 |$인 경우 두 원이 교차하지 않고 하나는 다른 하나에 포함된다.
- $d = r_0 + r_1$이면 두 원이 단일 지점에서 교차한다.
- $d = 0$이고 $r_0 = r_1$이면 두 원이 일치한다.
- 그렇지 않으면 두 원이 두 점에서 교차한다.

위의 수학 조건을 적절한 메시지를 선택하기 위한 알고리즘으로 변환할 수 있다.

```
두 중심점 사이의 거리를 유클리드 거리로 설정한다.
If dist> r0 + r1
    "원이 완전히 분리되었습니다"로 메시지를 설정한다.
Else If dist <abs (r0 − r1)
    "한 원이 다른 원 안에 포함되어 있습니다"로 메시지를 설정한다.
```

Else If dist == $r_0 + r_1$
    "원이 한 지점에서 교차합니다"로 메시지를 설정한다.
Else If dist == 0 and r0 == r_1
    "원이 일치합니다"로 메시지를 설정한다.
Else
    "원이 두 점에서 교차합니다"로 메시지를 설정한다.

4단계 그래픽 창에서 메시지를 그릴 위치를 결정하라.

메시지는 그래픽 창의 어느 곳에서나 그릴 수 있지만 간단하게 하기 위해 창의 맨 아래에 그린다. `drawText` 메소드는 지정된 앵커 포인트의 오른쪽 아래에 텍스트를 왼쪽 정렬한다. 좋은 위치는 아래쪽에서 15픽셀, 창의 왼쪽 가장자리에서 15픽셀이다. 창의 크기에 대해 상수 변수를 더 일찍 정의하면 다음과 같이 텍스트의 위치를 지정할 수 있다.

```
canvas.drawText(15, WIN_HEIGHT - 15, message)
```

5단계 파이썬으로 솔루션을 구현하라.

완전한 프로그램이 아래에 나와 있다.

worked_example_1/circles.py

```
##
#  Draws and determines if two circles intersect. The parameters of both
#  circles are obtained from the user.
#

from ezgraphics import GraphicsWindow
from math import sqrt
from sys import exit

# Define constant variables.
MIN_RADIUS = 5
WIN_WIDTH = 500
WIN_HEIGHT = 500

# Create the graphics window and get the canvas.
win = GraphicsWindow(WIN_WIDTH, WIN_HEIGHT)
canvas = win.canvas()

# Obtain the parameters of the first circle.
print("Enter parameters for the first circle:")
x0 = int(input("  x-coord: "))
y0 = int(input("  y-coord: "))
if x0 < 0 or x0 >= WIN_WIDTH or y0 < 0 or y0 >= WIN_HEIGHT :
   exit("Error: the center of the circle must be within the area of the window.")

r0 = int(input("  radius: "))
if r0 <= MIN_RADIUS :
   exit("Error: the radius must be >", MIN_RADIUS)

# Draw the first circle.
canvas.setOutline("blue")
canvas.drawOval(x0 - r0, y0 - r0, 2 * r0, 2 * r0)

# Obtain the parameters of the second circle.
print("Enter parameters for the second circle:")
x1 = int(input("  x-coord: "))
y1 = int(input("  y-coord: "))
```

```
if x1 < 0 or x1 >= WIN_WIDTH or y1 < 0 or y1 >= WIN_HEIGHT :
   exit("Error: the center of the circle must be within the area of the window.")

r1 = int(input("  radius: "))
if r1 <= MIN_RADIUS :
   exit("Error: the radius must be >", MIN_RADIUS)

# Draw the second circle.
canvas.setOutline("red")
canvas.drawOval(x1 - r1, y1 - r1, 2 * r1, 2 * r1)

# Determine if the two circles intersect and select appropriate message.
dist = sqrt((x1 - x0) ** 2 + (y1 - y0) ** 2)

if dist > r0 + r1 :
   message = "The circles are completely separate."
elif dist < abs(r0 - r1) :
   message = "One circle is contained within the other."
elif dist == r0 + r1 :
   message = "The circles intersect at a single point."
elif dist == 0 and r0 == r1 :
   message = "The circles are coincident."
else :
   message = "The circles intersect at two points."

# Display the result at the bottom of the graphics window.
canvas.setOutline("black")
canvas.drawText(15, WIN_HEIGHT - 15, message)

# Wait until the user closes the window.
win.wait()
```

TOOLBOX 3.2

간단한 그래프 그리기 _Plotting Simple Graphs_

그래프는 숫자 집합 간의 관계를 보여줌으로써 데이터를 시각적으로 표현한다. matplotlib 모듈은 여러 유형의 그래프를 작성하는 데 사용하기 쉬운 도구 모음을 제공한다. 이 책에서 그 중 몇 가지를 살펴볼 것이다.

Jan	Feb	Mar	Apr	May	Jun	Jul	Aug	Sep	Oct	Nov	Dec
1.1	10.0	25.4	44.5	61.0	71.6	72.7	65.9	54.6	31.9	10.9	4.8

예를 들어, 알래스카의 아름다운 Fairbanks에서 일자리를 제공받았으며 수락 여부를 고려하고 있다고 가정한다. 아마도 당신은 기후에 대해 걱정하고 있을 것이다. 아래는 알래스카의 평균 기온이다(화씨온도이다).

숫자를 직접 이해하려고 시도할 수도 있지만 우리는 숫자에서 명확한 패턴을 볼 수 있도록 그래프를 만들 수도 있다. 육안 검사를 통해 연중 6개월 동안 영하 이하로 유지될 뿐만 아니라 여름 기온이 상당히 쾌적한 것으로 판단할 수 있다(그림 10 참조).

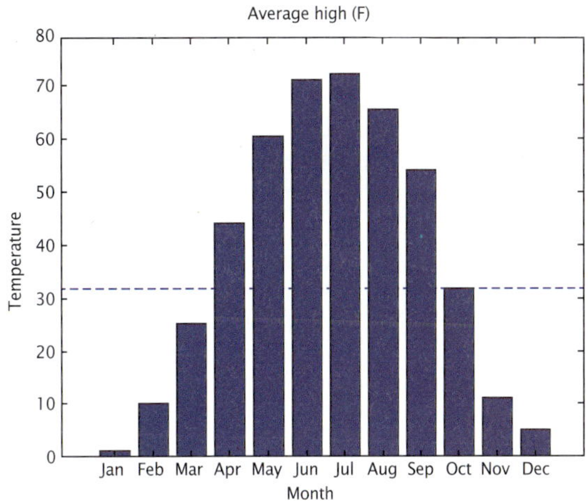

그림 10 Fairbanks의 평균 기온

그래프 만들기

matplotlib 모듈을 사용하여 그래프를 작성하고 표시하려면 다음 단계를 수행하라.

1. pyplot 서브 모듈을 가져온다.

```
from matplotlib import pyplot
```

pyplot 모듈에는 요소를 추가하고 그래프를 표시하는 함수가 있다.

2. 그래프에 데이터를 표시한다.

그래프에 데이터를 표시하려면 pyplot 모듈에서 함수를 호출하라. 여기서는 bar 함수를 사용하여 여러 값을 막대그래프로 표시한다.

```
pyplot.bar(1, 1.1)
pyplot.bar(2, 10.0)
pyplot.bar(3, 25.4)
pyplot.bar(4, 44.5)
pyplot.bar(5, 61.0)
```

우리는 x 및 y 값을 대괄호로 묶어서 리스트에 저장할 수도 있다(리스트는 6장에서 다룰 것이다).

```
pyplot.bar([1, 2, 3, 4, 5], [1.1, 10.0, 25.4, 44.5, 61.0])
```

기본적으로 각 막대의 너비는 0.8이다. 연습문제 Toolbox P3.32, Toolbox P3.35는 막대 색상과 너비를 변경하는 방법을 보여준다.

3. 그래프 모양을 개선하라.

예를 들어 축의 레이블을 변경할 수 있다.

```
pyplot.xlabel("Month")
pyplot.ylabel("Temperature")
```

이 절의 뒷부분에서 그래프 모양을 변경하는 추가 방법을 볼 수 있다.

4. 그래프를 표시하라.

그래프를 구성한 후 show 함수를 호출하라.

```
pyplot.show()
```

이 시점에서 프로그램이 일시 중지되고 사용자가 창을 닫을 때까지 기다린다. 이를 통해 파이썬 프로그램을 실행하는 동안 그래프를 볼 수 있다. 그림 11을 참조하라. (IPython 노트북을 사용하는 경우 노트북 내부에 그래프를 표시할 수 있다. 지침은 Toolbox 2.1을 참조하라.) 창 아래의 버튼은 그래프와 함께 사용할 수 있는 도구이다. 가장 일반적으로 사용되는 것은 저장 버튼으로, 그래프를 다양한 형식으로 파일에 저장할 수 있다.

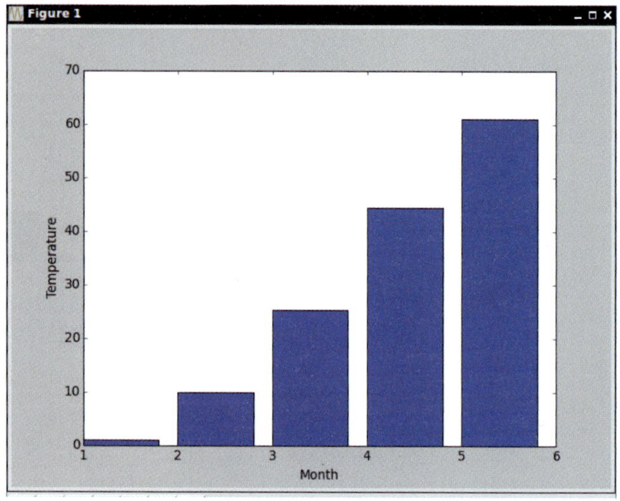

그림 11 간단한 막대그래프

다음 프로그램은 간단한 그래프를 만든다.

toolbox_2/samplegraph.py

```
##
#  This program illustrates the steps required to create a bar graph
#  using the matplotlib module.
#

from matplotlib import pyplot

# Plot data on the graph.
pyplot.bar(1, 1.1)
pyplot.bar(2, 10.0)
pyplot.bar(3, 25.4)
pyplot.bar(4, 44.5)
pyplot.bar(5, 61.0)

# Add descriptive information.
pyplot.xlabel("Month")
pyplot.ylabel("Temperature")

# Display the graph.
pyplot.show()
```

예제 코드 그림 10에서 그래프를 생성한 프로그램에 대해서는 eText 또는 보조 사이트의 소스 코드에서 toolbox_2/fairbanks.py를 참조하라.

선 그래프 만들기

선 그래프는 데이터 점을 선분으로 연결한다. x 및 y 좌표 리스트를 plot 함수에 전달한다.

```
pyplot.plot([1, 2, 3, 4, 5], [1.1, 10.0, 25.4, 44.5, 61.0])
```

이 함수 호출은 5개의 데이터 점으로 선을 그린다.

같은 그래프에 여러 선분을 그릴 수 있다. 예를 들어 매월 최저 온도를 표시할 수도 있다.

```
pyplot.plot([1, 2, 3, 4, 5], [1.1, 10.0, 25.4, 44.5, 61.0])  # 최고 온도
pyplot.plot([1, 2, 3, 4, 5], [-16.9, -12.7, -2.5, 20.6, 37.8])  # 최저 온도
```

다른 선을 구별하기 위해 matplotlib은 각 선마다 다른 색을 사용한다. 여기서 첫 번째 선은 파란색으로, 두 번째 선은 초록색으로 그린다.

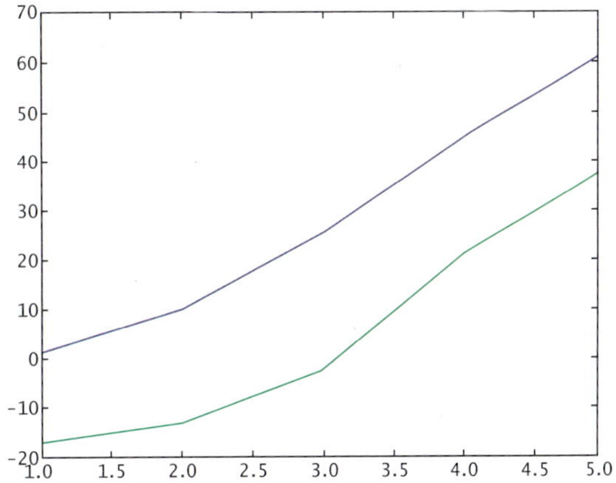

plot 함수에 형식 문자열을 제공하여 선과 점의 스타일뿐만 아니라 색상을 변경할 수 있다. 표 9는 일반적인 스타일 요소 중 일부를 보여준다. 예를 들어

```
pyplot.plot([1, 2, 3, 4, 5], [1.1, 10.0, 25.4, 44.5, 61.0], "r--o")
```

위의 명령문은 빨간색 점선을 그리고 각 점을 원으로 표시한다.

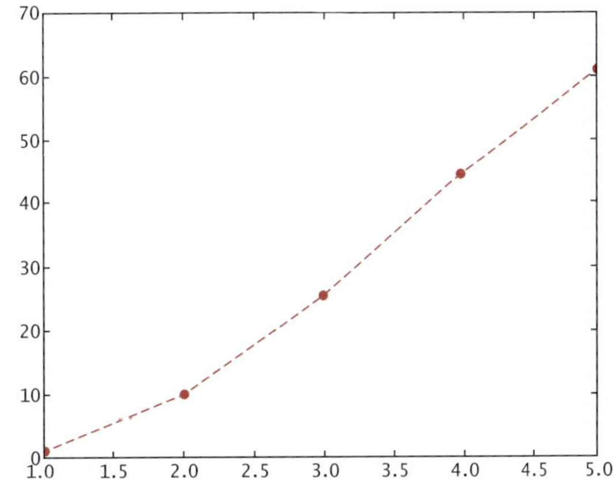

그래프 모양 변경

그래프에 그리드를 추가하면 사용자가 데이터 점을 식별하는 데 도움이 될 수 있다. 그리드를 표시하려면 다음과 같은 명령문을 사용한다.

```
pyplot.grid("on")
```

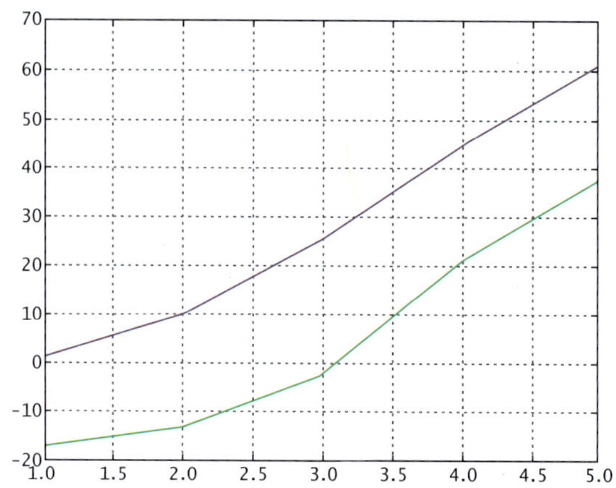

표 9 색상 코드, 선 스타일, 마커 타입

문자	색상 코드	문자	색상 코드	문자	색상 코드
b	Blue	-	실선	.	점 형태의 마커
g	Green	--	파선	o	원 형태의 마커
r	Red	:	점선	v	아래 삼각형 형태의 마커
c	Cyan	-.	파선과 점선 교차	^	위 삼각형 마커
m	Magenta			s	사각형 마커
y	Yellow			*	별 모양 마커
k	Black			D	다이아몬드 형태의 마커
w	White				

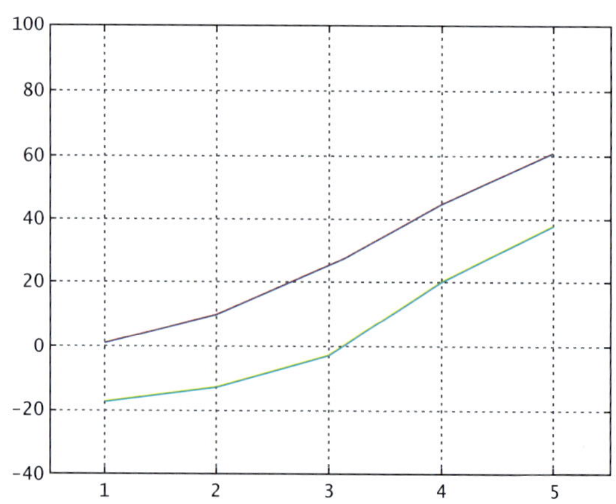

기본적으로 matplotlib은 모든 데이터 점을 포함하는 x축 및 y축 한계를 자동으로 선택한다. 예를 들어 데이터에 더 적합한 범위를 선택하기 위해 한계를 변경하려면 xlim 및 ylim 함수를 사용하고 원하는 범위의 최소 및 최대를 전달하라.

```
pyplot.xlim(0.5, 5.5)
pyplot.ylim(-40, 100)
```

그래프에는 일반적으로 사용자가 보고 있는 내용을 이해하는 데 도움이 되는 설명 정보가 포함되어 있다. 이 정보에는 최소한 두 축의 제목과 레이블이 포함되어야 한다.

```
pyplot.title("Average Temperatures in Fairbanks")
pyplot.xlabel("Month")
pyplot.ylabel("Temperature")
```

둘 이상의 선을 포함하는 그래프의 경우 선을 설명하는 범례를 추가하라. 선을 화면에 그린 후 범례 함수를 호출하고 설명 목록을 제공하라.

```
pyplot.legend(["High", "Low"])
```

리스트의 첫 번째 문자열은 첫 번째 선과 연결되고 두 번째 문자열은 두 번째 선과 연결된다.

축을 따라 "틱 표시"의 레이블을 변경할 수도 있다. 예를 들어, 그래프에서 월에 레이블을 지정하면 도움이 된다. xticks 또는 yticks 함수를 호출하고 두 개의 리스트를 제공하라. 첫 번째 리스트에는 눈금 위치가 있고 두 번째 리스트에는 레이블이 있다. 그림 12는 Fairbanks에서 12개월 동안 온도 데이터의 선 그래프에 대한 다음 명령문의 결과를 보여준다.

```
pyplot.xticks(
   [1, 2, 3, 4, 5, 6, 7, 8, 9, 10, 11, 12],
   ["Jan", "Feb", "Mar", "Apr", "May", "Jun",
      "Jul", "Aug", "Sep", "Oct", "Nov", "Dec"])
```

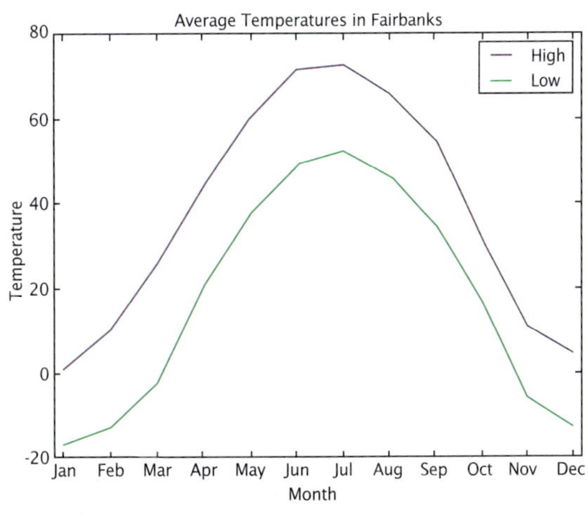

그림 12 온도 데이터의 선 그래프

다음은 그림 12의 그래프를 구성하는 프로그램이다.

toolbox_2/linegraph.py

```
##
# This program creates a simple line graph that illustrates many
# of the features of the matplotlib module.
#

```

```
from matplotlib import pyplot

# Plot data on the graph.
pyplot.plot([1, 2, 3, 4, 5, 6, 7, 8, 9, 10, 11, 12],
    [1.1, 10.0, 25.4, 44.5, 61.0, 71.6, 72.7, 65.9, 54.6, 31.9, 10.9, 4.8])
pyplot.plot([1, 2, 3, 4, 5, 6, 7, 8, 9, 10, 11, 12],
    [-16.9, -12.7, -2.5, 20.6, 37.8, 49.3, 52.3, 46.4, 35.1, 16.5, -5.7, -12.9])

# Change the x limits to give some padding
pyplot.xlim(0.8, 12.2)

# Add descriptive information.
pyplot.title("Average Temperatures in Fairbanks")
pyplot.xlabel("Month")
pyplot.ylabel("Temperature")
pyplot.legend(["High", "Low"])

pyplot.xticks(
    [1, 2, 3, 4, 5, 6, 7, 8, 9, 10, 11, 12],
    ["Jan", "Feb", "Mar", "Apr", "May", "Jun",
       "Jul", "Aug", "Sep", "Oct", "Nov", "Dec"])

# Display the graph.
pyplot.show()
```

표 10 그래프 함수

함수	설명
pyplot.bar(*x-value*, *y-value*) pyplot.bar([*x-values*], [*y-values*])	*x* 및 *y* 값이 리스트로 제공될 때 그래프에 단일 막대 또는 여러 막대를 표시한다.
pyplot.plot([*x-coords*], [*y-coords*]) pyplot.plot([*x-coords*], [*y-coords*], *format*)	선 그래프를 그린다. 선의 색상과 스타일은 형식 문자열로 지정할 수 있다.
pyplot.grid("on")	그래프에 그리드를 추가한다.
pyplot.xlim(*min*, *max*) pyplot.ylim(*min*, *max*)	그래프에 표시되는 *x* 또는 *y* 값의 범위를 설정한다.
pyplot.title(*text*)	그래프에 제목을 추가한다.
pyplot.xlabel(*text*) pyplot.ylabel(*text*)	*x*축 아래 또는 *y*축 왼쪽에 레이블을 추가한다.
pyplot.legend([$label_1$, $label_2$, ...])	여러 줄에 대한 범례를 추가한다.
pyplot.xticks([$x\text{-}coord_1$, $x\text{-}coord_2$, ...], [$label_1$, $label_2$, ...])	*x*축을 따라 눈금 아래에 레이블을 추가한다.
pyplot.yticks([$y\text{-}coord_1$, $y\text{-}coord_2$, ...], [$label_1$, $label_2$, ...])	*y*축을 따라 눈금 왼쪽에 레이블을 추가한다.
pyplot.show()	그래프를 표시한다.

3장 요약 _Chapter Summary

if문을 사용하여 조건문을 구현하라.

- if문을 사용하면 처리할 데이터의 특성에 따라 프로그램이 다른 작업을 수행할 수 있다.
- 복합 명령문은 헤더와 명령문 블록으로 구성된다.
- 명령문 블록의 명령문은 동일한 수준으로 들여쓰기 되어야 한다.

수와 문자열의 비교를 구현하라.

- 관계 연산자(< <= > >= == !=)를 사용하여 수와 문자열을 비교하라.
- 관계 연산자는 문자열을 사전식 순서로 비교한다.

분기에서 추가 결정이 필요하면 중첩 조건문을 사용하라.

- 조건문이 다른 조건문의 분기 내에 포함된 경우, 이들 명령문이 중첩되었다고 한다.
- 여러 수준의 의사 결정이 있는 문제에는 중첩된 조건문이 필요하다.

여러 if문이 필요한 복잡한 조건문을 구현하라.

- 복잡한 의사 결정을 구현하기 위해 여러 if문을 결합할 수 있다.
- 여러 if문을 사용하는 경우에는 구체적인 조건을 먼저 검사한 후에 일반적인 조건을 검사하라.

프로그램의 제어 흐름을 시각화하기 위한 순서도를 그린다.

- 순서도는 작업, 입력 / 출력 및 의사 결정을 위한 요소로 구성된다.
- 의사 결정의 각 분기에는 작업 및 추가 결정이 포함될 수 있다.
- 다른 분기 안을 화실표로 가리키지 마라.

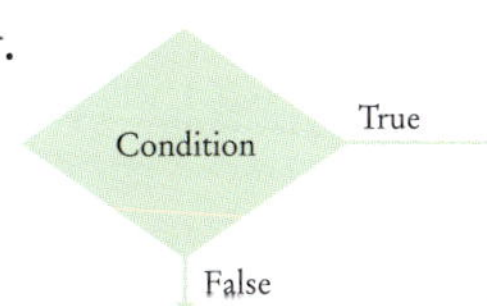

프로그램의 테스트 케이스를 설계하라.

- 프로그램의 각 분기는 테스트 케이스로 검사해야 한다.
- 프로그램을 구현하기 전에 테스트 케이스를 설계하는 것이 좋다.

부울 자료형을 사용하여 true 또는 false일 수 있는 조건을 저장하고 결합하라.

- 부울 자료형 bool에는 False와 True의 두 값이 있다.
- 파이썬에는 조건을 결합하는 두 개의 부울 연산자 and와 or가 있다.
- 조건을 반전시키려면 not 연산자를 사용하라.
- and 및 or 연산자는 단락 회로를 사용하여 계산된다. 실제 값이 결정되자마자 더 이상 조건이 평가되지 않는다.
- 드모르간의 법칙은 어떻게 and나 or 조건식을 부정하는지를 알려준다.

특정 특성에 대해 문자열을 검사하라.

- in 연산자를 사용하여 지정한 문자열이 다른 문자열에서 발생하는지 테스트하라.

사용자 입력이 유효한지 여부를 감지하려면 if문을 적용하라.

- 사용자가 예상 범위를 벗어난 입력을 제공하면 오류 메시지를 출력하고 입력을 처리하지 마라.

연습문제

■ **R3.1** if문 이후에 각 변수의 값은 얼마인가?

a.
```
n = 1
k = 2
r = n
if k < n :
   r = k
```

b.
```
n = 1
k = 2
if n < k :
   r = k
else :
   r = k + n
```

c.
```
n = 1
k = 2
r = k
if r < k :
   n = r
else :
   k = n
```

d.
```
n = 1
k = 2
r = 3
if r < n + k :
   r = 2 * n
else :
   k = 2 * r
```

■■ **R3.2** 다음 두 가지 코드의 차이점을 설명하라.

```
s = 0
if x > 0 :
   s = s + 1
if y > 0 :
   s = s + 1
```

```
s = 0
if x > 0 :
   s = s + 1
elif y > 0 :
   s = s + 1
```

■■ **R3.3** 다음 if문에서 오류를 찾아라.

a.
```
if x > 0 then
   print(x)
```

b.
```
if 1 + x > x ** sqrt(2) :
   y = y + x
```

c.
```
if x = 1 :
   y += 1
```

d.
```
xStr = input("Enter an integer value")
x = int(xStr)
if xStr.isdigit() :
   sum = sum + x
else :
   print("Bad input for x")
```

e.
```
letterGrade = "F"
if grade >= 90 :
   letterGrade = "A"
if grade >= 80 :
   letterGrade = "B"
if grade >= 70 :
   letterGrade = "C"
if grade >= 60 :
   letterGrade = "D"
```

■ **R3.4** 이 코드 조각은 무엇을 출력하는가?

a.
```
n = 1
m = -1
if n < -m :
   print(n)
else :
   print(m)
```

b.
```
n = 1
m = -1
if -n >= m :
   print(n)
else :
   print(m)
```

c.
```
x = 0.0
y = 1.0
if abs(x - y) < 1 :
   print(x)
else :
   print(y)
```

d.
```
x = sqrt(2.0)
y = 2.0
if x * x == y :
   print(x)
else :
   print(y)
```

■■ R3.5 x와 y가 각각 숫자를 저장하는 변수라고 가정하자. x가 양수이면 y를 x로, 그렇지 않으면 0으로 설정하는 코드 조각을 작성하라.

■■ R3.6 x와 y가 각각 수를 포함하는 변수라고 가정한다. abs 함수를 호출하지 않고 y를 x의 절댓값으로 설정하는 코드 조각을 작성하라. if문을 사용하라.

■■ R3.7 왜 부동-소수점 수가 정수보다 비교하기 어려운지 설명하라. 정수 n이 10인지, 부동-소수점 수 x가 대략 10인지 검사하는 파이썬 코드를 작성하라.

■ R3.8 =와 == 연산자를 혼동하기 쉽다. 다음 명령문을 포함하는 테스트 프로그램을 작성하라.

```
if floor = 13
```

어떤 오류 메시지가 나타나는가? 다음 명령문을 포함하는 다른 테스트 프로그램을 작성하라.

```
count == 0
```

프로그램을 실행하면 어떻게 되는가?

■■ R3.9 체스 판의 각 사각형은 g5와 같은 문자와 숫자로 설명할 수 있다.

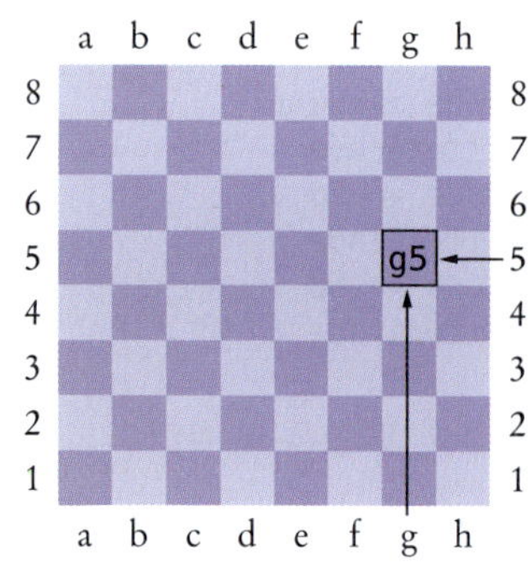

다음 의사코드는 주어진 문자와 숫자가 있는 사각형이 어두운지(검은색) 또는 밝은색(흰색)인지를 결정하는 알고리즘을 설명한다.

If the letter is an a, c, e, or g
  If the number is odd
    color = "black"
  Else
    color = "white"
Else
  If the number is even
    color = "black"
  Else
    color = "white"

Programming Tip 3.2의 절차를 사용하여 입력이 g5일 때 이 의사코드를 추적하라.

▪▪ R3.10 R3.9 알고리즘에서 모든 경우를 다루는 네 가지 테스트 케이스를 제공하라.

▪▪ R3.11 일정 계획 프로그램에서 두 약속이 겹치는지 확인하려고 한다. 간단하게 하기 위해 약속은 매시 정각에 시작하며 24시간 표기법(0-23 시간)을 사용한다. 다음 의사코드는 시작 시간이 *start1*이고 종료 시간이 *end1*인 일정이, 시작 시간이 *start2*이고 종료 시간이 *end2*인 일정과 겹치는지 여부를 결정하는 알고리즘을 설명한다.

```
If start1 > start2
    s = start1
Else
    s = start2
If end1 < end2
    e = end1
Else
    e = end2
If s < e
    일정이 겹친다.
Else
    일정은 겹치지 않는다.
```

이 알고리즘을 10시~12시까지의 일정과 11시~13시까지의 일정, 그리고 10시~11시의 일정과 12시~13시의 일정을 입력으로 하여 추적하라.

▪ R3.12 R3.11에서 알고리즘의 순서도를 그려라.

▪ R3.13 P3.18에서 알고리즘의 순서도를 그려라.

▪ R3.14 P3.20에서 알고리즘의 순서도를 그려라.

▪▪ R3.15 R3.11에서 알고리즘에 대한 일련의 테스트 케이스를 개발하라.

▪▪ R3.16 P3.20에서 알고리즘에 대한 일련의 테스트 케이스를 개발하라.

▪▪ R3.17 사용자에게 월과 일을 요구하고 다음 네 휴일 중 하나인지 출력하는 프로그램의 의사코드를 작성하라.

- 새해 첫날(1월 1일)
- 독립 기념일(7월 4일)
- 재향 군인의 날(11월 11일)
- 크리스마스 데이(12월 25일)

▪▪ R3.18 다음 표에 따라 퀴즈 점수에 대한 성적을 할당하는 프로그램의 의사코드를 작성하라.

Score	Grade
90-100	A
80-89	B
70-79	C
60-69	D
< 60	F

▪ R3.19 파이썬에서 문자열의 사전식 순서가 사전이나 전화번호부에서 단어의 순서와 어떻게 다른지 설명한다. 힌트: `IBM`, `wiley.com`, `Century 21` 및 `While-U-Wait`과 같은 문자열을 고려하라.

■■ R3.2 다음 한 쌍의 문자열 중에서 사전 순서에서 앞에 있는 문자열은 무엇인가?

a. `"Tom", "Jerry"`
b. `"Tom", "Tomato"`
c. `"church", "Churchill"`
d. `"car manufacturer", "carburetor"`
e. `"Harry", "hairy"`
f. `"Python", " Car"`
g. `"Tom", "Tom"`
h. `"Car", "Carl"`
i. `"car", "bar"`

■ R3.21 `if/elif/else` 시퀀스와 중첩 `if`문의 차이점을 설명하라. 각각의 예를 제시하라.

■■ R3.22 조건 검사 순서가 중요하지 않은 `if/elif/else` 시퀀스의 예를 제시하라. 조건 검사 순서가 중요한 예를 제시하라.

■ R3.23 `>=` 연산자 대신 `<` 연산자를 사용하도록 3.4절의 조건을 다시 작성하라. 비교 순서에 영향을 미치는 것은 무엇인가?

■■ R3.24 P3.25에서 세금 프로그램에 대한 일련의 테스트 케이스를 제시하라. 예상 결과를 수동으로 계산하라.

■■■ R3.25 부울 입력 `p`, `q`, `r`의 모든 조합에 대한 부울 표현식의 진리값을 찾아 다음 진리표를 완성하라.

`p`	`q`	`r`	`(p and q) or not r`	`not (p and (q or not r))`
`False`	`False`	`False`		
`False`	`False`	`True`		
`False`	`True`	`False`		
	. . .			
	5 more combinations			
	. . .			

■■■ R3.26 다음의 문장이 참 또는 거짓인지를 말하라. 모든 조건 *A* 및 *B*에 대해 *A* and *B*는 *B* and *A*와 같다.

■ R3.27 많은 검색 엔진의 "고급 검색" 기능을 사용하면 "(cats OR dogs) AND NOT pets"와 같은 복잡한 쿼리에 부울 연산자를 사용할 수 있다. 이 검색 연산자를 파이썬의 부울 연산자와 비교하라.

■■ R3.28 `b`의 값이 `False`이고 `x`의 값이 0이라고 가정한다. 다음 각 표현식의 값은 무엇인가?

a. `b and x == 0`
b. `b or x == 0`
c. `not b and x == 0`
d. `not b or x == 0`
e. `b and x != 0`
f. `b or x != 0`
g. `not b and x != 0`
h. `not b or x != 0`

■■ R3.29 다음 표현식을 단순화하라. 여기서 b는 부울 타입의 변수이다.

a. `b == True`
b. `b == False`
c. `b != True`
d. `b != False`

■■■ R3.30 다음 문장을 단순화하라. 여기서 b는 부울 값을 포함하는 변수이고 n은 정수 값을 포함하는 변수이다.

a.
```
if n == 0 :
   b = True
else :
   b = False
```
b.
```
if n == 0 :
   b = False
else :
   b = True
```
c.
```
b = False
if n > 1 :
   if n < 2 :
      b = True
```
d.
```
if n < 1 :
   b = True
else :
   b = n > 2
```

■ R3.31 다음 프로그램의 문제점은 무엇인가?

```
inputStr = input("Enter the number of quarters: ")
quarters = int(inputStr)
if inputStr.isdigit() :
   total = quarters * 0.25
   print("Total: ", total)
else :
   print("Input error.")
```

■ Toolbox R3.32 숫자(1, 4, 9, 16)의 값을 표시하는 막대그래프를 어떻게 표시하는가?

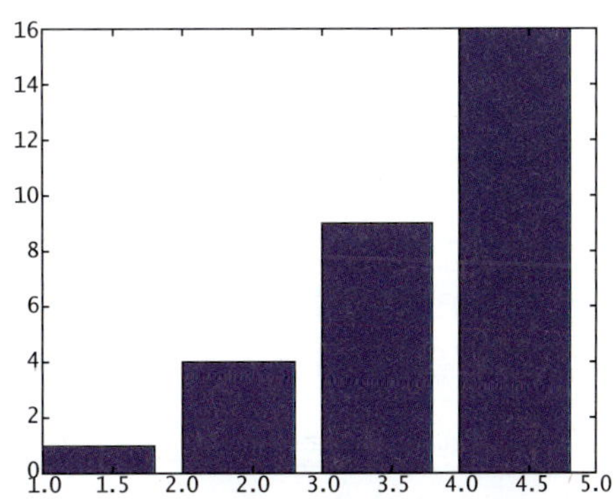

■ Toolbox R3.33 Toolbox R3.32는 x축에 1.0, 1.5, 2.0, 2.5,…로 눈금이 표시된다. 1, 2, 3 및 4로 눈금을 표시하려면 어떻게 해야 하는가?

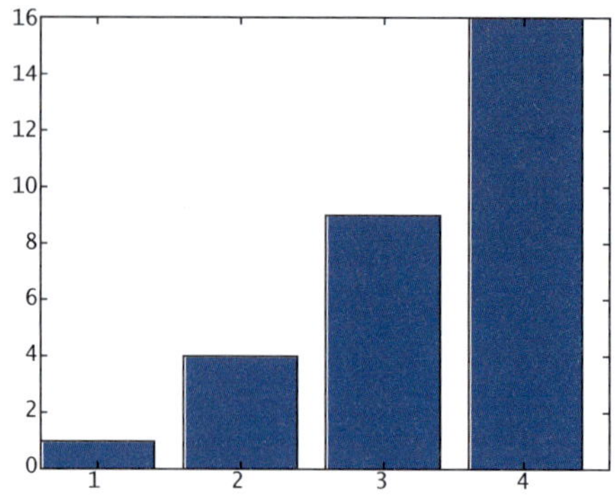

▪ **Toolbox R3.34** Toolbox R3.32에서 축은 가로로 크기가 조정되어 값이 실제보다 느리게 커지는 것처럼 보인다. 어떻게 정확하게 값의 증가를 표시할 수 있는가?

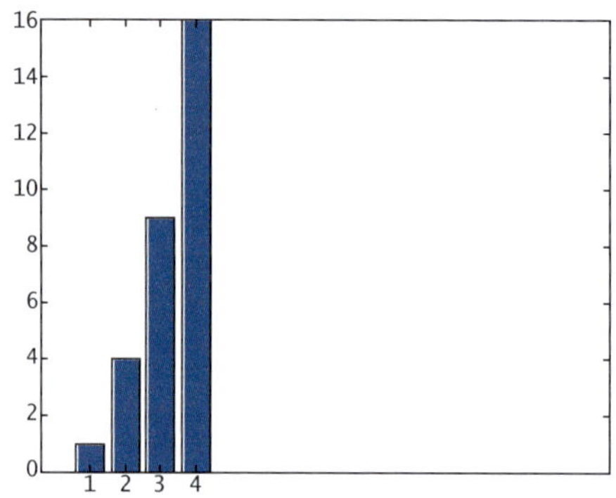

▪ **Toolbox R3.35** 다음 호출은 무엇을 생성하는가?

```
pyplot.plot([1, 2, 3, 4, 5], [1.1, 10.0, 25.4, 44.5, 61.0], "ro")
```

▪ **Toolbox R3.36** Toolbox R3.35의 초록 마커를 초록 선 위에 어떻게 그릴 수 있는가?

프로그래밍 연습문제

▪ **P3.1** 정수를 읽고 음수, 0 또는 양수인지 출력하는 프로그램을 작성하라.

▪▪ **P3.2** 부동-소수점 수를 읽고 수가 0이면 "0"을 출력하는 프로그램을 작성하라. 그렇지 않으면 "양수" 또는 "음수"를 출력하라. 수의 절댓값이 1보다 작으면 "작음"을 추가하고 1,000,000을 초과하면 "큼"을 추가하라.

▪▪ **P3.3** 정수를 읽고 자릿수를 출력하는 프로그램을 작성하라. 입력된 정수가 ≥10, ≥100인지를 검사하여 자릿수를 알 수 있다. (모든 정수는 100억 미만이라고 가정하라.) 수가 음수이면 먼저 –1을 곱하라.

▪▪ **P3.4** 세 개의 수를 읽고 모두 같은 경우 "모두 동일", 모두 다르면 "모두 다름", 그렇지 않으면 "아무것도 아님"을 출력하는 프로그램을 작성하라.

■■ P3.5 세 개의 수를 읽고 순서대로 증가하면 "증가", 순서대로 감소하면 "감소", 그렇지 않은 경우 "아무것도 아님"을 출력하는 프로그램을 작성하라. 여기서 "증가"는 각각의 값이 이전 값보다 큰 "엄격히 증가함"을 의미한다. 순서 3 4 4는 증가하는 것으로 간주되지 않는다.

■■ P3.6 P3.5을 반복한다. 이번에는 수를 읽기 전에 증가 / 감소가 "엄격" 또는 "엄격하지 않음"을 사용자에게 묻는다. 엄격하지 않은 모드에서, 수열 3 4 4는 증가하고 있고 수열 4 4 4는 증가 및 감소하고 있다.

■■ P3.7 세 개의 정수를 읽고 오름차순 또는 내림차순으로 정렬된 경우 "in order"을 출력하고 그렇지 않은 경우 "not in order"을 출력하는 프로그램을 작성하라. 예를 들어 다음과 같다.

```
1 2 5   in order
1 5 2   not in order
5 2 1   in order
1 2 2   in order
```

■■ P3.8 네 개의 정수를 읽고 입력이 두 개의 일치하는 쌍으로 구성되어 있으면 "two pairs"을 출력하고, 그렇지 않으면 "not two pairs"를 출력하는 프로그램을 작성하라. 예를 들어 다음과 같다.

```
1 2 2 1   two pairs
1 2 2 3   not two pairs
2 2 2 2   two pairs
```

■ P3.9 온도 값과 문자 C 또는 F를 읽는 프로그램을 작성하라. C는 섭씨온도이고 F는 화씨온도를 나타낸다. 주어진 온도에서 물이 액체, 고체 또는 기체인지 출력한다.

■ P3.10 물의 비등점은 고도 300미터(또는 1,000피트)마다 약 섭씨 1도 정도 떨어진다. P3.9의 프로그램을 개선하라. 사용자가 고도를 미터 또는 피트로 입력할 수 있도록 한다.

■ P3.11 P3.10에 오류 처리를 추가해 본다. 사용자가 고도에 대해 잘못된 단위를 제공하면 오류 메시지를 출력하고 프로그램을 종료하라.

■■ P3.12 문자 학점을 숫자 학점으로 변환하는 프로그램을 작성하라. 문자 학점은 A, B, C, D, F이며 뒤에 + 또는 –가 올 수 있다. 숫자 값은 4, 3, 2, 1, 0이다. F+ 또는 F–는 없다. +는 숫자 값을 0.3씩 증가시키고 –는 값을 0.3씩 감소시킨다. 그러나 A+의 값은 4.0이다.

```
Enter a letter grade: B-
The numeric value is 2.7.
```

■■ P3.13 0에서 4 사이의 숫자를 가장 가까운 문자 학점 등급으로 변환하는 프로그램을 작성하라. 예를 들어 숫자 2.8(여러 학년의 평균일 수 있음)은 B–로 변환된다. 동점이면 더 나은 성적으로 변환한다. 예를 들어 2.85는 B이다.

■■ P3.14 다음과 같은 속기 표기법으로 사용자 입력을 받아서 카드의 전체 이름을 출력하는 프로그램을 작성하라.

```
A          Ace
2 ... 10   Card values
J          Jack
Q          Queen
K          King
D          Diamonds
H          Hearts
S          Spades
C          Clubs
```

프로그램은 카드의 전체 설명을 출력해야 한다. 예를 들어 다음과 같다.

```
Enter the card notation: QS
Queen of Spades
```

■■ P3.15 max 함수를 사용하지 않고 세 개의 부동-소수점 수를 읽고 세 개의 입력 중 가장 큰 값을 출력하는 프로그램을 작성하라. 예를 들면 다음과 같다.

```
Enter a number: 4
Enter a number: 9
Enter a number: 2.5
The largest number is 9.0
```

■■ P3.16 세 개의 문자열을 읽고 사전식으로 정렬하는 프로그램을 작성하라.

```
Enter a string: Charlie
Enter a string: Able
Enter a string: Baker
Able
Baker
Charlie
```

■■ P3.17 문자열로 읽고 다음과 같은 사항을 검사하는 프로그램을 작성하라.

- 알파벳 문자만 포함한다.
- 대문자만 포함한다.
- 소문자만 포함한다.
- 숫자만 포함한다.
- 문자와 숫자만 포함한다.
- 대문자로 시작한다.
- 마침표로 끝난다.

■■ P3.18 시간(0에서 23까지의 시간)과 분으로 각각 주어진 두 시점을 비교할 때 다음 의사코드는 어느 것이 먼저 오는지를 결정한다.

```
If hour1 <hour2
    time1이 먼저 온다.
Else if hour1과 hour2가 같은 경우
    if minute1 <minute2
        time1이 먼저 온다.
    Else if minute1과 minute2가 동일한 경우
        time1과 time2가 같은 경우이다.
    Else
        time2가 먼저 온다.
```

```
Else
   time2가 먼저 온다.
```

사용자에게 두 개의 시점을 묻는 메시지를 출력한 다음, 가장 먼저 오는 시점을 출력하는 프로그램을 작성하라.

■ **P3.19** 알파벳에서 하나의 문자를 입력하도록 사용자에게 프롬프트하는 프로그램을 작성하라. 사용자 입력에 따라 모음인지 또는 자음인지를 출력하라. 사용자 입력이 문자(a와 z 또는 A와 Z 사이)가 아니거나 길이가 1보다 큰 문자열인 경우 오류 메시지를 출력하라.

■■ **P3.20** 다음 알고리즘은 주어진 월과 일의 계절(봄, 여름, 가을 또는 겨울)을 출력한다.

```
If month is 1, 2, or 3, season = "Winter"
Else if month is 4, 5, or 6, season = "Spring"
Else if month is 7, 8, or 9, season = "Summer"
Else if month is 10, 11, or 12, season = "Fall"
If month is divisible by 3 and day >= 21
   If season is "Winter", season = "Spring"
   Else if season is "Spring", season = "Summer"
   Else if season is "Summer", season = "Fall"
   Else season = "Winter"
```

사용자에게 월과 일을 물어서 계절을 출력하는 프로그램을 작성하라.

© rotofrank/iStockphoto.

■■ **P3.21** 두 개의 부동-소수점 수를 읽고 소수점 이하 두 자리까지 같은지 테스트하는 프로그램을 작성하라. 다음은 두 가지 샘플 실행이다.

```
Enter a floating-point number: 2.0
Enter a floating-point number: 1.99998
They are the same up to two decimal places.
Enter a floating-point number: 2.0
Enter a floating-point number: 1.98999
They are different.
```

■■ **P3.22** 사용자의 생일과 요일을 묻는 메시지를 작성한 다음, 별자리를 출력하는 프로그램을 작성하라. 다음과 같이 프로그래머를 위한 운수를 구상하라.

```
Please enter your birthday.
   month: 6
   day: 16
Gemini are experts at figuring out the behavior
of complicated programs. You feel where bugs are
coming from and then stay one step ahead. Tonight,
your style wins approval from a tough critic.
```

각 운수에는 천문학적 별자리가 있어야 한다. (천문학적인 별자리와 날짜 구간은 인터넷 사이트를 검색하면 알 수 있다.)

© lillisphotography/iStockphoto.

■■ **P3.23** 1913년의 원래 미국 소득세는 매우 단순했다. 세금은 다음과 같았다.

- 처음 $50,000에 1%.

- $50,000 이상 최대 $75,000 금액의 2%
- $75,000에서 $100,000까지 3%.
- $100,000에서 $250,000까지 4%.
- $250,000 이상 $500,000까지 5%.
- $500,000 이상의 금액에서 6%.

독신 또는 기혼 납세자는 별도의 규정이 없었다. 이 규정에 따라 소득세를 계산하는 프로그램을 작성하라.

■■■ P3.24 taxes.py 프로그램은 2008 미국 소득세 규정의 단순화된 버전을 사용한다. 독신 및 기혼자 모두에 대해 올해의 세금 구간과 세율을 찾아 실제 소득세를 계산하는 프로그램을 구현하라.

■■■ P3.25 다음 규정에 따라 세금을 계산하는 프로그램을 작성하라.

독신이고 다음 금액을 넘으면	이 금액 이하이면	세금은	다음 금액 이상
$0	$8,000	10%	$0
$8,000	$32,000	$800 + 15%	$8,000
$32,000		$4,400 + 25%	$32,000
기혼이고 다음 금액을 넘으면	**이 금액 이하이면**	**세금은**	**다음 금액 이상**
$0	$16,000	10%	$0
$16,000	$64,000	$1,600 + 15%	$16,000
$64,000		$8,800 + 25%	$64,000

■■■ P3.26 단위 변환. 변환할 단위(fl. oz, gal, oz, lb, in, ft, mi)와 변환하고 싶은 단위(ml, l, g, kg, mm, cm, m, km)를 입력받아서 단위를 변환하는 프로그램을 작성하라. 호환되지 않는 변환(예: gal km)은 거부하라. 변환할 값을 요청한 후 결과를 표시하라.

```
Convert from? gal
Convert to? ml
Value? 2.5
2.5 gal = 9463.5 ml
```

■■■ P3.27 1년이 366일인 해를 윤년이라고 한다. 지구는 365.25일마다 한 번씩 태양 주위를 회전하기 때문에 달력이 태양과 동기화되도록 윤년이 필요하다. 실제로, 그 수치는 완전히 정확한 것은 아니며 1582년 이후의 모든 날짜에 대해 그레고리 수정이 적용된다. 일반적으로 4로 나눌 수 있는 연도는 윤년이다(예: 1996). 그러나 100으로 나눌 수 있는 연도(예: 1900)는 윤년이 아니지만 400으로 나눌 수 있는 연도는 윤년이다(예: 2000). 사용자에게 연도를 요청하고 해당 연도가 윤년인지 계산하는 프로그램을 작성하라. 단일 if문과 부울 연산자를 사용하라.

■■■ P3.28 *로마 숫자*. 양의 정수를 로마 숫자 시스템으로 변환하는 프로그램을 작성하라. 로마 숫자 체계에는 숫자가 있다.

I	1
V	5
X	10
L	50
C	100
D	500
M	1,000

© Charles Schultz/iStockphoto.

숫자는 다음 규칙에 따라 형성된다.

a. 최대 3,999개의 숫자만 표시된다.

b. 십진수 시스템에서와 같이 천, 백, 십, 일 단위가 별도로 표현된다.

c. 1에서 9까지의 숫자는 다음과 같이 표시된다.

I	1
II	2
III	3
IV	4
V	5
VI	6
VII	7
VIII	8
IX	9

보다시피, V 또는 X 앞에 있는 I는 값에서 빼고 3개를 넘지 않아야 한다.

d. 문자 I, V, X 대신에 X, L, C 및 C, D, M 문자가 각각 사용되는 것을 제외하고는 수십 및 수백이 동일한 방식으로 표현된다.

프로그램은 1978과 같은 입력을 로마 숫자 MCMLXXVIII로 변환해야 한다.

■■■ P3.29 사용자에게 달번호(1월은 1, 2월은 2, …)를 입력하도록 요청한 다음 해당 월의 일 수를 출력하는 프로그램을 작성하라. 2월의 경우 "28일 또는 29일"을 출력하라.

```
Enter a month: 5
30 days
```

각 월에 대하여 별도의 `if/else` 분기를 사용하지 마라. 부울 연산자를 사용하라.

■■■ P3.30 프랑스어 국가 이름은 e로 끝나면 여성형이다. 다음은 예외로서 e로 끝나면서도 남성형이다.

- le Belize
- le Cambodge
- le Mexique
- le Mozambique
- le Zaïre
- le Zimbabwe

국가의 프랑스 이름을 읽고 관사를 출력하는 프로그램을 작성하라(예: 남성형 le 또는 여성형 la, 예를 들면 le Canada 또는 la Belgique).

그러나 국가 이름이 모음으로 시작하면 l'을 사용하라. 예를 들어 l'Afghanistan이다. 다음 복수 국가 이름의 경우 les를 사용하라.

- les Etats-Unis
- les Pays-Bas

■■ Toolbox P3.31 여러분의 고향의 평균 최고 온도 및 최저 온도 곡선을 Toolbox 3.2의 선 그래프 프로그램에 추가하라.

■ Toolbox P3.32 다음을 호출하여 막대그래프에서 막대의 색상을 변경할 수 있다.

```
pyplot.bar(x, y, color="...")
```

유효한 색상 문자열이 표 9에 나열되어 있다. 2.6.3절에서 세로 막대형 차트를 만들어보라. 이 옵션과 함께 pyplot을 사용하라.

■■■ Toolbox P3.33 pyplot을 사용하여 P2.31을 반복하여 막대그래프를 만들어보라.

■■ Toolbox P3.34 Toolbox 3.2에서 막대그래프의 색상을 변경하라. 32도 이하로 유지되는 곳은 파란색으로, 그 외에는 노란색으로 막대를 그린다.

■■■ Toolbox P3.35 다음을 호출하여 막대그래프에서 막대 너비를 변경할 수 있다.

```
pyplot.bar(x, y, width="...")
```

이 옵션을 사용하여 여기에 표시된 대로 Toolbox 3.2의 Fairbanks 데이터를 사용하여 두 세트의 막대(최저 온도 및 최고 온도)가 있는 그래프를 생성하라.

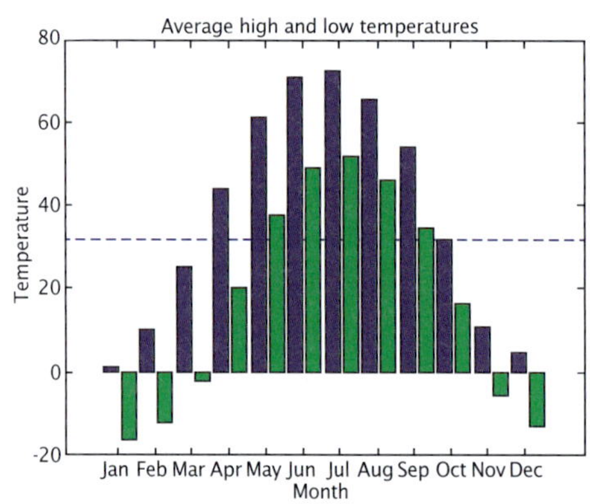

■■ Toolbox P3.36 pyplot 모듈의 pie 함수는 원형 차트를 그린다. 값 리스트를 제공하여 모든 대륙의 면적에 대한 원형 차트를 그린다. Toolbox 3.2에 설명된 대로 차트의 범례를 제공하라.

■■■ Business P3.37 은행 거래를 시뮬레이션하는 프로그램을 작성하라. 은행 계좌는 당좌 계좌와 저축 계좌, 두 가지가 있다. 먼저 은행 계좌의 초기 잔액을 요청하라. 잔액은 음수가 될 수 없다. 음수 잔액

은 거부하라. 그런 다음 거래를 요청하라. 옵션은 입금, 출금, 송금이다. 그런 다음 거래를 요청하라. 옵션은 당좌 계좌 및 저축 계좌이다. 그런 다음 금액을 요청하라. 잔액을 초과하는 금액을 인출하는 거래를 거부한다. 마지막에 두 계정의 잔액을 출력하라.

■■ Business P3.38 직원의 이름과 급여를 읽는 프로그램을 작성하라. 여기서 급여는 $9.25와 같은 시간당 임금을 나타낸다. 그런 다음 지난주에 직원이 몇 시간을 일했는지 물어보라. 소수 시간을 허용하라. 급여를 계산하라. 초과 근무(주당 40 시간 이상)는 정규 임금의 150%로 지급된다. 직원에 대한 급여를 출력하라.

■■ Business P3.39 은행 카드와 함께 ATM을 사용하는 경우 개인 식별 번호(PIN)를 사용하여 계정에 액세스해야 한다. PIN 입력 시 사용자가 세 번 이상 실패하면 기기가 카드를 차단한다.

사용자의 PIN이 “1234”라고 가정하고 사용자에게 PIN을 요청하여 다음을 수행하는 프로그램을 작성하라.

© Mark Evans/iStockphoto.

- 사용자가 올바른 번호를 입력하면 “PIN이 정확합니다”라는 메시지를 출력하고 프로그램을 종료하라.
- 사용자가 잘못된 번호를 입력하면 “PIN이 잘못되었습니다”라는 메시지를 출력하고 PIN을 3회 미만으로 요청한 경우 다시 요청하라.
- 사용자가 잘못된 번호를 세 번 입력하면 “은행 카드가 차단되었습니다”라는 메시지를 출력하고 프로그램을 종료하라.

■Business P3.40 슈퍼마켓은 고객이 식료품에 소비하는 금액에 따라 쿠폰을 지급한다. 예를 들어, $50를 지출하면 해당 금액의 8%에 해당하는 쿠폰을 제공한다. 다음 표는 지출된 다른 금액에 대해 발급된 쿠폰을 계산하는 데 사용되는 백분율을 보여준다. 구매한 식료품을 기준으로 사람이 받을 수 있는 쿠폰 금액을 계산하고 출력하는 프로그램을 작성하라.

다음은 샘플 실행이다.

```
Please enter the cost of your groceries: 14
You win a discount coupon of $ 1.12. (8% of your purchase)
```

사용 금액	쿠폰
Less than $10	No coupon
Less than $10	8%
More than $60 to $150	10%
More than $150 to $210	12%
More than $210	14%

■Business P3.41 식당에 갈 때 팁을 계산하는 것은 어렵지 않지만 식당은 서비스 등급에 따라 팁을 제안하려고 한다. 다음과 같이 식당의 만족도에 따라 팁을 계산하는 프로그램을 작성하라.

- 다음 등급을 사용하여 식당의 만족도를 요청하라. 1 = 완전히 만족, 2 = 만족, 3 = 불만족
- 식당이 완전히 만족스러우면 20% 팁을 계산하라.
- 식당이 만족스러우면 15% 팁을 계산하라.
- 식당이 불만족스럽다면 10% 팁을 계산하라.
- 만족도를 출력하고 달러와 센트로 팁을 출력한다.

■ **Graphics P3.42** 예제 3.2의 프로그램을 수정하여 `getMouse` 메소드를 사용하여 두 원의 중심 좌표를 얻어보자.

■ **Science P3.43** 표 11에 주어진 것처럼 사용자에게 파장 값을 요구하고 전자기 스펙트럼의 해당 부분에 대한 설명을 출력하는 프로그램을 작성하라.

© drxy/iStockphoto.

표 11 전자기 스펙트럼

타입	파장(m)	주파수(Hz)
전파	$> 10^{-1}$	$< 3 \times 10^{9}$
마이크로파	10^{-3} to 10^{-1}	3×10^{9} to 3×10^{11}
적외선	7×10^{-7} to 10^{-3}	3×10^{11} to 4×10^{14}
가시광선	4×10^{-7} to 7×10^{-7}	4×10^{14} to 7.5×10^{14}
자외선	10^{-8} to 4×10^{-7}	7.5×10^{14} to 3×10^{16}
X-레이	10^{-11} to 10^{-8}	3×10^{16} to 3×10^{19}
감마선	$< 10^{-11}$	$> 3 \times 10^{19}$

■ **Science P3.44** Science P3.43에서 주파수를 입력하도록 프로그램을 수정하라.

■■ **Science P3.45** Science P3.43를 입력이 파장인지 주파수인지를 사용자에게 먼저 묻도록 프로그램을 수정하라.

■■■ **Science P3.46** 미니 밴에는 두 개의 슬라이딩 도어가 있다. 각 도어는 대시 보드 스위치, 내부 핸들 또는 외부 핸들로 열 수 있다. 그러나 어린이 잠금 스위치가 활성화된 경우 내부 핸들이 작동하지 않는다. 슬라이딩 도어를 열려면 기어 변속이 파킹 상태에 있어야 하고 마스터 잠금 해제 스위치가 활성화되어 있어야 한다.

© nano/iStockphoto.

여러분의 작업은 차량용 제어 소프트웨어의 일부를 시뮬레이션하는 것이다. 입력은 스위치 및 기어 변속에 대한 일련의 값이다.

- 왼쪽 및 오른쪽 슬라이딩 도어, 어린이 잠금 및 마스터 잠금 해제용 대시 보드 스위치(끄기 0 활성화 1)

- 왼쪽 및 오른쪽 슬라이딩 도어의 내부 및 외부 핸들(0 또는 1)
- 기어 변속 설정(P N D 1 2 3 R 중 하나).

일반적인 입력은 `0 0 0 1 0 1 0 0 P`이다.

"왼쪽 문 열림" 또는 "오른쪽 문 열림"을 적절하게 출력하라. 문이 열리지 않으면 "두 문이 닫혀 있음"를 출력하라.

■ **Science P3.47** 데시벨(dB) 단위의 사운드 레벨 L은 다음과 같이 결정된다.

© Photobuff/iStockphoto.

$$L = 20 \log_{10}(p/p_0)$$

여기서 p는 사운드의 음압(파스칼, 약칭 Pa)이고, p_0은 20×10^{-6} Pa(L은 0 dB)인 기준 음압이다.

다음 표는 특정 사운드 레벨에 대한 설명이다.

고통의 문턱값	130 dB
청력 손상	120 dB
1 m의 잭 해머	100 dB
10 m의 바쁜 도로에서 교통 소음	90 dB
정상적인 대화	60 dB
조용한 도서관	30 dB
소음 없음	0 dB

값과 단위(dB 또는 Pa)를 읽은 다음 위 목록에서 가장 가까운 설명을 출력하는 프로그램을 작성하라.

■■ **Science P3.48** 아래의 전기 회로는 챔버의 가스 온도를 측정하도록 설계되었다.

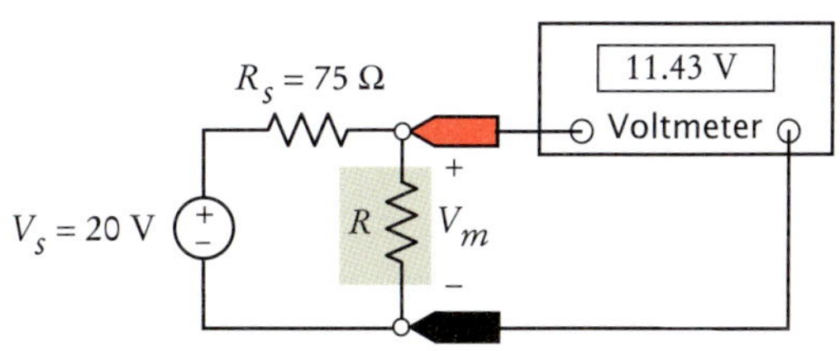

저항(R)은 챔버 안의 온도 센서를 나타낸다. 저항 R(단위 Ω)은 식에 의해 다음 식으로 온도 T(단위 °C)에 따라 달라진다.

$$R = R_0 + kT$$

이 장치에서는 $R0$ = 100 Ω이고 k = 0.5라고 가정한다. 전압계는 센서의 전압값 V_m을 표시한다. 이 전압 V_m은 다음 방정식에 따라 가스의 온도 T를 결정한다.

$$T = \frac{R}{k} - \frac{R_0}{k} = \frac{R_s}{k}\frac{V_m}{V_s - V_m} - \frac{R_0}{k}$$

전압계 전압이 $V_{min} = 12$ 볼트 $\leq V_m \leq V_{max} = 18$볼트 범위로 제한되어 있다고 가정한다. 사용자로부터 V_m 값을 받아들이고 그것이 올바른 범위 안에 있는지를 확인하는 프로그램을 작성하라. 프로그램은 V_m이 12와 18 사이일 때 가스 온도를 섭씨온도로 반환하고 그렇지 않으면 오류 메시지를 반환해야 한다.

■■■ Science P3.49 서리로 인한 작물 손상은 농민이 직면한 많은 위험 중 하나이다. 아래 그림은 서리 경고를 위해 설계된 간단한 경보 회로를 보여준다. 경보 회로는 서미스터라는 장치를 사용하여 온도가 영하로 떨어질 때 부저를 울린다. 서미스터는 다음 방정식에 의해 온도에 따라서 저항이 달라지는 반도체 장치이다.

$$R = R_0 e^{\beta\left(\frac{1}{T} - \frac{1}{T_0}\right)}$$

여기서 R은 °K 단위의 온도 T에서 저항(Ω)이며, R_0는 °K 단위의 온도 T_0에서 저항(Ω)이다. β는 서미스터를 만드는 데 사용되는 재료에 따라 달라지는 상수이다.

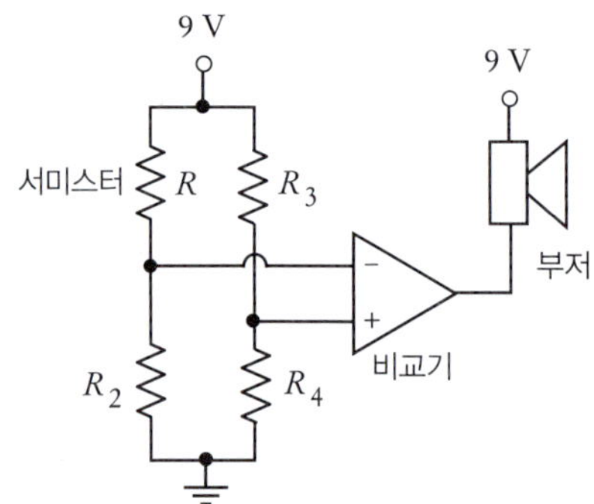

회로는 다음과 같은 조건에서 경보가 울리도록 설계되었다.

$$\frac{R_2}{R + R_2} < \frac{R_4}{R_3 + R_4}$$

경보 회로에 사용되는 서미스터는 $T_0 = 40$°C에서 $R_0 = 33{,}192\ \Omega$, $\beta = 3{,}310$°K이다. (β의 단위는 °K이다. °K의 온도는 °C의 온도에 273°를 더한 값이다.) 저항 R_2, R_3, R_4의 저항은 156.3 kΩ = 156,300 Ω이다.

사용자로부터 온도를 °F 단위로 입력받아서 해당 온도에서 알람이 울릴지 여부를 나타내는 메시지를 출력하는 파이썬 프로그램을 작성하라.

■ Science P3.50 질량 $m = 2$ kg이 길이 $r = 3$미터의 로프 끝에 부착된다. 질량체는 고속으로 회전한다. 로프

는 T = 60뉴턴의 최대 장력을 견딜 수 있다. 회전 속도 v를 받아들이고 그러한 속도로 인해 로프가 파손될지 여부를 결정하는 프로그램을 작성하라. 힌트: $T = mv^2/r$.

▪ **Science P3.51** 질량 m은 길이 r = 3미터인 로프의 끝에 부착된다. 로프는 초당 1, 10, 20 또는 40미터의 속도로만 회전할 수 있다. 로프는 T = 60뉴턴의 최대 장력을 견딜 수 있다. 사용자가 질량 m의 값을 입력하는 프로그램을 작성하고 프로그램은 로프를 끊지 않고 회전할 수 있는 최대 속도를 결정한다. 힌트: $T = mv^2/r$.

▪▪ **Science P3.52** 보통 사람은 지구를 떠날 염려 없이 7 mph의 속도로 땅에서 뛰어내릴 수 있다. 그러나 우주 비행사가 핼리 혜성에 서 있는 동안 이 속도로 점프하면 우주 비행사가 다시 내려올까? 사용자가 핼리 혜성의 표면에서 발사 속도(mph)를 입력하고 우주 비행사가 표면으로 돌아올지 여부를 결정할 수 있는 프로그램을 만들어라. 그렇지 않은 경우 프로그램은 뛰어오른 사람이 안전하게 땅으로 내려올 수 있는 혜성의 질량을 계산해야 한다. 우주 비행사를 표면으로 되돌리려면 혜성이 훨씬 더 커야 한다.

힌트: 탈출 속도 $v_{escape} = \sqrt{2\frac{GM}{R}}$이며 여기서 중력 상수 $G = 6.67 \times 10^{-11} N\,\text{m}^2/\text{kg}^2$, M은 천체의 질량, R은 반경이다.

핼리 혜성은 질량이 2.2×10^{14} kg이고 지름은 9.4 km이다.

NASA/JPL-Caltech.

▪ **Toolbox P3.53** Toolbox 3.1의 프로그램을 수정하여 모든 메시지에 교수의 이름이 복사되도록 하라.

▪ **Toolbox P3.54** Toolbox 3.1의 프로그램을 수정하여 과외가 필요한 학생들을 위한 과외 실습을 "blind copies"하라. 웹 주소(예: `cs-tutoring-lab@mycollege.edu`)를 프로그램에서 상수 문자열로 제공하라.

▪▪ **Toolbox P3.55** Toolbox 3.1의 프로그램을 수정하여 점수가 90점 이상인 학생을 위한 이미지(`goldstar.jpg`) 또는 점수가 50 이하인 학생을 위한 과외 센터(`tutoring.jpg`)의 지도를 추가하라.

▪▪ **Toolbox P3.56** Toolbox 3.1의 프로그램을 수정하여 파일을 메시지에 첨부할지 묻는다. 사용자가 첨부하겠다고 하면 파일 위치를 묻고 첨부하라.

© photo75/iStockphoto.

CHAPTER 04

루프
LOOPS

이 장의 목표 _Chapter Goals

- for와 while 루프 구현하기
- 프로그램의 실행을 손으로 추적하기
- 일반적인 루프 알고리즘에 친숙해지기
- 중첩 루프를 이해하기
- 문자열 처리하기
- 컴퓨터를 사용하여 시뮬레이션하기

4장 차례 _Chapter Contents

루프는 어떤 목표가 달성될 때까지 프로그램의 일부분을 반복하여 실행한다. 루프는 여러 개 항목으로 구성된 입력을 처리하거나 반복적인 단계를 요구하는 계산 등에서 유용하다. 이 장에서는 파이썬 루프 문장에 대해서 공부한다. 또한 입력을 처리하거나 실세계의 활동을 시뮬레이션하는 프로그램을 작성하는 기술에 대해서도 공부한다.

4.1 while 루프 _The while Loop

이 절에서는 어떤 목표가 달성될 때까지 명령들을 반복해서 실행하는 **루프문**(loop statement)에 대해 공부한다.

1장에서 나온 투자 문제를 다시 생각해 보자. 여러분은 매년 5%의 이자 수익을 내는 은행계좌에 $10,000를 저축한다. 은행 잔고가 처음 저축 금액의 두 배가 될 때까지는 몇 년이 걸리는가?

© AlterYourReality/iStockphoto.

이자가 다시 이자를 벌어들이기 때문에 은행 잔고는 기하급수적으로 증가한다.

1장에서는 이 문제에 대해 다음과 같은 알고리즘을 개발하였다.

연도를 0으로 시작하고, 이자 열 및 $10,000가 들어간 잔고 열로 시작한다.

year	interest	balance
0		$10,000

잔고가 $20,000보다 작으면 다음 단계를 반복한다.
　연도에 1을 더한다.
　잔고 * 0.05(즉 5%의 이자율)를 하여 이자를 계산한다.
　이자를 잔고에 더한다.
마지막 연도를 답으로 보고한다.

여러분은 이제 파이썬에서 변수를 만들고 값을 변경할 수 있다. 여러분이 아직 모르는 것은

© mmac72/iStockphoto.

입자 가속기에서는 원자 구성 입자가 루프 모양의 터널을 여러 번 순회하여 물리 실험에 필요한 속도를 얻는다. 컴퓨터 과학에서도 이와 비슷하게 어떤 조건이 참일 동안 명령들이 실행된다.

그림 1 while 루프의 순서도

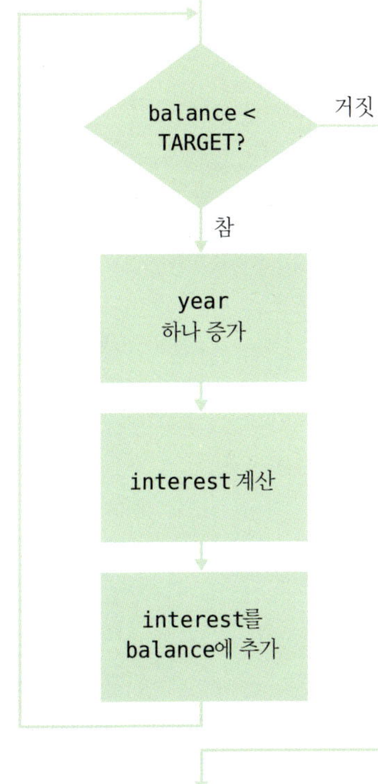

"잔고가 $20,000보다 작으면 다음 단계를 반복한다."라는 부분을 어떻게 수행할 것인가이다.

파이썬에는 while 루프가 이러한 반복을 구현한다. while 루프는 다음과 같은 형태이다.

while 루프는 조건이 참일 동안 명령들을 반복적으로 실행한다.

```
while condition :
    statements
```

조건이 참일 동안 while 루프 안에 있는 문장이 실행된다. 이 문장 블럭을 while 루프의 **몸체**(body)라고 한다.

이 문제의 경우 잔고가 $20,000보다 작은 동안 연수를 증가하고 이자를 잔고에 더한다.

```
while balance < TARGET :
    year = year + 1
    interest = balance * RATE / 100
    balance = balance + interest
```

while문은 루프의 한 예이다. 만약 순서도를 그리면 실행의 흐름이 조건을 검사하는 부분으로 다시 돌아가게(loop) 된다(그림 1 참조).

프로그램을 짤 때 어떤 문장들을 특정한 횟수만큼 반복 실행하기를 원하는 경우가 종종 발생한다. 이 경우 다음과 같이 카운터를 이용하여 제어하는 while 루프를 사용할 수 있다.

Syntax 4.1 while문

Syntax
```
while condition :
    statements
```

이 변수는 루프 바깥에서 초기화되고, 루프 내에서 변경된다.

루프 조건에서 "하나-차이" 오류에 주의하라. Common Errors 4.3 참고.

만약 조건이 절대로 참이 되지 않으면 무한 루프가 발생한다. Common Errors 4.2 참고.

여기에 콜론을 써야 한다. 3.1절 참고.

```
balance = 10000.0
.
.
.
while balance < TARGET :
    interest = balance * RATE / 100
    balance = balance + interest
```

이 문장들은 조건이 참일 동안 실행된다.

복합문 몸체의 문장들은 같은 열 위치로 들여 써야 한다. 3.1절 참고.

```
counter = 1   # 카운터를 초기화하라.
while counter <= 10 :   # 카운터를 검사하라.
   print(counter)
   counter = counter + 1   # 루프 변수를 변경하라.
```

이러한 루프를 **카운터-제어 방식**(counter-controlled) 루프라고 부르기도 한다. 한편 아래 doubleinv.py 프로그램에 나오는 while 루프는 **이벤트-제어 방식**(event-controlled) 루프라

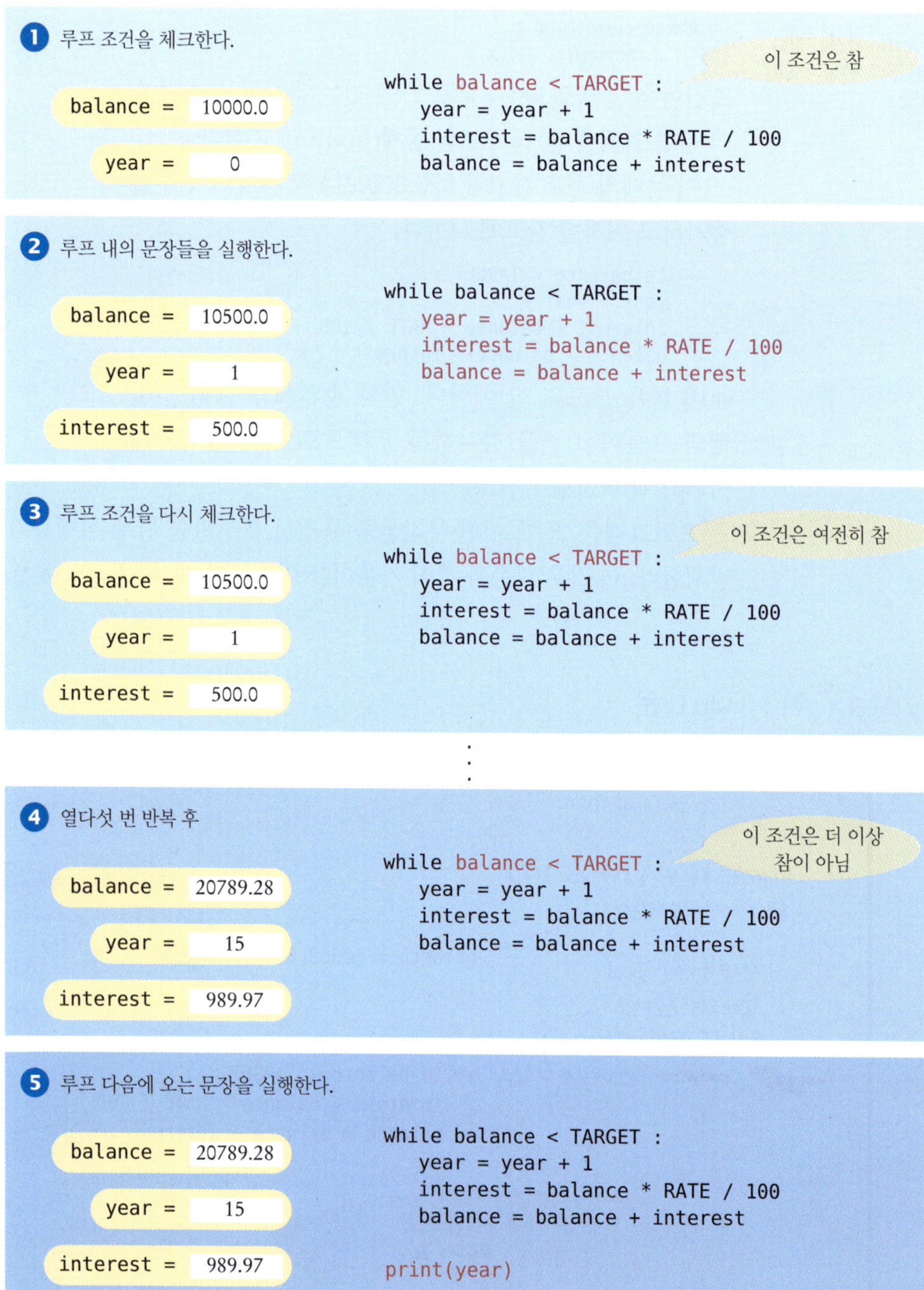

그림 2 doubleinv.py 루프의 실행

고 할 수 있다. 왜냐하면 이 루프는 어떤 사건 즉 잔고가 목표에 도달하는 이벤트가 발생할 때까지 실행되기 때문이다. 카운터-제어 방식 루프를 부르는 다른 이름은 **확정**(definite) 루프이다. 루프를 시작할 때 루프 몸체가 몇 번 실행될지(위의 예에서는 10번) 알 수 있기 때문이다. 반면 목표하는 잔고에 도달하기 위해서는 몇 번 실행해야 하는지 알 수 없다. 이러한 루프를 **불확정**(indefinite) 루프라고 한다.

투자 문제를 푸는 프로그램이 아래에 나와 있다. 그림 2는 프로그램의 실행 과정을 보여준다.

sec01/doubleinv.py

```
##
#  This program computes the time required to double an investment.
#

# Create constant variables.
RATE = 5.0
INITIAL_BALANCE = 10000.0
TARGET = 2 * INITIAL_BALANCE

# Initialize variables used with the loop.
balance = INITIAL_BALANCE
year = 0

# Count the years required for the investment to double.
while balance < TARGET :
   year = year + 1
   interest = balance * RATE / 100
   balance = balance + interest

# Print the results.
print("The investment doubled after", year, "years.")
```

Program Run

```
The investment doubled after 15 years.
```

표 1은 간단한 루프 예를 보여준다.

표 1 루프 예

루프	출력	설명

`i = 0`
`total = 0`
`while total < 10 :`
`   i = i + 1`
`   total = total + i`
`   print(i, total)`
	1 1
	2 3
	3 6
	4 10
		total이 10일 경우 루프 조건은 거짓이고, 루프는 종료된다.

`i = 0`
`total = 0`
`while total < 10 :`
`   i = i + 1`
`   total = total - 1`
`   print(i, total)`
	1 -1
	2 -3
	3 -6
	4 -10
	. . .
		total이 10이 되지 않기 때문에 이것은 "무한 루프"이다(Common Error 4.2 참고).

표 1 루프 예

루프	출력	설명

`i = 0`
`total = 0`
`while total < 0 :`
`    i = i + 1`
`    total = total - i`
`    print(i, total)`
	(출력이 없음)	처음 조건을 검사할 때 total < 0 문장은 거짓이고 루프는 실행되지 않는다.

`i = 0`
`total = 0`
`while total >= 10 :`
`    i = i + 1`
`    total = total + i`
`    print(i, total)`
	(출력이 없음)	프로그래머는 아마도 "sum이 적어도 10이면 중지한다"라고 생각했을 것이다. 그러나 루프 조건은 루프가 언제 실행되는지를 제어하지만 언제 끝나는지를 제어하지는 않는다(Common Error 4.1 참고).

`i = 0`
`total = 0`
`while total >= 0 :`
`    i = i + 1`
`    total = total + i`
`print(i, total)`
	(출력이 없음. 프로그램이 종료되지 않는다.)	total이 항상 0보다 크거나 같기 때문에 루프가 영원히 실행된다. 들여쓰기가 보여주듯이 `print` 함수가 루프 몸체 바깥에 있기 때문에 아무런 출력을 생성하지 않는다.

Common Error 4.1

"도착했어요?"를 생각하지 말 것

어떤 반복적인 일을 할 때 우리 대부분은 언제 끝나는지를 알고 싶어 한다. 예를 들면 여러분은 "나는 적어도 $20,000 이상을 받고 싶다"라고 생각하고 다음과 같이 루프 조건을 지정할 수 있다.

```
balance >= TARGET
```

그러나 `while` 루프는 반대로 생각한다. 즉 얼마나 오래 계속할 수 있는가를 생각한다. 따라서 올바른 루프 조건은 다음과 같다.

```
while balance < TARGET :
```

다시 말하면, "target보다 작은 동안에는 계속한다"라고 지정한다.

© MsSponge/iStockphoto.

루프 조건을 작성할 때 "도착했어요?"라고 묻지 말자. 조건은 루프가 언제까지 계속해야 되는지를 지정한다.

Common Error 4.2

무한 루프

매우 성가신 루프 오류는 **무한 루프**(infinite loop)인데, 이것은 무한 반복되는 루프로서 프로그램을 종료시키거나 컴퓨터를 다시 시작해야만 끝나는 루프이다. 만약 루프 내부에 출력 문장이 있으면 엄청난 양의 출력이 스크린에 빠르게 지나갈 것이다. 출력 문장이 없다면 프로그램이 마치 아무것도 하지 않는 것처럼 가만히 있을 것이다. 어떤 시스템에서는 이렇게 서 있는 프로그램을 중지시키기 위해 Ctrl+C를 누르고, 또 다른 시스템에서는 프로그램이 실행되고 있는 창을 닫는다.

```
year = 1
while year <= 20 :
   interest = balance * RATE / 100
   balance = balance + interest
```

여기서 프로그래머는 year = year + 1 명령을 넣는 것을 잊어버렸다. 그 결과로 year는 항상 1 값을 가지고 루프는 끝나지 않는다.

무한 루프의 또 하나 일반적인 원인은 감소해야 할 변수를 잘못하여 증가시키는 것이다(그 반대 경우도 마찬가지이다). 다음 예를 생각해 보자.

```
year = 20
while year > 0 :
   interest = balance * RATE / 100
   balance = balance + interest
   year = year + 1
```

© ohiophoto/iStockphoto

쳇바퀴에서 멈출 수 없는 이 햄스터와 같이 무한 루프는 영원히 종료되지 않는다.

year 변수는 실제로 증가가 아니라 감소되어야 한다. 이 오류는 자주 발생하는데 그 이유는 변수를 증가시키는 경우가 변수를 감소시키는 경우보다 훨씬 많이 나타나서 여러분의 손가락이 자동적으로 + 기호를 누르기 때문이다. 그 결과 year는 항상 0보다 크게 되고, 루프는 끝나지 않는다.

Common Error 4.3

하나-차이 오류

투자 금액의 두 배가 되는 데 필요한 햇수를 계산하는 문제를 생각해 보자.

```
year = 0
while balance < TARGET :
   year = year + 1
   interest = balance * RATE / 100
   balance = balance + interest
print("The investment doubled after", year, "years.")
```

year가 0, 1 어디부터 시작해야 하는가? 조건 검사를 "balance < TARGET"으로 해야 하는가 아니면 "balance <= TARGET"으로 해야 하는가? 이러한 식에서 하나-차이 오류가 발생하기 쉽다.

어떤 사람들은 **하나-차이 오류**(off-by-one errors) 문제를 풀기 위해서 프로그램이 정상적으로 동작할 때까지 프로그램의 여기저기에 +1 혹은 -1을 넣어본다. 이 방법은 형편없는 전략이다. 모든 가능성을 검사해 보기 위해서는 많은 시간이 필요하다. 조금 더 깊이 생각해 보는 것이 시간을 절약하는 방법이다.

하나-차이 오류는 루프를 프로그래밍할 때 자주 발생한다. 이러한 종류의 오류를 피하기 위해서 간단한 테스트 케이스들을 이용하여 생각하라.

다행스럽게도 하나-차이 오류는 몇 가지 실험적인 경우를 가정해서, 이 경우로부터 나오는 정보를 활용함으로써 논리적인 결정을 할 수 있기 때문에 쉽게 피할 수 있는 오류이다.

year가 0부터 시작해야 할까 1부터 시작해야 할까? 간단한 값을 갖는 시나리오를 생각해 보자. 초기 잔고가 $100이고 이자율이 50%라고 하자. 1년 후에는 잔고가 $150가 되고, 2년 후에는 $200를 넘어 $225가 된다. 따라서 투자금액은 2년 후에 2배 이상이 된다. 루프는 2번 실행되었고, 각 실행마다 year가 증가한다. 따라서 year는 0부터 시작되어야 하며, 1부터 시작되면 안 된다.

year	balance
0	$100
1	$150
2	$225

다른 말로 설명하면, balance 변수는 그해 마지막이 지난 후의 잔고를 나타낸다. 처음 시작할 때 balance 변수는 0년이 지난 후 잔고를 나타내지 1년이 지난 후의 잔고를 나타내지 않는다.

다음으로 조건 검사에서 <를 사용해야 하는가 아니면 <=를 사용해야 하는가? 잔고가 초기 투자의 정확히 두 배가 되는 경우는 잘 발생하지 않기 때문에 대답하기가 어렵다. 그러나 이런 경우가 발생하는 상황이 있다. 즉 이자율이 100%인 경우이다. 이 경우 루프는 한 번 수행된다. 이제 year가 1이고 잔고는 정확히 2 * INITIAL_BALANCE이다. 1년 후 투자가 두 배가 되었는가? 그렇다. 따라서 루프는 한 번만 수행되어야 한다. 만약 검사 조건이 balance < TARGET이었다면 루프는 예상대로 중지된다. 그러나 검사 조건이 balance <= TARGET이었다면 루프는 한 번 더 실행된다.

다른 말로 하면, 잔고가 아직 두 배가 되지 않는 경우에만 이자를 잔고에 더한다.

Special Topic 4.1

print 함수의 특수 형태 _Special Form of the print Function_

파이썬에서는 print 함수가 인자를 다 출력한 후 새로운 줄로 넘어가지 않도록 하는 기능을 제공한다.

```
print(value_1, value_2, . . ., value_n, end="")
```

예를 들면

```
print("00", end="")
print(3 + 4)
```

의 출력은 다음과 같은 한 줄이다.

```
007
```

첫 번째 print 문장에 end=""라는 인자를 마지막에 넣음으로써 첫 번째 인자를 출력한 후 다음 줄로 넘어가는 대신에 빈 문자열을 출력하도록 하였다. 다음 print 문장의 출력은 앞의 print 문장의 출력이 끝난 곳으로부터 시작된다.

첫 번째 print 문장의 end="" 인자를 **명명된 인자**(named argument)라고 부른다. 명명된 인자를 사용하여 어떤 함수나 메소드의 선택적 인자에 대한 값을 줄 수 있다. 명명된 인자는 많은 수의 파이썬 내장 함수 및 메소드에서 사용될 수 있지만 이 책에서는 print 함수에서만 사용한다.

4.2 문제 해결: 손으로 따라가기 _Problem Solving: Hand-Tracing_

손으로 따라가기는 코드 실행의 시뮬레이션이다. 이 시뮬레이션에서 여러분은 명령들을 하나하나 따라가고 변수들의 값을 추적한다.

Programming Tip 3.2에서 손으로 따라가는 방법에 대해 공부하였다. 코드나 의사코드를 손으로 따라갈 때 종이에 변수 이름을 적은 다음 코드의 각 단계를 머릿속에서 실행해 보고 변수의 값을 변경한다.

코드를 종이에 출력하는 것이 좋은 방법이다. 종이 클립과 같은 마커를 이용하여 현재 줄을 표시하라. 변수의 값이 변할 때마다 기존 값을 줄을 그어 지우고 그 아래에 새로운 값을 적는다. 프로그램이 출력을 내면 그 출력을 다른 열에 기록한다.

다음 예를 보자. 어떤 값이 출력되는가?

```
n = 1729
total = 0
while n > 0 :
   digit = n % 10
   total = total + digit
   n = n // 10

print(total)
```

이 프로그램에는 n, total, digit 등 3개의 변수가 있다.

n	total	digit

루프가 실행되기 전에 처음 두 변수는 각각 1729와 0으로 초기화된다.

```
n = 1729
total = 0
while n > 0 :
   digit = n % 10
   total = total + digit
   n = n // 10

print(total)
```

n	total	digit
1729	0	

n이 0보다 크기 때문에 루프가 실행된다. 변수 digit는 9로(1729를 10으로 나눈 나머지는 9이다) 지정된다. total 변수는 0 + 9 = 9가 된다.

```
n = 1729
total = 0
while n > 0 :
   digit = n % 10
   total = total + digit
   n = n // 10

print(total)
```

n	total	digit
1729	~~0~~	
	9	9

마지막으로 n은 172(1729//10에서 //가 버림 나눗셈이기 때문에 나머지는 버려진다)가 된다. 이전 변수 값들을 줄을 그어 지우고 그 아래에 새로운 값을 적는다.

```
n = 1729
total = 0
while n > 0 :
   digit = n % 10
   total = total + digit
   n = n // 10

print(total)
```

n	total	digit
~~1729~~	~~0~~	
172	9	9

이제 루프 조건을 다시 검사한다.

```
n = 1729
total = 0
while n > 0 :
   digit = n % 10
   total = total + digit
   n = n // 10

print(total)
```

n이 아직도 0보다 크기 때문에 루프를 반복한다. 이제 digit는 2가 되고, total은 9 + 2 = 11로, n은 17로 지정된다.

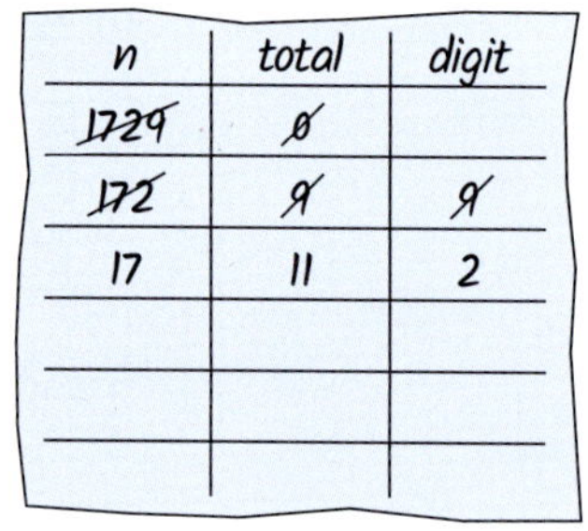

루프를 한 번 더 실행하면 digit은 7, total은 11 + 7= 18, 그리고 n은 1이 된다.

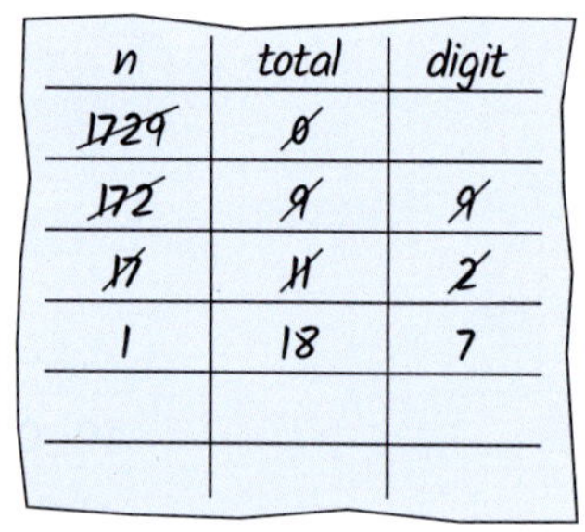

마지막으로 루프를 실행한다. 이제 digit는 1, total은 19 그리고 n은 0이 된다.

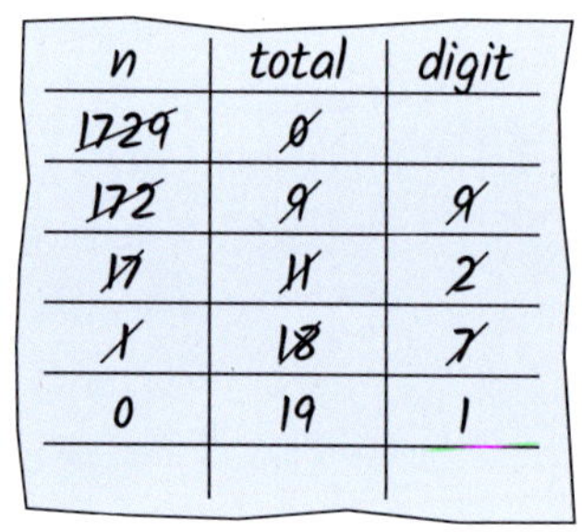


```
n = 1729
total = 0
while n > 0 :
   digit = n % 10
   total = total + digit
   n = n // 10

print(total)
```

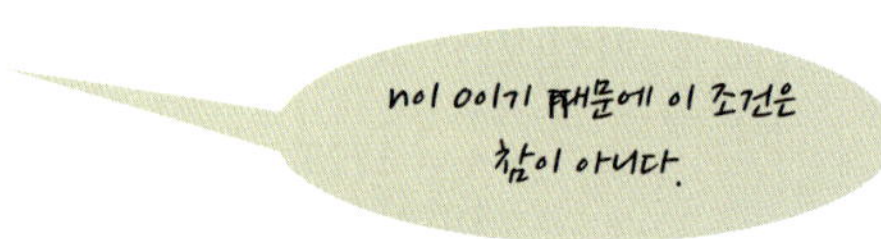

이제 n > 0 조건이 거짓이 된다. 루프 아래에 있는 문장을 계속해서 실행한다.

```
n = 1729
total = 0
while n > 0 :
   digit = n % 10
   total = total + digit
   n = n // 10

print(total)
```

n	total	digit	output
~~1729~~	~~0~~		
~~172~~	~~9~~	~~9~~	
~~17~~	~~11~~	~~2~~	
~~1~~	~~18~~	~~7~~	
0	19	1	19

이 문장은 출력문이다. 출력 값은 total의 값으로 19이다.

물론 여러분은 단순히 코드를 실행함으로써 같은 결과를 얻을 수 있다. 그러나 손으로 따라가기를 하면 코드 실행만으로는 알 수 없는 통찰을 얻을 수 있다. 각 반복에서 어떤 일이 일어나는지 다시 생각해 보자.

- n의 마지막 숫자를 추출한다.
- 그 숫자를 total에 더한다.
- n에서 마지막 숫자를 지운다.

손으로 따라가기는 여러분이 낯선 알고리즘을 이해하는 데 도움이 된다.

다시 말하면 이 루프는 n에 나오는 자릿수들을 더한다. 이제 여러분이 이 루프가 예제에서 주어진 숫자뿐만 아니라 임의의 어떤 숫자에 대해 어떤 일을 하는지 이해하였다(왜 자릿수들의 합을 계산하는가? 이러한 작업은 신용카드 번호나 ID 번호 등의 유효성을 검사할 때 유용하다–연습문제 Business P4.35를 참고).

손으로 따라가기는 올바른 코드를 이해하는 데만 유용한 것은 아니다. 이 방법은 코드에서 오류를 찾을 때도 매우 강력한 방법이다. 프로그램이 기대하는 것과 다르게 동작할 때 코드를 따라가면서 종이에 변수들의 값을 추적하라.

손으로 따라가기는 코드나 의사코드에 있는 오류를 찾아낼 수 있다.

손으로 따라가기를 할 때 반드시 실제 코드가 필요한 것은 아니다. 의사코드도 손으로 따라가기를 할 수 있다. 의사코드를 실제 코드로 번역하기 전에, 이 의사코드가 제대로 동작하는지 검사하기 위해 손으로 따라가기를 하는 것은 매우 좋은 생각이다.

4.3 응용: 보초값 처리 _Application: Processing Sentinel Values

이 절에서는 입력 값 시퀀스를 읽고 처리하는 방법을 공부한다.

입력 값 시퀀스를 읽을 때, 시퀀스의 끝을 나타내는 방법이 필요하다. 어떤 경우는 운이 좋아서 입력 값이 0이 될 수 없는 경우가 있다. 이 경우 사용자에게 숫자를 계속 입력하거나, 시퀀스를 끝내려면 0을 입력하라는 프롬프트를 줄 수 있다. 입력 값이 0이 될 수 있지만 음수가 될 수 없는 경우는 –1을 시퀀스 끝의 표시로 사용할 수 있다.

보초값은 자료 집합의 마지막을 표시하지만, 자료의 일부는 아니다.

이러한 값 즉 실제 입력 값이 아니고 시퀀스 끝을 표시하기 위해 사용되는 값을 **보초값**(sentinel)이라고 한다.

월급의 평균을 계산하는 프로그램에서 이 기법을 사용해 보자. 이 프로그램에서는 어떤 음수 값도 보초값으로 사용할 수 있다. 근로자들이 무료로 일할 수는 있지만 음수인 월급으로는 일하지 않을 것이다.

루프 내에서 입력을 읽는다. 만약 입력이 음수가 아니라면 처리한다. 평균을 계산하기 위해서는 월급의 총합과 입력 개수가 필요하다.

```
while . . . :
   salary = float(input("Enter a salary or -1 to finish: "))
   if salary >= 0.0 :
      total = total + salary
      count = count + 1
```

어떤 음수도 보초값이 될 수 있지만, 사용자가 어떤 값을 보초값으로 입력할지 고민하지 않도록 하기 위해 –1을 프롬프트에서 제시하였다. 보초값이 나오지 않으면 계속 루프를 실행한다는 점에 주의하라.

```
while salary >= 0.0 :
   . . .
```

아직 한 가지 문제가 있다. 처음 루프를 실행할 때 아직까지 입력 값이 하나도 입력되지 않았다. 따라서 salary 값을 적절하게 지정하여 루프가 실행되도록 하여야 한다.

```
salary = 0.0  # 음수가 아닌 어떤 수도 괜찮다.
```

루프가 끝나고 난 뒤, 평균을 계산하여 출력한다.

다음은 완전한 프로그램이다.

군대 보초병은 국경이나 통로를 지킨다. 컴퓨터 공학에서 보초값은 입력 시퀀스 끝 혹은 입력 시퀀스들 사이의 경계를 나타낸다.

© Rhoberazzi/iStockphoto.

sec03/sentinel.py

```
##
#  This program prints the average of salary values that are terminated with
#  a sentinel.
#

# Initialize variables to maintain the running total and count.
total = 0.0
count = 0

# Initialize salary to any non-sentinel value.
salary = 0.0

# Process data until the sentinel is entered.
while salary >= 0.0 :
   salary = float(input("Enter a salary or -1 to finish: "))
   if salary >= 0.0 :
      total = total + salary
      count = count + 1

```

```
# Compute and print the average salary.
if count > 0 :
   average = total / count
   print("Average salary is", average)
else :
   print("No data was entered.")
```

Program Run

```
Enter a salary or -1 to finish: 10000
Enter a salary or -1 to finish: 10000
Enter a salary or -1 to finish: 40000
Enter a salary or -1 to finish: -1
Average salary is 20000.0
```

처음 읽기, 수정 읽기로 알려진 두 입력 연산을 이용하면 보초값으로 끝나는 값의 시퀀스를 읽을 수 있다.

어떤 프로그래머는 입력 값을 보초값이 아닌 값으로 초기화하는 "트릭"을 좋아하지 않는다. 비록 문제를 해결할 수는 있지만 루프 몸체 내에서 if문을 사용하여 보초값인지를 검사해야 하기 때문이다. 다른 방법은 두 개의 입력문을 사용하는 것이다. 루프 이전의 입력문으로 최초의 입력을 읽고, 루프의 마지막에서 다음 입력을 읽는 방법이다.

```
salary = float(input("Enter a salary or -1 to finish: "))
while salary >= 0.0 :
   total = total + salary
   count = count + 1
   salary = float(input("Enter a salary or -1 to finish: "))
```

만약 사용자가 입력한 첫 번째 값이 보초값이면 루프의 몸체는 실행되지 않는다. 아니면 입력 값은 이전 경우와 같이 처리된다. 루프 이전의 입력 연산을 **처음 읽기**(priming read)라고 하는데, 루프 변수를 준비하거나 초기화하기 때문이다.

루프 마지막에 나오는 입력 연산은 다음 입력을 읽기 위해 사용된다. 이것을 **수정 읽기**(modification read)라고 하는데, 루프 내에서 루프 변수를 수정하기 때문이다. 이 마지막 문장이 다음 루프 반복 전에 실행된다는 점에 주의하라. 만약 사용자가 보초값을 입력하면 루프는 종료된다. 그렇지 않으면 루프는 계속되고, 입력은 처리된다.

Special Topic 4.2는 보초값을 처리하는 세 번째 방법으로 부울 변수를 사용하는 방법을 보여준다.

다음으로 모든 수(양수, 영, 음수)가 유효한 입력인 경우를 보자. 이 경우 숫자가 아닌 보초값(예를 들면 글자 Q)을 사용해야 한다.

input 함수가 사용자로부터 입력을 문자열로 반환하기 때문에, 사용자 입력을 숫자로 바꾸기 전에 Q와 같은지 검사할 수 있다.

```
inputStr = input("Enter a value or Q to quit: ")
while inputStr != "Q" :
   value = float(inputStr)
   Process value.
   inputStr = input("Enter a value or Q to quit: ")
```

실수값으로 변환이 루프 첫 문장으로 수행된다는 점에 주의하라. 이렇게 함으로써 처음 입력 값 및 변경 입력 값을 모두 처리할 수 있다.

마지막으로 이름 시퀀스와 같이 여러 문자열 값을 입력받는 경우를 생각해 보자. 이 경우에도 입력의 끝을 표시하는 보초값이 필요하다. Q와 같은 문자열은 정당한 입력이 될 수 있기 때문에 보초값으로 사용할 수 없다. 대신 빈 문자열을 보초값으로 사용할 수 있다. 사용자가 아무 문자도 입력하지 않고 엔터키를 누르면 input 함수는 빈 문자열을 반환한다.

```
name = input("Enter a name or press the Enter key to quit: ")
while name != "" :
    Process name.
    name = input("Enter a name or press the Enter key to quit: ")
```

Special Topic 4.2

부울 값을 이용한 보초값 처리 _*Processing Sentinel Values with a Boolean Variable*

보초값들은 루프를 종료하기 위한 부울 값을 이용하여 처리할 수도 있다.

```
done = False
while not done :
    value = float(input("Enter a salary or -1 to finish: "))
    if value < 0.0 :
        done = True
    else :
        Process value.
```

실제 루프 종료 조건 검사는 루프의 위가 아니라 중간에 있다. 이것을 **루프와 반**(loop and half)이라고 하는데, 루프를 종료해야 하는가를 알기 위해서 루프의 중간까지 실행해야 하기 때문이다. 다른 방법으로 break문을 사용할 수 있다.

```
while True :
    value = float(input("Enter a salary or -1 to finish: "))
    if value < 0.0 :
        break
    Process value.
```

break문은 루프 종료 조건과 관계없이 이 문장을 둘러싼 루프를 탈출한다. break문을 만나면 루프는 종료되고 루프 다음 문장이 실행된다.

루프와 반의 경우, break문을 사용하는 것이 유리할 수 있다. 그러나 어떤 경우에 break문을 사용하고 어떤 경우에 사용하지 않아야 하는지 정확한 규칙을 정하기는 어렵다. 이 책에서는 break문을 사용하지 않는다.

Special Topic 4.3

입출력 리디렉션 _*Redirection of Input and Output*

입력 시퀀스의 평균을 계산하는 sentinel.py 프로그램을 보자. 이 프로그램을 사용할 때 많은 경우 입력이 이미 파일로 저장되어 있어서 다시 타이핑하는 것이 싫을 때가 발생한다. 여러분이 사용하는 운영체제의 명령 인터페이스에서는 파일을 프로그램의 입력으로 사용하는 기능을 제공한다. 만약 다음과 같이 입력하면

```
python sentinel.py < numbers.txt
```

프로그램이 실행되지만 이제 더 이상 입력을 키보드로부터 읽지 않는다. 모든 입력 명령은 numbers.txt라는 파일로부터 입력을 읽는다. 이것은 파일의 내용을 여러분이 직접 입력하는 것과 같은 효과를 낸다. 이 과정을 **입력 리디렉션**(input redirection)이라고 한다.

파일로부터 입력을 읽으려면 입력 리디렉션을 사용하라. 프로그램 출력을 파일로 저장하려면 출력 리디렉션을 사용하라.

입력 리디렉션은 프로그램 검사에 있어서 매우 훌륭한 도구이다. 프로그램을 개발하고 버그를 수정할 때, 프로그램을 실행할 때마다 입력을 다시 타이핑하는 것은 매우 지겨운 일이다. 몇 분을 투자하여 입력 파일을 작성한 후 입력 리디렉션을 사용하라.

또한 출력도 리디렉션할 수 있는데, 이 프로그램에서는 크게 유용하지 않다. 만약 다음과 같이 실행하면

```
python sentinel.py < numbers.txt > output.txt
```

파일 output.txt에는 다음과 같이 입력 프롬프트와 프로그램 출력이 저장된다.

```
Enter a salary or -1 to finish:
Enter a salary or -1 to finish:
Enter a salary or -1 to finish:
Enter a salary or -1 to finish:
Average salary is 15000.0
```

그렇지만 많은 출력을 생성하는 프로그램에는 출력 리디렉션이 유용하다. 출력 파일을 인쇄하거나 포맷팅할 수 있다.

4.4 문제 해결: 스토리보드 _*Problem Solving: Storyboards*

사용자와 상호 작용하는 프로그램을 개발할 때 상호 작용에 대한 계획을 작성할 필요가 있다. 사용자가 어떤 정보를 입력하고 어떤 순서로 입력하는가? 프로그램은 어떤 정보를 출력하고 어떤 형식으로 출력하는가? 오류가 있을 경우 무슨 일이 일어나는가? 언제 프로그램이 종료되는가?

스토리보드는 액션 시퀀스의 각 단계에 대한 주석이 추가된 스케치로 구성된다.

이러한 계획 작성은 영화나 컴퓨터 게임 개발과 비슷한데, 액션 시퀀스를 계획하기 위해 **스토리보드**(storyboard)가 사용된다. 스토리보드는 각 단계의 스케치를 보여주는 패널들로 구성된다. 주석으로 어떤 일이 일어나는지 기술하며, 특수한 상황을 기록한다. 스토리보드는 소프트웨어 개발에도 사용된다(그림 3 참고).

스토리보드를 작성하는 것은 프로그램 설계를 시작할 때 많은 도움이 된다. 먼저 사용자가 원하는 출력을 계산하기 위해 어떤 정보가 필요한지 스스로에게 물어볼 필요가 있다. 이러한 출력을 어떻게 표현할지 결정해야 한다. 이런 것들은 결과를 계산하기 위한 알고리즘을 설계하기 전에 고려해야 할 중요한 사항들이다.

간단한 예를 살펴보자. "1파인트에는 몇 테이블스푼이 들어가는가?", "30센티미터는 몇 인치인가?"와 같은 문제를 푸는 프로그램을 작성하려고 한다.

스토리보드를 사용하면 프로그램에 대한 입력과 출력을 이해하는 데 도움이 된다.

사용자가 제공하는 정보는 무엇인가?

- 양과 원래 단위
- 바꿀 단위

만약 양이 하나 이상이면 어떻게 하는가? 사용자가 인치로 변환할 여러 센티미터 값이 들어 있는 테이블을 가지고 있을 수도 있다.

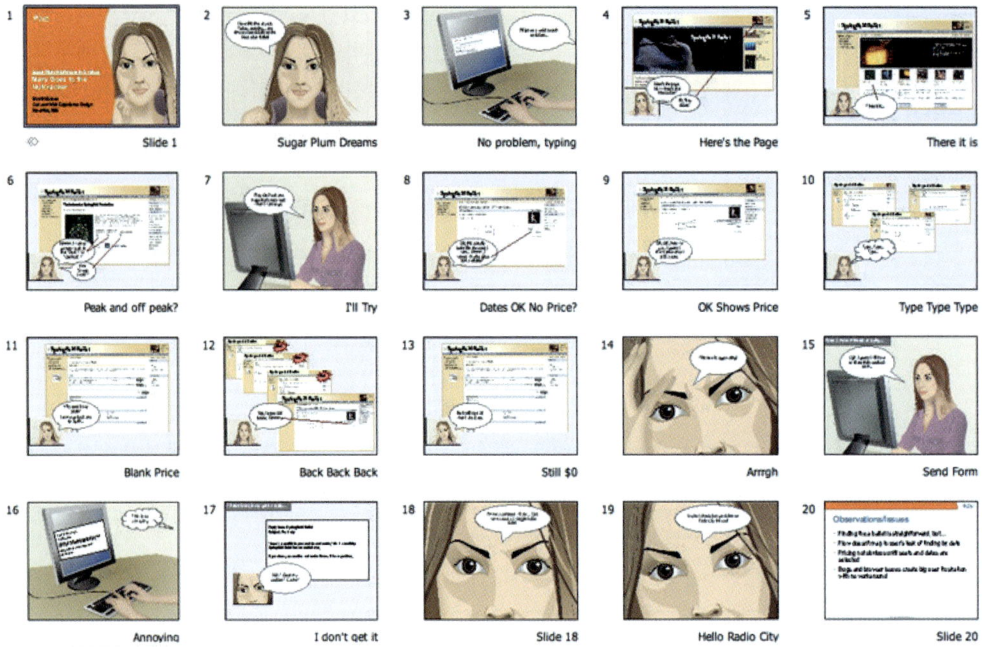

그림 3
웹 응용을 위한 스토리보드

Courtesy of Martin Hardee.

만약 사용자가 예를 들면 옴스트롱(ångström)과 같이 우리 프로그램이 이해하지 못하는 단위를 입력한다면 어떻게 하는가?

예를 들어 사용자가 인치로부터 갤런과 같이 불가능한 변환을 요구한다면 어떻게 하는가?

스토리보드 패널로 시작해 보자. 사용자 입력들을 서로 다른 색으로 표시하는 것이 좋다(만약 색연필이 없다면 밑줄을 사용한다).

Converting a Sequence of Values

What unit do you want to convert from? cm
What unit do you want to convert to? in
Enter values, terminated by zero ——— 다수 값을 변환할 수 있게끔 한다.
30
30 cm = 11.81 in ——— 형식화하여 변환 결과를 깔끔하게 보이게 한다.
100
100 cm = 39.37 in
0
What unit do you want to convert from?

위의 스토리보드는 잠재적인 실수를 어떻게 다루는지 보여준다. 어떤 사용자가 30센티미터는 몇 인치인가를 알고 싶어 하는데, 첫 프롬프트를 주의 깊게 보지 않아서 센티미터 대신 인치를 입력할 수 있다. 그러면 “30 in = 76.2 cm”이 출력되어 사용자가 잘못 입력하였다는 것을 알려준다.

이 스토리보드에는 하나의 이슈가 있다. 사용자가 어떻게 "cm" 혹은 "in"가 사용할 수 있는 단위라는 것을 알 수 있는가? "centimeter" 혹은 "inches"를 입력하면 안 되는가? 만약 사용자가 틀린 단위를 입력한다면? 스토리보드를 고쳐서 오류를 처리할 수 있도록 하자.

Handling Unknown Units (needs improvement)

What unit do you want to convert from? cm
What unit do you want to convert to? inches
Sorry, unknown unit.
What unit do you want to convert to? inch
Sorry, unknown unit.
What unit do you want to convert to? grrr

사용자가 어려워하지 않도록 사용할 수 있는 단위를 제시해 주는 것이 더 나을 것이다.

From unit (in, ft, mi, mm, cm, m, km, oz, lb, g, kg, tsp, tbsp, pint, gal): cm
To unit: in — 단위들을 다시 나열할 필요가 없다.

프롬프트를 짧게 만들어서 뒤에 사용할 수 있는 단위를 써줄 공간을 만들었다. 연습문제 R.4.21에서는 다른 방법을 개발한다.

아직 해결하지 않은 또 하나의 이슈가 있다. 사용자가 어떻게 프로그램을 중지시키는가? 첫 번째 스토리보드에서는 프로그램이 무한정 실행된다.

입력 시퀀스의 끝을 표시하는 보초값이 나오면 사용자에게 종료 여부를 물어볼 수 있다.

Exiting the Program

From unit (in, ft, mi, mm, cm, m, km, oz, lb, g, kg, tsp, tbsp, pint, gal): cm
To unit: in
Enter values, terminated by zero
30
30 cm = 11.81 in
0
More conversions (y, n)? n — 보초값이 나오면 종료 여부를 묻는 프롬프트가 출력된다.
(Program exits)

이 경우에서 알 수 있듯이 잘 작동하는 프로그램 개발에 있어서 스토리보드는 필수적이다. 프로그램을 구조화하기 위해서는 사용자와의 상호 작용이 어떤 순서로 일어나는지 알아야 한다.

4.5 일반적인 루프 알고리즘들 _Common Loop Algorithms

다음에 나오는 소절에서는 루프를 사용하여 구현되는 가장 일반적인 알고리즘들을 공부한다. 루프를 설계할 때 이 알고리즘들 시작점으로 사용할 수 있다.

4.5.1 합과 평균

여러 입력 값들의 합을 계산하는 것은 매우 일반적인 작업이다. total 변수(누적 총합)를 사용하고, 이 값에 각 입력 값을 더한다. 물론 total 변수는 0으로 초기화되어야 한다.

```
total = 0.0
inputStr = input("Enter value: ")
while inputStr != "" :
   value = float(inputStr)
   total = total + value
   inputStr = input("Enter value: ")
```

total 변수가 생성되고 루프 바깥에서 0으로 초기화되었음에 주의하라. 사용자가 입력한 값은 루프를 돌면서 이 변수에 더해진다.

평균을 계산하기 위해서, 입력 값이 몇 개인지 세어서, 총합을 이 값으로 나눈다. 개수가 0이 아님을 검사해야 한다.

```
total = 0.0
count = 0
inputStr = input("Enter value: ")
while inputStr != "" :
   value = float(inputStr)
   total = total + value
   count = count + 1
   inputStr = input("Enter value: ")

if count > 0 :
   average = total / count
else :
   average = 0.0
```

4.5.2 일치하는 수 세기

조건을 만족하는 값들의 숫자를 세기 위해서는 모든 값들을 검사하면서 조건을 만족시키면 카운터를 증가시켜라.

어떤 조건을 만족하는 입력 값의 수를 셀 필요가 자주 있다. 예를 들면 입력 정수 값들 중에서 몇 개의 값이 음수인가를 세는 것이다. counter 변수를 사용하여 0으로 초기화하고, 일치할 때마다 증가시킨다.

© Hiob/iStockphoto.

일치 숫자를 세는 루프에서는 일치가 발견될 때마다 카운터가 증가된다.

```
negatives = 0
inputStr = input("Enter value: ")
while inputStr != "" :
   value = int(inputStr)
   if value < 0 :
      negatives = negatives + 1
   inputStr = input("Enter value: ")

print("There were", negatives, "negative values.")
```

negatives 변수가 루프 바깥에서 생성되었고, 0으로 초기화되었음에 주목하라. 만약 사용자가 음수를 입력하면 루프에서 negatives 값이 1 증가한다.

4.5.3 일치가 발생할 때까지 프롬프트 띄우기

3장에서 사용자가 입력한 값을 처리하기 전에 이 값이 유효한가를 검사하였다. 만약 유효하지 않은 값을 입력하면 오류 메시지를 출력하고 프로그램을 종료하였다. 프로그램을 종료하는 대신 사용자가 유효한 값을 입력할 때까지 계속 입력을 요청하게 할 수도 있다. 예를 들면 사용자에게 100보다 작은 양수를 입력하도록 요청하는 것이다.

```
valid = False
while not valid :
   value = int(input("Please enter a positive integer value < 100: "))
   if value > 0 and value < 100 :
      valid = True
   else :
      print("Invalid input.")
```

4.5.4 최댓값과 최솟값

최댓값을 찾기 위해서 현재까지의 최댓값보다 더 큰 값을 만나면 현재까지의 최댓값을 갱신하라.

시퀀스에 나오는 값들 중 최댓값을 계산하기 위해서는 지금까지 처리한 값들 중 최댓값을 저장하는 변수를 사용한다. 이 값보다 큰 입력을 만나면 이 변수를 변경한다.

```
largest = float(input("Enter a value: "))
inputStr = input("Enter a value: ")
while inputStr != "" :
   value = float(inputStr)
   if value > largest :
      largest = value
   inputStr = input("Enter a value: ")
```

이 알고리즘은 적어도 한 개 이상의 입력 값을 필요로 한다. 첫 입력 값이 `largest` 변수의 초깃값이 된다. 두 번째 입력 연산이 루프에 대한 "처음 읽기" 역할을 한다.

가장 작은 값을 계산하기 위해서는 다음과 같이 간단하게 `if`문의 조건을 변경하면 된다.

```
smallest = float(input("Enter a value: "))
inputStr = input("Enter a value: ")
while inputStr != "" :
   value = float(inputStr)
   if value < smallest :
      smallest = value
   inputStr = input("Enter a value: ")
```

가장 키가 큰 버스 탑승자를 찾기 위해서 현재까지 가장 키가 큰 사람을 기억하고 있다가 그 사람보다 키가 큰 사람을 만나면 기억을 바꾼다.

© CEFutcher/iStockphoto.

4.5.5 인접한 값들 비교하기

인접한 입력을 비교하기 위해서 이전 입력을 변수에 저장하라.

루프를 이용하여 값들의 시퀀스를 처리할 때 현재 값과 직전 값을 비교할 필요가 자주 발생한다. 예를 들면 입력 시퀀스 1 7 2 9 9 4 9에서 연속으로 어떤 숫자가 나오는지 검사하는 것이다.

여러분은 새로운 문제에 직면하였다. 정수를 읽는 전형적인 루프를 보자.

```
inputStr = input("Enter an integer value: ")
while inputStr != "" :
   value = int(inputStr)
   . . .
   inputStr = input("Enter an integer value: ")
```

어떻게 현재 입력과 직전 입력을 비교할 수 있을까? value는 언제나 현재 입력을 저장하고 있고, 직전의 입력은 소멸되었다.

해답은 다음과 같이 직전의 입력을 따로 저장하는 것이다.

```
inputStr = input("Enter an integer value: ")
while inputStr != "" :
   previous = value
   value = int(inputStr)
   if value == previous :
      print("Duplicate input")
   inputStr = input("Enter an integer value:
")
```

© tingberg/iStockphoto.

인접한 값들을 비교할 때, 이전 값을 변수에 저장하라.

하나의 문제가 남아 있다. 처음 루프가 시작될 때 value에는 아직 값이 지정되지 않았다. 이 문제는 루프 밖에서 초기 입력 연산을 사용함으로써 해결할 수 있다.

```
value = int(input("Enter an integer value: "))
inputStr = input("Enter an integer value: ")
while inputStr != "" :
   previous = value
   value = int(inputStr)
   if value == previous :
      print("Duplicate input")
   inputStr = input("Enter an integer value: ")
```

다음은 일반적인 루프 알고리즘을 보여주는 샘플 프로그램이다.

sec05/grades.py

```
##
#  This program computes information related to a sequence of grades obtained
#  from the user. It computes the number of passing and failing grades,
#  computes the average grade and finds the highest and lowest grade.
#

# Initialize the counter variables.
numPassing = 0
numFailing = 0

# Initialize the variables used to compute the average.
total = 0
count = 0

# Initialize the min and max variables.
minGrade = 100.0    # Assuming 100 is the highest grade possible.
maxGrade = 0.0

# Use a while loop with a priming read to obtain the grades.
grade = float(input("Enter a grade or -1 to finish: "))
```

```
while grade >= 0.0 :
   # Increment the passing or failing counter.
   if grade >= 60.0 :
      numPassing = numPassing + 1
   else :
      numFailing = numFailing + 1

   # Determine if the grade is the min or max grade.
   if grade < minGrade :
      minGrade = grade
   if grade > maxGrade :
      maxGrade = grade

   # Add the grade to the running total.
   total = total + grade
   count = count + 1

   # Read the next grade.
   grade = float(input("Enter a grade or -1 to finish: "))

# Print the results.
if count > 0 :
   average = total / count
   print("The average grade is %.2f" % average)
   print("Number of passing grades is", numPassing)
   print("Number of failing grades is", numFailing)
   print("The maximum grade is %.2f" % maxGrade)
   print("The minimum grade is %.2f" % minGrade)
```

4.6 for 루프 _The for Loop

문자열에 있는 모든 문자들을 방문하는 것이 종종 필요하다. for 루프로 이러한 과정을 쉽게 프로그램할 수 있다(Syntax 4.2 참조). 예를 들어 우리가 문자열을 한 줄에 한 글자씩 출력하기를 원한다고 하자. 이런 경우 단순히 print 명령으로 문자열을 출력할 수는 없다. 대신 우리는 문자열에 있는 각 문자들을 돌아가며 하나씩 출력하여야 한다. 다음은 for 루프를 사용하여 이 일을 어떻게 달성할 수 있는지 보여준다.

```
stateName = "Virginia"
for letter in stateName :
   print(letter)
```

위 프로그램은 다음 결과를 출력한다.

```
V
i
r
g
i
n
i
a
```

© Enrico Fianchini/iStockphoto.

for 루프는 시각적으로 계단이 차례로 있는 것으로 생각할 수 있다.

stateName에 있는 각 문자에 대해 루프 몸체가 실행된다. 각 루프 반복의 시작에서 다음 문자가 변수 letter에 지정된다. 그리고 루프의 몸체가 실행된다. 여러분은 이 루프를 "for each letter in stateName"이라고 읽어야 한다. 이 루프는 인덱스를 명시적으로 사용하는 아래의 while 루프와 동일하다.

```
i = 0
while i < len(stateName) :
   letter = stateName[i]
   print(letter)
   i = i + 1
```

for 루프와 while 루프의 중요한 차이점에 주목하라. for 루프에서는 요소 변수인 letter가 stateName[0], stateName[1] 등으로 지정된다. while 루프에서는 인덱스 변수인 i에 0, 1 등이 지정된다.

Syntax 4.2 for문

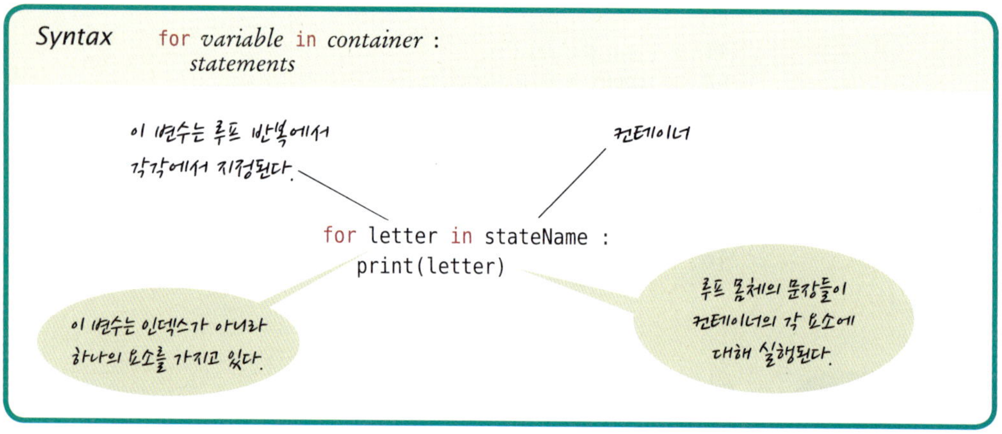

문자열에 있는 각 문자를 하나씩 접근할 필요가 있으면 for 루프를 사용하라.

for 루프는 임의의 컨테이너 내용을 순회할 수 있다. 컨테이너는 요소들의 집합을 포함 혹은 저장하는 객체이다. 따라서 문자열은 문자의 집합을 저장하는 컨테이너이다. 다음 나오는 장들에서 파이썬의 다른 종류의 컨테이너들을 공부할 것이다.

range 함수를 사용하면 for 루프를 이용하여 어떤 정수 범위를 순회할 수 있다.

이전 절에서 보았듯이 어떤 정수 범위에 대해 순회하는 루프는 매우 일반적이다. 그러한 루프 작성을 쉽게 작성하도록 파이썬은 range 함수를 제공한다. 이 함수는 for 루프에서 사용할 수 있는 정수 시퀀스를 생성한다. 다음 루프문은 1부터 9까지를 차례로 출력한다.

```
for i in range(1, 10) :   # i = 1, 2, 3, ..., 9
   print(i)
```

range 함수는 인자에 따라서 숫자 시퀀스를 생성한다. range 함수의 첫 번째 인자는 시퀀스의 첫 번째 숫자이고, 두 번째 인자보다 작은 숫자들이 시퀀스에 포함된다. 이 루프는 다음 while 루프와 동일하다.

```
i = 1
while i < 10 :
   print(i)
   i = i + 1
```

끝 값(range 함수의 두 번째 인수)은 시퀀스에 포함되지 않는다는 점을 주의하라. 따라서 동일한 while 루프도 마찬가지로 이 끝 값에 도달하기 전에 끝난다.

기본적으로 range 함수는 숫자 사이의 간격이 1인 시퀀스를 생성한다. range 함수의 세 번째 인자로 간격을 주게 되면, 생성되는 시퀀스의 간격을 변경할 수 있다. 다음 for 루프문은 1부터 9까지 홀수만 출력한다.

```
for i in range(1, 10, 2) :    # i = 1, 3, 5, ..., 9
   print(i)
```

또한 다음과 같이 증가하는 대신 감소하는 for 루프를 작성할 수도 있다.

```
for i in range(10, 0, -1) :   # i = 10, 9, 8, ..., 1
   print(i)
```

Syntax 4.3 range 함수를 이용한 for문

```
Syntax    for variable in range(...) :
             statements
```

이 변수는 각 반복의 시작 부분에서 range 함수에 의해 생성된 시퀀스의 다음 숫자로 지정된다.

range 함수는 루프가 실행될 정수 시퀀스를 생성한다.

```
for i in range(5) :
   print(i)  # Prints 0, 1, 2, 3, 4
```

인자가 한 개인 경우 시퀀스는 0부터 시작한다. 이 인자는 시퀀스에 포함되지 않는 첫 번째 값을 표시한다.

```
for i in range(1, 5) :
   print(i)  # Prints 1, 2, 3, 4
```

인자가 두 개이면 시퀀스는 첫 번째 인자부터 시작한다.

```
for i in range(1, 11, 2) :
   print(i)  # Prints 1, 3, 5, 7, 9
```

세 개의 인자를 사용할 경우, 세 번째 인자는 스텝 값을 표시한다.

마지막으로 range 함수에 하나의 인자만 줄 수도 있다. 그러면 range 함수는 0부터 시작한다.

```
for i in range(10) :   # i = 0, 1, 2, ..., 9
   print("Hello") # Hello를 10번 출력
```

표 2 for 루프 예

루프	i의 값	설명
`for i in range(6) :`	0, 1, 2, 3, 4, 5	루프가 여섯 번 실행되는 것에 주의하라.
`for i in range(10, 16) :`	10, 11, 12, 13, 14, 15	마지막 값은 시퀀스에 포함되지 않는다.
`for i in range(0, 9, 2) :`	0, 2, 4, 6, 8	세 번째 인자는 간격 값이다.
`for i in range(5, 0, -1) :`	5, 4, 3, 2, 1	거꾸로 세려면 음의 간격 값을 사용하라.

for 루프를 사용하는 전형적인 예를 하나 보자. 아래 표와 같이 우리는 일정 기간에 대해 예금계좌의 잔고를 출력하고 싶다.

예금	잔고
1	10500.00
2	11025.00
3	11576.25
4	12155.06
5	12762.82

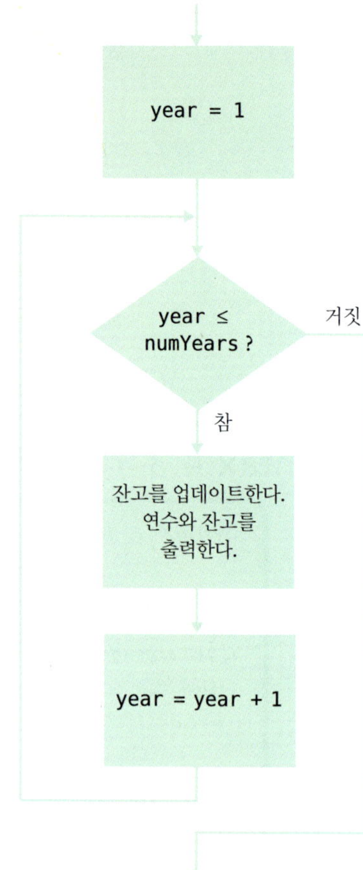

그림 4 for 루프의 순서도

변수 year가 1부터 시작하고 또한 목표에 도달할 때까지 일정 간격으로 증가하므로 for 루프 패턴을 사용할 수 있다.

```
for year in range(1, numYears + 1) :
    balance를 갱신한다.
    year와 balance를 출력한다.
```

다음은 완전한 프로그램이다. 그림 4는 해당 순서도이다.

sec06/investment.py

```
##
#  This program prints a table showing the growth of an investment.
#

# Define constant variables.
RATE = 5.0
INITIAL_BALANCE = 10000.0

# Obtain the number of years for the computation.
numYears = int(input("Enter number of years: "))

# Print the table of balances for each year.
balance = INITIAL_BALANCE
for year in range(1, numYears + 1) :
   interest = balance * RATE / 100
   balance = balance + interest
   print("%4d %10.2f" % (year, balance))
```

Program Run

```
Enter number of years: 10
    1  10500.00
    2  11025.00
    3  11576.25
    4  12155.06
    5  12762.82
    6  13400.96
    7  14071.00
    8  14774.55
    9  15513.28
   10  16288.95
```

Programming Tip 4.1

반복 횟수 세기

루프의 올바른 상한과 하한을 찾는 것이 혼란스러울 수도 있다. 0부터 시작해야 하는지 1부터 시작해야 하는지? <= b를 사용해야 하는지 < b를 사용해야 하는지?

반복 횟수를 세는 것은 루프를 더 잘 이해하는 데 유용한 도구이다. 경계가 비대칭인 for 루프의 반복 횟수 계산은 쉽다. 다음 루프는

```
i = a
while i < b :
   . . .
   i = i + 1
```

b - a번 수행된다. 동일한 아래 for 루프도 마찬가지이다.

```
for i in range(a, b) :
```

이러한 비대칭 경계는 문자열의 문자들을 순회하는 데 매우 유용하다. 다음 루프는

```
for i in range(0, len(string)) :
   i와 string[i]에 대해 어떤 작업을 수행
```

len(string)번 반복되며, i는 0부터 len(string) - 1까지의 값을 갖는다(이러한 루프는 너무 자주 사용되기 때문에 range 함수를 호출할 때 0을 생략할 수 있다).

경계가 비대칭인 다음 루프는

```
i = a
while i <= b :
   . . .
   i = i + 1
```

b - a + 1번 실행된다. "+1"은 많은 프로그램 오류의 원인이 된다. 예를 들면 a = 10이고 b = 20일 경우 i는 10, 11, 12, 13, 14, 15, 16, 17, 18, 19, 20 값을 갖는다. 11개 즉 20 – 10 + 1개의 값이 있다.

"+1" 오류는 시각적으로 울타리로 표현될 수 있다. 각각의 구역 왼쪽에 기둥이 있고, 마지막 구역에는 오른쪽에도 기둥이 하나 있다. 마지막 숫자를 세는 것을 잊어버리는 오류를 종종 **울타리 기둥 오류**(fence post error)라고 부른다.

파이썬 루프에서는 "+1"이 명확하게 표시된다.

```
for year in range(1, numYears + 1) :
```

상한 값을 시퀀스에 포함되는 마지막 값의 하나 다음 숫자로 지정하여야 한다.

그림 4개 구역을 갖는 울타리를 만들기 위해 몇 개의 기둥이 필요한가? 이런 문제에서 "하나-차이 오류"를 범하기 쉽다.

© akaplummer/iStockphoto.

HOW TO 4.1

루프 작성하기 _Writing a Loop

이번 How To는 루프 문장 구현 과정을 차근차근 안내해 줄 것이다.

문제 정의 열두 개의 온도 값(한 달에 하나)을 읽어서 가장 온도가 높은 달을 출력하라. 예를 들면, `http://worldclimate.com`에 따르면 Death Valley의 매달 평균 최대 온도는 다음과 같다(달 순서이고, 온도는 섭씨).

18.2 22.6 26.4 31.1 36.6 42.2
45.7 44.5 40.2 33.1 24.2 17.6

이 경우 최고 온도인 달은 7월(섭씨 45.7도)이다. 따라서 프로그램은 7을 출력한다.

© Stevegeer/iStockphoto.

1단계 루프 내에서 해야 할 일을 결정하라.

모든 루프는

- 다음 항목 읽기
- 값을 변경하기(은행 잔고 혹은 합계 등)
- 카운터 증가시키기

등 어떤 작업을 할 필요가 있다.

만약 루프 내에서 어떤 일을 수행해야 하는지 알아낼 수 없다면 손으로 이 문제를 풀 때 실행해야 하는 단계들을 적기 시작하라. 예를 들면 최고 온도 문제에 대해 다음과 같이 쓸 수 있다.

첫 번째 값을 읽는다.
두 번째 값을 읽는다.
if 두 번째 값이 첫 번째 값보다 높으면

```
        highest temperature를 두 번째 값으로 지정한다.
        highest month를 2로 지정한다.
    다음 값을 읽는다.
    if 이 값이 첫 번째, 두 번째 값보다 높으면
        highest temperature를 이 값으로 지정한다.
        highest month를 3으로 지정한다.
    다음 값을 읽는다.
    if 이 값이 현재까지의 최고 온도보다 높으면
        highest temperature를 이 값으로 지정한다.
        highest month를 4로 지정한다.
    . . .
```

이제 이 단계들을 루프 몸체에 넣을 수 있는 동일한 액션으로 축소한다. 첫 번째 액션은 쉽다.

```
    다음 값을 읽는다.
```

다음 액션은 약간 복잡하다. 위에서 "higher than the first", "higher than the first and second", "higher than the highest temperature seen so far" 등의 표현을 사용하였다. 이러한 것을 모두 표현할 수 있는 하나의 테스트를 만들어야 한다. 마지막 표현이 가장 일반적이다.

마찬가지로 최고 온도인 달을 지정하는 일반적인 방법을 찾아야 한다. 우리는 1부터 12까지 현재 달을 저장하고 있는 변수가 필요하다. 이를 이용하여 두 번째 루프 액션을 작성할 수 있다.

```
    if value가 highest temperature보다 높으면
        highest temperature를 이 값으로 지정한다.
        highest month를 현재 달로 지정한다.
```

전체 루프는 다음과 같다.

```
    반복(Repeat)
        다음 값을 읽는다.
        if 이 값이 highest temperature보다 높으면
            highest temperature를 이 값으로 지정한다.
            highest month 값을 current month로 지정한다.
    current month를 증가시킨다.
```

2단계 루프 조건을 명시하라.

루프에서 도달하려고 하는 목표가 무엇인가? 대표적인 예로는

- 카운터가 마지막 값에 도달하였는가?
- 마지막 입력을 읽었는가?
- 어떤 값이 임계값에 도달하였는가?

우리의 예에서는 단순히 current month가 12가 되는 것이다.

3단계 루프 유형을 결정하라.

두 가지 주요 루프 유형이 있다. 카운트-제어 방식 루프는 정해진 횟수만큼 실행된다. 이벤트-제어 방식 루프에서는 반복 횟수를 미리 알 수 없다. 어떤 이벤트가 발생할 때까지 반복된다.

카운터-제어 루프는 `for` 문장으로 구현할 수 있다. `for`문은 문자열과 같은 컨테이너의 각 요소를 순회하거나, `range` 함수를 통하여 정수 시퀀스를 순회할 수 있다.

이벤트-제어 루프는 `while`문으로 구현된다. 이때 루프 조건이 언제 루프를 종료할 것인지 결정한다. 루프 종료 조건이 루프 몸체 내에서 바뀌는 경우도 있다. 이때는 루프 종료 준비가 되었다는 것을 나타내는 부울 변수를 사용할 수 있는데, 이러한 변수를 **플래그**(flag) 변수라고 한다. 다음 패턴을 따라라.

```
done = False
while not done :
    어떤 작업을 수행한다.
    if 모든 작업이 완료되었다면
        done = True
    else :
        남은 작업을 더 한다.
```

정리를 하면

- 만약 컨테이너에 있는 요소들을 차례로 순회하고 싶다면 평범한 `for` 루프를 사용하라.
- 정수 시퀀스에 대해 순회하려면 `range`와 더불어 `for` 루프를 사용하라.
- 다른 경우에는 `while` 루프를 사용하라.

우리 예에서는 열두 개의 온도 값을 읽었다. 따라서 우리는 정수 시퀀스 순회에 적합한 `range` 함수를 사용하는 `for` 루프를 선택하였다.

4단계 루프를 처음 실행하기 위해 변수를 설정하라.

루프 내에서 사용되거나 변경되는 모든 변수를 나열하고, 이 변수들을 어떻게 초기화할 것인지 결정하라. 일반적으로 카운터는 0 혹은 1로, 합계는 0으로 초기화한다.

현재 예에서는 다음 변수들을 루프 내에서 사용한다.

current month
highest value
highest month

highest temperature 값을 초기화할 때 세심한 주의가 필요하다. 이 값을 그냥 0으로 초기화할 수는 없다. 우리 프로그램은 미국에서 나온 모든 온도를 처리해야 하기 때문에 그 값들 중 일부는 음수일 수도 있다.

하나의 옵션은 highest temperature 값을 첫 입력 값으로 지정하는 것이다. 물론 그렇게 할 경우 앞으로 열한 개의 온도만 읽어야 하고, 현재 달은 2월부터 시작해야 한다는 것에 주의해야 한다.

또한 highest month는 1로 초기화해야 한다. 호주의 도시 온도를 처리한다면 1월이 가장 따듯한 달일 수 있다.

5단계 루프가 끝난 후 결과를 처리하라.

많은 경우 루프에서 원하는 결과는 루프 몸체에서 변경된 변수이다. 예를 들면 위의 온도 프로그램에서는 원하는 결과가 highest month이다. 어떤 경우에는 루프에서 원하는 결과를 바로 계산하지 않고, 결과를 계산하기 위한 다른 값을 계산한다. 예를 들어 평균을 계산하려면 루프 내에서는 평균을 계산하는 것이 아니라 합을 계산하고, 루프가 끝난 후에 이제 평균을 계산한다(합을 입력의 수로 나눈다).

다음은 완성된 루프이다.

```
value를 읽는다.
highest temperature = value
highest month = 1
For current month from 2 to 12
    Read value
    if value가 highest temperature보다 높으면
        highest temperature 값을 value로 지정한다.
        highest month 값을 current month로 지정한다.
```

6단계 전형적인 예를 대상으로 루프를 추적하라.

4.2절에서 배웠듯이 루프 코드를 손으로 따라가라. 너무 복잡하지 않은 입력 값을 선택하라. 루프를

3~5번 실행하면 일반적인 오류를 검사할 수 있다. 처음 루프에 들어갈 때와 마지막으로 루프에 들어갈 때 특히 주의를 집중하라.

가끔 손으로 따라가기 쉽도록 만들기 위해 루프를 약간 수정할 수도 있다. 예를 들면, 투자금액이 두 배가 되는 시간을 구하는 프로그램에서 이자율을 5%가 아니라 20%로 수정한다. 최고 온도 루프를 따라갈 때 열두 개의 입력 값을 사용하지 않고 네 개만 사용하는 것 등이다.

입력 값이 22.6, 36.6, 44.5, 24.2라고 하자. 다음은 따라가기 결과이다.

current month	current value	highest month	highest value
		~~1~~	~~22.6~~
~~2~~	~~36.6~~	~~2~~	~~36.6~~
~~3~~	~~44.5~~	3	44.5
4	24.2		

이 따라가기 결과로 *highest month*와 *highest value*가 올바르게 계산되었음을 알 수 있다.

7단계 루프를 파이썬으로 구현하라.

다음은 위 예에 대한 파이썬 코드이다. 연습문제 P4.4에서 이 프로그램을 완성한다.

```
highestValue = float(input("Enter a value: "))
highestMonth = 1
for currentMonth in range(2, 13) :
   nextValue = float(input("Enter a value: "))
   if nextValue > highestValue :
      highestValue = nextValue
      highestMonth = currentMonth

print(highestMonth)
```

4.7 중첩 루프 _Nested Loops

루프 몸체가 다른 루프를 포함하고 있으면 루프가 중첩된 것이다. 중첩 루프를 사용하는 전형적인 예는 행과 열로 구성된 표를 출력하는 것이다.

3.3절에서 두 개의 if문을 어떻게 중첩시키는지 보았다. 이와 비슷하게 복잡한 루프를 작성하려면 루프를 중첩시킬 필요가 있다. 즉 루프 안에 다른 루프를 넣는 것이다. 표를 처리할 때는 중첩 루프가 매우 적합하다. 바깥 루프는 표의 모든 행을 순회한다. 안쪽 루프는 현재 행의 각 열을 순회한다.

디지털시계의 시간과 분 표시는 중첩 루프의 예이다. 시간은 열두 번 반복되고, 각 시간에 대해 분은 60번 반복된다.

이 절에서는 표를 출력하는 것을 공부한다. 문제를 단순화하기 위해 오른쪽 그림과 같이 x의 거듭제곱 x^n을 출력한다.

x^1	x^2	x^3	x^4
1	1	1	1
2	4	8	16
3	9	27	81
…	…	…	…
10	100	1000	10000

표 출력을 위한 의사코드는 다음과 같다.

```
표의 헤더를 출력한다.
For x from 1 to 10
    테이블 행을 출력한다.
    새 줄 문자를 출력한다
```

행을 어떻게 표시하는가? 각 지수에 대해 값을 출력해야 한다. 이것은 다음과 같이 두 번째 루프를 필요로 한다.

```
For n from 1 to 4
    xⁿ을 출력한다.
```

이 루프는 앞에 나온 루프 안에 들어가야 한다. 이때 안쪽 루프가 바깥쪽 루프 내에 **중첩**(nested)되었다고 한다.

바깥 루프에는 열 개의 행이 있다. 각 x에 대해 안쪽 루프는 네 개의 열을 출력한다(그림 5 참고). 따라서 합계 $10 \times 4 = 40$개의 값이 출력된다.

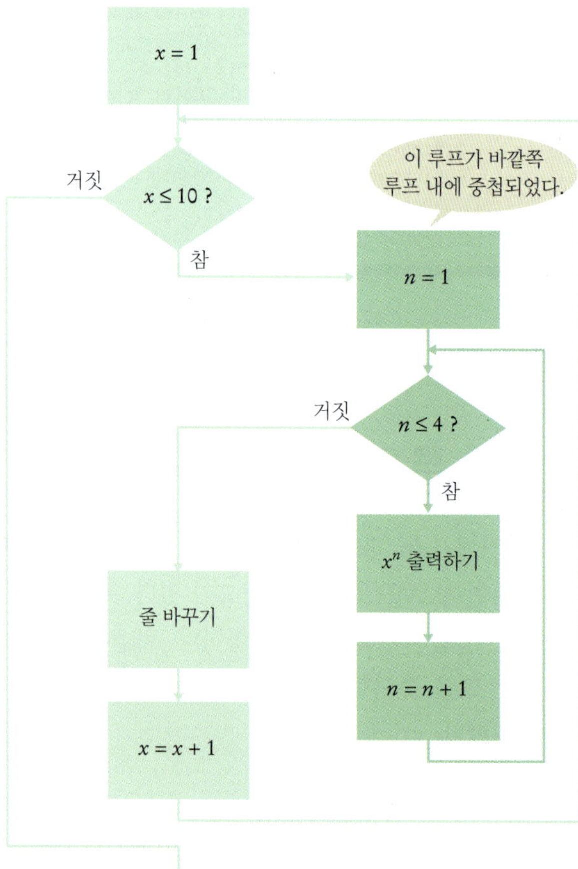

그림 5 중첩 루프의 순서도

이 프로그램에서는 한 행에 여러 `print`문의 실행 결과가 나타나야 하는데, 이것은 `print` 함수에 `end=""`를 추가하면 된다(Special Topic 4.1 참고).

다음은 완성된 프로그램이다. 표 헤더를 출력하기 위해서도 루프를 사용하고 있다는 점에 주목하라. 그렇지만 이 루프는 중첩되지 않았다.

sec07/powertable.py

```
##
#  This program prints a table of powers of x.
#

# Initialize constant variables for the max ranges.
NMAX = 4
XMAX = 10

# Print table header.
for n in range(1, NMAX + 1) :
   print("%10d" % n, end="")

print()
for n in range(1, NMAX + 1) :
   print("%10s" % "x ", end="")

print("\n", "    ", "-" * 35)

# Print table body.
for x in range(1, XMAX + 1) :
   # Print the x row in the table.
   for n in range(1, NMAX + 1) :
      print("%10.0f" % x ** n, end="")

   print()
```

Program Run

```
         1         2         3         4
        x         x         x         x 
     -----------------------------------
         1         1         1         1
         2         4         8        16
         3         9        27        81
         4        16        64       256
         5        25       125       625
         6        36       216      1296
         7        49       343      2401
         8        64       512      4096
         9        81       729      6561
        10       100      1000     10000
```

더 많은 중첩 루프의 예는 표 3에 나와 있다.

<table>
<tr><th colspan="3">표 3 중첩 루프의 예</th></tr>
<tr><th>중첩된 루프</th><th>실행 결과</th><th>설명</th></tr>
<tr><td><pre>for i in range(3) :
   for j in range(4) :
      print("*", end="")
   print()</pre></td><td><pre>****
****
****</pre></td><td>4개의 별표로 구성된 줄을 3개 출력한다.</td></tr>
<tr><td><pre>for i in range(4) :
   for j in range(3) :
      print("*", end="")
   print()</pre></td><td><pre>***
***
***
***</pre></td><td>3개의 별표로 구성된 줄을 4개 출력한다.</td></tr>
<tr><td><pre>for i in range(4) :
   for j in range(i + 1) :
     print("*", end="")
   print()</pre></td><td><pre>*
**
***
****</pre></td><td>길이가 1, 2, 3, 4인 4개의 줄을 출력한다.</td></tr>
<tr><td><pre>for i in range(3) :
   for j in range(5) :
      if j % 2 == 1 :
         print("*", end="")
      else :
         print("-", end="")
   print()</pre></td><td><pre>-*-*-
-*-*-
-*-*-</pre></td><td>대시 기호와 별표를 번갈아 가며 출력한다.</td></tr>
<tr><td><pre>for i in range(3) :
   for j in range(5) :
      if i % 2 == j % 2 :
         print("*", end="")
      else :
         print(" ", end="")
   print()</pre></td><td><pre>* * *
 * *
* * *</pre></td><td>체커 판 패턴을 출력한다.</td></tr>
</table>

WORKED EXAMPLE 4.1

시험 성적 평균 _Average Exam Grades

Fuse/Getty Images, Inc.

문제 정의 값으로 구성된 그룹들을 반복적으로 읽고 처리하는 문제가 자주 나타난다. 여러 학생들의 평균 시험 성적을 계산하기 위한 프로그램을 작성하라. 각 학생들의 시험 성적 수는 동일하다.

1단계 문제를 이해하라.

한 학생의 시험 성적의 평균을 계산하기 위해서는 그 학생의 모든 시험 성적을 입력하고, 합계를 구해야 한다. 이것은 루프로 구현할 수 있다. 또한 우리는 여러 학생들의 평균 시험 성적을 계산해야 한다. 따라서 한 학생의 평균 시험 성적을 구하는 작업이 각 학생에 대해 반복되어야 한다. 이것은 중첩 루프이다. 안쪽 루프는 한 학생의 모든 점수를 처리하고, 바깥 루프는 이 과정을 각 학생에 대해 반복한다.

```
사용자에게 시험의 개수를 묻는 프롬프트를 출력한다.
각 학생에 대해 다음을 반복한다.
    그 학생의 시험 성적을 처리한다.
    그 학생의 시험 평균을 출력한다.
```

2단계 한 학생의 평균 성적을 계산하라.

4.5.1절의 알고리즘을 사용하여 성적을 입력받고, 평균을 계산할 수 있다. 이 문제에서 다른 점은 사용자가 보초값을 입력할 때까지 읽는 것이 아니라 각 학생마다 미리 정해진 숫자의 점수를 읽는다는 것이다. 몇 개의 점수를 읽을지 알고 있기 때문에 `range` 함수를 사용하는 `for` 루프를 사용한다.

```
total score = 0
for i in range(1, numExams + 1) :
    다음 시험 성적을 읽는다.
    시험 성적을 total score에 더한다.
시험 평균을 계산한다.
시험 평균을 출력한다.
```

3단계 이 처리를 각 학생에 대해 반복하라.

여러 학생의 평균 성적을 계산하기 때문에, 2단계의 작업을 각 학생에 대해 반복해야 한다. 학생이 몇 명인지 알 수 없기 때문에 보초값을 사용하는 `while` 루프를 사용한다. 하지만 보초값이 무엇인가? 간단히 하기 위해 단순히 예/아니오 질문을 사용할 수 있다. 한 학생의 점수들을 입력한 후 다음과 같이 사용자에게 다음 학생의 점수를 입력할 것인지를 묻는 질문을 프롬프트할 수 있다.

```
moreGrades = input("Enter exam grades for another student (Y/N)? ")
moreGrades = moreGrades.upper()
```

"`N`" 대답은 종료 조건으로 사용된다. 따라서 사용자가 프롬프트에 `"Y"`를 입력하면 루프는 다시 반복된다.

우리는 루프 조건으로 `moreGrades == "Y"`를 사용할 것이며, 루프 변수를 문자열 `"Y"`가 되도록 초기화한다. 이렇게 함으로써 루프는 적어도 한 번은 실행되고, 다음 학생의 입력 여부를 묻는 프롬프트 전에 처음 학생의 성적을 입력할 수 있다.

```
moreGrades = "Y"
while moreGrades == "Y" :
    한 학생에 대한 성적을 입력한다.
    그 학생의 평균 성적을 계산한다.
    moreGrades = input("Enter exam grades for another student (Y/N)? ")
    moreGrades = moreGrades.upper()
```

4단계 위에서 찾은 해결방법을 파이썬으로 구현하라.

다음은 전체 프로그램이다.

worked_example_1/examaverages.py

```python
##
#  This program computes the average exam grade for multiple students.
#

# Obtain the number of exam grades per student.
numExams = int(input("How many exam grades does each student have? "))

# Initialize moreGrades to a non-sentinel value.
moreGrades = "Y"

# Compute average exam grades until the user wants to stop.
while moreGrades == "Y" :

   # Compute the average grade for one student.
   print("Enter the exam grades.")
   total = 0
```

```
for i in range(1, numExams + 1) :
   score = int(input("Exam %d: " % i))    # Prompt for each exam grade.
   total = total + score

average = total / numExams
print("The average is %.2f" % average)

# Prompt as to whether the user wants to enter grades for another student.
moreGrades = input("Enter exam grades for another student (Y/N)? ")
moreGrades = moreGrades.upper()
```

WORKED EXAMPLE 4.2

점수 분포 히스토그램 _*A Grade Distribution Histogram*

문제 정의 히스토그램은 고정된 개수의 범주들에 자료가 어떻게 분포되어 있는지 보여준다. 히스토그램은 기본적으로 막대그래프이며 높이가 그 범주에 속하는 항목의 수를 나타낸다. 수행할 작업은 Toolbox 3.2에서 설명한 그리기 패키지를 사용하여 한 학급의 문자 학점 분포를 보여주는 히스토그램을 그리는 것이다. 점수가 숫자로 입력되고, 이 입력을 적절한 문자 학점으로 변환한다.

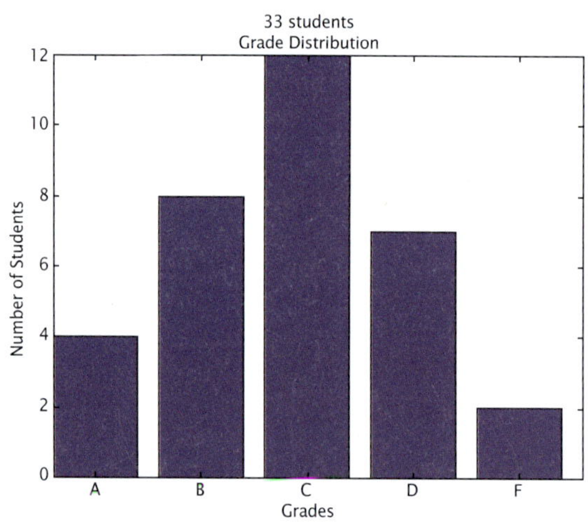

1단계 모든 카운터를 초기화하라.

히스토그램을 그리기 위해서는 각 학점 등급에 대한 학생들의 수를 구해야 한다. 이를 위해 5개의 카운터가 필요하다.

```
numAs = 0
numBs = 0
numCs = 0
numDs = 0
numFs = 0
```

2단계 점수를 읽어서 처리하라.

점수는 0부터 100 사이의 숫자이다. 4.3절에서 설명한 보초값을 사용하는 `while` 루프를 통해 점수를 하나씩 읽는다. 각 점수를 읽은 다음 이 점수에 대한 문자 학점을 정하고 적절한 카운터를 변경한다.

문자 학점을 결정하기 위해서는 전통적인 학점 척도를 사용한다: A: 점수 ≥90, B: 80 ≤ 점수 < 90, C: 70 ≤ 점수 < 80, D: 60 ≤ 점수 < 70, F: 점수 < 60.

```
사용자에게 첫 숫자 학점을 묻는 프롬프트를 출력한다.
각 학점에 대해 다음을 반복한다.
    문자 학점을 결정한다.
    학점 개수를 변경한다.
```

3단계 막대그래프를 만들어라.

점수들을 읽고 처리하였다면 이제 막대그래프를 만들 수 있다. 막대의 높이는 해당 학점의 수이다.

```
pyplot.bar(1, numAs)
pyplot.bar(2, numBs)
pyplot.bar(3, numCs)
pyplot.bar(4, numDs)
pyplot.bar(5, numFs)
```

4단계 차트에 부가 정보들을 추가하여 정리하라.

막대들을 차트에 더한 후 각 축의 레이블을 붙인다.

```
pyplot.xlabel("Grades")
pyplot.ylabel("Number of Students")
```

사용자가 전체 학생 수를 알 수 있도록 이 정보를 그래프 제목에 추가한다.

```
numStudents = numAs + numBs + numCs + numDs + numFs
pyplot.title("%d students\nGrade Distribution" % numStudents)
```

마지막으로 디폴트 x-값들이 각 막대의 의미를 설명할 수 없기 때문에 이 값들을 각각에 해당하는 학점으로 변경한다.

```
pyplot.xticks([1.4, 2.4, 3.4, 4.4, 5.4], ["A", "B", "C", "D", "F"])
```

5단계 이를 파이썬으로 구현하라.

다음은 완성된 프로그램이다.

worked_example_2/histogram.py

```
##
#  This program reads exam grades from the user and produces a grade
#  distribution histogram.
#

from matplotlib import pyplot

# Initialize the variables used to maintain the grade counts.
numAs = 0
numBs = 0
numCs = 0
numDs = 0
numFs = 0

# Use a while loop with a priming read to obtain the exam grades.
grade = int(input("Enter exam grade or -1 to finish: "))
while grade >= 0 :
   if grade >= 90.0 :
      numAs = numAs + 1
```

```
    elif grade >= 80.0 :
       numBs = numBs + 1
    elif grade >= 70.0 :
       numCs = numCs + 1
    elif grade >= 60.0 :
       numDs = numDs + 1
    else :
       numFs = numFs + 1

    grade = int(input("Enter exam grade or -1 to finish: "))

# Plot the grade distribution.
pyplot.bar(1, numAs)
pyplot.bar(2, numBs)
pyplot.bar(3, numCs)
pyplot.bar(4, numDs)
pyplot.bar(5, numFs)

# Add axis labels.
pyplot.xlabel("Grades")
pyplot.ylabel("Number of Students")

# Add a title that indicates the total number of students.
numStudents = numAs + numBs + numCs + numDs + numFs
pyplot.title("%d students\nGrade Distribution" % numStudents)

# Add the letter grades as labels under the bars.
pyplot.xticks([1.4, 2.4, 3.4, 4.4, 5.4], ["A", "B", "C", "D", "F"])

# Display the graph.
pyplot.show()
```

4.8 문자열 처리 _Processing Strings

문자열을 처리하거나 값을 구하기 위해 루프를 자주 사용한다. 예를 들면 문자열에 나타나는 각 문자의 수를 세거나, 문자열 내용이 특정 조건을 만족하는지 검사하는 작업에 루프를 사용한다. 이 절에서는 몇 가지 기본 문자열 처리 알고리즘을 살펴본다.

4.8.1 일치 횟수 세기

4.5.2절에서 어떤 조건을 만족하는 값의 개수를 세는 방법에 대해 공부하였다. 이제 예로써 어떤 문자열에서 대문자가 나오는 횟수를 세어보자.

```
uppercase = 0
for char in string :
   if char.isupper() :
      uppercase = uppercase + 1
```

이 루프는 문자열에 나오는 각 문자들을 순회하며 이 문자가 대문자인지 검사한다. 대문자이면 `uppercase` 카운터를 증가시킨다. 만약 문자열이 `"My Fair Lady"`이면 `uppercase`는 세 번 증가된다(글자가 M, F, L일 때).

한 문자를 여러 경우와 비교하기 위해서는 in 연산자를 사용하라.

어떤 경우에는 문자열에서 어떤 문자의 집합에 속하는 문자가 몇 번 나왔는지 셀 필요가 있다. 예를 들면, 어떤 단어에 몇 개의 모음이 들어가 있는지 세는 것이다. 각 문자를 다섯 개의 모음과 하나하나 비교하기보다는 다음과 같이 in 연산자와 다섯 개의 모음으로 구성된 문자열을 사용할 수 있다.

```
vowels = 0
for char in word :
   if char.lower() in "aeiou" :
      vowels = vowels + 1
```

논리식에서 lower 메소드를 사용하는 것을 주목하라. 이 함수는 어떤 문자가 모음인가를 검사하기 전에 대문자를 소문자로 바꾸기 위해 사용된다. 이렇게 하면 모음으로 구성된 상수 문자열을 짧게 할 수 있다.

4.8.2 모든 일치 찾기

문자의 위치를 고려하지 않으면서, 문자열에 있는 문자들을 순회하기 위해서는 for문을 사용할 수 있다. 문자열에서 대문자의 수를 세기 위해 이 방법을 사용하였다. 하지만 어떤 경우에는 문자열에서 각각의 일치하는 위치가 필요한 경우도 있다. 예를 들면 문자열에서 모든 대문자의 위치를 출력하는 것이다. 이 경우는 위치를 알아야 하기 때문에 각 글자를 순회하는 for문을 사용할 수 없다. 대신 각 문자 위치를 순회하면서(range와 for를 이용하여) 각 위치에 있는 문자를 조사한다.

```
sentence = input("Enter a sentence: ")
for i in range(len(sentence)) :
   if sentence[i].isupper() :
      print(i)
```

4.8.3 첫 또는 마지막 일치 찾기

만약 목표가 첫 번째 일치를 찾는 것이라면, 일치가 발견되면 루프를 중단하라.

어떤 조건을 만족하는 값의 개수를 셀 때 모든 값을 검사할 필요가 있다. 그렇지만 만약 목표가 첫 번째 일치를 찾는 것이라면 일치를 발견하자마자 중단할 수 있다.

다음은 문자열에서 첫 숫자를 발견하면 중지하는 루프이다.

```
found = False
position = 0
while not found and position < len(string) :
   if string[position].isdigit() :
      found = True
   elsc :
      position = position + 1

if found :
   print("First digit occurs at position", position)
else :
   print("The string does not contain a digit.")
```

만약 일치가 발견되면 found는 True가 되고 position은 이 첫 일치의 위치를 가지고 있다. 만약 루프에서 일치가 발견되지 않으면 found는 루프가 끝나고 False로 남아 있게 된다. found

값을 이용하여 두 메시지 중 어느 메시지를 출력할지 결정할 수 있다.

만약 마지막 일치를 찾고 싶다면 어떻게 해야 하는가? 다음과 같이 문자열을 뒤에서부터 앞으로 방문하면 된다.

```
found = False
position = len(string) - 1
while not found and position >= 0 :
   if string[position].isdigit() :
      found = True
   else :
      position = position - 1
```

그림을 탐색할 때, 우리는 일치가 발견될 때까지 각 항목을 검사한다. © drflet/iStockphoto.

4.8.4 문자열 유효성 평가

문자열의 유효성 검사는 이 문자열을 구성하는 자료가 올바른 형식인지 검사하는 것이다.

3장에서는 사용자 입력을 계산에 사용하기 전에 먼저 유효성을 평가해야 한다는 것을 배웠다. 그러나 자료 유효성 평가는 사용자가 입력한 값이 어떤 특정한 값 혹은 어떤 범위 내의 값인지를 검사하는 것보다 훨씬 범위가 넓다. 사용자 입력이 특정한 형식을 따르도록 요구하는 경우도 종종 있다. 예를 들면 어떤 문자열이 올바른 전화번호 형식인지 검사하는 것이다.

미국에서는 전화번호는 지역코드, 교환기, 선번호로 구성되며, 일반적으로 (###)###-#### 형태로 표시된다. 우리는 길이가 13인 문자열이 올바른 형식의 전화번호인지 검사할 수 있다. 이를 위해 이 문자열이 숫자와 적절한 기호만으로 구성되어 있으며, 또한 각 문자가 제자리에 나오는지 검사해야 한다. 이를 위해서는 이벤트-제어 루프가 필요하다. 다음 루프는 유효하지 않은 기호를 만나거나, 위치가 틀린 기호를 만나면 루프를 종료한다.

```
valid = len(string) == 13
position = 0
while valid and position < len(string) :
   if position == 0 :
      valid = string[position] == "("
   elif position == 4 :
      valid = string[position] == ")"
   elif position == 8 :
      valid = string[position] == "-"
   else :
      valid = string[position].isdigit()
   position = position + 1

if valid :
   print("The string contains a valid phone number.")
else :
   print("The string does not contain a valid phone number.")
```

다른 방법으로 다음과 같이 네 개의 논리 조건을 한 개로 결합하여 짧은 루프를 작성할 수도 있다.

```
valid = len(string) == 13
```

```
position = 0
while valid and position < len(string) :
   valid = ((position == 0 and string[position] == "(")
      or (position == 4 and string[position] == ")")
      or (position == 8 and string[position] == "-")
      or (position != 0 and position != 4 and position != 8
         and string[position].isdigit()))
   position = position + 1
```

4.8.5 새로운 문자열 만들기

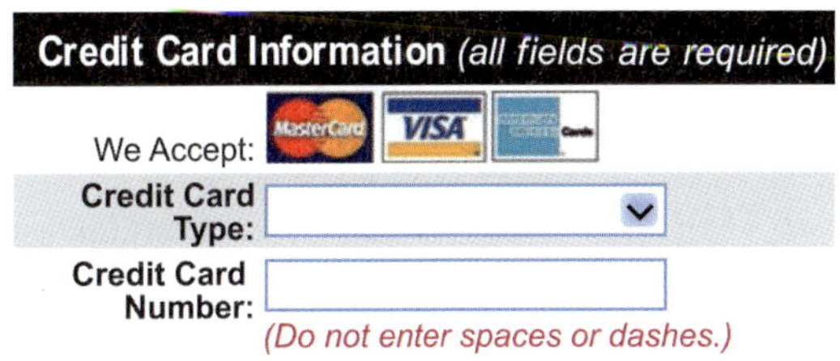

온라인 쇼핑에서 조금 귀찮은 점 하나는 많은 웹 사이트에서 대시 기호를 제외한 신용카드 번호를 입력할 것을 요구하는데, 이렇게 하면 입력 후 번호가 맞는지 점검할 때 신경을 써야 한다. 문자열에서 공백이나 대시 기호를 제거하는 것은 얼마나 어려울까?

개별 문자들을 연결하여 문자열을 만든다.

2장에서 배웠듯이 문자열을 변경할 수는 없다. 그러나 새로운 문자열을 만드는 것은 아무 문제가 없다. 예를 들어 사용자가 "4123-5678-9012-3450" 형식으로 신용카드 번호를 입력한다면 이 문자열에서 숫자만 뽑아서 새로운 문자열을 만드는 방법으로 대시 기호를 제거할 수 있다. 빈 문자열로 시작해서, 원래 문자열에서 공백 혹은 대시가 아닌 문자들을 이 문자열에 추가한다. 파이썬에서는 문자 추가는 다음과 같이 문자열 연결 연산자(+)를 사용한다.

```
newString = newString + "x"
```

다음은 신용카드 번호에서 대시와 공백을 제거한 문자들을 갖는 새로운 문자열을 만드는 루프이다.

```
userInput = input("Enter a credit card number: ")
creditCardNumber = ""
for char in userInput :
   if char != " " and char != "-" :
      creditCardNumber = creditCardNumber + char
```

만약 사용자가 "4123-5678-9012-3450"을 입력하면, 루프가 종료된 후 creditCardNumber는 문자열 "4123567890123450"이 될 것이다.

다른 예로 어떤 문자열에서 소문자는 대문자로, 대문자는 소문자로 바꾼 새 문자열을 만들어보자. 다음과 같이 이전 예에서 사용했던 문자열 연결 기술을 그대로 사용하면 매우 쉽다.

```
newString = ""
for char in original :
   if char.isupper() :
      newChar = char.lower()
   elif char.islower() :
      newChar = char.upper()
   else :
      newChar = char
   newString = newString + newChar
```

다음 프로그램은 이 절에서 소개한 몇 개의 문자열 처리 알고리즘을 사용한 예를 보여준다. 이 프로그램은 객관식 시험에 대한 수험생의 답을 문자열로 받아서 점수를 매긴다.

sec08/multiplechoice.py

```
##
#   This program grades a multiple choice exam in which each question has four
#   possible choices: a, b, c, or d.
#

# Define a string containing the correct answers.
CORRECT_ANSWERS = "adbdcacbdac"

# Obtain the user's answers, and make sure enough answers are provided.
done = False
while not done :
   userAnswers = input("Enter your exam answers: ")
   if len(userAnswers) == len(CORRECT_ANSWERS) :
      done = True
   else :
      print("Error: an incorrect number of answers given.")

# Check the exam.
numQuestions = len(CORRECT_ANSWERS)
numCorrect = 0
results = ""

for i in range(numQuestions) :
   if userAnswers[i] == CORRECT_ANSWERS[i] :
      numCorrect = numCorrect + 1
      results = results + userAnswers[i]
   else :
      results = results + "X"

# Grade the exam.
score = round(numCorrect / numQuestions * 100)

if score == 100 :
   print("Very Good!")
else :
   print("You missed %d questions: %s" % (numQuestions - numCorrect, results))

print("Your score is: %d percent" % score)
```

Program Run

```
Enter your exam answers: acddcbcbcac
You missed 4 questions: aXXdcXcbXac
Your score is: 64 percent
```

4.9 랜덤 수와 시뮬레이션 _Application: Random Numbers and Simulations

시뮬레이션에서는 활동을 모사하기 위해 컴퓨터를 사용한다.

시뮬레이션 프로그램(simulation program)은 컴퓨터를 사용하여 현실 세계(혹은 가상의 세계)의 활동을 모사한다. 시뮬레이션은 날씨 예측, 교통 분석, 주식 선택과 그 외에도 많은 과학 및 비즈니스 분야의 응용에서 주로 사용된다. 시뮬레이션에서는 하나 혹은 그 이상의 루프가 변화를 관측하고 시스템의 상태를 변경시킨다. 다음에서 예를 보자.

4.9.1 랜덤 수 발생하기

현실 세계에서 발생하는 많은 사건들은 오차 없이 예측하기 어렵지만, 평균적인 경향에 대해서 우리는 잘 이해하고 있다. 예를 들면 어떤 가게에서는 손님들이 5분 간격으로 도착한다고 한다. 물론 이것은 평균이므로 손님들이 정확히 5분 간격으로 도착하지는 않는다. 손님이 도착하는 특성을 정확히 모델하기 위해서는 랜덤 변동을 고려해야 한다. 어떻게 이런 시뮬레이션을 컴퓨터에서 실행할 수 있을까?

랜덤 수 생성기를 호출함으로써 무작위성을 도입할 수 있다.

파이썬 라이브러리는 **랜덤 수 생성기**(random number generator)를 가지고 있는데, 이 생성기는 완전히 무작위로 보이는 수를 생성한다. `random()`을 호출하면 0보다 크거나 같고 1보다 작은 랜덤 부동-소수점 숫자를 생성한다. `random()`을 호출할 때마다 다른 숫자가 나온다. `random` 함수는 `random` 모듈에 정의되어 있다.

다음 프로그램은 `random()` 함수를 열 번 호출한다.

sec09_01/randomtest.py

```
##
#  This program prints ten random numbers between 0 and 1.
#

from random import random

for i in range(10) :
   value = random()
   print(value)
```

Program Run

```
0.580742512361
0.907222103296
0.102851584902
0.196652864583
0.957267274444
0.439101769744
0.299604096229
0.679313379668
0.0903726139666
0.801120553331
```

사실, 이 수들이 완전히 무작위인 것은 아니다. 이 수들은 반복 주기가 매우 긴 시퀀스로부터 추출된 것이다. 이 시퀀스는 비교적 간단한 수식으로부터 계산되는데, 마치 무작위 수들처럼 보여야 한다(연습문제 P4.27 참고). 따라서 이 수들을 종종 **유사랜덤 수**(pseudorandom number)라고 부른다.

© ktsimage/iStockphoto.

4.9.2 주사위 던지기 시뮬레이션

실제 응용에서는 랜덤 수 발생기의 출력을 특정 범위로 변환할 필요가 있다. 예를 들면 주사위를 시뮬레이션하려면 1부터 6 사이의 랜덤 수가 필요하다.

파이썬은 어떤 범위의 랜덤 정수를 발생하는 다른 함수를 제공한다. 이 함수는

```
randint(a, b)
```

이며 random 모듈에 정의되어 있고, a와 b 사이(a, b가 포함됨)의 랜덤한 정수를 생성한다.

아래는 두 개의 주사위를 던지는 것을 시뮬레이션하는 프로그램이다.

sec09_02/dice.py

```
##
#  This program simulates tosses of a pair of dice.
#

from random import randint

for i in range(10) :
   # Generate two random numbers between 1 and 6, inclusive.
   d1 = randint(1, 6)
   d2 = randint(1, 6)

   # Print the two values.
   print(d1, d2)
```

Program Run

```
1 5
6 4
1 1
4 5
6 4
3 2
4 2
3 5
5 2
4 5
```

4.9.3 몬테카를로 방법

© timstarkey/iStockphoto.

몬테카를로(Monte Carlo) 방법은 정확한 해를 구할 수 없는 문제에 대해 근사 해를 구하는 탁월한 방법이다(이 방법의 이름은 몬테카를로의 유명한 카지노의 이름에서 나왔다).

이 방법의 전형적인 예는 다음과 같다. π의 값을 계산하기는 어렵다. 그러나 다음 시뮬레이션을 이용하면 근삿값을 아주 잘 계산할 수 있다.

반지름이 1인 원을 둘러싼 정사각형에 다트를 던지는 것을 시뮬레이션한다. 즉 −1과 1 사이의 랜덤 숫자를 발생하여 x, y 좌표로 사용한다.

만약 생성된 좌표가 원 안에 들어가면 명중으로 센다. 이 경우는 $x^2 + y^2 \le 1$인 경우이다.

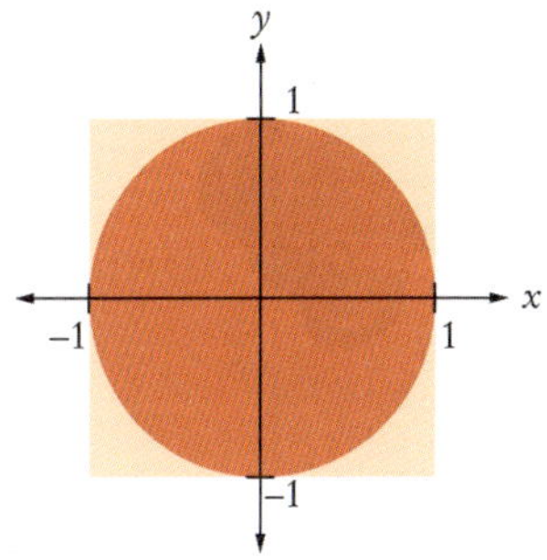

이 시뮬레이션에서는 좌표가 랜덤하게 발생하기 때문에 (명중 수/던진 수)는 원 면적 대 정사각형 면적의 비율과 비슷할 것이다. 이 비율은 $\pi/4$이다. 따라서 π의 근삿값은 $4 \times$ (명중 수/던진 수)로 계산할 수 있다. 이 방법은 간단한 계산만으로 π의 근삿값을 계산할 수 있다.

어떤 범위 a, b 사이에 랜덤 부동-소수점 숫자는 다음과 같이 만들 수 있다.

```
r = random()   # 0 ≤ r < 1
x = a + (b - a) * r   # a ≤ x < b
```

r이 0(포함됨)과 1(포함되지 않음) 사이의 값이기 때문에, x는 a(포함됨)와 b(포함되지 않음) 사이의 값이 된다. 위의 문제에서는 x가 상한 값(b = 1)이 될 수 없다는 사실은 별로 중요하지 않다. x가 1인 경우는 직선이고, 직선의 넓이는 0이기 때문이다.

다음은 위의 시뮬레이션을 실행하는 프로그램이다.

sec09_03/montecarlo.py

```
##
#  This program computes an estimate of pi by simulating
#  dart throws onto a square.
#

from random import random

TRIES = 10000

hits = 0
for i in range(TRIES) :

   # Generate two random numbers between –1 and 1
   r = random()
   x = -1 + 2 * r
   r = random()
   y = -1 + 2 * r

   # Check whether the point lies in the unit circle
   if x * x + y * y <= 1 :
      hits = hits + 1

# The ratio hits / tries is approximately the same as the ratio
# circle area / square area = pi / 4.

piEstimate = 4.0 * hits / TRIES
print("Estimate for pi:", piEstimate)
```

Program Run

```
Estimate for pi: 3.1464
```

WORKED EXAMPLE 4.3

그래픽스: 과녁 중앙 _Graphics: Bull's Eye

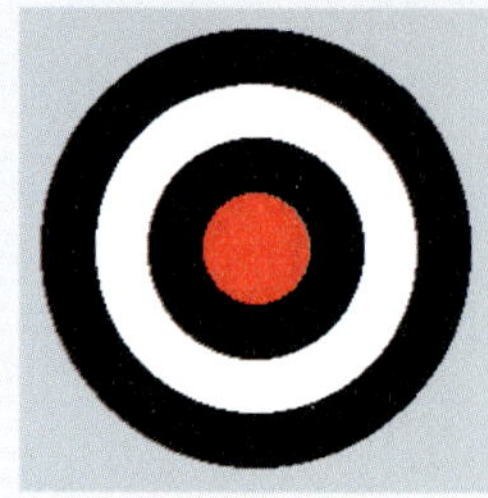

문제 정의 밝은 회색 배경색 위에 흰색과 검은색 고리가 번갈아 나타나며, 과녁 중앙은 빨간색인 과녁을 그리는 그래픽 프로그램을 작성하라. 과녁에 나타나는 고리의 수는 2~10 사이이고, 사용자가 입력한다. 각 고리의 두께는 20픽셀이며, 과녁 중앙의 지름은 고리 두께의 2배이다. 가장 바깥쪽 고리는 검은색이며, 안쪽 고리는 흰색과 검은색이 번갈아 나타난다. 마지막으로 그래픽 윈도우는 표적의 크기에서 사방으로 10픽셀의 여백이 있는 크기이다.

1단계 상수 변수를 정의하라.

문제 정의에서 나타난 제약조건 및 크기를 상수 변수로 정의한다. 이렇게 하면 나중에 필요한 경우 이 상수들을 쉽게 변경할 수 있다.

문제 정의에서는 몇 개의 매직 넘버를 지정하고 있다.

```
MIN_NUM_RINGS = 2
MAX_NUM_RINGS = 10
RING_WIDTH = 25
TARGET_OFFSET = 10
```

2단계 사용자로부터 고리의 수를 입력받는다.

과녁 내 고리 수에 대한 제한이 있기 때문에 사용자 입력을 확인해야 한다.

```
numRings = int(input("Enter # of rings in the target: "))
while 고리 숫자(number of rings)가 범위를 벗어나는 동안
    오류를 출력한다.
    numRings = int(input("Re-enter # of rings in the target: "))
```

3단계 고리를 그리는 방법을 정한다.

각 고리는 색을 채운 원으로 그릴 수 있다. 바깥쪽 고리부터 그리고 그 위에 차례로 안쪽 고리를 그린다. 안쪽 원이 바깥쪽 원의 중심을 채우기 때문에 고리 효과를 얻을 수 있다.

4단계 그래픽 윈도우의 크기를 결정한다.

그래픽 윈도우의 크기는 과녁의 크기에 의해 정해지는데, 과녁의 크기는 가장 바깥쪽 고리의 크기이다. 가장 바깥쪽 고리의 반지름은 모든 고리의 두께를 합한 값에 과녁 중앙의 반지름(고리의 두께와 같다)을 더한 값이다. 고리의 수와 고리의 두께를 이미 알고 있기 때문에 이 반지름은 다음과 같이 계산할 수 있다.

바깥쪽 고리 반지름 = (고리 수 + 1) x RING_WIDTH

과녁의 크기는 바깥쪽 고리의 지름, 즉 반지름의 2배이다.

과녁 크기 = 2 x 바깥쪽 고리 반지름

마지막으로 과녁은 윈도우 경계로부터 TARGET_OFFSET 픽셀만큼 떨어져 있다. 이 여백과 과녁의 크기를 이용하여 윈도우의 크기는 다음과 같이 계산할 수 있다.

윈도우 크기 = 과녁 크기 + 2 x TARGET_OFFSET

5단계 과녁의 고리를 그린다.

과녁의 고리는 바깥쪽 고리부터 시작해서 안쪽으로 차례로 그린다. 기본적인 for 루프를 사용하여 각 루프를 그린다.

```
원 인수들을 초기화한다
for i in range(numRings) :
    원 색상을 선택한다.
    원을 그린다.
    원 인수들을 조정한다.
```

바깥쪽 고리의 인자들은 루프가 시작되기 전에 초기화된다. 바깥쪽 고리의 지름은 과녁의 크기와 같다. 이 고리 외접 사각형은 윈도우 경계로부터 TARGET_OFFSET 픽셀만큼 수평, 수직으로 축소된 사각형이다.

```
지름 = 과녁 크기
x = TARGET_OFFSET
y = TARGET_OFFSET
```

고리의 색은 루프 변수 i의 값을 통해서 지정할 수 있다. 루프 변수가 0부터 시작하기 때문에 이 변수가 짝수이면 검은색 고리를, 홀수이면 흰색 고리를 그린다.

```
If i가 짝수이면
    canvas.setColor("black")
Else
    canvas.setColor("white")
```

원을 그리기 위해서는 drawOval이라는 canvas 메소드를 사용하는데, 그리는 원에 대한 외접 사각형의 너비와 높이는 원의 지름이다. 이 외접 사각형의 왼쪽 위 모서리의 좌표도 drawOval 메소드의 인자로 넘겨야 한다.

```
canvas.drawOval(x, y, diameter, diameter)
```

안쪽 원의 지름은 고리 두께의 2배만큼 감소하고, 외접 사각형은 x, y 방향 모두 안쪽 고리 두께만큼 안쪽으로 이동한다.

```
diameter = diameter - 2 * RING_WIDTH
x = x + RING_WIDTH
y = y + RING_WIDTH
```

6단계 과녁 중앙을 가운데 그린다.

검은색과 흰색 고리를 모두 그린 후, 빨간색으로 과녁 중앙을 그려야 한다. 루프가 끝나면 원의 인자인 지름과 위치는 중간 표적을 그리기 위한 값으로 변경되어 있다.

7단계 위의 방법을 파이썬으로 구현한다.

worked_example_3/bullseye.py

```
##
#  Draws a target with a bull's eye using the number of rings
#  specified by the user.
#

from ezgraphics import GraphicsWindow

# Define constant variables.
MIN_NUM_RINGS = 2
MAX_NUM_RINGS = 10
RING_WIDTH = 25
TARGET_OFFSET = 10

# Obtain number of rings in the target.
```

```
numRings = int(input("Enter # of rings in the target: "))
while numRings < MIN_NUM_RINGS or numRings > MAX_NUM_RINGS :
   print("Error: the number of rings must be between",
         MIN_NUM_RINGS, "and", MAX_NUM_RINGS)
   numRings = int(input("Re-enter # of rings in the target: "))

# Determine the diameter of the outermost circle. It has to be drawn first.
diameter = (numRings + 1) * RING_WIDTH * 2

# Determine the size of the window based on the size of the outer circle.
winSize = diameter + 2 * TARGET_OFFSET

# Create the graphics window and get the canvas.
win = GraphicsWindow(winSize, winSize)
canvas = win.canvas()

# Use a light gray background for the canvas.
canvas.setBackground("light gray")

# Draw the rings, alternating between black and white.
x = TARGET_OFFSET
y = TARGET_OFFSET
for ring in range(numRings) :
   if ring % 2 == 0 :
      canvas.setColor("black")
   else :
      canvas.setColor("white")
   canvas.drawOval(x, y, diameter, diameter)

   diameter = diameter - 2 * RING_WIDTH
   x = x + RING_WIDTH
   y = y + RING_WIDTH

# Draw the bull's eye in red.
canvas.setColor("red")
canvas.drawOval(x, y, diameter, diameter)

win.wait()
```

4.10 그래픽스: 디지털 이미지 처리 _*Graphics: Digital Image Processing*

디지털 이미지 처리는 컴퓨터 알고리즘을 이용하여 디지털 이미지를 처리하는 것이다. 디지털 포토그래피를 비롯하여 데이터 압축, 컴퓨터 그래픽스, 컴퓨터 비전, 로보틱스 등의 분야에서 많은 사용자들이 이 기술을 사용한다. 이 절에서는 `ezgraphics` 패키지를 사용하여 디지털 이미지를 처리하는 방법에 대해 공부한다.

4.10.1 이미지 필터링

디지털 이미지는 행과 열의 격자 구조로 나열된 픽셀로 구성된다. 픽셀을 직접 보기는 어렵지만 어쨌든 픽셀은 존재한다. 컴퓨터 화면에서 이미지를 보면 부드럽고 연속적으로 보이는 디지털 이미지는 개별 픽셀이 그리드 형태로 구성된 것이다.

데 이는 화면상의 매우 작은 점들을 사용하여 개별 픽셀들을 표시하기 때문이다.

픽셀은 가시 스펙트럼의 한 색을 표현하는 데이터를 저장한다. 색을 표현하는 다양한 방법이 있지만, 가장 많이 사용되는 방법은 이산 RGB 모델이다. 이 모델에서는 한 색이 그 색을 재현하기 위해 필요한 빨강, 초록, 파랑 광원의 크기로 표현된다. 이 크기는 0(빛이 없는 경우)과 255(최대 크기) 사이의 값으로 표시된다.

이미지의 색은 RGB 값으로 명시된다.

이미지 필터링은 각 픽셀의 색 요소를 어떤 방식으로 변경시키는 것을 말한다. 예를 들면, 이미지를 어둡게 하거나, 네거티브 이미지로 만들거나 흑백 이미지로 변경하는 것 등이다. 표 4에는 몇 가지 일반적인 필터를 여러 가지 RGB 값에 적용한 대략적인 결과가 나와 있다.

표 4 RGB 값 샘플

RGB 값	15% 어두운 값	네거티브	흑백
255, 255, 255	217, 217, 217	0, 0, 0	254, 254, 254
0, 0, 255	0, 0, 217	255, 255, 0	18, 18, 18
128, 128, 128	109, 109, 109	127, 127, 127	128, 128, 128
0, 255, 0 0	0, 217, 0 2	255, 0, 255	182, 182, 182
255, 0, 0	217, 0, 0 0	0, 255, 255	54, 54, 54
35, 178, 200	30, 151, 170	220, 77, 55	149, 149, 149
255, 255, 0 2	217, 217, 0	0, 0, 255	236, 236, 236
0, 255, 255	0, 217, 217	255, 0, 0 2	200, 200, 200

이미지를 처리하기 위해서는 먼저 이미지를 프로그램에 적재해야 한다. ezgraphics 모듈에서는 이미지가 GraphicsImage 클래스의 인스턴스로 저장된다. 아래 표 5는 이 클래스의 메소드를 보여준다. 다음과 같이 파일로부터 이미지를 적재한다.

```
filename = "queen-mary.gif"
image = GraphicsImage(filename)
```

이미지를 GraphicsWindow에 출력하기 위해서 drawImage를 사용하라.

이미지를 출력하려면 GraphicsWindow의 캔버스에 이미지를 그린다.

```
win = GraphicsWindow()
canvas = win.canvas()
canvas.drawImage(image)
win.wait()
```

예제 코드 이미지 피일 뷰어 프로그램에 대해서는 eText 또는 보조 사이트의 소스 코드에서 sec10_10/viewimage.py를 참조하라.

필터링을 하거나 변환을 한 후 이미지를 보여주고 싶을 수도 있다. 간단한 예로써 마치 옛날 필름 카메라가 만들어내듯이 원래 이미지를 네거티브 이미지로 교체해 보자(그림 6 참고).

이미지 필터링은 각 픽셀의 값을 수정한다.

이미지를 필터링하기 위해서는 각 픽셀의 빨강, 초록, 파랑의 색상 값을 추출해야 한다. 이미지의 픽셀들은 width × height 크기의 2차원 격자로 구성된다.

Courtesy of Cay Horstmann.

그림 6 원래 이미지와 네거티브 이미지

픽셀은 행과 열로 지정된다.

행과 열은 0부터 차례로 번호가 매겨져 있고, pixel (0,0)은 왼쪽 위 모서리 픽셀이다. 행 번호는 0부터 height –1까지이고, 열 번호는 0부터 width –1까지이다.

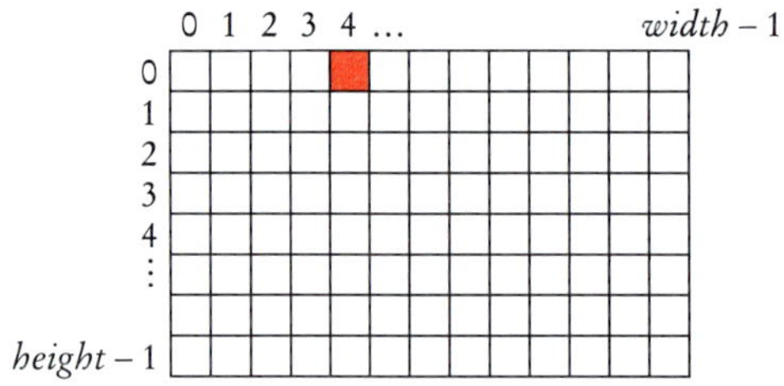

개별 픽셀의 세 가지 색상 값을 구하기 위해서는 `getRed`, `getGreen`, `getBlue` 메소드를 사용한다. 다음 코드는 0행, 4열 픽셀의 RGB 색상 값을 구한다.

```
red = image.getRed(0, 4)
green = image.getGreen(0, 4)
blue = image.getBlue(0, 4)
```

네거티브 이미지를 만들기 위해서 RGB 색상 값을 다음과 같이 조정한다.

```
newRed = 255 - red
newGreen = 255 - green
newBlue = 255 - blue
```

각 색상 값들을 조정한 후 픽셀을 새로운 색상으로 변경한다.

```
image.setPixel(0, 4, newRed, newGreen, newBlue)
```

전체 이미지를 처리하기 위해는 각 픽셀을 순회하는 중첩 루프를 사용한다.

```
width = image.width()
height = image.height()
for row in range(height) :
   for col in range(width) :
      현재 픽셀 색상을 가져온다.
      픽셀을 필터링한다.
      픽셀에 새로운 색을 지정한다.
```

네거티브 이미지를 생성한 후, 다음과 같이 생성된 이미지를 저장할 수 있다.

```
image.save("negative" + filename)
```

다음은 이미지 파일을 처리하여 원래 이미지의 네거티브 이미지를 생성하는 프로그램의 소스 코드이다.

sec10_01/filterimage.py

```
##
#  This program processes a digital image by creating a negative of
#  the original.
#

from ezgraphics import GraphicsImage, GraphicsWindow

filename = input("Enter the name of the image file: ")

# Load the image from the file.
image = GraphicsImage(filename)

# Process the image.
width = image.width()
height = image.height()
for row in range(height) :
   for col in range(width) :
      # Get the current pixel color.
      red = image.getRed(row, col)
      green = image.getGreen(row, col)
      blue = image.getBlue(row, col)

      # Filter the pixel.
      newRed = 255 - red
      newGreen = 255 - green
      newBlue = 255 - blue

      # Set the pixel to the new color.
      image.setPixel(row, col, newRed, newGreen, newBlue)

# Display the image on screen.
win = GraphicsWindow()
canvas = win.canvas()
canvas.drawImage(image)
win.wait()

# Save the new image with a new name.
image.save("negative-" + filename)
```

4.10.2 이미지 재구성

이미지에 대한 다른 처리로서, 픽셀 값을 바꾸지 않지만 픽셀 격자 구조를 변경하는 것도 있다. 예를 들면 이미지 뒤집기, 회전하기, 확대하기, 테두리 넣기 등이다.

픽셀 색의 변경 없이 이미지를 재구성할 수 있다

이미지를 재구성할 때는 원래 픽셀들을 복사할 새로운 이미지를 사용한다. 새로운 이미지의 크기는 재구성 작업에 따라 다르다. 예를 들면, 수직 방향으로 뒤집는 작업에서는 새로운 이미지는 원래 이미지와 같은 크기이므로 다음과 같이 할 수 있다.

```
origImage = GraphicsImage("queen-mary.gif")
width = origImage.width()
height = origImage.height()
newImage = GraphicsImage(width, height)
```

이미지의 픽셀들은 변경되지 않기 때문에 새로운 이미지로 단순히 복사된다. 앞의 시나리오에서와 같이 RGB 색상 값들을 각각 복사할 수도 있고, 픽셀을 한꺼번에 복사할 수도 있다.

getPixel 메소드는 세 가지 색상 값을 (세 개를 하나로 포함하는 자료구조인) 튜플로 반환한다(튜플에 대한 자세한 사항은 Special Topic 6.5를 참고). 이후 setPixel을 이용하여 새로운 이미지에 픽셀을 지정한다.

예를 들면 이미지의 복사본을 만들기 위해서는 다음과 같이 픽셀들을 새로운 이미지의 같은 위치로 복사한다.

```
for row in range(height) :
   for col in range(width) :
      pixel = origImage.getPixel(row, col)
      newImage.setPixel(row, col, pixel)
```

이미지를 수직방향으로 뒤집기(그림 7 참고) 위해서는, 픽셀들의 행이 새로운 이미지에서 다른 위치의 행으로 복사되어야 한다. 첫 번째 행은 새 이미지에서 마지막 행으로, 두 번째 행은 새 이미지에서 마지막에서 두 번째 행으로 복사된다.

Courtesy of Cay Horstmann.

그림 7 수직으로 뒤집은 이미지

이를 위해서 원래 이미지의 각 픽셀을 순회하면서, 새로운 이미지에서의 위치를 계산하여 새로운 집합의 행과 열 변수들에 저장한다. 아래에서는 새로운 집합의 행과 열 변수로 newRow와 newCol을 사용하여 수직으로 뒤집은 이미를 생성하고 있다.

```
newRow = height - 1
for row in range(height) :
   for col in range(width) :
      newCol = col
      pixel = origImage.getPixel(row, col)
      newImage.setPixel(newRow, newCol, pixel)

   newRow = newRow - 1
```

다음 프로그램은 GIF 이미지를 수직 방향으로 뒤집은 이미지를 만들어서 저장한다.

sec10_02/flipimage.py

```
##
#  This program creates a new flipped version of a GIF image.
#

from ezgraphics import GraphicsImage

filename = input("Enter the name of the image file: ")

# Load the original image.
origImage = GraphicsImage(filename)
```

```

# Create an empty image that will contain the new flipped image.
width = origImage.width()
height = origImage.height()
newImage = GraphicsImage(width, height)

# Iterate over the image and copy the pixels to the new image to
# produce the flipped image.
newRow = height - 1
for row in range(height) :
   for col in range(width) :
      newCol = col
      pixel = origImage.getPixel(row, col)
      newImage.setPixel(newRow, newCol, pixel)
   newRow = newRow - 1

# Save the new image with a new name.
newImage.save("flipped-" + filename)
```

표 5는 그래픽스 이미지와 함께 사용될 수 있는 메소드의 목록이다.

표 5 GraphicsImage 메소드

메소드	설명
GraphicsImage(*filename*)	파일을 GraphicsImage 객체로 읽어 들인다.
GraphicsImage(*width*, *height*)	주어진 크기의 빈 이미지를 만든다.
img.setPixel(*row*, *col*, *red*, *green*, *blue*) *img*.setPixel(*row*, *col*, *pixel*)	(row, col) 위치에 있는 픽셀의 색을 주어진 RGB 값 혹은 RGB 값들이 들어 있는 튜플로 지정한다.
img.getRed(*row*, *col*) *img*.getGreen(*row*, *col*) *img*.getBlue(*row*, *col*) *img*.getPixel(*row*, *col*)	(row, col) 위치에 있는 픽셀의 빨간색, 초록색, 파란색 값을 반환하거나, 이 세 개의 값으로 구성된 튜플을 반환한다.
img.save(*filename*)	이미지를 GIF 파일에 저장한다.
img.copy()	이 이미지의 복사본을 만들어서 반환한다.
img.width() *img*.height()	이미지의 너비와 높이를 반환한다.

4.11 문제 해결: 간단한 문제를 먼저 해결하라
_Problem Solving: Solve a Simpler Problem First

복잡한 문제의 해결책을 개발할 때, 먼저 간단한 문제를 해결하라.

프로그램을 공부할수록, 해결해야 하는 문제는 점점 더 복잡해진다. 복잡한 문제를 만났을 때 적용해야 할 중요한 원리는 문제를 단순화하고 간단한 문제부터 해결해야 한다는 것이다.

이 원리가 좋은 이유는 다양하다. 간단한 작업의 해결을 통해 무엇인가 배우게 된다. 문제가 복잡하면 도저히 해결할 수 없을 것 같고, 어디서부터 시작해야 할지 알아내기가 어렵다. 먼저 간단한 문제를 성공적으로 해결하면 훨씬 더 자신 있게 어려운 문제에 도전할 수 있다.

복잡한 문제를 단순한 문제들의 시퀀스로 분해하는 것은 연습과 어느 정도의 용기가 필요한 일이다. 이 전략을 배우는 가장 좋은 방법은 연습이다. 다음 과제를 할 때 먼저 자신에게 가장 단순하면서도 문제 해결에 도움이 되는 부분이 무엇인가를 물어보라. 그리고 그것부터 시작하라. 경험이 쌓이면 중간 단계들을 적절히 결합하여 문제를 완전히 해결하는 계획을 작성할 수 있을 것이다.

예를 보자. 사진을 윗줄을 맞추어 차례로 나열해 달라는 요청을 받았다. 사진 사이에는 약간의 틈이 있고, 현재 행에 공간이 없으면 다음 행으로 넘어간다.

National Gallery of Art (see Credits page for details.)

연속된 작업들로 구성된 계획을 작성하라. 각 작업은 이전 작업을 조금 확장한 것이고 마지막 작업은 원래 문제이어야 한다.

다음은 전체 과제를 한꺼번에 해결하는 대신 간단한 문제들의 시리즈를 해결하는 계획이다.

1. 그림 한 개를 그린다.

2. 그림 두 개를 인접하여 그린다.

3. 그림 두 개를 인접해 그리고, 사이에 틈을 넣는다.

4. 그림 세 개를 인접해 그리고, 각 그림 사이에 틈을 넣는다.

5. 그림을 인접하여 한 줄로 길게 그린다.

6. 한 줄이 가득 찰 때까지 이미지를 그린다. 그다음 그림들은 다음 줄에 넣는다.

이 계획으로 시작해 보자.

1. ezgraphics 모듈에 있는 GraphicsImage 클래스는 4.10절에서 나왔다. 이 클래스를 이용하여 이 문제의 그림을 적재한다. 그림은 picture1.gif, picture2.gif, ...picture20.gif 등의 파일에 저장되어 있다. 첫 번째 그림을 적재해 보자.

```
pic = GraphicsImage("picture1.gif")
```

그림을 출력하기 위해서 먼저 GraphicsWindow의 캔버스를 가져온다.

```
win = GraphicsWindow(750, 350)
canvas = win.canvas()
```

그림을 그리기 위해 캔버스에서 그림의 왼쪽 위가 위치할 좌표를 명시해야 한다. 여기서는 캔버스의 왼쪽 위 모서리에 첫 번째 그림을 그린다. 그리고 사용자가 창을 닫기를 기다린다.

```
canvas.drawImage(0, 0, pic)
win.wait()
```

이제 그림이 그려진다.

2. 다음 그림을 첫 번째 그림 뒤에 넣자. x축상에서 두 번째 그림의 좌측이 첫 번째 그림의 우측에 와야 한다. 첫 번째 그림의 너비를 알아내면 두 번째 그림의 x축 시작 좌표를 알 수 있다.

```
win = GraphicsWindow(750, 350)
canvas = win.canvas()
pic = GraphicsImage("picture1.gif")
canvas.drawImage(0, 0, pic)
pic2 = GraphicsImage("picture2.gif")
x = pic.width()
canvas.drawImage(x, 0, pic2)
```

```
win.wait()
```

3. 다음 단계는 두 그림 사이에 작은 틈을 넣는 것이다.

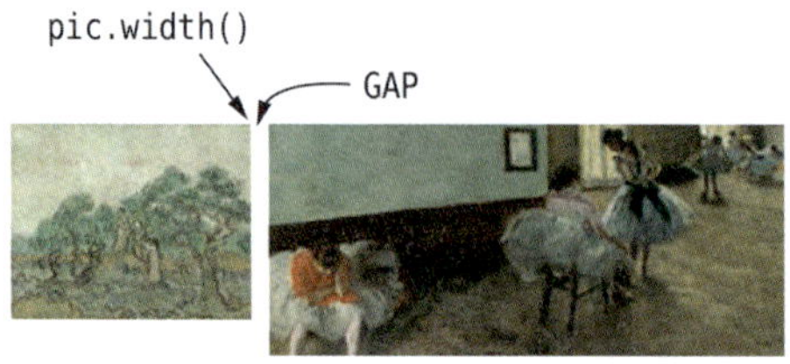


```
GAP = 10
win = GraphicsWindow(750, 350)
canvas = win.canvas()
pic = GraphicsImage("picture1.gif")
canvas.drawImage(0, 0, pic)
pic2 = GraphicsImage("picture2.gif")
x = pic.width() + GAP
canvas.drawImage(x, 0, pic2)
win.wait()
```

4. 세 번째 그림을 그리기 위해서는 이전 그림의 너비를 아는 것만으로는 부족하다. 이전 그림이 시작된 x-좌표를 알아내어 이전 그림의 너비에 더해야 한다. 여기에다 그림 사이에 있는 틈의 너비를 더해야 한다.

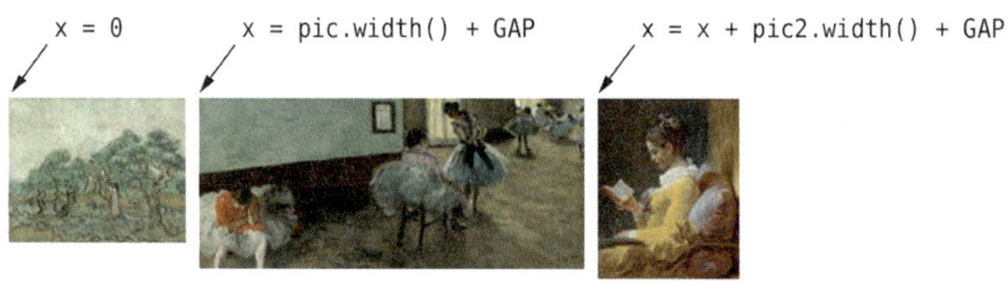


```
GAP = 10
win = GraphicsWindow(750, 350)
canvas = win.canvas()
pic = GraphicsImage("picture1.gif")
canvas.drawImage(0, 0, pic)
pic2 = GraphicsImage("picture2.gif")
x = pic.width() + GAP
canvas.drawImage(x, 0, pic2)
pic3 = GraphicsImage("picture3.gif")
x = x + pic2.width() + GAP
canvas.drawImage(x, 0, pic3)
win.wait()
```

5. 이제 모든 그림을 한 줄에 그려보자. 루프를 이용하여 각 그림을 적재하고 이전 그림 다음에 그린다. 각 반복 과정에서는 현재 적재된 그림과 이전 그림을 저장하고 있어야 한다(4.5.5절 참고).

```
GAP = 10
NUM_PICTURES = 20

win = GraphicsWindow(750, 350)
canvas = win.canvas()
pic = GraphicsImage("picture1.gif")
canvas.drawImage(0, 0, pic)

x = 0
for i in range(2, NUM_PICTURES + 1) :
   previous = pic
   filename = "picture%d.gif" % i
   pic = GraphicsImage(filename)
   x = x + previous.width() + GAP
   canvas.drawImage(x, 0, pic)
win.wait()
```

6. 물론 우리는 모든 그림을 한 줄에 그리는 것을 원하지 않는다. 그림의 오른쪽 끝이 MAX_WIDTH를 지나면 안 된다.

```
x = previous.width() + GAP
if x + pic.width() < MAX_WIDTH :
   pic을 현재 행에 넣는다.
else :
   pic을 다음 행에 넣는다.
```

만약 그림이 들어가지 않으면 현재 줄에 있는 모든 그림 아래에 있는 다음 줄에 이 그림을 넣어야 한다. 변수 maxY를 이용하여 그려진 모든 그림의 최대 y-좌표를 저장하고, 새로운 그림을 그릴 때마다 이 변수를 수정한다.

```
maxY = max(maxY, pic.height())
```

아래 문장은 그림을 다음 줄로 넘긴다.

```
canvas.drawImage(0, maxY + GAP, pic)
```

이것을 이용하여 갤러리 프로그램을 작성하기 위한 마지막 기초적인 단계를 완성할 수 있다.

```
GAP = 10
NUM_PICTURES = 5   # Temporarily set to 5 for testing Step 6
MAX_WIDTH = 720

win = GraphicsWindow(750, 350)
canvas = win.canvas()
pic = GraphicsImage("picture1.gif")
canvas.drawImage(0, 0, pic)
```

```
x = 0
maxY = 0
for i in range(2, NUM_PICTURES + 1) :
   maxY = max(maxY, pic.height())
   previous = pic
   filename = "picture%d.gif" % i
   pic = GraphicsImage(filename)
   x = x + previous.width() + GAP
   if x + pic.width() < MAX_WIDTH :
      canvas.drawImage(x, 0, pic)
   else :
      canvas.drawImage(0, maxY + GAP, pic)

win.wait()
```

이제 모든 기초적인 단계에 대한 프로그램을 완성하였다. 우리는 이제 어떻게 그림을 연속적으로 그리고, 어떻게 틈을 넣으며, 언제 새 줄을 시작하고, 어디서부터 그릴지를 알았다.

예제 코드 이 지식을 기반으로 전체 프로그램을 완성하는 것은 쉽다. 다음은 완성된 프로그램이다.

sec11/gallery.py

```
##
#   This program arranges a collection of pictures into rows by lining
#   them up along the top edges and separating them with small gaps.
#

from ezgraphics import GraphicsImage, GraphicsWindow

GAP = 10
NUM_PICTURES = 20
MAX_WIDTH = 720

win = GraphicsWindow(750, 750)   # Taller window to show all pictures
canvas = win.canvas()

pic = GraphicsImage("picture1.gif")
canvas.drawImage(0, 0, pic)

x = 0
y = 0
maxY = 0
for i in range(2, NUM_PICTURES + 1) :
   maxY = max(maxY, pic.height())
   previous = pic
   filename = "picture%d.gif" % i
   pic = GraphicsImage(filename)
   x = x + previous.width() + GAP
   if x + pic.width() < MAX_WIDTH :
      canvas.drawImage(x, y, pic)
   else :
      x = 0
      y = y + maxY + GAP
      canvas.drawImage(x, y, pic)

win.wait()
```

4장 요약 _Chapter Summary

루프에서 실행 흐름을 설명하라.

- while 루프는 조건이 참일 경우 명령들을 반복적으로 실행한다.
- 루프를 작성할 때 하나-차이 오류가 자주 발생한다. 이러한 오류를 피하기 위해 간단한 테스트 케이스를 이용하여 생각하라.

프로그램 행동을 분석하기 위해 수동 추적 기법을 사용하라.

- 수동 추적은 각 명령을 차례로 실행하고 변수들의 값을 추적하는 코드 시뮬레이션이다.
- 수동 추적은 익숙하지 않은 알고리즘을 이해하는 데 도움을 준다.
- 수동 추적은 코드 혹은 의사코드 내에 있는 오류를 발견하게 해준다.

입력 데이터 시퀀스를 읽는 루프를 구현하라.

- 보초값은 자료 집합의 끝을 표시한다. 그러나 이 보초값은 자료 집합의 일부가 아니다.
- 보초값으로 끝나는 값 시퀀스를 읽기 위해 처음 읽기와 수정 읽기 등 두 개의 읽기 연산을 이용한다.
- 파일로부터 읽기 위해서 입력 리디렉션을 사용한다. 프로그램의 출력을 파일에 저장하기 위해서는 출력 리디렉션을 사용하라.

사용자 인터페이스를 계획하기 위해서 스토리보드 기법을 사용하라.

- 스토리보드는 액션 시퀀스의 각 단계에 대한 스케치와 주석으로 구성된다.
- 스토리보드를 개발하는 과정에서 프로그램에서 사용하는 입력과 출력을 잘 이해할 수 있게 된다.

가장 일반적인 루프 알고리즘을 이해하라.

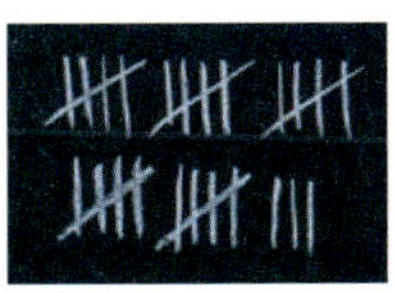

- 평균을 계산하기 위해서는 모든 값들의 합과 값의 개수를 저장하라.
- 어떤 조건을 만족하는 값들의 개수를 계산하려면 모든 값들을 검사하고 조건을 만족시키면 카운터를 증가시켜라.
- 최댓값을 찾으려면 현재까지 발견한 새로운 최댓값보다 큰 값이 나오면 이 최댓값을 변경하라.
- 인접하는 두 개의 값을 비교하기 위해서는 직전 입력 값을 변수에 저장하라.

컨테이너에 있는 요소들을 순회하기 위해서는 for 루프를 사용하라.

- 문자열에 들어 있는 각 문자를 차례로 접근하려면 for 루프를 사용하라.
- 어떤 범위에 있는 정수 값들을 순회하기 위해서는 range 함수를 사용하는 for 루프를 사용하라.

여러 단계의 반복을 구현하기 위해서는 중첩 루프를 사용하라.

- 루프의 몸체가 다른 루프를 포함하고 있을 경우 루프가 중첩되었다고 한다. 중첩 루프를 사용하는 전형적인 예는 표를 행과 열 단위로 인쇄하는 것이다.

문자열을 처리하기 위해 루프를 사용하라.

- 다중 옵션에 대해 어떤 문자를 비교할 때는 in 연산자를 사용하라.
- 만약 일치를 찾는 것이 목표라면, 일치가 발견되면 루프를 종료하라.
- 문자열을 검증하는 것은 이 문자열이 올바른 형식의 데이터를 포함하고 있는지 확인하는 것이다.
- 여러 문자들을 연결하여 문자열을 만든다.

시뮬레이션 구현에 루프를 적용하라.

- 시뮬레이션에서는 컴퓨터를 사용하여 활동을 모사한다.
- 랜덤 숫자 생성기 호출을 통하여 무작위성을 도입할 수 있다.

디지털 이미지를 처리하는 컴퓨터 알고리즘을 설계하라.

- 디지털 이미지는 격자 구조로 조직된 픽셀들로 구성된다.
- 이미지의 색상은 RGB 값으로 표시된다.
- GraphicsWindow에 이미지를 표시하기 위해 drawImage를 사용하라.
- 이미지 필터링은 픽셀 색상을 변경한다.
- 한 픽셀은 행과 열로 지정된다.
- 이미지는 픽셀 색상을 변경하지 않고 재구성할 수 있다.

복잡한 작업을 수행하는 프로그램을 설계하라.

- 복잡한 문제의 해결책을 개발할 때는 가장 간단한 문제부터 풀어라.
- 일련의 작업으로 구성된 계획을 작성하라. 각 작업은 이전 작업의 간단한 확장이고, 마지막 작업은 원래 문제의 해결책이어야 한다.

연습문제

■ **R4.1** 다음을 인쇄하는 while 루프를 작성하라.

a. n보다 작은 모든 제곱수. 예를 들면 n이 100일 때 0 1 4 9 16 25 36 49 64 81을 출력한다.

b. n보다 작고 10으로 나누어떨어지는 모든 양의 정수. 예를 들면 n이 100일 때 10 20 30 40 50 60 70 80 90을 출력한다.

c. n보다 작은 모든 2의 거듭제곱. 예를 들면 n이 100일 때 2 4 8 16 32 64를 출력한다.

■■ **R4.2** 다음을 계산하는 루프를 작성하라.

a. 2와 100 사이(경계 포함)의 모든 짝수의 합

b. 1과 100 사이(경계 포함)의 모든 제곱수의 합

c. a와 b 사이(경계 포함)의 모든 홀수의 합

d. n에 나오는 숫자 중 홀수 숫자들의 합(예를 들면 n이 32677일 때 합은 3 + 7 + 7 = 17)

■ **R4.3** 아래 루프들에 대한 추적 표를 작성하라.

a.
```
i = 0
j = 10
n = 0
while i < j :
   i = i + 1
   j = j - 1
   n = n + 1
```

b.
```
i = 0
j = 0
n = 0
while i < 10 :
   i = i + 1
   n = n + i + j
   j = j + 1
```

c.
```
i = 10
j = 0
n = 0
while i > 0 :
   i = i - 1
   j = j + 1
   n = n + i - j
```

d.
```
i = 0
j = 10
n = 0
while i != j :
   i = i + 2
   j = j - 2
   n = n + 1
```

■ **R4.4** 다음 루프의 출력은 무엇인가?

a.
```
for i in range(1, 10) :
   print(i)
```

b.
```
for i in range(1, 10, 2) :
   print(i)
```

c.
```
for i in range(10, 1, -1) :
   print(i)
```

d.
```
for i in range(10) :
   print(i)
```

e.
```
for i in range(1, 10) :
   if i % 2 == 0 :
      print(i)
```

■ **R4.5** 무한 루프는 무엇인가? 컴퓨터에서 무한 루프를 수행하는 프로그램을 어떻게 중지시키는가?

■ **R4.6** 입력 값이 4 7 –2 –5 0일 때 P4.6에 나오는 의사코드의 추적 결과를 써라.

■■ **R4.7** 하나-차이 오류는 무엇인가? 여러분의 프로그래밍 경험에서 예를 하나 들어보라.

■ **R4.8** 보초값이란 무엇인가? 언제 숫자 보초값을 사용하는 것이 바람직한지 간단한 규칙을 제시하라.

■ **R4.9** 파이썬에서 제공하는 루프는 어떤 것들이 있는가? 어떤 루프를 사용할지 결정하는 간단한 규칙을 제시하라.

■■ **R4.10** 다음 루프는 몇 번 반복하는가?

a. `for i in range(1, 11) . . .`
b. `for i in range(10) . . .`
c. `for i in range(10, 0, -1) . . .`
d. `for i in range(-10, 11) . . .`
e. `for i in range(10, 0) . . .`
f. `for i in range(-10, 11, 2) . . .`
g. `for i in range(-10, 11, 3) . . .`

■■ **R4.11** 대칭적 경계값을 사용하는 것이 바람직한 `for` 루프의 예를 제시하라. 비대칭적 경계값이 적절한 경우의 예도 들어보라.

■■ **R4.12** 다음과 같은 달력을 출력하는 프로그램의 의사코드를 작성하라.

```
Su  M  T  W Th  F Sa
          1  2  3  4
 5  6  7  8  9 10 11
12 13 14 15 16 17 18
19 20 21 22 23 24 25
26 27 28 29 30 31
```

■■ **R4.13** 다음과 같이 섭씨/화씨온도 변환 표를 출력하는 프로그램의 의사코드를 작성하라.

```
Celsius | Fahrenheit
--------+-----------
      0 |         32
     10 |         50
     20 |         68
  . . .        . . .
    100 |        212
```

■ **R4.14** 어떤 학생의 성, 이름, 그리고 여러 개의 시험 점수로 구성된 학생 레코드를 읽어서 시험 점수 평균을 출력하는 프로그램의 의사코드를 작성하라. -1을 보초값으로 사용한다. 다음 입력 샘플로 추적 표를 작성하라.

```
Harry
Morgan
94
71
86
95
-1
```

■■ **R4.15** 여러 학생 레코드를 읽어서 각 학생의 합계 점수를 출력하는 프로그램의 의사코드를 작성하라. 학생 레코드는 성, 이름, 그리고 여러 개의 시험 점수로 구성되며, -1을 보초값으로 사용한다. 시퀀스의 끝은 END 단어로 표시한다. 다음은 시퀀스의 예이다.

```
Harry
Morgan
94
71
86
95
-1
Sally
Lin
99
98
100
95
90
-1
END
```

이 샘플에 대한 추적 표를 작성하라.

■ **R4.16** 다음 for 루프를 while 루프로 다시 작성하라.

```
s = 0
for i in range(1, 10) :
   s = s + i
```

■ **R4.17** 다음 루프의 추적 표를 작성하라.

a.
```
s = 1
n = 1
while s < 10 :
   s = s + n
```

b.
```
s = 1
for n in range(1, 5) :
   s = s + n
```

■ **R4.18** 다음 루프는 무엇을 인쇄하는가? 컴퓨터를 사용하여 실행하지 말고 추적하여 답을 찾아내라.

a.
```
s = 1
for n in range(1, 6) :
   s = s + n
   print(s)
```

b.
```
s = 1
for n in range(1, 11) :
   n = n + 2
   s = s + n
   print(s)
```

c.
```
s = 1
for n in range(1, 6) :
   s = s + n
   n = n + 1
print(s, n)
```

■ **R4.19** 다음 프로그램은 무엇을 인쇄하는가? 컴퓨터를 사용하여 실행하지 말고 추적하여 답을 찾아내라.

a.
```
n = 1
for i in range(2, 5) :
   n = n + i
print(n)
```
b.
```
n = 1 / 2
i = 2
while i < 6 :
   n = n + 1 / i
   i = i + 1
print(i)
```
c.
```
x = 1.0
y = 1.0
i = 0
while y >= 1.5 :
   x = x / 2
   y = x + y
   i = i + 1
print(i)
```

■ **R4.20** 4.4절의 변환 프로그램에 대해, 사용자가 틀린 단위를 입력하는 시나리오를 보여주는 스토리보드 패널을 추가하라.

■ **R4.21** 4.4절에서는 프롬프트에 사용할 수 있는 모든 단위를 표시하기로 결정하였다. 그러나 가능한 단위의 수가 너무 많다면 이 방법은 사용하기 어렵다. 다른 방법을 보여주는 스토리보드 패널을 작성하라. 만약 사용자가 틀린 단위를 입력하면 사용할 수 있는 모든 단위를 보여준다.

■ **R4.22** 4.4절의 스토리보드를 메뉴를 지원하도록 변경하라. 메뉴에서는 사용자에게 단위를 변경할 것인지, 프로그램 도움말을 출력할 것인지, 프로그램을 종료할 것인지를 묻는다. 이 메뉴는 프로그램이 시작할 때와, 단위 변환이 끝났을 때 혹은 오류가 출력된 후에 다시 출력되어야 한다.

■ **R4.23** 4.4절에서 나온 단위 변환 프로그램에 대한 순서도를 작성하라.

■■ **R4.24** 4.5.4에서 나온 최댓값, 최솟값을 찾는 프로그램에서는 사용자의 입력을 이용하여 `largest`, `smallest` 변수를 초기화하였다. 왜 0으로 초기화하면 안 되는가?

■ **R4.25** 중첩 루프란 무엇인가? 중첩 루프가 많이 사용되는 예를 하나 들어라.

■■ **R4.26** 다음 중첩 루프는

```
for i in range(height) :
   for j in range(width) :
      print("*", end="")
   print()
```

주어진 너비와 높이를 갖는 사각형을 출력한다.

```
****
****
****
```

같은 사각형을 출력하는 단일 루프를 작성하라.

■■ **R4.27** 어린이에게 시계 읽는 법을 가르치는 교육 게임을 작성한다고 가정하자. 시간과 분을 나타내는 랜덤 숫자를 어떻게 생성할 수 있는가?

■■■ **R4.28** 여행 시뮬레이션에서 Harry는 세 개의 다른 주에 살고 있는 열다섯 명의 친구를 방문하려고 한다. 열 명은 California주에, 세 명은 Nevada주에 다른 두 명은 Utah주에 산다. 다음에 방문할 주를 표시하는 1~3 사이의 랜덤 정수를 생성하는데, 각 숫자가 생성될 확률이 그 주에 사는 친구의 수에 비례하도록 하는 방법은 무엇인가?

■ **Graphics R4.29** 초록색 성분만 보여주는 새로운 이미지를 생성하도록 4.10.1절에 나온 `filterimage.py`를 수정하는 방법은 무엇인가?

■ **Graphics R4.30** 이미지를 수직 방향이 아니라 수평 방향으로 뒤집기 위해 4.10.2절에 나온 `filterimage.py`를 어떻게 수정해야 하는가?

■ **Graphics R4.31** 시계 반대 방향으로 이미지를 90도 회전시키면 새로운 이미지의 크기는 어떻게 되는가?

■ **Graphics R4.32** 이미지 갤러리의 크기에 딱 맞게 캔버스의 크기가 조정되도록 4.11절의 그림 갤러리 프로그램을 수정하라.

■ **Graphics R4.33** 사진들을 위쪽을 맞추어 나열하는 것이 아니라 왼쪽 선을 맞추어 나열하도록 4.11절에 나온 사진 갤러리 프로그램의 새로운 버전을 설계하라. 사진 사이에는 작은 틈이 들어가야 하며, 한 열에 더 이상 공간이 없으면 다음 열로 넘어가야 한다.

프로그래밍 연습문제

■ **P4.1** 루프를 이용하여 다음을 계산하는 프로그램을 작성하라.

a. 2와 100 사이(경계 포함)에 있는 모든 짝수들의 합
b. 1과 100 사이(경계 포함)에 있는 모든 제곱수의 합
c. 2^0부터 2^{20}까지 모든 2의 거듭제곱 수
d. `a`와 `b` 사이(경계 포함)의 모든 홀수의 합. `a`, `b`는 입력으로 받는다.
e. 입력받은 수에서 홀수 숫자의 합(예를 들면 입력이 32677이면 합은 3+7+7=17이다)

■■ **P4.2** 정수 시퀀스를 읽어서 다음을 출력하는 프로그램을 작성하라.

a. 입력 중 가장 큰 수와 가장 작은 수
b. 짝수 입력 및 홀수 입력의 수
c. 누적 합계. 예를 들면 입력이 1 7 2 9일 때 프로그램은 1 8 10 19를 출력한다.
d. 인접 수가 같은 경우를 모두 출력. 예를 들면 입력이 1 3 3 4 5 5 6 6 6 2일 때 프로그램은 3 5 6을 출력한다.

■■ **P4.3** 입력한 줄을 문자열로 읽어서 다음을 출력하는 프로그램을 작성하라.

a. 문자열에서 대문자만 출력
b. 문자열의 모든 짝수 번째 문자
c. 문자열에 나오는 모든 모음을 밑줄 문자로 교체한 문자열

d. 문자열에 나오는 숫자의 수

e. 문자열에 나오는 모든 모음의 위치

■■ P4.4 How To 4.1 프로그램을 완성하라. 프로그램은 열두 개의 온도를 읽어서 가장 온도가 높은 달을 출력한다.

■■ P4.5 부동-소수점 숫자들을 읽는 프로그램을 작성하라. 프로그램은 사용자에게 값을 입력하도록 요청해야 하며, 다음을 출력한다.

a. 값들의 평균

b. 가장 작은 값

c. 가장 큰 값

d. 범위, 즉 최댓값과 최솟값의 차이

■ P4.6 다음은 입력 값들 중 최솟값을 찾는 의사코드이다. 파이썬으로 번역하라.

```
부울 변수 first를 true로 지정한다.
다음 값을 성공적으로 읽으면 반복한다.
if first가 true이면
    최솟값을 이 값으로 지정한다.
    first를 False로 지정한다.
else if value가 최솟값보다 작으면
    최솟값을 이 값으로 기정한다.
최솟값을 출력한다.
```

■■■ P4.7 다음은 문자열의 문자들을 무작위로 뒤섞는 의사코드이다. 파이썬으로 번역하라.

```
단어를 하나 읽는다.
len(word) 횟수 동안 다음을 반복한다.
    단어에서 마지막이 아닌 랜덤 위치 i를 선택한다.
    i인 랜덤 위치 j를 선택한다.
    i, j 위치의 문자를 교환한다.
단어를 출력한다.
```

© Anthony Rosenberg/iStockphoto.

두 문자를 교환하기 위해서 다음과 같이 부분 문자열을 만든다.

그다음 문자열을 다음으로 교체한다.

```
first + word[j] + middle + word[i] + last
```

■ P4.8 단어를 하나 읽어서 단어의 각 문자를 다른 줄에 출력하는 프로그램을 작성하라. 예를 들어 사용자가 "Harry"를 입력하면 다음과 같이 출력한다.

```
H
a
r
r
y
```

■■■ **P4.9** 단어를 하나 읽어서 그 단어를 거꾸로 출력하는 프로그램을 작성하라. 예를 들어 사용자가 "Harry"를 입력하면 다음과 같이 출력한다.

```
yrraH
```

■ **P4.10** 단어를 하나 읽어서 그 단어에 나오는 모음의 수를 출력하는 프로그램을 작성하라. 이 문제에서는 a e i o u y를 모음으로 한다. 예를 들어 사용자가 "Harry"를 입력하면 2 vowels를 출력한다.

■■■ **P4.11** 단어를 하나 읽어서 그 단어의 음절 수를 출력하는 프로그램을 작성하라. 이 문제에서는 다음과 같이 음절을 결정한다고 가정한다. a e i o u y 모음들이 연속해 나오면 마지막 e를 제외하고 전체를 하나의 음절로 본다. 만약 알고리즘 결과가 0이 나오면 1로 바꾼다. 예는 다음과 같다.

단어	음절
Harry	2
hairy	2
hare	1
the	1

■■■ **P4.12** 단어를 하나 읽어서 그 단어의 모든 부분 문자열을 길이 순서대로 출력하는 프로그램을 작성하라. 예를 들어 사용자가 "rum"을 입력하면 다음과 같이 출력된다.

```
r
u
m
ru
um
rum
```

■■■ **P4.13** 정수를 하나 읽어서 이 정수의 이진수 표현을 역순으로 출력하는 프로그램을 작성하라. 먼저 number % 2를 출력한다. 다음 number를 number // 2로 바꾼다. 이 과정을 number가 0이 될 때까지 반복한다. 예를 들어 사용자가 13을 입력하면 다음과 같이 출력된다.

```
1
0
1
1
```

■■ **P4.14** *평균과 표준편차*. 여러 개의 부동-소수점 숫자를 읽는 프로그램을 작성하라. 데이터의 끝을 위한 적당한 프롬프트 방법을 선택하라. 모든 숫자를 읽었을 경우 숫자의 개수와 평균 그리고 표준편차를 출력하라. 데이터 집합 $\{x_1, \ldots, x_n\}$의 평균은 $\bar{x} = \sum x_i / n$이다. 이때 $\sum x_i - x_1 + \cdots + x_n$은 입력 값들의 합이다. 표준편차는 다음 식으로 정의된다.

$$s = \sqrt{\frac{\sum (x_i - \bar{x})^2}{n-1}}$$

그렇지만 이 식은 현재 작업에 적합하지 않다. 프로그램이 $\bar{x}$를 계산할 때는 이미 개별 입력 값 x는 없어져 버렸다. 이 값들을 어떻게 저장하는지 배우기 전까지 수치적으로 약간 불안전한 다음 식을 사용하자.

$$s = \sqrt{\frac{\sum x_i^2 - \frac{1}{n}\left(\sum x_i\right)^2}{n-1}}$$

이 값은 입력 값들을 처리할 때 숫자의 개수, 합, 제곱의 합을 저장하면 계산할 수 있다.

■■ **P4.15** **피보나치 수열**(Fibonacci numbers)은 다음과 같이 정의된다.

$f_1 = 1$

$f_2 = 1$

$f_n = f_{n-1} + f_{n-2}$

© GlobalP/iStockphoto.

피보나치 수열은 토끼의 개체 수 증가를 표시한다.

이 식을 아래와 같이 다시 쓴다.

```
fold1 = 1
fold2 = 1
fnew = fold1 + fold2
```

그다음 `fold2` 값은 더 이상 필요 없기 때문에 버리고, `fold2`에 `fold1` 값을 저장한다. 또한 `fold1`에는 `fnew` 값을 저장한다. 이 과정은 적당한 횟수만큼 반복하라.

사용자에게 정수 n을 입력하도록 요청하여, 위의 알고리즘을 이용하여 피보나치 수열의 n-번째 수를 출력하는 프로그램을 작성하라.

■■■ **P4.16** *정수의 소인수.* 사용자에게 정수를 하나 입력하도록 요청하여 그 정수를 소인수의 곱으로 표현할 때 나타나는 모든 소인수들을 출력하는 프로그램을 작성하라. 예를 들어 사용자가 150을 입력하면 프로그램은 다음과 같이 출력한다.

```
2
3
5
5
```

■■■ **P4.17** *소수.* 사용자에게 정수를 하나 입력하도록 요청하여 그 정수보다 작은 모든 소수를 출력하는 프로그램을 작성하라. 예를 들어 사용자가 20을 입력하면 프로그램은 다음과 같이 출력한다.

```
2
3
5
7
11
13
17
19
```

소수는 1과 자기 자신만으로 나누어떨어지는 수이다.

■ **P4.18** 다음과 같이 곱셈표를 출력하는 프로그램을 작성하라.

```
 1   2   3   4   5   6   7   8   9  10
 2   4   6   8  10  12  14  16  18  20
 3   6   9  12  15  18  21  24  27  30
 . . .
10  20  30  40  50  60  70  80  90 100
```

■■ **P4.19** 전체 시험 평균도 같이 계산하도록 Worked Example 4.1의 `examaverages.py`를 수정하라.

■■ **P4.20** 다른 학생의 성적을 계속 입력할지를 묻는 프롬프트에 입력한 사용자의 대답을 검증하도록 Worked Example 4.1의 `examaverages.py`를 수정하라.

■■ **P4.21** 정수를 하나 읽어서(한 변의 길이가 그 정수인) 내부가 찬 정사각형과 내부가 빈 정사각형을 *를 이용해서 그리되, 서로 인접해서 나오도록 그리는 프로그램을 작성하라. 예를 들어 변의 길이가 5일 경우 다음과 같이 출력한다.

```
***** *****
***** *   *
***** *   *
***** *   *
***** *****
```

■■ **P4.22** 정수를 하나 읽어서 한 변의 길이가 이 정수이고 내부가 찬 다이아몬드를 *를 이용해서 그리는 프로그램을 작성하라. 예를 들어 변의 길이가 4일 때 다음과 같이 출력한다.

```
   *
  ***
 *****
*******
 *****
  ***
   *
```

■■■ **P4.23** *Nim 게임(The games of Nim)*. 이것은 다양한 형태가 있는 유명한 게임이다. 다음 형태에는 재미있는 승리전략이 있다. 두 참가자가 구슬 더미에서 번갈아 구슬을 가지고 간다. 각 단계에서 참가자는 몇 개의 구슬을 가지고 갈지 정할 수 있다. 참가자는 최소 1개의 구슬을 가지고 가야 하며, 최대 남은 구슬의 반까지 가져갈 수 있다. 그 후 다음 참가자 차례로 넘어간다. 마지막 구슬을 가져가는 사람이 게임에서 진다.

사람을 상대로 게임을 하는 컴퓨터 프로그램을 작성하라. 구슬 더미의 처음 크기를 나타내는 10과 100 사이의 랜덤 숫자를 생성하라. 0 혹은 1의 랜덤 숫자를 생성하여 사람과 컴퓨터 중 누가 먼저 시작할지 정하라. 다시 0 혹은 1의 랜덤 숫자를 생성하여 컴퓨터가 '멍청한' 모드에서 플레이할 것인지 '똑똑한' 모드에서 플레이할 것인지를 정하라. 컴퓨터가 멍청한 모드일 때는 컴퓨터 차례일 때 랜덤 숫자(1과 $n/2$ 사이)만큼 구슬을 가지고 간다. 똑똑한 모드에서는 구슬이 2의 제곱수 – 1(즉 3, 7, 15, 31, 63)개가 남도록 구슬을 가지고 간다. 만약 현재 구슬의 수가 2의 제곱수 –1이 아니라면 언제나 이렇게 할 수 있을 것이고, 2의 제곱수 –1개가 남았다면 랜덤하게 가져온다.

구슬 더미의 크기가 15, 31, 63이 아니고 컴퓨터가 먼저 플레이한다면 컴퓨터가 절대로 지지 않는다는 것에 주의하라. 물론 사람이 먼저 시작하고 이 전략을 사용한다면 사람이 컴퓨터를 이길 것이다.

■■ P4.24 *술고래 걷기(The Drunkard Walk).* 복잡한 격자 구조의 도로에 있는 술고래는 교차로를 만나면 네 방향 중 하나를 무작위로 선택하여 다음 교차로로 간다. 거기서도 다시 무작위로 방향을 선택하는 것을 반복한다. 술고래가 갔다가 되돌아오고 해서 평균적으로 멀리 가지 못할 것이라고 생각할 수 있으나 사실을 그렇지 않다.
현재 위치를 정수 쌍 (x, y)로 표시하라. 술고래의 걷기를 (0, 0)에서 시작하여 100번 교차로를 지나도록 구현하라. 마지막 위치를 인쇄하라.

■■ P4.25 *Monty Hall 모순(The Monty Hall Paradox).* Marilyn vos Savant는 (Monty Hall이 사회를 보는 게임 쇼와 연관하여) 다음 문제를 유명한 잡지에 기술하였다. "여러분이 게임 쇼에 참가하여 3개의 문 중 하나를 선택하여 그 문 뒤에 있는 것을 받는다고 하자. 한 문 뒤에는 자동차가 있고 나머지 문 뒤에는 염소가 있다. 여러분이 한 문, 예를 들어 1번 문을 선택하면 사회자는 문 뒤에 어떤 것이 있는지 알고 있기 때문에 염소가 있는 다른 문, 예를 들어 3번 문을 열어 보여준다. 그리고 여러분에게 '2번 문으로 바꾸시겠습니까?'라고 묻는다. 바꾸는 것이 이익일까?"
Ms. vos Savant는 바꾸는 것이 이익이라는 것을 증명하였다. 그러나 일부 수학 교수를 비롯한 여러 독자들이 이에 동의하지 않았고, 다른 문이 열렸기 때문에 확률은 변하지 않을 것이라고 주장하였다.
이 게임 쇼 시뮬레이션 프로그램을 작성하라. 각 반복에서 1에서 3까지 랜덤 숫자를 선택해서 그 문 뒤에 자동차를 둔다. 플레이어가 무작위로 문을 선택하도록 하라. 게임 쇼 진행자는 염소가 있는 문을 무작위로 열도록 하라(물론 플레이어가 선택한 문은 제외). 플레이어가 문을 바꿔서 이기면 전략 1의 횟수를 증가시켜라. 플레이어가 원래 문을 고수했는데 승리했다면 전략 2의 횟수를 증가시켜라. 1,000번을 실행하여 각각의 횟수를 출력하라.

■■ P4.26 *Buffon 바늘 실험(The Buffon Needle Experiment).* 프랑스 박물학자 Comte Georges-Louis Leclerc de Buffon(1707~1788)은 다음 실험을 고안하였다. 길이가 1인치인 바늘을 2인치 간격으로 줄이 그어진 종이 위에 떨어뜨린다. 만약 바늘이 줄 위에 떨어지면 명중(hit)으로 본다(그림 8 참고). Buffon은 (던진 횟수/명중 횟수)가 π의 근삿값임을 보였다.
Buffon의 바늘 실험을 위해 두 개의 랜덤 숫자를 생성하는데, 하나는 바늘의 시작 위치이고 다른 하나는 x축에 대한 바늘의 각도이다. 이 바늘이 줄에 닿는지 검사한다.
바늘의 하단을 생성한다. 바늘의 x-좌표는 의미가 없고, y의 좌표 y_{low}는 0과 2 사이의 랜덤 숫자로 가정할 수 있다. 바늘과 x축 사이의 각도 α는 0과 180(π 라디안)도 사이의 임의 숫자이다. 바늘 상단의 y-좌표는 다음과 같이 계산된다.

$$y_{\text{high}} = y_{\text{low}} + \sin \alpha$$

그림 9와 같이 y_{high} 값이 2보다 크거나 같으면 명중이다. 10,000번을 실험하여 (던진 횟수/명중 횟수)를 출력하라(이 프로그램은 π 값을 계산하는 데 적당하지 않다. 왜냐하면 180도를 라디안으로 바꿀 때 π가 필요하기 때문이다).

그림 8 Buffon의 바늘 실험

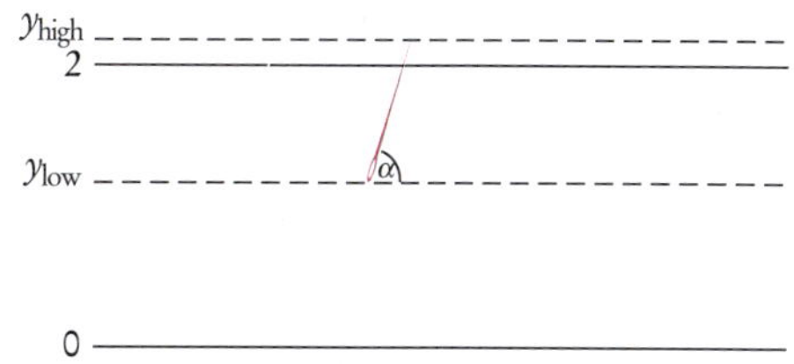

그림 9 Buffon의 바늘 실험에서 명중

■ **P4.27** 간단한 랜덤 생성기는 다음 식으로 만들 수 있다.

$$r_{\text{new}} = (a \cdot r_{\text{old}} + b)\%m$$

랜덤 생성 후 r_{old}를 r_{new}로 지정한다.

사용자에게 r_{old}로 사용할 첫 랜덤 숫자(이 숫자를 종종 시드라고 부른다)를 입력받는 프로그램을 작성하라. 그 후 $a = 32310901$, $b = 1729$, $m = 2^{24}$ 값을 이용하여 100개의 랜덤 정수를 생성하여 출력하라.

■■ **Toolbox P4.28** 주사위를 무작위로 1,000번 던져서 각 숫자(1, 2, 3, 4, 5, 6)가 결과로 나온 횟수를 히스토그램으로 그려라. Worked Example 4.2의 기술을 사용하라.

■■ **Toolbox P4.29** 1과 999,999 사이의 랜덤 정수 1,000개를 생성하라. 첫 번째 숫자(1, 2, 3, 4, 5, 6, 7, 8, 9)에 대한 히스토그램을 그려라. Worked Example 4.2의 기술을 사용하라.

■■ **Business P4.30** *환전*. 사용자에게 1달러가 몇 원인지 오늘의 시세를 입력받은 후, 달러 값들을 읽어서 원으로 변환하는 프로그램을 작성하라. 0을 보초값으로 사용하라.

© hatman12/iStockphoto.

■■ **Business P4.31** 사용자에게 1달러가 몇 원인지 오늘의 시세를 입력받은 후, 달러 값들을 읽어서 원으로 변환하는 프로그램을 작성하라. 0을 보초값으로 사용하라. 그 이후 원 값들을 읽어서 달러로 변환하라. 두 번째 작업에서도 0을 보초값으로 사용하라.

■■ **Business P4.32** 여러분의 회사는 어떤 목표 가격을 넘으면 팔려고 하는 주식을 가지고 있다. 먼저 목표 가격을 읽은 후에, 목표 가격을 넘을 때까지 현재 주식 가격을 읽는 프로그램을 작성하라. 프로그램은 표준 입력으로부터 부동-소수점 숫자를 읽어야 한다. 목표 가격을 넘으면 주식 가격이 목표 가격을 넘었음을 보고해야 한다.

■■ **Business P4.33** 일정 수의 영화표를 미리 판매하는 프로그램을 작성하라. 각 사용자는 최대 네 장까지 예매할 수 있다. 판매 영화표는 100장 이하여야 한다. 사용자로부터 예매를 원하는 영화표 수를 입력받은 다음 남은 영화표 수를 출력하는 프로그램을 작성하라. 모든 영화표가 팔릴 때까

지 위의 과정을 반복하라. 다 팔린 후 예매자의 수를 출력하라.

■■ Business P4.34 굴 전문 식당 안에 동시간대에 있는 사람들의 수를 제어할 필요가 있다. 사람들 그룹은 언제든 식당을 나갈 수 있다. 그러나 어떤 그룹이 식당에 들어가면 식당 내에 있는 사람의 수가 100명을 넘을 경우, 그 그룹은 입장할 수 없다. 들어오려는 그룹과 나가는 그룹의 크기를 읽는 프로그램을 작성하라. 떠나는 그룹의 크기는 음수를 사용하라. 각 입력 후에 현재 식당 내 사람의 수를 출력하라. 식당이 꽉 차면 이를 보고하고 프로그램을 종료하라.

■■ Business P4.35 *신용카드 번호 검사기*. 신용카드 번호의 마지막 숫자는 체크 숫자이다. 신용카드 숫자를 쓸 때 한 숫자를 잘못 쓰거나 두 숫자를 바꿔 쓰는 경우 등의 오류를 점검한다. 실제 신용카드 번호를 검사하기 위해 다음 방법이 사용된다. 그러나 간단히 하기 위해 여기서는 신용카드 번호를 16자리가 아니라 8자리로 쓴다.

- 오른쪽 끝 숫자로부터 시작하여 한 칸 건너 숫자들의 합을 구한다. 예를 들면 신용카드 번호가 4358 9795일 때 5 + 7 + 8 + 3 = 23이다.
- 위의 과정에 포함되지 않은 숫자들을 두 배 한다. 그 숫자들을 더한다. 예를 들어 위의 예에서 오른쪽 끝 숫자의 옆 숫자부터 두 배 하면 18 18 10 8이다. 이 수들의 숫자들을 모두 더하면 1 + 8 + 1 + 8 + 1 + 0 + 8 = 27이다.
- 위 두 단계 결과를 더한다. 마지막 숫자가 0이면 유효한 신용카드 번호이다. 위의 예에서는 23 + 27 = 50으로 유효하다.

이 알고리즘을 구현하는 프로그램을 작성하라. 사용자가 8자리 번호를 입력하면 프로그램은 유효한지 아닌지를 출력한다. 만약 유효하지 않으면 이 번호를 유효하게 만드는 체크 숫자를 출력한다.

■■ Science P4.36 포식자-먹이 시뮬레이션에서는 다음 식을 이용하여 포식자와 먹이의 수를 계산한다.

© Charles Gibson/iStockphoto.

$$prey_{n+1} = prey_n \times (1 + A - B \times pred_n)$$
$$pred_{n+1} = pred_n \times (1 - C + D \times prey_n)$$

여기서 A는 먹이의 출생이 먹이의 사망을 넘어서는 비율이고, B는 잡아먹는 비율이다. C는 먹이가 없어서 포식자의 사망이 출생을 넘어가는 비율이고, D는 먹이가 많을 때 포식자의 증가 비율을 나타낸다. 사용자로부터 이 비율들과 초기 인구 그리고 세대 수를 입력받는 프로그램을 작성하라. 그리고 해당 수의 세대가 흐른 후의 인구를 출력하라. 입력으로 A = 0.1, B = C = 0.01, D = 0.00002이며 초기 먹이와 포식자 수가 각각 1,000과 20인 경우를 실험하라.

■■ Science P4.37 *발사체 비행*. 포탄이 초기 속도 v_0로 수직으로 발사되었다고 가정하자. 모든 해석학 책에는 t초가 지난 후 포탄의 위치는 $s(t) = -1/2gt^2 + v_0t$라고 나와 있다. 여기서 g = 9.81 m/s^2으로 지구의 중력 가속도이다. 어떤 해석학 책에서도 왜 이렇게 위험한 실험을 해야 하는지 언급이 없기 때문에 우리는 여기서 컴퓨터로 안전하게 실험을 한다.

© MOF/iStockphoto.

사실 시뮬레이션을 통하여 위의 정리를 확인할 것이다. 이 시뮬레이션에서는 아주 짧은 시간 Δt 동안 포탄이 어떻게 움직이는지 생각할 것이다. 짧은 시간 동안은 속도 v는 거의 상수이기 때문에 포탄이 움직인 거리는 $\Delta s = v\Delta t$로 계산할 수 있다. 우리 프로그램에서는 다음과 같이 지정하고

```
DELTA_T = 0.01
```

위치는 다음과 같이 수정한다.

```
s = s + v * DELTA_T
```

속도는 일정하게 변한다. 사실 지구 중력에 의해 감소한다. 짧은 시간 동안 $\Delta v = -g\Delta t$이므로 다음과 같이 속도를 변경해야 한다.

```
v = v - g * DELTA_T
```

다음번 반복에서는 이 새로운 속도가 거리를 변경하는 데 사용된다.
포탄이 땅에 떨어질 때까지 시뮬레이션을 실행하라. 초기 속도를 입력으로 받는다(100 m/s 정도가 적당한 속도이다). 속도와 위치를 초당 100번 갱신하고, 매 초마다 위치를 출력하라. 또한 정확한 식인 $s(t) = -1/2gt^2 + v_0t$으로 계산한 값도 출력하여 비교하라.

주의: 이미 정확한 식을 알고 있는데 이러한 시뮬레이션이 무슨 의미가 있는지 의문이 들 수도 있다. 사실은 해석학 책에 나오는 식이 정확하지 않다. 중력은 포탄이 지구 표면에서 멀리 떨어지면 감소한다. 이러한 사실은 식을 매우 복잡하게 해서 실제 움직임을 계산하는 정확한 식을 만드는 것이 불가능하게 만든다. 그러나 컴퓨터 시뮬레이션에서는 변화하는 중력을 반영하도록 확장이 가능하다. 포탄 발사에서는 해석학 책의 식이 충분히 정확하지만 정말 높은 궤도로 발사되는 탄도 미사일 같은 경우는 컴퓨터 시뮬레이션이 필요하다.

■■ Science P4.38 배의 선체를 계산하기 위한 간단한 모델은 다음과 같다.

$$|y| = \frac{B}{2}\left[1-\left(\frac{2x}{L}\right)^2\right]\left[1-\left(\frac{z}{T}\right)^2\right]$$

위의 식에서 B는 빔(beam), L은 길이, T는 흘수(draft)를 의미한다.

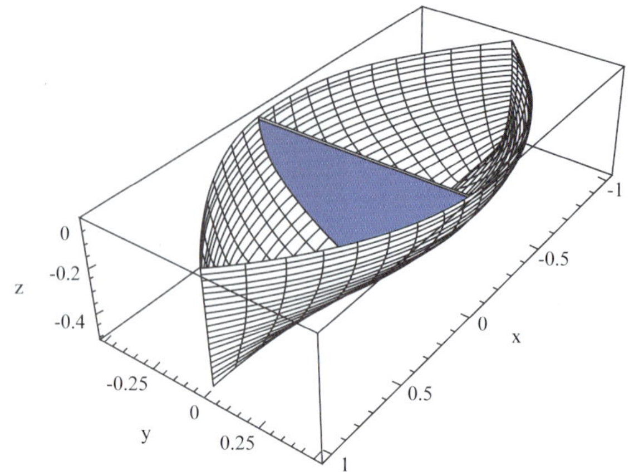

Courtesy of James P. Holloway, John Wiley & Sons, Inc.

(*주의*: 각 x, z 값에 대해 선체가 우현(starboard)으로부터 좌현(port)로 대칭이기 때문에 두 개의 y 값이 존재한다.)

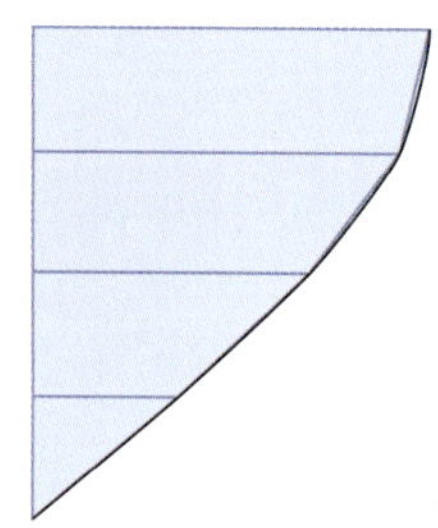

Courtesy of James P. Holloway, John Wiley & Sons, Inc.

x 지점에서 횡단면적을 선박 용어로 "섹션"이라고 한다. 이를 계산하기 위해 z는 0부터 $-T$까지 T/n 단위로 n번 변한다. 각 z 값에 대해 y의 값을 계산한다. 다음으로 긴 사다리꼴들의 면적을 더한다. 오른쪽 그림은 $n = 4$인 경우의 사다리꼴들이다.

B, L, T, x, n 값을 읽어서 x 지점에서 횡단면적을 출력하는 프로그램을 작성하라.

■■ Science P4.39 방사능 물질의 방사성 붕괴는 식 $A = A_0 e^{-t(\log 2/h)}$으로 모델링한다. 여기서 A는 시간 t에서 물질의 양이고, A_0는 시간 0에서 물질의 양이며 h는 반감기이다.

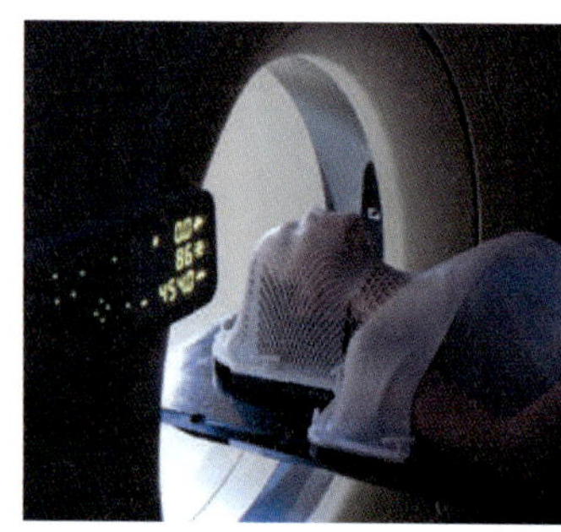

© Snowleopard1/iStockphoto.

테크네튬-99는 뇌 촬영에서 사용되는 방사성 동위원소이다. 이 물질의 반감기는 6시간이다. 물질을 투여한 후 24시간 후까지 각 시간마다 A/A_0의 비율을 출력하는 프로그램을 작성하라.

■■■ Science P4.40 왼쪽 사진은 "변압기"라고 하는 전기 장치이다. 변압기는 대개 페라이트 중심에 전선을 감아서 만든다. 아래 그림은 휴대폰이나 음악 플레이어와 같은 다양한 오디오 장치에서 발생하는 상황을 보여준다.

© zig4photo/iStockphoto.

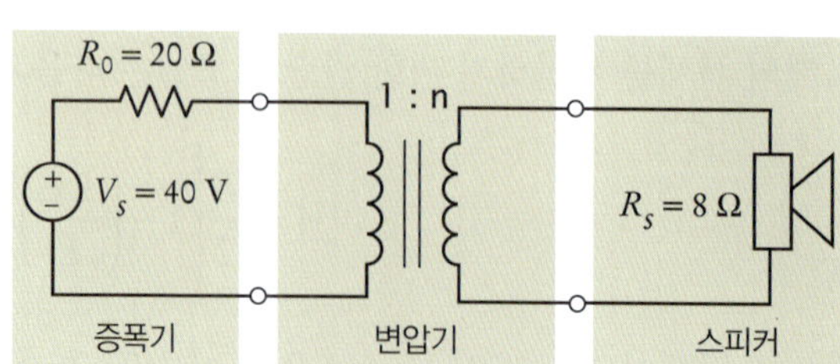

변압기는 오디오 앰프의 출력을 스피커에 연결하는 데 사용한다. 변압기를 표현하는 기호는 변압기에 두 개의 코일이 사용된다는 것을 의도적으로 보여준다. 변압기의 인수 n은 변압기의 권선비(turn ratio)라고 한다(코일을 만들 때 전선을 감은 수를 권선수(number of turns)라고 한다. 권선비는 두 코일의 권선수의 비율이다).

회로를 설계할 때 관심사는 스피커에 전달되는 출력(power)이다. 이 출력이 우리가 듣는 소리를 만들어낸다. 오디오 앰프의 출력을 변압기 없이 바로 스피커에 연결하는 경우를 생각해 보자. 앰프 출력의 일부가 스피커에 전달된다. 나머지 앰프 출력은 앰프 자체에서 소멸된다. 변압기는 스피커로 전달되는 앰프 출력을 증가시키기 위해 사용된다.

스피커에 전달되는 출력 P_s는 다음 식으로 계산된다.

$$P_s = R_s\left(\frac{nV_s}{n^2R_0 + R_s}\right)^2$$

위에서 보인 회로를 모델링하는 프로그램을 작성하라. 그리고 권선비를 0.01부터 2까지 0.01 단위로 증가시키면서 스피커에 전달되는 출력이 최대가 되는 권선비를 구하라.

■■ Graphics P4.41 흰색과 검은색이 번갈아가며 나타나는 64개의 정사각형을 갖는 체커 판을 그리는 그래픽 응용을 작성하라.

■■ Graphics P4.42 2.6절의 기술을 이용하여 사인 곡선의 이미지를 그려라. 매 5도마다 픽셀로 줄을 그려라.

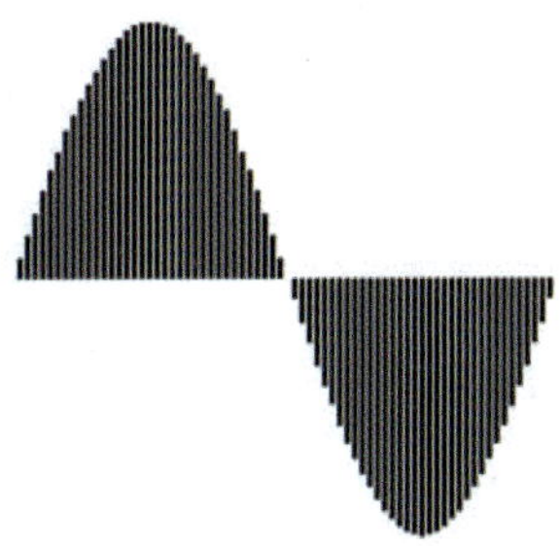

■■ Graphics P4.43 이 책과 함께 제공된 `ezgraphics` 모듈을 사용하면 그래프를 쉽고 재미있게 그릴 수 있다. x는 x_{min}으로부터 x_{max}까지 변하며, $d = (x_{min} - x_{max})/100$일 때, 간단하게 점 $(x, f(x))$와 점 $(x + d, f(x + d))$을 연결하는 선을 100개 그린다. x가 0부터 400 범위일 때 이런 방식으로 $f(x) = 0.00005x^3 - 0.03x^2 + 4x + 200$의 곡선을 그려라.

■■■ Graphics P4.44 극좌표를 이용한 식 $r = \cos(2\theta)$로 표시되는 장미곡선(four-leaved rose)을 그려라. θ는 0부터 2π까지 100번에 걸쳐 변한다. 각 시간에 r을 계산한 후 극좌표로부터 (x, y) 좌표를 다음 식으로 계산한다.

$$x = r \cdot \cos(\theta), y = r \cdot \sin(\theta)$$

곡선이 그래픽 윈도우 안에 들어가도록 x, y 값을 변환한다. a, b를 적당한 값으로 지정하라.

$$x' = a \cdot x + b$$

$$y' = a \cdot y + b$$

■■■ **Graphics P4.45** 예를 들어 다음과 같은 나선형을 그리는 그래픽 응용을 작성하라.

■■ **Graphics P4.46** 이미지의 각 픽셀의 빨간색 값을 30% 증가시켜(255 내에서) 석양 효과가 나오도록 구현하라.

Courtesy of Cay Horstmann.

■■ **Graphics P4.47** 간격이 5픽셀인 수직 줄무늬를 이미지에 추가하라. 아래의 이미지 일부는 줄을 보여주기 위해 확대한 것이다.

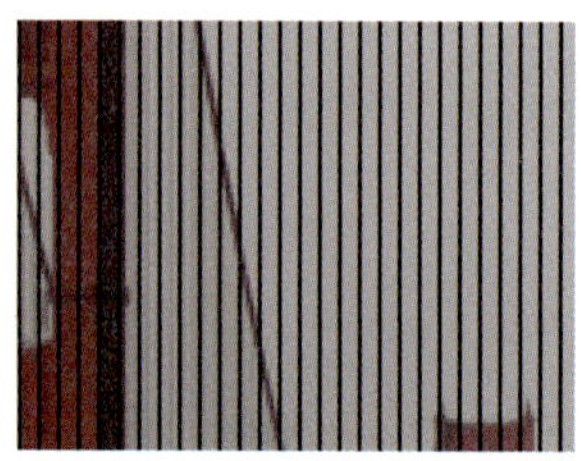

Courtesy of Cay Horstmann.

■■ **Graphics P4.48** 간격이 5픽셀인 사선 줄무늬를 이미지에 추가하라. 아래의 이미지 일부는 줄을 보여주기 위해 확대한 것이다.

Courtesy of Cay Horstmann.

■■ Graphics P4.49 이미지를 90도 시계 방향으로 회전하라.

Courtesy of Cay Horstmann.

■■ Graphics P4.50 어떤 이미지를 네 번 복제하라.

Python for Everyone/John Wiley & Sons, Inc.

■■ Graphics P4.51 새로운 이미지가 원래 이미지의 가로, 세로 두 배가 되도록 원래 이미지의 픽셀을 네 번 복제하라. 새로운 이미지에서는 픽셀이 덩어리 형태를 띤다. 아래 이미지 일부는 픽셀을 보여주기 위해 확대한 것이다.

Python for Everyone/John Wiley & Sons, Inc.

■■ **Graphics P4.52** 각 픽셀을 회색으로 변환함으로써 이미지를 회색조로 변환하라. 사람의 망막은 색에 따라 다른 민감도를 가지고 있기 때문에 단순히 픽셀의 빨간색, 초록색, 파란색을 평균하면 안 된다. 다음 식을 이용하여 회색의 수준을 계산하라.

$$gray = 0.2126 \times red + 0.7152 \times green + 0.0722 \times blue$$

Courtesy of Cay Horstmann.

■■ **Graphics P4.53** 이미지에서 경계선을 찾고, 각 픽셀에 대해 그 픽셀이 동쪽, 남쪽, 남동쪽 픽셀들과 얼마나 다른가에 따라서 검은색 혹은 흰색으로 픽셀을 칠하라. 먼저 동족, 남쪽, 남동쪽 픽셀을 평균하라. 다음으로 아래를 계산한다.

$$distance = |red - red_{\texttt{neighbors}}| + |green - green_{\texttt{neighbors}}| + |blue - blue_{\texttt{neighbors}}|$$

만약 거리가 >30이면 검은색으로, 아니면 흰색으로 칠한다.

어떤 픽셀을 변경할 때 아직 변경되지 않은 이웃들만 참고하므로 새로운 이미지를 만들지 않고 원래 이미지에서 픽셀을 계산할 수 있음에 주의하라.

Courtesy of Cay Horstmann.

■■ **Graphics P4.54** Graphics P4.53 문제를 반복하되, 이번에는 픽셀을 둘러싼 여덟 방향의 이웃 픽셀을 이용하라. 이 문제에서는 새로운 이미지를 만들 필요가 있다.

■■ **Graphics P4.55** 이미지에 망원경 효과를 추가하라. 이 효과에서는 원의 중심과 변 사이에서 픽셀이 변 쪽에 있으면 검은색으로 칠한다.

Courtesy of Cay Horstmann.

■■ **Graphics P4.56** 다음과 같이 네 개의 삼각형으로 구성된 200 × 200 크기의 이미지를 그리고 저장하는 프로그램을 작성하라.

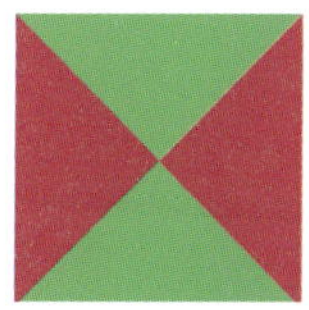

■■ **Graphics P4.57** Graphics P4.56을 반복하되, 삼각형으로 구성된 정사각형 주위에 너비가 10픽셀인 경계선을 그려라.

CHAPTER 05

함수

FUNCTIONS

이 장의 목표 _Chapter Goals

함수 구현하기
파라미터 전달에 익숙해지기
복잡한 작업을 간단한 작업들로 분해하는 전략 개발하기
변수의 범위를 결정하기
재귀적으로 생각하는 방법 배우기(선택)

5장 차례 _Chapter Contents

함수는 여러 단계로 구성되는 계산 작업을 패키지함으로써 이해 및 재사용이 쉽도록 한다(왼쪽 그림에서는 한 사람이 "에스프레소 커피 두 잔을 만드는" 함수를 실행 중에 있다). 이 장에서는 여러분 자신의 함수를 설계하고 구현하는 방법을 학습한다. 단계적 개선을 통하여 복잡한 작업을 여러 개의 서로 협력하는 함수로 분해할 수 있다.

5.1 블랙박스로서의 함수 _Functions as Black Boxes

함수는 명령 시퀀스에 이름을 붙인 것이다.

함수(function)는 여러 개의 명령문에 이름을 붙인 것이다. 여러분은 이미 몇 개의 함수를 본 적이 있다. 예를 들면 2장에서 나온 round 함수는 실수 값을 지정된 소수점 이하 자릿수로 반올림하는 명령을 포함하고 있다.

함수의 명령을 실행하기 위해서는 함수를 호출(call)하여야 한다. 예를 들어 다음 프로그램 문장을 보자.

```
price = round(6.8275, 2)  # price를 6.83으로 지정한다.
```

round(6.8275, 2)라는 표현으로 round 함수를 호출하면서, 이 함수에 6.8275라는 실수를 소숫점 이하 두 자리로 반올림할 것을 요청한다. round 함수의 명령문이 실행되고, 결과 값이 계산된다. round 함수는 결과 값을 호출된 장소로 반환하고, 프로그램은 이어서 계속 실행된다(그림 1 참고).

인자는 함수가 호출될 때 제공된다.

프로그램이 round 함수를 호출할 때, round(6.8275, 2)에서와 같이 호출되는 함수에 6.8275, 2 등의 입력 값을 제공한다. 이 값들을 함수 호출의 **인자**(arguments)라고 부른다. 이 인자들은 항상 사람이 입력해야 하는 것은 아니다. 이 인자들은 함수가 결과 값을 계산하기 위해 사용하는 값들이다. round 함수가 계산하여 출력하는 값을 **반환값**(return value)이라고 한다.

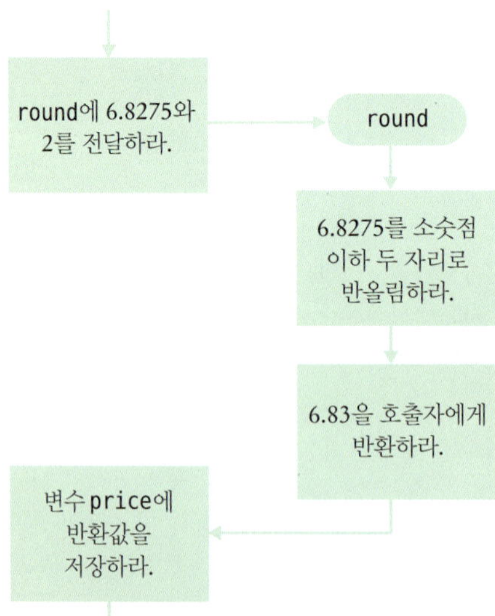

그림 1 함수 호출의 실행 흐름

그림 2 함수 호출의 실행 흐름

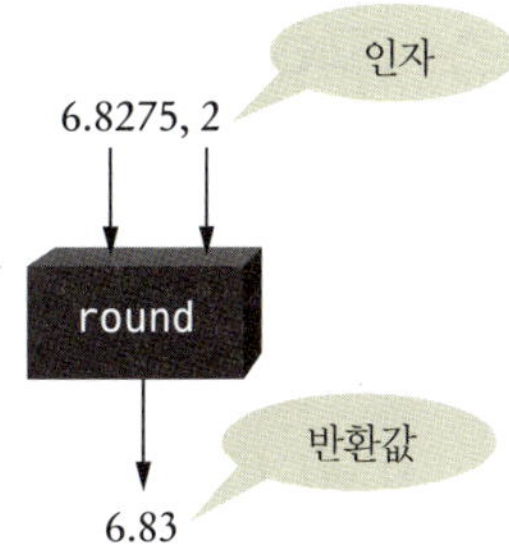

반환값은 함수의 계산 결과이다.

함수는 여러 개의 인자를 받을 수 있으나, 하나의 값만 반환한다. 또한 인자가 없는 함수도 가능하다. 예를 들면 `random` 함수는 인자를 받지 않으면서 랜덤 값을 생성한다.

함수의 반환값은 프로그램에서 함수가 호출된 지점으로 반환된다. 이후에 함수 호출을 포함하고 있는 문장에 의해 이 값이 처리된다. 예를 들어 프로그램이 다음과 같은 문장을 가지고 있다고 하자.

```
price = round(6.8275, 2)
```

`round` 함수가 결과를 반환하면 그 반환값은 `price` 변수에 저장된다.

함수가 값을 반환하는 것과 프로그램 출력을 생성하는 것은 다른 개념이다.

프로그램의 출력과 값을 반환하는 것은 다른 것이다. 만약 반환값을 출력하려면 `print(price)`와 같은 문장을 추가하여야 한다.

이 지점에서 `round` 함수가 작업을 어떻게 수행하는지 궁금할 수 있다. `round` 함수가 어떻게 6.8275 값을 반올림하여 6.83을 계산할까? 다행스럽게도 함수를 사용하는 입장에서는 함수가 어떻게 구현되었는지 알 필요가 없다. 단지 알아야 할 것은 함수의 **명세**(specification)이다: 즉 이 함수에 x와 n을 입력하면 x를 소수점 이하 n 자리로 반올림한 값을 돌려준다는 사실이다. 엔지니어들은 명세는 있는데 구현 방법을 알 수 없는 장치들을 **블랙박스**(black box)라고 부른다. 따라서 그림 2와 같이 `round` 함수를 일종의 블랙박스로 생각할 수 있다.

자신만의 함수를 설계할 때, 다른 프로그래머에게 이 함수가 블랙박스같이 취급되기를 원할 수 있다. 다른 사람이 만든 함수를 사용하기를 원하는 프로그래머는 그 함수를 사용하기 위해 함수가 내부적으로 어떻게 동작하는지 알 필요가 없길 원한다. 그 함수를 작성자가 자신 혼자만 사용한다고 해도 함수를 블랙박스로 구현하는 것은 도움이 된다. 기억해야 할 자세한 사항이 줄어들기 때문이다.

일반적으로 온도조절기는 흰색이지만 블랙박스로 생각할 수 있다. 입력은 원하는 온도이고 출력은 히터 혹은 에어컨 제어 신호이다.

5.2 함수 구현 및 테스팅 _Implementing and Testing Functions

이 절에서는 명세가 주어졌을 때 함수를 구현하는 방법과 테스트 입력으로 함수를 호출하는 방법을 배운다.

5.2.1 함수 구현

매우 간단한 예로 시작해 보자. 한 변의 길이가 주어졌을 때 정육면체의 부피를 계산하는 함수를 생각해 보자.

함수를 작성할 때 다음을 결정해야 한다.

© studioaraminta/iStockphoto.

`cubeVolume` *함수는 한 변의 길이를 이용하여 정육면체의 부피를 계산한다.*

- 함수 이름(`cubeVolume`)
- 각 인자에 대한 변수(`sideLength`)

이 변수를 **파라미터 변수**(parameter variable)라고 한다. 이 정보들과 `def` 예약어를 사용하여 함수 정의의 첫 문장을 작성한다.

```
def cubeVolume(sideLength) :
```

함수를 정의할 때, 여러분은 함수의 이름과 각 인자에 대한 변수를 제공한다.

이 줄을 함수의 **헤더**(header)라고 부른다. 다음으로 함수의 **몸체**(body)를 작성한다. 함수 몸체는 함수가 호출되면 실행될 문장들을 가지고 있다.

한 변의 길이가 s인 정육면체의 부피는 $s \times s \times s = s^3$이다. 그러나 우리의 파라미터 변수의 이름은 `sideLength`이지 s가 아니므로 `sideLength ** 3`을 계산해야 한다.

이 값을 `volume`이라는 변수에 저장한다.

```
volume = sideLength ** 3
```

함수의 결과값을 반환하기 위해 `return` 문장을 사용한다.

```
return volume
```

함수는 복합문이기 때문에 함수 몸체에 속하는 문장들은 같은 깊이로 들여써야 한다. 다음은 완전한 함수를 보여준다.

```
def cubeVolume(sideLength) :
```

`return` *문장은 함수 호출자에게 함수 결과를 돌려둔다.*

© princessdlaf/iStockphoto.

```
    volume = sideLength ** 3
    return volume
```

5.2.2 함수 테스트

이전 절에서 함수를 어떻게 작성하는지 공부하였다. 만약 함수 정의만 가지고 있는 프로그램을 실행하면 아무 결과가 나오지 않는다. 왜냐하면 아무도 함수를 호출하기 않았기 때문이다.

Syntax 5.1 함수 정의

Syntax `def` *functionName*(*parameterName*$_1$, *parameterName*$_2$, . . .) :
statements

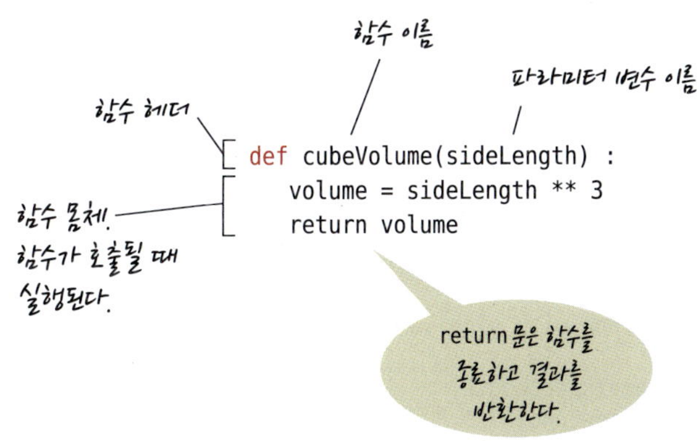

함수를 테스트하기 위해 프로그램은 다음을 포함하고 있어야 한다.

- 함수 정의
- 함수를 호출하고, 결과를 출력하는 문장

아래는 이와 같은 프로그램이다.

```
def cubeVolume(sideLength) :
   volume = sideLength ** 3
   return volume

result1 = cubeVolume(2)
result2 = cubeVolume(10)

print("A cube with side length 2 has volume", result1)
print("A cube with side length 10 has volume", result2)
```

함수의 인자가 달라지면 반환값이 달라진다는 점에 주목하라. `cubeVolume(2)`를 생각해 보자. 인자 2는 `sideLength` 파라미터 변수에 대응된다. 함수는 `sideLength ** 3` 즉 `2 ** 3`을 계산한다. 만약 10과 같이 다른 인자가 주어지면 함수는 `10 ** 3`을 계산한다.

5.2.3 함수를 포함하는 프로그램

하나 혹은 그 이상의 함수를 포함하는 프로그램을 작성할 때, 함수 정의와 문장들의 순서에 유의하여야 한다.

앞 절에 나오는 프로그램을 보면 다음이 포함되어 있는 것을 알 수 있다.

- cubeVolume 함수의 정의
- 여러 문장들. 그중 두 개는 함수를 호출함

파이썬 인터프리터가 소스 코드를 읽을 때 함수 정의 및 각 문장들을 읽는다. 함수 정의에 있는 문장들은 함수가 호출될 때까지 실행되지 않는다. 함수 정의 외부에 있는 모든 문장들은 반대로 프로그램에서 나오는 순서대로 실행된다. 따라서 함수를 호출하기 전에 정의하는 것이 중요하다. 다음 프로그램은 컴파일 오류를 일으킨다.

```
print(cubeVolume(10))

def cubeVolume(sideLength) :
   volume = sideLength ** 3
   return volume
```

컴파일러는 cubeVolume이라는 함수가 아래에 정의되어 있다는 사실을 알 수 없다.

그러나 함수 정의 내부에서는 아직 정의되지 않은 함수를 호출할 수 있다. 예를 들면 다음 프로그램은 아무런 문제가 없다.

```
def main() :
   result = cubeVolume(2)
   print("A cube with side length 2 has volume", result)

def cubeVolume(sideLength) :
   volume = sideLength ** 3
   return volume

main()
```

cubeVolume 함수가 아직 정의되지 않았는데도 main 함수 내부에서 호출된다는 점에 주목하라. 왜 이것이 문제가 되지 않는지는 실행 흐름을 고려하면 알 수 있다. 먼저 main 함수와 cubeVolume 함수의 정의가 처리된다. 마지막 행은 어떤 함수에도 속해 있지 않기 때문에 나타난 시점에서 실행된다. 이 행이 main 함수를 호출한다. main 함수의 몸체가 실행되면서 cubeVolume을 호출하는데, 이 시점에서는 cubeVolume 함수가 이미 정의되어 있다.

Syntax 5.2 함수를 포함하는 프로그램

관례상 main은 프로그램의 시작 지점이다.

cubeVolume 함수가 아래에 정의되어 있다.

```
def main() :
   result = cubeVolume(2)
   print("A cube with side length 2 has volume", result)

def cubeVolume(sideLength) :
   volume = sideLength ** 3
   return volume

main()
```

이 문장은 어떤 함수 정의에도 포함되어 있지 않다.

파이썬에서 함수를 정의하고 사용할 때 좋은 프로그래밍 습관은 모든 문장들을 함수 내부에 두고, 하나의 함수를 시작 지점으로 명시하는 것이다. 위의 예에서는 `main` 함수가 실행을 시작하는 지점이다. 시작 함수의 이름으로는 어떤 문자열을 써도 관계가 없지만, 다른 많은 프로그래밍 언어에서 `main` 함수가 시작 지점으로 사용되기 때문에 이 예에서는 `main`이라는 이름을 사용하였다.

sec02/cubes.py

```
##
#  This program computes the volumes of two cubes.
#

def main() :
   result1 = cubeVolume(2)
   result2 = cubeVolume(10)
   print("A cube with side length 2 has volume", result1)
   print("A cube with side length 10 has volume", result2)

## Computes the volume of a cube.
#  @param sideLength the length of a side of the cube
#  @return the volume of the cube
#
def cubeVolume(sideLength) :
   volume = sideLength ** 3
   return volume

# Start the program.
main()
```

Program Run

```
A cube with side length 2 has volume 8
A cube with side length 10 has volume 1000
```

Programming Tip 5.1

함수 주석

함수를 작성할 때마다 함수의 행동을 설명하는 주석을 작성해야 한다. 주석은 프로그램 소스를 읽는 사람을 위한 것이지 컴파일러를 위한 것이 아니다. 사람들마다 선호하는 함수 주석 배치가 다르다. 이 책에서는 다음과 같은 배치를 사용한다.

```
## 정육면체의 부피를 계산한다.
#  @param sideLength 정육면체 한 변의 길이
#  @return 정육면체의 부피
#
def cubeVolume(sideLength) :
   volume = sideLength ** 3
   return volume
```

이런 문서화 스타일은 자바 언어로부터 빌려왔다. 파이썬 소스 코드로부터 주석을 추출하여 HTML 형태로 제공해 주는 Doxygen(`http://www.doxygen.org`)과 같은 다양한 문서화 도구들이 이러한 양식을 인식한다.

함수 주석의 각 줄은 첫 번째 열에 해시 기호(#)가 나온다. 해시 기호가 두 번 나오는 첫 번째 줄은 함수의 목적을 설명한다. 각 @param 절은 파라미터 변수를 설명하며, @return 절은 반환값을 설명한다.

파이썬 함수의 목표를 문서화하는 다른 방법이 있다. (하지만 저자들의 생각으로는 이 방법은 서술 능력이 좀 부족하다.) "docstring"이라고 하는 문자열을 함수의 몸체에 첫 번째 문장으로 추가하는 것이다.

```
def cubeVolume(sideLength) :
   "Computes the volume of a cube."
   volume = sideLength ** 3
   return volume
```

이 책에서는 이 방법을 사용하지 않지만, 많은 파이썬 프로그래머들이 사용하고 있다.

함수 주석은 함수 설계를 설명하지만 함수 구현(함수가 어떻게 일을 하는가)은 설명하지 않는다는 점에 주의하라. 주석은 다른 사용자가 이 함수를 "블랙박스"처럼 사용할 수 있도록 만든다.

Programming Tip 5.2

함수 이름 짓기

이전에 사용한 변수 이름을 포함하여 어떤 식별자라도 함수 이름으로 사용할 수 있다. 그러나 함수 이름과 변수 이름을 다르게 하라.

파이썬은 변수 이름으로 사용할 수 있는 식별자와 함수 이름으로 사용할 수 있는 식별자를 구분하지 않는다. 만약 이전에 사용한 변수 이름을 함수 이름으로 사용하거나 혹은 역으로 사용하면 이전 정의는 사라지고 새로운 정의만 남는다. 예를 들면 다음과 같이 변수를 cubeVolume이라는 이름으로 초기화 하고 cubeVolume 함수를 호출하려고 하면 TypeError 예외가 발생한다. 정수는 호출할 수 없기 때문이다.

```
def cubeVolume(sideLength) :
   volume = sideLength ** 3
   return volume

cubeVolume = 0
cubeVolume = cubeVolume(2)
```

오류의 원인은 다음과 같다.

cubeVolume 함수가 정의된 다음에 cubeVolume이라는 식별자가 정수를 가지고 있는 변수 이름으로 재정의되었다. 따라서 프로그램에서 cubeVolume을 호출하면 파이썬은 함수를 호출하려고 하지만 그 시점에서 cubeVolume은 정수 변수를 가리키고 있다.

5.3 파라미터 전달 _Parameter Passing

파라미터 변수들은 함수가 호출될 때 제공된 인자들을 저장한다.

이 절에서는 파라미터 전달을 자세히 공부한다. 어떤 함수가 호출되면 함수의 인자를 받기 위한 변수가 만들어지는데, 이 변수들을 **파라미터 변수**(parameter variables)라고 한다(널리 사용되는 다른 용어로는 **형식 파라미터**(formal parameters)라고도 한다). 함수가 호출될 때 제공된 값을 **호출 인자**(argument)라고 한다(이 값들을 보통 **실제 파라미터**(actual parameters)라고 부른다).

과일 파이 요리법은 어떤 종류의 과일도 사용할 수 있다고 말한다. 여기서 "과일"이 파라미터 변수의 예이다. 사과 혹은 체리는 인자의 예이다.

그림 3
파라미터 전달

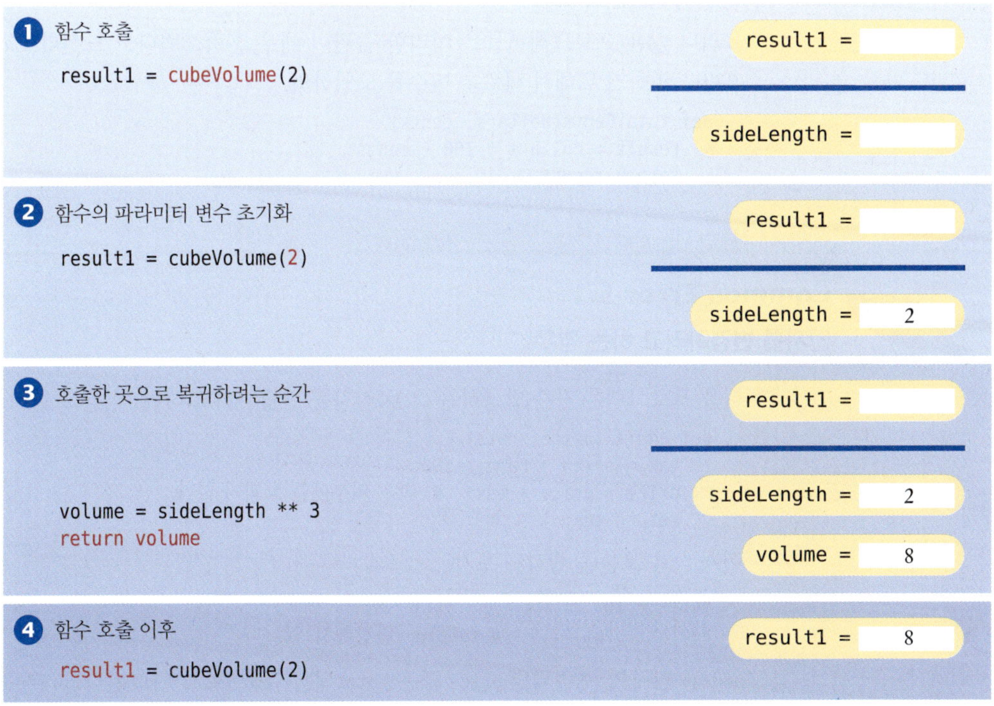

그림 3의 다음 함수 호출을 생각해 보자.

```
result1 = cubeVolume(2)
```

- 함수가 호출되면 `cubeVolume` 함수의 파라미터 변수 `sideLength`가 생성된다. ❶
- 함수 호출에서 주어진 인자 값으로 파라미터 변수가 초기화된다. 이 예에서는 `sideLength`가 2로 지정된다. ❷
- 함수는 `sideLength ** 3`을 계산하고, 이 값은 8이 된다. 이 값이 변수 `volume`에 저장된다. ❸
- 함수로부터 복귀한다. 함수의 모든 변수들은 삭제된다. 반환값이 호출자에게 전달되고, 호출자는 반환값을 `result1` 변수에 저장한다. ❹

위 함수에 대해 다시 `cubeVolume(10)`을 호출할 경우를 생각해 보자. 새로운 파라미터 변수가 생성된다(첫 번째 호출에서 생성된 파라미터 변수는 삭제되었다는 점을 상기하라). 이 변수는 10으로 초기화되고 계산 과정이 반복된다. 두 번째 함수 호출이 끝나면 그 함수 변수들은 또다시 삭제된다.

Programming Tip 5.3

파라미터 변수를 변경하지 마라

파이썬에서는 파라미터 변수도 다른 변수와 똑같다. 이 변수의 값을 함수의 몸체에서 변경할 수 있다. 다음을 보라.

```
def totalCents(dollars, cents) :
   cents = dollars * 100 + cents    # 파라미터 변수를 수정한다.
   return cents
```

그러나 많은 프로그래머들은 이러한 습관이 매우 혼란스럽다고 느낀다(Common Error 5.1 참고). 혼란을 피하기 위해서 새로운 변수를 도입하라.

```
def totalCents(dollars, cents) :
   result = dollars * 100 + cents
   return result
```

Common Error 5.1

인자를 변경하려고 하는 경우

다음 프로그램은 자주 발생하는 오류(인자를 변경하려고 하는 것)를 포함하고 있다.

```
def addTax(price, rate) :
   tax = price * rate / 100
   price = price + tax    # 함수 외부에는 효과가 없다.
   return tax
```

이제 다음 호출을 생각해 보자.

```
total = 10
addTax(total, 7.5)  # total을 변경하지 않는다.
```

addTax 함수가 호출되면 price 값은 total 값인 10으로 초기화된다. price는 10.75로 변한다. 함수로부터 복귀할 때 price를 포함한 모든 함수 변수들이 삭제된다. 이 변수들에 지정된 값들은 없어진다. total이 변경되지 않는 점에 주의하라.

파이썬에서는 인자로 전달된 변수의 내용을 함수에서 바꿀 수 없다. 어떤 변수를 인자로 하여 함수를 호출할 때 이 변수를 전달하는 것이 아니라 이 변수에 저장된 값을 전달한다.

5.4 반환값 _Return Values

return 문장은 함수 호출을 완료하고, 함수 결과를 넘겨준다.

함수의 결과를 명시하기 위해 return 문장을 사용한다. 앞의 예들에서 각 return문은 하나의 변수를 반환하였다. 하지만 return문은 어떤 표현식의 값도 반환할 수 있다. 반환값을 변수에 저장한 후 그 변수를 반환하는 대신에 좀 더 복잡한 표현식을 반환함으로써 변수를 사용하지 않을 수 있다.

```
def cubeVolume(sideLength) :
   return sideLength ** 3
```

return 문이 실행되면 함수는 '즉시' 종료된다. 어떤 프로그래머들은 함수의 시작 부분에서 예외적인 상황을 처리하기 위해 이 특성을 이용한다.

```
def cubeVolume(sideLength) :
   if sideLength < 0 :
      return 0
   #  정상적인 경우를 처리한다.
   . . .
```

만약 sideLength 값이 음수로 함수가 호출되면 함수는 0을 반환하고 나머지 부분은 실행되지 않는다(그림 4 참고).

그림 4

return문은 함수를 즉시 종료한다.

© Tashka/iStockphoto.

함수의 모든 분기점은 값을 반환해야 한다. 다음은 틀린 함수의 예이다.

```
def cubeVolume(sideLength) :
   if sideLength >= 0 :
      return sideLength ** 3
   # 오류—만약 sieLength < 0이면 값을 반환하지 않는다.
```

컴파일러는 이것을 오류로 지적하지 않는다. 단지 함수로부터 None이라는 특수 값이 반환된다. 다음은 올바른 함수이다.

```
def cubeVolume(sideLength) :
   if sideLength >= 0 :
      return sideLength ** 3
   else :
      return 0
```

어떤 프로그래머는 함수에서 여러 개의 return문을 사용하는 것을 좋아하지 않는다. 여러 return문을 사용하지 않으려면 반환하려는 값을 변수에 저장한 후, 마지막 문장으로 이 변수를 반환해야 한다. 예를 들면 다음과 같다.

```
def cubeVolume(sideLength) :
   if sideLength >= 0 :
      volume = sideLength ** 3
   else :
      volume = 0
   return volume
```

예제 코드 값을 반환하는 함수를 보여주는 완전한 프로그램은 eText나 보조 사이트의 소스 코드에서 `sec04/earthquake.py`를 참조하라.

Special Topic 5.1

한 줄 복합문 사용하기 _Using Single-Line Compound Statements

파이썬의 복합문은 일반적으로 여러 줄을 차지한다. 헤더가 한 줄 나오고 그다음 여러 줄에 걸쳐 몸체가 나오는데, 몸체의 각 문장은 같은 수준으로 들여써야 한다. 그렇지만 몸체가 한 문장인 경우는 복합문 전체를 한 줄에 쓸 수 있다. 예를 들면 다음 `if` 문장은

```
if digit == 1 :
   return "one"
```

몸체가 하나의 문장이기 때문에 특별히 한 줄 복합문 형태를 사용할 수 있다.

```
if digit == 1 : return "one"
```

이 형태는 여러 값들 중에서 한 값을 선택하여 반환하는 함수에서 매우 유용하다. 예를 들면 다음 한 줄 형태 코드는 읽기도 쉽고 간결하다.

```
if digit == 1 : return "one"
if digit == 2 : return "two"
if digit == 3 : return "three"
if digit == 4 : return "four"
if digit == 5 : return "five"
if digit == 6 : return "six"
if digit == 7 : return "seven"
if digit == 8 : return "eight"
if digit == 9 : return "nine"
```

어떤 경우에는 한 줄 복합문이 독자를 혼란하게 하거나, 중요한 세부 사항을 보지 못하고 넘어가게 할 수도 있다. 따라서 이 책에서는 한 줄 복합문을 `if`문이 `return` 문장만 가지는 경우에만 사용한다.

HOW TO 5.1

함수 구현하기 _Implementing a Function

함수는 같은 프로그램 혹은 다른 프로그램에서 다른 인자를 사용하여 여러 번 호출함으로써 반복하여 사용되는 계산 과정이다. 계산 과정이 한 번 이상 필요하다면 함수로 만들어라.

© Holger Mette/iStockphoto.

문제 정의 이집트 피라미드를 연구하는 고고학자들을 돕는다고 가정하자. 밑변의 길이와 높이를 주면 피라미드의 부피를 계산하는 함수를 작성하는 것이 해야 할 작업이다.

1단계 함수가 무슨 일을 하는지 기술하라.

"밑면이 정사각형인 피라미드의 부피를 계산한다."와 같이 간단한 설명을 작성하라.

2단계 함수의 입력을 결정하라.

변할 수 있는 모든 파라미터들의 목록을 작성하라. 초보자들은 너무 특정한 함수를 작성하는 경향이 있다. 예를 들면 이집트에서 가장 큰 피라미드인 기자(Giza)의 대피라미드의 높이는 146미터이고 밑

재사용할 수 있는 계산은 함수로 만들어라.

변의 길이는 230미터이다. 원래 문제가 대피라미드의 부피를 계산하는 것이라고 해도 이 숫자를 계산에서 사용하면 안 된다. 임의의 피라미드 부피를 계산하는 함수를 작성하는 것이 쉽고 또한 훨씬 유용하다. 이 문제에서 파라미터는 피라미드 높이와 밑변 길이이다.

3단계 파라미터 변수와 반환값의 자료형을 결정하라.

높이와 밑변 길이는 모두 부동-소수점 수일 수 있다. 계산된 부피도 또한 부동-소수점 수이고 따라서 반환형은 `float`이다. 따라서 함수에 대한 주석은 다음과 같다.

```
## 밑면이 정사각형인 피라미드의 부피를 계산한다.
#  @param height 피라미드의 높이를 표시하는 부동-소수점 수
#  @param baseLength 피라미드 밑면의 한 변의 길이를 표시하는 부동-소수점 수
#  @return 피라미드 부피를 나타내는 부동-소수점 수
```

그리고 함수는 다음과 같이 정의한다.

```
def pyramidVolume(height, baseLength) :
```

4단계 원하는 결과를 얻기 위한 의사코드를 작성하라.

대부분의 경우 함수에서 원하는 결과를 계산하기 위해 여러 단계가 필요하다. 이를 위해 수학 공식, 분기 혹은 루프를 사용할 수 있다. 여러분의 함수를 의사코드로 표현하라.

인터넷 검색으로 피라미드의 부피를 계산하는 다음 식을 찾을 수 있다.

부피 = 1/3 x 높이 x 밑면 넓이

밑면이 정사각형이므로 밑면의 넓이를 위한 공식은 다음과 같다.

밑면 넓이 = 밑면 길이 x 밑변 길이

위의 두 공식을 이용하여 주어진 인자에 해당하는 피라미드의 부피를 계산할 수 있다.

5단계 함수 몸체를 구현하라.

이 예에서는 함수 몸체가 매우 간단하다. 값을 반환하기 위해서 `return` 문을 사용하는 것에 주의하라.

```
def pyramidVolume(height, baseLength) :
   baseArea = baseLength * baseLength
   return height * baseArea / 3
```

6단계 구현된 함수를 테스트하라.

함수를 구현한 후 이 함수를 독립적으로 테스트해야 한다. 이러한 테스트를 **단위 테스트**(unit test)라고 한다. 테스트 케이스를 손으로 해보고, 프로그램이 같은 결과를 내는지 확인하라.

예를 들어 높이가 9이고 밑변 길이가 10인 피라미드에 대해 출력은 $1/3 \times 9 \times 100 = 300$이 되어야 한다. 만약 높이가 0이면 0이 나와야 한다.

```
def main() :
   print("Volume:" + pyramidVolume(9, 10))
   print("Expected: 300")
   print("Volume:" + pyramidVolume(0, 10))
   print("Expected: 0")
```

다음 출력은 이 함수가 제대로 동작하고 있음을 보여준다.

```
Volume: 300.0
Expected: 300
Volume: 0.0
Expected: 0
```

예제 코드 피라미드 부피를 계산하는 전체 프로그램이 아래에 나와 있다.

how_to_1/pyramids.py

```
##
#  This program defines a function for calculating a pyramid's volume and
#  provides a unit test for the function.
#

def main() :
   print("Volume:", pyramidVolume(9, 10))
   print("Expected: 300")
   print("Volume:", pyramidVolume(0, 10))
   print("Expected: 0")

## Computes the volume of a pyramid whose base is a square.
#  @param height  a float indicating the height of the pyramid
#  @param baseLength  a float indicating the length of one side of
#  the pyramid's base
#  @return  the volume of the pyramid as a float
#
def pyramidVolume(height, baseLength) :
   baseArea = baseLength * baseLength
   return height * baseArea / 3

# Start the program.
main()
```

WORKED EXAMPLE 5.1

랜덤 패스워드 생성하기 _*Generating Random Passwords*

문제 정의 많은 웹 사이트나 소프트웨어 패키지에서는 패스워드를 만들 때 하나 이상의 숫자와 하나 이상의 특수문자를 사용할 것을 요구한다. 해야 할 작업은 이 요구사항에 맞추어 주어진 길이의 패스워드를 생성하는 프로그램을 작성하는 것이다. 문자들은 임의로 선택한다.

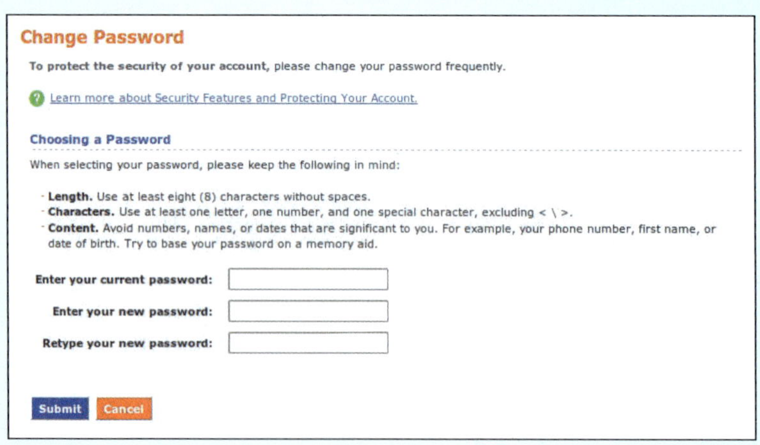

1단계 함수가 무슨 일을 하는지 기술하라.

문제 정의는 함수가 아니라 프로그램을 작성할 것을 요구하고 있다. 따라서 패스워드를 생성하는 함수를 작성한 후에, 이 함수를 프로그램의 main 함수에서 호출할 것이다.

함수를 좀 더 자세하게 살펴보자. 이 함수는 주어진 숫자의 문자들로 구성된 패스워드를 생성한다. 패스워드에 숫자와 특수문자를 여러 개 넣을 수도 있지만 여기서는 문제를 간단하게 하기 위해 숫자와 특수문자를 각각 한 개씩만 넣는다. 어떤 문자가 유효한 특수문자인가를 결정할 필요가 있다. 여기서는 다음 문자들을 특수문자로 사용한다.

```
+ - * / ? ! @ # $ % &
```

패스워드의 다른 문자들은 일반문자들이다. 간단히 하기 위해 영어 소문자만 일반문자로 사용한다.

2단계 함수의 "입력"을 결정하라.

파라미터는 한 개이다. 즉 패스워드의 길이다.

3단계 파라미터 변수와 반환값의 자료형을 결정하라.

이 시점에서 우리는 함수 주석과 함수 헤더를 작성할 수 있는 충분한 정보를 가지고 있다.

```
## 랜덤 패스워드를 생성한다.
#  @param length 패스워드의 길이를 나타내는 정수
#  @return 하나의 숫자 및 하나의 특수문자를 포함하고 있는 패스워드 문자열
#
def makePassword(length) :
```

4단계 원하는 결과를 얻기 위한 의사코드를 작성하라.

다음은 패스워드를 만드는 하나의 방법이다.

```
password라는 이름의 빈 문자열을 생성하라.
length – 2개의 랜덤 문자들을 생성하여 password에 추가하라.
랜덤 숫자를 하나 생성하여 password의 랜덤 위치에 삽입하라.
랜덤 기호를 하나 생성하여 password의 랜덤 위치에 삽입하라.
```

랜덤 문자, 숫자 혹은 기호를 어떻게 생성하는가? 어떻게 숫자나 기호를 랜덤 위치에 넣는가? 이 작업들은 헬퍼 함수에 위임할 것이다. 각 헬퍼 함수는 새로운 일련의 단계들을 시작하겠지만, 논의를 명확하게 하기 위해 이 함수를 구현한 후에 헬퍼 함수의 단계들을 설명할 것이다.

5단계 함수 몸체를 구현하라.

4단계에서 언급한 (이 함수 후에 완성할) 두 개의 헬퍼 함수의 "블랙박스" 설명을 알 필요가 있다. 헬퍼 함수의 설명은 다음과 같다.

```
## 주어진 문자열에서 랜덤하게 선택한 한 문자로 구성된 문자열을 반환
#  @param characters 이 문자열로부터 문자를 하나 임의로 선택
#  @return 랜덤 위치에서 선택한 길이 1인 부분 문자열
#
def randomCharacter(characters) :

## 한 문자열을 다른 문자열의 랜덤 위치에 삽입한다.
#  @param string 다른 문자열이 삽입될 문자열
#  @param toInsert 삽입될 문자열
#  @return 를 string에 삽입한 결과 문자열
#
def insertAtRandom(string, toInsert) :
```

이제 4단계의 의사코드를 파이썬 코드로 다음과 같이 작성할 수 있다.

```
def makePassword(length) :
   password = ""
   for i in range(length - 2) :
      password = password + randomCharacter("abcdefghijklmnopqrstuvwxyz")

   randomDigit = randomCharacter("0123456789")
   password = insertAtRandom(password, randomDigit)

   randomSymbol = randomCharacter("+-*/?!@#$%&")
   password = insertAtRandom(password, randomSymbol)

   return password
```

6단계 구현된 함수를 테스트하라.

구현된 함수는 헬퍼 함수들에 의존하기 때문에 테스트를 위해서는 헬퍼 함수를 먼저 구현해야 한다. 헬퍼 함수 구현은 다음 절에 나와 있다(만약 서둘러 테스트하고 싶다면 Programming Tip 5.6에 나오는 스터브(stub) 기술을 사용할 수 있다).

다음은 makePassword 함수를 호출하는 간단한 main 프로그램이다.

```
def main() :
   result = makePassword(8)
   print(result)
```

모든 함수를 password.py라는 파일에 넣는다. main 함수 호출을 추가한다. 프로그램을 몇 번 실행시키면 다음과 비슷한 결과를 볼 수 있다.

```
u@taqr8f
i?fsldgh
ot$3rvdv
```

각 패스워드는 여덟 자 길이이고 하나의 숫자, 하나의 특수기호를 포함하고 있다.

첫 번째 헬퍼 함수를 위한 반복

이제 랜덤 문자, 랜덤 숫자, 랜덤 기호를 생성하는 헬퍼 함수를 구현할 차례이다.

1단계 함수가 무슨 일을 하는지 기술하라.

문자, 숫자, 특수기호 중 어느 것을 생성할 것인지를 어떻게 선택하는가? 물론 이 문제에 대해 세 개의 함수를 작성할 수도 있지만, 하나의 함수를 이용하여 세 가지 문제를 푸는 것이 더 좋다. 이 함수는 1이면 문자를, 2이면 숫자를, 3이면 특수기호를 생성하도록 하는 파라미터가 필요하다. 그러나 조금 물러서서 생각해 보면 주어진 집합에서 임의의 문자를 선택하는 보다 일반적인 함수를 제공할 수 있다. 이 함수에 문자열 "abcdefghijklmnopqrstuvwxyz"을 넘겨주면 랜덤 소문자를 생성한다. 랜덤 숫자를 생성하려면 이 함수에 "0123456789"를 넘겨주면 된다.

이제 함수가 어떤 일을 하는지 알았다. 어떤 문자열을 주면 그 문자열 내의 임의의 한 문자를 반환하는 것이다.

2단계 함수의 "입력"을 결정하라.

입력은 임의의 문자열이다.

3단계 파라미터 변수와 반환값의 자료형을 결정하라.

입력 자료형은 명백히 문자열이다. 반환값도 마찬가지이다.

함수 헤더는 다음과 같다.

```
def randomCharacter(characters) :
```

4단계 원하는 결과를 얻기 위한 의사코드를 작성하라.

<u>randomCharacter(characters)</u>
n = len(characters)
r = 0과 n−1 사이의 랜덤 정수
r 위치에서 시작하는 길이 1인 부분 문자열을 반환한다.

5단계 함수 몸체를 구현하라.

단순히 의사코드를 파이썬으로 옮긴다.

```
def randomCharacter(characters) :
   n = len(characters)
   r = randint(0, n - 1)
   return characters[r]
```

6단계 구현된 함수를 테스트하라.

이 함수만을 테스트하기 위한 프로그램 파일을 제공하라.

```
from random import randint

def main() :
   for i in range(10) :
      print(randomCharacter("abcdef"), end="")
   print()

def randomCharacter(characters) :
   n = len(characters)
   r = randint(0, n - 1)
   return characters[r]

main()
```

이 프로그램을 실행시키면 다음과 비슷한 결과가 나온다.

```
afcdfeefac
```

이것으로 이 함수가 제대로 동작하는 것을 알 수 있다.

두 번째 헬퍼 함수를 위한 반복

마지막으로 두 번째 헬퍼 함수를 구현한다. 이 함수는 한 개의 문자로 구성된 문자열을 어떤 문자열의 임의의 위치에다 삽입한다.

1단계 함수가 무슨 일을 하는지 기술하라.

문자열 "arxcsw"와 "8"이 있다고 가정하자. 두 번째 문자열이 첫 번째 문자열의 임의 위치에 삽입되어 "ar8xcsw", "arxcsw8"과 같은 문자열을 반환한다. 사실 두 번째 문자열의 길이가 꼭 1일 필요는 없기 때문에 여기서 작성하는 함수는 임의 길이의 문자열을 다른 문자열에 삽입하도록 명시한다.

2단계 2단계 함수의 "입력"을 결정하라.

첫 입력은 다른 문자열이 삽입되는 문자열이다. 두 번째 입력은 삽입할 문자열이다.

3단계 파라미터 변수와 반환값의 자료형을 결정하라.

입력은 둘 다 문자열이고, 반환값도 문자열이다. 이제 함수를 완전히 기술할 수 있다.

```
## 한 문자열을 다른 문자열의 랜덤 위치에 삽입한다.
#  @param string 다른 문자열이 삽입될 문자열
#  @param toInsert 삽입될 문자열
#  @return toInsert를 string에 삽입한 결과 문자열
#
def insertAtRandom(string, toInsert) :
```

4단계 원하는 결과를 얻기 위한 의사코드를 작성하라.

문자열을 다른 문자열에 삽입하는 함수가 미리 정의되어 있지 않다. 대신 문자열을 삽입할 위치는 찾은 다음 첫 문자열을 두 부분 문자열로 분해한다. 처음 부분 문자열을 첫 문자열의 시작으로부터 삽입 위치까지의 글자들을 포함하고, 두 번째 부분 문자열은 나머지 문자들을 포함한다.

삽입 위치는 몇 가지 경우가 가능한가? 만약 string의 길이가 6이라면 7개의 위치가 가능하다.

```
1. |arxcsw
2. a|rxcsw
3. ar|xcsw
4. arx|csw
5. arxc|sw
6. arxcs|w
7. arxcsw|
```

일반적으로 문자열의 길이가 n일 때, 0부터 n까지 $n + 1$개의 삽입 위치가 가능하다.

다음은 의사코드이다.

insertAtRandom(string, toInsert)
n = len(string)
r = 0과 n 사이의 랜덤 정수
(string에서 0과 r-1까지의 부분 문자열 + toInsert + string의 나머지 부분 문자열)를 반환한다.

5단계 함수 몸체를 구현하라.

의사코드를 파이썬으로 번역하라.

```
def insertAtRandom(string, toInsert) :
   n = len(string)
   r = randint(0, n)
   result = ""

   for i in range(r) :
      result = result + string[i]
   result = result + toInsert
   for i in range(r, n) :
      result = result + string[i]

   return result
```

6단계 구현된 함수를 테스트하라.

이 함수만을 테스트하기 위한 프로그램 파일을 제공하라.

```
from random import randint

def main() :
   for i in range(10) :
      print(insertAtRandom("arxcsw", "8")

def insertAtRandom(string, toInsert) :
   n = len(string) :
   r = randint(0, n)
   result = ""
```

```
    for i in range(r) :
        result = result + string[i]
    result = result + toInsert
    for i in range(r, n) :
        result = result + string[i]

    return result

main()
```

이 프로그램을 실행시키면 다음과 비슷한 결과가 나온다.

```
arxcsw8
ar8xcsw
arxc8sw
a8rxcsw
arxcsw8
ar8xcsw
arxcsw8
a8rxcsw
8arxcsw
8arxcsw
```

이것은 두 번째 문자열이 첫 문자열의 시작 및 끝 위치를 포함하여 임의의 위치에 삽입된다는 것을 보여준다.

예제 코드 완전한 프로그램은 eText 혹은 보조 사이트의 소스 코드에서 worked_example_1/password.py를 참조하라.

5.5 반환값이 없는 함수 _Functions Without Return Values

어떤 함수는 값을 반환하지 않지만 출력을 생성할 수 있다.

어떤 경우에는 값을 생성하지 않는 명령 시퀀스를 실행할 필요가 있다. 만약 이 시퀀스가 여러 번 나타난다면 이 시퀀스를 함수로 만들고 싶을 것이다.

다음은 전형적인 예이다. 여러분의 작업은 다음과 같이 문자열을 박스 안에 출력하는 것이다.

```
-------
!Hello!
-------
```

© jgroup/iStockphoto.

어떤 함수는 값을 반환하지는 않지만 출력을 생성하기 때문에 호출된다.

물론 박스 안에 "Hello" 대신 다른 문자열을 넣을 수도 있다. 이 작업을 하는 함수는 다음과 같이 정의될 수 있다.

```
def boxString(contents) :
```

이제 문제를 풀기 위한 일반적인 알고리즘을 개발하고 함수의 몸체를 평상시대로 개발한다.

n = 문자열의 길이
n + 2개의 -문자로 구성된 한 줄을 출력한다.
contents의 오른쪽과 왼쪽을 !문자로 둘러싸서 한 줄로 출력한다.
n + 2개의 -문자로 구성된 다른 한 줄을 출력한다.

다음은 이 의사코드의 구현 함수이다.

```
## 한 문자열을 박스 안에 표시한다.
#  @param contents 박스 안에 표시할 문자열
#
def boxString(contents) :
   n = len(contents) :
   print("-" * (n + 2))
   print("!" + contents + "!")
   print("-" * (n + 2))
```

이 함수는 어떤 값도 계산하지 않는다는 것에 주목하라. 단지 어떤 동작을 하고 난 후 호출한 곳으로 복귀한다. 사실 이 함수는 특수한 값인 None 값을 반환한다. 그러나 이 None 값을 가지고 할 수 있는 일은 없다.

유효한 반환값이 없기 때문에 boxString을 수식에서 사용하면 안 된다. 다음 호출은 가능하지만

```
boxString("Hello")
```

다음은 틀린 호출이다.

```
result = boxString("Hello")    # 안 된다. boxString은 의미 있는 값을 반환하지 않는다.
```

값을 계산하지 않는 함수에서 마지막 문장에 다다르기 전에 복귀하고 싶다면 값이 없는 return문을 사용한다. 다음은 예이다.

```
def boxString(contents) :
   n = len(contents)
   if n == 0 :
      return   # Return immediately
   print("-" * (n + 2))
   print("!" + contents + "!")
   print("-" * (n + 2))
```

5.6 문제 해결: 재사용할 수 있는 함수 _*Problem Solving: Reusable Functions*

중복된 코드 혹은 의사코드는 함수를 정의하여 제거하라.

우리는 이미 내장 함수와 표준 라이브러리 함수 등 많은 함수를 사용하였다. 이 함수들은 파이썬 플랫폼의 일부로 제공되기 때문에 프로그래머가 다시 작성할 필요는 없다. 물론 파이썬 라이브러리가 모든 필요한 함수를 제공하지는 않는다. 따라서 여러분은 다양한 경우에 사용될 수 있는 자신의 함수를 설계함으로써 프로그램 개발 시간을 절약할 수 있다.

한 프로그램 내에서나 다른 여러 프로그램에서 거의 비슷한 코드나 의사코드를 여러 번 작성한다면 함수 도입을 고려하라. 다음은 코드 중복의 전형적인 예이다.

```
hours = int(input("Enter a value between 0 and 23: "))
while hours < 0 or hours > 23 :
   print("Error: value out of range.")
   hours = int(input("Enter a value between 0 and 23: "))

minutes = int(input("Enter a value between 0 and 59: "))
while minutes < 0 or minutes > 59 :
   print("Error: value out of range.")
   minutes = int(input("Enter a value between 0 and 59: "))
```

위 프로그램은 두 개의 변수를 읽어서 각 변수가 어떤 범위 내에 있는지 확인한다. 이런 공통

행동을 뽑아서 함수로 만드는 것은 쉽다.

```
## 사용자가 주어진 최댓값 이하의 값을 입력할 때까지 사용자에게 입력을 요청하는
#  프롬프트 출력
#  @param high 입력할 수 있는 최댓값을 나타내는 정수
#  @return 사용자가 입력한 정수(0과 최댓값 범위 내, 최댓값도 포함)
#
def readIntUpTo(high) :
   value = int(input("Enter a value between 0 and " + str(high) + ": "))
   while value < 0 or value > high :
      print("Error: value out of range.")
      value = int(input("Enter a value between 0 and " + str(high) + ": "))

   return value
```

그리고 이 함수를 두 번 사용한다.

```
hours = readIntUpTo(23)
minutes = readIntUpTo(59)
```

이렇게 함으로써 루프의 중복을 제거하였다. 이제 루프는 함수 내에서 한 번만 나타난다.

이 집들은 서로 다른 건축업자가 만든 것이 아니다. 마찬가지로 프로그램에서 같은 작업을 여러 번 반복하기 위해서 중복된 코드를 사용하는 것이 아니라 함수를 사용한다.

© LawrenceSawyer/iStockphoto

재사용할 수 있도록 함수를 설계하라. 함수가 재사용될 때 변할 수 있는 값들에 대해 파라미터 변수를 제공하라.

이 함수는 정수를 읽어야 하는 다른 프로그램에서도 사용될 수 있다. 그러나 그 프로그램에서는 가장 작은 값이 0이 아닐 수도 있다.

다음은 개선된 프로그램이다.

```
## 사용자가 주어진 범위 내의 값을 입력할 때까지 사용자에게 입력을 요청하는
#  프롬프트 출력
#  @param low  입력할 수 있는 최솟값을 나타내는 정수
#  @param high  입력할 수 있는 최댓값을 나타내는 정수
#  @return  사용자가 입력한 정수(최솟값과 최댓값 사이, 최솟값과 최댓값도 포함)
#
def readIntBetween(low, high) :
   value = int(input("Enter a value between " + str(low) + " and " +
                     str(high) + ": "))
   while value < low or value > high :
      print("Error: value out of range.")
      value = int(input("Enter a value between " + str(low) + " and " +
                        str(high) + ": "))
   return value
```

한 프로그램에서는 다음과 같이 사용한다.

```
hours = readIntBetween(0, 23)
```

다른 프로그램에서는 다음과 같이 사용한다.

```
month = readIntBetween(1, 12)
```

일반적으로 함수가 재사용될 때 변하는 값에 대하여 파라미터 변수를 사용한다. readIntBetween 함수 사용을 보여주는 완전한 프로그램이 아래에 나와 있다.

sec06/readtime.py

```
##
#  This program demonstrates a reusable function.
#

def main() :
   print("Please enter a time: hours, then minutes.")
   hours = readIntBetween(0, 23)
   minutes = readIntBetween(0, 59)
   print("You entered %d hours and %d minutes." % (hours, minutes))

## Prompts a user to enter a value within a given range until the user provides
#  a valid input.
#  @param low  an integer indicating the smallest allowable input
#  @param high  an integer indicating the largest allowable input
#  @return  the integer value provided by the user (between low and high,
#  inclusive)
#
def readIntBetween(low, high) :
   value = int(input("Enter a value between " + str(low) + " and " +
                     str(high) + ": "))
   while value < low or value > high :
      print("Error: value out of range.")
      value = int(input("Enter a value between " + str(low) + " and " +
                        str(high) + ": "))

   return value

# Start the program.
main()
```

Program Run

```
Please enter a time: hours, then minutes.
Enter a value between 0 and 23: 25
Error: value out of range.
Enter a value between 0 and 23: 20
Enter a value between 0 and 59: -1
Error: value out of range.
Enter a value between 0 and 59: 30
You entered 20 hours and 30 minutes.
```

5.7 문제 해결: 단계적 개선 _*Problem Solving: Stepwise Refinement*

복잡한 작업을 간단한 작업으로 분해하기 위해 단계적 개선 절차를 사용하라.

문제 해결을 위한 가장 강력한 전략은 **단계적 개선**(stepwise refinement) 프로세스이다. 복잡한 문제는 좀 더 간단한 문제들로 분할하라. 이렇게 분할된 문제들이 여러분이 해결할 수 있을 문제가 될 때까지 분할 과정을 반복하라.

이제 이 프로세스를 일상생활 문제에 적용해 보자. 여러분은 아침에 일어나서 커피를 구해야 한다(*get coffee*). 어떻게 커피를 구하는가? 먼저 어머니나 친구에서 커피를 가져다 달라고 할 수 있는지 본다. 만약 그럴 수 없다면 여러분이 커피를 만들어야 한다(*make coffee*). 어떻게 커피를 만드는가? 만약 인스턴트커피가 있다면 인스턴트커피(*instant coffee*)를 만들 수 있다. 어떻게 인스턴트커피를 만드는가? 그냥 물을 끓이고 끓인 물과 인스턴스커피를 섞는다. 어떻게 물을 끓이는가? 만약 전자레인지가 있다면 컵에 물을 채워서 전자레인지에 넣은 후 3분간 돌린다. 아니면 난로 위에 물을 채운 주전자를 놓고 물이 끓을 때까지 가열한다.

한편, 만약 인스턴트커피가 없다면 커피를 만들어야 한다(*brew coffee*). 어떻게 커피를 만드는가? 커피메이커에 물을 넣고, 필터를 넣은 다음 커피를 간다(*grind coffee*). 간 커피를 필터에 넣고 커피메이커의 전원을 켠다. 커피를 어떻게 가는가? 커피 가는 기계에 커피콩을 넣고 버튼을 60초간 누른다.

그림 5는 커피 만들기 해결을 위한 순서도이다. 박스가 확장되는 것은 개선(refinement)을 나타낸다. 파이썬에서는 개선을 함수로 구현한다. 예를 들면 `brewCoffee` 함수는 `grindCoffee` 함수를 호출하고, `brewCoffee` 함수는 `makeCoffee` 함수로부터 호출된다.

생산 과정이 조립 단계들의 시퀀스로 분해된다. © AdShooter/iStockphoto.

이제 단계적 개선을 프로그래밍 문제에 적용해 보자. 수표를 출력할 때 수표의 금액을 숫자($274.15)로도 적고 텍스트 문자열("two hundred seventy four dollars and 15 cents")로도 적는 것이 일반적이다. 이렇게 함으로써 금액 숫자 앞에 새로운 숫자를 더하고 싶은 유혹을 줄일 수 있다.

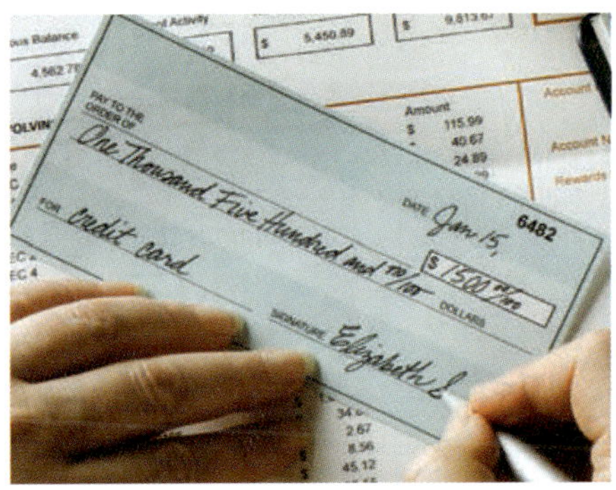

© YinYang/iStockphoto.

사람에게 이 일은 어렵지 않지만 컴퓨터가 어떻게 이 일을 할 수 있을까? 274를 `"two hundred seventy four"`로 변환하는 내장 함수는 없다. 우리가 이 함수를 만들어야 한다. 나음은 우리가 작성해야 하는 함수에 대한 설명이다.

```
## 숫자를 영어 이름으로 바꾼다.
#  @param number 양의 정수 < 1,000
#  @return 숫자의 이름(예: "two hundred seventy four")
#
def intName(number) :
```

그림 5

커피 만들기 해결의 순서도

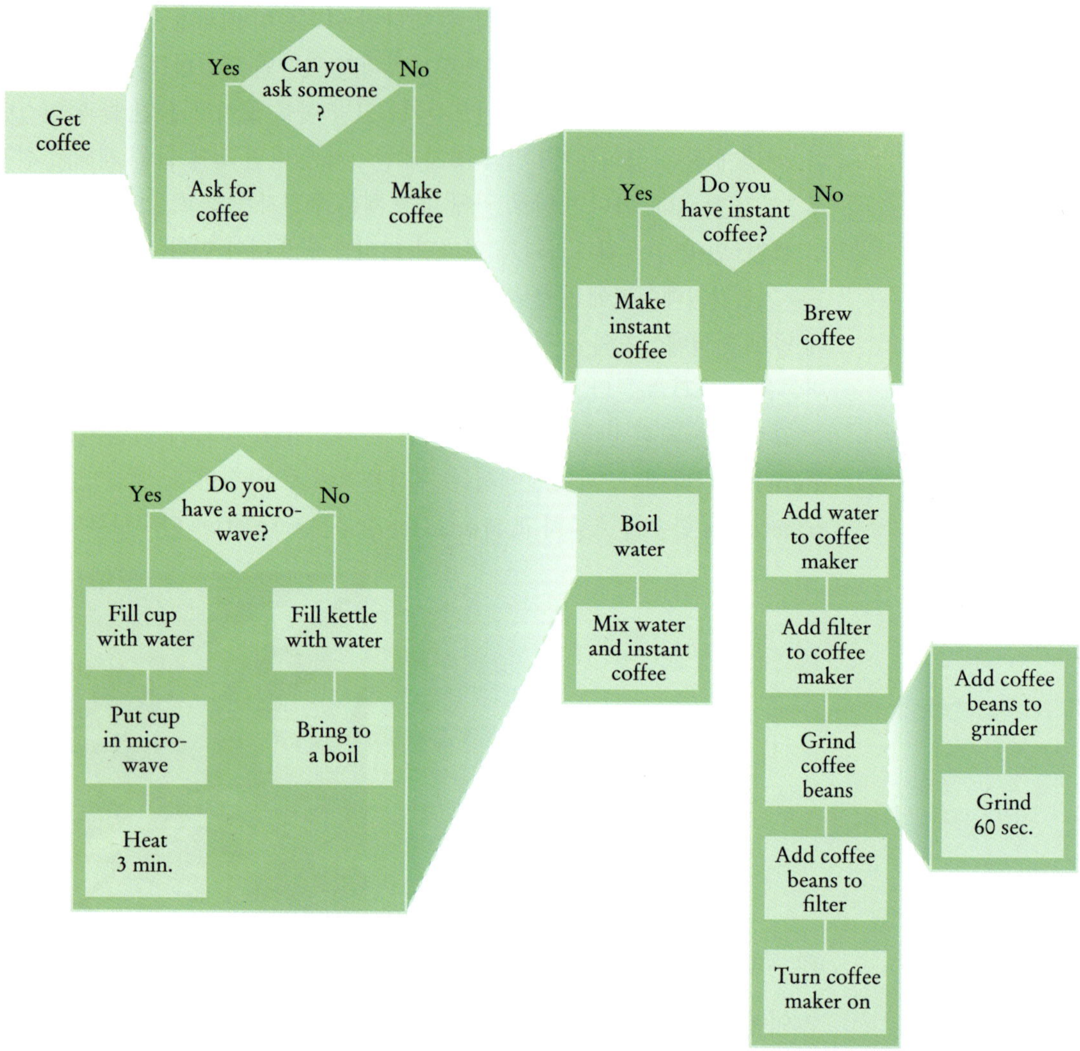

함수가 필요하다는 것을 발견하면, 파라미터 변수 및 반환값에 대한 설명을 작성하라.

이 함수는 어떻게 이 일을 할 수 있을까? 단순한 경우부터 생각해 보자. 만약 숫자가 1과 9 사이라면 "one" … "nine"을 출력하면 된다. 사실은 100자리에도 같은 방법을 사용한다("two hundred"). 어떤 것이 한 번 이상 필요하면 함수로 바꾸는 것이 좋은 생각이다. 전체 함수를 작성하기보다는 주석만 작성하자.

```
## 한 자리 숫자를 영어 이름으로 바꾼다.
#  @param 1과 9 사이의 한 자리 숫자
#  @return 숫자의 이름("one" ... "nine")
#
def digitName(digit) :
```

함수의 작업을 수행하기 위해서 다른 간단한 함수들이 필요할 수도 있다.

10부터 19까지는 특별한 경우이다. 이 숫자들을 "eleven" … "nineteen" 등의 문자열로 바꾸는 별도의 함수 teenName을 작성하자.

```
## 10과 19 사이의 숫자를 영어 이름으로 바꾼다
#  @param number 10과 19 사이의 숫자
#  @return 주어진 숫자의 이름("ten" ... "nineteen")
#
def teenName(number) :
```

이제 숫자가 20부터 99 사이인 경우를 생각해 보자. 이 숫자들의 이름은 "seventy four"와 같이 두 부분으로 구성되어 있다. 먼저 "twenty", "thirty" 등과 같은 첫 부분을 출력하는 방법이 필요하다. 다시 이 작업을 하는 함수를 따로 작성한다.

```
## 20과 99 사이 숫자의 십 자리 이름
#  @param number 20과 99 사이의 숫자
#  @return 숫자의 십 자리 이름("twenty" ... "ninety")
#
def tensName(number) :
```

이제 intName 함수에 대한 의사코드를 작성해 보자. 만약 숫자가 100부터 999 사이라면 먼저 하나의 자리를 출력한 후 "hundred"를 출력한다("two hundred"와 같이). 다음으로 숫자에서 100자리를 제거한다. 예를 들면 274를 74로 바꾼다. 다음으로 남은 부분이 20부터 99 사이라고 가정하자. 이 숫자가 10으로 나누어떨어지면 그냥 tensName을 사용하면 된다. 아니라면 tensName을 사용하여 10의 자리를 출력한 후(예를 들면 "seventy") 10의 자리를 제거한다. 74는 4가 된다. 다른 경우는 10과 19 사이를 다룬다. 마지막으로 남아 있는 한 자리를 출력한다(예를 들면 "four").

```
intName(number)
part = number # 아직 변환이 덜 된 부분
name = ""

If part >= 100
   name = name of hundreds in part + " hundred"
   Remove hundreds from part.

If part >= 20
   Append tensName(part) to name.
   Remove tens from part.
Else if part >= 10
   Append teenName(part) to name.
   part = 0

If part > 0
   Append digitName(part) to name.
```

의사코드를 파이썬으로 번역하는 것은 간단하다. 번역 결과는 아래의 소스 리스팅에 나와 있다.

세부적인 작업을 위해 헬퍼 함수를 사용한다는 점에 주목하라. 단계적 개선 방법에 따라서 이제 이 헬퍼 함수를 고려해야 한다.

먼저 digitName 함수를 보자. 이 함수는 너무 간단해서 의사코드가 필요 없다. 단순히 9개의 분기를 갖는 if문을 사용하면 된다.

```
def digitName(digit) :
   if (digit == 1) : return "one"
   if (digit == 2) : return "two"
   . . .
```

teenName과 tensName도 비슷하다.

이것으로 단계적 개선을 마친다. 다음은 전체 프로그램이다.

sec07/intname.py

```
##
#  This program turns an integer into its English name.
#

def main() :
   value = int(input("Please enter a positive integer < 1000: "))
   print(intName(value))

## Turns a number into its English name.
#  @param number a positive integer < 1,000
#  @return the name of the number (e.g., “two hundred seventy four”)
#
def intName(number) :
   part = number   # The part that still needs to be converted.
   name = ""   # The name of the number.

   if part >= 100 :
      name = digitName(part // 100) + " hundred"
      part = part % 100

   if part >= 20 :
      name = name + " " + tensName(part)
      part = part % 10
   elif part >= 10 :
      name = name + " " + teenName(part)
      part = 0

   if part > 0 :
      name = name + " " + digitName(part)

   return name

## Turns a digit into its English name.
#  @param digit an integer between 1 and 9
#  @return the name of digit (“one” . . . “nine”)
#
def digitName(digit) :
   if digit == 1 : return "one"
   if digit == 2 : return "two"
   if digit == 3 : return "three"
   if digit == 4 : return "four"
   if digit == 5 : return "five"
   if digit == 6 : return "six"
   if digit == 7 : return "seven"
   if digit == 8 : return "eight"
   if digit == 9 : return "nine"
   return ""

## Turns a number between 10 and 19 into its English name.
#  @param number an integer between 10 and 19
#  @return the name of the given number (“ten” . . . “nineteen”)
#
def teenName(number) :
   if number == 10 : return "ten"
   if number == 11 : return "eleven"
   if number == 12 : return "twelve"
   if number == 13 : return "thirteen"
   if number == 14 : return "fourteen"
```

```
    if number == 15 : return "fifteen"
    if number == 16 : return "sixteen"
    if number == 17 : return "seventeen"
    if number == 18 : return "eighteen"
    if number == 19 : return "nineteen"
    return ""

## Gives the name of the tens part of a number between 20 and 99.
#  @param number an integer between 20 and 99
#  @return the name of the tens part of the number ("twenty" . . . "ninety")
#
def tensName(number) :
    if number >= 90 : return "ninety"
    if number >= 80 : return "eighty"
    if number >= 70 : return "seventy"
    if number >= 60 : return "sixty"
    if number >= 50 : return "fifty"
    if number >= 40 : return "forty"
    if number >= 30 : return "thirty"
    if number >= 20 : return "twenty"
    return ""

# Start the program.
main()
```

Program Run

```
Please enter a positive integer < 1000: 729
seven hundred twenty nine
```

Programming Tip 5.4

함수를 짧게 만들어라

함수를 작성하는 데는 어느 정도의 노력이 든다. 함수를 설계하고, 코딩하고, 테스트해야 한다. 또한 문서화도 해야 한다. 또 함수를 특정 환경에만 맞도록 하지 않고 재사용할 수 있도록 노력해야 한다. 이러한 노력을 피하기 위해 코드를 별도의 함수들로 분리하려는 노력을 하지 않고 점점 더 많은 코드를 하나의 함수에 넣고 싶은 유혹이 발생한다. 그래서 경험이 부족한 프로그래머가 수백 줄에 이르는 함수를 작성하는 것을 종종 볼 수 있다.

경험상 현재 개발 환경에서 한 화면을 넘어가는 함수는 분리하는 것이 좋다.

Programming Tip 5.5

함수 따라가기

복잡한 함수를 설계한다면 컴퓨터에 맡기기 전에 손으로 검토를 해보는 것이 좋은 생각이다.

색인 카드 혹은 다른 종이에 검토하고 싶은 함수 호출을 적는다. 함수 이름 및 파라미터 변수의 이름과 값을 다음과 같이 적는다.

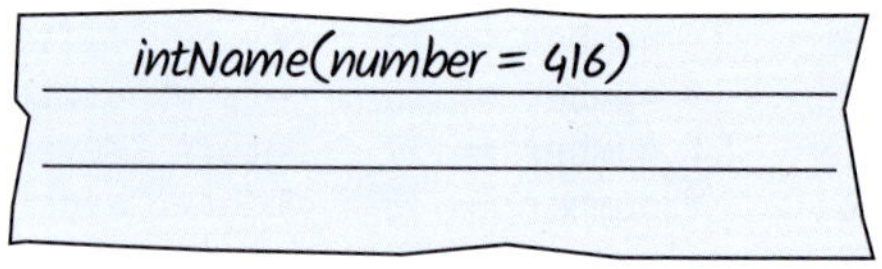

다음으로 함수 변수들의 이름과 초깃값을 적는다. 검토 과정에서 이 변수 값들을 변경해야 하기 때문에 표에다 적는다.

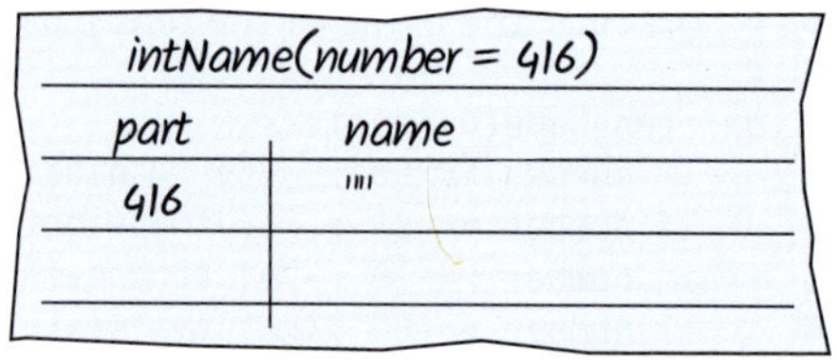

다음으로 part >= 100 조건을 검사한다. part // 100은 4이고 part % 100은 16이다. digitName(4)는 "four"라는 것을 쉽게 알 수 있다(만약 digitName이 복잡한 함수였다면 이 함수 호출을 따라가기 위해 다른 종이를 사용해야 할 것이다. 이렇게 여러 장의 종이를 사용하는 것이 일반적이다).
이제 name은 digitName(part // 100) + " hundred"로 변경되어 "four hundred"가 되었으며 part는 part % 100 즉 16으로 변경되었다.

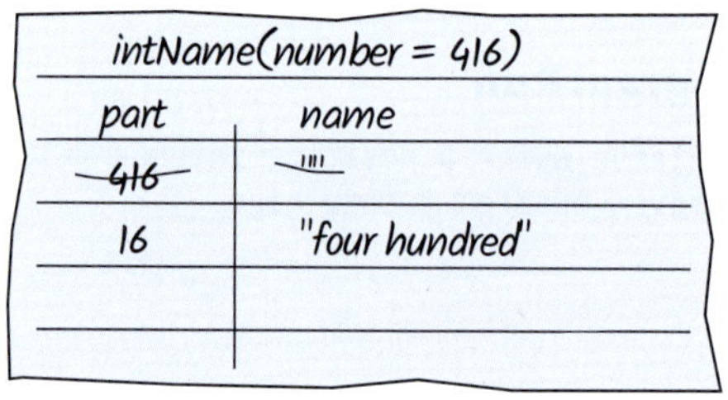

이제 part >= 10 분기로 들어가고, teenName(16)은 sixteen이므로 변수들은 다음과 같은 값을 갖는다.

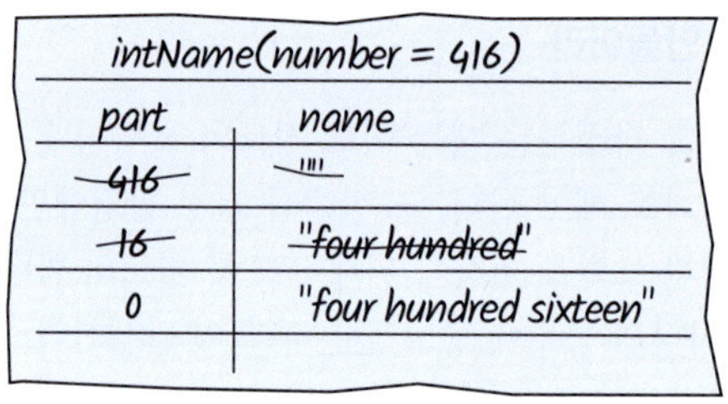

이제 26번째 줄의 0에 대한 처리가 따로 필요한 이유가 명확해졌다. 그러지 않았다면 다음 분기로 들어가서 결과가 "four hundred sixteen six"가 되었을 것이다. 손으로 따라가면 함수의 자세한 부분을 효과적으로 이해할 수 있다.

Programming Tip 5.6

스터브

큰 프로그램을 작성할 때 한꺼번에 모든 함수를 구현하고 테스트하는 것이 어려운 경우가 많다. 아직 구현되지 않은 함수를 호출하는 함수를 테스트할 필요가 자주 발생한다. 이러한 경우 아직 구현되지

© lillisphotography/iStockphoto.

스터브란 아직 완성되지 않은 함수로 테스팅에 사용될 수 있다.

않은 함수를 잠시 **스터브**(stub)로 교체할 수 있다. 스터브는 다른 함수를 테스트할 수 있도록 간단한 값을 반환하는 함수이다. 다음은 스터브 함수의 예이다.

```
## 한 자리 숫자를 영어 이름으로 바꾼다.
#  @param 1과 9 사이의 한 자리 숫자
#  @return 숫자의 이름("one" ... "nine")
#
def digitName(digit) :
   return "mumble"

## 20과 99 사이 한 숫자의 십의 자리 이름을
#  구한다.
#  @param number 20과 99 사이의 숫자
#  @return 숫자의 십 자리 이름("twenty" ... "ninety")
#
def tensName(number) :
   return "mumblety"
```

이 스터브 함수들과 `intName` 함수를 결합하고, 274 인수를 사용하여 테스트하면 `"mumble hundred mumblety mumble"` 결과가 나온다. 이 결과는 `intName` 함수의 기본 로직이 제대로 동작하고 있음을 보여준다.

WORKED EXAMPLE 5.2

과목 학점 계산하기 _Calculating a Course Grade

© paul kline/iStockphoto.

문제 정의 이 과목에서 학생들은 4번 시험을 보고 각 시험마다 문자 학점(A+, A, A-, B+, B, B-, C+, C, C-, D+, D, D-, F)을 받는다. 어떤 학생의 과목 학점은 4번 시험 평점 중 최저 학점을 제외한 나머지 3개 평점들의 평균으로 결정된다. 학점들의 평균을 계산하기 위해 먼저 일반적인 체계를 이용하여 이 학점들을 숫자 학점으로 바꾼다(A+ = 4.3, A = 4.0, A- = 3.7, B+ = 3.3, ... , D- = 0.7, F = 0). 이 점수들의 평균을 계산한 다음 평균을 다시 가장 가까운 문자 학점으로 바꾼다. 예를 들면 평균 3.51은 A-로 바뀐다.

여러분은 한 줄에 하나씩 4개의 학점을 읽어야 한다.

letterGrade1
letterGrade2
letterGarde3
letterGrade4

예를 들면 다음과 같다.

A-
B+
C
A

각 4줄의 입력 시퀀스에 대해 프로그램은 `A-`와 같은 그 과목의 학점을 출력하여야 한다.

입력의 *letterGrade1* 줄을 `Q`로 입력하면 입력의 마지막으로 취급한다.

1단계 단계적 개선을 시행하라.

우리는 단계적 개선 프로세스를 사용할 것이다. 입력 처리를 위해 한 학생에 속하는 4개 학점 집합(grade set)들을 차례로 모두 처리해야 한다. 따라서 *Process grade set* 작업을 정의한다.

하나의 학점 집합을 처리하기 위해 먼저 첫 번째 학점을 읽고 이 값이 Q인 경우에는 처리를 중지한다. Q가 아닌 경우는 4개의 학점을 읽는다. 학점을 숫자로 변환해야 하기 때문에 *Convert letter grade to number* 작업을 정의한다.

이제 4개의 점수 중 최저 점수를 찾아야 한다. 이것은 또 하나의 작업 *Find smallest of four numbers*이다. 나머지 점수들의 평균을 계산하기 위해 4개의 점수를 모두 더한 다음 최저 점수를 빼고, 이 결과를 3으로 나눈다. 이 과정은 따로 작업으로 정의할 가치가 없다고 하자.

다음으로 평균 점수를 문자 학점으로 바꿔야 한다. 이것은 다른 하나의 작업 *Convert number grade to letter*가 된다. 마지막으로 문자 학점을 출력한다. 이것은 너무 간단하기 때문에 작업이 될 필요가 없다.

2단계 문자 학점을 숫자로 바꿔라.

어떻게 문자 학점을 숫자로 바꾸는가? 다음 알고리즘을 보라.

```
gradeToNumber(grade)
first = 학점의 첫 번째 글자
if first가 A, B, C, D, F 중 하나라면
    result를 각각 4, 3, 2, 1, 0으로 지정한다.
if 학점의 두 번째 글자가 +라면
    result에 0.3을 더한다.
if 학점의 두 번째 글자가 -라면
    result에서 0.3을 뺀다.
result를 반환한다.
```

다음은 이 작업을 하는 함수이다.

```
## 문자 학점을 숫자로 바꾼다.
#  @param grade 문자 학점(A+, A, A-, ... , D-, F)
#  @return 문자 학점에 해당하는 숫자 학점
#
def gradeToNumber(grade) :
    result = 0
    first = grade[0]
    first = first.upper()
    if first == "A" :
        result = 4
    elif first == "B" :
        result = 3
    elif first == "C" :
        result = 2
    elif first == "D" :
        result = 1

    if len(grade) > 1 :
        second = grade[1]
        if second == "+" :
        result = result + 0.3
    elif second == "-" :
        result = result - 0.3

return result
```

3단계 숫자 학점을 문자 학점으로 바꿔라.

반대 변환을 어떻게 하는가? 도전해야 하는 문제는 숫자를 가장 가까운 문자 학점으로 바꾸는 것이다. 예를 들어 x가 숫자 점수라면 다음과 같다.

$2.5 \le x < 2.85$: B–
$2.85 \le x < 3.15$: B
$3.15 \le x < 3.5$: B+

이 작업은 13개의 유효한 문자 학점에 대해 각각 분기를 가지는 함수로 작성할 수 있다.

```
## 숫자를 가장 가까운 문자 학점으로 변환한다.
#  @param x 0과 4.3 사이의 숫자
#  @return 가장 가까운 문자 학점
#
def numberToGrade(x) :
   if x >= 4.15 : return "A+"
   if x >= 3.85 : return "A"
   if x >= 3.5 : return "A-"
   if x >= 3.15 : return "B+"
   if x >= 2.85 : return "B"
   if x >= 2.5 : return "B-"
   if x >= 2.15 : return "C+"
   if x >= 1.85 : return "C"
   if x >= 1.5 : return "C-"
   if x >= 1.15 : return "D+"
   if x >= 0.85 : return "D"
   if x >= 0.5 : return "D-"
   return "F"
```

4단계 4개의 숫자 중 최소 숫자를 찾아라.

마지막으로 4개의 숫자 중 최소 숫자를 어떻게 찾는가? 파이썬은 인수로 받은 여러 개의 숫자 중 최솟값을 반환하는 `min` 함수를 제공한다. 예를 들면 다음 문장은

```
result = min(5, 8, 2, 23)
```

`result` 변수에 2를 저장한다.

5단계 학점 집합을 처리하라.

앞에서 설명했듯이 한 학생의 학점 집합을 처리하기 위해 다음 단계를 수행한다.

네 개의 입력 문자열을 읽는다.
학점들을 숫자로 바꾼다.
가장 낮은 학점을 제외한 평균을 계산한다.
평균에 해당되는 학점을 출력한다.

그러나 처음 읽은 입력이 `Q`인 경우 호출한 프로그램에게 입력의 끝이 나왔다는 사실과 더 이상 이 함수를 호출하면 안 된다는 것을 알려야 한다.

우리의 함수는 `Boolean` 값을 반환하는데, `False`일 경우 성공적으로 작업을 수행했다는 것을, `True`일 경우 보초값을 만났다는 것을 나타내도록 한다.

```
## 한 학생의 여러 학점을 처리한다.
#  @return 보초값이 나오면 True를 아니면 False를 반환한다.
#
def processGradeSet() :

# 첫 번째 학점을 읽는다.
grade1 = input("Enter the first grade or Q to quit: ")
if grade1.upper() == "Q" :
   return True
```

```
   # 다음 3개의 학점을 읽는다.
   grade2 = input("Enter the second grade: ")
   grade3 = input("Enter the third grade: ")
   grade4 = input("Enter the fourth grade: ")

   # 평균을 계산하고 출력한다.
   x1 = gradeToNumber(grade1)
   x2 = gradeToNumber(grade2)
   x3 = gradeToNumber(grade3)
   x4 = gradeToNumber(grade4)
   xlow = min(x1, x2, x3, x4)
   avg = (x1 + x2 + x3 + x4 - xlow) / 3
   print(numberToGrade(avg))

   return False
```

6단계 main 함수를 작성하라.

이제 main 함수는 매우 쉽다. False 값이 반환되면 계속해서 processGradeSet을 호출한다.

```
def main() :
   done = False
   while not done :
      done = processGradeSet()
```

작성한 모든 함수를 하나의 파이썬 파일에 넣는다.

예제 코드 전체 프로그램은 eText나 보조 사이트의 소스 코드에서 worked_example_2/grades.py를 참조하라.

WORKED EXAMPLE 5.3

디버거 사용하기 _Using a Debugger

지금쯤 여러분은 컴퓨터 프로그램이 작성하자마자 한 번에 완벽하게 동작하는 경우는 거의 없다는 것을 깨달았을 것이다. 어떤 경우는 프로그램 오류(프로그래머들이 버그라고 부르는)를 찾는 것이 매우 번거로운 경우가 있다. 물론 프로그램이 어떻게 실행되는지, 중요 변수들의 값이 어떻게 변하는지 추적하기 위해 많은 print 문장을 삽입할 수도 있다. 그리고 프로그램을 실행시켜 출력을 검사한다. 그러나 출력 결과를 봐도 문제점을 잘 찾을 수 없으면 다시 print문을 추가 혹은 제거하고 프로그램을 다시 실행한다. 이 과정은 시간이 많은 든다.

최신 개발 환경은 **디버거**(debugger)를 제공하여 여러분이 프로그램의 실행을 추적하고 오류를 찾아내는 데 도움을 준다. 프로그램 실행을 중단시키거나 재개시킬 수도 있고, 중지된 프로그램에서 변수의 내용을 확인할 수도 있다. 각 중지 상태에서 프로그램의 몇 단계를 실행한 후 다시 중지할지도 결정할 수 있다.

파이썬 디버거

컴파일러와 마찬가지로 디버거도 시스템에 따라 많이 다르다. 통합 환경에서 대부분의 디버거는 비슷한 배치를 갖는다. 다음 예를 참고하라. 여러분은 사용하고 있는 시스템에서 디버깅을 할 프로그램을 어떻게 준비하고 디버거를 어떻게 실행시키는지를 알아내야 한다. 많은 개발 환경에서는 메뉴를 통해서 디버깅할 프로그램을 준비하고 디버거를 실행시킬 수 있다.

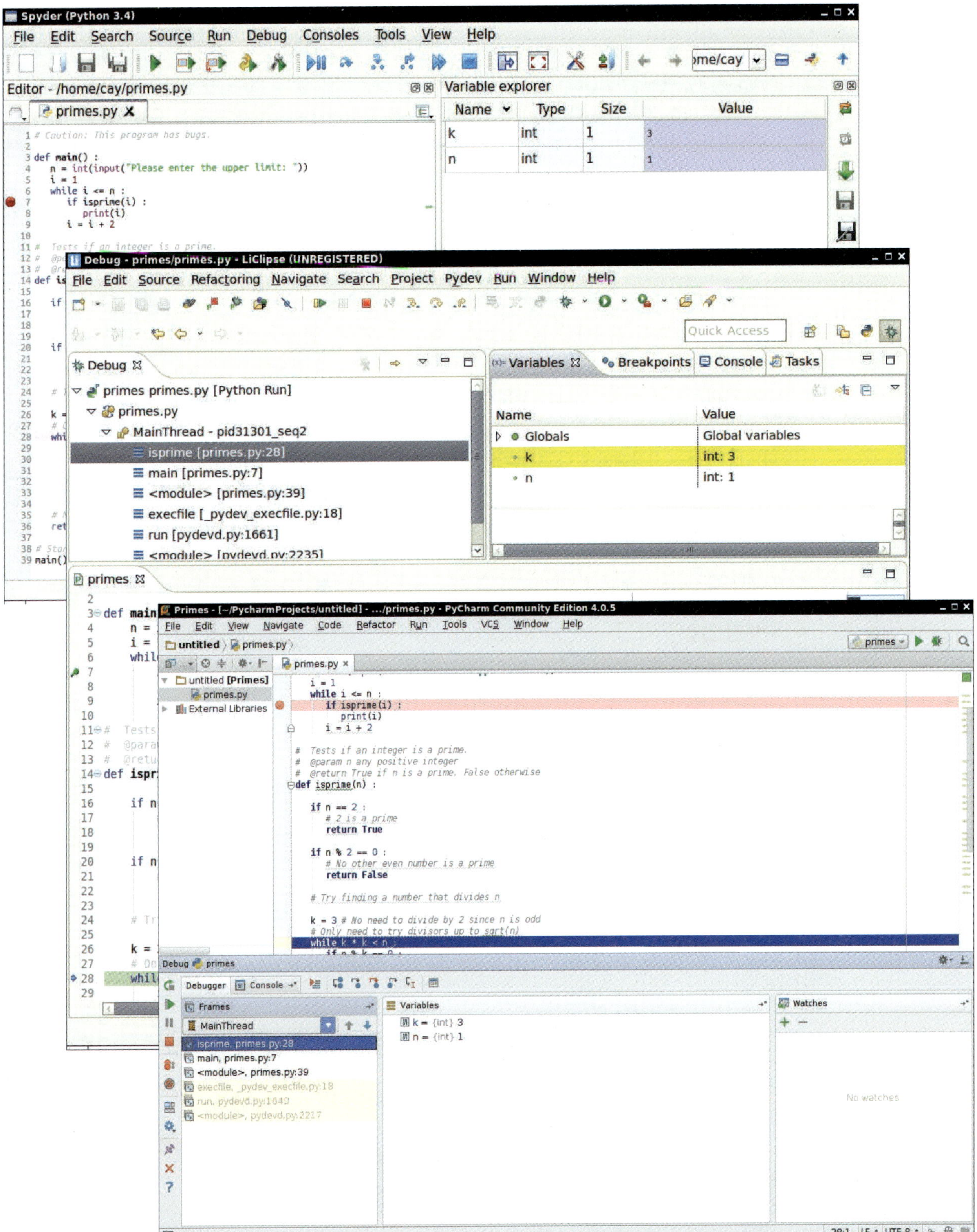

*Spyder, PyDev, PyCharm*의 디버거

디버거 핵심

일단 디버거를 시작했다면 단지 4개의 디버거 명령, 즉 중단점 설정, 중단점까지 실행, 한 줄 실행(step over), 한 줄 추적(step into) 등을 사용하여 많은 일을 할 수 있다. 이 명령들의 정확한 명칭, 단축키 혹은 마우스 클릭은 디버거마다 다르지만 모든 디버거가 이 기본 명령들을 제공하고 있다.

디버거를 시작하면 프로그램은 처음 **중단점**(breakpoint)에 도달할 때까지 실행된다. 거기서 실행이 멈춘다. 실행을 멈추게 한 중단점이 있는 행이 출력되며, 이 행은 아직 실행되지 않은 상태이다.

이제 변수들을 검사할 수 있고, 프로그램을 한 줄씩 실행하거나 다음 중단점까지 한꺼번에 실행할 수도 있다. 프로그램이 종료되면 디버거도 종료된다.

중단점을 사용하면 그 중단점까지 프로그램이 한꺼번에 실행되기 때문에 어떻게 실행되었는지를 알기 어렵다. 실행 흐름을 더 자세하게 이해하기 위해서는 한 번에 한 줄씩 실행할 수도 있다. 보통 "step into"라고 불리는 명령어는 호출되는 함수 내부로 추적을 계속한다. 다른 명령인 "step over"는 함수 호출을 한 번에 넘어간다. 함수가 올바르게 수행되는지 검사하려면 "step into"를 사용하라. 함수가 올바르게 동작하고 있다는 것을 이미 알고 있다면 "step over"를 사용하라.

마지막으로 프로그램 실행이 종료되면 디버깅 세션도 끝난다. 프로그램을 다시 실행하려면 새로운 디버깅 세션을 시작해야 한다.

디버거는 프로그램에서 오류를 찾아 제거하는 데 유용한 도구이다. 그러나 디버거가 좋은 디자인과 신중한 프로그래밍을 대체하지는 못한다. 디버거가 오류를 찾지 못한다고 해서 여러분의 프로그램에 오류가 없는 것은 아니다. 테스팅과 디버깅은 오류를 찾아내기는 하지만 오류가 없음을 보여주지는 못한다.

디버깅 연습

다음은 디버거 사용을 연습하기 위한 간단한 프로그램이다. 이 프로그램은 *n*보다 작거나 같은 모든 소수를 계산한다(소수란 1과 자기 자신 이외에 다른 수로 나누어떨어지지 않는 정수이다. 또한 수학자들은 1을 소수로 보지 않는 것이 편리하다는 것을 발견했다. 따라서 2, 3, 5, 7, 9, 11, 13, 17, 19 등이 처음에 나오는 소수들이다).

worked_example_3/primes.py

```
# Caution: This program has bugs.

def main() :
   n = int(input("Please enter the upper limit: "))
   i = 1
   while i <= n :
      if isprime(i) :
         print(i)
      i = i + 2

#  Tests whether an integer is a prime.
#  @param n any positive integer
#  @return True if n is a prime, False otherwise
def isprime(n) :

   if n == 2 :
      # 2 is a prime
      return True

   if n % 2 == 0 :
      # No other even number is a prime
      return False
```

```

    # Try finding a number that divides n

    # Only need to try divisors up to sqrt(n)
    while k * k < n :
        if n % k == 0 :
            # n is not a prime because it is divisible by k
            return False
        # Try next odd number
        k = k + 2

    # No divisor found. Therefore, n is a prime
    return True

# Start the program
main()
```

이 프로그램에 10을 입력하고 실행하면 결과는 다음과 같다.

```
1
3
5
7
9
```

이 결과는 희망적이지 않다. 프로그램이 그냥 모든 홀수를 출력하는 것 같다. 이제 디버거를 사용하여 무엇을 잘못하고 있는지 찾아보자.

먼저 7번 줄에 중단점을 설정한다. 대부분 디버거에서 이 줄에 오른쪽 마우스 버튼을 클릭하거나 더블클릭하면 중단점이 설정된다. 이제 디버깅을 시작하는 메뉴를 선택하라. 도중에 입력 *n*을 읽기 위해 프로그램이 중단될 것이다. 10을 입력 프롬프트에 넣는다. 프로그램은 첫 중단점에서 정지된다.

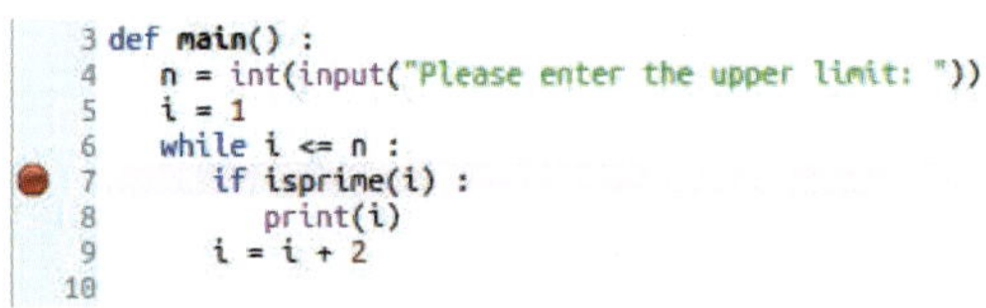

이제 프로그램이 왜 1을 소수로 취급하는지 알아보자. "step into"와 "step over" 버튼을 찾아보자. Spyder 디버거에서는 다음과 같은 버튼이다.

`isprime` 함수 내부로 추적(step into)하자. 그다음 "step over" 명령을 몇 번 실행하여 `while` 루프 전까지 실행하자. 프로그램이 앞의 두 개 `if`문을 건너뛰는 것을 알 수 있다. 변수들의 값은 아래와 같다.

Variable explorer

Name	Type	Size	Value
k	int	1	3
n	int	1	1

위에서 알 수 있듯이 현재 1이 소수인가 검사하고 있기 때문에 `n`에는 1이 저장되어 있다. `if` 문장은 짝수를 처리하고 있기 때문에 넘어가게 되었다. 다음으로 `k`에 3이 지정되었다.

"step over"를 계속하면 `k * k`가 `n`보다 작지 않기 때문에 `while` 루프를 건너뛰는 것을 알 수 있다.

그러면 isprime은 True를 반환하게 되고 이것이 버그이다. 1을 특별 경우로 처리하도록 함수를 재작성해야 할 것 같다.

다음으로 isprime 함수에서 2를 소수라고 판단은 하는데 왜 출력되지 않는지 알아보자. 디버거를 계속 실행한다. 프로그램이 7번째 줄의 중단점에서 중지될 것이다. i 값이 3임에 주목하라. main 함수의 루프는 오직 홀수만을 검사한다. main 함수에서 홀수, 짝수 모두를 검사하거나 2를 특별 경우로 처리해야 한다. 두 번째 선택이 더 좋은 것 같다.

마지막으로 왜 프로그램이 9를 소수로 판단하는지 알고 싶다. 디버거를 계속 실행하여 i = 9인 경우에 중단점에서 서도록 하자. isprime 함수 내부로 추적하자. 이제 "step over" 명령을 반복해서 실행하자. 9가 홀수이기 때문에 두 if문은 건너뛰게 된다. 또한 while문도 건너뛴다. 왜 그런지 k를 검사하라. k값은 3이다. while 루프의 조건을 보라. 여기서는 k * k < n을 검사한다. k * k가 9이기 때문에 이 조건은 거짓이 된다.

어떤 정수가 소수인지 검사할 때 $\sqrt{n}$까지 숫자로 나누어떨어지는지 검사하는 것이 타당하다. 만약 n이 $p \times q$로 인수분해된다면 이 두 인수 모두 $\sqrt{n}$보다 클 수는 없다. 이 사실에는 약간의 주의가 필요하다. 만약 n이 소수의 제곱이라면 의미 있는 인수는 $\sqrt{n}$ 밖에 없다. 바로 $9 = 3 \times 3$인 경우이다. 따라서 우리는 k * k ≤ n으로 검사해야 한다.

디버거를 통하여 우리 프로그램에서 3개의 버그를 발견하였다.

1. isprime 함수는 1을 소수라고 잘못 판단한다.
2. main은 2를 검사하지 않는다.
3. isprime 함수에 하나-차이 오류가 있다. while문의 조건은 k * k ≤ n이어야 한다.

위의 사항을 개선한 프로그램이 아래에 나와 있다.

```
def main() :
   n = int(input("Please enter the upper limit: "))
   if n >= 2 :
      print(2)
   i = 3
   while i <= n :
      if isprime(i) :
         print(i)
      i = i + 2

#  어떤 정수가 소수인지 검사한다.
#  @param n 임의의 양의 정수
#  @return 소수이면 True, 아니면 False
def isprime(n) :
   if n == 1 :
      return False

   if n == 2 :
      # 2는 소수이다.
      return True

   if n % 2 == 0 :
      # 그 외 다른 짝수는 소수가 아니다.
      return False

   # n의 약수를 찾는다.
   k = 3 # n이 홀수이기 때문에 2로 나눌 필요는 없다.
   # sqrt(n)까지의 약수만 구하면 된다.
   while k * k <= n :
      if n % k == 0 :
```

```
        # k로 나누어떨어지기 때문에 n은 소수가 아니다.
        return False
      # 다음 홀수를 시도한다.
      k = k + 2

   # 약수를 찾지 못했다. 따라서 n은 소수이다.
   return True
   # 프로그램을 시작한다.
   main()
```

이제 우리 프로그램은 버그가 없는가? 이 질문은 디버거가 대답할 수 있는 것이 아니다. 테스팅은 버그의 존재를 알려줄 뿐, 버그가 없다는 것을 알려주지는 않는다는 것을 기억하라.

5.8 변수 영역 _Variable Scope

변수의 영역은 이 변수를 사용할 수 있는 프로그램 부분이다.

프로그램이 커지고 많은 변수들을 사용함에 따라서 프로그램의 다른 곳에서 정의된 변수를 접근하지 못하거나 두 변수 정의가 충돌하는 문제 등이 발생하게 된다. 이런 문제들을 해결하기 위해서는 **변수 영역**(variable scope)이라는 개념을 이해해야 한다.

변수 영역은 해당 변수를 접근할 수 있는 프로그램의 부분을 말한다. 예를 들면 함수 파라미터 변수의 영역은 그 함수 전체이다. 다음 코드에서 파라미터 변수 sideLength의 영역은 cubeVolume 전체이고, 여기에 main 함수는 포함되지 않는다.

```
def main() :
   print(cubeVolume(10))

def cubeVolume(sideLength) :
   return sideLength ** 3
```

함수 안에서 정의된 변수를 **지역변수**(local variable)라고 부른다. 지역변수가 블록 내에서 정의되면 정의된 부분부터 해당 함수의 끝까지 그 지역변수를 사용할 수 있다. 예를 들면 다음 코드는 square 변수의 영역을 하이라이트하여 보여준다.

```
def main() :
   sum = 0
   for i in range(11) :
      square = i * i
      sum = sum + square

   print(square, sum)
```

for 문장의 루프 변수는 지역변수이다. 다른 지역변수와 마찬가지로 이 변수의 영역은 함수 끝까지이다.

```
def main() :
   sum = 0
   for i in range(11) :
      square = i * i
      sum = sum + square

   print(i, sum)
```

영역 문제의 예가 아래에 나와 있다.

```
def main() :
   sideLength = 10
   result = cubeVolume()
   print(result)

def cubeVolume() :
   return sideLength ** 3   # 오류

main()
```

변수 sideLength의 영역에 주의하라. cubeVolume 함수가 이 변수를 읽으려고 하나 실패한다(sideLength 변수의 영역은 main 함수 바깥을 포함하지 않는다). 이 문제를 해결하는 방법은 5.2절에서 본 것과 같이 sideLength를 인수로 전달하는 것이다.

프로그램에서 같은 변수 이름을 사용하는 것은 가능하다. 다음 예에서 result 변수를 보자.

```
def main() :
   result = square(3) + square(4)
   print(result)

def square(n) :
   result = n * n
   return result

main()
```

전역변수는 함수 외부에서 정의된다.

각 result 변수는 서로 다른 함수에서 정의되었기 때문에 그들의 영역이 겹치지 않는다.

파이썬은 **전역변수**(global variable)도 지원한다. 전역변수는 함수 바깥에서 정의된 변수이다. 전역변수는 그 변수 선언 뒤에 나오는 모든 함수에서 사용할 수 있다. 그러나 전역변수를 변경하려고 하는 함수는 다음과 같이 global 선언을 포함하여야 한다.

```
balance = 10000   # 전역변수

def withdraw(amount) :
   global balance   # 이 함수는 전역변수 balance 수정하려고 한다.
   if balance >= amount :
      balance = balance - amount
```

만약 global 선언을 빠뜨린다면, withdraw 함수에서 사용하는 balance 변수는 지역변수로 간주된다.

일반적으로 전역변수는 좋은 아이디어가 아니다. 여러 함수가 전역변수를 변경한다면 그 결과를 예측하기 어렵다. 특히 큰 프로그램을 여러 사람이 개발할 때 각 함수의 효과가 정확하고 쉽게 이해되는 것이 중요하다. 전역변수를 프로그램에서 사용하는 것은 피해야 한다.

여러 도시에 "main street"라는 거리가 있듯이 파이썬 프로그램에서도 같은 이름을 가진 여러 변수가 존재할 수 있다.

Programming Tip 5.7

전역변수 사용을 피하라

프로그램에서 전역변수를 사용하면 각 함수를 이제 더 이상 값을 받아서 결과를 반환하는 블랙박스로 볼 수 없게 되어 프로그램의 유지와 확장이 어려워진다. 함수가 전역변수를 변경한다면 함수 호출의 효과를 이해하기가 더 어려워진다. 프로그램이 커짐에 따라서 이 어려움은 급격히 증가한다. 전역변수를 사용하는 대신 함수의 파라미터 변수와 반환값을 이용하여 함수의 다른 부분과 정보를 주고받도록 하라.

전역상수는 사용해도 좋다. 전역상수를 파이썬 프로그램의 맨 위에 두면 파일 내 어떤 함수에서 접근할 수 있다. 상수를 접근할 때는 `global` 선언을 사용하지 않는다.

WORKED EXAMPLE 5.4

그래픽스: 주사위 굴리기 _Graphics: Rolling Dice_

문제 정의 컴퓨터 프로그램이 종종 하나 혹은 그 이상의 주사위를 굴리는 것을 시뮬레이션하는 데 사용된다(4.9.2절 참고). 여러분의 작업은 다섯 개의 주사위를 굴리는 것을 시뮬레이션하는 그래픽 프로그램을 작성하여 각 주사위의 결과를 그래픽 윈도우에 그리는 것이다. 사용자는 프로그램을 종료할 때까지 여러 번 다섯 개의 주사위를 굴릴 수 있다.

1단계 단계적 개선을 수행하라.

높은 수준에서 문제를 보면 단지 몇 개의 단계만 포함되어 있다. 먼저 그래픽 윈도우를 만들고 설정하라. 다음으로 다섯 개의 주사위를 굴리고 결과를 그린다. 사용자는 프로그램을 종료할 때까지 반복해서 다섯 개의 주사위를 굴릴 수 있기 때문에 사용자에게 종료할지 주사위를 다시 굴릴지를 물어야 한다. 이제 이 문제에 대해 간단한 알고리즘이 작성되었다.

```
그래픽 윈도우를 생성하고, 설정한다.
사용자가 종료시킬 때까지 반복한다.
    주사위를 굴리고, 결과를 그린다.
    주사위를 다시 굴릴지 사용자에게 묻는다.
```

개선 프로세스의 일부로 다음 단계들에서 각각의 작업을 구현할 것이다.

다음은 이 알고리즘을 구현하는 `main` 함수이다.

```
DIE_SIZE = 60

def main() :
   canvas = configureWindow(DIE_SIZE * 7)
   rollDice(canvas, DIE_SIZE)
   while rollAgain() :
      rollDice(canvas, DIE_SIZE)
```

`configureWindow` 함수에 전달되는 윈도우의 크기는 `DIE_SIZE`를 이용하여 계산된다. 다섯 개의 주사위를 윈도우에 두 줄로 고르게 배치하기 위해 7개의 주사위 배치에 필요한 공간을 계산한다. 이 공간에는 주사위뿐만 아니라 윈도우 경계와 주사위 사이 공간도 포함된다.

2단계 그래픽 윈도우를 생성하고 설정하라.

그래픽 프로그램을 만들기 위해서 먼저 그래픽 윈도우를 만들고 그 윈도우의 캔버스를 접근한다. 이것은 별도 함수인 configureWindow 함수에서 할 수 있다. 함수의 유연성을 위해 윈도우의 크기를 나타내는 파라미터 변수를 명시한다.

```
def configureWindow(winSize) :
```

지난번 그래픽 프로그램에서 윈도우가 닫히는 것을 방지하기 위하여 wait 함수를 사용해야만 했다. 이 작업에서는 이 방법이 필요 없다. 왜냐하면 주사위가 캔버스에 그려질 때마다 사용자로부터 입력을 읽기 때문에 윈도우가 닫히지 않는다.

다음 함수는 그래픽 윈도우를 생성하고 설정한 후 캔버스를 반환한다. 윈도우에 초록색 배경을 그리기 위해 setBackground 메소드를 사용한다.

```
## 그래픽 윈도우를 생성하고 설정한다.
#  @param winSize  윈도우의 수직, 수평 크기
#  @return 그리기 위한 캔버스
#
def configureWindow(winSize) :
   win = GraphicsWindow(winSize, winSize)
   canvas = win.canvas()
   canvas.setBackground(0, 128, 0)
   return canvas
```

3단계 주사위를 다시 굴릴 것인지 종료할 것인지를 사용자에게 물어보라.

주사위가 굴려지면 사용자에게 다시 주사위를 굴릴 것인지 프로그램을 종료할 것인지를 묻는다. 다음 간단한 함수는 이 작업을 구현한 것이며, 주사위를 다시 굴려야 한다면 True를 반환한다.

```
## 사용자에게 주사위를 다시 굴릴 것인지 아니면 종료할 것이지 묻는다.
#  @return 사용자가 다시 굴리기를 원하면 True
#
def rollAgain() :
   userInput = input("Press the Enter key to roll again or enter Q to quit: ")
   if userInput.upper() == "Q" :
      return False
   else :
      return True
```

4단계 주사위를 굴리고 결과를 그려라.

어떻게 다섯 개의 주사위를 굴리는가? 4.9.2절에서 랜덤 숫자 생성기를 이용하여 이것을 시뮬레이션하는 것을 공부하였다. 다섯 개의 주사위를 굴리기 위해서 randint(1, 6)을 5번 호출하라.

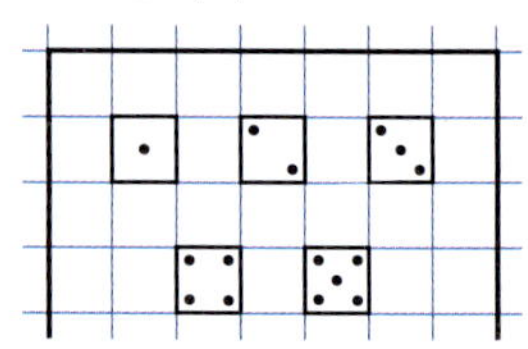

굴린 주사위들의 결과를 그리기 위해서는 조금 더 생각이 필요하다. 각 주사위를 캔버스에 어떻게 배치할지 결정해야 한다. 간단한 방법은 바닥에 타일을 배치하듯이 주사위의 크기에 맞추어 배치하는 것이다.

아래에 rollDice 함수가 나와 있다. 주사위를 굴리기 전에 이전에 굴린 주사위를 제거하기 위해 캔버스를 지워야 한다. 이를 위해 캔버스의 clear 메소드를 사용한다. 하나의 주사위를 그리는 것은 drawDie 함수가 담당한다. 이 함수는 다음 단계에서 설계한다.

```
## 주사위 다섯 개를 굴리는 것을 시뮬레이션한다. 각 주사위 윗면을 첫 번째 줄에는 3개,
#  두 번째 줄에는 2개 등 2줄로 그래픽 캔버스에 그린다.
#  @param canvas 주사위를 그릴 그래픽 캔버스
#  @param size  한 주사위의 크기를 나타내는 정수
#
def rollDice(canvas, size) :
```

```
    # 캔버스의 모든 객체를 지운다.
    canvas.clear()

    # 첫 번째 주사위가 캔버스 좌측 상단으로부터 얼마나 떨어져 있는지 지정한다.
    xOffset = size
    yOffset = size

    # 주사위 다섯 개 각각을 굴리고, 결과를 그린다.
    for die in range(5) :
       dieValue = randint(1, 6)
       drawDie(canvas, xOffset, yOffset, size, dieValue)
    if die == 2 :
       xOffset = size * 2
       yOffset = size * 3
    else :
       xOffset = xOffset + size * 2
```

5단계 주사위 한 개를 그려라.

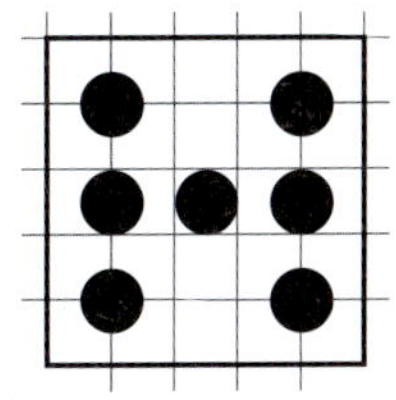

주사위 면에 점을 어떻게 배치하는가? 주사위 면을 5개의 행과 열로 구성된 격자로 생각하고 7개의 가능한 점을 오른쪽과 같이 각 격자에 배치한다.

특정 주사위 값의 면을 그리기 위해 그 값에 대응되는 점들을 올바른 위치에 그려야 한다. 이 과정은 몇 개의 단계로 나뉜다.

```
if dieValue가 1, 3, 5 중 하나라면
    가운데 점을 그린다.
else if dieValue가 6이라면
    왼쪽 위 및 오른쪽 아래 점을 그린다.
if dieValue >= 2라면
    왼쪽 위 및 오른쪽 아래 점을 그린다.
if dieValue >=4 라면
    왼쪽 아래 및 오른쪽 위 점을 그린다.
```

다음 drawDie 함수는 위의 알고리즘을 구현한 것이다.

```
## 주사위 한 개를 캔버스에 그린다.
#  @param canvas 주사위를 그릴 캔버스
#  @param x 주사위 왼쪽 상단의 x 좌표
#  @param y 주사위 왼쪽 상단의 y 좌표
#  @param size 주사위 크기를 나타내는 정수
#  @param dieValue 주사위 점의 수를 나타내는 정수
#
def drawDie(canvas, x, y, size, dieValue) :
   # 점의 크기와 위치는 주사위의 크기에 따라 정한다.
   dotSize = size // 5
   offset1 = dotSize // 2
   offset2 = dotSize // 2 * 4
   offset3 = dotSize // 2 * 7

   # 주사위를 위한 사각형을 그린다.
   canvas.setFill("white")
   canvas.setOutline("black")
   canvas.setLineWidth(2)
   canvas.drawRect(x, y, size, size)

   # 점의 색을 지정한다.
   canvas.setColor("black")
   canvas.setLineWidth(1)

   # 필요하면 중간점이나 점들로 구성된 가운데 줄을 그린다.
   if dieValue == 1 or dieValue == 3 or dieValue == 5 :
```

```
        canvas.drawOval(x + offset2, y + offset2, dotSize, dotSize)
    elif dieValue == 6 :
        canvas.drawOval(x + offset1, y + offset2, dotSize, dotSize)
        canvas.drawOval(x + offset3, y + offset2, dotSize, dotSize)

    # 필요하면 주사위의 좌측 상단과 우측 하단을 그린다.
    if dieValue >= 2 :
        canvas.drawOval(x + offset1, y + offset1, dotSize, dotSize)
        canvas.drawOval(x + offset3, y + offset3, dotSize, dotSize)
```

모든 함수를 하나의 파이썬 파일에 넣어라.

예제 코드 완전한 프로그램은 eText나 보조 사이트의 소스 코드에서 worked_example_4/rolldice.py를 참조하라.

5.9 그래픽스: 이미지 처리 툴킷 만들기 _Graphics: Building an Image Processing Toolkit

2장에서 배웠듯이 파이썬 표준 라이브러리는 모듈로 구성된 많은 함수와 클래스를 포함하고 있다. 문제 해결을 위해 기능을 직접 구현하기보다는 이러한 도구들을 불러와서 사용할 수 있다.

표준 라이브러리에 원하는 기능이 없다면 자신이 스스로 도구 컬렉션을 작성하여 하나 혹은 그 이상의 모듈로 조직할 수 있다. 이것을 **소프트웨어 툴킷**(software toolkit)이라고 한다. 이 절에서는 디지털 이미지를 처리하기 위한 간단한 툴킷 개발 과정을 따라간다. 툴킷을 만들면 같은 함수를 필요에 따라 여러 프로그램에서 사용하는 것이 쉬워진다.

5.9.1 시작하기

툴킷은 관련 있는 여러 함수들의 컬렉션을 제공하거나, 특정 문제를 해결하기 위한 클래스들을 제공한다.

툴킷에 있는 도구 혹은 함수들은 서로 관련이 있어야 하고 기억하기 쉬워야 한다. 이미지 처리 툴킷은 이미지의 각 픽셀을 조정하거나 재배치하고 어떤 경우에는 모양을 바꾸기도 하는 함수들을 포함한다. 인터페이스를 일관성 있게 유지하기 위해 툴킷의 모든 함수는 이미지를 인자로 받아서 원래 이미지를 조정 혹은 재배치한 새로운 이미지를 반환한다.

파이썬에서는 툴킷의 함수들을 별도의 파일에 저장해 두고 필요한 프로그램에서 불러와서 사용한다. 여기서는 이미지 처리 함수들을 imgproctools.py라는 파일에 넣을 것이다.

4.10절에서 네거티브 이미지 작성 및 수직 축으로 이미지를 뒤집는 알고리즘을 구현하였다. 우리 툴킷의 처음 두 기능은 4장의 코드를 사용하여 구현할 수 있다.

다음은 createNegative 함수를 구현한 것이다.

```
## 원래 이미지의 네거티브 이미지를 생성하고 반환한다.
#  @param image 원본 이미지
#  @return 새로운 네거티브 이미지
#
def createNegative(image) :
   width = image.width()
   height = image.height()
```

```
    # 원래 이미지와 같은 크기인 새로운 이미지를 생성한다.
    newImage = GraphicsImage(width, height)
    for row in range(height) :
        for col in range(width) :

            # 원래 이미지에서 픽셀의 색을 구한다.
            red = image.getRed(row, col)
            green = image.getGreen(row, col)
            blue = image.getBlue(row, col)

            #  픽셀을 필터링한다.
            newRed = 255 - red
            newGreen = 255 - green
            newBlue = 255 - blue

            # 새로운 이미지의 픽셀을 새로운 색으로 지정한다.
            newImage.setPixel(row, col, newRed, newGreen, newBlue)

    return newImage
```

다음은 flipVertically 함수의 구현이다.

```
## 원본 이미지를 수직 방향으로 뒤집은 새로운 이미지를 생성하고 반환한다.
#  @param image  원본 이미지
#  @return 수직 방향으로 뒤집은 새로운 이미지
#
def flipVertically(image) :
    # 원본 이미지와 같은 크기인 새로운 이미지를 생성한다.
    width = image.width()
    height = image.height()
    newImage = GraphicsImage(width, height)

    # 이미지를 수직 방향으로 뒤집는다.
    newRow = height - 1
    for row in range(height) :
        for col in range(width) :
            newCol = col
            pixel = image.getPixel(row, col)
            newImage.setPixel(newRow, newCol, pixel)
        newRow = newRow - 1

    return newImage
```

5.9.2 이미지 비교하기

어떤 경우에는 두 이미지가 같은지 검사할 필요가 있다. 두 이미지가 같으려면 정확히 같은 크기이어야 하고, 이미지끼리 대응되는 픽셀들이 같은 색이어야 한다. sameImage 함수는 툴킷에 포함시킬 하나의 유용한 함수이다.

```
## 이미지 두 개가 같은 이미지인지 비교한다.
#  @param image1, image2  비교할 두 개의 이미지
#  @return 같으면 True, 아니면 False
#
def sameImage(image1, image2) :
    # 이미지 두 개의 크기가 같은지 확인한다.
    width = image1.width()
    height = image1.height()
```

```
      if width != image2.width() or height != image2.height() :
         return False

      # 이미지 두 개를 픽셀 단위로 비교한다.
      for row in range(height) :
         for col in range(width) :
            pixel1 = image1.getPixel(row, col)
            pixel2 = image2.getPixel(row, col)
      # 해당 픽셀의 색 요소를 비교한다.
      for i in range(3) :
         if pixel1[i] != pixel2[i] :
            return False

   # 두 이미지가 같다는 것을 나타낸다.
   return True
```

5.9.3 이미지 밝기 조정하기

이미지의 픽셀들의 밝기가 이미지를 너무 어둡거나 너무 밝게 만들 수 있다. 밝은 이미지를 어둡게 만들기 위해서는 각 픽셀의 색 요소를 감소시켜야 하고, 어두운 이미지를 밝게 만들기 위해서는 색 요소를 증가시켜야 한다. 이 일을 하는 간단한 방법은 색 요소를 얼마나 변화시킬지 변화량을 명시하는 것이다. 이 변화량은 –100과 100퍼센트 사이여야 한다. 예를 들면 밝기를 25퍼센트 증가시키려면 0.25라는 양수 퍼센트를 명시한다. 그리고 각 픽셀의 색 요소를 그만큼 증가시킨다.

```
red = image.getRed(row, col)
green = image.getGreen(row, col)
blue = image.getBlue(row, col)

newRed = int(red + red * 0.25)
newGreen = int(green + green * 0.25)
newBlue = int(blue + blue * 0.25)
```

밝은 이미지를 어둡게 만들기 위해서는 음수 퍼센트를 명시한다.

```
newRed = int(red + red * -0.3)
newGreen = int(green + green * -0.3)
newBlue = int(blue + green * -0.3)
```

이렇게 색 요소를 조정하는 경우, 새로 계산된 색 요소가 RGB의 유효범위를 벗어날 수 있다. 따라서 만약 새로 계산된 색 요소가 0보다 작다면 0으로 지정해야 하고, 255보다 크다면

Courtesy of Cay Horstmann.

그림 6 원래 이미지와 25퍼센트 밝은 이미지

255로 지정해야 한다. 다음은 빨간색 요소를 조정하는 코드이다.

```
newRed = int(red + red * amount)
if newRed > 255 :
   newRed = 255
elif newRed < 0 :
   newRed = 0
```

adjustBrightness 함수의 전체 코드가 아래에 나와 있다.

```
## 세 개 색 요소의 밝기 수준을 주어진 퍼센트만큼 조정한 새로운 이미지를 생성하고 반환한다.
#  @param image  원본 이미지
#  @param amount  밝기 조정 퍼센트
#  @return  새로운 이미지
#
def adjustBrightness(image, amount) :
   width = image.width()
   height = image.height()

   # 원본 이미지와 같은 크기의 새로운 이미지를 생성한다.
   newImage = GraphicsImage(width, height)
   for row in range(height) :
      for col in range(width) :

         # 원본 이미지에서 해당 픽셀의 색을 가져온다.
         red = image.getRed(row, col)
         green = image.getGreen(row, col)
         blue = image.getBlue(row, col)

         # 밝기를 조정하고 최댓값 이하로 만든다.
         newRed = int(red + red * amount)
         if newRed > 255 :
            newRed = 255
         elif newRed < 0 :
            newRed = 0
         newGreen = int(green + green * amount)
         if newGreen > 255 :
            newGreen = 255
         elif newGreen < 0 :
            newgreen = 0
         newBlue = int(blue + blue * amount)
         if newBlue > 255 :
            newBlue = 255
         elif newBlue < 0 :
            newBlue = 0

         # 새 이미지의 픽셀을 새로운 색으로 지정한다.
         newImage.setPixel(row, col, newRed, newGreen, newBlue)

   return newImage
```

5.9.4 이미지 회전시키기

대부분의 카메라는 센서가 있어서 사진이 가로로 찍혔는지 세로로 찍혔는지 알 수가 있다. 그러나 어떤 경우는 센서가 오동작하는 경우도 있다. 그러면 이미지를 왼쪽 혹은 오른쪽으로 90도 회전할 필요가 발생한다(그림 7을 보라). 이미지를 회전하면 새로운 이미지의 너비와 높이는 원래 이미지의 높이와 너비가 된다.

그림 7
왼쪽으로 회전한 이미지

Courtesy of Cay Horstmann.

```
width = image.width()
height = image.height()
newImage = GraphicsImage(height, width)
```

이미지를 왼쪽으로 회전하면 픽셀들의 첫 번째 행이 새로운 이미지의 첫 번째 열이 된다. 마찬가지로 두 번째 행은 두 번째 열이 된다.

```
for row in range(height) :
   newCol = row
   for col in range(width) :
      newRow = col
      pixel = image.getPixel(row, col)
      newImage.setPixel(newRow, newCol, pixel)
```

다음은 rotateLeft 함수를 완성한 것이다.

```
## 이미지를 왼쪽으로 90도 회전한다.
#  @param image 회전할 이미지
#  @return 회전된 새로운 이미지
#
def rotateLeft(image) :
   # 원본 이미지와 반대 크기인 새로운 이미지를 생성한다.
   width = image.width()
   height = image.height()
   newImage = GraphicsImage(height, width)

   # 이미지를 회전한다.
   for row in range(height) :
      newCol = row
      for col in range(width) :
         newRow = col
         pixel = image.getPixel(row, col)
         newImage.setPixel(newRow, newCol, pixel)

   return newImage
```

툴킷에 더할 수 있는 여러 가지 유용한 함수들이 아직 많이 있다. 그중 몇 개는 연습문제에 나온다.

예제 코드 완성된 툴킷 프로그램은 eText 또는 보조 사이트의 소스 코드에서 sec09/imgproctools.py를 참조하라.

5.9.5 툴킷 사용하기

툴킷에 정의된 함수를 프로그램에서 사용하려면 먼저 불러오기를 해야 한다.

함수를 작성하여 툴킷 파일에 저장한 후에는 이 함수들을 표준 라이브러리 함수를 사용하는 것과 동일한 방식으로 사용할 수 있다. 먼저 사용하려는 함수를 불러온다. 아래에 나오는 processimg.py에서 모듈의 모든 함수들을 불러오는 import 문장을 사용하였다. 프로그램은 사용자로부터 이미지 파일의 이름을 입력받고, 사용 가능한 연산에 대한 메뉴를 출력한다. 사용자가 연산을 선택하면 그에 따라 이미지를 처리한다.

sec09/processimg.py

```
## This program illustrates the use of the tools
#  in the image processing toolkit.
#

from ezgraphics import GraphicsImage, GraphicsWindow
from imgproctools import *

# Read the name of the file to be processed
filename = input(“Enter the name of the image file to be processed: ”)

# Load the image from the file and display it in a window.
image = GraphicsImage(filename)

win = GraphicsWindow()
canvas = win.canvas()
canvas.drawImage(image)
done = False

while not done :
   # Prompt the user for the type of processing.
   print("How should the image be processed?")
   print("1 - create image negative")
   print("2 - adjust brightness")
   print("3 - flip vertically")
   print("4 - rotate to the left")
   print("5 - save and quit")

response = int(input("Enter your choice: "))

# Process the image and display the new image in the window.
   if response == 1 :
      newImage = createNegative(image)
   elif response == 2 :
      amount = float(input("Adjust between -1.0 and 1.0: "))
      newImage = adjustBrightness(image, amount)
   elif response == 3 :
      newImage = flipVertically(image)
   elif response == 4 :
      newImage = rotateLeft(image)

   if response == 5 :
      newImage.save("output.gif")
      done = True
   else :
      canvas.drawImage(newImage)
      image = newImage
```

WORKED EXAMPLE 5.5

증가 혹은 감소 그리기 _Plotting Growth or Decay

저축 계좌에 돈을 넣으면 이자가 복리로 계산된다. 즉 계좌에 저축한 돈뿐만 아니라 이전 이자에 대해서도 이자가 붙는다. 시간이 가면 잔고는 크게 늘어나는데 이러한 현상을 "지수적 증가"라고 한다.

반대 경우는 어떤 양이 일정한 비율로 계속 감소할 때 발생한다. 한 예로 방사성 붕괴를 들 수 있다. 예를 들면 탄소 연대 측정에 사용되는 탄소 14 동위원소는 1년에 0.0121퍼센트 비율로 감소한다. 5,730년이 지나면 반이 감소한다.

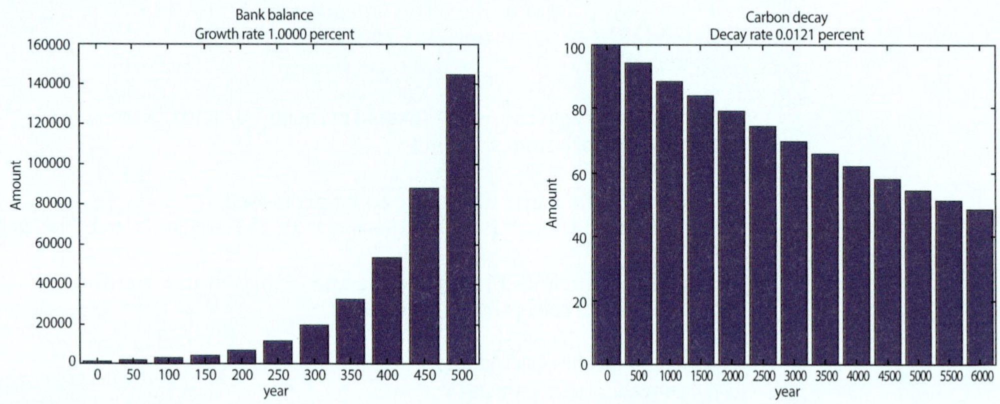

그림 8 증가와 감소의 예

문제 정의 Toolbox 3.2에서 설명한 그리기 패키지를 이용하여 오랜 시간 동안 증가 혹은 감소를 보여주는 막대그래프를 그리는 함수를 작성하라. 지정한 시간에서만 막대를 그려서 막대의 수를 제한하라.

1단계 함수가 무슨 일을 하는지 기술하라.

막대그래프의 목표는 매년 일정한 퍼센트로 증가 혹은 감소하는 양의 변화를 보여주는 것이다. 요청 기간이 경과할 때까지 몇 년에 한 번씩 그해의 양을 막대로 그려야 한다.

이 함수는 위의 예와 같이 잘 포맷된 막대그래프를 그려야 한다. 이를 위해 차트 제목 및 각 축의 레이블과 눈금을 추가해야 한다.

2단계 함수의 "입력"을 결정하라.

이 함수는 다섯 개의 입력을 요구한다.

1. 초기 양
2. 퍼센트 연간 변화율(음수면 감소를 의미함)
3. 보여줄 연도 수
4. 두 막대 사이의 연도 차이
5. 차트의 제목

3단계 파라미터 변수 및 반환값의 자료형을 결정하라.

초기 양과 매년 이자율은 분명히 부동-소수점 값이다. 보여줄 연도 수와 두 막대 사이 연도 차이는 정수이다. 제목은 문자열이다. 이 함수는 값을 반환하지 않는다. 대신 `pyplot` 윈도우에 차트를 만든다.

이제 이 정보들을 이용하여 함수를 문서화하고 헤더를 작성한다.

```
## 어떤 양에 대해 여러 해에 걸친 누적 증가 혹은 누적 감소를 보여주는 막대그래프를 작성한다.
#  @param initial (부동-소수점) 양의 초깃값
#  @param rate (부동-소수점) 한 해 변동 퍼센트
#  @param years (정수) 그래프에 표시할 연도 수
#  @param bardistance (정수) 막대 사이의 연도 수
#  @param title (문자열) 그래프의 제목
#
```

4단계 원하는 결과를 얻기 위한 의사코드를 작성하라.

다음은 막대그래프를 만드는 하나의 방법이다.

```
initial amount에 대한 막대를 그린다.
각 연도에 대해 반복한다.
    현재 연도에 대한 변화를 계산한다.
    amount를 수정한다.
    if 현재 연도에 대해 막대를 그려야 한다면
        다음 위치에 amount에 대한 막대를 그린다.
설명 정보를 추가한다.
차트 프레임을 설정한다.
```

5단계 함수 몸체를 구현하라.

먼저 처음 막대를 그린다. x축의 값이 막대 가운데에 온다는 것에 주목하라. 기본적으로 막대는 왼쪽으로 정렬된다. x축 값을 가운데 정렬하기 위해 `pyplot.bar` 함수를 호출할 때 `align = "center"`라는 명명된 인자를 더한다.

```
def showGrowthChart(initial, rate, years, bardistance, title) :

   amount = initial
   bar = 0

   # 초깃값에 대한 막대를 추가한다.
   pyplot.bar(bar, amount, align = "center")
   bar = bar + 1
```

`bar` 변수는 막대의 수를 나타내며, 막대가 그려질 때마다 증가한다.

다음으로 연도에 대해 반복하면서 양을 갱신한다. 각 연도에서 막대를 그릴 것인지 그리지 않을 것인지를 결정해야 한다. 파라미터 `bardistance`가 막대 사이의 연도 수를 가지고 있다. 만약 `year`가 `bardistance`의 배수라면 막대를 그린다. 예를 들면 `bardistance`가 500일 경우 500, 1000, 1500년 등에서 막대를 그린다.

```
year = 1
while year <= years :
   # 양을 변경한다.
   change = amount * rate / 100
   amount = amount + change
   # 만약 올해에 대해 막대를 그려야 한다면 그린다.
   if year % bardistance == 0 :
      pyplot.bar(bar, amount, align = "center")
      bar = bar + 1
   year = year + 1
```

차트 제목은 주어지지만, 우리는 증가 혹은 감소율을 기술하는 부제목을 추가할 것이다.

```
if rate >= 0 :
   subtitle = "Growth rate %.4f percent" % rate
else :
```

```
    subtitle = "Decay rate %.4f percent" % -rate

  pyplot.title(title + "\n" + subtitle)
```

다음은 축을 설정하는 방법이다. 각 막대에 대해 눈금을 만들고, 이 눈금에 연도 레이블을 붙여야 한다. 눈금을 위한 두 개의 리스트를 만들 때 range 함수를 사용한다는 것을 주목하라. 예를 들어 그림 8의 첫 번째 그래프에서는 11번째 막대가 그려질 때 year는 501이고, bardistance는 50이다. 따라서 range 함수는 [0, 1, 2, 3, ..., 9, 10] 리스트와 [0, 50, 100, 150, ..., 500] 리스트를 생성한다.

```
  # 축을 설정한다.
  pyplot.xlabel("Year")
  pyplot.ylabel("Amount")
  pyplot.xticks(range(0, bar), range(0, year, bardistance))
```

마지막으로 그리기 영역을 조정한다. 막대들이 중앙 정렬되었기 때문에, 그리기 영역을 약간 왼쪽으로 이동할 필요가 있다. 그 후 차트를 보여주면 작업이 끝이 난다.

```
  # 그림 영역을 막대그래프에 딱 맞게 조정한다.
  pyplot.xlim(-0.5, bar - 0.5)

  pyplot.show()
```

6단계 함수를 테스트하라.

다음은 두 개의 전형적인 시나리오로 drawGrowthChart 함수를 호출하는 간단한 main 함수이다.

```
def main() :
   showGrowthChart(1000.0, 1.0, 500, 50, "Bank balance")
   showGrowthChart(100.0, -0.0121, 6000, 500, "Carbon decay")
```

첫 번째 그래프는 비록 처음 투자금액이 $1,000이고 이자율이 연 1%로 매우 낮아도, 충분히 오랜 시간 투자하면 엄청나게 증가한다는 것을 보여준다. 두 번째 그래프는 방사성 붕괴를 보여준다. 6,000년이 지나면 탄소 14의 절반 정도가 남는다는 것을 알 수 있다.

예제 코드 완성된 코드는 eText나 보조 사이트의 소스 코드에서 worked_example_5/growth.py를 참조하라.

5.10 재귀 함수(선택) _Recursive Functions (Optional)

재귀 함수란 자신을 호출하는 함수이다. 이것은 생각보다 이상한 것은 아니다. 집 전체를 청소해야 하는 고된 일을 만났다고 가정해 보자. 여러분은 스스로에게 다음과 같이 말할 수도 있다. "방 하나를 골라서 청소해야지, 그 다음 나머지 방들을 청소해야지." 다른 말로 하면 청소 작업이 자신을 호출하는데 입력이 조금 작아졌다. 최종적으로 모든 방이 청소될 것이다.

© Janice Richard/iStockphoto.

집을 청소하는 것도 재귀적으로 해결할 수 있다. 먼저 방을 하나 청소한 후, 나머지를 청소한다.

파이썬의 재귀 함수도 같은 원리를 사용한다. 다음은 전형적인 예이다. 다음과 같이 삼각형 패턴을 출력하고 싶다고 하자.

```
[]
[][]
[][][]
[][][][]
```

구체적으로, 해야 할 작업은 다음 함수를 제공하는 것이다.

```
def printTriangle(sideLength) :
```

위의 삼각형은 printTriangle(4)의 결과이다. 재귀가 어떻게 도움이 되는지 알기 위해 변의 길이가 3인 삼각형으로부터 변의 길이가 4인 삼각형을 어떻게 만들 수 있는지 생각해 보자.

```
[]
[][]
[][][]
[][][][]
```

변 길이가 3인 삼각형을 출력하라.
[] 네 개가 있는 한 줄을 출력하라.

좀 더 일반화하여, 다음은 임의 길이의 변을 가진 삼각형을 출력하는 코드이다.

```
def printTriangle(sideLength) :
   printTriangle(sideLength - 1)
   print("[]" * sideLength)
```

이 아이디어에는 한 가지 문제가 있다. 변의 길이가 1일 때는 printTriangle(0), printTriangle(-1) 등을 호출하고 싶지 않다는 것이다. 해결 방법은 이 경우들을 특별 경우로 취급해서 sideLength가 1보다 작으면 아무것도 출력하지 않게 하는 것이다.

```
def printTriangle(sideLength) :
   if sideLength < 1 : return
   printTriangle(sideLength - 1)
   print("[]" * sideLength)
```

재귀적 계산에서는 어떤 문제를 그 문제와 똑같지만 입력이 조금 간단한 문제의 솔루션을 사용하여 해결한다.

printTriangle 함수를 한 번 더 살펴보고 이것이 얼마나 합당한지 주목하라. 만약 변의 길이가 0이라면 아무것도 출력할 필요가 없다. 다음 부분도 매우 합리적이다. 먼저 작은 삼각형을 출력한다(그리고 이것이 왜 제대로 동작하는지 생각하지 마라). 다음으로 []들을 한 줄에 출력한다. 분명히 결과는 원하는 크기의 삼각형이다.

© Nicolae Popovici/iStockphoto

러시아 인형은 재귀 함수의 호출 패턴과 비슷하다.

재귀를 성공적으로 만드는 두 가지 핵심 조건이 있다.

재귀가 종료되기 위해서는 가장 간단한 입력을 처리하는 특수 경우가 있어야 한다.

- 모든 재귀 호출에서 어떤 형태로든 입력이 단순해져야 한다.
- 가장 단순한 경우를 직접 처리하는 특수 경우가 있어야 한다.

printTriangle 함수는 변의 길이가 줄어들면서 자신을 호출한다. 결국 변의 길이는 0이 되고 이 함수는 더 이상 자신을 호출하지 않는다.

다음은 변의 길이 4로 삼각형을 그릴 때 일어나는 일을 보여준다.

- printTriangle(4) 호출이 printTriangle(3)을 호출한다.
  - printTriangle(3) 호출이 printTriangle(2)을 호출한다.

- printTriangle(2) 호출이 printTriangle(1)을 호출한다.
  - printTriangle(1) 호출이 printTriangle(0)을 호출한다.
    - printTriangle(0) 호출은 아무것도 하지 않고 복귀한다.
  - printTriangle(1) 호출이 []을 출력한다.
- printTriangle(2) 호출이 [][]을 출력한다.
- printTriangle(3) 호출이 [][][]을 출력한다.
- printTriangle(4) 호출이 [][][][]을 출력한다.

재귀함수의 호출 패턴은 복잡하게 보이지만, 재귀함수를 성공적으로 설계하는 핵심은 "그것을 생각하지 않는" 것이다.

삼각형 모양을 출력하기 위해 재귀가 꼭 필요한 것은 아니다. 다음과 같이 중첩 루프를 사용할 수도 있다.

```
def printTriangle(sideLength) :
   for i in range(1, sideLength + 1) :
      print("[]" * i)
```

그러나 이 루프는 조금 까다롭다. 많은 사람들이 재귀적 해결 방법이 더 이해하기 쉽다고 생각한다. 다음은 완성된 triangle.py 프로그램이다.

sec10/triangle.py

```
##
#  This program demonstrates how to print a triangle using recursion.
#

def main() :
   printTriangle(4)

## Prints a triangle with a given side length.
#  @param sideLength an integer indicating the length of the bottom row
#
def printTriangle(sideLength) :
   if sideLength < 1 : return
   printTriangle(sideLength - 1)

   # Print the row at the bottom.
   print("[]" * sideLength)

# Start the program.
main()
```

HOW TO 5.2

재귀적으로 생각하기 _Thinking Recursively

재귀적으로 문제를 해결하기 위해서는 프로그래밍 루프로 문제를 푸는 것과는 다른 사고방식이 필요하다. 사실 약간 게으르거나 또는 그런 척을 하고 다른 사람들이 대부분의 일을 하도록 시키는 것이 도움이 된다. 만일 복잡한 어떤 문제를 해결해야 한다면, "다른 누군가가" 힘든 일 대부분을 할 것이고 좀 더 간단한 입력에 대해 그 문제를 해결할 것이라고 상상해라. 그러면 좀 더 간단한 입력에 대한 그 해결책을 전체 문제에 대한 해결책으로 어떻게 하면 바꿀 수 있을지만 생각하면 된다. 이번 How To에서는, 재귀적인 사고 프로세스에 대해 예를 들어 설명한다.

문제 정의 어떤 수에 나오는 숫자들의 합을 구하는 4.2절의 문제를 생각해 보자. 우리는 수 n에 나오는 숫자들의 합을 구하는 함수 `digitSum`을 설계하려고 한다. 예를 들면 `digitSum(1729) = 1 + 7 + 2 + 9 = 19`이다.

1단계 입력을 원래 프로그램의 입력으로 다시 사용할 수 있는 부분으로 나누어라.

재귀적 해결 방법을 찾는 핵심은 입력을 같은 문제에 대한 조금 더 단순한 입력으로 줄이는 것이다.

마음속으로 해결하고자 하는 작업의 특정한 입력 혹은 입력 집합에 집중하여 어떻게 입력들을 단순화할 수 있는지 생각하라. 동일한 작업으로 해결할 수 있고, 그 결과가 원래 작업과 관련이 있는 단순화된 문제를 찾아라.

숫자 합계 문제에서 `n = 1729`와 같은 입력을 어떻게 단순화할지 먼저 생각하라. 1을 빼는 것이 도움이 될까? 어쨌든 `digitSum(1729) = digitSum(1728) + 1`이 맞는다. 그러나 `n = 1000`인 경우를 생각해 보라. `digitSum(1000)`과 `digitSum(999)` 사이에는 확실한 관계가 없어 보인다.

훨씬 더 유용한 아이디어는 `n // 10 = 172`와 같이 마지막 숫자를 제거하는 것이다. 172에 나타나는 숫자의 합은 1729에 나타나는 숫자의 합과 직접적인 관계가 있다.

2단계 단순한 입력에 대한 해결책을 결합하여 원래 문제의 해결책으로 만들어라.

재귀적 해결 방법을 설계할 때, 여러 중첩된 호출에 대해 고민하지 마라. 문제를 조금 더 간단한 문제로 줄이는 것에만 집중하라.

마음속으로 1단계에서 발견한 간단한 입력에 대한 해결책을 생각하라. 어떻게 이 해결책을 얻는지는 생각하지 마라. 그냥, 해결책을 사용할 수 있다고 믿어라. 다음과 같이 자신에게 말하라. "이 입력들이 더 단순해졌기 때문에 어떤 다른 사람이 나를 위해 해결해 줄 것이다"라고.

숫자 합계 과제에서는 만약 `digitSum(172)`를 안다면 어떻게 `digitSum(1729)`를 구할 것인가를 스스로에게 질문하라. 단순히 마지막 숫자를 더하면 된다. 그러면 마지막 숫자는 어떻게 구하는가? `n % 10`으로 구한다. 이제 `digitSum(n)`의 값은 다음과 같이 쓸 수 있다.

```
digitSum(n // 10) + n % 10
```

`digitSum(n // 10)`을 어떻게 계산하는지 고민하지 마라. 입력이 단순해졌기 때문에 계산할 수 있다.

3단계 가장 간단한 입력에 대해 해결 방법을 찾아라.

재귀적 계산은 계속해서 입력을 단순화한다. 재귀가 종료되는 것을 보장하기 위해서 가장 단순한 입력들은 따로 처리해야 한다. 이들 입력에 대한 특수 해결책을 찾아내라. 일반적으로 이 과정은 매우 쉽다.

`digitSum` 문제에서 가장 간단한 입력들을 보자.

- 숫자가 하나인 수
- 0

숫자가 하나인 수는 그 숫자 자체가 합이기 때문에 `n < 10`이면 재귀를 중단하고 `n`을 반환한다. 혹은 더 느긋하게 할 수도 있다. 만약 `n`이 숫자가 하나인 수라면 `digitSum(n // 10) + n % 10`은 `digitSum(0) + n`이다. `n`이 0이면 재귀를 중단하면 된다.

4단계 간단한 경우와 축소 단계의 해결 방법들을 결합하여 전체 해결 방법을 작성하라.

이제 해결 방법을 작성할 준비가 되었다. 3단계에서 고려한 단순한 경우에 대한 별도의 경우를 작성하라. 만약 입력 수가 간단한 경우가 아니라면 2단계에서 발견한 논리를 구현하라.

digitSum 함수 전체가 아래 테스트 프로그램 일부로 나와 있다.

how_to_2/digits.py

```
##
#   This program illustrates the recursive digitSum function.
#

def main() :
   print("Digit sum:", digitSum(1729))
   print("Expected: 19")
   print("Digit sum:", digitSum(1000))
   print("Expected: 1")
   print("Digit sum:", digitSum(9))
   print("Expected: 9")
   print("Digit sum:", digitSum(0))
   print("Expected: 0")

## Computes the sum of the digits of a number.
#  @param n an integer >= 0
#  @return the sum of the digits of n
#
def digitSum(n) :
   if n == 0 : return 0    # Special case for terminating the recursion
   return digitSum(n // 10) + n % 10   # General case

# Start the program.
main()
```

TOOLBOX 5.1

Turtle 그래픽스 _Turtle Graphics

2.6절에서는 파이썬의 복잡한 그래픽스 라이브러리를 단순화한 ezgraphics 모듈을 소개하였다. 파이썬에는 간단한 그림을 그릴 수 있게 하는 다른 기본적인 그래픽스 패키지가 포함되어 있다. 1966년으로 거슬러 올라가는 Turtle Graphics 패키지는 원래 어린이들에게 프로그램을 가르치기 위해 설계되었다. 이 패키지는 기계적인 객체 혹은 커서인 거북이를 생성하고, 기본적인 명령을 내려 이 거북이를 조정한다. 거북이가 움직이면서 거북이에게 딸린 펜으로 화면에 그림을 그린다. 이 Toolbox에서는 간단한 도형 작성을 위한 기본적인 거북이 조정 명령들을 학습한다.

기본 Turtle 명령

그림을 그리기 위해 먼저 turtle 그래픽스 패키지를 자신의 프로그램으로 불러온다.

```
import turtle
```

거북이는 올리거나 내릴 수 있는 펜을 가지고 있다. 펜이 내려져 있으면 거북이의 움직임이 화면에 그려진다. 시작할 때 펜은 올려진 상태이다. 그리기를 시작하려면 먼저 펜을 내려야 한다.

```
turtle.pendown()
```

처음 거북이는 그래픽 윈도우의 중앙에서 동쪽을 보고 있다. 거북이는 현재 위치를 기준으로 앞으로, 뒤로 움직일 수 있다. 다음은 거북이를 앞으로 100픽셀 움직이는 명령이다.

```
turtle.forward(100)
```

이 명령의 결과로 화면에 100픽셀 길이의 수평 줄이 그어진다.

거북이는 현재 보고 있는 방향으로 움직인다. 방향을 바꾸려면 거북이를 좌 혹은 우로 회전하고, 이때 회전할 각을 준다. 각은 도를 사용하여 표시한다. 다음 명령은 거북이를 오른쪽으로 90도 회전시키고 현재 위치로부터 수직선을 그린다.

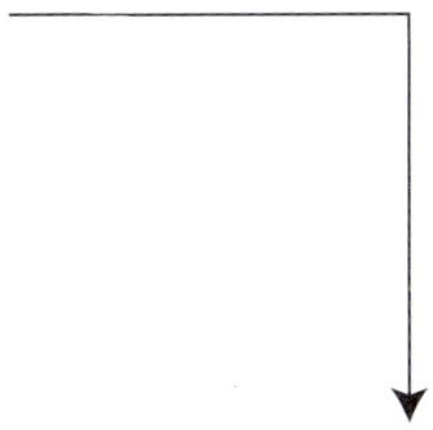

```
turtle.right(90)
turtle.forward(100)
```

이것은 정사각형의 두 변이다.

위의 명령을 2번 더 실행하면 완성된 정사각형이 그려진다.

```
turtle.right(90)
turtle.forward(100)
turtle.right(90)
turtle.forward(100)
```

그림을 다 그린 후 프로그램은 사용자가 프로그램을 종료시킬 때까지 대기하고 있어야 한다. 이것은 간단하게 `input` 함수를 사용하여 달성할 수 있다. 이때 입력은 필요가 없어서 버린다.

```
response = input("Press ENTER to quit.")
```

만약 사용자 입력을 기다리지 않으면 그래픽 윈도우나 거북이가 그린 그림을 볼 수 없을 수도 있다. 이 단계는 `ezgraphics`에서 `win.wait()` 메소드 호출과 같다는 점을 주목하라.

펜 속성

펜의 색과 크기도 변경할 수 있다. 펜 색을 변경하기 위해서는 다음 함수 호출 중 하나를 사용하라.

turtle.color(*colorName*)

turtle.color(*red*,*green*,*blue*)

색 이름을 표시하는 문자열은 `ezgraphics`에서와 같다(2장의 표 11을 보라). red, green, blue 색상 값은 0과 255 사이의 정수이다.

그림 9와 같이 정사각형 오른쪽에 두꺼운 수직선을 그리고 싶다고 하자. 수직선을 추가하기 위해 다음 단계를 수행한다.

1. 펜의 색과 크기를 바꿔라.
   ```
   turtle.pensize(3)
   turtle.color("red")
   ```
2. 펜을 들어라.
   펜이 내려져 있으면 거북이가 움직이면서 선이 그려진다는 것을 기억하라. 우리는 선을 그리지 않고 거북이를 수직선의 시작점으로 옮겨야 한다. 다음 명령을 사용하여 펜을 든다.
   ```
   turtle.penup()
   ```
3. 거북이의 방향을 동쪽으로 바꿔라.
   현재 거북이는 정사각형의 왼쪽 위 모서리에 있고 북쪽을 바라보고 있다. 거북이를 움직이기 전에 방향을 동쪽으로 돌려야 한다.
   ```
   turtle.right(90)
   ```
4. 거북이를 정사각형의 오른쪽으로 100만큼 이동시켜라.
   거북이가 정사각형의 왼쪽 위 모서리에 있고, 정사각형의 너비가 100 픽셀이므로 거북이는 앞으로 200픽셀을 움직여야 한다.
   ```
   turtle.forward(200)
   ```
5. 거북이를 회전시키고, 펜을 내리고 선을 그린다.

```
turtle.right(90)
turtle.pendown()
turtle.forward(100)
```

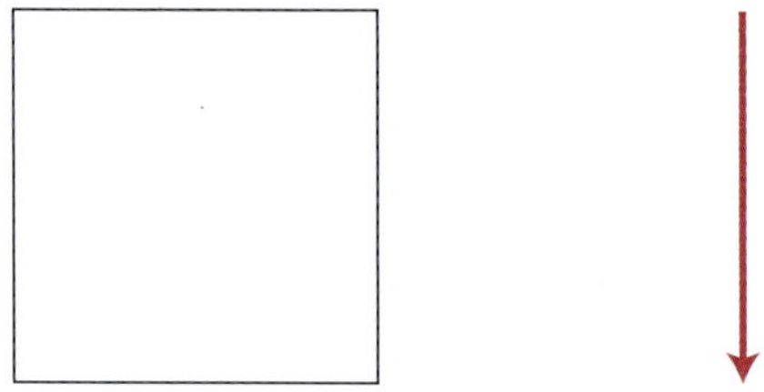

그림 9 거북이가 선을 그린다

다음은 그림 9를 그리는 전체 프로그램이다.

toolbox_1/turtlebox.py

```
##
#  This program draws a rectangle and vertical line using Python's
#  turtle graphics package.
#
import turtle

# Draw a square in the default color and pen size.
turtle.pendown()
turtle.forward(100)
turtle.right(90)
turtle.forward(100)
turtle.right(90)
turtle.forward(100)
turtle.right(90)
turtle.forward(100)

# Draw a larger red vertical line to the right of the box.
turtle.pensize(3)
turtle.pencolor("red")
turtle.penup()
turtle.right(90)
turtle.forward(200)
turtle.right(90)
turtle.pendown()
turtle.forward(100)

# Wait for user input to quit the program.
response = input("Press ENTER to quit.")
```

고급 명령들

거북이는 수학에서 사용하는 것과 비슷한 2차원 이산 직교 좌표계 내에서 움직인다. 원점은 그래픽 윈도우의 중심이고, y축은 위쪽으로 증가한다(이 좌표계는 `ezgraphics`에서와 다르다).

좌표계에서 직접 수행되는 명령들도 제공된다. 예를 들면 거북이의 현재 방향과 관계없이 어떤 위치로 옮기려면 다음 명령을 사용한다.

```
turtle.goto(x, y)
```

거북이를 다시 원점 혹은 홈 위치로 옮기려면 다음 명령을 사용한다.

```
turtle.home()
```

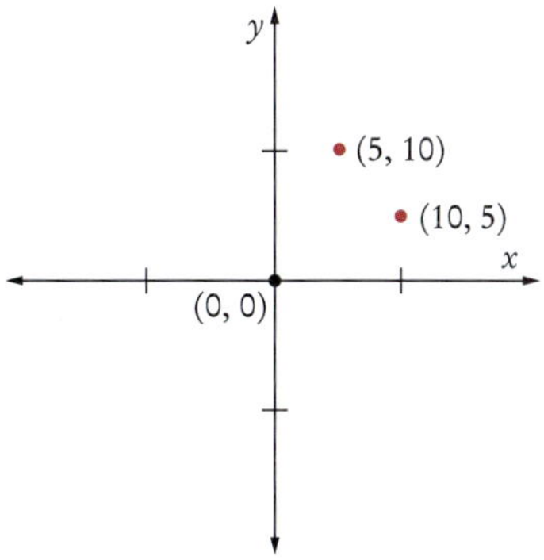

만약 펜이 내려져 있으면 거북이가 홈 위치로 이동하면서 선이 그려진다. 그래픽 윈도우를 지우려면 다음 명령 중 하나를 사용한다.

```
turtle.clear()
turtle.reset()
```

clear 함수는 거북이를 이동시키지 않고 윈도우를 지운다. reset 함수는 화면을 지우고, 거북이를 원점으로 이동시키고, 거북이의 상태를 초기 상태로 변경한다.

Turtle 그래픽스 패키지에는 많은 명령이 있다. 이들 중 자주 사용되는 명령들이 표 1에 나와 있다.

함수 사용하기

만약 서로 관련이 있는 여러 개의 도형을 그리고 싶다면 각 도형에 대한 함수를 작성하는 것은 좋은 아이디어이다. 예를 들면 다음 함수는 정사각형을 그리고, 원래 위치에서 원래 방향으로 끝난다.

```
def square(width) :
   turtle.pendown()
   turtle.forward(width)
   turtle.right(90)
   turtle.forward(width)
   turtle.right(90)
   turtle.forward(width)
   turtle.right(90)
   turtle.forward(width)
   turtle.right(90)
   turtle.penup()
```

이 함수를 이용하면 여러 개의 정사각형을 그릴 수 있다.

```
for i in range(0, 10) :
   square(20)
   turtle.forward(30)
```

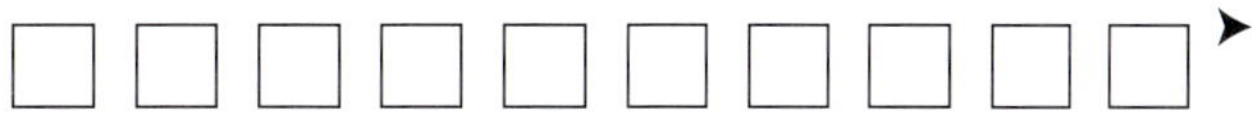

square 함수를 구현하는 간단한 방법은 그리기와 회전을 4번 반복하는 것이다.

```
def square(width) :
   turtle.pendown()
   for i in range(0, 4) :
      turtle.forward(width)
      turtle.right(90)
   turtle.penup()
```

이 함수를 오각형, 육각형 등을 그리도록 일반화할 수 있다.

표 1 Turtle 함수

함수	설명
`turtle.backward(distance)`	반대 방향으로 *distance*만큼 뒤로 움직인다.
`turtle.clear()`	거북이가 그린 것을 지운다. 그러나 거북이는 움직이지 않는다.
`turtle.forward(distance)`	*distance*만큼 앞으로 움직인다.
`turtle.goto(x, y)`	절대 위치 (x, y)로 움직인다.
`turtle.heading()`	거북이의 방향을 각도로 반환한다.
`turtle.hideturtle()`	거북이를 숨긴다.
`turtle.home()`	거북이를 원점 (0,0)으로 옮기고, 방향을 오른쪽으로 한다.
`turtle.left(angle)`	*angle*도만큼 왼쪽으로 회전한다.
`turtle.pencolor(colorname)` `turtle.pencolor(red, green, blue)`	펜 색을 지정한다. 색은 이름으로 지정하거나 red, green, blue 색상 값으로 지정할 수 있다. 이 값들의 범위는 [0...255]이다.
`turtle.pendown()`	움직이면 선이 그려지도록 펜을 내린다.
`turtle.pensize(width)`	선의 두께를 *width*로 지정한다.
`turtle.penup()`	움직일 때 선이 그려지지 않도록 펜을 든다.
`turtle.reset()`	거북이 그림을 지우고, 거북이를 원점 (0, 0)으로 이동시키며 방향을 동쪽으로 한다.
`turtle.right(angle)`	*degree*도만큼 오른쪽으로 회전한다.
`turtle.showturtle()`	거북이가 나타나게 한다.

```
def regularPolygon(n, width) :
   turtle.pendown()
   for in in range(0, n) :
      turtle.forward(width)
      turtle.right(360 / n)
   turtle.penup()
```

다음은 여러 다각형을 그린다.

```
for n in range(3, 10) :
   regularPolygon(n, 20)
   turtle.forward(60)
```

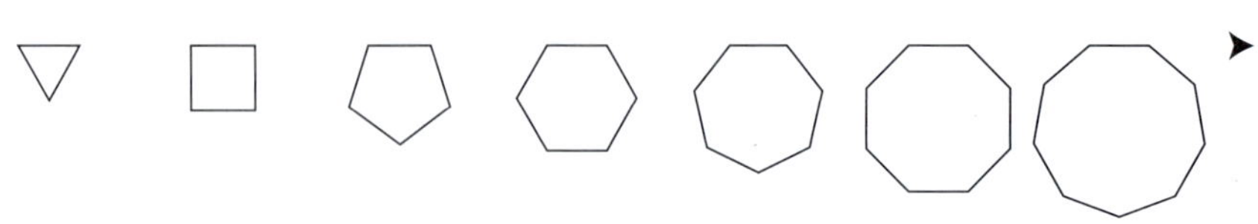

물론 선으로 구성되는 어떤 모양도 그릴 수 있다. 연습문제 Toolbox P5.24에서는 집을 그리는 함수를 작성하고, 이 함수를 여러 번 호출하여 도시 풍경을 그린다.

프랙탈 곡선

"프랙탈 곡선"은 작은 세부 모양이 전체 모양을 닮은 곡선이다. 예를 들어 물결 모양의 섬 해안선을 보고 난 후 작은 부분에 초점을 맞추면 들어가고 나온 모양이 전체 모양과 비슷한 모양을 가지고 있다.

우리는 거북이를 이용하여 "자체 유사성(self similarity)"이 있는 특별한 곡선(힐버트 곡선)을 그릴 것이다. 이 곡선은 정사각형 내의 정수 좌표들을 꿈틀거리면 모두 방문하는 특성이 있다. 그림 10은 $n = 1, 2, 3$인 경우 힐버트 곡선을 보여준다.

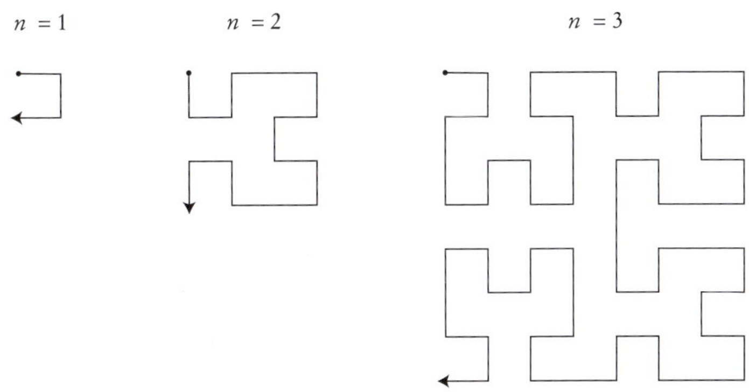

그림 10 힐버트 곡선

아래 그림은 $n = 6$인 힐버트 곡선을 그리는 데모 프로그램의 스크린 샷이다(이 곡선의 이름은 유명한 수학자 David Hilbert의 이름을 따서 명명되었다. 힐버트는 이 곡선을 다양한 목적을 위해 발명하였다. 그는 모든 곡선을 축소하여 1×1 정사각형을 채우도록 하였다. n이 무한대로 커짐에 따라서 이 곡선은 정사각형 내의 모든 점들을 방문하면서 "공간을 채워나간다".

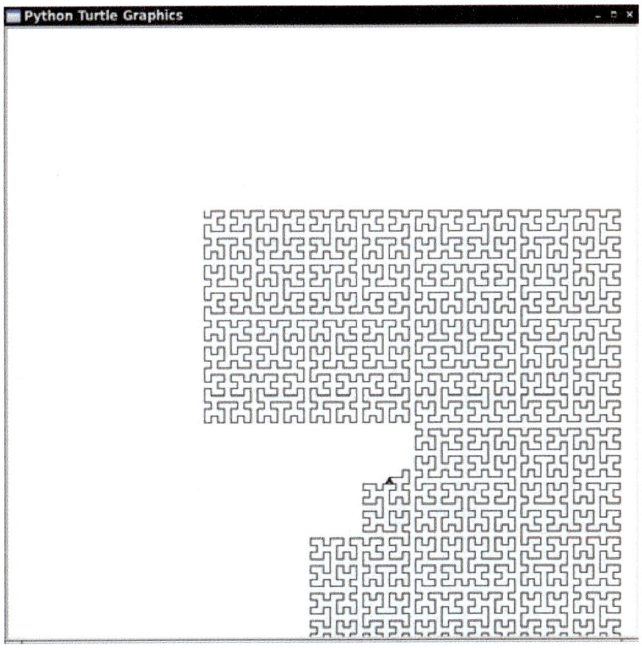

이 절에서는 재귀(함수가 좀 더 간단한 형태로 자신을 호출하는 능력)가 필요하다. 만약 여러분이 5.10절을 건너뛰었다면 이 절도 건너뛰어라. 아니면 착실하게 나아가서 샘플 프로그램을 실행시켜 보라. 거북이가 큰 정사각형을 꼼꼼히 채우는 것을 바라보는 것은 매우 매력적이다.

여기서 거북이가 이 곡선 위로 이동하도록 만드는 hilbert 함수를 구현할 것이다. n = 1인 경우는 매우 쉽다.

```
def hilbert(n, turn, distance) :
   if n == 1 :
      turtle.forward(distance)
      turtle.right(turn)
      turtle.forward(distance)
      turtle.right(turn)
      turtle.forward(distance)
   else :
      . . .
```

우리는 이 함수를 turn = 90으로 호출할 것이다. 만약 이 곡선의 거울상을 그리려면 turn = –90으로 호출한다.

그림 11은 (n-1)세대를 그릴 수 있다는 가정하에 n세대 곡선을 그리는 방법을 보여준다. n세대 곡선은 (n-1)세대 곡선 네 개를 가지고 있고, 그중 두 개는 거울상이라는 점에 주목하라.

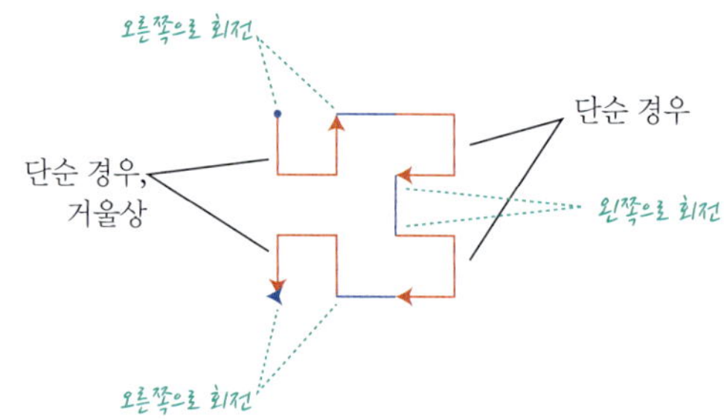

그림 11

n세대 곡선 그리기

그림 11에서 보여주듯이 다음 재귀를 시작하기 전에 거북이를 적절히 회전하여야 한다. 다음은 hilbert 함수를 완성한다.

```
else :
   turtle.right(turn)
   hilbert(n - 1, -turn, distance)
   turtle.right(turn)

   turtle.forward(distance)

   hilbert(n - 1, turn, distance)

   turtle.left(turn)
   turtle.forward(distance)
   turtle.left(turn)

   hilbert(n - 1, turn, distance)

   turtle.forward(distance)

   turtle.right(turn)
   hilbert(n - 1, -turn, distance)
   turtle.right(turn)
```

힐버트 곡선이 펜 이동과 회전의 시퀀스로 제작되기 때문에 이 문제는 turtle 그래픽스의 훌륭한 응용이다. 다음은 전체 프로그램이다.

toolbox_1/hilbert.py

```
##
#  This program draws a Hilbert curve using Python's turtle graphics package.
#
import turtle

def main() :
   turtle.reset()
   turtle.penup()
   n = 6
   turtle.goto(-n ** 2 * 10 / 2, n ** 2 * 10 / 2)
   turtle.pendown()
   hilbert(n, 90, 10)
   response = input("Press ENTER to quit.")

## Draws one generation of the Hilbert curve using Turtle graphics.
#  @param n an integer indicating the generation of the curve
#  @param turn the angle by which to turn the turtle
#  @param distance the number of pixels to move the turtle forward
#
def hilbert(n, turn, distance) :
   if n == 1 :
      turtle.forward(distance)
      turtle.right(turn)
      turtle.forward(distance)
      turtle.right(turn)
      turtle.forward(distance)
      # Or, more elegantly,
      # turtle.right(2 * turn)
   else :
      turtle.right(turn)
      hilbert(n - 1, -turn, distance)
      turtle.right(turn)
      turtle.forward(distance)
      hilbert(n - 1, turn, distance)
      turtle.left(turn)
      turtle.forward(distance)
      turtle.left(turn)
      hilbert(n - 1, turn, distance)
      turtle.forward(distance)
      turtle.right(turn)
      hilbert(n - 1, -turn, distance)
      turtle.right(turn)

main()
```

5장 요약 _Chapter Summary

함수, 인자, 반환값의 개념을 이해하라.

- 함수란 명령의 시퀀스에 이름을 붙인 것이다.
- 인자는 함수를 호출할 때 제공한다.
- 반환값은 함수의 계산 결과이다.

- 값을 반환하는 것과 프로그램의 출력을 만들어내는 것은 다르다.

함수를 구현할 수 있다.

- 함수를 정의할 때 함수 이름 및 각 인자를 위한 변수를 제공한다.
- 함수 주석은 함수의 목적, 각 파라미터 변수 및 반환값의 의미 그리고 특별 요구사항을 설명한다.

파라미터 전달 과정을 설명하라.

- 파라미터 변수는 함수가 호출될 때의 인자 값을 저장한다.

함수가 값을 반환하는 과정을 설명하라.

- return문은 함수 호출을 끝내고 함수 결과를 넘겨준다.
- 여러 번 사용될 수 있는 계산은 함수로 변환하라.

반환값이 없는 함수를 설계하고 구현하라.

- 어떤 함수는 반환값이 없지만 출력을 할 수는 있다.

여러 문제에서 사용할 수 있는 함수를 개발하라.

- 중복된 코드 혹은 의사코드를 함수로 만들어서 중복을 제거하라.
- 함수를 재사용할 수 있도록 설계하라. 함수 호출에 따라 달라지는 값에 해당하는 파라미터 변수를 만들어라.

설계에 단계적 개선 원칙을 적용하라.

- 복잡한 문제를 덜 복잡한 문제로 분해하기 위해 단계적 개선 프로세스를 사용하라.
- 함수가 필요하다고 생각되면 그 함수에 대한 파라미터 변수와 반환값에 대한 설명을 작성하라.
- 함수를 구현할 때 부분 작업을 위한 다른 함수가 필요할 수도 있다.

프로그램에서 변수의 범위를 결정하라.

- 변수의 범위는 프로그램에서 그 변수를 사용할 수 있는 부분이다.
- 지역변수는 함수나 코드 블록에서 정의된 변수이다.
- 전역변수는 함수 외부에서 정의된 변수이다.

관련된 함수를 모아서 소프트웨어 툴킷을 작성하라.

- 툴킷은 특정 과제를 풀기 위한 서로 관련이 있는 함수나 클래스 모음을 제공한다.
- 툴킷에 있는 함수를 사용하기 위해서는 먼저 프로그램으로 불러와야 한다.

재귀적 함수 호출을 이해하고, 간단한 재귀 함수를 구현하라.

- 재귀적 방법에서는 어떤 문제의 해결책을 그 문제에 조금 간단한 입력을 넣어서 만든 해결책을 사용하여 구한다.
- 재귀가 종료되기 위해서는 가장 간단한 입력을 처리하는 특수 경우가 있어야 한다.
- 재귀적 해결의 핵심은 현재 입력을 다시 그 문제의 입력으로 사용할 수 있도록 간단하게 만드는 것이다.
- 재귀적 해결 방법을 만들 때는 복잡하게 중첩된 함수 호출 과정에 대해서는 걱정하지 마라. 단지 문제를 조금 더 간단한 문제로 변환하는 것에 집중하라.

연습문제

■ **R5.1** 함수 호출 `len("black boxes")`를 생각해 보자. 몇 개의 인자가 함수에 전달되는가? 반환값은 무엇인가?

■ **R5.2** 5.2절에 나온 `cubes.py` 프로그램의 각 줄은 `main`의 첫 줄에서 시작할 때 어떤 순서로 실행되는가?

■ **R5.3** 다음 작업에 대해 주석과 함께 함수 헤더를 작성하라.

a. 두 정수 중 큰 수를 구하기
b. 세 개의 부동-소수점 수 중 가장 작은 수를 구하기
c. 어떤 정수가 소수인지 검사하기. 소수면 `True`를, 아니면 `False`를 반환함
d. 어떤 문자열이 다른 문자열에 포함되어 있는지 검사하기
e. 초기 잔액, 연 이자율, 저축 햇수가 주어졌을 때 계좌의 잔액 계산하기
f. 초기 잔액, 연 이자율이 주어졌을 때 주어진 기간 동안의 계좌 잔액을 출력하기
g. 연도, 달이 주어지면 달력 출력하기
h. 연도, 달, 날짜가 주어졌을 때 요일 계산하기("월요일"같이 문자열로)
i. 1과 n 사이의 랜덤 정수 생성하기

■ **R5.4** 참 혹은 거짓?

a. 함수는 정확히 하나의 `return`문을 갖는다.
b. 함수는 적어도 하나의 `return`문을 갖는다.
c. 함수는 최대 한 개의 `return`문을 갖는다.
d. 값을 반환하지 않는 함수는 절대로 `return`문을 갖지 않는다.
e. `return`문을 실행하면 함수에서 즉시 빠져나온다.

f. 값을 반환하지 않는 함수는 반드시 결과를 출력해야 한다.

g. 파라미터 변수가 없는 함수는 언제나 같은 값을 반환한다.

■■ **R5.5** 다음 함수들을 생각해 보자.

```
def f(x) :
   return g(x) + math.sqrt(h(x))

def g(x) :
   return 4 * h(x)

def h(x) :
   return x * x + k(x) - 1

def k(x) :
   return 2 * (x + 1)
```

이 프로그램을 컴파일해서 실행하지 않고 다음 함수 호출의 결과를 예측하라.

a. `x1 = f(2)`
b. `x2 = g(h(2))`
c. `x3 = k(g(2) + h(2))`
d. `x4 = f(0) + f(1) + f(2)`
e. `x5 = f(-1) + g(-1) + h(-1) + k(-1)`

■ **R5.6** 인자와 반환값의 차이는 무엇인가? 함수는 몇 개의 인자를 가질 수 있는가? 몇 개의 반환값을 가질 수 있는가?

■■ **R5.7** 부동-소수점 수를 통화($ 기호를 쓰고, 소수점 아래 두 자리까지 표시)로 출력하는 함수를 설계하라.

a. `ch02/sec05/volume2.py`와 `ch04/sec06/investment.py`를 어떻게 바꾸어 사용할 수 있는지 설명하라.

b. 만약 유로와 같은 다른 통화를 사용한다면 프로그램에 어떤 변경이 필요한가?

■■ **Business R5.8** 문자가 포함된 전화번호(1-800-FOLLOWERS와 같은)를 그에 해당하는 실제 전화번호로 번역하는 함수의 의사코드를 작성하라. 전화기 버튼의 표준 글자들을 사용하라.

© stacey_newman/iStockphoto.

■■ **R5.9** 단계적 개선 과정을 사용하여 계란 스크램블을 만드는 과정을 설명하라. 만약 냉장고에 달걀이 없다면 어떻게 하는지 설명하라.

■ **R5.10** 다음 입력에 대해 `intName` 함수의 실행 과정을 보여라.

a. 5
b. 12
c. 21
d. 301
e. 324
f. 0
g. -2

■■ **R5.11** 다음 함수를 생각해 보자.

```
def f(a) :
   if a < 0 : return -1
   n = a
   while n > 0 :
      if n % 2 == 0 :    # n is even
         n = n // 2
      elif n == 1 :
         return 1
      else :
         n = 3 * n + 1
   return 0
```

f(-1), f(0), f(1), f(2), f(10), f(100)에 대해 계산 과정을 보여라.

■■■ **R5.12** 두 정수를 서로 교환하려고 하는 falseSwap 함수를 생각해 보자.

```
def main() :
   x = 3
   y = 4
   falseSwap(x, y)
   print(x, y)

def falseSwap(a, b) :
   temp = a
   a = b
   b = temp

main()
```

왜 falseSwap 함수는 x, y의 내용을 서로 교환하지 못하는가?

■■ **R5.13** 주어진 문자열의 모든 부분 문자열을 출력하는 재귀 함수의 의사코드를 작성하라. 예를 들면 문자열 "rum"의 부분 문자열은 "rum", "ru", "um", "r", "u", "m" 그리고 빈 문자열이다. 문자열의 모든 문자가 서로 다르다고 가정해도 좋다.

■■ **R5.14** 문자열 내 모든 문자들을 정렬하는 재귀 함수의 의사코드를 작성하라. 예를 들면 문자열 "goodbye"는 "bdegooy"로 정렬된다.

프로그래밍 연습문제

■ **P5.1** 다음 함수 및 테스트 프로그램을 작성하라.

a. def smallest(x, y, z) (인자들 중 가장 작은 값을 반환함)

b. def average(x, y, z) (인자들의 평균값을 반환함)

■■ **P5.2** 다음 함수 및 테스트 프로그램을 작성하라.

a. def allTheSame(x, y, z) (모든 인자들의 값이 같으면 true를 반환함)

b. def allDifferent(x, y, z) (모든 인자들의 값이 서로 다르면 true를 반환함)

c. def sorted(x, y, z) (인자들이 작은 값이 먼저 나오는 순서대로 정렬되어 있으면 true를 반환함)

■■ **P5.3** 다음 함수를 작성하고 테스트 프로그램을 제공하라.

a. `def firstDigit(n)` (인자의 처음 숫자를 반환함)

b. `def lastDigit(n)` (인자의 마지막 숫자를 반환함)

c. `def digits(n)` (인자의 숫자 개수를 반환함)

■ **P5.4** 다음 함수를 작성하라.

```
def middle(string)
```

이 함수는 `string`의 길이가 홀수이면 중간 글자를 가지고 있는 문자열을, 길이가 짝수이면 두 개의 중간 글자를 가진 문자열을 반환한다. 예를 들면 `middle("middle")`은 `"dd"`를 반환한다.

■ **P5.5** 다음 함수를 작성하라.

```
def repeat(string, n, delim)
```

이 함수는 `string` 문자열을 `n`번 반복하는데, 문자열 사이를 `delim` 문자열로 구분하여 반환한다. 예를 들면 `repeat("ho", 3, ", ")`는 `"ho, ho, ho"`를 반환한다.

■■ **P5.6** 다음 함수를 작성하라.

```
def countVowels(string)
```

이 함수는 문자열 `string` 내에 있는 모음의 수를 반환한다. 모음은 글자 a, e, i, o, u와 이들의 대문자이다.

■■ **P5.7** 다음 함수를 작성하라.

```
def countWords(string)
```

이 함수는 `string`에 있는 단어 수를 반환한다. 단어는 공백으로 분리된다. 예를 들면 `countWords("Mary had a little lamb")`에 대해서 5를 반환한다.

■■ **P5.8** 첫 글자와 마지막 글자를 제외하고 두 글자가 뒤바뀐 단어들로 구성된 텍스트를 사람들이 잘 읽을 수 있다는 것은 널리 알려진 현상이다. 예를 들면

I dn'ot gvie a dman for a man taht can olny sepll a wrod one way. (Mrak Taiwn)

주어진 단어에 대해 첫 번째와 마지막 글자를 제외하고 임의의 두 글자를 뒤섞는 `scramble(word)` 함수를 작성하라. 그 후, 단어들을 읽어서 뒤섞인 단어들을 출력하는 프로그램을 작성하라.

■ **P5.9** 다음 함수를 작성하라.

```
def sphereVolume(r)
def sphereSurface(r)
def cylinderVolume(r, h)
def cylinderSurface(r, h)
def coneVolume(r, h)
def coneSurface(r, h)
```

위 함수들은 각각 반지름이 r인 구의 부피와 표면적, 밑면 원의 반지름이 r이고 높이가 h인 원기둥의 부피와 표면적, 밑면 원의 반지름이 r이고 높이가 h인 원뿔의 부피와 표면적을 계산한다. 그 후 사용자에게 r과 h 값을 입력받아서 위의 여섯 개 함수를 호출하고 결과를 출력하는 프로그램을 작성하라.

■■ P5.10 다음 함수를 작성하라.

```
def readFloat(prompt)
```

이 함수는 프롬프트 문자열을 열과 그 뒤에 공백을 출력하고 부동-소수점 수를 읽어서 반환한다. 아래는 이 함수의 사용 예이다.

```
salary = readFloat("Please enter your salary:")
percentageRaise = readFloat("What percentage raise would you like?")
```

■■ P5.11 intName 함수를 수정하여 1,000,000,000 이하 값에 대해 올바르게 동작하도록 하라.

■■ P5.12 intName 함수를 수정하여 음수와 0에 대해서도 올바르게 동작하도록 하라. 주의: 수정된 함수에 "20"을 넣으면 "twenty zero"가 출력되지 않도록 하라.

■■■ P5.13 어떤 값(예를 들면 20)에 대해 intName 함수는 앞에 공백이 있는 문자열(" twenty")를 반환한다. 이 결함을 수정하여 공백이 필요한 경우에만 삽입되도록 하라. 힌트: 두 가지 방법이 있다. 문자열 앞에 공백을 넣지 않게 하는 방법과 공백을 넣게 둔 뒤 반환하기 전에 공백을 제거하는 방법이다.

■■■ P5.14 어떤 시점에 대해 "ten minutes past two", "half past three", "a quarter to four", "five o'clock" 등과 같은 영어 이름을 반환하는 getTimeName(hours, minutes) 함수를 작성하라. hours는 1과 12 사이라고 가정하라.

■■ P5.15 다음 재귀 함수를 작성하라.

```
def reverse(string)
```

이 함수는 string의 역순 문자열을 계산한다. 예를 들면 reverse("flow")는 "wolf"를 반환한다. *힌트*: 먼저 두 번째 문자부터 시작하는 문자열의 역순 문자열을 만든 다음 첫 문자를 마지막에 추가한다. 예를 들면 "flow"의 역순 문자열을 만들기 위해 먼저 "low"를 "wol"로 만들고 "f"를 마지막에 추가한다.

■■ P5.16 다음 재귀 함수를 작성하라.

```
def isPalindrome(string)
```

이 함수는 string이 회문(앞으로 읽으나 뒤로 읽으나 같은 단어나 문장)이면 True를 반환한다. 회문의 예는 "deed", "rotor", "aibohphobia" 등이다. *힌트*: 어떤 단어가 회문이 되려면 첫 글자와 마지막 글자가 같아야 하고, 이들을 제외한 나머지 단어도 회문이어야 한다.

■■ P5.17 `find(string, match)` 함수를 재귀를 이용해 작성하라. 이 함수는 `string`이 `match`를 포함하고 있는지를 검사한다.

```
b = find("Mississippi", "sip") # 참을 반환
```

힌트: 만약 `string`이 `match`로 시작한다면 문제는 해결되었다. 아니라면 첫 번째 글자를 제외한 나머지 문자열을 검사한다.

■ P5.18 재귀를 사용하여 정수 `n`에 있는 숫자의 개수를 찾아라. *힌트*: 만약 `n` < 10이면 한 개이다. 아니면 `n // 10`의 숫자 개수 더하기 1이다.

■ P5.19 재귀를 사용하여 a^n을 계산하라. 단 n은 양의 정수이다. *힌트*: $n = 1$이면 $a^n = a$이다. n이 짝수이면 $a^n = (a^{n/2})^2$이다. 아니면 $a^n = a \times a^{n-1}$이다.

■■ P5.20 *윤년*. 다음 함수를 작성하라.

```
def isLeapYear(year)
```

© mbbirdy/Getty Images, Inc.

위 함수는 어떤 연도가 윤년인지 검사한다. 윤년은 366일이다. P3.27에는 어떻게 윤년인지 검사하는 설명이 나온다. 이 문제에서는 여러 개의 `if`문을 사용하고, 결과가 결정되는 즉시 `return`문을 이용하여 결과를 반환하라.

■■ P5.21 P3.28에서는 수를 로마식 수로 변환하는 프로그램을 다루었다. 그 당시에는 중복된 코드를 제거할 줄 몰랐기 때문에 결과 코드가 매우 길어졌다. 다음 함수를 구현하고, 이를 이용해서 그 프로그램을 다시 작성하라.

```
def romanDigit(n, one, five, ten)
```

© Charles Schultz/iStockphoto.

이 함수를 일, 오, 십 값을 표현하는 문자열들을 받아서 하나의 숫자를 번역한다. 다음과 같이 이 함수를 호출한다.

```
romanOnes = romanDigit(n % 10, "I", "V", "X")
n = n // 10
romanTens = romanDigit(n % 10, "X", "L", "C")
. . .
```

■■ Business P5.22 주어진 초기 잔액과 이자율에 대해 주어진 햇수가 지난 후 잔액을 계산하는 함수를 작성하라. 이자는 매년 복리로 계산된다고 가정한다.

■■ Business P5.23 급료를 인쇄하는 프로그램을 작성하라. 사용자에게 근로자 이름, 시급, 일한 시간을 물어라. 만약 일한 시간이 40시간을 초과하면 "1배 반 지급"을 받는다. 즉 40시간을 초과한 시간에 대해 시급의 150%를 받는다. 수표는 다음 그림과 비슷해야 한다. 지급인과 은행은 가상의 이름을 사용하라. 단계적 개선을 사용하고 프로그램을 여러 개의 함수로 분할하라. 수표에 달러 양을 출력하기 위해 `intName` 함수를 사용하라.

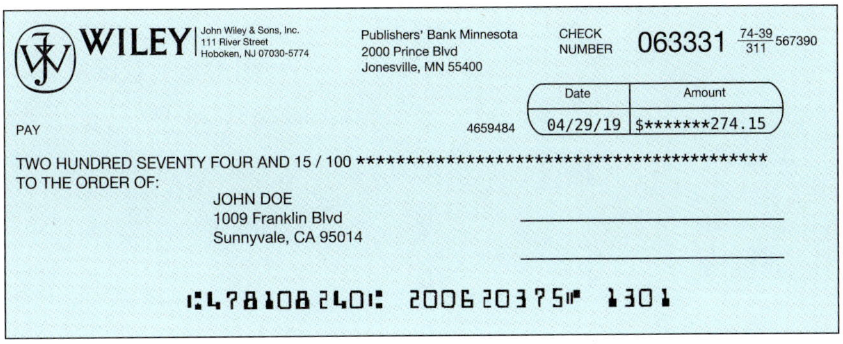

■■ Business P5.24 커피를 만들기 위한 지시들을 출력하는 프로그램을 작성하라. 선택이 필요한 경우 사용자에게 묻는다. 각 작업을 다음과 같이 함수로 분해하라.

```
def brewCoffee() :
    print("Add water to the coffee maker.")
    print("Put a filter in the coffee maker.")
    grindCoffee()
    print("Put the coffee in the filter.")
    . . .
```

■■ Business P5.25 *우편 바코드*. 편지를 빨리 분류하기 위해 미국우정공사(United States Postal Service)에서는 대량의 우편을 보내는 회사들에게 우편번호를 표시하는 바코드를 사용할 것을 권장하고 있다(그림 12 참고).

5자리 우편번호를 부호화하는 방법이 그림 13에 나와 있다. 프레임을 표시하는 긴 막대가 양쪽 끝에 나온다. 5개의 숫자 코드 뒤에는 체크 숫자가 나오는데 이 숫자는 다음과 같이 계산된다. 먼저 모든 숫자를 더한다. 그리고 더한 숫자를 10의 배수로 만들어주는 수를 체크 숫자로 선택한다. 예를 들면 우편번호 95014의 숫자들의 합은 19이므로 20을 만들기 위해 체크 숫자는 1이 된다.

그림 12 우편 바코드

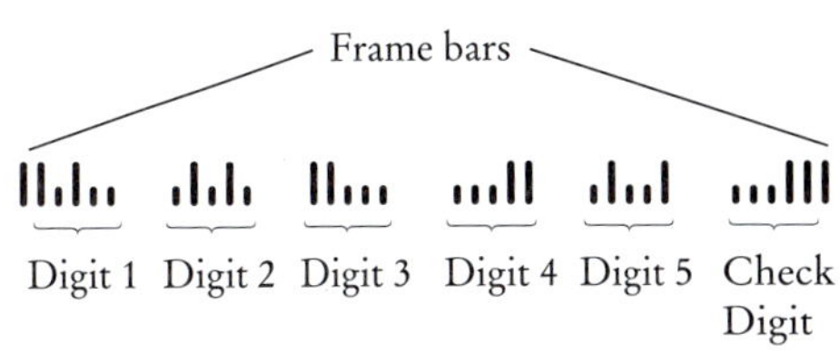

그림 13 5자리 바코드 부호화

우편번호의 각 숫자와 체크 숫자는 아래 표에 따라서 부호화된다. 여기서 0은 짧은 막대, 1은 긴 막대를 표시한다.

숫자	막대 1 (가중치 7)	막대 2 (가중치 4)	막대 3 (가중치 2)	막대 4 (가중치 1)	막대 5 (가중치 0)
1	0	0	0	1	1
2	0	0	1	0	1
3	0	0	1	1	0
4	0	1	0	0	1
5	0	1	0	1	0
6	0	1	1	0	0
7	1	0	0	0	1
8	1	0	0	1	0
9	1	0	1	0	0
0	1	1	0	0	0

각 열에 나오는 가중치를 이용하여 바코드로부터 원래 숫자를 쉽게 계산할 수 있다. 예를 들면 01100은 $0 \times 7 + 1 \times 4 + 1 \times 2 + 0 \times 1 + 0 \times 0 = 6$이다. 0만은 예외적으로 이렇게 계산하면 11이 된다.

사용자로부터 우편번호를 입력받아서 바코드를 출력하는 프로그램을 작성하라. 짧은 막대는 :로, 긴 막대는 |로 표시하라. 예를 들면 95014는 다음과 같이 표시된다.

```
||:|:::|:|:||::::::||:|::|:::|||
```

다음 함수를 제공하라.

```
def printDigit(d)
def printBarCode(zipCode)
```

■■ Business P5.26 바코드(:은 짧은 막대, |은 긴 막대를 표시함)를 읽어서 그 바코드가 표시하는 우편번호를 출력하는 프로그램을 작성하라. 만약 바코드가 올바르지 않다면 오류 메시지를 출력하라.

■■ Business P5.27 MCMLXXVIII와 같은 로마식 수를 십진수로 변환하는 프로그램을 작성하라. *힌트*: 먼저 각 문자를 수로 만드는 함수를 작성하라. 그리고 다음 알고리즘을 사용하라.

```
total = 0
string = 로마식 수 문자열
While 문자열이 빈 문자열이 아닐 동안
    If 문자열 길이가 1이거나 value(문자열의 첫 번째 글자)가 value(문자열의 두 번째 글자)보다 크거나 같으면
        value(문자열의 첫 번째 글자)를 total에 더한다.
        첫 번째 글자를 문자열에서 제거한다.
    Else
        difference = value(문자열의 두 번째 글자) - value(문자열의 첫 번째 글자)
        difference를 total에 더한다.
        첫 번째 글자와 두 번째 글자를 문자열에서 제거한다.
```

■■ Business P5.28 어떤 비정부기구에서 궁핍한 가정을 위한 재정지원 금액을 계산하는 프로그램이 필요하다. 계산식은 다음과 같다.

- 만약 어떤 가정의 연 수입이 $30,000부터 $40,000 사이이고, 자녀가 세 명 이상이면 금액은 자녀당 $1,000이다.
- 만약 어떤 가정의 연 수입이 $20,000부터 $30,000 사이이고, 자녀가 두 명 이상이면 금액은 자녀당 $1,500이다.
- 만약 어떤 가정의 연 수입이 $20,000 이하이면 금액은 자녀당 $2,000이다.

이 계산을 위한 함수를 구현하라. 각 지원자에 대해 연 수입과 자녀수를 묻고, 이 함수의 반환값을 출력하라. –1을 입력의 보초값으로 사용하라.

■■■ Business P5.29 사회망 서비스(social networking service)에서는 한 사용자에게 여러 친구가 있고, 각 친구들에게는 다시 다른 친구들이 있다. 우리가 관심 있는 것은 한 사람으로부터 시작해서 친구 관계를 주어진 횟수만큼 거치면 몇 명의 사람에 도달할 수 있는가 하는 문제이다. 이 횟수를 "분리도(degree of separation)"라고 하며 1은 친구를, 2는 친구의 친구를 표시한다. 실제 사회망 자료가 없기 때문에 단순히 각 사용자마다 평균 친구 수를 사용한다.

© MichaelJay/iStockphoto.

다음 재귀 함수를 작성하라.

```
def reachablePeople(degree, averageFriendsPerUser)
```

사용자로부터 원하는 횟수 및 평균 친구 수를 입력받아서 위의 함수를 사용하여 도달할 수 있는 사람 수를 출력하는 프로그램을 작성하라. 이 사람들 수에는 원래 사용자도 포함되어야 한다.

■■ Business P5.30 점점 많은 정보가 인터넷에 저장됨에 따라 안전한 패스워드를 사용하는 것이 매우 중요한 관행이 되었다. 다음 규칙에 따라서 새로운 패스워드를 검증하는 프로그램을 작성하라.

- 패스워드는 적어도 8글자이어야 한다.
- 패스워드에는 적어도 1글자의 대문자와 소문자가 각각 들어가야 한다.
- 패스워드에는 적어도 1개의 숫자가 들어가야 한다.

사용자로부터 패스워드를 입력받고, 확인을 위해 다시 입력받는 프로그램을 작성하라. 만약 두 패스워드가 일치하지 않거나, 위의 규칙에 어긋나는 경우 다시 입력을 받아라. 패스워드가 위의 규칙에 맞는지 검사하는 함수를 포함하라.

■■■ Science P5.31 여러분은 0과 100 사이의 온도 값을 출력하는 제어판의 부품을 설계하고 있다. 이 부품은 파란색(온도가 0일 때)에서 빨간색(온도가 100일 때)으로 연속적으로 변해야 한다. 주어진 온도에 대해 색상 값을 반환하는 `colorForValue(temperature)`를 작성하라. 색상들은 빨강/초록/파랑 등 세 개의 값으로 표시되는데, 이 값들은 각각 0과 255 사이의 숫자이다. 세 개의 색상을 다음 식으로 결합하여 하나의 정수 값을 만든다.

```
color = 65536 × red + 256 × green + blue
```

각 중간 색상들은 완전 포화되어야 한다. 즉 각 중간 색상들은 파란색으로부터 시작하여 청록색(cyan), 초록색, 노란색을 거쳐서 빨간색으로 가는 경로를 따라서 색상 정육면체 바깥쪽에 있어야 한다.

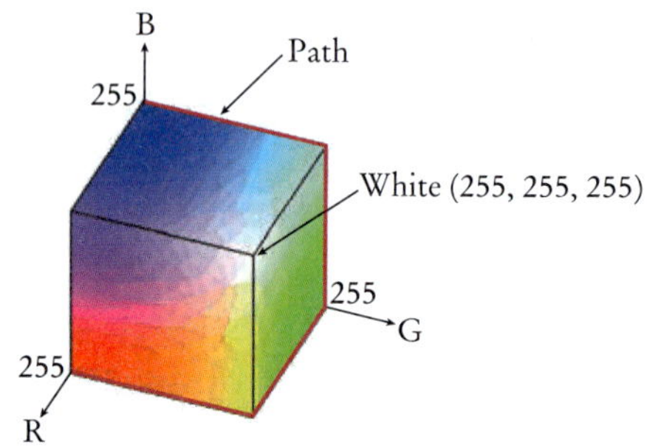

색상을 보간하는 방법을 알아야 한다. 일반적으로 출력 y 값이 c부터 d까지 변하고, 입력 x 값이 a부터 b까지 변한다면 y 값은 다음과 같이 계산된다.

$$z = (x - a) / (b - a)$$
$$y = c(1 - z) + dz$$

만약 온도가 0과 25도 사이라면 파란색과 청록색을 보간한다. 파란색과 청록색의 RGB 요소는 각각 (0, 0, 255)와 (0, 255, 255)이다. 온도가 25도에서 50도 사이라면 청록색 (0, 255, 255)와 초록색 (0, 255, 0)를 보간한다. 다른 두 가지 경로 일부에 대해서도 같은 일을 하라.

각각의 색을 따로 보간한 후 그들을 결합하여 하나의 정수로 만들어라.

보간을 위한 적절한 헬퍼 함수를 사용하여 문제를 해결하라.

■■ Science P5.32 극장에서 관객이 스크린 위의 영상을 보는 각도 θ는 스크린과 관객의 거리 x에 의존적이다. 아래 그림과 같은 규모를 갖는 영화관에서 주어진 거리에 대해 각도를 계산하는 함수를 작성하라.

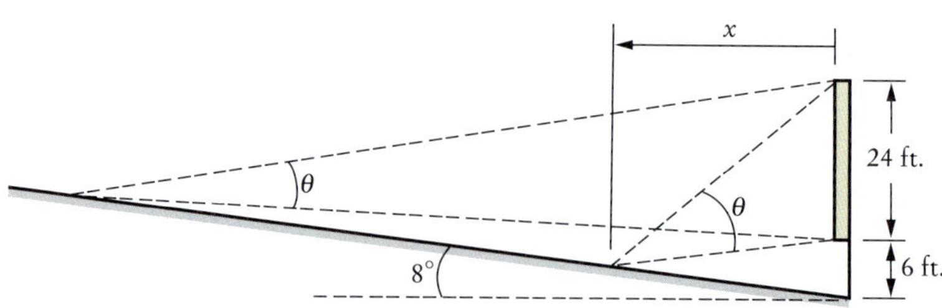

다음으로 임의 규모를 갖는 극장에 동작하는 보다 일반적인 함수를 작성하라.

■■ Science P5.33 두께가 d이고 곡면의 반지름이 R_1, R_2인 렌즈의 실제 초점 거리 f는 다음과 같이 계산된다.

$$\frac{1}{f} = (n-1)\left[\frac{1}{R_1} - \frac{1}{R_2} + \frac{(n-1)d}{nR_1R_2}\right]$$

위에서 n은 렌즈 중심의 굴절률이다.

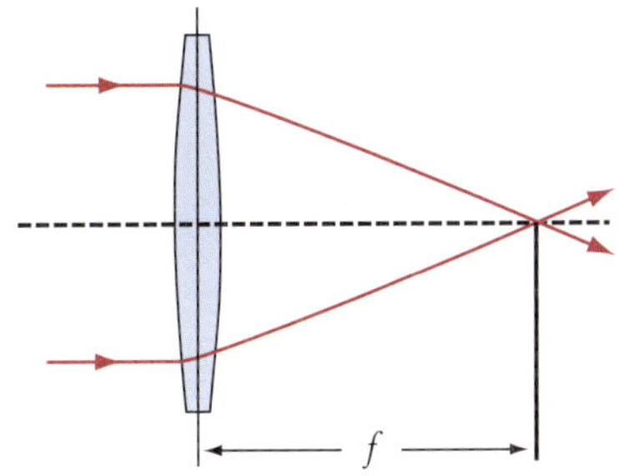

다른 파라미터가 주어지면 f를 계산하는 함수를 작성하라.

■■ Science P5.34 실험실 컨테이너는 원추대 모양이다.

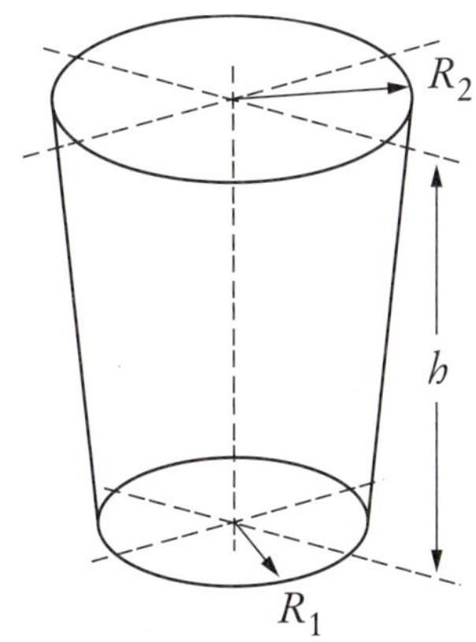

다음 식을 이용하여 부피와 표면적을 계산하는 함수를 작성하라.

$$V = \frac{1}{3}\pi h\left(R_1^2 + R_2^2 + R_1 R_2\right)$$

$$S = \pi\left(R_1 + R_2\right)\sqrt{\left(R_2 - R_1\right)^2 + h^2} + \pi R_1^2$$

■■ Science P5.35 옆의 그림과 같은 전선은 절연 물질로 덮인 원통형의 도체이다. 전선의 저항은 다음 식으로 계산된다.

© alacatr/iStockphoto.

$$R = \frac{\rho L}{A} = \frac{4\rho L}{\pi d^2}$$

위에서 ρ는 도체의 고유저항이고, L, A와 d는 각각 전선의 길이, 단면적, 지름이다. 구리의 고유저항은 $1.678 \times 10^{-8}\ \Omega\text{m}$이나. 진선 지름은 일반적으로 미국 전선규격(AWG: American wire gauge)으로 명시되는데 이 규격은 정수 n이다. AWG n인 전선의 지름은 다음 식으로 구한다.

$$d = 0.127 \times 92^{\frac{36-n}{39}}\ \text{mm}$$

다음 함수를 작성하라.

```
def diameter(wireGauge)
```

이 함수는 전선 규격을 입력받아서 그에 해당하는 전선 지름을 출력한다. 또 다른 함수

```
def copperWireResistance(length, wireGauge)
```

를 작성하라. 이 함수는 구리 전선의 길이와 규격을 입력받아서 그 전선의 저항을 반환한다. 알루미늄의 고유저항은 $2.82 \times 10^{-8}\ \Omega\ \text{m}$이다. 다음 함수

```
def aluminumWireResistance(length, wireGauge)
```

를 작성하라. 이 함수는 알루미늄 전선의 길이와 규격을 입력받아서 그 전선의 저항을 반환한다.

■■ Science P5.36 자동차의 항력은 다음과 같이 계산된다.

$$F_D = \frac{1}{2}\rho v^2 A C_D$$

위에서 ρ는 공기 밀도(1.23 kg/m^3), v는 m/s 단위의 속도, A는 자동차의 투영 면적(2.5 m^2), C_D는 항력 계수(0.2)이다.
이러한 항력을 이기기 위한 힘의 양은 와트 단위로 $P = F_D v$이며, 마력으로 표시하면 Hp = P/746이다. 자동차의 속도를 입력받아서 항력을 극복하기 위한 힘을 와트 및 마력 단위로 계산하는 프로그램을 작성하라. 1 mph = 0.44 m/s이다.

■■■ Graphics P5.37 이미지 처리 툴킷에 이미지 주위에 주어진 색상으로 경계선을 넣는 함수를 추가하라. `processimg.py` 파일을 수정하여 작성된 프로그램을 테스트하라.

■■■ Graphics P5.38 짝수 번째 픽셀을 제거함으로써 이미지의 크기를 반으로 축소하는 함수를 이미지 처리 툴킷에 추가하라. `processimg.py` 파일을 수정하여 작성된 프로그램을 테스트하라.

■■■ Graphics P5.39 각 픽셀을 수평, 수직 방향으로 복사하여 이미지의 크기를 두 배로 만드는 함수를 이미지 처리 툴킷에 추가하라. `processimg.py` 파일을 수정하여 작성된 프로그램을 테스트하라.

■■■ Graphics P5.40 한 이미지의 두 복사본을 옆으로 나란히 배치하는 함수를 이미지 처리 툴킷에 추가하라. 또한 두 복사본 이미지를 아래위로 배치하는 함수도 추가하라. `processimg.py`를 수정하여 프로그램을 테스트하라.

■■■ Graphics P5.41 P4.52에 나오는 방법을 이용하여 이미지를 흑백으로 변환하는 함수를 5.9.5절의 이미지 처리 툴킷에 추가하라.

■■ Toolbox P5.42 층 수와 각 층의 창문 개수를 주면 집 모양을 그리는 함수를 Turtle 그래픽스를 사용하여 작성하라. 집을 그릴 때 지붕 및 현관과 창문을 그린다. 이 함수를 반복적으로 호출하여 도시의 풍경을 그려라.

■■■ Toolbox P5.43 *Koch 눈송이.* 눈송이 같은 모양은 다음과 같이 재귀적으로 정의된다. 먼저 이등변 삼각형으로 시작한다.

다음으로 크기를 3배로 늘이고, 각 직선을 4개의 부분 선분으로 대체한다.

이 과정을 반복한다.

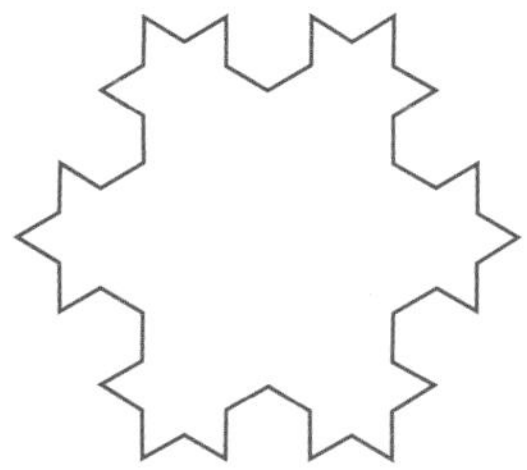

눈송이 모양의 각 단계를 출력하는 Turtle 그래픽스 프로그램을 작성하라. 버튼을 제공하여 버튼을 누르면 눈송이의 다음 단계가 출력되도록 하라.

CHAPTER 06

리스트

LISTS

이 장의 목표 _*Chapter Goals*

리스트를 이용해 원소 모으기

for 루프를 사용하여 리스트 원소 방문하기

리스트 처리의 기본 알고리즘 익히기

리스트를 함수와 함께 사용하기

표 데이터 처리하기

6장 차례 _*Chapter Contents*

많은 프로그램에서 여러 값들을 모을 필요가 있고, 파이썬에서는 이런 목적으로 리스트 자료구조를 사용한다. 리스트는 순차적으로 나열된 원소를 저장하는 컨테이너이다. 리스트는 새로운 원소가 추가되면 자동으로 커지고, 삭제되면 작아진다. 이 장에서 리스트와 그것을 처리하는 여러 알고리즘에 대해 배운다.

6.1 리스트의 기본 특성 _Basic Properties of Lists

파이썬에서 여러 값들을 모으는 기본적인 장치인 리스트(list) 자료구조를 소개한다. 다음 절에서 리스트를 만들고 리스트 원소에 접근하는 방법을 배운다.

6.1.1 리스트 생성하기

다음 값을 차례대로 읽어 출력하고 최댓값을 표시하는 프로그램을 작성한다고 하자.

```
32
54
67.5
29
35
80
115 <= largest value
44.5
100
65
```

모든 값을 보기 전까지는 어느 값이 최대인지 모른다. 가장 마지막 값이 최댓값이 될 수 있으므로 출력하기 전에 모든 값을 저장하고 있어야 한다.

단순히 각 값들을 별도의 변수에 저장할 것인가? 값이 열 개 있다는 것을 알고 있으면 열 개의 변수 `value1`, `value2`, `value3`, ..., `value10`에 값을 저장할 수 있다. 그러나 이렇게 여러 변수를 사용하는 것은 각 변수마다 한 번씩 코드를 열 번 작성해야 하기 때문에 실용적이지 않다. 파이썬에서 리스트는 일련의 값을 저장하기 위해서는 훨씬 더 나은 선택이다.

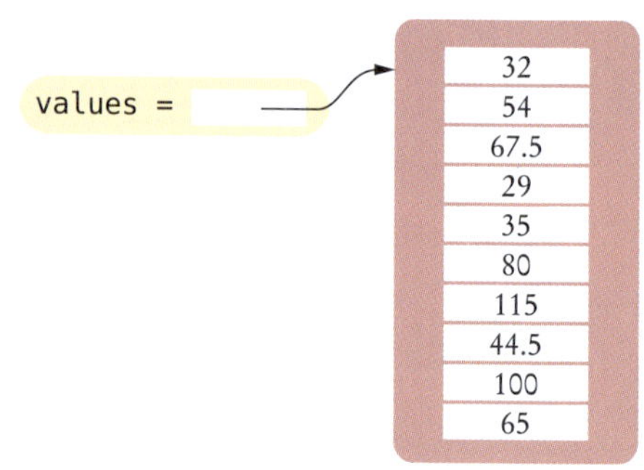

그림 1 크기가 10인 리스트

리스트는 순차적으로 나열된 값을 저장하는 컨테이너이다.

초깃값이 그림 1처럼 저장된 리스트를 다음과 같이 만들 수 있다.

```
values = [32, 54, 67.5, 29, 35, 80, 115, 44.5, 100, 65] # 원소가 열 개 있는 리스트
```

대괄호는 지금 리스트를 생성하고 있음을 나타낸다. 원소들은 주어진 순서대로 저장된다. 리스트를 변수에 저장해야 나중에 접근할 수 있다.

Syntax 6.1 리스트

Syntax 리스트 생성하기: [*value*$_1$, *value*$_2$, . . .]

원소 접근하기: *listReference*[*index*]

```
moreValues = []
values = [32, 54, 67, 29, 35, 80, 115]
```

리스트 변수의 이름

빈 리스트를 만든다.

초깃값이 있는 리스트를 만든다.

초깃값

대괄호를 사용해 원소에 접근한다.

```
values[i] = 0
element = values[i]
```

6.1.2 리스트 원소에 접근하기

각 리스트 원소는 정수 i를 이용해 *list*[i]와 같이 접근한다.

리스트는 정수로 된 위치값, 즉 인덱스를 가진 원소가 순서대로 놓인 것이다. 리스트 원소에 접근할 때 어떤 인덱스를 사용하려 하는지 명시해야 한다. 이때, 문자열에서 각 문자에 접근했던 것과 동일한 방식으로 첨자 연산자([])를 사용한다. 예를 들면, 다음과 같다.

```
print(values[5])  # 인덱스 5 위치의 원소 80을 출력 ❶
```

이것은 우연히 아닌데, 리스트와 문자열 모두 **순서형**(sequence) 데이터이고, 임의의 순서형 데이터 내의 원소에 접근하는 데에 [] 연산자를 사용할 수 있기 때문이다. 그러나, 리스트와 문자열은 두 가지 다른 점이 있다. 리스트에는 어떤 종류의 데이터도 담을 수 있는 반면, 문자열은 문자들로만 이루어져 있다. 또한 문자열은 불변이어서 데이터 내의 문자들을 바꿀 수 없지만 리스트는 다음과 같이 하나의 원소를 다른 값으로 대체할 수 있다.

```
values[5] = 87 ❷
```

이러면 인덱스 5에 해당하는 원소가 87로 채워진다(그림 2).

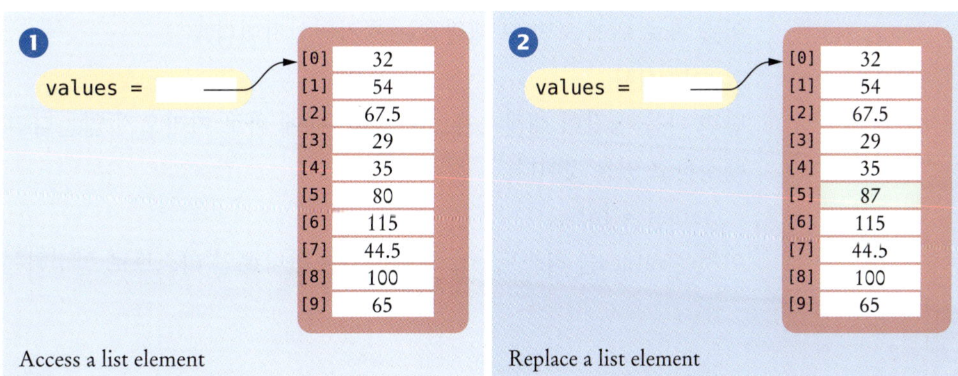

그림 2 리스트 원소에 접근하기

우편함을 상자들의 숫자로 구분하는 것처럼, 리스트 원소는 인덱스로 구분한다.

그림 2를 유심히 보면 values[5]를 바꾸었을 때, 여섯 번째 원소가 수정된 것을 알 수 있다. 문자열과 같이 리스트의 인덱스도 0부터 시작한다. values 리스트의 유효한 값은 다음과 같다.

```
values[0], 첫 번째 원소
values[1], 두 번째 원소
values[2], 세 번째 원소
. . .
values[9], 열 번째 원소
```

이 리스트에서 인덱스는 0부터 9까지의 임의의 정수가 될 수 있다(Special Topic 6.1 참조).

리스트의 인덱스는 리스트 원소 수보다 작아야 한다.

인덱스가 유효한 범위 내에 있도록 주의해야 한다. 리스트에 없는 원소에 접근하려고 하는 것은 매우 심각한 오류인데, 예를 들어 values에 열 개의 원소가 있으면 values[20]은 접근할 수 없다. 유효한 범위에 있지 않은 원소에 접근하면 **범위 초과 오류**(out-of-range error) 또는 **범위 오류**(bounds error)가 발생한다. 범위 초과 오류가 프로그램 실행 시에 발생하면 실행 시간 예외가 발생한다.

유효하지 않은 인덱스로 인한 범위 초과 오류가 발생하면 프로그램이 종료한다.

예를 들어 다음이 대표적인 범위 초과 오류다.

```
values[10] = number
```

열 개의 원소가 있는 리스트의 인덱스는 0부터 9까지이기 때문에 values[10]가 있을 수 없다. 범위 초과 오류를 피하기 위해 리스트에 몇 개의 원소가 있는지 알고 싶으면 다음과 같이 len 함수를 사용하면 된다.

```
numElements = len(values)
```

다음 코드는 인덱스 변수 i가 유효한 범위에 있을 때만 리스트에 접근하도록 보장한다.

```
if 0 <= i and i < len(values) :
   values[i] = number
```

대괄호를 사용하는 두 가지 구별되는 방법이 있음에 주목하자. 다음과 같이 대괄호가 변수 이름 바로 뒤에 오면 그 대괄호는 첨자연산자이다.

```
values[4]
```

반면 다음과 같이 대괄호가 변수 이름 뒤에 바로 따라오지 않는다면, 이 대괄호는 리스트를 생성하고 있는 것이다.

```
values = [4]
```

이것은 values를 리스트 [4], 즉 원소가 4 하나뿐인 리스트로 설정하는 것이다.

6.1.3 리스트 탐색

리스트의 모든 원소를 방문하는 두 가지 기본적인 방법이 있다. 인덱스 값에 대해서 루프를 반복하며 각 원소를 방문하거나 또는 원소 자체에 대해서 루프를 반복할 수 있다.

먼저 모든 인덱스 값을 순회하는 루프를 살펴보자. 원소가 열 개인 values 리스트가 있다면, 변수 i를 0, 1, 2부터 9까지 설정한다. 그러면 표현식 values[i]는 차례대로 각 원소들의 값이 된다. 다음 루프는 values 리스트의 모든 인덱스 값과 해당 원소를 출력한다.

```
for i in range(10) :
   print(i, values[i])
```

변수 i는 0부터 9까지의 정수 값이 되는데, values[10]에 해당하는 원소가 없기 때문에 타당한 값이다.

리스트 원소 수에 대한 리터럴 값인 10을 사용하는 대신 len 함수를 사용해 다음과 같이 재사용 가능한 루프를 만드는 것이 좋다.

```
for i in range(len(values)) :
   print(i, values[i])
```

인덱스 값을 사용할 필요가 없으면 다음 형식의 for 루프를 사용해 개별 원소에 대해서 루프를 반복할 수 있다.

```
for element in values :
   print(element)
```

인덱스 값 또는 리스트의 원소 자체에 대해서 반복할 수 있다.

문자열과 리스트에 유사성이 있음을 다시 주목하자. 문자열에서 각 문자에 대해 반복했던 것처럼 리스트 values의 각 원소에 대해 루프 몸체가 한 번씩 실행된다. 각 루프의 반복이 시작될 때 다음 원소가 루프 변수 element에 할당된 다음 루프 몸체가 실행된다.

6.1.4 리스트 레퍼런스

그림 1을 자세히 보면 변수 values는 아무 숫자도 저장하고 있지 않음을 알 수 있다. 대신, 이 리스트는 다른 곳에 저장되며, values 변수가 그 리스트의 **레퍼런스**(reference)를 가지고 있다(레퍼런스는 메모리 안의 리스트의 주소를 나타낸다). 리스트의 원소에 접근할 때 파이썬이 리스트 레퍼런스를 사용한다는 사실에 걱정할 필요가 없다. 리스트 레퍼런스를 복사할 때만 이러한 사실이 중요해진다.

리스트 레퍼런스는 목록의 위치를 지정한다. 레퍼런스를 복사하면 동일한 리스트에 대한 두 번째 레퍼런스가 생성된다.

리스트 변수를 다른 변수로 복사하면, 두 변수 모두 같은 리스트를 가리킨다(그림 3 참조). 두 변수는 모두 동일한 리스트를 참조하므로 두 번째 변수는 첫 번째 변수의 별칭이다.

```
scores = [10, 9, 7, 4, 5]
values = scores  # 리스트 레퍼런스의 복사 ❶
```

두 변수 중 어느 것을 이용하더라도 리스트의 내용을 바꿀 수 있다.

```
scores[3] = 10
print(values[3]) # 10 출력 ❷
```

(리스트의 레퍼런스가 아닌) 리스트의 내용을 복사하는 방법은 6.2.8절에서 설명한다.

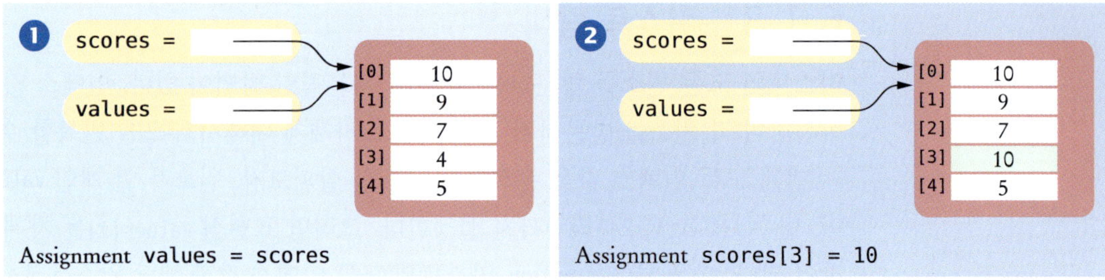

그림 3 같은 리스트를 참조하는 두 개의 리스트 변수 이름

Common Error 6.1

범위 초과 오류

아마도 리스트를 사용할 때 발생하는 가장 흔한 오류는 존재하지 않는 원소에 접근하는 것이다.

```
values = [2.3, 4.5, 7.2, 1.0, 12.2, 9.0, 15.2, 0.5]
values[8] = 5.4
    # 오류 – values는 원소가 여덟 개이므로 인덱스는 0부터 7까지
```

범위를 초과한 인덱스를 사용해 리스트에 접근하면 실행 시 예외가 발생한다.

Programming Tip 6.1

같은 의미를 갖는 항목들을 순서 있게 저장하는 데에 리스트를 사용하라

리스트는 같은 의미를 갖는 일련의 값을 저장하기 위한 것이다. 예를 들어 다음의 시험 점수 리스트는 완벽하게 의미가 있다.

```
scores = [98, 85, 100, 89, 73, 92, 83, 65, 79, 80]
```

그러나 다음 리스트는 잘못 설계한 것이다.

```
personalData = ["John Q. Public", 25, 485.25, "10 wide"]
```

위치 0, 1, 2, 3에서 사람의 이름, 나이, 은행 잔고 및 신발 크기 등 서로 다른 의미의 값들을 가지고 있다. 프로그래머가 이러한 데이터 값 중 어느 것이 어느 리스트 위치에 저장되는지 기억한다는 것은 귀찮을 것이다. 이 상황에서는 네 개의 개별 변수를 사용하는 것이 훨씬 좋다.

Special Topic 6.1

음의 인덱스 _Negative Subscripts

파이썬은 다른 많은 언어와 달리 리스트의 원소에 접근할 때 음의 인덱스를 사용할 수 있다. 음의 인덱스를 사용하면 역순으로 리스트 원소에 접근할 수 있게 된다. 예를 들어 인덱스 –1은 리스트의 마지막 원소에 접근한다.

```
last = values[-1]
print("The last element in the list is", last)
```

마찬가지로 `values[-2]`는 마지막에서 두 번째 원소이고, `values[-10]`은 첫 번째 원소이다.

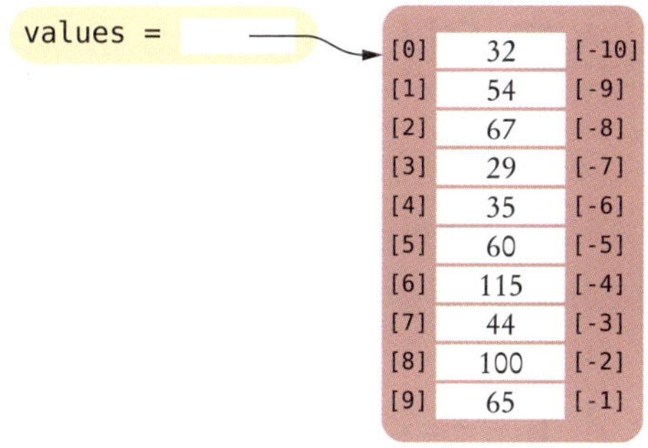

일반적으로 유효한 음의 인덱스 범위는 -1과 -len(values) 사이이다.

Special Topic 6.2

일반적인 컨테이너 함수 _Common Container Functions

파이썬은 리스트, 문자열(문자 컨테이너), 8장에서 배울 다른 종류의 컨테이너와 같은 임의의 컨테이너를 다룰 때 단순하고 일관되려고 노력한다. 예를 들어 문자열의 문자 수를 세는 데에도 리스트의 원소 수를 세는 데에도 모두 len 함수를 사용한다. 마찬가지로 in 연산자를 사용해 대상이 컨테이너에 포함되어 있는지 확인할 수 있다.

```
sentence = ". . ."
if "?" in sentence :
   type = "question"

values = [ . . . ]
noneAreZero = not (0 in values)
```

min과 max 함수를 사용해 컨테이너에서 최소 또는 최대 원소를 찾을 수 있다. 이러한 함수는 데이터를 처리하기 전에 특이값을 제거할 때 많이 사용한다. 이런 함수를 문자열에도 사용할 수도 있지만, 실제로 그렇게 할 만한 타당한 이유는 없다.

(문자열, 리스트, 튜플과 같은) 순서형 컨테이너의 경우 특정 원소에 접근하는 데에 첨자 연산자 []를 사용한다.

```
print(string[3])
print(values[2])
initialValue = values[0]
lastChar = sentence[len(sentence) - 1]
```

파이썬의 for 루프 반복자를 사용해 임의의 컨테이너의 원소들에 대해 루프를 반복할 수 있다.

```
numSpaces = 0
for ch in string :
   if ch == " " :
      numSpaces = numSpaces + 1

numZeroes = 0
for num in values :
   if num == 0 :
      numZeroes = numZeroes + 1
```

그러나 모든 함수를 모든 컨테이너에 사용할 수 있는 것은 아니다. 예를 들어, sum 함수는 숫자값이 포함된 리스트와 튜플에만 사용할 수 있다. 이 함수를 문자열과 함께 사용하면 실행-시간 오류가 발생한다. 컨테이너를 인자로 사용할 수 있는 내장 함수에 대해서는 부록 C를 참조하라.

6.2 리스트 연산 _List Operations

많은 프로그래밍언어는 앞 절에서 기술한 것과 같은 간단한 연산을 갖춘 꽤 기초적인 리스트 구조를 제공한다. 이에 비해 파이썬은 리스트 처리가 편리하도록 풍부한 연산 기능들을 제공한다. 다음 절에서 이러한 연산들에 대해 살펴보자.

6.2.1 원소 추가하기

이 장의 처음 부분에서 초깃값들을 명시하며 리스트를 만들었다. 그러나 가끔 리스트를 만들 때 어떤 값이 들어갈지 모르는 경우가 있다. 이 경우 빈 리스트를 만들고 필요할 때마다 원소를 추가할 수 있다(그림 4 참조). 다음과 같이 빈 리스트로 시작한다.

```
friends = [] ❶
```

새로운 원소를 다음과 같이 리스트의 끝에 append 메소드로 추가할 수 있다.

```
friends.append("Harry") ❷
```

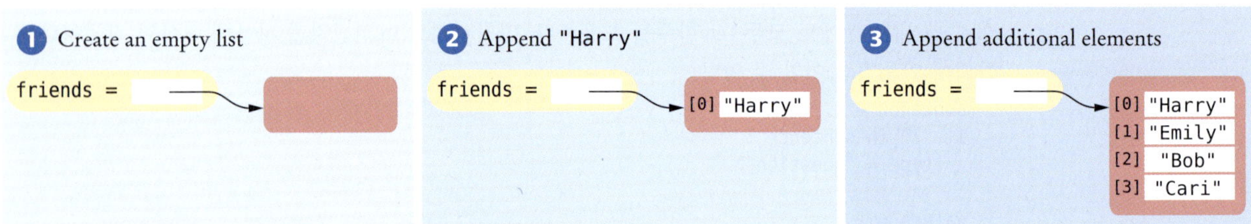

그림 4 리스트에 원소 추가

append 메소드를 호출할 때마다 리스트의 크기 또는 길이가 늘어난다. 얼마든지 여러 개의 원소를 리스트에 추가할 수 있다.

```
friends.append("Emily")
friends.append("Bob")
friends.append("Cari") ❸
```

6.2.2 원소 삽입하기

리스트의 append 메소드를 이용해 리스트의 끝에 새 원소를 추가하는 것을 봤다. 만약 원소의 순서가 중요하지 않으면 새 원소를 추가하는 것으로 충분하다. 그러나 가끔은 순서가 중요하고 새 원소를 리스트의 특정 위치에 집어넣을 필요가 있다. 예를 들어 다음 리스트에서

```
friends = ["Harry", "Emily", "Bob", "Cari"] ❶
```

리스트의 첫 원소인 "Harry" 다음에 문자열 "Cindy"를 넣고 싶다고 하자(그림 5).

insert 리스트 내의 임의의 위치에 새로운 원소를 삽입하고 싶다면 insert 메소드를 사용하라.

다음 문장이 이러한 일을 해낸다.

```
friends.insert(1, "Cindy") ❷
```

새 원소가 인덱스 1 위치에 들어갈 수 있도록 공간을 만들기 위해, 인덱스 1과 그 이후의 모든 원소들이 한 칸씩 아래로 움직인다. insert 메소드를 호출할 때마다 리스트의 크기는 1씩

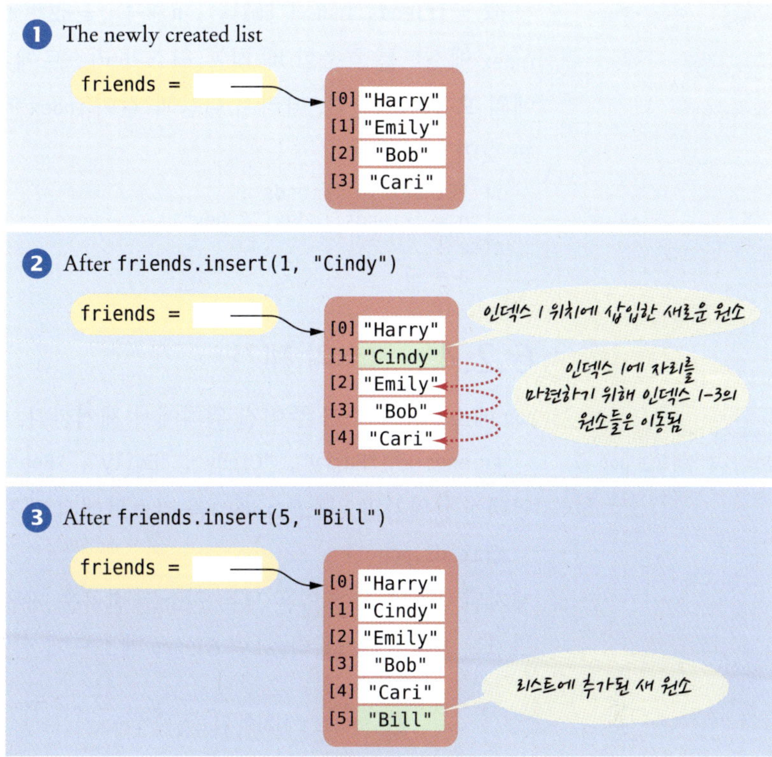

그림 5
리스트에 원소의 삽입

커진다.

새 원소가 삽입될 인덱스 위치는 0과 현재 리스트의 원소 수 사이에 있어야 한다. 예를 들어 길이가 5인 리스트에 삽입하는 데에 유효한 인덱스 번호는 0, 1, 2, 3, 4, 5이다. 원소는 주어진 인덱스의 원소 앞에 삽입되는데, 인덱스 번호가 리스트 원소 수와 같을 때에는 마지막 원소 뒤에 추가된다.

```
friends.insert(5, "Bill") ❸
```

이것은 append 메소드를 사용한 것과 효과가 같다.

6.2.3 원소 찾기

원소가 리스트에 있는지 알고 싶으면, 다음과 같이 in 연산자를 사용한다.

```
if "Cindy" in friends :
   print("She's a friend")
```

in 연산자는 원소가 리스트에 있는지 알고 싶을 때 사용한다.

원소가 있는 위치를 알고 싶을 때는 다음과 같이 index 메소드를 사용하면 맨 처음 일치하는 곳의 인덱스 값을 얻을 수 있다.

```
friends = ["Harry", "Emily", "Bob", "Cari", "Emily"]
n = friends.index("Emily")  # n이 1이 됨
```

만약 찾고자 하는 원소가 여러 곳에 존재한다면, 모든 위치를 알고 싶을 것이다. 이럴 때는 찾고자 하는 곳의 시작 위치를 명시하고 index 메소드를 호출하면 된다. (다음 문장을 바로 위 예제 코드 뒤에 쓴다면) 이전에 일치한 인덱스의 뒤에서 찾기 시작한다.

```
n2 = friends.index("Emily", n + 1)  # n2가 4가 됨
```

index 메소드를 호출할 때 찾는 원소가 리스트에 반드시 있어야 하며 만약 없으면 실행 시간 예외 오류가 생긴다. 따라서 다음과 같이 index 메소드를 호출하기 전에 in 연산자를 사용하는 것이 좋다.

```
if "Cindy" in friends :
   n = friends.index("Cindy")
else :
   n = -1
```

6.2.4 원소의 제거

리스트의 어느 위치에서든 원소를 제거하려면 pop 메소드를 사용하라.

pop 메소드는 원소를 주어진 위치에서 제거한다. 다음과 같은 리스트가 있을 때

```
friends = ["Harry", "Cindy", "Emily", "Bob", "Cari", "Bill"]
```

인덱스 1 위치의 원소("Cindy")를 리스트에서 제거하려면, 다음 명령어를 사용한다.

```
friends.pop(1)
```

제거된 원소 다음에 있는 모든 원소는 빈곳을 메우기 위해 한 칸씩 앞으로 움직이고, 리스트의 크기는 1만큼 줄어든다(그림 6). pop 메소드에 전달된 인덱스 값은 유효 범위에 있어야 한다.

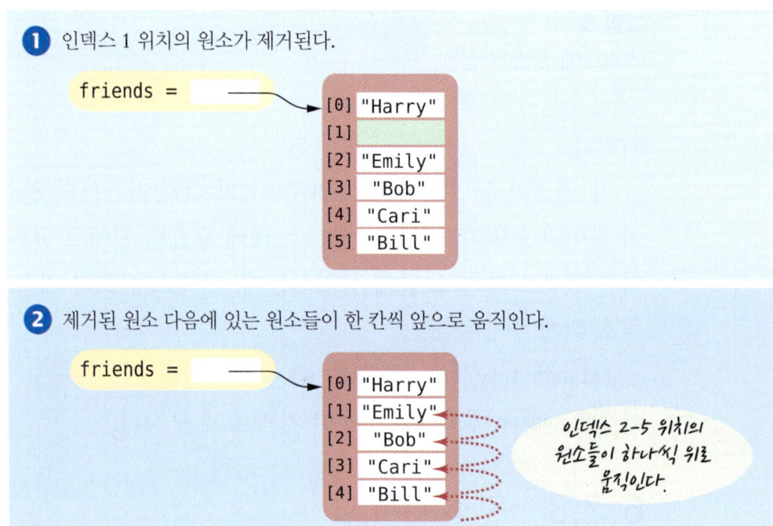

그림 6 리스트에서 원소 제거

pop 메소드는 리스트에서 제거된 원소를 반환한다. 이것은 원소에 접근하고 제거하는 두 연산을 하나로 합친 것이다.

```
print("The removed item is", friends.pop(1))
```

인자 없이 pop 메소드를 호출하면, 리스트의 마지막 원소를 제거하고 반환한다. 예를 들어 friends.pop()는 "Bill"을 제거한다.

리스트에서 값에 의해 원소를 제거하려면 remove 메소드를 사용한다.

remove 메소드는 인덱스 위치가 아니라 원소의 값으로 원소를 제거한다. 예를 들어 friends 리스트에서 어느 곳에 있는지는 모르지만 "Cari"라는 문자열을 제거하고 싶을 때, 다음과 같이 위치를 찾는 대신 remove 메소드를 사용한다.

```
friends.remove("Cari")
```

제거하려는 값이 리스트에 반드시 있어야 하고, 그렇지 않으면 예외가 발생한다. 실행-시간 오류를 피하기 위해 원소를 제거하려면 다음과 같이 원소가 리스트에 있는지 확인부터 해야 한다.

```
element = "Cari"
if element in friends :
   friends.remove(element)
```

6.2.5 연결과 복사

두 리스트를 연결하면 첫 번째 리스트의 원소와 두 번째 리스트의 원소를 포함하는 새로운 리스트가 생긴다. 예를 들어 다음 두 리스트가 있고

```
myFriends = ["Fritz", "Cindy"]
yourFriends = ["Lee", "Pat", "Phuong"]
```

더하기(+) 연산자를 사용하여 두 리스트를 연결할 수 있다.

이 두 리스트를 합쳐서 새 리스트를 만들고 싶을 때 더하기 연산자 (+)를 사용한다.

```
ourFriends = myFriends + yourFriends
# ourFriends는 ["Fritz", "Cindy", "Lee", "Pat", "Phuong"]가 됨
```

같은 리스트를 여러 번 합치고 싶으면 복제연산자(*)를 사용한다.

```
monthInQuarter = [1, 2, 3] * 4  # 리스트는 [1, 2, 3, 1, 2, 3, 1, 2, 3, 1, 2, 3]
```

문자열 복제와 같이 * 연산자의 양쪽 변에 리스트를 몇 번 복제하는지 명시하는 정수 값을 주면 된다.

복제는 다음 예와 같이 리스트를 고정된 값으로 초기화할 때 자주 사용한다.

```
monthlyScores = [0] * 12  # 리스트는 [0, 0, 0, 0, 0, 0, 0, 0, 0, 0, 0, 0]
```

6.2.6 동등 시험

두 리스트에 같은 원소가 같은 순서로 들어 있는지 비교할 때 == 연산자를 사용한다. 예를 들어 `[1, 4, 9] == [1, 4, 9]`는 `True`이지만 `[1, 4, 9] == [4, 1, 9]`는 `False`이다. == 연산자의 반대는 != 연산자이다. 표현식 `[1, 4, 9] != [4, 9]`의 값은 `True`이다.

6.2.7 합, 최대, 최소, 정렬

수로 이루어진 `sum` 함수는 리스트의 모든 값의 총합을 계산한다.

```
sum([1, 4, 9, 16]) # 결과 30
```

숫자 또는 문자열의 리스트에 대해 `max` 또는 `min` 함수는 가장 큰 값과 작은 값을 반환한다.

```
max([1, 16, 9, 4]) # 결과 16
min(["Fred", "Ann", "Sue"]) # 결과 "Ann"
```

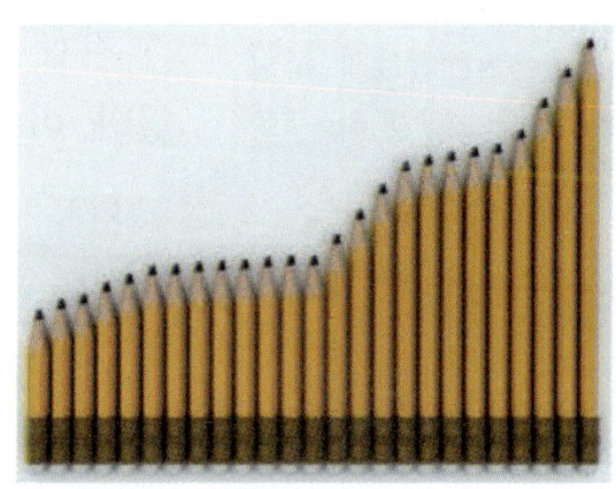

© ProstoVova/iStockphoto.

`sort` 메소드는 숫자 또는 문자열 리스트를 정렬한다. 예를 들어

```
values = [1, 16, 9, 4]
```

```
values.sort() # 이제 values는 [1, 4, 9, 16]
```

문자열을 정렬할 때 문자열은 사전식 순서로 정렬되는데(Special Topic 3.2) 소문자가 대문자 뒤에 온다. 예를 들어 아래 같은 코드는

```
names = ["Fred", "Ann", "Sue", "betsy"]
names.sort()
for name in names :
   print(name)
```

다음과 같이 출력한다.

```
Ann
Fred
Sue
betsy
```

6.2.8 리스트의 복사

6.1.4절에서 다룬 것처럼 리스트 변수는 리스트 원소를 가지고 있지 않고 실제 리스트의 레퍼런스를 가지고 있다. 레퍼런스를 복사하면 같은 리스트의 다른 레퍼런스를 갖게 된다(그림 7):

```
prices = values ❶
```

두 레퍼런스 중 어느 하나를 이용해서 리스트를 바꿀 수 있다.

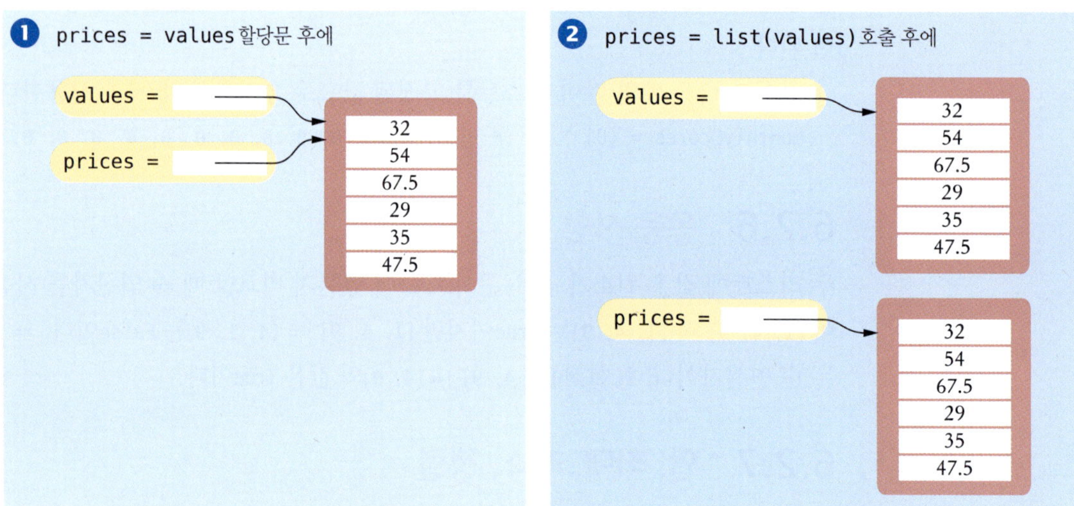

그림 7 리스트 레퍼런스의 복사와 리스트의 복사

list 함수를 이용해 한 리스트의 원소를 새 리스트로 복사한다.

가끔 원래 리스트와 같은 원소와 같은 순서를 갖는 새 리스트 복사본을 만들고 싶을 때가 있다. 이때는 다음과 같이 list 함수를 사용하라.

```
prices = list(values) ❷
```

그러면 values와 prices는 서로 다른 리스트를 참조한다. 복사 후 두 리스트는 같은 내용을 가지고 있지만 서로에게 영향을 미치지 않고 둘을 수정할 수 있다.

list 함수는 임의의 순서형 데이터로부터 리스트를 만들 수 있다. 예를 들어 다음과 같이 문자열로부터 문자열의 각 글자로 이루어진 리스트를 만들 수 있다.

```
characters = list("Hello") # 리스트는 ["H", "e", "l", "l", "o"]
```

표 1 리스트와 함께 많이 사용하는 함수와 연산자

연산	설명
`[]` `[`$elem_1$`, `$elem_2$`, ..., `$elem_n$`]`	비어 있는 새 리스트 또는 제공된 초기 원소가 포함된 리스트를 생성
`len(`*l*`)`	리스트 *l*의 원소 수를 반환
`list(`*sequence*`)`	시퀀스의 모든 원소를 포함하는 새 리스트 생성
`values * num`	values 리스트의 원소를 num번 복제해 새 리스트 생성
`values + moreValues`	두 리스트의 원소를 연결해 새 리스트를 생성
l`[from : to]`	from 위치에서 시작하여 to 위치까지 그러나 to는 포함하지 않는 리스트 *l*의 서브리스트 작성. from과 to는 모두 선택 사항(Special Topic 6.3 참조).
`sum(`*l*`)`	리스트 *l*에 있는 값의 총합을 계산
`min(`*l*`)` `max(`*l*`)`	리스트 *l*에서 최솟값 또는 최댓값을 반환
l_1 `==` l_2	두 리스트가 동일한 순서로 동일한 원소를 갖는지 테스트

표 2 많이 사용하는 리스트 메소드

메소드	설명
l`.pop()` *l*`.pop(`*position*`)`	리스트의 마지막 원소 또는 지정된 위치에 있는 원소를 제거. 주어진 위치 뒤의 모든 원소는 하나 위로 이동
l`.insert(`*position*`, `*element*`)`	주어진 위치에 원소를 리스트에 삽입. 주어진 위치와 그 이후의 모든 원소가 아래로 이동
l`.append(`*element*`)`	리스트의 끝에 원소를 추가
l`.index(`*element*`)`	리스트에서 지정된 원소의 위치를 반환
l`.remove(`*element*`)`	리스트에서 지정된 원소를 제거하고 그 뒤에 있는 모든 원소를 한 위치 위로 이동. 원소가 리스트에 있어야 함
l`.sort()`	리스트의 원소를 최소에서 최대로 정렬

Special Topic 6.3

슬라이스 _Slices

때로는 리스트의 일부를 보고 싶을 수도 있다. 예를 들어 한 달에 한 번 다음과 같은 온도 리스트가 제공된다고 가정하자.

```
temperatures = [18, 21, 24, 28, 33, 39, 40, 39, 36, 30, 22, 18]
```

인덱스 값이 6, 7, 8인 3/4 분기의 온도에만 관심이 있으면 파이썬의 슬라이스 연산자(:)를 사용해 온도를 얻을 수 있다.

```
thirdQuarter = temperatures[6 : 9]
```

슬라이스 연산자에 대한 인자는 슬라이스에 포함할 첫 번째 인덱스와 제외할 것의 첫 번째 인덱스이다. 이것은 이상한 배치처럼 보이지만 유용한 속성을 가지고 있다. 슬라이스 `temperatures[a : b]`의 길이는 차 `b - a`이다. 이 경우에는 차 9 – 6 = 3은 한 분기의 개월 수이다.

슬라이스 연산자와 함께 사용되는 두 인덱스 값은 (여기서는 6과 9) 모두 선택 사항이다. 첫 번째 인덱스를 생략하면 첫 번째 원소부터 두 번째 인덱스 이전까지의 모든 원소가 포함된다. 슬라이스 `temperatures[ : 6]`에는 위치 5까지의 모든 원소가 포함되는데, 연도의 상반기를 의미한다.

슬라이스 `temperatures[6 : ]`는 색인 6부터 리스트의 끝까지의 모든 원소를 포함한다. 즉, 하반기이다.

`temperatures[ : ]`와 같이 인덱스 값을 모두 생략하면, 리스트의 사본이 생성된다.

슬라이스에 값을 할당할 수도 있다. 예를 들어 `temperatures[6 : 9] = [45, 44, 40]`는 3분기의 값을 대체한다.

슬라이스 크기와 교체하는 것의 크기가 일치하지 않아도 된다. 예를 들면, 다음 명령문은

```
friends[ : 2] = ["Peter", "Paul", "Mary"]
```

`friends`의 처음 두 원소를 세 개의 새로운 원소로 대체하여 리스트의 길이를 늘린다.

슬라이스 연산자(:)를 사용하여 부분 리스트 또는 부분 문자열을 추출한다.

슬라이스는 리스트뿐만 아니라 모든 순서형 데이터에서 작동한다. 문자열에 특히 유용한데, 문자열의 슬라이스는 부분 문자열이다.

```
greeting = "Hello, World!"
greeted = greeting[7 : 12]  # 부분 문자열은 "World"
```

6.3 보편적인 리스트 알고리즘 _Common List Algorithms

앞 절들에서 라이브러리 함수와 메소드를 이용해 파이썬의 리스트를 처리했다. 이 절에서는 파이썬 라이브러리로 풀 수 없는 보편적인 일들을 처리하는 방법을 배운다. 그리고 특정한 일을 처리하는 라이브러리 함수나 메소드가 있다 해도 물밑에서 어떤 일이 벌어지는지 아는 것도 중요하다. 연산의 효율성을 이해하고 파이썬만큼 풍부한 라이브러리가 없는 프로그래밍 언어를 사용하더라도 좌절하지 않는 방법을 배운다.

6.3.1 채우기

다음 반복문은 리스트를 제곱수(0, 1, 4, 9, 16, ⋯, $(n-1)^2$)로 채운다. 인덱스가 0인 원소에

는 0^2, 인덱스가 1인 원소에는 1^2 등이 들어 있다.

```
values = []
for i in range(n) :
   values.append(i * i)
```

6.3.2 리스트 원소의 결합

수로 이루어진 리스트의 합을 계산하려면 단순히 sum 함수를 불러 사용하면 된다. 하지만 문자열 리스트가 있고, 그들을 이어 붙여 연결시키고 싶을 경우 sum 메소드는 동작하지 않는다. 이미 4.5.1절에서 일련의 값의 합을 구하는 방법을 배웠으니 그 알고리즘을 쉽게 수정할 수 있다. 다음은 리스트 values에 저장된 수의 합을 구하는 방법이다.

```
result = 0.0
for element in values :
   result = result + element
```

리스트 friends에 저장된 문자열들을 연결하려면, 초깃값만 바꾸면 된다.

```
result = ""
for element in friends :
   result = result + element
```

이를 실행하면 "HarryEmilyBob"과 같이 원소들을 하나의 긴 문자열로 합친다. 다음 절에서는 반대로 원소들을 분리하는 방법을 배운다.

6.3.3 원소의 구분자

원소를 구분할 때 첫 번째 원소 앞에는 구분자를 넣지 않는다.

리스트의 원소를 표시할 때 다음과 같이 쉼표나 세로선으로 구분하려고 한다.

```
Harry, Emily, Bob
```

원소 수보다 구분자가 하나 적음을 명심하고 다음과 같이 맨 처음 원소(인덱스 0)를 제외한 모든 원소의 앞에 구분자를 추가한다.

```
result = ""
for i in range(len(friends)) :
   if i > 0 :
      result = result + ", "
   result = result + friends[i]
```

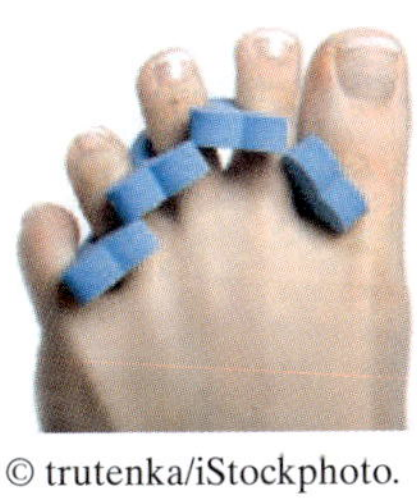

© trutenka/iStockphoto.

5개의 원소를 출력하려면 4개의 구분 기호가 필요하다.

만약 문자열에 구분자를 추가하지 않고 출력만 한다면 알고리즘을 약간 수정하면 된다. 다음과 같이 리스트의 숫자를 출력하고 싶다면,

```
32 | 54 | 67.5 | 29 | 35
```

다음과 같은 루프문으로 할 수 있다.

```
for i in range(len(values)) :
   if i > 0 :
      print(" | ", end="")
   print(values[i], end="")
print()
```

여전히 첫 번째 구분자는 생략한다.

str 함수는 이 알고리즘을 이용해 리스트를 문자열로 바꾼다. 표현식 str(values)은 다음과 같은 형식으로 리스트의 내용을 설명하는 문자열을 반환한다.

```
[32, 54, 67.5, 29, 35]
```

원소는 한 쌍의 대괄호로 묶고 콤마로 구분된다. 리스트는 디버깅에 편하게 문자열로 변환할 필요 없이 바로 출력할 수도 있다.

```
print("values = ", values)  # values = [32, 54, 67.5, 29, 35]를 출력
```

6.3.4 최댓값과 최솟값

© CEFutcher/iStockphoto.

지금까지 마주친 값들 중 가장 큰 값을 변수에 저장하는 4.5.4절에서의 알고리즘을 사용하자. 이 알고리즘을 리스트로 구현하면 다음과 같다.

```
largest = values[0]
for i in range(1, len(values)) :
   if values[i] > largest :
      largest = values[i]
```

largest를 values[0]로 초기화했으므로 루프는 인덱스 1부터 시작한다. 가장 작은 값을 찾으려면 비교를 반대로 한다. 이 알고리즘을 사용하려면 리스트에 적어도 한 개의 원소가 있어야 한다.

물론 이 경우 단순하게 max 함수를 호출할 수도 있다. 그러나 약간 다른 경우를 생각해 보자. 문자열로 이루어진 리스트 중에서 가장 긴 문자열을 찾고 싶다고 하자.

```
names = ["Ann", "Charlotte", "Zachary", "Bill"]
```

max(names)로 호출하면 사전 순서상 가장 뒤의 문자열인 "Zachary"를 얻을 것이다. 가장 긴 문자열을 얻으려면 알고리즘을 약간 수정해 각 원소 길이를 여태까지 만난 것 중 가장 긴 것과 비교해야 한다.

```
longest = names[0]
for i in range(1, len(names)) :
   if len(names[i]) > len(longest) :
      longest = names[i]
```

6.3.5 선형 탐색

© yekorzh/Getty Images.

특정 원소를 찾기 위해 각 원소를 방문하고 일치하는 것을 찾으면 멈춘다.

가끔 리스트에서 특정 원소를 바꾸거나 없애기 위해 그 위치를 찾을 필요가 있다. 단순히 어떤 값의 위치만 알고 싶으면 index 메소드를 이용한다.

```
searchedValue = 100

if searchedValue in values :
   pos = values.index(searchedValue)
   print("Found at position:", pos)
else :
   print("Not found")
```

하지만 주어진 속성을 갖는 값의 위치를 찾고 싶으면 index 메소드가 어떻게 동작하는지 알아야 한다. 100보다 큰 첫 번째 값을 찾는 일을 생각하자. 일치하는 값을 찾거나 리스트의 끝에 다다를 때까지 모든 원소를 방문해야 한다.

```
limit = 100
pos = 0
found = False
while pos < len(values) and not found :
```

```
    if values[pos] > limit :
       found = True
    else :
       pos = pos + 1

 if found :
    print("Found at position:", pos)
 else :
    print("Not found")
```

선형탐색은 일치하는 것을 찾을 때까지 차례차례 원소를 검사한다.

원소를 차례대로 검사하기 때문에 이 알고리즘을 **선형탐색**(linear search) 또는 **순차탐색**(sequential search)이라 한다.

6.3.6 일치하는 것들 수집과 개수 세기

앞 절에서 특정 조건을 만족하는 첫 원소의 위치를 찾는 법을 배웠다. 일치하는 모든 것을 찾으려면, 빈 리스트에 일치하는 것들을 추가하면 된다.

다음 코드는 100보다 큰 모든 값들을 모은다.

```
limit = 100
result = []
for element in values :
   if (element > limit) :
      result.append(element)
```

때때로 일치하는 것들을 모을 필요는 없이 단지 몇 번 일치하는지만 알고 싶으면 일치 항목을 모으는 대신 카운터(계수기)를 증가시키면 된다.

```
limit = 100
counter = 0
for element in values :
   if (element > limit) :
      counter = counter + 1
```

6.3.7 일치하는 것들 제거

흔히 하는 작업 중 하나는 특정 조건과 일치하는 모든 원소들을 제거하는 것이다. 예를 들어 길이가 4보다 작은 모든 문자열을 리스트에서 없애고 싶다고 하자. 물론 다음과 같이 리스트를 방문하면서 일치하는 원소를 찾아봐야 한다.

```
for i in range(len(words)) :
   word = words[i]
   if len(word) < 4 :
      인덱스 i에서 원소를 제거한다.
```

하지만 약간의 문제가 있다. 원소를 제거한 후 `for` 루프가 `i`를 증가시키면 다음 원소를 지나치게 된다.

`words` 리스트에 문자열 `"Welcome"`, `"to"`, `"the"`, `"island!"`가 있다고 하자. `i`가 1일 때 인덱스 1에서 단어 `"to"`를 제거한다. 그러면 `i`가 2로 증가하고, 지금은 1 위치에 있는 단어 `"the"`는 검사하지 못한다.

i	words
~~0~~	~~"Welcome", "to", "the", "island"~~
~~1~~	"Welcome", "the", "island"
2	

그러므로 단어를 없앨 때는 인덱스를 증가시키지 말아야 한다. 적당한 의사코드는 다음과 같다.

```
만약 인덱스 i의 원소가 조건에 맞으면
    인덱스 i의 원소 제거
그렇지 않으면
    i값 증가
```

항상 인덱스를 증가시키지는 않기 때문에 이 알고리즘에는 for 루프가 적절하지 않다. 대신, 다음과 같이 while 루프를 사용하라.

```
i = 0
while i < len(words) :
    word = words[i]
    if len(word) < 4 :
        words.pop(i)
    else :
        i = i + 1
```

6.3.8 원소의 교환

두 원소를 교환할 때 임시 변수를 사용한다.

가끔 리스트의 원소를 교환할 필요가 있다. 예를 들어, 순서대로 있지 않은 원소들을 계속 교환해 리스트를 정렬할 수 있다.

리스트 values의 i와 j 위치의 원소를 교환하는 일을 생각해 보자. values[i]의 값을 values[j]로 대체한다면 현재 values[i]에 들어 있는 값을 덮어 쓰게 되므로 먼저 그 값을 보존해야 한다.

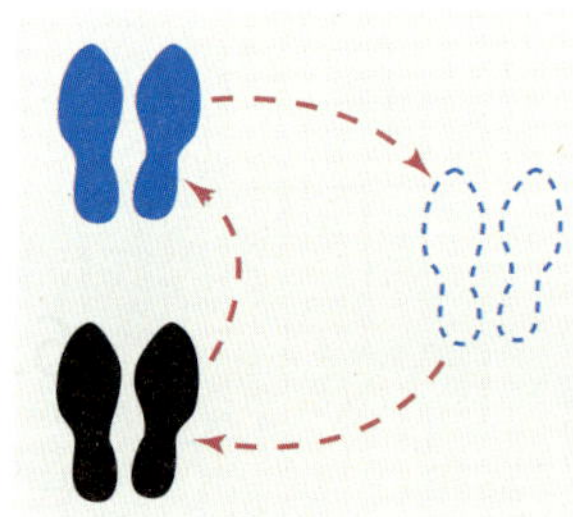

두 원소를 교환하려면 임시 변수가 필요하다.

```
temp = values[i] ❷
values[i] = values[j] ❸
```

이제 values[j] 값을 보존된 값으로 바꾼다.

```
values[j] = temp ❹
```

그림 8에서 이 과정을 볼 수 있다.

두 원소를 교환하는 또 다른 방법은 Special Topic 6.7을 참고한다.

6.3.9 입력 읽기

사용자로부터 입력을 읽어 나중에 처리하기 위해 리스트에 저장하는 일은 매우 흔한 일이다. 빈 리스트에서 시작해 각 값을 읽을 때마다 리스트의 끝에 추가하라.

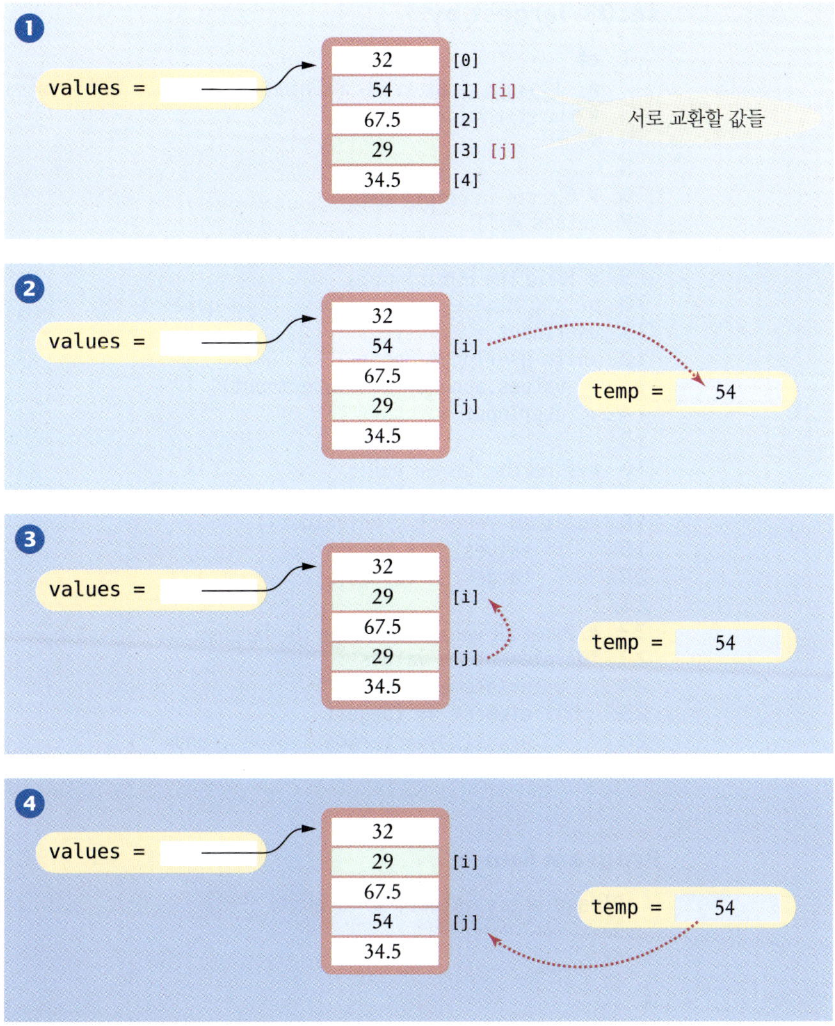

그림 8 리스트 원소의 교환

```
values = []
print("Please enter values, Q to quit:")
userInput = input("")   # 프롬프트 없이 사용자 입력을 받는다.
while userInput.upper() != "Q" :
   values.append(float(userInput))
   userInput = input("")
```

이 루프에서 사용자가 한 줄에 숫자 하나씩 다음과 같이 입력한다.

```
Please enter values, Q to quit:
32
29
67.5
Q
```

다음 프로그램은 이 알고리즘이 동작하도록 만든 것으로, 이 장의 맨 처음에 나왔던 것처럼 차례로 들어온 입력 중 가장 큰 수에 표시한다.

sec03/largest.py

```python
##
#  This program reads a sequence of values and prints them, marking the
#  largest value.
#

# Create an empty list.
values = []

# Read the input values.
print("Please enter values, Q to quit:")
userInput = input("")
while userInput.upper() != "Q" :
   values.append(float(userInput))
   userInput = input("")

# Find the largest value.
largest = values[0]
for i in range(1, len(values)) :
   if values[i] > largest :
      largest = values[i]

# Print all values, marking the largest.
for element in values :
   print(element, end="")
   if element == largest :
      print(" <== largest value", end="")
   print()
```

Program Run

```
Please enter values, Q to quit:
32
54
67.5
29
35
80
115
44.5
100
65
Q
32.0
54.0
67.5
29.0
35.0
80.0
115.0 <== largest value
44.5
100.0
65.0
```

WORKED EXAMPLE 6.1

삼각 함수 그래프 그리기 _*Plotting Trigonometric Functions*

문제 정의 Toolbox 3.2의 그래프 그리기 패키지를 사용해 –180도에서 180도 사이의 각도에 대한 사인 및 코사인 삼각 함수의 곡선을 포함하는 그래프를 그린다.

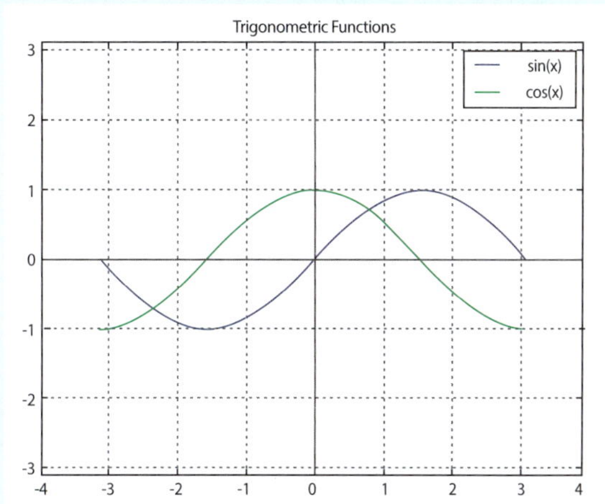

1단계 문제를 이해한다.

삼각 함수는 삼각형(특히 직각 삼각형)의 속성을 계산하는 데 사용된다. 이들 중 가장 많이 사용하는 것은 각도의 사인, 코사인, 탄젠트이다. 이러한 각 함수는 각도를 입력으로 받아 삼각형의 서로 다른 두 변의 길이비를 반환한다.

삼각 함수의 그래프로 어떤 범위의 각도에 대한 각 함수의 값들을 볼 수 있다. 일련의 데이터 점과 함께 사인, 코사인, 탄젠트를 계산하는 파이썬 함수를 사용하여 삼각 함수의 그래프를 그리는 데 필요한 값들을 만들어낼 수 있다. 이 파이썬 함수는 라디안 값 인자를 사용하므로 먼저 다음 공식을 사용해 각도를 라디안 값으로 변환해야 한다.

$$\text{radians} = \left(\frac{\pi}{180}\right) \times \text{degrees}$$

2단계 단계적으로 개선해 나간다.

이 문제를 해결하는 데에는 기본적인 세 개의 단계만 존재한다.

곡선의 데이터 점을 계산한다.
곡선을 그린다.
그래프 모양을 개선한다.

3단계 데이터 점 리스트를 만든다.

Toolbox 3.2에서 `pyplot` 모듈의 `plot` 함수를 사용하여 선 그래프를 그리는 방법을 배웠다. 선 그래프를 그리려면 그리고자 하는 데이터 점의 *x* 좌표와 *y* 좌표의 두 개의 리스트를 제공해야 한다. 3장에서는 리터럴 값을 사용하여 리스트를 정의했지만, 데이터 점들을 계산해 리스트에 추가하는 것이 좀 더 일반적이다.

좌표값들을 추가할 수 있는 세 개의 빈 리스트로 시작한다. 두 함수가 동일한 각도에 대해 그려지므로 각도 값(*x* 좌표)은 한 번만 저장하면 된다.

```
sinY = []
cosY = []
trigX = []
```

그런 다음 각도 범위에서 반복해 가면서 각 각도의 사인과 코사인을 계산하여 데이터 점들을 계산할 수 있다. 다음 루프는 각도 값을 증가시키고 각각을 라디안으로 변환한 다음, 이를 사용해 두 함수의 y 좌표를 계산한다. 사인 및 코사인 함수의 결과를 해당 리스트에 추가한다.

```
angle = -180
while angle <= 180 :
   x = pi / 180 * angle  # 라디안으로 변환
   trigX.append(x)  # 두 곡선의 x 좌표 추가하기
   y = sin(x)
   sinY.append(y)  # 사인 곡선의 y 좌표 추가하기
   y = cos(x)
   cosY.append(y)  # 코사인 곡선의 y 좌표 추가하기
   angle = angle + 1
```

4단계 곡선을 그린다.

데이터 점들을 계산해 리스트에 저장하였으니, 이 리스트들을 `plot` 함수로 전달해 두 삼각 함수에 대한 곡선을 그린다.

```
pyplot.plot(trigX, sinY)
pyplot.plot(trigX, cosY)
```

5단계 그래프 모양을 개선한다.

제목 및 범례와 같은 설명 정보를 추가해, 보는 사람이 내용을 쉽게 이해하도록 하라.

```
pyplot.title("Trigonometric Functions")
pyplot.legend(["sin(x)", "cos(x)"])
```

데이터 점들을 쉽게 식별할 수 있게 그리드를 포함할 수도 있다.

```
pyplot.grid("on")
```

삼각 함수처럼 *x*축과 *y*축에 걸쳐 있는 그래프의 경우 해당 축을 강조 표시할 수 있다. 이것은 `axhline` 및 `axvline` 함수를 사용하면 된다. 두 함수 모두 선 색상을 지정하는 데에 선택적으로 명명된 인자를 사용할 수 있다(색상 코드는 3장의 표 9 참조). 여기서 "k"는 검은색을 뜻한다.

```
pyplot.axhline(color="k")
pyplot.axvline(color="k")
```

마지막으로 그래프는 정확하게 데이터를 보여줘야 한다. 그래프가 정보를 잘못 전달할 수 있는 한 가지 경우는 두 축의 값에 서로 다른 축척을 적용할 때다. 다음 삼각 함수의 그래프를 살펴보고, 위 문제 정의에 나오는 그래프와 비교해 보라.

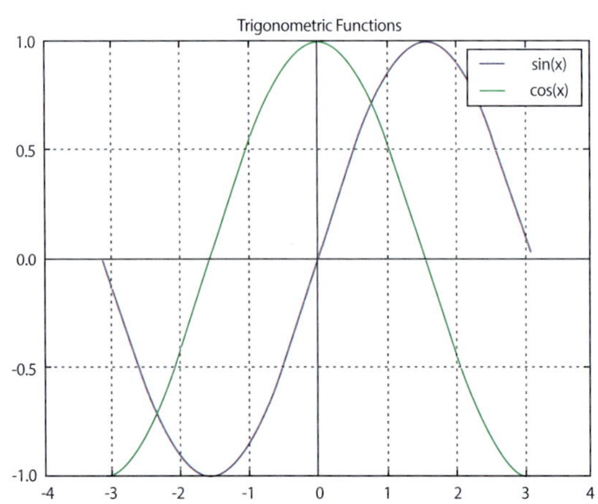

y축 방향의 인접한 좌표 사이의 거리가 x축 방향보다 훨씬 커서 곡선이 왜곡되어 보인다. 이 문제를 해결하기 위해 다음을 호출해 두 축이 값 사이에 동일한 거리를 사용하도록 지정할 수 있다.

```
pyplot.axis("equal")
```

예제 코드 다음은 완전한 프로그램이다.

worked_example_1/trigcurves.py

```
##
#  This program creates a line graph containing the curves for the sine and
#  cosine trigonometric functions for x-values between –180 and 180 degrees.
#

from matplotlib import pyplot
from math import pi, sin, cos

# Create empty lists to store the y-values for the sine and cosine curves.
sinY = []
cosY = []

# The x-values will be the same for both curves.
trigX = []

# Compute the y-values for the sine and cosine curves.
angle = -180
while angle <= 180 :
   x = pi / 180 * angle
   trigX.append(x)

   y = sin(x)
   sinY.append(y)

   y = cos(x)
   cosY.append(y)
   angle = angle + 1

# Plot the two curves.
pyplot.plot(trigX, sinY)
pyplot.plot(trigX, cosY)

# Add descriptive information.
pyplot.title("Trigonometric Functions")

# Improve the appearance of the graph.
pyplot.legend(["sin(x)", "cos(x)"])
pyplot.grid("on")
pyplot.axis("equal")
pyplot.axhline(color="k")
pyplot.axvline(color="k")

pyplot.show()
```

6.4 함수에서 리스트 사용 _Using Lists with Functions

리스트를 함수의 인자와 반환값으로 사용할 수 있다.

리스트를 함수의 인자로 사용할 수 있다. 예를 들면, 부동-소수점 값의 리스트인 values의 합을 계산한다.

```
def sum(values) :
   total = 0.0
   for element in values :
      total = total + element

   return total
```

함수에 리스트 인자를 넘길 때, 함수는 리스트의 복사본이 아닌 리스트 레퍼런스를 받는다.

이 함수는 리스트 원소들을 방문할 뿐 수정하지는 않지만, 리스트의 원소들을 수정할 수도 있다. 다음 함수는 리스트의 모든 원소를 주어진 값으로 곱한다.

```
def multiply(values, factor) :
   for i in range(len(values)) :
      values[i] = values[i] * factor
```

그림 9는 다음과 같이 함수를 호출했을 때 처리 과정을 보여준다.

```
multiply(scores, 10)
```

다음 각 단계들에 주목하라.

- 파라미터 변수 values와 factor가 생성된다. ❶
- 파라미터 변수가 호출 시 전달된 인자로 초기화된다. 이 경우 values는 scores로 factor는 10으로 초기화된다. values와 scores는 같은 리스트를 가리킨다. ❷
- 모든 리스트 원소에 10을 곱한다. ❸
- 함수가 반환된다. 파라미터 변수는 지워지지만 scores는 여전히 수정된 리스트를 가리킨다. ❹

함수가 리스트를 반환할 수도 있다. 함수 안에서 리스트로 결과를 만들어서 이 리스트를 반환하면 된다. 이 예에서 scores 함수는 제곱수의 리스트(0^2부터 $(n-1)^2$까지)를 반환한다.

```
def squares(n) :
   result = []
   for i in range(n) :
      result.append(i * i)

   return result
```

다음 예제 프로그램은 표준입력에서 값을 읽어 10을 곱한 후 결과를 역순으로 출력한다. 이 프로그램은 다음 세 개의 함수를 사용한다.

- readFloats 함수는 6.3.1절의 알고리즘을 이용해 리스트를 반환한다.
- multiply 함수는 리스트를 인자로 받아, 이 리스트의 원소들을 수정한다.
- printReversed 함수도 리스트를 인자로 받지만, 리스트의 원소들을 수정하진 않는다.

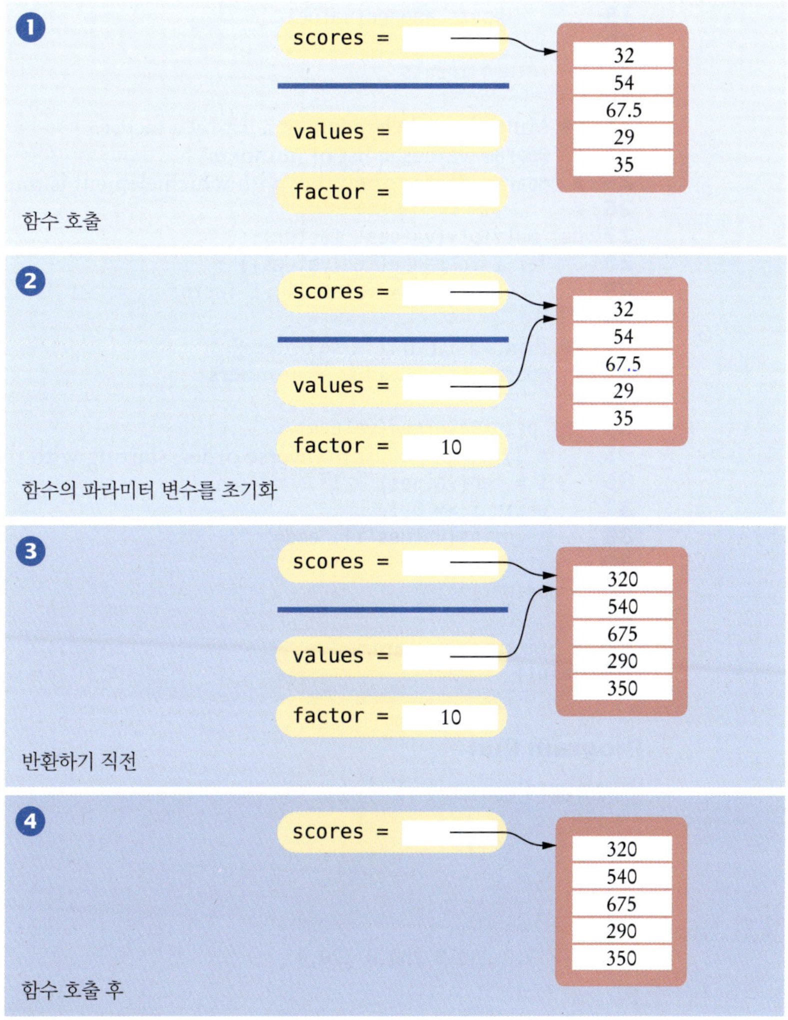

그림 9 multiply 함수 호출의 상세 과정

sec04/reverse.py

```
##
#  This program reads, scales, and reverses a sequence of numbers.
#

def main() :
   numbers = readFloats(5)
   multiply(numbers, 10)
   printReversed(numbers)

## Reads a sequence of floating-point numbers.
#  @param numberOfInputs the number of inputs to read
#  @return a list containing the input values
#
def readFloats(numberOfInputs) :
   print("Enter", numberOfInputs, "numbers:")
   inputs = []
   for i in range(numberOfInputs) :
      value = float(input(""))
```

```
        inputs.append(value)

    return inputs

## Multiplies all elements of a list by a factor.
#  @param values  a list of numbers
#  @param factor  the value with which element is multiplied
#
def multiply(values, factor) :
    for i in range(len(values)) :
        values[i] = values[i] * factor

## Prints a list in reverse order.
#  @param values  a list of numbers
#
def printReversed(values) :
    # Traverse the list in reverse order, starting with the last element
    i = len(values) - 1
    while i >= 0 :
        print(values[i], end=" ")
        i = i - 1
    print()

# Start the program.
main()
```

Program Run

```
Enter 5 numbers:
12
25
20
0
10
100.0 0.0 200.0 250.0 120.0
```

Special Topic 6.4

값에 의한 호출과 참조에 의한 호출 _Call by Value and Call by Reference

우리는 파이썬 함수가 전달된 변수의 내용을 절대 변경할 수 없다고 했다. `fun(var)`을 호출하면 `var`의 내용은 이전과 동일하다. 이유는 간단하다. 함수가 호출되면 `var`의 내용이 해당 파라미터 변수에 복사된다. 함수가 종료되면 파라미터 변수가 제거된다. `var`의 내용은 어떤 지점에서도 변경되지 않는다. 컴퓨터 과학자들은 이 호출 메커니즘을 "값에 의한 호출(call by value)"라고 부른다.

C++과 같은 프로그래밍 언어는 함수 호출의 인자를 변경할 수 있는 "참조에 의한 호출(call by reference)" 메커니즘을 지원한다. 때때로 파이썬에서 "숫자는 값으로 전달되고 리스트는 참조로 전달된다"는 말을 들을 수 있다. 기술적으로는 이 말이 정확하지 않다. 파이썬에서는 절대로 리스트 자체는 인자로 전달되지 않고 그것의 레퍼런스만 전달된다. 숫자와 리스트 레퍼런스는 모두 값으로 전달된다.

파이썬 함수가 리스트에 대한 참조를 받을 때 리스트의 내용을 변경시킬 수 있기 때문에 혼란이 발생한다(그림 9 참조). 파이썬에서 `fun(lst)`를 호출하면 `lst`에 저장된 참조를 가진 리스트의 내용을 이 함수가 수정할 수는 있지만, `lst`를 다른 리스트에 대한 참조로 바꿀 수는 없다.

Special Topic 6.5

튜플 _Tuples

파이썬은 변경 불가능한 임의의 데이터의 시퀀스를 위한 자료형을 제공한다. 튜플은 리스트와 매우 유사하지만 일단 작성된 후에는 내용을 수정할 수 없다. 튜플은 다음과 같이 내용들을 쉼표로 구분한 시퀀스를 괄호로 묶어서 만든다.

```
triple = (5, 10, 15)
```

튜플은 괄호로 묶은 쉼표로 구분된 시퀀스로 작성된다.

원하는 경우 다음과 같이 괄호를 생략할 수는 있지만,

```
triple = 5, 10, 15
```

명확성을 높이기 위해 괄호를 사용하는 것이 좋다.

사실 문자열 포맷팅에서 다음과 같이 튜플을 사용한 것을 본 적이 있다.

```
print("Enter a value between %d and %d:" % (low, high))
```

여기서 튜플 `(low, high)`는 형식 문자열에서 형식 지정자를 대체할 값들을 모아서 전달하는 데 사용된다.

리스트에 대해 정의된 많은 연산은 튜플과 함께 사용할 수도 있다.

- 위치로 튜플의 개별 원소에 접근한다(`element = triple[1]`).
- `len` 함수를 사용하여 튜플의 원소 수를 얻는다.
- `for` 루프를 사용하여 튜플 원소에 걸쳐 반복한다.
- `in` 및 `not in` 연산자를 사용하여 원소를 테스트한다.

실제로, 리스트의 내용을 수정하지 않는 리스트 연산은 튜플과 함께 사용할 수 있다. 튜플은 단순히 리스트의 변하지 않는 버전이다.

이 책에서는 튜플을 사용하지 않는다. 내용을 변경하지 않더라도 단순히 리스트를 사용한다. 그러나 다음 Special Topic에서 볼 수 있듯이 튜플은 파이썬 함수에서 매우 유용하다.

Special Topic 6.6

가변 개수의 인자를 가진 함수 _Functions with a Variable Number of Arguments

파이썬에서는 다양한 개수의 인자를 받는 함수를 정의할 수 있다. 예를 들어, 임의의 개수의 인자들의 합을 계산하는 함수를 작성할 수 있다.

```
a = sum(1, 3)  # a는 4가 됨
b = sum(1, 7, 2, 9)  # b는 19가 됨
```

수정된 `sum` 함수는 다음과 같이 선언해야 한다.

```
def sum(*values) :
```

파라미터 변수 앞의 별표는 함수가 여러 개의 인자를 받을 수 있음을 나타낸다. `values` 파라미터 변수는 실제로는 함수에 전달된 모든 인자를 포함하는 튜플이다. 이 함수의 구현은 튜플 `values`를 횡단하면서 원소를 처리한다.

```
def sum(*values) :
   total = 0
   for element in values :
      total = total + element

   return total
```

파라미터 변수가 튜플이므로, 0을 포함하여 어떤 수의 인자라도 함수에 전달할 수 있다.

```
c = sum()  # c가 0이 됨
```

고정된 수의 인자 다음에 가변 개수의 인자를 받도록 함수를 정의할 수도 있다.

```
def studentGrades(idNum, name, *grades) :
```

이 예에서는 처음 두 인자는 필수이고, 파라미터 변수 idNum와 name에 할당된다. 나머지 인자는 튜플 grades에 저장된다. 고정 파라미터 변수와 함께 사용될 때 튜플 파라미터 변수는 반드시 마지막 변수여야 한다.

Special Topic 6.7

튜플 할당 _Tuple Assignment

파이썬에서는(대부분의 다른 프로그래밍 언어에서는 안 되지만) 단일 할당문으로 여러 변수값을 할당할 수 있다.

```
(price, quantity) = (19.95, 12)
```

왼쪽은 변수의 튜플이고, 튜플의 각 변수에는 오른쪽 튜플의 해당 원소가 할당된다.

괄호를 생략하는 것이 가능하다.

```
price, quantity = 19.95, 12
```

대부분의 경우 이것이 별도의 할당보다 더 유용하지 않다.

```
price = 19.95
quantity = 12
```

그러나 동시 할당은 두 값을 바꾸는 편리한 방법이다.

```
(values[i], values[j]) = (values[j], values[i])
```

물론 할당을 실제로 동시에 할 수는 없고, 오른쪽의 값이 먼저 임시 튜플에 저장되고 그 튜플 값이 할당된다.

Special Topic 6.8

튜플을 사용하여 여러 값 반환 _Returning Multiple Values with Tuples

5장에서 함수는 단일 값만 반환할 수 있다는 것을 배웠다. 그러나 파이썬에서는 여러 값을 포함하는 튜플을 반환하는 것이 일반적인 관례다. 예를 들어, 사용자로부터 날짜를 월, 일 및 연도의 정수 값으로 가져오고 세 값을 튜플로 반환하는 함수를 정의한다고 가정한다.

```
def readDate() :
   print("Enter a date:")
   month = int(input(" month: "))
   day = int(input(" day: "))
   year = int(input(" year: "))
   return (month, day, year)    # 튜플을 반환한다.
```

함수가 호출되면 전체 튜플을 변수 하나에 할당할 수 있다.

```
date = readDate()
```

또는 튜플 할당을 사용할 수 있다.

```
(month, day, year) = readDate()
```

어떤 사람들은 이 기능이 정말 여러 값을 반환하는 것처럼 보이게 다음과 같이 괄호를 생략하는 것을 선호하기도 한다.

```
return month, day, year
```

괄호를 생략하였더라도 이것은 여전히 튜플이다.

원하면 튜플 할당에서 괄호를 생략할 수 있다.

```
month, day, year = readDate()
```

간단하게 하기 위해 이 책의 함수에서는 튜플을 반환하지 않는다. 물론 리스트를 반환하는 함수를 구현하고 사용하는 경우는 많을 것이다. 이 예에서 `readDate`는 단순히 리스트 `[month, day, year]`를 반환할 수 있다.

TOOLBOX 6.1

사운드 파일 편집 _Editing Sound Files

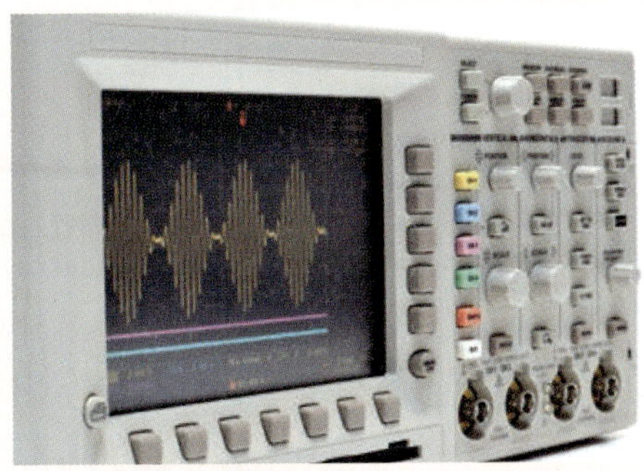

© GordonHeeley/iStockphoto.

소리의 진동은 바이올린 줄이나 스피커 막과 같은 하나의 물체에서 발생하여, 마이크나 고막에 도달할 때까지 매체(보통은 공기)를 통해 전달된다. 압력의 변화가 소리를 느끼게 해주므로, 소리를 측정하기 위해서는 여러 번 반복하여 압력의 양을 알아내야 한다. 이 측정 속도를 "샘플 속도"라고 한다. 예를 들어, 오디오 CD는 초당 44,100개의 샘플 속도를 사용한다. 음파는 단순히 일정한 간격으로 취득한 일련의 측정 값으로 생각하면 된다.

사운드 데이터를 다룰 수 있는 흥미로운 방법이 많이 있다. 이 Toolbox에서는 Toolbox 2.1의 다른 모듈과 함께 설치된 SciPy 라이브러리를 사용해 사운드 파일을 편집한다.

사운드 파일

오디오 CD를 포함한 많은 사운드 파일은 소리 값을 –32,768과 32,767 사이의 16비트 정수로 나타낸다. 사운드를 처리할 때 실제로는 긴 정수 값 리스트로 작업하는 것이다. 그림 10은 고양이 소리의 음파를 보여준다.

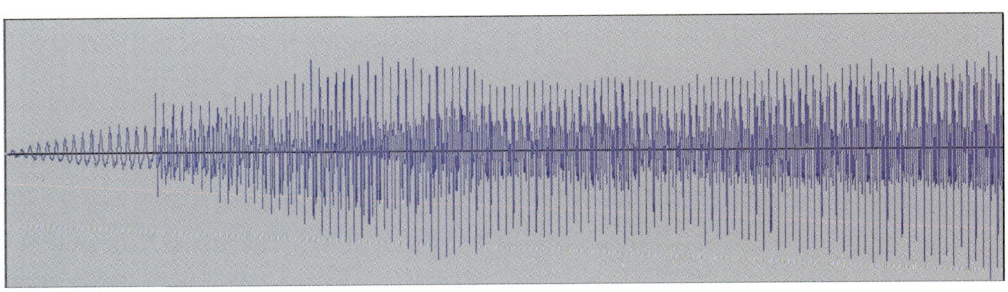

그림 10 고양이 소리의 음파

일부 사운드 파일에는 스테레오 사운드가 포함되어 있다. 각 샘플마다 왼쪽 및 오른쪽 스피커에 해당하는 두 개의 값이 있다.

사운드 파일은 상당히 크다. CD 음질의 사운드는 분당 약 10 MB가 필요하다. CD에는 원시 사운드 데이터가 포함되어 있지만, 인터넷을 통해 음악을 구입할 때는 데이터가 압축되어 훨씬 작은 파일을 만들 수 있다. 현재 가장 일반적인 압축 형식은 특허가 가로막고 있으므로, 여기에서는 압축되지 않은 사운드 파일을 처리하는 데 집중한다. 이 절의 기술을 압축 파일과 함께 사용하려면 먼저 WAV 형식으로 압축을 해제해야 한다. `http://audacity.sourceforge.net`에서 사용 가능한 Audacity 프로그램이 사운드 파일을 분석하는 데 유용하므로 추천한다.

사운드 파일 읽기 및 쓰기

SciPy 라이브러리의 `scipy.io.wavfile` 모듈을 사용해 사운드 파일을 읽고 쓴다. `read` 함수로 사운드 파일을 읽는다. 이 함수는 샘플 속도와 사운드 데이터를 두 원소로 갖는 튜플(Special Topic 6.5 참조)을 반환한다. 이 사운드 데이터는 특수 형식("NumPy 배열")으로 되어 있고, NumPy 배열 메소드 `tolist`를 사용해 파이썬 리스트로 변환한다.

```
contents = scipy.io.wavfile.read("meow.wav")
samplerate = contents[0]
data = contents[1].tolist()
```

파일에 모노 사운드가 포함된 경우 사운드 데이터는 숫자 리스트이다. (스테레오 파일 처리는 연습문제 Toolbox P6.47을 참조하라.) 이 리스트를 어떤 방식으로 처리하고 `scipy.io.wavfile.write` 함수를 사용해 처리 결과를 다른 파일에 저장할 수 있다. 사운드 데이터를 이 함수에 전달하기 전에 `numpy.asarray` 함수를 사용해 사운드 데이터를 NumPy 배열로 다시 변환해야 한다.

```
scipy.io.wavfile.write("output.wav", samplerate,
   numpy.asarray(outputdata, dtype="int16"))
```

여기서 작성한 파이썬 프로그램을 실행한 후 컴퓨터의 오디오 플레이어 또는 Audacity 프로그램으로 출력 파일을 듣는다.

사운드 데이터 처리

다음은 매우 놀라운 사운드 데이터를 처리하는 간단한 예다. 모든 양수 값을 30,000으로 바꾸고 모든 음수 값을 –30,000으로 바꾼다.

```
outputdata = []
for i in range(len(data)) :
   if (data[i] > 0) :
      outputdata.append(30000)
else :
   outputdata.append(-30000)
```

이 작업으로 사운드가 완전히 손상되는 것처럼 보이지만 그렇지 않다. 이것을 직접 경험해 보라! 계속해서 소스 코드와 함께 제공된 입력 파일(고양이 소리와 클래식 뮤직 클립)을 이용해 프로그램을 실행하라. 긁는 듯한 소리가 나지만 원래 소리를 선명하게 들을 수 있다.

예제 코드 프로그램 및 샘플 오디오 파일은 eText 또는 보조 사이트의 소스 코드에서 `toolbox_1/audio.py`를 참조하라.

연습문제 Toolbox P6.39~Toolbox P6.49를 사용하면 몇 가지 유용한 사운드 처리를 수행할 수 있다. 즉, 리스트의 시작 또는 끝에서 볼륨을 낮춰서 "fade in" 및 "fade out" 효과를 추가할 수 있고, 리스트 값의 평균을 만들어 두 개의 트랙을 혼합할 수도 있다. 또한 음파를 이동하고 감쇄시킨 다음 원본과 다시 혼합하여 에코를 생성할 수 있다. 이 모든 효과를 수로 이루어진 리스트를 처리해 쉽게 얻을 수 있다.

6.5 문제 해결: 알고리즘 조정 _Problem Solving: Adapting Algorithms

기본 연산과 알고리즘을 결합해 복잡한 프로그래밍 문제를 풀 수 있다.

6.2절과 6.3절에서 기본적인 리스트 연산과 알고리즘을 배웠다. 이것은 리스트를 처리하는 프로그램을 만드는 기본 바탕이 된다. 일반적으로 문제를 푸는 좋은 전략은 결합 및 조정할 수 있는 기본 알고리즘 레퍼토리를 갖추는 것이다.

다음 예를 생각해 보자. 학생의 퀴즈 점수 중 최저점을 없애는 문제가 주어졌다고 하자. 바로 사용 가능한 기성 알고리즘은 없지만 쉽게 다음 두 개의 표준 작업을 결합시킬 수 있다.

최솟값 찾기
리스트에서 최솟값 없애기

예를 들어 다음 리스트가 주어졌을 때

[0]	[1]	[2]	[3]	[4]	[5]	[6]
8	7	8.5	9.5	7	4	10

최솟값은 4다. 그리고 이것을 없애면 다음과 같아져야 한다.

[0]	[1]	[2]	[3]	[4]	[5]
8	7	8.5	9.5	7	10

이렇게 위의 전략이 통하는 것을 보였다. 효율에 관심이 없다면 여기서 멈춰도 된다. 하지만, 컴퓨터 공학자는 훨씬 더 큰 데이터 셋을 다루기 때문에, 단지 동작만 하는 해결책을 넘어 좀 더 효율적으로 올바른 결과를 얻을 수는 없겠는지 자문해 볼 만하다.

기본 알고리즘을 쉽게 조정할 수 있도록 구현에 익숙해야 한다.

바로 이 지점에서 라이브러리 연산이 어떻게 동작하는지 아는 게 도움이 된다. 값을 제거하려면 먼저 선형탐색으로 이 값을 찾아야 한다(6.3.5절). 이것은 정확하게 remove 메소드가 하는 일이다.

최솟값을 결정한 다음, 다시 리스트를 훑는 것은 비효율적이다. 최솟값이 발생한 위치를 기억하면 간단히 pop을 부를 수 있어 비효율성을 피할 수 있다.

위치를 내어주도록 최솟값을 찾기 위한 알고리즘을 조정할 수 있다. 원래 알고리즘은 다음과 같다.

```
smallest = values[0]
for i in range(1, len(values)) :
   if values[i] < smallest :
      smallest = values[i]
```

최솟값을 찾을 때, 위치도 업데이트한다.

```
if values[i] < smallest :
   smallest = values[i]
   smallestPosition = i
```

사실, 그렇다면 이제 더 이상 최솟값을 계속해서 업데이트하며 추적할 필요가 없다. 최솟값은 단순히 values[smallestPosition]인 것을 알 수 있다. 이런 통찰로 다음과 같이 알고리즘을 조정할 수 있다.

```
smallestPosition = 0
for i in range(1, len(values)) :
   if values[i] < values[smallestPosition] :
      smallestPosition = i
```

HOW TO 6.1

리스트로 작업하기 _Working with Lists

데이터를 처리하는 수많은 상황에서 일련의 데이터들을 처리할 필요가 있다. 이 How To는 입력 값을 리스트에 저장하고 이 리스트의 원소를 사용하여 계산을 수행하는 단계를 안내한다.

Thierry Dosogne/The Image Bank/Getty Images, Inc.

문제 정의 최종 퀴즈 점수는 가장 낮은 두 개를 제외한 모든 점수를 더해 계산한다. 예를 들어 점수가 다음과 같으면

```
8 4 7 8.5 9.5 7 5 10
```

최종 점수는 50이다. 이 방법으로 최종 점수를 계산하는 프로그램을 작성하라.

1단계 작업을 여러 단계로 나눈다.

일반적으로 작업을 다음과 같이 여러 단계로 나눈다.

- 데이터를 리스트로 읽어들인다.
- 하나 또는 그 이상의 단계에서 이 데이터를 처리한다.
- 결과를 표시한다.

데이터 처리 방법을 결정할 때는 6.2절과 6.3절의 리스트 연산과 알고리즘에 익숙해져 있어야 한다. 이러한 알고리즘 중 하나 이상을 사용하면 대부분의 처리 작업을 해결할 수 있다.

이 예에서는 데이터를 읽어들이고, 최솟값을 하나 제거한 다음, 다시 최솟값을 한 번 더 제거하고, 합계를 계산할 것이다. 예를 들어, 입력 값이 `8 4 7 8.5 9.5 7 5 10`이면 두 개의 가장 낮은 점수(4와 5)를 제거해 `8 7 8.5 9.5 7 10`이 되고, 이 값의 합은 최종 `50`이다.

따라서 다음 단계로 처리한다.

```
리스트 scores에 입력을 읽는다.
scores에서 최솟값을 제거한다.
scores에서 최솟값을 다시 제거한다.
total = scores 원소의 합
```

2단계 필요한 알고리즘을 결정하라.

때때로 한 단계가 기본 리스트 연산과 알고리즘 중 어느 하나와 정확히 일치할 수 있다. 합계를 계산하고(6.2.7절) 입력 값을 읽는(6.3.9절) 경우이다. 그렇지 않으면 여러 알고리즘을 결합해야 한다. 최솟값을 제거하려면, 최솟값을 먼저 찾고 이 찾은 값을 제거할 수 있다. 6.5절에서 논의했듯이 최솟값의 위치를 찾아서 pop하는 것이 더 효율적이다.

3단계 함수를 사용해 프로그램을 조직한다.

모든 단계를 메인 함수에 넣는 것이 가능할 수 있지만 별로 좋은 생각이 아니다. 각 처리 단계를 별도의 함수로 만드는 것이 좋다. `sum` 함수를 간단히 호출할 수 있으므로 합계를 계산하기 위한 함수는 작성할 필요가 없다. 그러므로 다음 두 함수만 구현한다.

- `readFloats`

- removeMinimum

메인 함수는 단순히 이 함수들을 호출한다.

```
scores = readFloats()
removeMinimum(scores)
removeMinimum(scores)
total = sum(scores)
print("Final score:", total)
```

4단계 프로그램을 합치고 테스트한다.

코드를 검토하고 정상 상황과 예외 상황을 모두 처리하는지 확인하자. 빈 리스트의 경우는 어떻게 되는가? 하나의 원소만 포함하는 리스트는? 일치하는 것이 없으면? 일치하는 항목이 여럿이면? 이러한 경계 조건을 고려해 프로그램이 바르게 작동하는지 확인하라.

위 예에서는 리스트가 비어 있거나 길이가 1인 경우 최솟값을 계산할 수 없다. 이 경우 removeMinimum 함수를 호출하기 전에 오류 메시지와 함께 프로그램을 종료해야 한다.

최솟값이 여러 번 발생하면 어떻게 되는가? 이는 한 학생이 여러 시험에서 같은 낮은 점수를 받았다는 뜻이다. 낮은 점수 중 두 개를 제거한다.

다음 표는 테스트 케이스와 예상 결과를 보여준다.

테스트 케이스	예상 결과	참고
8 4 7 8.5 9.5 7 5 10	50	1단계 참조
8 7 7 7 9	24	낮은 점수 2개 제외
8 7	0	낮은 점수 2개 제외하면 점수 안 남음
(입력 없음)	오류	틀린 입력

예제 코드 다음은 완전한 프로그램이다.

how_to_1/scores.py

```
##
#  This program computes a final score for a series of quiz scores: the sum after
#  dropping the two lowest scores. The program uses a list.
#

def main() :
   scores = readFloats()
   if len(scores) > 1 :
      removeMinimum(scores)
      removeMinimum(scores)
      total = sum(scores)
      print("Final score:", total)
   else :
      print("At least two scores are required.")

## Reads a sequence of floating-point numbers.
#  @return  a list containing the numbers
#
def readFloats() :
   # Create an empty list.
   values = []

```

```
    # Read the input values into a list.
    print("Please enter values, Q to quit:")
    userInput = input("")
    while userInput.upper() != "Q" :
       values.append(float(userInput))
       userInput = input("")

    return values

## Removes the minimum value from a list.
#  @param values a list of size >= 1
#
def removeMinimum(values) :
    smallestPosition = 0
    for i in range(1, len(values)) :
       if values[i] < values[smallestPosition] :
          smallestPosition = i

    values.pop(smallestPosition)

# Start the program.
main()
```

WORKED EXAMPLE 6.2

주사위 굴리기 _Rolling the Dice

© ktsimage/iStockphoto.

문제 정의 해야 할 일은 주사위 눈금 1, 2, ..., 6 값이 얼마나 자주 나타나는지 계산해 주사위가 올바른지 분석하는 것이다. 입력은 일련의 주사위 눈금 값이다. 각 주사위 눈금 값의 빈도로 표를 출력해야 한다.

1단계 작업을 여러 단계로 나눈다.

나누는 첫 번째 시도는 단순히 문제 정의를 그대로 따라 하는 것이다.

```
주사위 값을 리스트로 읽는다.
1, 2, ..., 6 값이 리스트에 나타나는 빈도를 계산한다.
빈도수를 출력한다.
```

이 일에 대해 조금 더 생각해 보자. 이렇게 나누면 먼저 주사위 값을 읽고 모든 값들을 저장한다는 것을 의미한다. 정말 저장해야 할까? 여기서는 주사위 눈금 값이 얼마나 자주 나타나는지만 알면 된다. 그러므로 카운터 리스트를 하나 유지한다면, 카운터를 하나 증가시킨 후에는 입력값을 버려도 된다. 이런 개선 사항을 반영하면 다음과 같다.

```
각 입력 값 i에 대해:
    i에 해당하는 카운터를 증가시킨다.
카운터를 출력한다.
```

2단계 필요한 알고리즘을 결정한다.

입력을 읽고 카운터를 증가시키는(이미 만들어진) 알고리즘은 없지만 개발하는 것은 간단하다. 1과 6 사이의 정수 입력을 읽어 `value`에 저장한다고 하자. 길이가 6인 `counters` 리스트가 있다면, 우리는 다음을 실행하면 된다.

```
counters[value - 1] = counters[value - 1] + 1
```

또는 일곱 개의 정수로 이루어진 리스트를 사용할 수 있지만, 원소 counters[0]를 "낭비"한다. 하지만 이 방법을 사용하면 카운터를 보다 쉽게 업데이트할 수 있다. 입력 값을 읽을 때 다음과 같이 실행하면 된다.

```
counters[value] = counters[value] + 1
```

즉, 우리는 리스트를 아래와 같이 정의한다.

```
counters = [0] * (sides + 1)
```

sides 변수를 사용하는 이유는? 나중에 마음이 바뀌어 12면 주사위를 조사하고 싶다고 가정해 보자.

© Ryan Ruffatti/iStockphoto.

그러면 sides를 12로 설정하기만 하면 프로그램이 쉽게 바뀐다.

남아 있는 유일한 작업은 카운트를 출력하는 것이다. 일반적인 출력은 다음과 같다.

```
1:    3
2:    3
3:    2
4:    2
5:    2
6:    0
```

이 출력 형식에 대한 맞는 알고리즘을 보지 못했지만, 모든 원소를 출력하는 다음과 같은 기본 루프와 유사하다.

```
for element in counters :
   print(element)
```

그러나 이 루프는 두 가지 이유로 적합하지 않다. 먼저 사용되지 않은 0 항목을 표시한다. 해당 항목을 건너뛰려면 단순히 리스트의 원소에 걸쳐 반복할 수 없고, 대신 다음과 같은 전통적인 카운트 제어 루프가 필요하다.

```
for i in range(1, len(counters)) :
   print(counters[i])
```

이 루프는 카운터 값을 인쇄하지만 위 출력 예시와 일치하지 않는다. 또한 해당 주사위면 값도 필요하므로 다음과 같이 조정한다.

```
for i in range(1, len(counters)) :
   print("%2d: %4d" % (i, counters[i]))
```

3단계 함수를 사용하여 프로그램을 조직하라.

우리는 각 단계에 대한 다음과 같은 함수를 만들 것이다.

- countInputs(sides)
- printCounters(counters)

main 함수는 이 함수들을 호출한다.

```
counters = countInputs(6)
printCounters(counters)
```

countInputs 함수는 모든 입력을 읽고 일치하는 카운터를 증가시킨 다음 카운터 리스트를 반환한다. printCounters 함수는 이미 설명한 대로 주사위 면과 카운터의 값을 출력한다.

4단계 프로그램을 조립하고 테스트한다.

이 절의 끝에 전체 프로그램을 보여준다. 이전에 논의하지 않은 주요 특징이 있는데, 카운터를 다음과 같이 업데이트할 때

```
counters[value] = counters[value] + 1
```

사용자가 범위 초과 오류를 발생시키는 틀린 값을 입력하지 않았다는 것을 보장하고자 한다. 따라서 1보다 작거나 sides보다 더 큰 입력은 거부한다.

다음 표는 테스트 케이스 및 예상 출력을 보여준다. 예상 출력에는 카운터만 표시하였다.

테스트 사례	예상 출력	참고
1 2 3 4 5 6	1 1 1 1 1 1	각 수는 한 번만 나타난다.
1 2 3	1 1 1 0 0 0	표시되지 않는 숫자는 카운트가 0이다.
1 2 3 1 2 3 4	2 2 2 1 0 0	카운터는 각 입력이 얼마나 자주 발생하는지를 반영해야 한다.
(입력 없음)	0 0 0 0 0 0	이것은 올바른 입력. 모든 카운터는 제로
0 1 2 3 4 5 6 7	오류	입력은 1과 6 사이여야 함

예제 코드 다음은 완전한 프로그램이다.

worked_example_2/dice.py

```
##
#  This program reads a sequence of die toss values and prints how many times
#  each value occurred.
#

def main() :
   counters = countInputs(6)
   printCounters(counters)

## Reads a sequence of die toss values between 1 and sides (inclusive)
#  and counts how frequently each of them occurs.
#  @param sides the die's number of sides
#  @return a list whose ith element contains the number of times the value i
#  occurred in the input. The 0 element is unused.
#
def countInputs(sides) :
   counters = [0] * (sides + 1)    # counters[0] is not used.

   print("Please enter values, Q to quit:")
   userInput = input("")
   while userInput.upper() != "Q" :
      value = int(userInput)

      # Increment the counter for the input value.
      if value >= 1 and value <= sides :
         counters[value] = counters[value] + 1
```

```
      else :
         print(value, "is not a valid input.")

      # Read the next value.
      userInput = input("")

   return counters

## Prints a table of die value counters.
#  @param counters a list of counters. counters[0] is not printed.
#
def printCounters(counters) :
   for i in range(1, len(counters)) :
      print("%2d: %4d" % (i, counters[i]))

# Start the program.
main()
```

Program Run

```
Please enter values, Q to quit: 1
2
3
1
2
3
4
Q
 1:    2
 2:    2
 3:    2
 4:    1
 5:    0
 6:    0
```

6.6 문제 해결: 실제 물체를 이용해 알고리즘 찾기

_Problem Solving: Discovering Algorithms by Manipulating Physical Objects

6.5절에서는 알고 있는 연산과 알고리즘을 결합해 문제를 풀었다. 하지만 과제 해결에 적합한 표준 알고리즘이 없다면 어떻게 할까? 이 절에서 실제 물체를 이용해 알고리즘을 찾는 방법을 배운다.

다음 작업을 생각해 보자. 길이가 짝수인 리스트가 주어졌을 때 전반부와 후반부를 교체하고 싶다고 하자. 예를 들어 리스트에 다음 여덟 개의 수가 있을 경우

9	13	21	4	11	7	1	3

다음과 같이 바꾸어야 한다.

11	7	1	3	9	13	21	4

일련의 동전, 카드, 또는 장난감을 사용하여 리스트를 시각화하라.

많은 학생들이 알고리즘을 생각하는 것이 꽤 어렵다고 생각한다. 루프가 필요하고 원소가 삽입되거나(6.2.2절) 교환되어야(6.3.8절) 할 것을 알 수 있다. 하지만 이것들은 그림을 그리거나, 알고리즘을 기술하거나, 의사코드를 작성할 만큼 충분한 직관력이 없을 수 있다.

알고리즘을 찾는 좋은 방법은 실제 물건을 이용하는 것이다. 리스트를 뜻하는 동전, 카드, 작은 장난감 같은 물체를 줄 세워보자.

실제 물체를 다루는 것이 알고리즘을 발견하는 힌트를 줄 수 있다. © JenCon/iStockphoto.

여덟 개의 동전을 줄 세웠다.

(coins) © jamesbenet/iStockphoto; (dollar coins) © JordiDelgado/iStockphoto.

어떻게 동전의 순서를 바꿀지 생각해 보고 동전 하나를 없애보자(6.2.4절).

리스트 원소의 제거를 시각화

동전 하나를 삽입해 보자(6.2.2절).

리스트 원소의 삽입을 시각화

두 동전을 교환해 보자(6.3.8절).

두 리스트 원소의 교환을 시각화

계속해서 동전을 정렬하고 지금 당장 이 세 가지 동작을 시도해 보자.

이제 위의 작업들이 리스트의 전반부와 후반부를 서로 바꾸는 문제에서 어떤 도움이 될까?

첫 번째 동전을 다섯 번째 동전과 교환한다. 파이썬 프로그램은 위치 0과 위치 4의 동전을 교환한다고 한다.

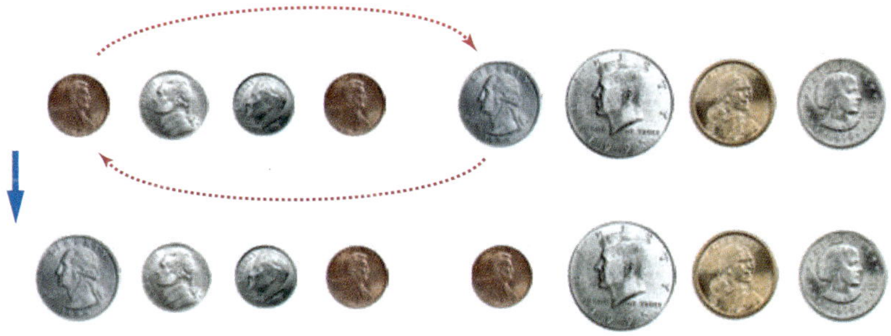

그다음으로 위치 1과 5에서 동전을 교환한다:

두 번 더 교환하면 우리 작업은 끝난다.

자 이제 알고리즘이 명확해졌다.

```
i = 0
j = ... # 잠시 생각해 보자.
While ... # 아직은 모른다.
   i와 j 위치의 원소를 서로 교환
   i = i + 1
   j = j + 1
```

변수 *j*의 시작 위치는 어디일까? 동전이 여덟 개인 경우, 위치 0의 동전은 위치 4로 이동한다. 일반적으로 이 동전은 리스트의 중간 즉 *length*//2로 이동한다.

그리고 얼마나 여러 번 반복해야 할까? 전반부의 모든 동전을 교환해야 한다. 즉, *length*//2 수 만큼 동전을 교환해야 한다. 의사코드는 다음과 같다.

```
i = 0
j = length // 2
While i < length // 2
    Swap elements at positions i and j.
    i = i + 1
    j = j + 1
```

의사코드를 자세히 검토해 보는 것이 좋다(4.2절 참조). 종이 클립을 사용하여 변수 *i* 및 *j*의 위치를 나타낼 수 있다. 검토가 성공적으로 이루어진다면, 이 의사코드에는 "하나 차이" 오류가 존재하지 않음을 알 수 있다. 연습문제 P6.10은 의사코드를 파이썬으로 변환하도록 하고, 연습문제 R6.24는 동전을 반복적으로 제거하고 삽입하여 리스트의 두 반쪽을 교환하는 다른 알고리즘을 제안한다.

종이 클립을 위치 마커 또는 카운터로 사용할 수 있다.

실제 물체의 조작이 다이어그램을 그리거나 머리로 상상하는 알고리즘보다 더 쉽다. 새로운 알고리즘을 설계해야 할 때 사용해 보자!

다음은 알고리즘을 구현한 완전한 프로그램이다.

sec06/swaphalves.py

```
##
#  This program implements an algorithm that swaps the first and second halves
#  of a list with an even number of values.
#

def main() :
   values = [9, 13, 21, 4, 11, 7, 1, 3]
   i = 0
   j = len(values) // 2
   while i < len(values) // 2 :
      swap(values, i, j)
      i = i + 1
      j = j + 1

   print(values)

## Swaps the elements of a list at given positions.
#  @param a  the list
#  @param i  the first position
#  @param j  the second position
#
def swap(a, i, j) :
   temp = a[i]
   a[i] = a[j]
   a[j] = temp

# Start the program.
main()
```

6.7 표 _Tables

가끔 2차원 표 형식의 데이터를 모아 저장하고 싶을 때가 있다. 이런 데이터 집합은 일반적으로 재무 및 과학 응용 프로그램에서 많이 나타난다. 값들을 행과 열로 구성한 배열을 **표**(table) 또는 **행렬**(matrix)이라고 한다.

2014년 동계올림픽 피겨 스케이팅 대회 메달 수를 보여주는 그림 11의 예제 데이터를 저장하는 방법을 살펴보자.

© Trub/iStockphoto.

© technotr/iStockphoto.

	금메달	은메달	동메달
캐나다	0	3	0
이탈리아	0	0	1
독일	0	0	1
일본	1	0	0
카자흐스탄	0	0	1
러시아	3	1	1
한국	0	1	0
미국	1	0	1

그림 11 피겨스케이팅 메달 수

6.7.1 표 만들기

파이썬에는 표를 만드는 자료형은 없지만 리스트를 이용해 2차원 표 구조를 만들 수 있다. 다음은 메달 수 데이터를 저장하기 적합한 8행 3열의 표를 만드는 코드다.

```
COUNTRIES = 8
MEDALS = 3

counts = [
      [ 0, 3, 0 ],
      [ 0, 0, 1 ],
      [ 0, 0, 1 ],
      [ 1, 0, 0 ],
      [ 0, 0, 1 ],
      [ 3, 1, 1 ],
      [ 0, 1, 0 ]
      [ 1, 0, 1 ]
   ]
```

이렇게 하면 리스트의 원소 자체가 또 다른 리스트인 리스트가 작성된다(그림 12).

가끔은 값을 직접 주어 초기화하기 힘든 큰 표를 만들 필요가 있다. 이런 표를 만들기 위해서는 좀 더 작업을 해야 하는데, 먼저 각 개별 행을 저장하는 다음과 같은 리스트를 만든다.

```
table = []
```

그다음 표의 각 행에 대해 리스트의 원소 복제를 이용해 각 열의 수만큼 새로운 리스트를 만들고 이것을 행의 리스트에 추가한다.

```
ROWS = 5
COLUMNS = 20

for i in range(ROWS) :
   row = [0] * COLUMNS
   table.append(row)
```

이 코드의 실행 결과는 5행 20열로 이루어진 표이다.

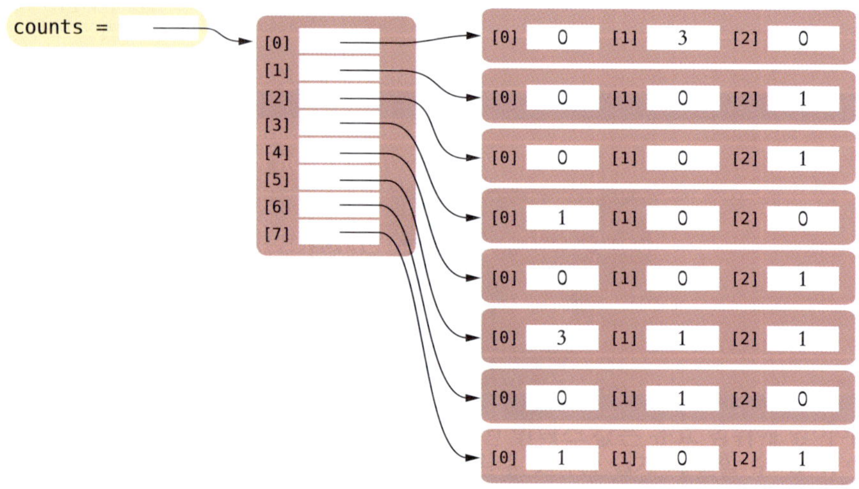

그림 12 리스트의 리스트를 이용해 만든 표

6.7.2 원소의 접근

표의 원소는 두 개의 인덱스 값을 사용하여 *table* [i][j]으로 접근한다.

표의 특정 원소에 접근하려면 대괄호 안에 행과 열을 선택하는 두 인덱스를 명시해야 한다 (그림 13 참조).

```
medalCount = counts[3][1]
```

표의 모든 원소에 접근하려면 두 개의 중첩 루프를 사용한다. 예를 들어 다음 루프는 counts의 모든 원소를 출력한다.

```
for i in range(COUNTRIES) :
   # i번째 행 처리
   for j in range(MEDALS) :
      # i번째 행의 j번째 열 처리
      print("%8d" % counts[i][j], end="")
print() # 행의 끝에서 새 줄 시작하기
```

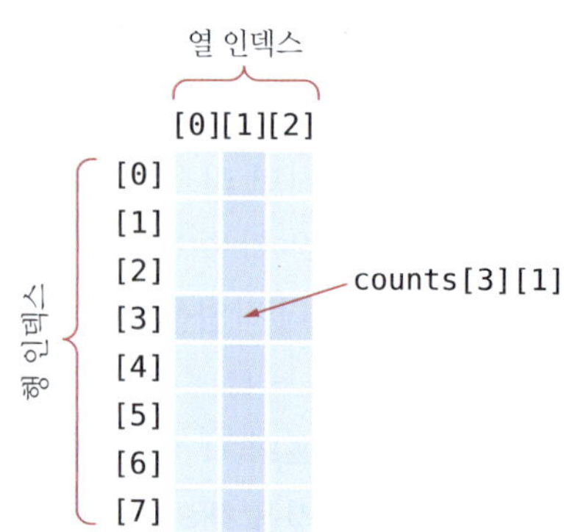

그림 13 표의 원소에 접근

6.7.3 이웃 원소 찾기

표로 작업하는 일부 프로그램에서는 한 원소와 인접한 원소들을 찾을 필요가 있다. 특히 게임에서 이 작업이 많이 필요하다. 그림 14에서 한 원소가 있을 때, 그 주변 원소들의 인덱스를 계산하는 방법을 볼 수 있다.

예를 들어 counts[3][1]의 왼쪽과 오른쪽은 counts[3][0]과 counts[3][2]이다. 위와 아래는 counts[2][1]과 counts[4][1]이다.

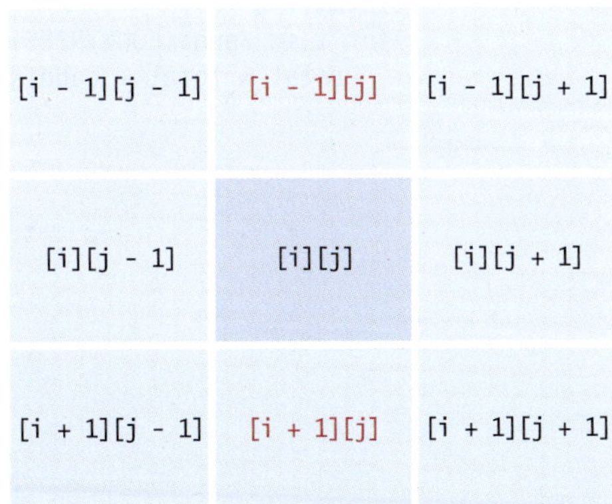

그림 14 표에서 이웃의 위치

리스트의 가장 바깥 경계에서 이웃을 계산할 때는 조심해야 한다. 예를 들어 counts[0][1]은 위쪽 이웃이 없다. 원소 count[i][j]의 위와 아래 이웃 원소의 합을 구하는 일을 생각해 보자. 표에서 그 원소가 표의 맨 위쪽 또는 맨 아래쪽에 있는지 확인해야 한다.

```
total = 0
if i > 0 :
   total = total + counts[i - 1][j]
if i < ROWS - 1 :
   total = total + counts[i + 1][j]
```

6.7.4 행과 열의 합 계산

행 또는 열의 합을 계산하는 것은 일반적이다. 앞의 예에서 행의 합을 구하면 특정 나라가 딴 메달의 총 수를 알 수 있다.

정확한 인덱스 값을 얻는 게 조금 까다롭다면, 빠르게 스케치를 해보자. 행 i의 합을 구하려면 다음 원소들을 거쳐야 한다.

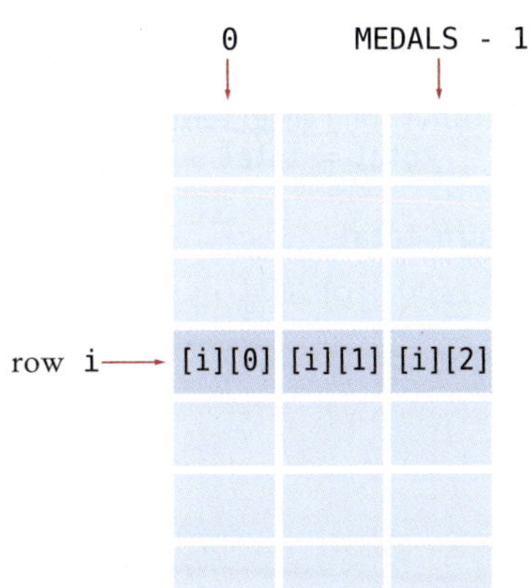

그림에서 보듯이 j가 0부터 MEDALS-1까지 변할 때, counts[i][j]의 합을 구해야 한다. 다음 루프가 그 합을 계산한다.

```
total = 0
for j in range(MEDALS) :
   total = total + counts[i][j]
```

열의 합을 구하는 것도 비슷하다. i가 0부터 COUNTRIES - 1까지 변할 때 counts[i][j]의 합을 구해보자.

```
total = 0
for i in range(COUNTRIES) :
   total = total + counts[i][j]
```

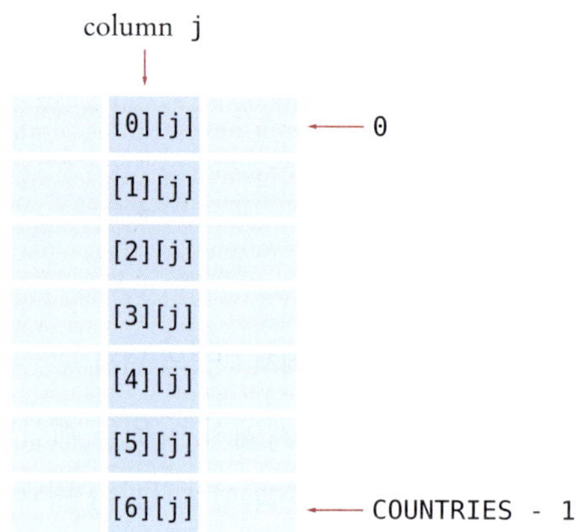

6.7.5 함수에서 표 이용하기

표를 함수에 전달하면 표의 차원을 알고 싶을 것이다. values가 표라면

- len(values)는 행의 수이고,
- len(values[0])은 열의 수이다.

(len(values[0])는 values의 첫 원소의 길이이다. 하지만 모든 원소(행)의 길이가 같으므로 표의 열의 수이기도 하다.)

예를 들어 다음 함수는 표에 있는 모든 원소의 합을 구한다.

```
def sum(values) :
   total = 0
   for i in range(len(values)) :
      for j in range(len(values[0])) :
         total = total + values[i][j]

   return total
```

표를 다루는 작업의 예를 다음 프로그램에서 볼 수 있다. 이 프로그램은 각 메달 수와 행의 합(총 메달 수)을 출력한다.

sec07/medals.py

```
##
#  This program prints a table of medal winner counts with row totals.
#

MEDALS = 3
COUNTRIES = 8

# Create a list of country names.
countries = [ "Canada",
              "Italy",
              "Germany",
              "Japan",
              "Kazakhstan",
              "Russia",
              "South Korea",
              "United States" ]

# Create a table of medal counts.
counts = [
           [ 0, 3, 0 ],
           [ 0, 0, 1 ],
           [ 0, 0, 1 ],
           [ 1, 0, 0 ],
           [ 0, 0, 1 ],
           [ 3, 1, 1 ],
           [ 0, 1, 0 ],
           [ 1, 0, 1 ]
         ]

# Print the table header.
print("        Country    Gold  Silver  Bronze   Total")

# Print countries, counts, and row totals.
for i in range(COUNTRIES) :
   print("%15s" % countries[i], end="")

   # Print each row element and update the row total.
   total = 0
   for j in range(MEDALS) :
      print("%8d" % counts[i][j], end="")
      total = total + counts[i][j]

   # Display the row total and print a new line.
   print("%8d" % total)
```

Program Run

```
        Country    Gold  Silver  Bronze   Total
         Canada       0       3       0       3
          Italy       0       0       1       1
        Germany       0       0       1       1
          Japan       1       0       0       1
     Kazakhstan       0       0       1       1
         Russia       3       1       1       5
    South Korea       0       1       0       1
  United States       1       0       1       2
```

WORKED EXAMPLE 6.3

세계 인구표 _A World Population Table

문제 정의 다음의 인구표 데이터를 보자.

대륙당 인구(백만 명)							
년	1750	1800	1850	1900	1950	2000	2050
Africa	106	107	111	133	221	767	1766
Asia	502	635	809	947	1402	3634	5268
Australia	2	2	2	6	13	30	46
Europe	163	203	276	408	547	729	628
North America	2	7	26	82	172	307	392
South America	16	24	38	74	167	511	809

데이터를 표 형식으로 출력하고 주어진 해의 총 세계 인구를 표시하는 열을 하나 추가해야 한다.

1단계 먼저, 작업을 여러 단계로 나눈다.

표 데이터를 초기화하라.
표를 출력하라.
열 합계를 계산하고 출력한다.

2단계 표를 행들의 시퀀스로서 초기화한다.

```
populations = [
      [ 106, 107, 111, 133, 221, 767, 1766 ],
      [ 502, 635, 809, 947, 1402, 3634, 5268 ],
      [ 2, 2, 2, 6, 13, 30, 46 ],
      [ 163, 203, 276, 408, 547, 729, 628 ],
      [ 2, 7, 26, 82, 172, 307, 392 ],
      [ 16, 24, 38, 74, 167, 511, 809 ]
   ]
```

3단계 행 머리글을 출력하려면 대륙 이름 리스트도 필요하다. 앞의 표와 동일한 수의 행이 있다.

```
continents = [
      "Africa",
      "Asia",
      "Australia",
      "Europe",
      "North America",
      "South America"
   ]
```

행을 출력하려면 먼저 대륙의 이름을 출력한 다음 모든 열을 출력한다. 이것은 두 개의 중첩 루프로 할 수 있다. 외부 루프는 각 행을 출력한다.

```
# 인구 데이터 출력하기
for i in range(ROWS) :
   # i번째 행 출력
```

```
   . . .
   print()    # 행의 끝에서 새 라인 시작
```

행을 출력하려면 먼저 행 머리글을 출력한 다음, 모든 열을 출력하라.

```
print("%20s" % continents[i], end="")
for j in range(COLUMNS) :
   print("%5d" % populations[i][j], end="")
```

4단계 열 합계를 출력하기 위해 6.7.4절에 설명된 알고리즘을 사용한다. 각 열마다 한 번씩 계산을 한다.

```
for j in range(COLUMNS) :
   total = 0
   for i in range(ROWS) :
      total = total + populations[i][j]

   print("%5d" % total, end="")
```

예제 코드 다음은 완전한 프로그램이다.

worked_example_3/population.py

```
##
#  This program prints a table showing the world population growth over 300 years.
#

ROWS = 6
COLUMNS = 7

# Initialize the populations table.
populations = [
      [ 106, 107, 111, 133, 221, 767, 1766 ],
      [ 502, 635, 809, 947, 1402, 3634, 5268 ],
      [ 2, 2, 2, 6, 13, 30 46 ],
      [ 163, 203, 276, 408, 547, 729, 628 ],
      [ 2, 7, 26, 82, 172, 307, 392 ],
      [ 16, 24, 38, 74, 167, 511, 809 ]
   ]

# Define a list of continent names.
continents = [
     "Africa",
     "Asia",
     "Australia",
     "Europe",
     "North America",
     "South America"
   ]

# Print the table header.
print("                Year 1750 1800 1850 1900 1950 2000 2050")

# Print population data.
for i in range(ROWS) :
   # Print the ith row.
   print("%20s" % continents[i], end="")
   for j in range(COLUMNS) :
      print("%5d" % populations[i][j], end="")

   print()    # Start a new line at the end of the row.

```

```
# Print column totals.
print("               World", end="")
for j in range(COLUMNS) :
   total = 0
   for i in range(ROWS) :
      total = total + populations[i][j]

   print("%5d" % total, end="")

print()
```

Program Run

```
               Year 1750 1800 1850 1900 1950 2000 2050
             Africa  106  107  111  133  221  767 1766
               Asia  502  635  809  947 1402 3634 5268
          Australia    2    2    2    6   13   30   46
             Europe  163  203  276  408  547  729  628
      North America    2    7   26   82  172  307  392
      South America   16   24   38   74  167  511  809
              World  791  978 1262 1650 2522 5978 8909
```

Special Topic 6.9

행 길이가 일정하지 않은 표 _Tables with Variable Row Lengths

이 절에 사용된 표에는 모두 같은 길이의 행이 포함되었다. 그러나 행 길이가 다른 표도 작성할 수 있다. 예를 들어 다음과 같이 삼각형 모양의 표를 만들 수 있다.

```
b[0][0]
b[1][0] b[1][1]
b[2][0] b[2][1] b[2][2]
```

이런 표를 만들려면 루프 내에서 리스트 복제를 사용해야 한다(그림 15 참조).

```
b = []
for i in range(3) :
   b.append([0] * (i + 1))
```

b[i][j]로 각 리스트 원소에 접근할 수 있다. b[i] 표현식은 i번째 행을 선택하고 [j] 연산자는 해당 행에서 j번째 요소를 선택한다.

행 수는 len(b)이고 i번째 행의 길이는 len(b[i])이다. 예를 들어, 다음 두 개의 중첩 루프는 고르지 않은 형태의 표를 출력한다.

```
for i in range(len(b)) :
   for j in range(len(b[i])) :
      print(b[i][j], end=" ")
   print()
```

행 및 열의 인덱스 값이 필요하지 않은 경우 행과 원소를 직접 순회할 수 있다.

```
for row in b :
   for element in row :
      print(element, end=" ")
   print()
```

당연히, 이러한 "고르지 못한 형태의" 표는 그리 일반적인 것은 아니다.

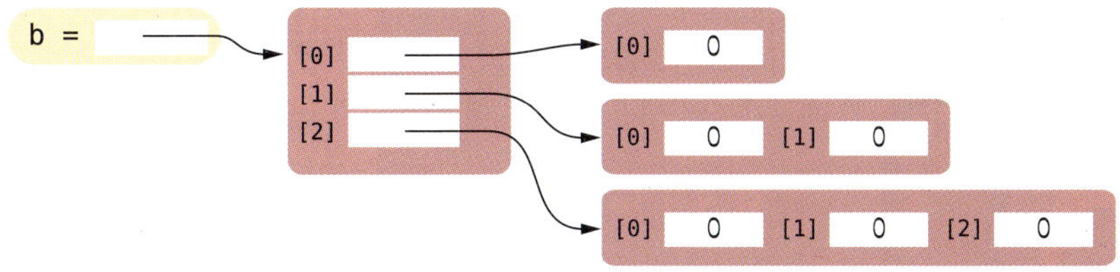

그림 15 삼각형 모양 표

WORKED EXAMPLE 6.4

그래픽스: 정다각형 그리기 _*Graphics: Drawing Regular Polygons*

정다각형은 모든 변의 길이가 동일하고 모든 내부의 각도가 같고 180도 미만인 다각형이다. 일반적인 이름(예: 정삼각형, 정사각형, 오각형, 육각형, 칠각형, 팔각형)으로 특정한 정다각형을 알 수 있다.

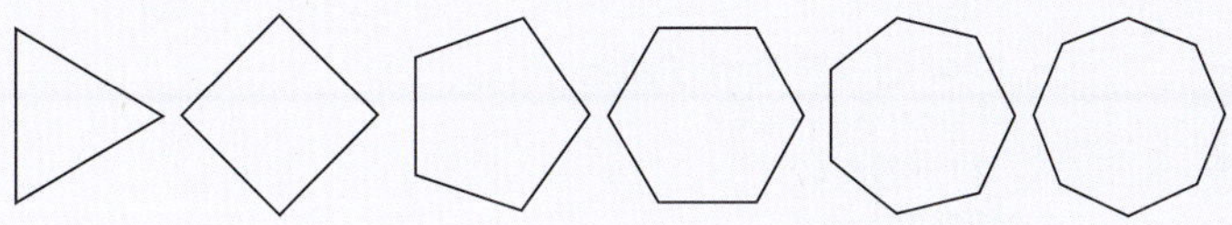

문제 정의 창 중앙에 사용자가 지정한 수를 사용하여 정다각형을 그리는 그래픽 프로그램을 작성하라.

1단계 그리기 작업을 이해한다.

이 문제는 두 가지 작업으로 나뉜다. 먼저 꼭짓점 리스트가 주어지면 임의의 다각형을 그린다. 각 꼭짓점에서 다음 꼭짓점까지 선을 그린 다음 마지막 꼭짓점에서 첫 번째 꼭짓점까지 선을 그려 다각형을 닫는다.

캔버스에서 주어진 변의 수로 정다각형을 그리려면 다각형의 꼭짓점을 계산하는 방법을 결정해야 한다. 모든 꼭짓점들이 원 위에 놓이도록 정다각형을 원 안에 내접시킬 수 있다.

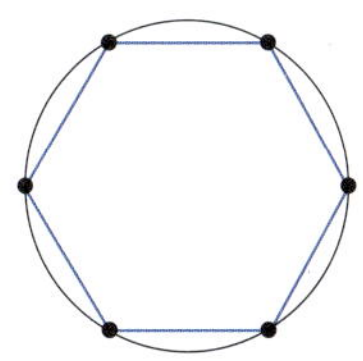

다각형의 중심이 원의 중심과 동일하게 원점에 있으면 정점의 x, y 좌표는 극좌표를 사용해 계산할 수 있다.

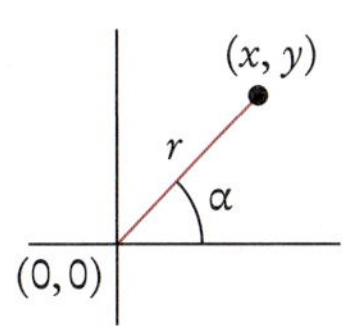

$$x = r\cos(\alpha)$$
$$y = r\sin(\alpha)$$

첫 번째 꼭짓점을 x축($\alpha = 0$)에 놓이도록 정의한 다음, 연이은 꼭짓점들을 분리하는 양(Δ)만큼 각도를 증가시켜 연달아 꼭짓점들을 계산할 수 있다. 다각형의 처음 세 꼭짓점에 대한 계산은 아래에 나와 있으며 여기서 Δ는 360도를 변의 수로 나눈 것과 같다. 이 방정식으로 계산된 좌표값은 부동-소수점 값이기 때문에 다각형을 그리는 데 사용되기 전 정수로 반올림되어야 한다.

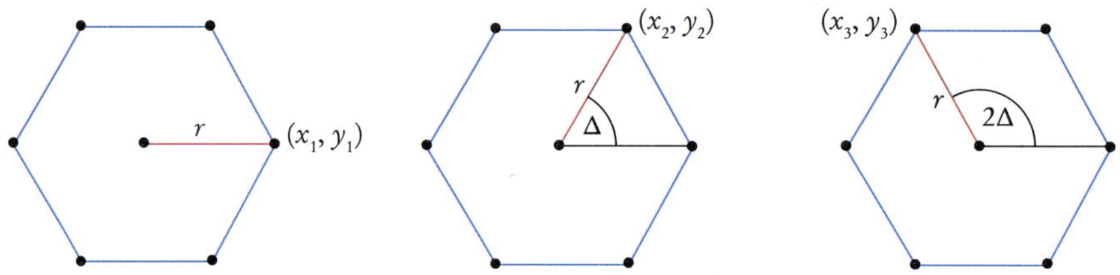

$x_1 = r\cos(0)$
$y_1 = r\sin(0)$

$x_2 = r\cos(\Delta)$
$y_2 = r\sin(\Delta)$

$x_3 = r\cos(2\Delta)$
$y_3 = r\sin(2\Delta)$

2단계 단계적으로 개선해 나간다.

이 문제를 해결하는 데에 단계적 개선 프로세스를 사용한다. 높은 수준에서 문제를 보면 몇 단계만 거치면 된다.

그래픽 창을 만들고 환경을 설정한다.
다각형의 변의 수를 얻는다.
정다각형을 만든다.
정다각형을 그린다.

변의 수를 얻고, 다각형을 만들고, 다각형을 그리는 작업을 각각 `getNumberSides`, `buildRegularPolygon` 및 `drawPolygon` 함수로 나눌 수 있다. 이 문제를 해결하기 위한 메인 함수는 다음과 같다:

```
WIN_SIZE = 400
POLY_RADIUS = 150
POLY_OFFSET = WIN_SIZE // 2 - POLY_RADIUS

def main() :
   win = GraphicsWindow(WIN_SIZE, WIN_SIZE)
   canvas = win.canvas()
   canvas.setOutline("blue")
   numSides = getNumberSides()
   polygon = buildRegularPolygon(POLY_OFFSET, POLY_OFFSET, numSides, POLY_RADIUS)
   drawPolygon(polygon, canvas)
   win.wait()
```

3단계 사용자에게 변의 수를 묻는다.

다각형은 최소 세 변이 있어야 한다. 유효한 값을 입력할 때까지 반복적으로 값을 입력받을 수 있게 한다. 이 함수의 코드는 다음과 같다.

```
## 사용자로부터 다각형의 변의 수 입력받기
#  @return 3 이상의 변의 수를 반환
#
def getNumberSides() :
   numSides = int(input("Enter number of polygon sides (>= 3): "))
   while numSides < 3 :
      print("Error!! the number of sides must be 3 or greater.")
      numSides = int(input("Enter number of polygon sides (>= 3): "))

   return numSides
```

4단계 정다각형을 만들고 그린다.

먼저 아래와 같이 임의의 다각형을 그리는 작업을 생각해 보자.

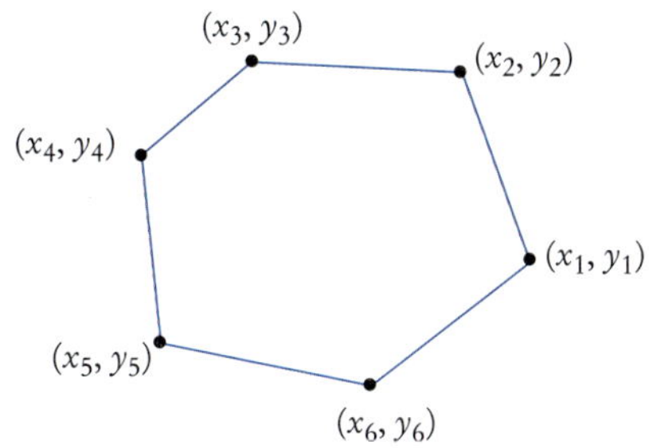

다각형은 점 리스트로 지정된다. 각 점은 x, y 좌표를 가지며 길이 2인 리스트로 나타낸다.

다각형을 그리려면 호출자가 이 양식의 꼭짓점 리스트를 작성해 `drawPolygon` 함수에 전달해야 한다.

```
vertexList = [[x1, y1], [x2, y2], [x3, y3], [x4, y4], [x5, y5], [x6, y6]]
drawPolygon(vertexList, canvas)
```

이 함수의 코드는 $n - 1$개의 선분을 그려 각 점을 그다음 점과 연결한다. 마지막 점을 첫 번째 점과 연결해 선을 그리면 끝난다.

```
def drawPolygon(vertexList, canvas) :
   last = len(vertexList) - 1
   for i in range(last) :
      start = vertexList[i]
      end = vertexList[i + 1]
      canvas.drawLine(start[0], start[1], end[0], end[1])
      start = vertexList[last]
      end = vertexList[0]
      canvas.drawLine(start[0], start[1], end[0], end[1])
```

이제 정다각형을 만드는 함수로 넘어가자. 사용자가 경계 사각형의 왼쪽 상단 모서리 위치와 원하는 반지름을 지정할 수 있게 한다.

1단계의 방정식을 사용하여 계산된 꼭짓점으로 만든 다각형의 중심은 원점에 있다고 가정한다. 왼쪽 위 모서리가 (x, y)에 있는 경계 사각형 내에 다각형을 그리려면 모든 꼭짓점들을 다음과 같이 오프셋시켜야 한다.

```
xOffset = x + radius
yOffset = y + radius
```

이제 꼭짓점들을 계산해 리스트에 저장할 수 있다.

이 작업을 하는 함수는 아래와 같다. 각 좌표가 계산될 때 `round` 함수를 사용하여 정수로 변환해야 한다. 또한 삼각 함수의 각도는 라디안으로 지정해야 하므로 `radians` 함수를 사용하여 도를 라디안으로 변환한다. 이 함수와 `sin` 및 `cos` 함수는 `math` 모듈에서 정의된다.

```
## 경계 사각형 내에 정의된 일반 볼록 다각형에 대한 정점 리스트를 계산하고 만든다.
#  @param x 경계 사각형의 왼쪽 상단 모서리의 x 좌표
#  @param y 경계 사각형의 왼쪽 상단 모서리의 y 좌표
#  @param sides 나각형의 변의 수
#  @param radius 정다각형의 반경
#  @return [[x1, y1], ... [xn, yn]]의 형태로 저장된 정점의 리스트를 반환
#
def buildRegularPolygon(x, y, sides, radius) :
   xOffset = x + radius
   yOffset = y + radius
   angle = 0.0
```

```
    angleInc = radians(360 / sides)
    vertexList = []
    for i in range(sides) :
       xVertex = xOffset + radius * cos(angle)
       yVertex = yOffset + radius * sin(angle)
       vertexList.append([round(xVertex), round(yVertex)])
       angle = angle + angleInc

    return vertexList
```

5단계 모든 함수를 하나의 파이썬 소스 파일에 합친다.

예제 코드 전체 프로그램은 eText 또는 보조 사이트의 소스 코드에 있는 worked_example_4/drawpoly.py를 참조하라.

6장 요약 _Chapter Summary

값을 모으기 위해 리스트를 사용하라.

- 리스트는 일련의 값을 저장하는 컨테이너이다.
- 리스트의 각 개별 원소는 표기법 *list*[i]를 사용하며 정수 인덱스 i로 접근한다.
- 리스트 인덱스는 리스트의 원소 수보다 작아야 한다.
- 유효하지 않은 리스트 인덱스를 제공하면 범위 초과 오류가 발생하여 프로그램이 종료될 수 있다.
- 리스트 원소의 색인 값 또는 목록 원소에 걸쳐 루프를 반복할 수 있다.
- 리스트 레퍼런스는 리스트의 위치를 지정한다. 레퍼런스를 복사하면 동일한 리스트를 참조하는 두 번째 레퍼런스가 생성된다.

리스트의 내장 연산들에 대해 알고 이를 사용하라.

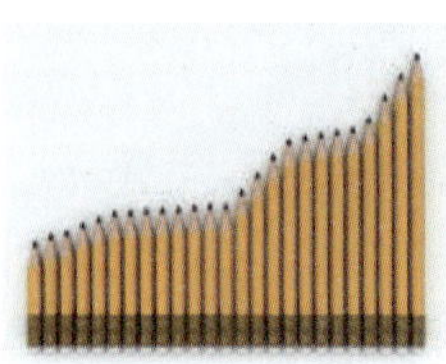

- insert 메소드를 사용하여 리스트의 임의 위치에 새 원소를 삽입한다.
- in 연산자는 요소가 리스트에 포함되어 있는지 여부를 테스트한다.
- pop 메소드를 사용하여 리스트의 임의 위치에서 요소를 제거한다.
- remove 메소드를 사용하여 (인덱스가 아닌) 값으로 리스트에서 원소를 제거한다.
- 더하기(+) 연산자를 사용하여 두 리스트를 하나로 연결할 수 있다.
- list 함수를 사용하여 한 리스트의 원소들을 새 리스트로 복사한다.
- 슬라이스 연산자(:)를 이용해 하위 리스트 또는 하위 문자열을 추출할 수 있다.

기본 리스트 알고리즘에 대해 알고 이를 이용하라.

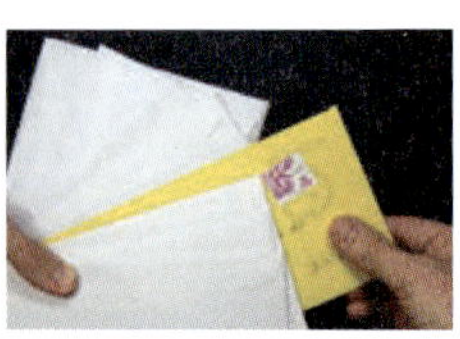

- 원소 분리 시 첫 원소 앞에는 구분자를 넣지 말라.
- 선형 검색은 일치하는 항목을 찾을 때까지 원소를 순서대로 검사한다.
- 두 원소를 교환할 때는 임시 변수를 사용하라.

리스트를 처리하는 함수를 구현하라.

- 리스트를 함수 인자와 반환값으로 사용할 수 있다.
- 리스트 인자로 함수를 호출하면 함수는 리스트의 복사본이 아닌 리스트 레퍼런스를 받는다.
- 튜플은 원소를 쉼표로 구분하고 이를 괄호로 묶은 시퀀스로서 생성된다.

프로그래밍 문제를 해결하기 위해 알고리즘을 결합하고 적절하게 조정하라.

- 기초적인 연산과 알고리즘을 결합하여 복잡한 프로그래밍 작업을 해결할 수 있다.
- 기본 알고리즘을 조정하려면 알고리즘의 구현을 잘 알아야만 한다.

실제 물체를 조작하여 알고리즘을 발견하라.

- 일련의 동전, 놀이 카드, 장난감을 사용하여 값들의 리스트를 시각화하라.
- 종이 클립을 위치 마커 또는 카운터로 사용하라.

행과 열로 배열된 데이터에는 표를 사용하라.

- 표의 개별 원소는 두 개의 인덱스 값을 사용하여 *table*`[i][j]`와 같이 접근하라.

연습문제

■■ **R6.1** 리스트 `values = []`가 주어질 때, 아래의 각 숫자 집합으로 리스트를 채우는 코드를 작성하라.

a. 1 2 3 4 5 6 7 8 9 10
b. 0 2 4 6 8 10 12 14 16 18 20
c. 1 4 9 16 25 36 49 64 81 100
d. 0 0 0 0 0 0 0 0 0 0
e. 1 4 9 16 9 7 4 9 11
f. 0 1 0 1 0 1 0 1 0 1
g. 0 1 2 3 4 0 1 2 3 4

■■ **R6.2** 다음 리스트에 대해

```
a = [1, 2, 3, 4, 5, 4, 3, 2, 1, 0]
```

다음 각 루프가 완료된 후 `total`의 값은 얼마인가?

a.
```
total = 0
for i in range(10) :
   total = total + a[i]
```

b.
```
total = 0
for i in range(0, 10, 2) :
   total = total + a[i]
```
c.
```
total = 0
for i in range(1, 10, 2) :
   total = total + a[i]
```
d.
```
total = 0
for i in range(2, 11) :
   total = total + a[i]
```
e.
```
total = 0
i = 1
while i < 10 :
   total = total + a[i]
   i = 2 * i
```
f.
```
total = 0
for i in range(9, -1, -1) :
   total = total + a[i]
```
g.
```
total = 0
for i in range(9, -1, -2) :
   total = total + a[i]
```
h.
```
total = 0
for i in range(0, 10) :
   total = a[i] - total
```

■ **R6.3** list 함수를 사용하지 않고 리스트의 사본을 만드는 세 가지 방법을 설명하라.

■■ **R6.4** 다음 리스트에 대해

```
a = [1, 2, 3, 4, 5, 4, 3, 2, 1, 0]
```

다음 각 루프가 완료된 후 리스트의 내용은 무엇인가? 각 문제들은 개별적이어서, 문제마다 리스트 a에는 위와 같은 원래 값이 있다고 가정하라.

a.
```
for i in range(1, 10) :
   a[i] = a[i - 1]
```
b.
```
for i in range(9, 0, -1) :
   a[i] = a[i - 1]
```
c.
```
for i in range(9) :
   a[i] = a[i + 1]
```
d.
```
for i in range(8, -8, -1) :
   a[i] = a[i + 1]
```
e.
```
for i in range(1, 10) :
   a[i] = a[i] + a[i - 1]
```
f.
```
for i in range(1, 10, 2) :
   a[i] = 0
```
g.
```
for i in range(5) :
   a[i + 5] = a[i]
```
h.
```
for i in range(1, 5) :
   a[i] = a[9 - i]
```

■■■ **R6.5** 1에서 100 사이의 열 개의 난수로 리스트 values를 채우는 루프를 작성하라.

1에서 100 사이의 열 개의 서로 다른 난수로 values를 채우는 두 개의 중첩 루프에 대한 코드를 작성하라.

■■ **R6.6** 리스트의 최댓값과 최솟값을 동시에 계산하는 루프에 대한 파이썬 코드를 작성하라.

■ **R6.7** 다음 코드 부분 중 틀린 부분은?

a.
```
values = [1, 2, 3, 4, 5, 6, 7, 8, 9, 10]
for i in range(1, 11) :
   values[i] = i * i
```

b.
```
values = []
for i in range(len(values)) :
   values[i] = i * i
```

■■ **R6.8** 다음 작업에 `range` 함수를 사용하지 않고 리스트의 원소에 걸쳐 반복하는 `for` 루프를 작성하라.

a. 공백으로 구분된 리스트의 모든 원소를 한 행에 출력

b. 리스트에 있는 모든 원소의 곱을 계산

c. 리스트에서 음수인 원소 수 계산

■ **R6.9** 리스트의 인덱스는 무엇인가? 유효한 인덱스 값은 무엇인가? 범위-초과 (또는 범위) 오류는 무엇인가?

■ **R6.10** 범위 초과 오류가 포함된 프로그램을 작성하고 프로그램을 실행하라. 컴퓨터에서 어떤 일이 발생하는가?

■ **R6.11** 열 개의 숫자를 읽는 루프와 입력한 순서와 반대 순서로 출력하는 루프를 각각 작성하라.

■ **R6.12** 리스트에 대한 아래와 같은 작업을 하기 위한 함수의 헤더를 제시하고 그 함수에 대해 설명하라. 함수를 구현하지는 마라.

a. 원소를 내림차순으로 정렬하라.

b. 주어진 문자열로 구분하여 모든 원소를 인쇄하라.

c. 주어진 값보다 작은 원소 수를 세어라.

d. 주어진 값보다 작은 모든 원소를 제거하라.

e. 지정된 값보다 작은 모든 원소를 다른 리스트에 배치하라.

■ **R6.13** 6.3.3절의 두 번째 루프의 흐름을 주어진 예제로 추적하라. 하나의 값은 `i`이고 다른 하나는 출력인 두 개의 열을 표시하라.

■ **R6.14** 6.3.5절에서 `values`에 원소 80 90 100 120 110이 포함될 때, 루프의 흐름을 추적하라. `pos` 및 `found`에 대한 두 개의 열을 표시하라. `values`에 요소 80 90 120 70이 포함된 경우 추적을 반복하라.

■ **R6.15** 조건과 일치하는 모든 원소를 모으기 위한 다음 루프를 생각해 보자. 이 경우는 100보다 큰 원소들을 모은다.

```
matches = []
for element in values :
   if element > 100 :
      matches.append(element)
```

values에 원소 110 90 100 120 80이 있을 때, 루프의 흐름을 추적하라. element 및 matches 값을 두 개의 열로 표시하라.

■■ **R6.16** 6.3.7절에서 설명한 원소를 제거하기 위한 알고리즘을 추적하라. 리스트 값으로 원소 110 90 100 120 80를 사용하고 인덱스 2에서 원소를 제거하라.

■■ **R6.17** 다음과 같이 첫 원소를 리스트의 끝으로 이동하여 리스트의 원소를 한 위치씩 회전시키는 알고리즘의 의사코드를 작성하라.

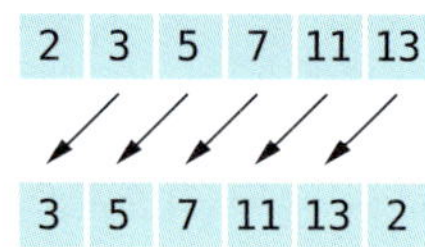

■■ **R6.18** 리스트에서 모든 음수 값을 제거하고 나머지 원소의 순서를 유지하는 알고리즘의 의사코드를 작성하라.

■■ **R6.19** values는 정수 값이 정렬된 리스트로 가정한다. 결과 리스트가 정렬된 상태로 유지되도록 새 값을 올바른 위치에 삽입하는 방법을 설명하는 의사코드를 작성하라.

■■■ **R6.20** '런'은 같은 값이 반복되는 하나의 시퀀스다. 리스트에서 가장 긴 런을 계산하기 위한 의사코드를 작성하라. 예를 들어, 다음 원소가 있는 리스트에서 가장 긴 런의 길이는 4이다.

1 2 5 5 3 1 2 4 3 2 2 2 2 3 6 5 5 6 3 1

■■■ **R6.21** 임의의 숫자로 리스트를 채우는 것을 목표로 하는 다음 함수의 문제점은 무엇인가?

```
def fillWithRandomNumbers(values) :
   numbers = []
   for i in range(len(values)) :
      numbers[i] = random.random()
   values = numbers
```

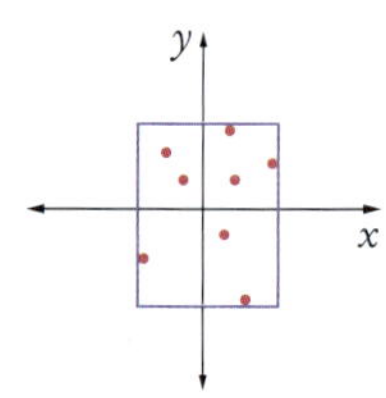

■■ **R6.22** 평면에 있는 점들의 x, y 좌표를 나타내는 두 개의 리스트가 있다. 점을 찍기 위해 점을 포함하는 가장 작은 사각형의 x, y 좌표를 알아야 한다. 6.3절의 기본 알고리즘에서 이 값을 어떻게 얻을 수 있을까?

■ **R6.23** 리스트를 먼저 정렬한 다음 How To 6.1에 설명된 문제를 해결하라. 총계를 계산하기 위해 알고리즘을 어떻게 수정해야 할까?

■■ **R6.24** 6.6절에 설명된 작업을 원소를 교환하는 대신 원소를 제거하고 삽입하는 알고리즘을 사용하여 해결하라. 제거 및 삽입 함수가 있다고 가정하고 알고리즘의 의사코드를 작성하라. 동전을 이용해 알고리즘을 실행해 보고 6.6절에서 개발된 교환 알고리즘보다 왜 비효율적인지 설명하라.

■■ **R6.25** 숫자 리스트에서 가장 자주 보이는 값을 찾기 위한 알고리즘을 개발한다. 시퀀스 내에 들어 있는 같은 금액의 동전의 수를 세는 종이 클립을 각 동전 아래에 놓는다. 정답을 찾는 알고리

즘의 의사코드를 만들고 동전과 종이 클립을 사용한 것이 알고리즘을 찾는 데 어떻게 도움이 되었는지 설명하라.

■■ **R6.26** 파이썬에서 다음 작업을 리스트를 이용해 어떻게 해낼까?

a. 두 리스트에 같은 원소가 같은 순서로 포함되어 있는지 테스트하라.
b. 한 리스트를 다른 리스트로 복사하라.
c. 리스트의 모든 원소를 덮어 써 0으로 채워라.
d. 리스트의 모든 원소를 제거하라.

■ **R6.27** 참 또는 거짓?

a. 리스트 인덱스 값은 정수이다.
b. 리스트의 크기는 커지거나 작아질 수 있다.
c. 함수가 리스트를 반환할 수 없다.
d. 리스트의 모든 원소는 같은 유형이다.
e. 리스트는 문자열을 원소로 포함할 수 없다.
f. 함수는 리스트 인자의 길이를 변경할 수 없다.

■■ **R6.28** m개의 행과 n개의 열로 구성된 표로 다음 작업을 수행하기 위한 파이썬 문을 작성하라.

- 0으로 표를 초기화하라.
- 모든 항목을 1로 채워라.
- 바둑판 패턴으로 원소를 0과 1로 번갈아 채워라.
- 맨 위와 맨 아래 행의 원소만 0으로 채워라.
- 맨 왼쪽과 맨 오른쪽 열의 원소만 1로 채워라.
- 모든 원소의 합을 계산하라.
- 표를 출력하라.

■ **Toolbox R6.29** 왜 스테레오 CD 사운드는 분당 약 10 MB를 차지하나?

■ **Toolbox R6.30** 사운드 파일을 읽고 모든 데이터 값을 2로 나눈 후 결과를 저장하면 어떻게 되나?

■ **Toolbox R6.31** 사운드 파일을 읽고, 데이터 값을 동일하게 유지하고, 샘플링 속도를 2로 나누고, 결과를 저장하면 어떻게 되나?

■ **Toolbox R6.32** 44,100번 반복된 동일한 값(예: 30,000)을 포함하는 사운드 파일을 작성하면 어떻게 되나? 확신하기 어려우면 실행해 보라.

■ **Toolbox R6.33** 사운드 파일의 모든 데이터에 –1을 곱하고 결과를 저장하면 어떻게 되나? 확신하기 어려우면 실행해 보라.

프로그래밍 연습문제

■■ P6.1 리스트를 열 개의 랜덤 정수로 초기화하고 다음 내용대로 네 줄을 출력하는 프로그램을 작성하라.

- 짝수 인덱스의 모든 원소
- 모든 짝수 원소
- 역순으로 된 모든 원소
- 처음과 마지막 원소만

■ P6.2 숫자를 읽고 그것이 리스트에 없으면 추가하는 프로그램을 작성하라. 이 프로그램은 리스트의 원소가 열 개가 되면 리스트의 내용을 출력하고 종료한다.

■■ P6.3 2에서 10,000까지의 모든 숫자를 리스트에 추가하는 프로그램을 작성하라. 그런 다음 2의 배수(2는 제외), 3의 배수(3은 제외) 등을 100의 배수까지 제거한 후 남아 있는 수를 출력하라.

■■ P6.4 정수 리스트에 대해 다음 작업을 하는 리스트 함수를 작성하라. 각 함수에 대해 테스트 프로그램도 제공하라.

a. 리스트 처음 원소와 끝 원소의 교환 함수
b. 모든 원소를 하나씩 오른쪽으로 이동하고 마지막 원소를 맨 처음 위치로 움직이는 함수(예: 1 4 9 16 25는 25 1 4 9 16이 됨)
c. 모든 짝수 원소를 0으로 치환
d. 처음과 마지막을 제외한 모든 원소를 그 두 이웃 중 큰 것으로 치환
e. 리스트 길이가 홀수이면 가운데 원소를, 짝수이면 가운데 두 원소를 제거
f. 모든 짝수 원소를 앞으로 이동하고 그렇지 않으면 원소의 순서를 유지
g. 리스트에서 두 번째로 큰 원소를 찾아 반환
h. 리스트가 오름차순으로 정렬되어 있으면 true 반환
i. 리스트의 두 인접한 원소가 동일한 원소면 true 반환
j. 리스트에 중복 원소(인접 할 필요는 없음)가 포함되어 있으면 true 반환

■ P6.5 6.3절의 `largest.py` 프로그램을 가장 작은 값과 가장 큰 값을 나타내도록 수정하라.

■■ P6.6 하나의 루프를 이용해 리스트의 합을 최솟값만 빼고 구하는 함수 `sumWithoutSmallest`를 작성하라. 루프 안에서 합과 최솟값을 갱신하고 루프 반복이 끝나면 합에서 최솟값을 뺀 차를 반환하면 된다.

■ P6.7 `min` 함수 또는 `remove` 메소드를 사용하지 말고 리스트에서 최솟값을 제거하는 `removeMin` 함수를 작성하라.

■■ P6.8 리스트의 모든 원소에 대해 교대합을 구하라. 예를 들어 프로그램이 다음 입력을 읽어들이면

1 4 9 16 9 7 4 9 11

다음과 같이 계산해야 한다.

$$1 - 4 + 9 - 16 + 9 - 7 + 4 - 9 + 11 = -2$$

■ **P6.9** 리스트 원소의 순서를 거꾸로 하는 함수를 작성하라. 예를 들어 다음 리스트를 함수에 전달하면

1 4 9 16 9 7 4 9 11

리스트가 다음과 같이 바뀌어야 한다.

11 9 4 7 9 16 9 4 1

■ **P6.10** 6.6절에서 만들어진 알고리즘을 구현하는 함수를 작성하라.

■■ **P6.11** 두 리스트가 같은 원소를 같은 순서로 가지고 있는지 확인하는 함수 `def equals(a, b)`를 작성하라.

■■ **P6.12** 두 리스트가 같은 원소를 가지고 있는지(중복은 무시) 확인하는 함수 `def sameSet(a, b)`를 작성하라. 예를 들어 다음 두 리스트

1 4 9 16 9 7 4 9 11

와

11 11 7 9 16 4 1

는 동일하다. 하나 또는 그 이상의 헬퍼 함수를 필요로 할 수도 있다.

■■■ **P6.13** 두 리스트가 같은 원소를 가지고 있는지, 또한 여러 번 존재하는 횟수까지 같은지 확인하는 함수 `def sameElements(a, b)`를 작성하라. 예를 들어

1 4 9 16 9 7 4 9 11

와

11 1 4 9 16 9 7 4 9

는 동일하지만,

1 4 9 16 9 7 4 9 11

와

11 11 7 9 16 4 1 4 9

는 동일하지 않다. 하나 또는 그 이상의 헬퍼 함수를 필요로 할 수도 있다.

■■ **P6.14** Worked Example 6.2의 프로그램을 수정해 주사위 눈금을 사용자로부터 입력받는 대신 난수를 이용하도록 수정하라.

■■ **P6.15** 런(run)은 인접하여 있는 반복되는 값들의 시퀀스다. 랜덤하게 던진 20개의 주사위의 눈금을 리스트에 저장한 후, 다음처럼 눈금을 출력하는데, 런을 괄호 속에 포함하는 프로그램을 작성하라:

```
1 2 (5 5) 3 1 2 4 3 (2 2 2 2) 3 6 (5 5) 6 3 1
```

다음 의사코드를 사용하라.

```
inRun = 거짓
For 리스트의 각 유효한 색인 i에 대해
    If inRun
        If values[i] 값이 이전 값과 다르면
            )를 출력
            inRun = 거짓
    If inRun이 거짓이면
        values[i] 값이 그다음 값과 같으면
            (를 출력
            inRun = 참
    values[i] 값을 출력
inRun이 참이면 )를 출력
```

■■ **P6.16** 20개의 임의의 주사위 눈금을 만들어 리스트에 저장하고, 눈금을 출력하는데, 가장 긴 런만을 다음과 같이 괄호 속에 출력하는 프로그램을 작성하라:

```
1 2 5 5 3 1 2 4 3 (2 2 2 2) 3 6 5 5 6 3 1
```

최대 길이의 런이 두 개 이상인 경우 첫 번째 런만을 표시하라.

■■ **P6.17** 0에서 99 사이의 20개의 임의의 값으로 이루어진 시퀀스를 생성해 리스트에 저장하고, 이 시퀀스를 인쇄한 후 정렬하여 정렬된 시퀀스를 인쇄하는 프로그램을 작성하라. 리스트의 sort 메소드를 이용하라.

■■■ **P6.18** 1에서 10까지의 열 개의 수로 이루어진 랜덤한 **순열**(permutation)을 생성하는 프로그램을 작성하라. 랜덤한 순열을 생성하려면 어느 리스트의 원소도 서로 동일하지 않게끔 1부터 10까지의 숫자로 리스트를 채워야 한다. 이렇게 하기 위해 아직 리스트에 들어 있지 않는 값을 얻을 때까지 랜덤한 값들을 생성해 내는 고지식한 방법이 있기는 하나, 이 방법은 비효율적이므로 대신 아래 알고리즘을 이용하라.

```
두 번째 리스트를 만들고 1부터 10까지의 숫자로 채워라.
10회 반복
    두 번째 리스트에서 임의의 위치를 선택
    두 번째 리스트에서 해당 위치의 원소를 제거
    제거된 원소를 순열 리스트에 추가
```

■■ **P6.19** 화장실에서 사람들은 일반적으로 연속적으로 비어 있는 화장실의 가장 긴 한가운데를 차지해 이미 사용 중인 화장실에서 가장 멀리 떨어지도록 거리를 최대화한다는 것은 잘 연구된 사실이다.

예를 들어, 10개의 화장실이 비어 있는 상황을 고려하자.

```
_ _ _ _ _ _ _ _ _ _
```

첫 번째 방문자는 중간 위치를 차지한다.

```
_ _ _ _ _ X _ _ _ _
```

다음 방문자는 왼쪽의 빈 영역 중 가운데를 차지한다.

```
_ _ X _ _ X _ _ _ _
```

화장실 수를 읽고 화장실이 채워질 때 한 번에 하나씩 위에 주어진 형식으로 다이어그램을 출력하는 프로그램을 작성하라. *힌트*: 부울 값 리스트를 사용해 화장실이 점유되어 있는지 여부를 나타낸다.

■■■ P6.20 이 과제에서는 불가리아 솔리테어 게임을 모사한다. 이 게임은 45장의 카드로 시작한다. (카드를 사용할 필요는 없다. 표시되지 않은 색인 카드도 마찬가지로 작동한다.) 랜덤한 수의 몇 개의 더미로 나눈다. 예를 들어, 크기가 20, 5, 1, 9 및 10인 더미로 시작할 수 있다. 각 라운드에서 각 더미에서 한 장의 카드를 가져와서 이 카드로 새 더미를 만든다. 예를 들어, 앞 예와 같이 시작한 구성은 크기가 19, 4, 8, 9 및 5인 더미로 변환된다. 더미의 크기가 1, 2, 3, 4, 5, 6, 7, 8, 9일 때 솔리테어가 끝난다(항상 그러한 구성으로 끝난다는 것을 보일 수 있다). 게임을 시작하는 랜덤한 구성을 생성하고 출력한 다음, 솔리테어 단계를 계속 적용하여 결과를 출력하고, 솔리테어 최종 구성에 도달하면 중지하는 프로그램을 작성하라.

■■■ P6.21 *매직 스퀘어*. 숫자 1, 2, 3, ..., n^2으로 채워진 $n \times n$ 행렬의 각 행, 각 열 및 두 대각선에 있는 원소의 합이 동일할 경우 이 행렬을 매직 스퀘어라고 한다. 키보드에서 16개의 정수 값을 읽고 4 × 4 표에 넣을 때 매직 스퀘어를 형성하는지 확인하는 프로그램을 작성하라. 다음 두 가지 기능을 테스트해야 한다.

1. 숫자 1, 2,⋯, 16이 사용자 입력에서 발생하는지?

2. 숫자를 정사각형에 넣으면 행, 열, 대각선의 합이 서로 같은지?

16	3	2	13
5	10	11	8
9	6	7	12
4	15	14	1

■■■ P6.22 다음 알고리즘을 구현하여 $n \times n$ 매직 스퀘어를 구성하라. n이 홀수인 경우에만 동작한다. 이 알고리즘을 따르면 얻을 수 있는 5 × 5 사각형은 다음과 같다.

```
row = n - 1, column = n // 2로 설정
or k = 1부터 n*n까지에 대해
    [row][column] 위치에 k 값을 넣는다.
    row와 column을 증가시킨다.
    if row 또는 column이 n이면 0으로 바꾼다.
    if [row] [column]의 원소가 이미 채워져 있으면
        row와 column을 이전 값으로 설정.
        row를 하나 감소시킨다.
```

11	18	25	2	9
10	12	19	21	3
4	6	13	20	22
23	5	7	14	16
17	24	1	8	15

입력이 숫자 n이고 홀수이면 $n \times n$ 매직 스퀘어를 출력하는 프로그램을 작성하라.

■■ P6.23 그림 14와 같이 여덟 개의 방향으로 이웃한 표 원소의 평균을 계산하는 함수 `def neighborAverage(values, row, column)`를 작성하라. 표의 경계에 있는 원소들에 대해서는 표에 들어 있

는 이웃한 원소들만 포함한다. 예를 들어, `row`와 `column`이 모두 0이면 이웃한 원소는 세 개뿐이다.

■■ P6.24 일련의 입력 값을 읽고 다음과 같이 별표를 사용하여 값의 막대그래프를 표시하는 프로그램을 작성하라.

```
**********************
****************************************
****************************
**************************
**************
```

모든 값이 양수라고 가정한다. 먼저 최댓값을 찾아서 이 최댓값의 막대는 40개의 별표로 그리고, 더 짧은 막대는 비례하여 더 적은 별표를 사용해야 한다.

■■■ P6.25 P6.24 프로그램을 개선해 데이터 집합에 음수 값이 포함된 경우에도 바르게 작동하도록 하라.

■■ P6.26 각 막대에 캡션을 추가하여 P6.24 프로그램을 개선하라. 사용자에게 캡션 및 데이터 값을 묻고, 출력은 다음과 같아야 한다.

```
      Egypt **********************
     France ****************************************
      Japan ****************************
    Uruguay **************************
Switzerland **************
```

■■ P6.27 극장 좌석표는 다음과 같이 각 자리의 티켓 가격 표로써 구현된다.

```
10 10 10 10 10 10 10 10 10 10
10 10 10 10 10 10 10 10 10 10
10 10 10 10 10 10 10 10 10 10
10 10 20 20 20 20 20 20 10 10
10 10 20 20 20 20 20 20 10 10
10 10 20 20 20 20 20 20 10 10
20 20 30 30 40 40 30 30 20 20
20 30 30 40 50 50 40 30 30 20
30 40 50 50 50 50 50 50 40 30
```

© lepas2004/iStockphoto.

사용자에게 좌석 또는 가격을 선택하도록 하는 프로그램을 작성하라. 판매된 좌석은 가격을 0으로 변경하여 표시하라. 사용자가 좌석을 지정하면 그 좌석이 비어 있는지 확인하라. 사용자가 가격을 지정하면 그 가격에 해당하는 임의의 좌석을 찾아라.

■■■ P6.28 틱택토(tic-tac-toe) 게임을 할 수 있는 프로그램을 작성하라. 틱택토 게임은 오른쪽 사진과 같이 3 × 3 그리드에서 한다. 이 게임은 두 명의 플레이어가 번갈아 가며 진행하는데, 첫 번째 플레이어는 O로 자신의 수를 표시하고 두 번째 플레이어는 X로 자신의 수를 표시한다. 가로, 세로 또는 대각선으로 세 개의 마크를 만든 플레이어가 승리한다. 프로그램은 게임판을 그리고, 사용자에게 다음에 표시할 마크의 좌표를 요구하고, 현재 플레

© Kathy Muller/iStockphoto.

이어의 수가 성공적이면 플레이어를 변경하고, 승자가 누구인지 알려야 한다.

■ P6.29 리스트에 다른 리스트를 덧붙이는 함수 `def appendList(a, b)`를 작성하라. 예를 들어, `a`는 다음과 같고

1 4 9 16

`b`는 다음과 같다면

9 7 4 9 11

`appendList`는 다음 값을 포함하는 새 리스트를 반환해야 한다.

1 4 9 16 9 7 4 9 11

■■ P6.30 두 리스트를 합치되 두 리스트의 원소를 번갈아 가면서 집어넣는 `def merge(a, b)` 함수를 작성하라. 한 리스트가 다른 리스트보다 짧은 경우 할 수 있는 데까지 리스트를 만든 다음 더 긴 리스트에서 나머지 요소를 추가하라. 예를 들어, `a`는 다음과 같고

1 4 9 16

`b`는 다음과 같다면

9 7 4 9 11

이 둘을 병합하면 다음 값이 포함된 새 리스트가 반환된다.

1 9 4 7 9 4 16 9 11

■■ P6.31 두 개의 정렬된 리스트를 병합하여 새로운 정렬된 리스트를 만드는 함수 `def mergeSorted(a, b)`를 작성하라. 이미 처리된 양을 나타내는 인덱스를 각 리스트에 기록하라. 매번 리스트에서 처리되지 않은 가장 작은 원소를 추가한 다음 인덱스를 증가시켜라. 예를 들어, `a`가 다음과 같고

1 4 9 16

`b`는 다음과 같다면

4 7 9 9 11

`mergeSorted`는 다음 값을 포함하는 새 리스트를 반환한다.

1 4 4 7 9 9 9 11 16

■■ Business P6.32 애완동물 상점은 고객이 하나 이상의 애완동물과 다섯 개 이상의 다른 품목을 구매할 경우

고객에게 할인을 제공하려고 한다. 할인은 애완동물을 제외한 품목 비용의 20%이다. 다음 함수를 구현하라.

```
def discount(prices, isPet, nItems)
```

이 함수는 한 특정한 판매에 대한 정보를 받는다. i번째 품목의 경우 prices[i]은 할인 전 가격이며, 품목이 애완동물인 경우 isPet[i]는 true이다.

계산원이 각 가격을 입력한 다음 애완동물은 Y, 다른 품목은 N을 입력하도록 하는 프로그램을 작성하라. 가격 –1을 보초값으로 사용하라. 입력을 리스트에 저장하고, 구현한 함수를 호출하여 할인 가격을 표시하라.

© joshblake/iStockphoto.

■■ **Business P6.33** 슈퍼마켓은 매일 최고의 고객에게 포상을 하고, 슈퍼마켓의 화면에 고객의 이름을 표시하려고 한다. 이를 위해 고객의 구매 금액을 한 리스트에 저장하고, 고객의 이름을 금액에 상응하는 또 하나의 리스트에 저장한다. 판매량이 가장 많은 고객의 이름을 반환하는 다음 함수를 구현하라.

```
def nameOfBestCustomer(sales, customers)
```

계산원이 모든 가격과 이름을 집어 넣도록 하고, 이것들을 두 개의 리스트에 추가하고, 구현한 함수를 호출하여 그 결과를 출력하는 프로그램을 작성하라. 가격 0을 보초값으로 사용하라.

■■■ **Business P6.34** Business P6.33을 개선해 매출이 가장 많은 최상위 고객 topN명을 표시하는 프로그램을 작성하라.

```
def nameOfBestCustomers(sales, customers, topN)
```

고객 수가 topN명보다 적으면 고객을 모두 포함시켜라.

■■■ **Science P6.35** 사각형의 서로 다른 지점에서 지형의 높이를 제공하는 표가 제공된다. 수위(waterLevel)가 주어진 값인 경우 지형의 어느 지점이 침수될지 보여주는 홍수지도를 출력하는 다음 함수를 작성하라.

```
def floodMap(heights, waterLevel)
```

홍수지도에서 침수된 부분은 *표로, 그렇지 않은 부분은 빈칸으로 출력하라.

샘플 지도는 다음과 같다.

```
* * * *         * *
* * * * *     * * *
* * * *         * *
* * *         * * *
* * * *   *   * * *
* * * * * * * * * *
* *     * * *
*       * * * *   *
                * *
              * * *
```

© nicolamargaret/iStockphoto.

그런 다음 100개의 지형 높이 값을 읽고 수위가 지형의 가장 낮은 지점에서 가장 높은 지점으로 10단계씩 증가할 때마다 어떻게 지형이 침수되는지 보여주는 프로그램을 작성하라.

■■ Science P6.36 실험에서 얻은 샘플값들을 평활시켜야(smoothing) 하는 경우가 가끔 있다. 한 가지 간단한 방법은 목록의 각 값을 그 값과 두 개의 인접값(또는 리스트의 한쪽 끝에 있는 경우 하나의 인접값)의 평균값으로 바꾸는 것이다. 이 연산을 수행하는 다음 함수를 구현하라.

```
def smooth(values, int size)
```

함수 구현 시 다른 리스트를 새로 만들어서는 안 된다.

■ Science P6.37 움직이는 사인파를 보여주기 위해 `ch06/exercises/animation.py` 프로그램을 수정하라. i번째 프레임에서 사인파를 $5 \times i$도 이동시킨다.

■■■ Science P6.38 진동 스프링에 부착된 질량 m인 물체의 움직임을 모델링하는 프로그램을 작성하라. 스프링이 x의 양만큼 평형점에서 위치가 변하면 Hooke의 법칙에 따라 복원력은 다음과 같다.

$$F = -kx$$

여기서 k는 스프링에 따라 달라지는 상수이다. (이 시뮬레이션에는 10 N/m을 사용하라.)

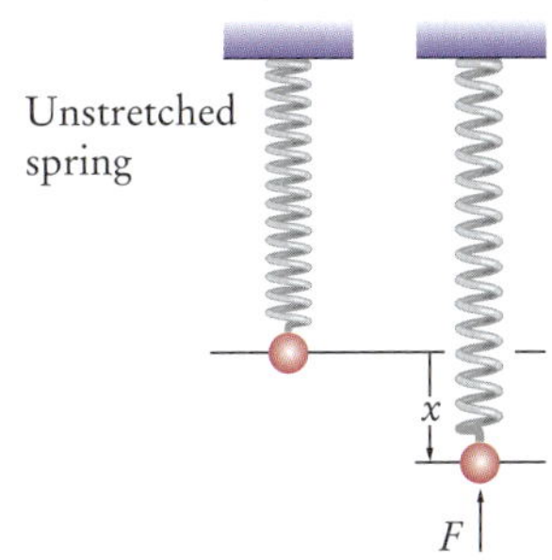

주어진 변위 x(예, 0.5미터)로 시작하라. 초기 속도 v를 0으로 설정한다. 질량 1 kg을 사용하여 뉴턴의 법칙($F = ma$)과 Hooke의 법칙에서 가속도 a를 계산한다. 작은 시간 간격 Δt = 0.01초를 사용하라. 속도를 $a\Delta t$만큼 바뀌도록 업데이트하고, 변위는 $v\Delta t$만큼 바뀌도록 업데이트하라.

루프를 10회 반복할 때마다(즉, 0.1초마다) 스프링의 변위를 막대그래프로 그린다. 여기서 1픽셀은 1 cm를 나타낸다. 2.6절의 기술을 사용해 이미지를 만든다.

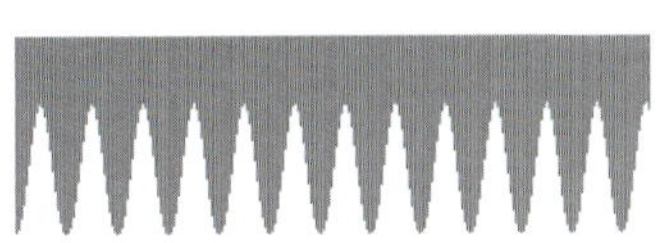

▪ **Toolbox P6.39** 30,000에서 –30,000 사이의 값이 있는 사운드 파일을 작성하라. 각 값은 전환 전에 10번 반복된다. 44,100개의 값을 제공하고 샘플링을 44,100으로 설정하라. 어떤 소리가 들리나? 15,000과 –15,000으로 반복하라. 차이점이 무엇인가? 샘플링 속도를 두 배로 늘리면 어떻게 되나? 샘플링 속도를 반으로 줄이면?

▪▪ **Toolbox P6.40** 사운드 파일을 읽고 사운드가 "점점 더 크게 나도록(fade in)" 하는 프로그램을 작성하라. 첫 일 초의 값에 0에서 1로 증가하는 계수를 곱하라.

▪▪ **Toolbox P6.41** Toolbox P6.40을 반복하되 마지막에 소리가 사라지도록(fade out) 하라.

▪ **Toolbox P6.42** 두 개의 사운드 파일을 읽고 믹스하는 프로그램을 작성하라. 사운드 값을 평균화하라. 입력 길이가 다른 경우에도 프로그램이 작동해야 한다. 입력의 샘플링 속도는 동일하다고 가정한다.

▪▪ **Toolbox P6.43** 서로 다른 샘플링 속도를 가진 입력의 경우에도 Toolbox P6.42가 동작하도록 하라. 출력의 샘플링 속도는 둘 중 더 높은 값을 사용하라.

▪▪ **Toolbox P6.44** 사운드 파일을 읽고 반향(echo)을 발생시키는 프로그램을 작성하라. 각 데이터 값에 0.2초 전 값의 80%를 추가하라. 완료되면 값이 32,787보다 크지 않도록 결과값을 조정하라.

▪ **Toolbox P6.45** 사운드 파일을 읽고 모든 값을 거꾸로 해 결과를 저장하는 프로그램을 작성하라. 음성 또는 노래 녹음 파일을 이용해 시험해 보라.

▪▪▪ **Toolbox P6.46** Toolbox 6.1에 설명된 Audacity 프로그램을 사용해 1(one)부터 50(fifty)까지 발음하는 자신의 녹음을 만든다. 그다음 사용자에게 9분 53초와 같은 시간을 제공하도록 요청하고 해당 시간을 알리는 파일을 생성하는 프로그램을 작성하라. 이 예에서는 9, 50 및 3의 사운드를 합친다.

▪▪ **Toolbox P6.47** 스테레오 사운드 파일을 읽고 좌우 채널을 평균하여 모노로 바꾸는 프로그램을 작성하라. 데이터를 읽고 리스트로 변환하면 왼쪽 및 오른쪽 채널의 데이터 값이 포함된 리스트의 리스트가 나타난다. *힌트*: 형식을 이해하려면 Toolbox 6.1에 설명된 대로 대화식 모드(Programming Tip 1.1 참조)를 사용해 스테레오 파일을 로드하라. 데이터 리스트를 표시하고 해당 원소가 길이 2의 리스트인지 확인하라.

▪▪ **Toolbox P6.48** 스테레오 사운드 파일을 읽고 왼쪽 및 오른쪽 채널을 뒤집는 프로그램을 작성하라. 시끄러운 물체가 왼쪽에서 오른쪽으로 움직이는 녹음 파일로 테스트하라.

▪▪ **Toolbox P6.49** 스테레오 사운드 파일을 읽고 각 샘플에 대해 `(left - right) / 2`를 포함하는 모노 파일을 생성하는 프로그램을 작성하라. 노래의 사운드 파일로 테스트하라. 파일이 두 채널 모두에서 가수의 목소리를 똑같이 녹음하면 결과에 악기 음악이 포함되어 가수의 보컬이 제거된다!

James King-Holmes/Bletchley Park Trust/Photo Researchers, Inc.

CHAPTER 07

파일과 예외 처리

FILES AND EXCEPTIONS

이 장의 목표 _Chapter Goals

- 텍스트 파일 읽고 쓰기
- 데이터 모음 처리하기
- 명령어라인 인자 처리하기
- 예외 발생과 처리하기

7장 차례 _Chapter Contents

이 장에서는 실제 데이터를 처리하는 데 매우 유용한 기술인 파일 읽기와 쓰기 방법을 배운다. 한 응용으로써, 데이터를 암호화하는 방법을 배운다. (왼쪽에 보이는 Enigma 기계는 제2차 세계 대전에서 독일이 사용한 암호화 장치인데, 영국의 선구 과학자들이 코드를 깨고 암호화된 메시지를 가로챌 수 있어서 전쟁을 이기는 데 큰 도움이 되었다.) 이 장의 나머지 부분에서는 파이썬 언어의 예외 처리 메커니즘을 이용해 프로그램이 누락된 파일 또는 잘못된 콘텐츠 같은 문제를 보고하고 복구할 수 있는 방법을 배운다.

7.1 텍스트 파일 읽고 쓰기 _Reading and Writing Text Files

텍스트가 담긴 파일을 읽고 쓰는 방법을 논의하며 이 장을 시작한다. 윈도우즈 메모장 같은 간단한 텍스트 편집기로 만들어진 파일뿐만 아니라, 파이썬 소스 코드나 HTML 파일도 텍스트 파일의 예이다.

다음 절에서는 파일로부터 읽은 데이터를 처리하는 방법을 배운다. 파일 처리는 많은 분야에서 매우 유용한 기술이고, 분석하거나 조작할 큰 데이터 셋은 파일에 저장되는 것이 일반적이다.

7.1.1 파일 열기

파일을 열려면 디스크에 저장된 파일 이름과 사용 모드를 알려야 한다.

파일에 접근하려면 먼저 파일을 열어야 한다. 파일을 열려면 파일 이름을 주어야 하는데, 파일이 다른 디렉토리에 저장된 경우에는 파일 이름 앞에 디렉토리 경로도 함께 주어야 한다. 읽기 위해서인지 또는 쓰기 위해서인지 여부도 지정해야 한다. 프로그램과 동일한 디렉토리에 있는 input.txt라는 파일에서 데이터를 읽으려 한다고 가정할 때, 다음 함수 호출을 사용하여 파일을 연다.

```
infile = open("input.txt", "r")
```

이 문장은 읽을 파일(문자열 인수 "r"로 표시)을 열고 input.txt라는 파일과 관련된 파일 객체를 반환한다. 읽을 파일을 열 때 파일이 존재해야 한다. 그렇지 않으면 예외가 발생한다. 이 장의 후반부에서 예외를 감지하고 처리하는 방법을 살펴보자.

open 함수가 반환한 파일 객체는 변수에 저장해야 한다. 파일 접근을 위한 모든 작업은 파일 객체를 통해 이루어진다. 쓰기 위해 파일을 열려면 파일 이름을 open 함수의 첫 번째 인자로, 문자열 "w"를 두 번째 인자로 사용한다.

```
outfile = open("output.txt", "w")
```

출력 파일이 이미 존재하면 새 데이터가 기록되기 전에 비워지고, 파일이 존재하지 않으면 빈 파일이 생성된다. 파일 처리가 끝나면 close 메소드를 사용하여 파일을 닫아야 한다.

```
infile.close()
outfile.close()
```

쓰기 위해 열린 파일을 닫지 않고 프로그램을 종료하면 일부 출력이 디스크 파일에 기록되지 않을 수 있다.

Syntax 7.1 파일 열고 닫기

```
infile = open("input.txt", "r")
outfile = open("output.txt", "w")

infile부터 데이터 읽기
outfile에 데이터 쓰기

infile.close()
outfile.close()
```

여는 파일의 이름

반환된 파일 객체들을 변수에 저장한다.

파일의 사용 방법(모드)을 다음과 같이 명시한다. "r"은 읽기(입력) "w"는 쓰기(출력)

데이터 처리가 끝난 후 파일을 닫는다.

만약 출력 파일을 닫지 않으면, 데이터가 파일에 기록되지 않을 수 있다.

파일 처리가 완료되면 모든 파일을 닫는다.

파일을 닫은 후 다시 열 때까지 파일을 사용할 수 없다. 닫은 파일을 사용하려고 하면 예외가 발생한다.

7.1.2 파일에서 읽기

readline 메소드를 사용하여 파일에서 텍스트 행들을 읽을 수 있다.

파일에서 한 줄의 텍스트를 읽으려면 파일을 열 때 반환된 파일 객체에 대해 readline 메소드를 호출한다.

```
line = infile.readline()
```

파일을 열면 입력 마커가 파일의 시작 부분에 위치된다. readline 메소드는 현재 위치부터 시작하여 행의 끝에 도달할 때까지 텍스트를 읽는다. 그다음 입력 마커가 다음 줄로 이동한다. readline 메소드는 줄의 끝을 나타내는 줄바꿈 문자를 포함하여 읽은 텍스트를 반환한다. 예를 들어 input.txt에 다음 두 줄이 포함되어 있다고 가정하면

```
flying
circus
```

readline에 대한 첫 번째 호출은 "flying\n" 문자열을 반환한다. \n은 줄의 끝을 나타내는 줄바꿈 문자이다. readline의 두 번째 호출은 "circus\n" 문자열을 반환한다. readline을 다시 호출하면 파일 끝에 도달했기 때문에 빈 문자열 ""이 생성된다.

파일에 빈 줄이 있으면 readline은 줄바꿈 문자 "\n"만 포함하는 문자열을 반환한다.

파일에서 여러 줄의 텍스트를 읽는 것은 input 함수를 사용하여 일련의 값을 읽는 것과 매우 유사하다. 보초값에 도달할 때까지 한 줄의 텍스트를 반복해서 읽고 처리한다.

```
line = infile.readline()
while line != "" :
    Process the line.
    line = infile.readline()
```

보초값은 빈 문자열이며 파일 끝에 도달하면 readline 메소드에 의해 반환된다.

input 함수와 마찬가지로 readline 메소드는 문자열만 반환한다. 파일에 숫자 데이터가 포함된 경우 int 또는 float 함수를 사용하여 문자열을 숫자값으로 변환해야 한다.

```
value = float(line)
```

문자열이 숫자값으로 변환될 때 줄 끝의 줄바꿈 문자는 무시된다.

7.1.3 파일에 쓰기

write 메소드 또는 print 함수를 사용해 파일에 쓴다.

쓰기 위해 연 파일에 텍스트를 쓸 수 있다. 파일 객체에 write 메소드를 적용하면 된다. 예를 들어 문자열 "Hello, World!"를 다음 문장을 사용해 출력 파일에 작성할 수 있다.

```
outfile.write("Hello, World!\n")
```

1장에서 배운 대로 print 함수는 출력 끝에 줄바꿈 문자를 추가하여 줄바꿈을 시작한다. 그러나 출력 파일에 텍스트를 쓸 때는 줄바꿈 문자를 명시적으로 작성하여 줄 바꾸기를 시작해야 한다.

write 메소드는 단일 문자열을 인자로 사용해 즉시 문자열을 파일에 쓴다. 해당 문자열은 이전에 파일에 쓰여진 텍스트 뒤에 추가된다.

write 메소드를 사용하여 형식화된 문자열을 파일에 쓸 수도 있다.

```
outfile.write("Number of entries: %d\nTotal: %8.2f\n" % (count, total))
```

또는 print 함수를 이용해 텍스트를 파일에 쓸 수 있다. 파일 객체를 이름 file과 함께 인자로 사용하면 된다.

```
print("Hello, World!", file=outfile)
```

줄바꿈을 원하지 않으면 end 인자를 사용한다.

```
print("Total: ", end="", file=outfile)
```

7.1.4 파일 처리 예제

다음은 파일로부터 읽어들인 데이터를 처리하는 일반적인 예이다. 줄당 값 하나씩 저장된 일련의 부동-소수점 값을 포함하는 텍스트 파일이 있다고 가정한다. 값을 읽고 새 출력 파일에 기록하고 열로 정렬한 다음 총계 및 평균값을 기록해야 한다. 입력 파일에 다음 내용이 있는 경우

```
32.0
54.0
67.5
29.0
35.0
80.25
115.0
```

출력 파일은 다음과 같아야 한다.

```
            32.00
            54.00
            67.50
            29.00
            35.00
            80.25
           115.00
         --------
Total:     412.75
Average:    58.96
```

다음 프로그램이 이 일을 처리한다.

sec01/total.py

```
##
#  This program reads a file containing numbers and writes the numbers to
#  another file, lined up in a column and followed by their total and average.
#

# Prompt the user for the name of the input and output files.
inputFileName = input("Input file name: ")
outputFileName = input("Output file name: ")

# Open the input and output files.
infile = open(inputFileName, "r")
outfile = open(outputFileName, "w")

# Read the input and write the output.
total = 0.0
count = 0

line = infile.readline()
while line != "" :
   value = float(line)
   outfile.write("%15.2f\n" % value)
   total = total + value
   count = count + 1
   line = infile.readline()

# Output the total and average.
outfile.write("%15s\n" % "--------")
outfile.write("Total: %8.2f\n" % total)

avg = total / count
outfile.write("Average: %6.2f\n" % avg)

# Close the files.
infile.close()
outfile.close()
```

Common Error 7.1

파일 이름의 백슬래시

파일 이름을 문자열 리터럴로 지정하고 이름에 백슬래시 문자가 포함된 경우(Windows 파일 이름에서와 같이) 각 백슬래시를 두 번 써야 한다.

```
infile = open("c:\\homework\\input.txt", "r")
```

따옴표로 묶인 문자열 내부의 단일 백슬래시는 **이스케이프 문자**(escape character)이며 다음 문자와 결합되어 줄바꿈 문자 `\n`과 같은 특수한 의미가 된다. `\\` 조합은 단일 백슬래시를 나타낸다.

그러나 프로그램 사용자가 파일 이름을 프로그램에 입력할 때는 백슬래시를 두 번 입력하지 않는다.

7.2 텍스트 입출력 _Text Input and Output

다음 절에서는 내용이 복잡한 파일을 처리하는 방법과 실제 데이터에서 자주 발생하는 문제를 해결하는 방법을 배우게 된다.

7.2.1 파일의 여러 줄에 걸쳐 반복

파일 객체에 반복해 파일의 텍스트 줄을 읽을 수 있다.

한 번에 한 줄씩 파일을 읽는 방법을 보았는데, 더 간단한 방법이 있다. 파이썬은 입력 파일을 마치 각 줄이 개별 문자열인 문자열의 컨테이너인 것처럼 취급할 수 있다. 파일에서 텍스트 줄을 읽으려면 for 루프를 사용하여 파일 객체에 걸쳐 반복할 수 있다.

예를 들어, 다음 루프는 파일에서 모든 줄을 읽고 인쇄한다.

```
for line in infile :
   print(line)
```

각 반복이 시작될 때 루프 변수 line에는 파일의 다음 텍스트 줄을 포함한 문자열이 할당된다. 루프 몸체 안에서 간단히 이 텍스트의 한 줄을 처리한다. 위의 루프에서는 단순히 이 줄을 터미널에 출력했다.

그러나 파일과 컨테이너에는 하나의 주요 차이점이 있다. 한번 파일을 읽은 후에는 먼저 파일을 닫았다가 다시 열지 않으면 이 파일에 대해 루프를 다시 반복할 수 없다.

7.1.2절에서 보았듯이 각 입력 라인은 줄바꿈 문자(\n)로 끝난다. 이것은 약간 유감인데, 예를 들어 다음과 같이 한 줄에 하나씩 저장된 여러 단어들을 포함하고 있는 입력 파일이 있다고 가정하면

```
spam
and
eggs
```

이 입력 줄들을 터미널에 출력하면, 각 단어 사이에 빈 줄이 표시된다.

```
spam

and

eggs
```

print 함수는 인자를 화면에 출력한 다음, 줄 바꾸기 문자를 출력하여 새 줄에서 시작한다. 그런데 각 줄은 줄바꿈 문자로 끝나기 때문에 두 번째 줄바꿈은 위와 같이 출력에 빈 줄을 만든다.

텍스트 줄에서 줄바꿈 문자를 제거하려면 rstrip 메소드를 사용하라.

일반적으로 줄 바꾸기 문자는 입력 문자열을 사용하기 전에 제거해야 한다.

텍스트 파일의 첫 번째 줄을 읽으면 이 문자열에는 다음 문자들을 포함하는데

s	p	a	m	\n

줄바꿈 문자를 제거하려고 문자열에 rstrip 메소드를 적용하면,

```
line = line.rstrip()
```

다음과 같은 새 문자열이 된다.

s	p	a	m

기본적으로 rstrip 메소드는 문자열 끝에 있는 모든 공백(공백, 탭 및 줄바꿈 문자)이 제거된 새 문자열을 만든다. 예를 들어, 텍스트의 세 번째 줄에서 eggs라는 단어 뒤에 공백이 두 개 있는 경우

e	g	g	s			\n

rstrip 메소드는 다음과 같이 줄바꿈 문자뿐만 아니라 공백들도 제거한다.

e	g	g	s

문자열 끝에서 특정 문자를 제거하려면 해당 문자를 포함하는 문자열 인자를 rstrip 메소드에 전달하면 된다. 예를 들어 문자열 끝에서 마침표나 물음표를 제거해야 하는 경우 다음 명령을 사용할 수 있다.

```
line = line.rstrip(".?")
```

문자열에서 문자를 제거하는 데 사용할 수 있는 추가 문자열 메소드는 표 1을 참조하고 사용 예제는 표 2를 참조하라.

표 1 문자 제거 방법

메소드	반환값
`s.lstrip()` `s.lstrip(chars)`	공백(공백, 탭 및 개행)이 *s*의 왼쪽(앞)에서 제거된 새로운 문자열 *s*. 만일 문자열 *chars*가 제공되면, 공백 대신 이 문자열에 포함되어 있는 문자들을 제거한다.
`s.rstrip()` `s.rstrip(chars)`	문자가 *s*의 오른쪽(뒤)에서 제거된다는 점을 제외하면 lstrip과 동일.
`s.strip()` `s.strip(chars)`	문자가 *s*의 앞과 뒤에서 제거된다는 점을 제외하면 lstrip 및 rstrip과 유사.

표 2 문자 제거 예

문장	결과	설명
`string = "James\n"` `result = string.rstrip()`	J a m e s	줄바꿈 문자는 문자열 끝에서 제거된다.
`string = "James \n"` `result = string.rstrip()`	J a m e s	공백도 줄 끝에서 제거된다.
`string = "James \n"` `result = string.rstrip("\n")`	J a m e s ␣	줄바꿈 문자만 제거된다.
`name = " Mary "` `result = name.strip()`	M a r y	공백은 문자열의 앞과 끝에서 제거된다.
`name = " Mary "` `result = name.lstrip()`	M a r y ␣	공백은 문자열의 앞에서만 제거된다.

7.2.2 단어 읽기

때로는 텍스트 파일에서 개별 단어를 읽어야 할 때도 있다. 예를 들어, 입력 파일에 다음과 같이 두 줄의 텍스트가 있다고 가정하자.

```
Mary had a little lamb,
whose fleece was white as snow.
```

터미널에 다음과 같이 한 줄에 한 단어씩 출력하고 싶다고 하자.

```
Mary
had
a
little
. . .
```

파일에서 단어를 읽는 방법은 없으므로 먼저 한 줄을 읽은 다음 각 개별 단어로 분리해야 하는데, split 메소드를 사용해 할 수 있다.

```
wordList = line.split()
```

split 메소드는 각 공백에서 문자열을 분리해 생성된 부분 문자열 리스트를 반환한다. 예를 들어, line에 다음 문자열이 포함된 경우

```
line = Mary had a little lamb,
```

이것을 다섯 개의 부분 문자열들로 나누어서 문자열에 나타난 순서대로 하나의 리스트에 저장한다.

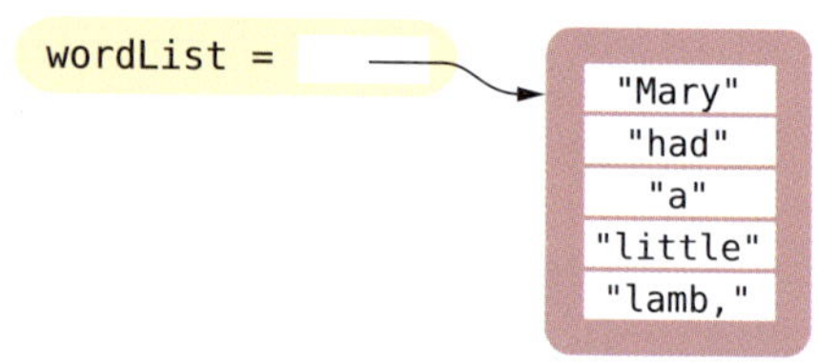

split 메소드를 사용하여 문자열을 개별 단어로 분리하라.

공백은 부분 문자열의 일부가 아니라, 단지 문자열이 분리될 위치의 분리자 역할을 한다. 문자열이 분리된 후 부분 문자열 리스트에 걸쳐 루프를 반복하면 개별 단어를 출력할 수 있다.

```
for word in wordList :
   print(word)
```

위의 예제에서 줄의 마지막 단어는 쉼표를 포함하고 있다. 문장 부호 없이 파일에 포함된 단어만 출력하려면 이전 절에서 소개한 rstrip 메소드를 사용해 부분 문자열에서 단어를 제거할 수 있다.

```
word = word.rstrip(".,?!")
```

이제 처음 하려던 작업을 다음 코드로 완전하게 해낼 수 있다.

```
inputFile = open("lyrics.txt", "r")
for line in inputFile :
   line = line.rstrip()
   wordList = line.split()
   for word in wordList :
      word = word.rstrip(".,?!")
      print(word)

inputFile.close()
```

split 메소드는 연속되는 공백을 단일 분리자로 처리한다. 따라서 다음과 같이 문자열에 일부 또는 모든 단어 사이에 공백이 여러 개 있어도,

```
line = Mary   had a  little lamb,
```

line.split()은 여전히 동일한 다섯 개의 부분 문자열을 만든다.

```
"Mary" "had" "a" "little" "lamb,"
```

기본적으로 split 메소드는 공백 문자를 분리자로 하지만, 다른 분리자를 사용하여 문자열을 분리할 수도 있다. 예를 들어 다음과 같이 단어들이 공백 대신 콜론으로 분리되어 있다면,

```
line = a p p l e s : p e a r s : o r a n g e s : g r a p e s
```

split 메소드에서 사용할 분리자로 콜론을 지정할 수 있다. 다음 문장은

```
substrings = line.split(":")
```

문자열을 네 개의 부분 문자열로 분리한다.

```
"apples" "pears" "oranges" "grapes"
```

분리자가 인자로 전달되면, 인자가 제공되지 않은 경우와 달리 연속된 분리 문자는 단일 분리자로 처리되지 않는다. 따라서 다음 문자열은

```
line = a p p l e s : p e a r s : : g r a p e s
```

두 개의 연속되는 콜론 사이의 빈 문자열도 단어로 간주해 다음과 같은 네 개의 부분 문자열이 생성된다.

```
"apples" "pears" "" "grapes"
```

표 3에 문자열 분리를 위한 다른 메소드들이 정리되어 있다.

표 3 문자열 분리 메소드들

메소드	반환값
s.split() *s*.split(*sep*) *s*.split(*sep*, *maxsplit*)	문자열 *s*에서 단어 리스트를 반환한다. 인자 *sep*가 주어지면 그것이 구분 기호로 사용되고, 그렇지 않으면 공백 문자가 사용된다. *sep*에 두 개 이상의 문자가 포함된 경우 각 문자는 구분 기호로 처리된다. 인수 *maxsplit*이 주어지면, 그 수만큼만 분리되어 최대 *maxsplit* + 1 단어가 된다.
s.rsplit(*sep*, *maxsplit*)	문자열 분리가 앞이 아닌 문자열의 끝에서 시작한다는 점을 제외하면 split과 동일하다.
s.splitlines()	줄바꿈 문자 \n을 구분 기호로 사용해 문자열을 분리해 각 개별 줄을 포함하는 리스트를 반환한다.

표 4 문자열 분리 예

문장	결과	설명
string = "a,bc,d" string.split(",")	"a" "bc" "d"	문자열은 각 쉼표로 분리된다.
string = "a b c" string.split()	"a" "b" "c"	공백을 구분 기호로 사용해 문자열이 분리된다. 연속 공백은 하나의 공백으로 처리된다.
string = "a b c" string.split(" ")	"a" "b" "" "c"	공백을 구분 기호로 사용해 문자열이 분리된다. 명시적인 인자를 사용하면 연속 공백은 별도의 구분 기호로 처리된다.
string = "a:bc:d" string.split(":", 1)	"a" "bc:d"	문자열은 앞에서부터 두 부분으로 나뉜다. 분리는 첫 번째 콜론에서 이루어진다.
string = "a:bc:d" string.rsplit(":", 1)	"a:bc" "d"	줄은 끝에서 시작하여 두 부분으로 나뉜다. 분리는 마지막 콜론에서 이루어진다.

7.2.3 문자 읽기

read 메소드로 하나 이상의 문자를 읽는다.

전체 행을 읽는 대신 read 메소드를 사용해 개별 문자를 읽을 수 있다. read 메소드는 읽을 문자 수를 지정하는 단일 인자를 사용한다. 이 메소드는 문자가 포함된 문자열을 반환한다. 다음과 같이 인자로 1을 주면

```
char = inputFile.read(1)
```

read 메소드는 파일에서 그다음 한 문자를 포함한 문자열을 반환한다. 또는 파일의 끝에 도달하면 빈 문자열 ""을 반환한다. 다음 루프는 한 번에 한 문자씩 파일의 내용을 처리한다.

```
char = inputFile.read(1)
   while char != "" :
      Process character.
      char = inputFile.read(1)
```

read 메소드는 각 줄의 끝인 줄바꿈 문자까지 읽고 반환한다.

이전 절의 lyrics.txt 파일에서 영어 알파벳의 각 문자의 출현 횟수를 세는 간단한 프로그램을 작성해 보자. 수를 세어야 하는 알파벳 문자는 26자이므로, 정수 값으로 표시되는 26개의 카운터 리스트를 사용한다.

```
letterCounts = [0] * 26   # 0으로 초기화된 26개 원소의 리스트 생성
```

문자 "A"가 나타나는 횟수는 counts[0]에 기록되고, 문자 "B"의 횟수는 counts[1], 문자 "Z"의 횟수는 counts[25]에 기록된다.

큰 if/elif/else 문을 사용하는 대신 ord 함수(Special Topic 2.4 참조)를 사용해 각 문자의 유니코드 값을 반환할 수 있다. 대문자는 문자 A인 65부터 문자 Z인 90까지 순서대로 코드 값을 갖는다. 문자 A의 코드 값을 빼면 letterCounts 리스트의 인덱스로 사용할 수 있는 0에서 25 사이의 값을 얻는다:

```
code = ord(char) - ord("A")
letterCounts[code] = letterCounts[code] + 1
```

모든 소문자는 계산되기 전에 대문자로 바꿔야 한다는 점에 주의한다. 따라서 문자의 출현 횟수를 세는 작업을 하는 프로그램은 다음과 같다.

```
letterCounts = [0] * 26
inputFile = open("lyrics.txt", "r")
char = inputFile.read(1)
while char != "" :
   char = char.upper()   # 문자를 대문자로 변환한다.
   if char >= "A" and char <= "Z" :   # 문자가 알파벳 대문자인지 확인한다.
      code = ord(char) - ord("A")
      letterCounts[code] = letterCounts[code] + 1
      char = inputFile.read(1)
inputFile.close()
```

7.2.4 레코드 읽기

텍스트 파일은 각 레코드가 여러 필드로 구성된 **데이터 레코드**(data record) 모음을 포함할 수 있다. 예를 들어, 학생 데이터 파일은 주민번호, 이름, 주소, 입학년도 등에 대한 필드로 이루어진 레코드로 구성되어 있을 수 있다. 은행 계좌 파일에는 거래 날짜, 설명 및 금액 필

드로 이루어진 레코드가 포함될 수 있다.

데이터 레코드가 포함된 텍스트 파일을 작업할 때는 보통 처리하기 전에 전체 레코드를 읽어야 한다.

```
파일 내 각 레코드에 대해
   전체 레코드를 읽는다.
   레코드를 처리한다.
```

그러나 레코드의 구성 즉 형식은 다양할 수 있고, 일부 형식은 다른 형식보다 읽기 쉽다. CIA 팩트 북 사이트(`https://www.cia.gov/library/publications/the-world-factbook/index.html`)에서 입수할 수 있는 인구 데이터를 포함한 간단한 파일의 예를 고려하자. 각 레코드는 국가 이름과 인구의 두 개 필드로 구성된다. 이러한 데이터의 전형적인 형식은 다음과 같이 각 필드를 파일의 별도 줄에 저장하여 단일 레코드의 모든 필드를 계속되는 줄에 저장하는 것이다.

```
China
1330044605
India
1147995898
United States
303824646
. . .
```

이러한 형식으로 된 데이터를 읽는 것은 다소 쉽다. 각 레코드는 두 개의 필드로 구성되므로, 각 레코드마다 파일에서 두 줄씩 읽으면 된다. 이렇게 하기 위해서는 `readline` 메소드와 파일의 끝(보초값)을 점검하는 `while` 루프를 사용하면 된다.

```
line = infile.readline()        # 첫 번째 레코드의 첫 번째 필드를 읽는다.
while line != "" :              # 파일 끝을 확인한다.
   countryName = line.rstrip() # \n 문자를 지운다.
   line = infile.readline()    # 두 번째 필드를 읽는다.
   population = int(line)      # 정수로 변환한다. \n 문자는 무시된다.
   Process data record.
   line = infile.readline()    # 다음 레코드의 첫 번째 필드를 읽는다.
```

파일에 레코드가 없는 경우를 대비해 첫 번째 레코드의 첫 번째 필드를 "처음 읽기"로 가져와야 한다. 일단 루프 내부로 들어가면 레코드의 나머지 필드를 파일에서 읽는다. 줄바꿈 문자는 문자열 필드의 끝에서 제거되고 숫자 필드를 포함하는 문자열은 적절한 유형(이 예에서는 `int`)으로 변환된다. 루프 몸체의 끝에서 다음 레코드의 첫 번째 필드는 "수정 읽기"로 얻는다.

다른 일반적인 형식은 각 데이터 레코드를 한 줄에 저장하는 것이다. 레코드 필드가 다음과 같이 특정 구분 기호(여기서는 :)로 구분되어 있다면,

```
China:1330044605
India:1147995898
United States:303824646
. . .
```

7.2.2절에 설명한 대로 `split` 메소드로 줄을 분리해 각 필드를 추출할 수 있다.

```
for line in infile :
   fields = line.split(":")
   countryName = fields[0]
```

```
    population = int(fields[1])
    Process the record.
```

그러나 다음과 같이 필드가 분리자로 분리되지 않았으면 어떻게 될까?

```
China 1330044605
India 1147995898
United States 303824646
. . .
```

이런 경우에 공백 기호를 구분 기호로 사용할 수도 없는데, 일부 국가 이름은 두 개 이상의 단어가 있어서 잘못 분리할 수도 있기 때문이다. 이 형식의 레코드를 읽는 방법 중 하나는 한 줄을 읽은 다음 `readline`에서 반환한 문자열 내에서 첫 번째 숫자를 검색하는 것이다.

```
i = 0
char = line[0]
while not line[0].isdigit() :
   i = i + 1
```

그런 다음 슬라이스 연산자를 사용해 국가 이름과 인구를 부분 문자열로 추출할 수 있다(Special Topic 6.3 참조).

```
countryName = line[0 : i - 1]
population = int(line[i : ])
```

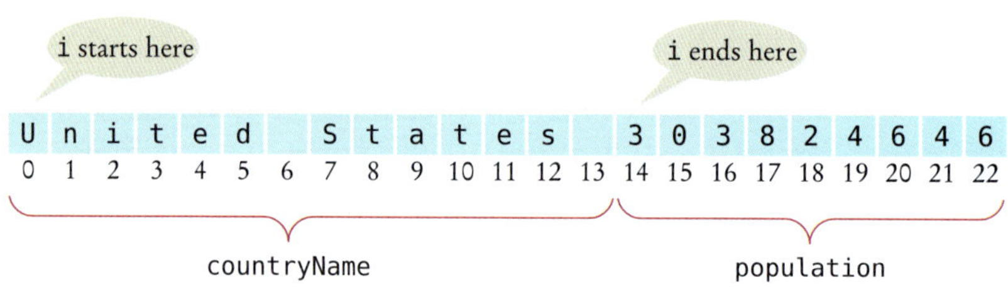

또는 오른쪽 끝에서 시작해 문자열을 분리하는 `rsplit` 메소드를 사용할 수 있다. 예를 들어, `line`에 다음 문자열이 포함된 경우

표 5 파일 연산

연산	설명
f = open(*filename*, *mode*)	문자열 *filename*으로 지정된 파일을 연다. *mode* 인자는 파일을 읽기("r") 또는 쓰기("w") 위해 열었는지 여부를 나타낸다. 파일 객체가 반환된다.
f.close()	이전에 열린 파일을 닫는다. 닫으면 파일을 다시 열 때까지 파일을 사용할 수 없다.
string = *f*.readline()	입력 파일에서 다음 텍스트 줄을 읽고 문자열로 반환한다. 파일 끝에 도달하면 빈 문자열 ""이 반환된다.
string = *f*.read(*num*) string = *f*.read()	입력 파일에서 *num*개의 문자를 읽고 문자열로 반환한다. 파일에서 모든 문자를 읽으면 빈 문자열이 반환된다. 인자가 없으면 파일의 전체 내용을 읽고 단일 문자열로 반환한다.
f.write(*string*)	쓰기 위해 열린 파일에 문자열 *string*을 쓴다.

```
"United States 303824646"
```

다음 문장이

```
fields = line.rsplit(" ", 1)
```

문자열의 끝에서 시작하는 첫 번째 공백 공간에서 문자열을 두 부분으로 나눈다.

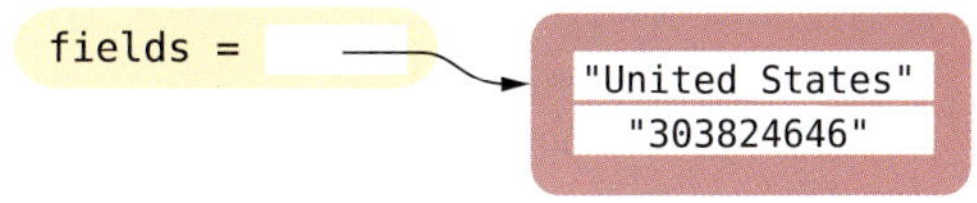

rsplit 메소드로 생성된 부분 문자열은 문자열에서 발생하는 순서대로 리스트에 저장됨을 명심하자.

다음은 텍스트와 숫자가 포함된 데이터 레코드를 읽고 처리하는 프로그램이다.

sec02/items.py

```
##
#  This program reads a file whose lines contain items and prices, like this:
#  item name 1: price1
#  item name 2: price2
#  ...
#  Each item name is terminated with a colon.
#  The program writes a file in which the items are left-aligned and the
#  prices are right-aligned. The last line has the total of the prices.
#

# Prompt for the input and output file names.
inputFileName = input("Input file: ")
outputFileName = input("Output file: ")

# Open the input and output files.
inputFile = open(inputFileName, "r")
outputFile = open(outputFileName, "w")

# Read the input and write the output.
total = 0.0

for line in inputFile :
   # Make sure there is a colon in the input line, otherwise skip the line.
   if ":" in line :
      # Split the record at the colon.
      parts = line.split(":")

      # Extract the two data fields.
      item = parts[0]
      price = float(parts[1])

      # Increment the total.
      total = total + price

      # Write the output.
      outputFile.write("%-20s%10.2f\n" % (item, price))

# Write the total price.
outputFile.write("%-20s%10.2f\n" % ("Total:", total))

# Close the files.
inputFile.close()
outputFile.close()
```

Special Topic 7.1

파일 전체 읽기 _Reading the Entire File

전체 파일을 읽을 때, 두 가지 방법이 있다. inputFile.read() 호출은 파일의 모든 문자가 포함된 문자열을 반환하고, readlines 메소드는 텍스트 파일의 전체 내용을 리스트로 읽는다.

```
inputFile = open("sample.txt", "r")
listOfLines = inputFile.readlines()
inputFile.close()
```

readlines 메소드가 반환한 리스트의 각 원소는 파일로부터 읽은 한 줄(줄바꿈 문자 포함)이 들어 있는 하나의 문자열이다. 일단 파일의 내용이 이 리스트에 들어가게 되면, listOfLines[2]와 같이 인덱스로 리스트에 들어 있는 각 줄들에 접근할 수 있다. 또한 다음과 같이 전체 리스트에 걸쳐 루프를 반복할 수도 있다.

```
for line in listOfLines :
   text = line.rstrip()
   print(text)
```

이러한 방법은 작은 파일의 내용을 로드할 때 매우 유용하긴 하지만, 큰 파일은 모든 문자열을 저장하는 데 많은 양의 메모리가 필요하므로 큰 파일에는 사용하지 않는 것이 좋다.

Special Topic 7.2

정규식 _Regular Expressions

정규식은 문자 패턴을 설명한다. 예를 들어 수는 하나 또는 그 이상의 숫자로 이루어진다는 간단한 형식을 가지고 있다. 그러므로 수를 설명하는 정규식은 [0-9]+이다. [0-9]는 0에서 9 사이의 숫자를 나타내며 +는 "하나 이상"을 의미한다.

고급 프로그래밍 편집기의 검색 명령은 정규식을 이해한다. 또한 여러 유틸리티 프로그램은 정규식을 사용하여 일치하는 텍스트를 찾는다. 정규식을 사용하는 자주 쓰이는 프로그램 중 하나가 명령 행 환경에서 실행할 수 있는 grep("global regular expression print"의 약자)이다. grep은 UNIX 운영 체제의 일부이며 Windows용 버전도 있다. grep을 실행하려면 정규식과 하나 이상의 검색하고자 하는 파일이 필요하고, 실행되면 정규식과 일치하는 행의 라인이 표시된다.

파일에서 모든 매직 넘버(Programming Tip 2.2 참조)를 찾으려고 한다. 예를 들어, 다음 명령은 일련의 숫자를 포함하고 있는 homework.py 파일의 모든 행을 나열한다.

```
grep '[0-9]+' homework.py
```

이것은 그다지 유용하지 않은데, 예를 들어 변수 이름 x1을 포함하고 있는 행들도 표시될 것이기 때문이다.

따라서 바로 뒤에 오지 않는 일련의 숫자만 필요하면 다음과 같이 한다.

```
grep '[^A-Za-z][0-9]+' homework.py
```

[^A-Za-z] 세트는 A ~ Z 및 a ~ z 범위에 없는 모든 문자를 나타낸다. 이것은 훨씬 잘 동작하며 실제 숫자가 포함된 줄만 표시한다.

re 표준 모듈에는 분리 문자(단어를 구분하는 텍스트 블록)를 설명하기 위한 정규식을 허용하는 특수 버전의 split 함수가 포함되어 있다. 이 함수는 나누고자 하는 줄을 두 번째 인자로 받는다.

```
from re import split
line = "http://python.org"
regex = "[^A-Za-z]+"
tokens = split(regex, line)   # ["http", "python", "org"]
```

이 예에서 문자열은 글자가 아닌 모든 문자 시퀀스에서 분리된다.

정규 표현식에 대한 자세한 내용은 검색 엔진을 “regular expression tutorial”로 지정하여 인터넷에 있는 여러 설명 자료 중 하나를 참조하라.

Special Topic 7.3

문자 인코딩 _Character Encodings

문자(character, 예: 문자 A, 숫자 0, 강조 문자 é, 그리스 문자 π, 기호 ∫ 또는 중국어 문자 中)는 바이트 시퀀스로 인코딩된다. 각 바이트는 0에서 255 사이의 값이다.

불행하게도, 인코딩은 통일되어 있지 않다. 1963년 ASCII(the American Standard Code for Information Interchange)는 부록 D에서 찾을 수 있는 128자의 인코딩을 정의했다. ASCII는 모든 대문자와 소문자 라틴 문자 및 숫자는 물론 + * % 등을 0부터 127로 정의했다. 예를 들어, 문자 A의 코드는 65이다.

서로 다른 사람들이 자신의 알파벳을 인코딩해야 할 필요성을 느끼면서 자신의 코드를 설계했다. 그들 중 상당수는 ASCII를 기반으로 자국 언어는 128에서 255 사이의 값을 사용한다. 예를 들어, 스페인에서 문자 é는 233으로 인코딩된다. 그러나 그리스에서 코드 233은 문자 ι(소문자 iota)를 나타낸다. José라는 스페인 관광객이 그리스 호텔에 이메일을 보내면 문제가 발생할 수 있음을 충분히 상상할 수 있다.

이 문제를 해결하기 위해 1987년에 유니 코드 설계가 시작되었다. 세계의 각 문자에는 고유한 정수 값이 부여된다. 그러나 여전히 이진수로 표현한 이러한 정수들로 이루어진 여러 가지 인코딩이 존재한다. 가장 널리 사용되는 인코딩을 UTF-8이라고 한다. 각 문자를 1~4개의 바이트로 인코딩한다. 예를 들어 A는 ASCII에서와 동일하게 여전히 65이지만 é는 195 169이다.

파일을 읽고 쓸 때 UTF-8을 원한다고 지정한다면 인코딩의 세부 사항은 중요하지 않다.

이 책이 인쇄될 때 Windows 및 Macintosh 운영 체제는 아직 UTF-8로 전환하지 않았다. 파이썬은 운영 체제(이는 사용자가 거주하는 지역에 따라 또 다를 수 있다)로부터 문자 인코딩 부분을 가져온다. 특별히 요청하지 않는 한 `open` 함수는 이렇게 가져온 운영 체제의 인코딩을 기반으로 파일을 읽고 쓰는 파일 객체를 생성한다. 파일에 ASCII 문자만 포함되어 있거나 작성자와 수신자가 동일한 인코딩을 사용하는 경우에는 별 문제 없지만, 악센트 부호 문자, 중국어 문자 또는 특수 기호가 있는 파일을 처리해야 하는 경우에는 UTF-8 인코딩을 구체적으로 요청해야 한다. 다음과 같이 파일 열기를 한다.

```
infile = open("input.txt", "r", encoding="utf-8")
outfile = open("output.txt", "w", encoding="utf-8")
```

왜 파이썬이 문자 인코딩을 알아낼 수 없는지 궁금할 것이다. “José” 문자열은 고려해 보자. UTF-8에서는 74 111 115 195 169이다. Jos의 처음 3바이트는 ASCII 범위에 있으며 아무런 문제가 없다. 그러나 다음 2바이트(195 169)는 UTF-8로는 é 또는 전통적인 스페인어 인코딩으로 Ã일 수 있다. 파이썬 번역기는 스페인어를 이해하지 못하며 어떤 인코딩을 선택할지 결정할 수 없다. 따라서 다른 지역의 사용자와 파일을 교환할 때 항상 UTF-8 인코딩 방법을 지정해야 한다.

TOOLBOX 7.1

CSV 파일 작업 _Working with CSV Files

텍스트 파일을 읽고 쓰는 방법과 다양한 형식으로 저장된 데이터를 처리하는 방법을 보았지만 스프레드시트에 저장된 데이터를 처리하려면 어떻게 해야 할까? 예를 들어, 아래 표시된 영화 데이터로 채워진 스프레드시트에서 1990년대에 출시된 모든 영화 목록을 출력해야 한다고 가정하자.

	A	B	C	D
1	Detective Story	1951	William Wyler	
2	Airport 1975	1974	Jack Smight	
3	Hamlet	1996	Kenneth Branagh	
4	American Beauty	1999	Sam Mendes	
5	Bitter Moon	1992	Roman Polanski	
6	Million Dollar Baby	2004	Clint Eastwood	
7	Round Midnight	1986	Bertrand Tavernier	
8	Kiss of the Spider Woman	1985	Héctor Babenco	
9	Twin Falls Idaho	1999	Michael Polish	
10	Traffic	2000	Steven Soderbergh	
11				

대부분의 스프레드시트 응용 프로그램은 다른 프로그램에서 직접 액세스할 수 없는 고유의 파일 형식으로 데이터를 저장한다. 다행히 데이터의 사본을 CSV(Comma-Separated Values, 쉼표로 구분된 값)라는 형식으로 저장할 수 있다. CSV 파일은 스프레드시트의 각 행이 한 줄의 텍스트로 저장되는 텍스트 파일이다. 각 행의 데이터 값은 쉼표로 구분된다. 예를 들어, 위의 스프레드시트에서 작성된 CSV 파일에는 다음이 포함된다.

```
"Detective Story","1951","William Wyler"
"Airport 1975","1974","Jack Smight"
"Hamlet","1996","Kenneth Branagh"
"American Beauty","1999","Sam Mendes"
"Bitter Moon","1992","Roman Polanski"
"Million Dollar Baby","2004","Clint Eastwood"
"Round Midnight","1986","Bertrand Tavernier"
"Kiss of the Spider Woman","1985","Héctor Babenco"
"Twin Falls Idaho","1999","Michael Polish"
"Traffic","2000","Steven Soderbergh"
```

CSV 파일은 아주 일반적이어서 파이썬 표준 라이브러리는 CSV 파일 작업을 위한 도구를 제공한다. 이 절에서 csv 모듈 및 파이썬에서 CSV 파일로 작업하는 방법을 살펴본다.

CSV 파일 읽기

CSV 파일의 내용을 읽으려면 먼저 파일을 일반 텍스트 파일로 열어야 한다.

```
infile = open("movies1.csv")
```

그런 다음 reader 함수를 이용해 CSV 리더 객체를 만든다.

```
from csv import reader
csvReader = reader(infile)
```

for 루프를 사용하여 CSV 읽기 객체의 데이터에 걸쳐 반복할 수 있다. 예를 들어

```
for row in csvReader :
   print(row)
```

는 다음 형식으로 CSV 파일에서 각 데이터 행을 읽고 출력한다.

```
['Detective Story', '1951', 'William Wyler']
['Airport 1975', '1974', 'Jack Smight']
. . .
```

```
['Kiss of the Spider Woman', '1985', 'Héctor Babenco']
['Twin Falls Idaho', '1999', 'Michael Polish']
['Traffic', '2000', 'Steven Soderbergh']
```

루프가 반복될 때마다 하나의 행 데이터가 파일에서 읽히고 루프 변수 row에 문자열 리스트로 저장된다. 각 행에 대해 이 리스트는 여느 다른 리스트와 똑같이 처리할 수 있다. 이 리스트는 여느 다른 리스트와 똑같이 처리할 수 있다. 아래 코드로 1990년대에 출시된 모든 영화 제목을 출력하는 원래 하고자 했던 작업을 해낼 수 있다.

```
from csv import reader

# Open the text file and create a CSV reader.
infile = open("movies1.csv")
csvReader = reader(infile)

# Read the rows of data.
for row in csvReader :
   year = int(row[1])
   if year >= 1990 and year <= 1999 :
      print(row[0])
```

데이터는 문자열 리스트로 읽고 저장되므로 해당 값을 사용하기 전에 숫자 데이터를 적절한 숫자 형식으로 변환해야 한다. 위 루프에서는 year 값을 테스트하기 전에 정수로 변환한다.

CSV 읽기 객체와 함께 파이썬의 next 함수를 사용해 행을 건너뛸 수 있다. 예를 들어 스프레드시트에 제목이나 머리글과 같은 설명 정보가 포함된 경우 해당 정보가 포함된 행(들)을 건너뛸 수 있다.

```
next(csvReader)
```

CSV 파일 생성

파이썬 프로그램에서 CSV 파일을 작성하려면 먼저 open 함수를 사용해 새 텍스트 파일을 생성해야 한다.

```
outfile = open("newdata.csv", "w")
```

그다음 csv 모듈에서 writer 함수를 사용해 CSV 쓰기 객체를 생성한다.

```
from csv import writer
csvWriter = writer(outfile)
```

CSV 파일에 데이터 행을 추가하려면, writerow 메소드를 사용하라. 한 행의 데이터를 포함하는 리스트를 이 메소드에 전달한다. 예를 들어 각 열의 머리글을 포함하는 행 하나를 추가하려면, 스프레드시트의 각 열에 해당하는 머리글 문자열이 들어 있는 문자열 리스트를 전달한다.

```
csvWriter.writerow(["Name", "Id", "Class", "Average"])
```

숫자를 추가할 수도 있고 또는 문자와 숫자를 혼합하여 추가할 수도 있다.

```
csvWriter.writerow(["John Smith", 1607, "Senior", 3.28])
```

CSV 파일에서 행을 건너뛰려면 빈 리스트를 writerow 메소드에 전달한다.

```
csvWriter.writerow([])
```

CSV 파일에 데이터를 쓴 후에는 파일을 닫아야 한다.

```
outfile.close()
```

CSV 파일 처리

다음은 CSV 파일에서 읽고 CSV 파일로 쓰는 방법을 보여주는 예이다. 훨씬 더 많은 영화 데이터로부터 제한된 정보만 포함하도록 새 CSV 파일을 작성하는 작업을 한다고 가정하자. 특히 새 파일에는 1990년대에 출시된 영화의 제목, 출시 연도 및 배우 목록만 포함되어야 한다. 입력 CSV 파일에 다음

다섯 개의 열이 포함된 경우

```
"Name","Year","Directors","Producers","Actors"
```

새 파일에는 1990년대의 영화 중 처음 두 열과 마지막 열을 포함하는 행과 적절한 열 머리글만 포함해야 한다. 다음 프로그램이 이 작업을 수행한다.

toolbox_1/filter.py

```
##
#  This program reads data from a csv file that contains movie information,
#  filters out unwanted data, and produces a new csv file.
#

from csv import reader, writer

# Open the two csv files.
infile = open("movies.csv")
csvReader = reader(infile)

outfile = open("filtered.csv", "w")
csvWriter = writer(outfile)

# Add the list of column headers to the csv file.
headers = ["Name","Year","Actors"]
csvWriter.writerow(headers)

# Skip the row of column headers in the reader.
next(csvReader)

# Filter the rows of data.
for row in csvReader :
  year = int(row[1])
  if year >= 1990 and year <= 1999 :
    newRow = [row[0], row[1], row[4]]
    csvWriter.writerow(newRow)

infile.close()
outfile.close()
```

7.3 명령행 인자 _Command Line Arguments

사용되는 운영 체제 및 파이썬 개발 환경에 따라 프로그램을 시작하는 방법에는 여러 가지가 있다. 예를 들어 개발 환경에서 "실행(Run)"을 선택하거나 아이콘을 클릭하거나 또는 터미널 창에서 프롬프트에 프로그램 이름을 입력하는 방법이 있다. 후자의 방법을 "명령행에서 프로그램 호출하기"라고 이 방법을 사용할 때는 물론 프로그램 이름을 입력해야 하지만 프로그램에서 사용할 수 있는 추가 정보도 입력할 수 있다. 이 추가 문자열을 **명령행 인자**(command line argument)라고 한다. 예를 들어, 명령행에서 다음과 같이 프로그램을 시작한 경우

```
python program.py -v input.dat
```

프로그램은 두 개의 명령행 인자인, `"-v"`와 `"input.dat"`를 받는다. 이 문자열로 무엇을 해야 할지는 전적으로 프로그램에 달려 있다. 하이픈(-)으로 시작하는 문자열은 보통 프로그램의 옵션으로 해석한다.

작성하는 프로그램에 대해 명령행 인자를 지원해야 할까, 아니면 그래픽 사용자 인터페이스를 제공하는 것이 좋을까? 가끔 사용하는 일반 사용자의 경우 대화식 사용자 인터페이스가 훨씬 좋다. 사용자는 사용자 인터페이스를 통해 안내를 받으면서 많은 지식 없이도 응용 프로그램의 여러 기능을 쉽게 쓸 수 있다. 그러나 자주 사용하는 사용자에게는 명령행 인터페이스가 자동화하기 쉽다는 주요 이점이 있다. 매일 수백 개의 파일을 처리해야 하는 경우, 파일 선택기 대화 상자를 이용한다면 파일 이름을 입력하는 데만도 상당한 시간이 필요하다. 그러나 배치 파일 또는 셸 스크립트(컴퓨터 운영 체제의 한 기능)를 사용하면 서로 다른 명령행 인자로 자동으로 여러 번 프로그램을 호출할 수 있다.

명령행에서 시작하는 프로그램은 sys 모듈에 정의된 argv 리스트의 명령행 인자를 받는다.

작성하는 프로그램은 `sys` 모듈에 정의된 `argv` 리스트에서 명령행 인자를 받는다. 위의 예에서 `argv` 리스트의 길이는 3이며 다음 문자열을 포함한다.

```
argv[0]:    "program.py"
argv[1]:    "-v"
argv[2]:    "input.dat"
```

첫 번째 요소(`argv[0]`)에는 프로그램 이름이 포함되고, 나머지 요소에는 명령행 인자가 지정된 순서대로 포함된다.

© xyno/iStockphoto.

Julius Caesar는 간단한 체계를 사용해 메시지를 암호화했다.

파일을 암호화하는 프로그램, 즉 암호 해독 방법을 알고 있는 사람을 제외하고는 아무도 읽을 수 없도록 하는 프로그램을 작성해 보자. 암호화 분야의 2,000년 동안의 발전을 무시하고 Julius Caesar가 사용했던 방법을 사용하여 A를 D로, B를 E로 대체하는 등의 간단한 방법을 사용하자(그림 1 참조). 이러한 시저(Caesar) 암호는 대문자와 소문자만 처리하고, 공백과 문장 부호는 변경하지 않는다.

그림 1
시저 암호

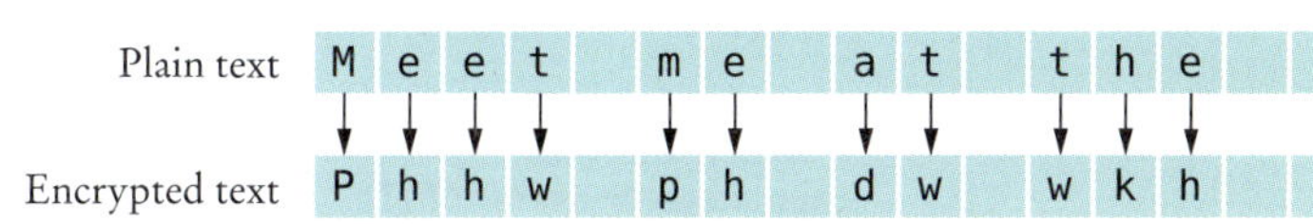

프로그램은 다음 명령행 인자를 사용한다.

- 암호화 대신 암호 해독(복호화)을 나타내는 선택적인 `-d` 플래그
- 입력 파일 이름
- 출력 파일 이름

예를 들어

```
python cipher.py input.txt encrypt.txt
```

는 `input.txt` 파일을 암호화해 결과를 `encrypt.txt`에 기록한다.

```
python cipher.py -d encrypt.txt output.txt
```

는 `encrypt.txt` 파일을 해독하고 결과를 `output.txt`에 저장한다.

sec03/cipher.py

```
##
#  This program encrypts a file using the Caesar cipher.
#

from sys import argv

DEFAULT_KEY = 3

def main() :
   key = DEFAULT_KEY
   infile = ""
   outfile = ""

   files = 0    # Number of command line arguments that are files.
   for i in range(1, len(argv)) :
      arg = argv[i]
      if arg[0] == "-" :
         # It is a command line option.
         option = arg[1]
         if option == "d" :
            key = -key
         else :
            usage()
            return

      else :
         # It is a file name.
         files = files + 1
         if files == 1 :
            infile = arg
         elif files == 2 :
            outfile = arg

   # There must be two files.
   if files != 2 :
      usage()
      return

   # Open the files.
   inputFile = open(infile, "r")
   outputFile = open(outfile, "w")

   # Read the characters from the file.
   for line in inputFile :
      for char in line :
         newChar = encrypt(char, key)
         outputFile.write(newChar)

   # Close the files.
   inputFile.close()
   outputFile.close()

## Encrypts upper- and lowercase characters by shifting them according to a key.
#  @param ch the letter to be encrypted
#  @param key the encryption key
#  @return the encrypted letter
#
def encrypt(ch, key) :
   LETTERS = 26    # Number of letters in the Roman alphabet.
```

```
    if ch >= "A" and ch <= "Z" :
       base = ord("A")
    elif ch >= "a" and ch <= "z" :
       base = ord("a")
    else :
       return ch      # Not a letter.

    offset = ord(ch) - base + key
    if offset > LETTERS :
       offset = offset - LETTERS
    elif offset < 0 :
       offset = offset + LETTERS

    return chr(base + offset)

## Prints a message describing proper usage.
#
def usage() :
   print("Usage: python cipher.py [-d] infile outfile")

# Start the program.
main()
```

HOW TO 7.1

텍스트 파일 처리 _Processing Text Files

실제 데이터가 포함된 텍스트 파일을 처리하는 것은 꽤 어려운 일인데, 이 How To에서 단계별로 안내한다.

문제 정의 두 국가 데이터 파일인 worldpop.txt와 worldarea.txt를 읽는다(보조 사이트의 소스 코드에서 how_to_1에 있음). 두 파일 모두 같은 순서로 같은 국가를 포함한다.

국가 이름과 인구 밀도(제곱킬로미터당 인구)를 포함하는 파일 world_pop_density.txt를 작성하라(국가 이름은 왼쪽으로 정렬되고, 숫자는 오른쪽으로 정렬됨).

```
Afghanistan                  50.56
Akrotiri                    127.64
Albania                     125.91
Algeria                      14.18
American Samoa              288.92
. . .
```

© Oksana Perkins/iStockphoto.

싱가포르는 세계에서 가장 인구 밀도가 높은 국가 중 하나이다.

1단계 처리해야 할 작업을 이해한다.

항상 그렇듯이 해결책을 설계하기 전에 작업을 명확하게 이해해야 한다. 수동으로 작업을 수행 할 수 있나(아마도 작은 입력 파일로)? 그렇지 않으면 문제에 대해 더 자세한 정보를 얻어라.

고려해야 할 한 가지 중요한 점은 사용 가능한 데이터를 바로 처리하는지 아니면 먼저 저장해야 하는지 여부이다. 예를 들어 정렬된 데이터를 작성하라는 요청을 받으면, 먼저 모든 입력을 수집해 리스트에 저장해야 한다. 그러나 데이터를 저장하지 않고 계속해서 데이터를 처리할 수 있는 경우가 종종 있다.

이 예에서는 입력 파일이 인구 및 지역 데이터를 동일한 순서로 저장하기 때문에 각 파일을 한 번에 한 줄씩 읽고 각 줄의 밀도를 계산할 수 있다.

다음 의사코드가 처리하는 작업을 설명한다.

```
읽을 줄이 더 있으면
    각 파일에서 한 줄을 읽는다.
    국가 이름을 추출한다.
    population = 첫 번째 파일의 행에서 국가 이름 뒤에 오는 숫자
    area = 두 번째 파일의 줄에서 국가 이름 뒤에 오는 숫자
    area가 0이 아닌 경우
        density = population / area
    국가 이름과 density를 출력하라.
```

2단계 읽고 쓸 파일을 결정하라.

이것은 문제에서 분명히 해야 한다. 이 예에서는 인구 데이터와 면적 데이터의 두 입력 파일과 하나의 출력 파일이 있다.

3단계 파일 이름을 얻기 위한 메커니즘을 선택하라.

다음 세 가지 옵션이 있다.

- 파일 이름을 하드 코딩(예: `"worldpop.txt"`):

  `filename = "worldpop.txt"`

- 사용자에게 질문:

  `filename = input("Enter filename: ")`

- 파일 이름에 명령행 인자 사용:

이 예에서는 단순하게 처리하기 위해 하드 코딩된 파일 이름을 사용한다.

4단계 파일에 걸쳐서 반복과 개별 행 읽기 중에서 선택한다.

경험 법칙에 의해, 레코드가 라인별로 그룹화된 경우에는 입력 데이터 전반에서 반복하라. 데이터가 여러 줄로 분산된 레코드를 수집할 때는 각 줄을 읽고 파일의 끝을 명시적으로 확인해야 한다.

이 예에서는 두 개의 입력 파일에서 데이터를 읽고 있으므로 개별 행을 읽어야 한다. 만일 하나의 파일에서만 읽는다면 `for` 루프를 사용하여 파일 전체에 걸쳐 반복할 수 있었을 것이다.

5단계 행-단위 입력에서 필요한 데이터를 추출한다.

`for` 루프를 사용하여 입력 행들을 읽는 것은 간단하다. 그다음 개별 필드의 데이터를 추출해야 한다. 이것은 7.2.2절의 설명처럼 수행할 수 있다. 일반적으로 `split` 또는 `rsplit` 메소드를 사용해 이를 수행한다.

6단계 함수를 사용해 일반적인 작업을 묶어낸다.

입력 파일 처리에는 일반적으로 문자열 분리 및 문자열 변환과 같은 반복 작업이 있다. 이러한 지루한 작업을 처리할 수 있는 함수를 개발하는 것이 큰 도움이 된다.

이 예에서는 국가 이름과 다음 값을 추출하는 헬퍼 함수를 호출하는 작업이 있다. 국가 이름 뒤에 값이 나오는 식으로, 두 파일의 형식이 동일하므로 데이터 레코드를 추출하는 데 단일 함수를 사용할 수 있다. 7.2.4절에 설명된 대로 다음 함수를 구현할 것이다.

```
extractDataRecord(infile)
```

다음은 완전한 소스 코드이다.

how_to_1/population.py

```
##
#  This program reads data files of country populations and areas and prints the
#  population density for each country.
#

POPULATION_FILE = "worldpop.txt"
AREA_FILE = "worldarea.txt"
REPORT_FILE = "world_pop_density.txt"

def main() :
   # Open the files.
   popFile = open(POPULATION_FILE, "r")
   areaFile = open(AREA_FILE, "r")
   reportFile = open(REPORT_FILE, "w")

   # Read the first population data record.
   popData = extractDataRecord(popFile)
   while len(popData) == 2 :
      # Read the next area data record.
      areaData = extractDataRecord(areaFile)

      # Extract the data components from the two lists.
      country = popData[0]
      population = popData[1]
      area = areaData[1]

      # Compute and print the population density.
      density = 0.0
      if area > 0 :   # Protect against division by zero.
         density = population / area
      reportFile.write("%-40s%15.2f\n" % (country, density))

      # Read the next population data record.
      popData = extractDataRecord(popFile)

   # Close the files.
   popFile.close()
   areaFile.close()
   reportFile.close()

## Extracts and returns a record from an input file in which the data is
#  organized by line. Each line contains the name of a country (possibly
#  containing multiple words) followed by an integer (either population
#  or area for the given country).
#  @param infile the input text file containing the line oriented data
#  @return a list containing the country (string) in the first element
#  and the population (int) or area (int) in the second element. If the end of
#  file was reached, an empty list is returned
#
def extractDataRecord(infile) :
   line = infile.readline()
   if line == "" :
      return []
   else :
      parts = line.rsplit(" ", 1)
      parts[1] = int(parts[1])
      return parts

# Start the program.
main()
```

WORKED EXAMPLE 7.1

아기 이름 분석 _Analyzing Baby Names

© Nancy Ross/iStockphoto.

미국의 사회 보장국은 웹 사이트 `http://www.ssa.gov/OACT/babynames/`에 가장 인기 있는 아기 이름 목록을 게시한다. 특정 연도에 가장 인기 있는 1,000개의 이름을 질의하면 브라우저가 결과를 화면에 표시한다(아래의 아기 이름 조회 그림 참조).

데이터를 텍스트로 저장하려면 간단히 데이터를 선택해 결과를 파일에 붙여 넣는다. 보조 사이트의 소스 코드에는 2011년 데이터의 `babynames.txt` 파일이 포함되어 있다.

파일의 각 줄에는 다섯 개의 항목이 있다.

- 순위(1~1,000)
- 해당 순위 남아 이름과 백분율
- 해당 순위 여아 이름과 백분율

예를 들어, 다음 행은

```
6  Michael  0.8247%  Emily  0.7375%
```

여섯 번째로 가장 흔한 남아의 이름은 Michael이며, 출생자의 0.8247%이고, 가장 흔한 여섯 번째의 여아 이름은 Emily이다.

문제 정의 Michael이 왜 Emily보다 더 흔한 이름일까? 부모들이 여아 이름을 더 여러 종류 사용해, 여아 이름 각각의 빈도가 더 낮아진 것처럼 보인다. 프로그램에서 할 일은 리스트에서 남아와 여아의 상위 50%까지 지어진 이름을 알아내어 그 추측을 테스트하는 것이다. 50% 한도에 도달할 때까지 남아와 여아 이름을 순위와 함께 출력하면 된다.

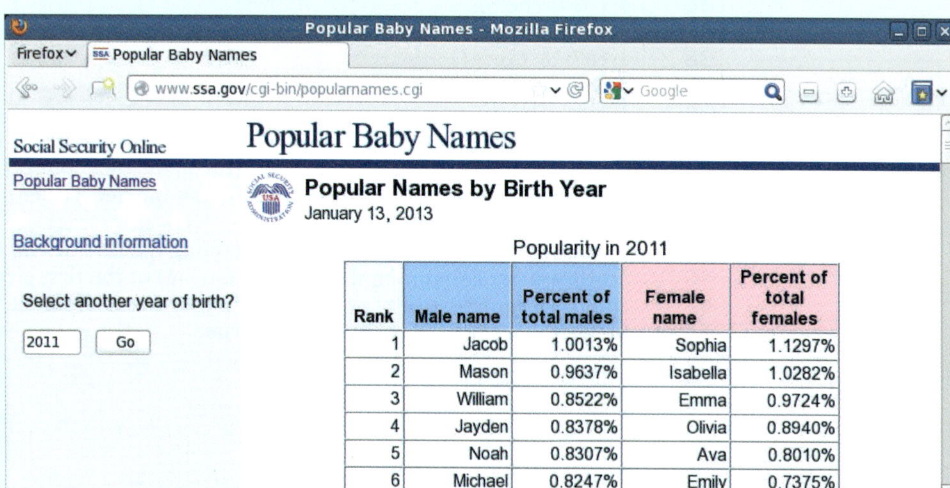

Rank	Male name	Percent of total males	Female name	Percent of total females
1	Jacob	1.0013%	Sophia	1.1297%
2	Mason	0.9637%	Isabella	1.0282%
3	William	0.8522%	Emma	0.9724%
4	Jayden	0.8378%	Olivia	0.8940%
5	Noah	0.8307%	Ava	0.8010%
6	Michael	0.8247%	Emily	0.7375%

아기 이름 질의

1단계 처리해야 할 작업을 이해한다.

각 줄을 처리하기 위해 전체 줄을 읽고 공백으로 나눈다. 그다음 해당 작업에 필요한 5개 값(순위, 남아 이름, 남아 비율, 여아 이름, 여아 비율)을 추출하여 순위를 정수로, 백분율을 부동-소수점 값으로 변환한다. 50%에 도달하면 처리를 중지하기 위해 백분율을 더하고 50%에 도달하면 중지한다.

남아와 여아를 위해 별도의 합계가 필요하다. 총계가 50%에 도달하면 출력이 중지된다. 두 합계가 모두 50%에 도달하면 읽기를 중단한다.

다음 의사코드는 처리 작업을 설명한다.

```
boyTotal = 0
girlTotal = 0
boyTotal < 50 또는 girlTotal <50 동안
    한 줄의 값을 읽고 나눈다.
    개별 값을 추출한다.
    boyTotal <50인 경우
        남아 이름을 출력.
    boyTotal에 백분율을 추가.
    여아 부분에 대해 반복
```

2단계 읽고 쓸 파일을 결정하라.

우리는 `babynames.txt` 파일만 읽는다. 출력을 파일로 저장하라는 요청이 없으므로 출력은 터미널로 보낸다.

3단계 파일 이름을 얻기 위한 방법을 선택하라.

파일 이름을 입력하라는 메시지를 표시하지 않아도 된다.

4단계 파일 전체에 걸쳐 반복 또는 개별 행 읽기 중에서 선택한다. 전체 파일을 읽지는 않지만 남아 이름이나 여아 이름에 대해 50%에 도달하면 중지하므로 개별 행을 읽어야 한다. 전체 파일을 반복할 때 `for` 루프를 사용한다.

5단계 행-단위 입력에서 필요한 데이터를 추출한다.

"Mary Jane"과 같이 공백을 포함하는 이름이 없기 때문에 `split` 방법을 사용해 입력 라인을 다섯 부분으로 나눌 수 있다. 순위와 백분율을 추출할 때 순위를 정수로 변환하고 백분율을 부동-소수점 값으로 변환해야 한다. 또한 백분율 문자열에서 백분율 기호를 부동-소수점 값으로 변환하기 전에 제거해야 한다.

6단계 함수를 사용해 일반적인 일을 묶어낸다.

의사코드에 "여아 부분에 대해 반복"이 있다. 헬퍼 함수가 필요한 공통 작업이 존재한다. 이 공통 작업에는 다음 두 가지 작업이 해당한다.

```
총계가 50% 미만인 경우 이름을 출력.
총계에 백분율을 추가.
```

마지막 작업에는 기술적인 문제가 있다. 파이썬에서는 함수가 숫자 인자를 수정할 수 없다. 따라서 함수는 총계를 받아 업데이트한 값을 반환한다. 그런 다음 업데이트한 값은 나음과 같이 저장한다.

```
boyTotal = processName(boyName, boyPercent, boyTotal)
girlTotal = processName(girlName, girlPercent, girlTotal)
```

보다시피 함수는 이름과 백분율도 또한 받아야 한다. 함수 코드는 다음과 같다.

```
## 만약 total이 LIMIT보다 작으면 name을 출력하고 total 값을 수정
#  @param name 남아, 여아의 이름
#  @param percent 이 name의 백분율
```

```
#  @param total 처리된 총 백분율
#  @return 수정된 total을 반환
#
def processName(name, percent, total) :
   if total < LIMIT :
      print("%-15s" % name, end="")
   else :
      print("%-15s" % "", end="")
   total = total + percent
   return total
```

전체 프로그램은 다음과 같다. 프로그램 출력을 살펴보라. 놀랍게도, 141명의 남아 이름과 324개의 여아 이름이 모든 출생의 절반을 차지한다. 개인 맞춤형 상품을 생산하는 사람들에게 반가운 소식이다. 연습문제 P7.10에서는 이 분포가 몇 년 동안에 걸쳐 어떻게 변했는지 조사해 보도록 한다.

worked_example_1/babynames.py

```
##
#  This program displays the most common baby names. Half of boys and girls in
#  the United States were given these names in 2011.
#

# The percentage limit to be extracted.
LIMIT = 50.0

def main() :
   inputFile = open("babynames.txt", "r")

   boyTotal = 0.0
   girlTotal = 0.0
   while boyTotal < LIMIT or girlTotal < LIMIT :
      # Extract the data from the next line and split it.
      line = inputFile.readline()
      dataFields = line.split()

      # Extract the individual field values.
      rank = int(dataFields[0])
      boyName = dataFields[1]
      boyPercent = float(dataFields[2].rstrip("%"))
      girlName = dataFields[3]
      girlPercent = float(dataFields[4].rstrip("%"))

      # Process the data.
      print("%3d " % rank, end="")
      boyTotal = processName(boyName, boyPercent, boyTotal)
      girlTotal = processName(girlName, girlPercent, girlTotal)
      print()

   inputFile.close()

## Prints the name if total < LIMIT and adjusts the total.
#  @param name the boy or girl name
#  @param percent the percentage for this name
#  @param total the total percentage processed
#  @return the adjusted total
#
def processName(name, percent, total) :
   if total < LIMIT :
      print("%-15s " % name, end="")
   else :
```

```
        print("%-15s " % "", end="")

    total = total + percent
    return total

# Start the program.
main()
```

Program Run

```
  1 Jacob         Sophia
  2 Mason         Isabella
  3 William       Emma
  4 Jayden        Olivia
  5 Noah          Ava
  6 Michael       Emily
  7 Ethan         Abigail
  8 Alexander     Madison
  9 Aiden         Mia
 10 Daniel        Chloe
...
140 Jaxson        Izabella
141 Jesse         Laila
142               Alice
143               Amy
...
321               Selena
322               Maddison
323               Giuliana
324               Emilia
```

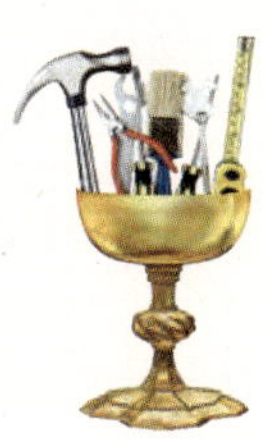

TOOLBOX 7.2

파일 및 디렉토리 작업 _Working with Files and Directories_

운영 체제는 컴퓨터상의 파일 시스템 관리를 담당한다. 프로그램이 파일을 열 때, 파이썬은 운영 체제에서 제공하는 도구를 사용하여 해당 작업을 처리한다. 때로는 단순히 파일을 여는 것 이상을 수행해야 할 수도 있다. 예를 들어, 디렉토리의 내용을 얻거나 파일이 존재하는지 여부를 판별해야 할 때가 있다. 이 Toolbox에서는 파이썬 표준 라이브러리의 `os` 모듈에서 제공하는 운영 체제 도구를 사용하여 이러한 작업을 수행하는 방법에 대해 배운다.

파이썬으로 파일을 열 때, 운영 체제는 현재 실행 중인 프로그램이 들어 있는 디렉토리에서 파일을 찾는다. 이 디렉토리를 현재 작업 디렉토리라고 한다. 때로는 입력 및 출력 파일에 접근할 디렉토리의 이름을 프로그램 사용자에게 제공하는 것이 도움이 될 수 있다. 현재 작업 디렉토리의 이름을 얻으려면 다음 함수 호출을 사용하라.

```
name = os.getcwd()
```

현재 프로그램이 사용하는 데이터 파일이 `reports`와 같은 다른 디렉토리에 저장되어 있다면, 파일을 열기 전에 프로그램의 현재 작업 디렉토리를 변경할 수 있다.

```
subdir = "reports"
os.chdir(subdir)
```

이 장의 앞부분에서 배운 것처럼 입력받을 파일을 열 때 파일이 존재해야 하고, 만일 없다면 예외가 제기된다. 파일을 먼저 열지 않고도 파일이 있는지 테스트할 수 있다. exists 함수는 파일 이름을 인자로 사용하여 파일 여부를 나타내는 부울 값을 반환한다.

```
filename = "scores.txt"
if os.path.exists(filename) :
   inputFile = open(filename)
```

이 함수는 사용자에게 입력 파일 이름을 묻는 프롬프트를 표시할 때 유용하다. 존재하는 파일 이름을 입력할 때까지 반복하여 파일 이름을 입력하라는 프롬프트를 루프와 함께 사용할 수 있다.

```
filename = input("Enter data file name: ")
while not os.path.exists(filename) :
   print("Error: invalid file name!")
   filename = input("Enter data file name: ")
```

파일 이름을 묻기 전에 현재 디렉토리의 내용 목록을 제공하여 프로그램의 유용성을 더욱 향상시킬 수 있다. listdir 함수는 현재 디렉토리의 각 파일마다 하나씩의 문자열로 된 문자열 리스트를 반환한다.

```
contents = os.listdir()
```

파일 이름 리스트를 얻은 후 이 리스트에 걸쳐 반복하면서 문자열들을 출력할 수 있다.

```
for filename in contents :
   print(filename)
```

다른 디렉토리에 있는 파일 목록을 얻으려면 디렉토리 이름을 listdir 함수에 인자로 전달하라.

```
contents = os.listdir("reports")
```

listdir 함수는 그 디렉토리 안에 있는 파일 이름뿐만 아니라 하위 디렉토리의 이름도 반환한다. 사용자가 선택해야 하는 파일 이름 목록을 표시할 때는 일반적으로 디렉토리 이름을 포함하지 않을 것이다.

목록의 문자열이 파일 이름인지

```
if os.path.isfile(filename) :
   print(filename, "is a file.")
```

아니면 디렉토리인지

```
if os.path.isdir(filename) :
   print(filename, "is a directory.")
```

위의 두 함수로 테스트할 수 있다.

표 6에는 파일 작업에 유용한 기타 기능이 나열되어 있다. 거의 모든 것이 os 및 os.path 모듈에 있지만 파일 복사 기능은 shutil 모듈에 있다.

다음 프로그램은 현재 디렉토리와 하위 디렉토리에 있는 모든 GIF 이미지 파일의 이름을 출력한다. 전체 파일 시스템 또는 여러 디렉토리 레벨의 내용을 순회하는 것은 더 어렵고 재귀(recursion)를 사용해야 한다.

toolbox_2/listgifs.py

```
##
#  This program prints the names of all GIF image files in the current directory
#  and the subdirectories of the current directory.
#

import os

print("Image Files:")

```

```
# Get the contents of the current directory.
dirName = os.getcwd()
contents = os.listdir()
for name in contents :
   # If the entry is a directory, repeat on its contents.
   if os.path.isdir(name) :
      for name2 in os.listdir(name) :
         entry = os.path.join(name, name2)
         # If it is a file ending in .gif, print it.
         if os.path.isfile(entry) and name2.endswith(".gif") :
            print(os.path.join(dirName, entry))

   # Otherwise, it's a file. If the name ends in .gif, print it.
   elif name.endswith(".gif") :
      print(os.path.join(dirName, name))
```

표 6 os, os.path, shutil 모듈의 함수

함수	설명
os.chdir(*dirname*)	현재 작업 디렉토리를 변경.
os.getcwd()	현재 작업 디렉토리의 이름을 반환.
os.listdir() os.listdir(*dirname*)	현재 작업 디렉토리 또는 지정된 디렉토리의 파일 및 디렉토리 이름이 포함된 리스트를 반환.
os.rename(*source*, *dest*)	파일 이름을 변경. *source* 이름이 *dest*로 바뀐다.
os.remove(*filename*)	기존 파일을 삭제.
os.path.exists(*name*)	파일 또는 디렉토리가 존재하는지 여부를 반환.
os.path.isdir(*name*)	주어진 이름이 디렉토리 이름인지 여부를 반환.
os.path.isfile(*name*)	주어진 이름이 파일 이름인지 여부를 반환.
os.path.join(*path*, *name*)	적절한 경로 구분 기호를 포함해 파일 이름을 디렉토리 이름에 추가한 문자열을 반환.
shutil.copy(*source*, *dest*)	문자열 *source*에 이름이 지정된 파일을 디렉토리 또는 이름이 *dest*에 지정된 파일로 복사.

7.4 이진 파일과 임의 접근(생략 가능) _Binary Files and Random Access (Optional)

이번 절에서는 텍스트 이외의 데이터가 포함된 파일을 처리하는 방법을 배운다. 또한 파일의 임의 위치에서 데이터를 읽고 쓰는 방법도 살펴본다. 이를 응용하여 이미지 파일을 편집하는 방법을 보인다.

7.4.1 이진 파일 읽기 및 쓰기

데이터를 저장하는 두 가지 기본적인 방법은 텍스트 형식 또는 이진 형식으로 저장하는 것이다. 텍스트 형식에서 데이터 항목은 일련의 문자들로서 사람이 읽을 수 있는 형태로 표현된다. 예를 들어, 텍스트 형식에서 정수 12,345는 5개의 문자 시퀀스로 저장된다.

```
"1" "2" "3" "4" "5"
```

이진 형식에서는 데이터 항목이 바이트로 표현된다. 바이트는 8비트로 구성되며 각 비트는 0 또는 1이다. 바이트는 256개의 값 중 하나를 나타낸다(256 = 28). 더 큰 값을 나타내기 위해 바이트 시퀀스를 사용하는데, 정수는 종종 4바이트 시퀀스로 저장된다. 예를 들어 정수 123,456은 다음과 같이 저장할 수 있다.

```
64 226 1 0
```

($123{,}456 = 64 + 226 \cdot 256 + 1 \cdot 256^2 + 0 \cdot 256^3$이므로). 이미지와 사운드가 포함된 파일은 일반적으로 이진 형식으로 정보를 저장한다. 이진 파일은 공간을 절약한다. 이 예에서 알 수 있듯이 정수를 저장하는 데 숫자보다 적은 바이트가 필요하다.

이진 파일을 텍스트 편집기에 적재하면 해당 내용을 볼 수 없다. 이진 파일을 처리하려면 이진 데이터를 읽거나 쓰도록 명시적으로 작성된 프로그램이 필요하다. 여기서는 처리 단계를 설명하기 위해 이미지를 저장하는 이진 파일을 사용한다.

이진 파일에 대한 몇 가지 기술적 문제를 다루어야 한다. 읽기 위해 이진 파일을 열려면 다음 명령을 사용하라.

```
infile = open(filename, "rb")
```

이진 파일을 읽기 위해 열려면 모드 문자열 "rb"; 쓰기 위해 열려면 모드 문자열 "wb"를 사용하라.

open 함수에 대한 두 번째 인자는 파일이 열리는 모드를 나타낸다. 이 예제에서 모드 문자열은 이진 파일을 읽기 위해 열고 있음을 나타낸다. 쓰기 위해 이진 파일을 열려면 모드 문자열 "wb"를 사용한다.

```
outfile = open(filename, "wb")
```

이진 파일을 사용하면 문자열을 읽지 않고 개별 바이트를 읽는다. 예를 들어, 다음과 같이 호출하면 4바이트를 읽는다.

```
theBytes = infile.read(4)
```

이 함수에서 반환된 바이트 값은 bytes 시퀀스 유형으로 저장된다. 바이트 시퀀스의 원소는 0과 255 사이의 정수 값이다. 바이트 값 자체를 사용하려면 리스트에 저장된 것처럼 첨자 연산자를 사용하여 bytes 시퀀스에서 추출해야 한다.

```
value = theBytes[0]
```

단일 바이트를 읽으려면 두 단계를 다음과 같이 결합할 수 있다.

```
value = infile.read(1)[0]
```

write 메소드를 사용하여 하나 이상의 바이트를 이진 파일에 쓴다. 이 메소드에는 인자로 바이트 시퀀스가 필요하다. 이 시퀀스를 만들려면 bytes 함수를 각 값이 포함된 리스트 인자와 같이 사용한다.

```
theBytes = bytes([64, 226, 1, 0])
outfile.write(theBytes)
```

7.4.2 임의 접근

읽기 또는 쓰기 작업 전에 파일 마커를 이동해 파일의 임의 위치에 접근할 수 있다.

지금까지는 앞으로 또는 뒤로 건너뛰지 않고, 한 번에 한 문자열씩 파일을 읽거나 한 번에 한 문자열씩 파일에 썼다. 이러한 접근 방법을 **순차 접근**(sequential access)이라고 한다. 많은 응용 프로그램에서 먼저 이전의 모든 항목을 읽을 필요 없이 파일의 특정 항목에 접근하려고 하는데, 이런 접근 방법을 **임의 접근**(random access)이라고 한다.

© Dominik Pabis/Getty Images, Inc.

웨이터가 서브하는 저녁 식사에서 음식은 순차적으로 제공된다. 뷔페에서는 모든 음식에 "임의로 접근"할 수 있다.

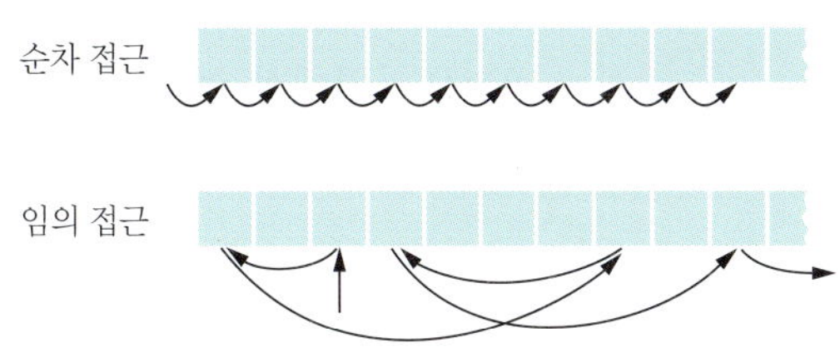

그림 2 순차 및 임의 접근

임의 접근에서 "임의적인(랜덤한)" 특성은 전혀 없다. 임의라는 용어는 파일의 어떤 위치에 저장되어 있든 어떤 항목이든 읽고 수정할 수 있음을 의미한다(그림 2 참조).

각 파일에는 파일 내 현재 위치를 나타내는 특수 마커가 있다. 이 마커는 다음 문자열을 읽거나 쓰는 위치를 결정하는 데 사용된다. 이 파일 마커를 파일 내 특정 위치로 옮길 수 있다. 파일의 시작 부분을 기준으로 마커를 위치시키려면 다음 메소드 호출을 사용하라.

```
infile.seek(position)
```

현재 위치를 기준으로 마커를 이동할 수도 있다. 예를 들어, 마커를 네 바이트 앞으로 이동하려면, io 모듈에 정의된 상수인 SEEK_CUR를 두 번째 인자로 사용하는 다음과 같은 다른 버전의 seek 함수를 사용하라.

```
infile.seek(4, SEEK_CUR)    # 네 바이트 앞으로 이동.
```

첫 번째 인자에 음수 값을 사용하여 마커를 뒤로 이동할 수도 있다.

```
infile.seek(-3, SEEK_CUR)    # 세 바이트 뒤로 이동.
```

(파일 시작 부분부터 계산한) 파일 마커의 현재 위치를 알고 싶으면 다음을 사용하라.

```
position = infile.tell()    # 현재 위치를 가져온다.
```

7.4.3 이미지 파일

서로 다른 종류의 이미지 파일은 이미지 정보와 픽셀 값에 서로 다른 레이아웃을 사용한다.

이 절에서는 BMP 이미지 파일의 파일 형식에 대해 설명한다. 보다 일반적인 GIF, PNG

및 JPEG 형식과 달리 BMP 형식은 데이터 압축을 사용하지 않기 때문에 매우 간단하다. 결과적으로 BMP 파일은 크기가 크므로 많이 사용되지는 않는다. 그러나 이미지 편집기는 모든 이미지를 BMP 형식으로 변환할 수 있다.

BMP 형식에는 여러 가지 버전이 있다. 여기서는 24비트 트루 컬러 형식이라고 하는 가장 단순하고 가장 일반적인 형식만 다룬다. 이 형식에서 각 픽셀은 파랑, 초록, 빨강의 값에 대해 하나씩 3바이트 시퀀스로 표시된다. 예를 들어, 청록색(파랑과 초록의 혼합)은 255 255 0, 빨강은 0 0 255, 중간 회색은 128 128 128이다.

BMP 파일은 다양한 정보가 포함된 헤더로 시작한다. 여기서는 다음 항목만 필요하다.

위치	항목
2	이 파일의 크기(바이트)
10	이미지 데이터의 시작
18	이미지의 너비(픽셀)
22	이미지의 높이(픽셀)

BMP 파일에서 정수를 읽으려면 4바이트(b_0, b_1, b_2, b_3)를 읽고 다음 식을 사용해 한 정수 값으로 결합시켜야 한다.

$$b_0 + b_1 \cdot 256 + \mathrm{b}_2 \cdot 256^2 + b_3 \cdot 256^3$$

이 작업을 하는 파이썬 코드는 다음과 같다.

```
theBytes = infile.read(4)    # 네 바이트를 읽는다.
result = 0    # 결과 정수를 저장한다.
base = 1
# bytes 시퀀스에 걸쳐 반복해 정수를 계산한다.
for i in range(4) :
   result = result + theBytes[i] * base
   base = base * 256
```

(b_0는 1의 계수이고 b_3은 256^3의 계수이다. 이것을 "리틀-엔디안(little-endian)" 바이트 순서라고 한다. 일부 파일 형식은 "빅-엔디안(big-endian)"이라 하는 반대 바이트 순서를 사용하는데, 빅-엔디안에서는 첫 번째 바이트가 256의 거듭제곱 중 가장 높은 차수의 계수이다. 이진 파일을 처리할 때 어떤 바이트 순서를 사용하는지 알아야 한다.)

이미지는 이미지의 맨 아래 행에 있는 픽셀부터 시작해 일련의 픽셀 행으로 저장된다. 각 픽셀 행에는 일련의 파랑/초록/빨강 삼중항(triplet)들이 있다. 행의 끝은 추가 바이트로 채워져 행의 바이트 수를 4로 나눌 수 있다(그림 3 참조). 예를 들어 한 행이 단 3개의 픽셀, 즉 청록색 하나, 빨간색 하나, 중간 회색 하나의 픽셀들로 구성되었다면, 그 행은 다음과 같이 인코딩된다.

```
255 255 0 0 0 255 128 128 128 x y z
```

여기서 $x\ y\ z$는 바이트를 채워서 행 길이를 4의 배수인 12까지 만든다. 이러한 작은 꼼수 덕분에 실제 파일 형식을 가지고 작업하는 일이 매우 즐거운 경험이 될 수 있다.

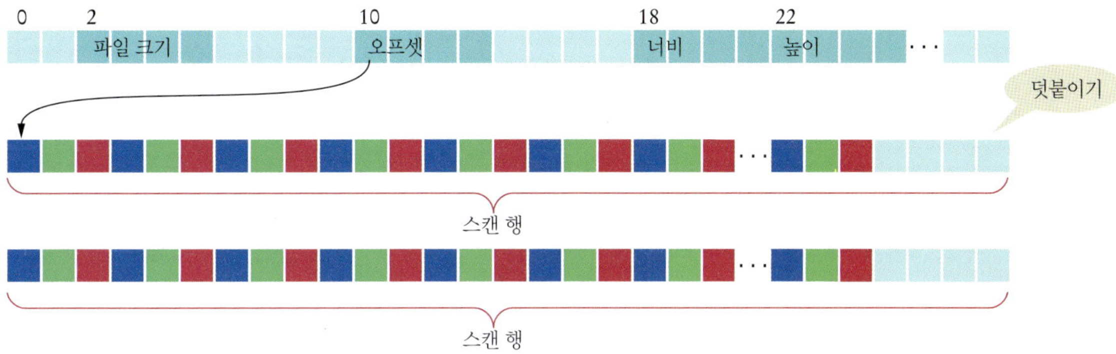

그림 3 24비트 트루 컬러 이미지의 BMP 파일 형식

7.4.4 BMP 파일 처리

읽기와 쓰기를 모두 하기 위해 파일을 열 수 있다.

이진 파일 처리를 설명하기 위해 BMP 이미지 파일을 편집하는 데 사용할 수 있는 파이썬 프로그램을 만들어볼 것이다.

지금까지 우리는 읽기 또는 쓰기 목적으로 파일을 열었다. 그러나 모드 문자열에 더하기(+) 문자가 있는 open 함수를 사용해, 읽기와 쓰기를 모두 할 수 있도록 파일을 열 수 있다.

```
imgFile = open(filename, "rb+")
```

읽기와 쓰기를 모두 하기 위해 파일을 열면, 파일에서 데이터를 읽고, 데이터를 처리하거나 조작하고, 일반적으로 읽은 위치와 같은 위치에 다시 데이터를 쓸 수 있다. 이렇게 하는 것은 이미지 파일로 작업할 때 흔히 하는 작업이다.

파일이 열리면 헤더로부터 이미지 크기와 픽셀 저장 위치의 시작점을 추출하라.

```
# 이미지 정보 추출하기.
fileSize = readInt(imgFile, 2)
start = readInt(imgFile, 10)
width = readInt(imgFile, 18)
height = readInt(imgFile, 22)
```

readInt 함수는 네 개의 연속한 바이트를 정수로 변환하기 위해 앞에서 소개한 버전이다.

```
def readInt(imgFile, offset) :
   # 파일 포인터를 파일 안의 정해진 바이트 수만큼 옮긴다
   imgFile.seek(offset)

   # 각 네 개의 바이트를 읽고 정수를 만든다.
   theBytes = imgFile.read(4)
   result = 0
   base = 1
   for i in range(4) :
      result = result + theBytes[i] * base
      base = base * 256

   return result
```

유일한 차이점은 seek 메소드를 사용해 관련 정보가 BMP 파일에 저장된 위치로 파일 마커를 먼저 이동한다는 것이다.

start 값은 첫 번째 픽셀의 첫 번째 바이트 위치를 나타낸다. 각 바이트를 추출하려면 마커를 그 위치로 이동해야 한다.

```
imgFile.seek(start)
```

이제 각 픽셀을 처리할 수 있다.

```
for row in range(height) :
   for col in range(width) :
      픽셀 처리하기!

   # 줄 끝의 padding 무시하기
   imgFile.seek(padding, SEEK_CUR)  # padding이 라인 20~25에서 계산됨
```

이미지를 네거티브로 바꾸는 간단한 필터를 디지털 이미지에 적용해 보자. 즉, 4.10절에서와 같이 흰색 픽셀을 검은색으로, 청록색을 빨간색 등으로 바꾸는 것이다.

BMP 이미지의 네거티브를 만들려면 먼저 각 픽셀의 파랑/초록/빨강 구성 요소 값을 추출하라.

```
theBytes = imgFile.read(3)
blue = theBytes[0]
green = theBytes[1]
red = theBytes[2]
```

Courtesy of Cay Horstmann.

원래 이미지와 네거티브 이미지

이렇게 한 후 다음 식을 사용해 값을 조정한다.

```
newBlue = 255 - blue
newGreen = 255 - green
newRed = 255 - red
```

픽셀 값을 조정한 후에는 새 값을 읽은 파일의 동일한 위치에 다시 써야 한다.

```
imgFile.seek(-3, SEEK_CUR)   # 3바이트를 픽셀의 시작 부분으로 되돌린다.
imgFile.write(bytes([newBlue, newGreen, newRed]))
```

BMP 이미지를 네거티브로 변환하는 완전한 프로그램은 다음과 같다. 4.10절의 프로그램과 달리 이 프로그램은 이미지를 표시하지 않는다. 대신 이미지가 저장된 파일을 읽고 업데이트한다. 연습문제 P7.24 및 P7.25에서는 더 흥미로운 효과를 만들게 될 것이다.

sec04/imageproc.py

```
 1 ##
 2 #  This program processes a digital image by creating a negative of a BMP image.
 3 #
 4
 5 from io import SEEK_CUR
 6 from sys import exit
 7
 8 def main() :
 9    filename = input("Please enter the file name: ")
10
11    # Open as a binary file for reading and writing.
12    imgFile = open(filename, "rb+")
13
14    # Extract the image information.
15    fileSize = readInt(imgFile, 2)
16    start = readInt(imgFile, 10)
17    width = readInt(imgFile, 18)
18    height = readInt(imgFile, 22)
19
20    # Scan lines must occupy multiples of four bytes.
21    scanlineSize = width * 3
22    if scanlineSize % 4 == 0 :
23       padding = 0
```

```
   else :
      padding = 4 - scanlineSize % 4

   # Make sure this is a valid image.
   if fileSize != (start + (scanlineSize + padding) * height) :
      sys.exit("Not a 24-bit true color image file.")

   # Move to the first pixel in the image.
   imgFile.seek(start)

   # Process the individual pixels.
   for row in range(height) :   # For each scan line
      for col in range(width) :   # For each pixel in the line
         processPixel(imgFile)

      # Skip the padding at the end.
      imgFile.seek(padding, SEEK_CUR)

   imgFile.close()

## Processes an individual pixel.
#  @param imgFile the binary file containing the BMP image
#
def processPixel(imgFile) :
   # Read the pixel as individual bytes.
   theBytes = imgFile.read(3)
   blue = theBytes[0]
   green = theBytes[1]
   red = theBytes[2]

   # Process the pixel.
   newBlue = 255 - blue
   newGreen = 255 - green
   newRed = 255 - red

   # Write the pixel.
   imgFile.seek(-3, SEEK_CUR)   # Go back 3 bytes to the start of the pixel.
   imgFile.write(bytes([newBlue, newGreen, newRed]))

## Gets an integer from a binary file.
#  @param imgFile the file
#  @param offset the offset at which to read the integer
#  @return the integer starting at the given offset
#
def readInt(imgFile, offset) :
   # Move the file pointer to the given byte within the file.
   imgFile.seek(offset)

   # Read the 4 individual bytes and build an integer.
   theBytes = imgFile.read(4)
   result = 0
   base = 1
   for i in range(4) :
      result = result + theBytes[i] * base
      base = base * 256

   return result

# Start the program.
main()
```

WORKED EXAMPLE 7.2

그래픽스: 장면 파일 표시 _Graphics: Displaying a Scene File

일부 그리기 프로그램에서는 나중에 개별 객체를 편집하여 변경할 수 있는 다양한 객체로 구성된 장면을 작성하고 저장할 수 있다. 장면을 저장하기 위해 프로그램은 장면의 각 객체와 해당 특성을 저장하는 데이터 파일을 만든다.

문제 정의 텍스트 파일에서 장면에 대한 설명을 읽고 이 장면을 그래픽 창에서 그릴 수 있는 그래픽 프로그램을 `ezgraphics` 라이브러리를 이용하여 작성하라.

1단계 처리해야 할 작업을 이해한다.

장면 데이터를 추출하려면 먼저 데이터를 저장하는 데 사용한 형식을 이해해야 한다.

여기서 사용하는 파일 형식은 캔버스와 관련된 데이터를 여러 줄에 저장하고, 각 객체의 데이터를 한 줄에 저장한다.

예를 들어, 다음 텍스트 파일은 오른쪽에 표시된 가로등 기둥의 간단한 장면에 대한 데이터를 갖고 있다.

```
# 가로등 기둥 장면
300
300
blue
# 풀밭 영역은 초록색 사각형
rect, 0, 250, dark green, dark green, 300, 50
# 가로등은 노란색 원
oval, 112, 50, yellow, yellow, 75, 75
# 가로등 기둥은 장식으로 커다란 X가 그려진 직사각형
rect, 130, 120, black, gray, 40, 150
line, 140, 140, red, 160, 160
line, 140, 160, red, 160, 140
# 장면 아래 부분에 쓸 텍스트
text, 52, 285, white, Sample figure file, with 6 objects
```

이 형식은 파일에 빈 줄이 없고 해시 기호(#)로 시작하는 줄은 무시하는 주석문이라고 가정한다. 주석이 아닌 모든 줄은 장면과 관련된 데이터를 포함한다. 필수적인 첫 세 줄에는 캔버스와 관련된 인자인 캔버스의 너비와 높이 및 배경색이 포함된다. 주석 처리되지 않은 각 줄에는 선, 사각형, 타원 또는 텍스트의 네 가지 객체 중 하나를 그리는 데 필요한 인자가 포함된다.

각 객체의 데이터 필드는 한 줄에 있으며 쉼표로 구분된다. 처음 네 개의 필드는 모든 객체에 대해 동일하며 다음을 포함한다.

- 객체의 유형
- 다양한 캔버스 메소드에서 정의하는 것과 같은 x 및 y 위치
- 윤곽선 색상

객체의 유형은 `"line"`, `"rect"`, `"oval"` 또는 `"text"` 문자열 중 하나로 표시된다. 윤곽선 및 채우기 색상은 이름으로 지정해야 한다.

선택적 필드는 특정 객체에 따라 다르다. 텍스트 객체의 경우 표시할 텍스트 내용에 해당하는 추가 필드가 하나 있다. 사각형과 타원의 경우에는 추가 필드가 세 개 있다(채우기 색상, 사각형의 너비와 높이 또는 타원의 경계 상자를 지정하는 정수). 선 객체의 두 개의 추가 필드는 선 끝점의 x 및 y 좌표를 지정한다.

2단계 하향식 접근 방식을 사용하여 알고리즘을 설계한다.

최상위 수준에서 해결책의 알고리즘은 다소 간단하다.

```
장면 파일을 연다.
캔버스 인자를 읽고 창을 구성한다.
장면의 각 객체에 대해
    객체 설명을 읽고 객체를 그린다.
```

편의상 프로그램에서 파일 이름을 직접 지정한다. 파일의 이름을 프롬프트의 방법으로 또는 명령행에서 사용자로부터 얻게 하면 프로그램이 더 유용해지기는 할 것이다. 창 구성, 객체 설명 읽기 및 객체 그리기의 세 가지 주요 작업에 대한 함수를 만든다.

메인 함수는 다음과 같이 알고리즘을 구현한다.

```
def main() :
   infile = open("lamppost.fig", "r")

   win = configureWindow(infile)
   canvas = win.canvas()

   objData = extractNextLine(infile)
   while objData != "" :
      drawObject(objData, canvas)
      objData = extractNextLine(infile)

   win.wait()
```

3단계 그래픽 창을 만들고 구성한다.

입력 파일에서 처음 세 개의 값을 추출하고 이를 사용해 그래픽 창을 만들고 구성한다.

```
def configureWindow(infile) :
   # 창 크기 추출하기.
   width = int(extractNextLine(infile))
   height = int(extractNextLine(infile))

   # 배경색 추출하기.
   color = extractNextLine(infile)
   color = color.strip()

   # 창을 만들고 배경색 정하기.
   win = GraphicsWindow(width, height)
   canvas = win.canvas()
   canvas.setBackground(color)

   # 창 객체 반환.
   return win
```

어려운 부분은 다음 단계에서 설명하는 입력 파일에서 데이터를 실제로 추출하는 것이다.

4단계 파일에서 주석이 아닌 행을 추출하라.

해시 기호로 시작하는 모든 파일 행은 주석으로 간주된다. 단일 값 또는 데이터 행을 추출하는 것은 파일에서 행을 읽는 것만큼 간단하지 않다. 대신 모든 주석은 건너뛰고 주석이 없는 첫 줄을 추출해야 한다. 파일을 읽을 때마다 이 작업을 수행해야 하므로 작업을 수행하는 헬퍼 함수를 만들자.

주석을 건너뛰기 위해 파일에서 한 줄을 읽고 첫 번째 문자가 해시 기호인지 테스트한다. 해시 기호가 아니면 이 줄을 반환한다. 해시 기호인 경우 주석이 아닌 행을 찾거나 파일 끝에 도달할 때까지 다른 한 줄을 읽어들이고 테스트한다.

```
## 텍스트 파일에서 주석문이 아닌 한 행 추출하기.
#  @param infile 장면 기술을 포함한 텍스트 파일
```

```
#  @return 주석이 아닌 다음 라인을 문자열로 반환 또는 파일 끝에 도달한 경우 빈 문자열을 반환
#
def extractNextLine(infile) :
   line = infile.readline()
   while line != "" and line[0] == "#" :
      line = infile.readline()

   return line
```

5단계 객체 설명을 읽고 객체를 그린다.

데이터 파일에서 주석이 아닌 각 행(세 개의 캔버스 인자 제외)에는 객체에 대한 설명이 포함된다. 주석이 아닌 한 줄을 읽은 후에, 이것을 모든 객체가 공유하는 첫 네 개의 필드와 나머지 필드들로 이루어진 다섯 부분으로 분할할 수 있다. 이렇게 다섯 부분으로 나누는 이유는 텍스트 객체의 마지막 필드에 표시하고자 하는 문자열을 넣는데, 이 문자열에 콤마가 들어갈 수 있기 때문이다. 쉼표로 인해 추가 분할이 발생하지 않도록 분할 수를 4로 제한하고 텍스트 객체의 문자열을 그대로 유지한다.

원래 문자열을 분할한 후에는 모든 객체에 윤곽선 색이 있으므로 객체의 윤곽선 색을 설정한다. 다음으로 그려지는 객체의 유형을 확인한다. 객체가 텍스트 객체이면 분할의 마지막 부분에 있는 문자열을 표시한다. 다른 객체 유형의 경우 문자열에 두 개 또는 세 개의 값이 포함되어 있는데, 이들은 선분 끝점의 x 및 y 좌표이거나 사각형 또는 타원의 채우기 색, 너비 및 높이다. 이러한 값을 검색하기 위해 문자열을 다시 분할한다. 객체 설명을 읽고 이를 그리는 함수는 다음과 같다.

```
## 장면 파일에서 추출된 설명을 기반으로 캔버스에 단일 객체를 그린다.
#  @param objData 객체의 설명을 포함하는 문자열
#  @param canvas 그릴 캔버스
#
def drawObject(objData, canvas) :
   # 객체 데이터를 추출한다. 모든 객체는 첫 네 개의 필드를 공유한다.
   parts = objData.split(",", 4)    # 다섯 개의 부분으로 쪼갠다.
   objType = parts[0].strip()
   x = int(parts[1])
   y = int(parts[2])
   outline = parts[3].strip()
   params = parts[4].strip()

   # 객체 색상을 설정한다. 모든 객체는 윤곽선 색이 있다.
   canvas.setOutline(outline)

   # split의 마지막 부분 문자열은 주어진 객체에 대한 파라미터를 포함하며,
   # 이는 객체의 유형에 따라 다르다.
   if objType == "text" :
      canvas.drawText(x, y, params)
   else :
      values = params.split(",")
      if objType == "line" :
         endX = int(values[0])
         endY = int(values[1])
         canvas.drawLine(x, y, endX, endY)
      else :
         # 채우기 색상을 추출하고 캔버스를 사용하도록 설정한다.
         fill = values[0].strip()
         canvas.setFill(fill)

         # 너비와 높이를 추출하고 이를 이용해 객체를 그린다.
         width = int(values[1])
         height = int(values[2])
         if objType == "rect" :
```

```
        canvas.drawRect(x, y, width, height)
    elif objType == "oval" :
        canvas.drawOval(x, y, width, height)
```

6단계 모든 함수를 하나의 파이썬 소스 파일에 합친다.

예제 코드 전체 프로그램은 eText 또는 보조 사이트의 소스 코드에서 See worked_example_2/drawscene.py를 참조하라.

7.5 예외 처리 _*Exception Handling*

프로그램 오류를 처리할 때 **감지**(detection)와 **처리**(handling)라는 두 측면이 있다. 예를 들어, open 함수는 존재하지 않는 파일을 읽으려는 시도를 감지할 수는 있지만 그 오류를 처리할 수는 없다. 오류를 처리하는 좋은 방법은 프로그램을 종료하거나, 사용자에게 다른 파일 이름을 요청하는 것이다. open 함수는 이러한 대안 중에서 선택할 수가 없으므로, 프로그램의 다른 부분에 오류를 알려야 한다.

파이썬에서 예외 처리는 오류 감지 지점으로부터 오류를 다룰 수 있는 처리기로 제어권을 전달하는 유연한 메커니즘을 제공한다. 다음 절에서는 이 동작을 자세히 살펴본다.

7.5.1 예외 발생

예외적인 조건을 알리려면 raise문을 사용해 예외 객체를 발생시켜야 한다.

오류 상태를 감지할 때, 해야 할 일은 정말 간단하다. 적절한 예외를 제기하기만 하면 끝난다. 예를 들어, 누군가 은행 계좌에서 너무 많은 돈을 찾으려 한다고 가정하자.

```
if amount > balance :
    # 이제 무엇을?
```

먼저 적절한 예외를 찾아보자. 파이썬 라이브러리는 모든 종류의 예외 조건을 알리기 위해 많은 표준 예외를 제공한다. 그림 4는 가장 유용한 것들을 보여준다. (예외는 더 특수한 예외를 나무의 바닥에 배치하고 나무 모양의 계층 구조로 정렬된다. 이러한 계층에 대해서는 10장에서 자세히 설명한다.)

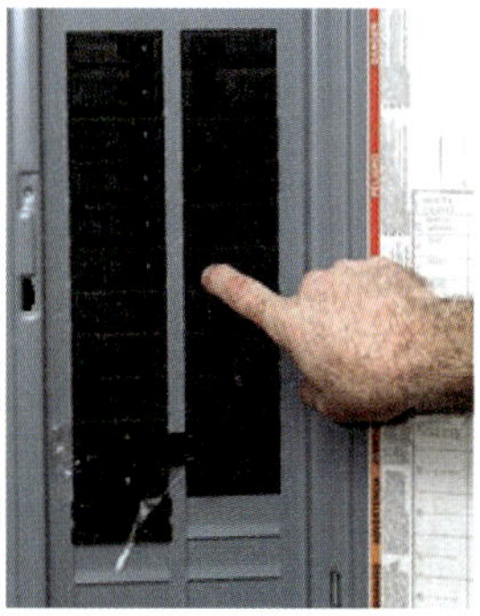

© Lisa F. Young/iStockphoto.

예외가 발생하면 정상적인 제어 흐름이 중단된다. 이는 위험한 상황에서 전기 흐름을 차단하는 회로 차단기와 유사하다.

현재 상황을 설명할 수 있는 예외 유형을 찾아보라. ArithmeticError 예외는 어떤가? 은행잔고가 마이너스이면 산술 오류인가? 파이썬은 음수를 처리할 수 있기 때문에 오류가 아니다. 인출할 금액이 불법적인 값인가? 너무 크기 때문에 실제로 불법적인 값이다. 따라서 다음과 같이 ValueError 예외를 발생시킨다.

```
if amount > balance :
    raise ValueError("Amount exceeds balance")
```

예외가 발생하면 예외 처리기에서 처리가 계속된다.

예외가 발생하면 다음 명령문으로 계속 실행되지 않고 예외 처리기가 실행된다. 이것이 다음 절의 주제이다.

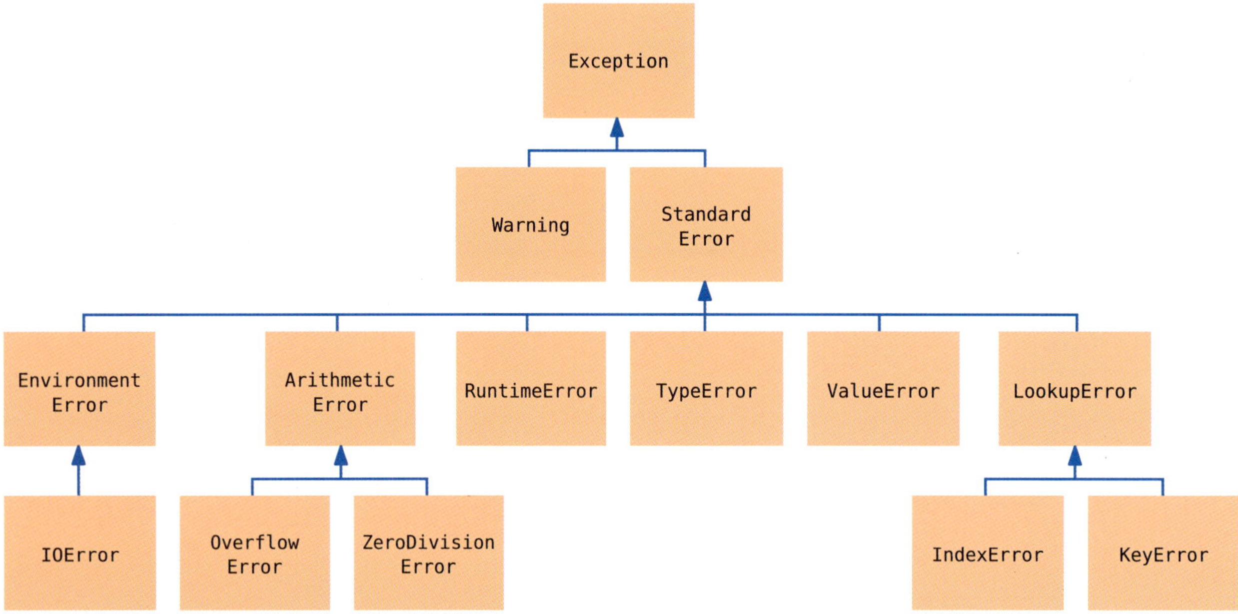

그림 4 예외 클래스 계층의 일부

Syntax 7.2 예외 발생하기

Syntax `raise` *exceptionObject*

```
if amount > balance :
    raise ValueError("Amount exceeds balance")

balance = balance - amount
```

새로운 예외 객체가 생성된 후 발생된다.

이 메시지는 예외에 대한 자세한 정보를 제공한다.

예외가 발생하면 이 줄이 실행되지 않는다.

7.5.2 예외 처리

try 블록 내에 예외를 일으킬 수 있는 문장을 넣고 except 절 내에 처리기를 배치하라.

모든 예외는 프로그램 어딘가에서 처리해야 한다. 예외의 처리기가 없으면 오류 메시지가 인쇄되고 프로그램이 종료된다. 물론 이렇게 처리되지 않는 예외는 프로그램 사용자를 당황하게 한다.

try/except문으로 예외를 처리한다. 특정 예외를 처리하는 방법을 알고 있는 프로그램의 적절한 위치에 이 문장을 넣는다. try 블록에는 처리하려고 하는 종류의 예외를 발생시킬 수 있는 하나 또는 여러 개의 문장을 포함하고 각 except 절에는 한 유형의 예외에 대한 처리기를 포함한다.

다음 예를 보자:

```
try :
   filename = input("Enter filename: ")
   infile = open(filename, "r")
   line = infile.readline()
   value = int(line)
   . . .
except IOError :
   print("Error: file not found.")

except ValueError as exception :
   print("Error:", str(exception))
```

이 try 블록에서 두 가지 예외가 발생할 수 있다.

- 주어진 이름의 파일을 열 수 없는 경우 open 함수가 IOError 예외를 발생시킬 수 있다.
- 문자열에 정수 리터럴의 일부가 될 수 없는 문자가 포함된 경우 int 함수는 ValueError 예외를 발생시킬 수 있다.

이러한 예외 중 하나가 실제로 발생하면 try 블록의 나머지 문장은 건너뛴다. 다양한 예외 유형에 대해 아래와 같은 일이 일어난다.

- IOError 예외가 발생하면 IOError 예외에 대한 except 절이 실행된다.
- ValueError 예외가 발생하면 두 번째 except 절이 실행된다.
- 다른 예외가 발생하면 이 try 블록의 어떤 except 절에 의해서도 처리되지 않는다. 다른 try 블록이 이 예외를 처리할 때까지 계속 예외가 유지된다.

각 except 절은 하나의 처리기를 포함한다. except IOError 절의 몸체가 실행된다면, 이것은 try 블록의 어떤 함수가 실패해 IOError 예외가 발생한 것이다. 이 처리기에서는 단지 '파일을 찾을 수 없다'는 오류 메시지를 인쇄한다.

이제 두 번째 예외 처리기를 다시 살펴보자.

```
except ValueError as exception :
   print("Error:", str(exception))
```

이 처리기의 몸체가 실행되면, 예외에 포함된 메시지를 인쇄한다. int 함수가 문자열을 정수 값으로 변환할 수 없는 경우에는 ValueError 예외를 발생시킨다. 이 함수는 예외의 일부로 메시지를 포함하며, 여기에는 변환하지 못한 문자열이 들어 있다. 예를 들어 문자열 "35x2"이 int 함수에 전달된 경우 예외에 포함된 메시지는 다음과 같다.

```
invalid literal for int() with base 10: '35x2'
```

메시지를 얻으려면 예외 객체 자체에 접근할 수 있어야 한다. 다음과 같이 as 구문을 사용하여 예외 객체를 변수에 저장할 수 있다.

```
except ValueError as exception :
```

ValueError의 처리기가 실행될 때 exception은 예외 객체로 설정된다. 위의 코드에서는 그런 다음 str(exception)을 호출해 메시지 문자열을 얻는다. 이 연산을 예외 객체를 문자열로 바꾼다고 생각해도 된다.

예외가 발생하면 원하는 고유한 메시지 문자열을 출력할 수도 있다. 예를 들어 아래와 같

Syntax 7.3 예외 처리하기

Syntax

```
try :
    statement
    statement
    . . .
except ExceptionType :
    statement
    statement
    . . .
except ExceptionType as varName :
    statement
    statement
    . . .
```

```
try :
    infile = open("input.txt", "r")

    line = infile.readline()
    process(line)

except IOError :
    print("Could not open input file.")

except Exception as exceptObj :
    print("Error:", str(exceptObj))
```

이 함수는 IOError 예외를 발생시킬 수 있다.

IOError가 발생하면, 여기에서 실행이 다시 시작된다.

이것은 발생한 예외 객체이다.

추가 except 절이 여기에 나타날 수 있다. 일반적인 예외보다 구체적인 예외를 둔다.

이 호출하면

```
raise ValueError("Amount exceeds balance")
```

이 예외의 메시지는 생성자에게 인자로서 제공되는 문자열이 된다.

이 예제의 except 절에서는 사용자에게 문제의 원인을 알려준다. 가끔은 사용자에게 올바르게 입력할 수 있는 기회를 한 번 더 주는 것이 더 낫다. 해결책은 7.6절을 참조하라.

7.5.3 finally 절

> try 블록에 들어가면 예외 발생 여부에 관계없이 finally 절의 문장은 항상 실행이 보장된다.

간혹 예외 발생 여부에 관계없이 어떤 조치를 취해야 할 때가 있다. finally 절이 이러한 상황을 처리하는 데 사용되는데, 일반적인 상황은 다음과 같다.

모든 출력이 파일에 확실하게 기록되는 것이 보장되려면 출력 파일을 닫는 것이 매우 중요하다. 다음 코드에서는 출력 파일을 열고 하나 이상의 함수를 호출한 다음 파일을 닫고 있다.

```
outfile = open(filename, "w")
writeData(outfile)
outfile.close()    # 여기 도달하지 못할 수 있다.
```

이제 마지막 행 이전의 메소드 또는 함수 중 하나에서 예외가 발생한다고 가정해 보자. 그러면 close 메소드가 전혀 실행되지 않는다! 이 문제를 해결하려면 finally 절 안에서 close를 호출해야 한다.

외국 방문객은 여행 중에 무슨 일이 있어도 출입국 관리소를 거쳐야 한다. 마찬가지로 finally 절의 코드는 예외가 발생한 경우에도 항상 실행된다.

© archives/iStockphoto.

```
outfile = open(filename, "w")
try :
   writeData(outfile)

finally :
   outfile.close()
```

정상적인 경우에는 아무런 문제가 없다. try 블록이 끝나면 finally 절이 실행되고 파일이 닫힌다. 그러나 예외가 발생하면 예외가 처리기로 전달되기 전에 이 finally 절이 또한 실행된다.

함수나 메소드가 어떻게 종료되든 상관없이 확실하게 정리하는 것을 보장하기 위해, 파일 닫기와 같이 몇 가지 정리해야 할 작업이 필요할 때마다 finally 절을 사용하라.

Syntax 7.4 finally 절

Syntax
```
try :
   statement
   statement
   . . .
finally :
   statement
   statement
   . . .
```

```
outfile = open(filename, "w")
try :
   writeData(outfile)
   . . .
finally :
   outfile.close()
   . . .
```

이 코드는 예외를 일으킬 수 있다.

try 블록에서 예외가 발생하더라도 이 코드는 항상 실행된다.

실패할 경우에 대비해 try 블록 외부에서 파일을 열어야 한다. 그렇지 않으면 finally 절은 열지 않은 파일을 닫으려고 한다.

Programming Tip 7.1

문제 제기는 일찍, 처리는 늦게

함수가 해결할 수 없는 문제를 감지하면 불완전한 수정을 시도하는 것보다 예외를 발생시키는 것이 좋다. 예를 들어, 함수가 파일에서 숫자를 읽을 것으로 예상했는데, 파일에 숫자가 없는 것을 가정해 보자. 단순히 0 값을 사용하면 실제 문제를 숨기고 다른 어딘가에서 다른 문제를 일으킬 수 있기 때문에 좋지 않은 선택이다.

문제가 감지되자마자 예외를 제기하고, 문제를 처리할 수 있는 경우에만 처리하라.

반대로 함수는 실제로 상황을 해결할 수 있는 경우에만 예외를 처리해야 한다. 그렇지 않으면, 가장 좋은 해결책은 단순히 예외를 호출자에게 전파하여 유능한 처리자가 잡을 수 있도록 하는 것이다.

이러한 원칙은 "문제 제기는 일찍, 처리는 늦게"로 요약할 수 있다.

Programming Tip 7.2

같은 try문에 except와 finally 사용금지

하나 이상의 except 절 다음에 finally 절이 있을 수 있다. 그러면 try 블록이 다음의 세 가지 방법 중 하나로 끝날 때마다 finally 절의 코드가 실행된다.

1. try 블록의 마지막 문장을 완료한 후.
2. 이 try 블록이 예외를 포착한 경우 except 절의 마지막 문장을 완료한 후.
3. try 블록에서 예외가 발생했지만, 포착되지 않은 경우.

except 및 finally 절을 합치고 싶은 유혹을 느끼겠지만, 결과 코드는 이해하기 어려울 수 있고, 대부분 잘못된 것이다. 대신 다음 두 문장을 사용하라.

- 리소스를 닫는 try/finally 문장
- 오류를 처리하기 위한 별개의 try/except 문

예를 들면 다음과 같이 사용한다.

```
try :
   outfile = open(filename, "w")
   try :
      outfile에 출력을 쓴다.
   finally :
      outfile.close()

except IOError :
   예외를 처리한다.
```

open 함수에서 예외가 발생하더라도 중첩된 명령문이 올바르게 작동한다. (단일 try문을 사용할 수 없는 이유를 알려면 연습문제 R7.17을 풀어보라.)

Special Topic 7.4

with문 _The with Statement

파일 열기 및 닫기에 대한 try/finally문은 매우 일반적이어서, 파이썬에는 특별한 방법이 있다.

```
with open(filename, "w") as outfile :
   outfile에 출력을 쓴다.
```

이 with문은 지정된 이름으로 파일을 열고, outfile을 파일 객체로 설정하고, 명령문의 끝에 도달하거나 예외가 발생했을 때 파일 객체를 닫는다.

TOOLBOX 7.3

웹 페이지 읽기 _Reading Web Pages

파이썬 표준 라이브러리에는 인터넷 프로토콜 작업을 위한 도구가 포함되어 있다. 이 Toolbox에서는 파이썬의 urllib 라이브러리의 일부 도구를 사용하여 웹에서 페이지를 열고 읽는다.

시작하려면 페이지의 URL(universal resource locator)이 필요하다. 주소는 `http://`로 시작하고 그 뒤에 웹 사이트 위치가 온다. 페이지를 열려면 다음과 같이 `urllib.request` 모듈의 `urlopen` 함수를 사용하라.

```
import urllib.request
address = "http://horstmann.com/index.html"
response = urllib.request.urlopen(address)
```

URL이 참조하는 데이터를 읽을 수 있는 "응답(response)" 객체를 얻는다. 이 객체는 이진 데이터(예: 이미지) 또는 텍스트(예: 웹 페이지)일 수 있다. `read` 메소드는 모든 응답 객체 데이터를 바이트 단위로 생성한다.

```
theBytes = response.read()
```

웹 페이지가 텍스트라는 것을 알고 있다면, 이진 데이터를 `decode` 메소드를 사용해 문자열로 바꿔라.

```
text = theBytes.decode()
```

이 메소드 호출은 텍스트가 UTF-8 문자 인코딩을 사용한다고 가정한다(Special Topic 7.3 참조). 그렇지 않은 경우 인코딩 이름을 `decode` 메소드의 인자로 지정할 수 있다.

한 번에 한 줄씩 텍스트를 보려면 이 루프를 사용하라.

```
for line in text.splitlines() :
   line을 처리한다.
```

또는 단순히 텍스트를 문자열로 유지하고 정보를 검색할 수 있다.

예를 들어 다른 웹 페이지에 대한 모든 링크를 찾을 수 있다. 웹 페이지는 HTML(Hypertext Markup Language) 언어로 작성된다. 다른 페이지에 대한 링크 형식은 다음과 같다.

```
<a href="link URL">
```

다음 루프는 `href` 용어를 모두 검색하고, 따옴표로 묶인 문자열을 찾아서 출력한다.

```
i = text.find("href")
while i != -1 :
   start = text.find("\"", i)
   end = text.find("\"", start + 1)
   print(text[start + 1 : end])
   i = text.find("href", end + 1)
```

보다시피 이 검색은 텍스트를 줄로 나눌 필요가 없다. 실제로 `href`와 링크 사이에 줄바꿈이 있으면 링크를 놓쳤을 수 있으므로 그렇게 하는 것은 좋은 생각이 아니다.

문자열 메소드 `find`에 전달된 두 번째 인자의 사용에 주목하라. 부분 문자열의 위치를 찾기 위해 전체 소스 문자열을 검색하는 대신 두 번째 인자를 사용하여 소스 문자열에서 검색을 시작할 위치를 지정할 수 있다.

HTML에 익숙하다면 이 검색은 약간 단순하며 일부 링크가 누락될 수 있다. 개선 사항은 연습문제 Toolbox P7.49를 참조하라.

그러나 그것은 사소한 세부 사항이다. 이제 웹 페이지에서 모든 링크를 수집하는 방법을 알게 되었다. 각각을 차례로 따라가면 월드와이드웹의 일부를 매핑할 수 있다. 그것이 구글과 같은 검색 엔진이 하는 일이다. 웹 페이지의 콘텐츠를 읽은 후 응답 객체에 대해 `close` 메소드를 호출하여 연결을 닫아라.

```
response.close()
```

예제 코드 웹 페이지의 내용을 읽고 검색하는 완전한 프로그램에 대해서는 eText 또는 보조 사이트의 소스 코드에서 `toolbox_3/websearch.py`를 참조하라.

7.6 응용: 입력 오류 처리하기 _Application: Handling Input Errors

이 절에서는 예외 처리가 포함된 예제 프로그램을 살펴보자. analyzedata.py 프로그램은 사용자에게 파일 이름을 묻는다. 파일에는 데이터 값이 포함되어 있어야 한다. 파일의 첫 번째 줄에는 총 데이터 수가, 나머지 줄에는 데이터가 포함되어 있다. 일반적인 입력 파일은 다음과 같다:

```
3
1.45
-2.1
0.05
```

프로그램을 설계할 때 어떤 종류의 예외가 발생할 수 있는지 스스로에게 물어보라.

무엇이 잘못될 수 있을까? 두 가지 주요 요인이 있다.

- 파일이 존재하지 않을 수 있다.
- 파일에 잘못된 형식의 데이터가 있을 수 있다.

이러한 결함을 누가 감지할 수 있나? 파일이 존재하지 않으면 open 함수가 예외를 발생시킨다. 입력 값을 처리하는 함수는 데이터 형식에서 오류를 발견하면 예외를 발생시켜야 한다.

어떤 예외가 발생될 수 있을까? open 함수는 파일이 존재하지 않을 때 IOError 예외를 발생시키는데, 이는 우리 상황에 적합하다. 예상보다 적은 데이터 항목이 있거나, 파일이 데이터 개수로 시작하지 않는 경우 프로그램은 ValueError 예외를 발생시킨다.

마지막으로, 예상보다 많은 입력이 있을 경우 적절한 메시지가 있는 RuntimeError 예외가 발생해야 한다.

각 예외에 대해 프로그램의 어느 부분이 잘 처리할 수 있는지 정해야 한다.

예외가 알려준 결함을 누가 해결할 수 있나? analyzedata.py 프로그램의 main 함수가 사용자와 상호 작용해 예외를 처리하고, 적절한 오류 메시지를 출력하고, 사용자에게 올바른 파일을 입력할 수 있는 다른 기회를 제공해야 한다.

```
done = False
while not done :
   try :
      Prompt user for file name.
      data = readFile(filename)
      Process data.
      done = True

   except IOError :
      print("Error: file not found.")

   except ValueError :
      print("Error: file contents invalid.")

   except RuntimeError as error :
      print("Error:", str(error))
```

main 함수의 첫 두 except 절은 잘못된 데이터가 발견되거나 파일을 찾을 수 없는 경우 사람이 읽을 수 있게 오류를 보고한다. 세 번째 except 절은 파일에 예상보다 많은 값이 있을 때 오류를 출력한다. 이 유형의 오류에 사용할 수 있는 표준 예외가 없으므로 일반적인 RuntimeError 예외를 사용한다. 일반적으로 이런 예외는 여러 유형의 오류에 사용된다. 이런 예외를 처리할 때 프로그램은 예외가 발생했을 때 제공된 메시지를 출력해야 한다. 이를 위해 as 연산자를 사용하여 예외 객체에 접근하고 이를 문자열로 변환한다.

main 함수에서 포착한 것과 다른 예외가 발생하면, 프로그램은 예외가 발생한 행 번호와 함께 예외 메시지를 출력하고 멈추어야 한다. 또한 출력에는 예외를 초래한 함수 호출 연결과 호출된 행 번호가 포함되어야 한다. 이를 이용해 프로그래머가 문제를 진단할 수 있다.

다음 readFile 함수는 파일 객체를 만들고 readData 함수를 호출한다. 예외는 처리하지 않기 때문에 입력 파일이 존재하지 않거나 유효하지 않은 데이터가 포함되어 있는 문제가 있을 경우, 함수는 예외를 단순히 호출자에게 전달한다.

```
def readFile(filename) :
   infile = open(filename, "r")
   try :
      return readData(infile)
   finally :
      infile.close()
```

예외가 발생하더라도 finally 절이 파일이 닫히도록 처리된 방법에 주목하라.

readData 함수는 데이터 수를 읽고 리스트를 작성해 데이터 값으로 채운다.

```
def readData(infile) :
   line = infile.readline()
   numberOfValues = int(line)   # ValueError 예외를 발생시킬 수 있다.
   data = []

   for i in range(numberOfValues) :
      line = infile.readline()
      value = float(line)   # ValueError 예외를 발생시킬 수 있다.
      data.append(value)

   # Make sure there are no more values in the file.
   line = infile.readline()
   if line != "" :
      raise RuntimeError("End of file expected.")

   return data
```

세 가지 잠재적 오류가 있을 수 있다.

- 파일이 정수로 시작되지 않을 수 있다.
- 충분한 수의 데이터 값이 없을 수 있다.
- 모든 데이터 값을 읽은 후 추가 입력이 있을 수 있다.

첫 번째 경우, int 함수는 입력 문자열을 정수 값으로 변환하려고 할 때 ValueError 예외를 발생시킨다. 마찬가지로, 두 번째 경우 float 함수가 ValueError 예외를 발생시킨다. 이런 함수들은 이 경우에 해야 할 작업을 모르기 때문에 예외를 다른 곳의 처리기로 보낸다. 우리가 예기치 않은 추가 입력이 있다는 것을 알게 될 때 RuntimeError 예외를 발생시키고 적절한 메시지를 명시한다.

예외 처리가 어떻게 동작하는지 확인하려면, 특정한 오류 시나리오를 살펴보자.

1. main이 readFile 호출

2. readFile이 readData 호출
3. readData는 int를 호출
4. 입력에 정수가 없으면, int는 ValueError 예외를 발생시킴
5. readData에는 except 절이 없다. 즉시 종료
6. readFile에는 except 절이 없다. finally 절을 실행하고 파일을 닫고 즉시 종료
7. main의 첫 번째 except 절은 IOError 예외이다. 현재 발생하는 예외는 ValueError이며 이 처리기는 적용되지 않는다.
8. 다음 except 절은 ValueError 예외에 대한 것이며 여기서 실행이 재개된다. 해당 처리기는 사용자에게 메시지를 출력한다. 그 후, 사용자는 파일 이름을 입력할 기회가 다시 주어진다. 데이터 처리에 대한 설명은 생략되었다.

이 예는 (readData 함수에서의) 오류 감지와 (main 함수에서의) 오류 처리 사이가 분리됨을 보여준다. 이 둘 사이에는 readFile 함수가 있는데, 이것은 단순히 예외를 전달한다.

sec06/analyzedata.py

```python
##
#  This program processes a file containing a count followed by data values.
#  If the file doesn't exist or the format is incorrect, you can specify another file.
#

def main() :
   done = False
   while not done :
      try :
         filename = input("Please enter the file name: ")
         data = readFile(filename)

         # As an example for processing the data, we compute the sum.
         total = 0
         for value in data :
            total = total + value

         print("The sum is", total)
         done = True

      except IOError :
         print("Error: file not found.")

      except ValueError :
         print("Error: file contents invalid.")

      except RuntimeError as error :
         print("Error:", str(error))

## Opens a file and reads a data set.
#  @param filename the name of the file holding the data
#  @return a list containing the data in the file
#
def readFile(filename) :
   infile = open(filename, "r")
   try :
      return readData(infile)
```

```
   finally :
      infile.close()

## Reads a data set.
#  @param infile the input file containing the data
#  @return the data set in a list
#
def readData(infile) :
   line = infile.readline()
   numberOfValues = int(line)   # May raise a ValueError exception.
   data = []

   for i in range(numberOfValues) :
      line = infile.readline()
      value = float(line)        # May raise a ValueError exception.
      data.append(value)

   # Make sure there are no more values in the file.
   line = infile.readline()
   if line != "" :
      raise RuntimeError("End of file expected.")

   return data

# Start the program.
main()
```

TOOLBOX 7.4

통계 분석 _Statistical Analysis

파이썬은 일반적으로 데이터 분석에 사용되며, 많은 통계 함수를 쉽게 사용할 수 있다. 표준 라이브러리에는 평균값, 중간값 및 표준 편차를 계산하는 함수가 있다. 또한 scipy.stats 모듈에는 통계 변수 간의 관계를 테스트하기 위한 많은 함수가 있다. 이 Toolbox에서는 이러한 함수에 대한 몇 가지 흥미로운 샘플 응용 프로그램을 살펴본다. (SciPy 라이브러리를 아직 설치하지 않은 경우 2장의 Toolbox 2.1을 참조하라.)

기본 통계 측정값

표준 라이브러리의 statistics 모듈은 값 리스트의 평균값, 중간값 및 표준 편차를 계산하는 함수를 제공한다.

```
mean = statistics.mean(data)
median = statistics.median(data)
stdev = statistics.stdev(data)
```

예를 들어, data에 전 세계 국가 인구가 포함된 경우 평균은 약 3천만이고 중간값은 약 460만이다. 인구가 매우 많은 소수의 국가가 그 평균을 크게 끌어올렸다. 이 경우 표준 편차(약 1억 2천 2백만)는 그리 유용하지 않다.

표준 편차의 더 유용한 예를 보려면 정규 또는 "종 모양" 분포를 따르는 데이터를 고려해 보라. 정규 분포의 일반적인 예는 한 종류 내의 개체 수이다. 정규 분포 데이터를 사용하면 모집단의 약 68%

가 평균의 한 표준 편차 내에 있고, 모집단의 약 96%가 두 표준 편차 내에 있을 것으로 예상한다. 예제 프로그램에서 볼 수 있듯이 미국 대통령의 키의 평균은 180 cm (5'11")이고 표준 편차는 약 7 cm이다. 따라서 미래 미국 대통령의 키가 166 cm (5'5")보다 작거나 194 cm (6'4")보다 클 확률은 4% 미만이다.

예제 코드 보조 사이트의 소스 코드에서 toolbox_4/basic/stats.py 프로그램을 참조하라.

카이-제곱 테스트

통계의 일반적인 사용 중 하나는 두 변수 간에 유의미한 차이가 있는지 시험하는 것이다. 예를 들어, 시험 점수가 남학생과 여학생 사이에 어떻게 다른지, 또는 가족 소득에 의해 영향을 받는지 알아볼 수 있다. 변수를 **범주형 변수**(categorical variable)와 **연속형 변수**(continuous variable)로 구별한다. 범주형 변수는 남성/여성 또는 인종 분류와 같이 한정된 가능한 값이 있고, 연속 변수(시험 점수, 수입 또는 신장 등)는 연속적인 숫자 값 범위에 속한다.

카이-제곱 테스트는 범주형 변수 간의 관계를 분석한다. 예를 들어 미국 인구 조사국은 인종별 여러 신생아에 대한 데이터를 발행한다(표 7 참조).

표 7 2008년 신생아

	백인	흑인	히스패닉
보통 아이	2,184,914	599,536	1,017,139
쌍둥이	82,903	22,924	23,266
세쌍둥이 이상	4,493	569	834

직관적으로, 쌍둥이와 세쌍둥이의 가능성은 부모의 인종이나 민족과 관계없다. 그러나 히스패닉계 어린이의 수가 흑인 아이보다 70% 더 많았지만 히스패닉계와 흑인 쌍둥이의 수는 비슷하다. 물론 모든 관측에서 임의의 변동을 예상할 수 있다. 카이-제곱 테스트는 특정 값의 행렬이 제공될 때 두 변수가 독립적일 확률을 측정한다.

이러한 종류의 통계 분석을 위해서는 scipy 라이브러리의 scipy.stats 모듈이 필요하다. scipy.stats 모듈을 불러와 chi2_contingency 함수를 호출하라. 이 함수는 여러 값의 튜플을 반환하며, 그중 기본 분석에 필요한 관심이 있는 것이 두 번째 값인데, 그 값은 개별 셀의 변동이 우연히 발생할 수 있는 확률이다.

```
data = [
   [ 2184914, 599536,  1017139 ],
   [ 82903,  22924,  23266 ],
   [ 4493, 569, 834 ]
]

p = scipy.stats.chi2_contingency(data)[1] # 0이 계산됨
```

이 경우 p는 0이므로 차이가 우연이 아니라는 것을 나타내며 쌍둥이 이상의 출생이 인종과 무관하다는 가설은 기각되어야 한다. 히스패닉 쌍둥이가 더 잦은 다른 이유가 있어야 한다.

표 8에 표시한 또 다른 통계는 인종별 정상 분만 및 제왕절개 분만을 나타낸다. 시술 비용 때문에 제왕절개 분만이 가난한 집단에서 덜 나타나는지 궁금할 수 있다. 그러나 이 경우 카이-제곱 테스트는 이 분포가 우연히 발생할 수 있는 확률 0.68을 보이므로 그룹 간에 차이가 있다는 결론을 내릴 수 없다.

표 8 2008년 신생아			
	백인	흑인	히스패닉
정상 분만	1,527	406	717
제왕절개 분만	733	214	322
모름	8	2	3

예제 코드 출생 데이터 분석을 위한 전체 프로그램은 보조 사이트의 소스 코드에서 toolbox_4/chi2/chi2.py를 참조하라.

분산 분석

분산 분석(약어 ANOVA)은 범주형 변수와 연속형 변수 간의 종속성을 결정하는 데 사용된다. 예를 들어, 학생 그룹별로 시험 점수가 크게 다른지 여부를 결정하는 데 사용할 수 있다.

국제 평가 프로그램(PISA)은 15세 학생의 성과를 평가하기 위해 70개 이상의 나라에서 3년마다 시행된다(테스트에 대한 자세한 설명은 http://www.oecd.org/pisa/aboutpisa/를 참조). 여러 나라의 원 데이터 파일을 사용할 수 있다. 여기서는 미국의 2012년 학생 데이터를 분석할 것이다. 데이터 세트는 시험을 치른 거의 5,000명의 학생에 대한 익명의 레코드를 인구 통계학적 데이터와 사고방식 질문에 대한 답변과 함께 제공한다.

한 세트의 질문은 학생들에게 주당 영어 수업의 양에 대해 묻는다(한 시간당 몇 분씩, 주당 몇 번의 수업이 있는지 묻는 두 개의 질문이 있다). 서로 다른 인종 그룹이 같은 양의 교육을 받았다고 보고하는지 확인하려고 한다고 생각하자.

데이터 파일은 방대하지만 이 장에서 배운 도구로 쉽게 처리할 수 있다. 각 학생의 기록은 한 줄을 차지한다. 각 필드의 오프셋과 길이가 문서화되어 있으므로 성별, 인종 및 수업 시간을 추출할 수 있다.

다음은 수업 시간을 추출하여 해당 그룹에 추가하는 코드이다.

```
white = []
black = []
asian = []

infile = open("US_ST12.TXT")
for line in infile :
   race = line[2331 : 2332]
   minPerPeriod = int(line[248 : 252])
   periodsPerWeek = int(line[260 : 264])

   if minPerPeriod > 0 and minPerPeriod < 1000 an
      periodsPerWeek > 0 and periodsPerWeek < 1000
      hours = minPerPeriod * periodsPerWeek / 60
      if race == "1" :
         white.append(hours)
      elif race == "2" :
         black.append(hours)
      elif race == "3" :
         asian.append(hours)
infile.close()
```

그다음 각 그룹의 크기와 평균값을 출력한다.

```
White: 1589 responses, mean 4.463184
Black: 379 responses, mean 4.168162
Asian: 699 responses, mean 4.231354
```

보다시피 평균은 그룹마다 다르며 흑인 학생의 평균은 백인 학생의 평균보다 거의 30분이 짧다. 이 차이가 큰 것인가 아니면 무작위로 발생할 수 있는 것인가? 이것이 ANOVA가 테스트하는 것이다. `stats.f_oneway` 함수는 전달된 리스트에서 데이터 분포가 우연의 결과일 수 있는 확률을 계산한다. 이 함수는 튜플을 반환하는데, 두 번째 원소가 확률이다. 응용 프로그램에서 다음과 같이 계산한다.

```
p = scipy.stats.f_oneway(white,black,asian)[1]
```

계산하면 p는 0.027774 또는 3% 미만이므로 데이터 분포가 우연의 결과일 가능성이 낮다.

확인하기 위해 영어 수업 시간을 성별로 그룹화하자. 프로그램은 다음과 같은 정보를 제공한다.

```
Boys: 1500 responses, mean 4.397800
Girls: 1532 responses, mean 4.339001
p = 0.500792
```

평균은 매우 유사하며 ANOVA 테스트에서 분포가 같은 확률이 50%가 넘을 것이라 한다. 이것은 놀라운 일이 아닌데, 미국 학교에서는 남학생과 여학생이 보통 영어 수업을 같이 하기 때문이다.

예제 코드 전체 프로그램은 보조 사이트의 소스 코드에서 `toolbox_4/anova/anova.py`를 참조하라.

선형 회귀

이전 절에서 범주형 변수와 연속형 변수의 관계를 분석했다. 두 변수가 모두 연속형인 경우 **선형 회귀**(linear regression)라는 다른 테스트를 사용해 변수 간에 선형 의존성이 있는지 테스트할 수 있다.

데이터로 사용하기 위해 OECD Factbook에서 다양한 선진국의 통계 지표를 추출하여 CSV 형식으로 저장했다(`http://www.oecd-ilibrary.org/economics/oecd-factbook_18147364`).

각 행에는 특정 국가의 값들이 나열된다.

```
Country,Per capita income,Life expectancy,% tertiary education,Health
   expenditures,Per capita GDP,GINI
Australia,43372,82.0,38.3,8.9,44407,0.33
Austria,43869,81.1,19.3,10.8,44141,0.27
. . .
```

건강을 위한 지출과 기대 수명 사이의 관계를 연구해 보자. 지출이 많을수록 국민의 수명이 길어질까?

CSV 리더를 사용해 데이터를 읽고 기대 수명 및 건강 지출의 값을 두 리스트에 추가한다.

```
lifeexp = []
healthex = []

reader = csv.reader(open("oecd.csv"))
next(reader) # 헤더 행은 건너뛴다.
for row in reader :
   lifeexp.append(float(row[2]))
   healthex.append(float(row[4]))
```

이제 **선형 상관 계수**(linear correlation coefficient)를 계산할 수 있다. 이 계수는 데이터가 선형 관계를 얼마나 밀접하게 따르는지 나타내는 –1과 1 사이의 값이다(그림 5 참조). +1 또는 –1에 가까운

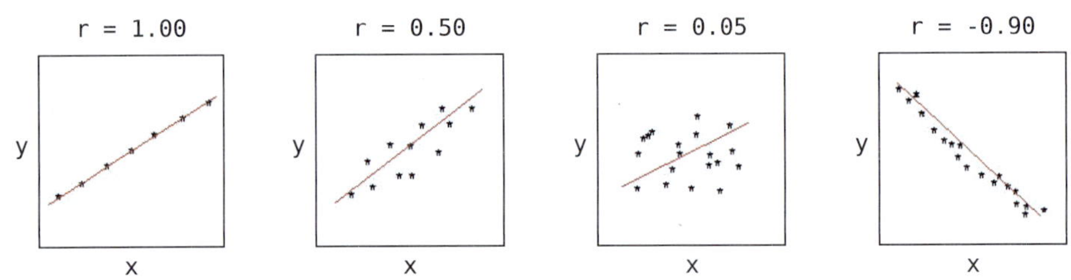

그림 5 선형 상관 계수의 예

상관관계는 해당 데이터 점이 선을 따라감을 나타낸다. 0의 상관관계는 데이터 점이 전혀 선형이 아닌 모양을 형성함을 뜻한다.

`scipy.stats.linregress` 함수는 선형 상관 계수와 회귀선(데이터 점에 가장 잘 맞는 선)의 기울기와 x 절편을 계산한다. 결과는 튜플이며 기울기, 절편 및 상관관계는 처음 세 원소이다.

```
r = scipy.stats.linregress(healthex, lifeexp)
slope = r[0]
intercept = r[1]
correlation = r[2]
```

우리의 경우 상관관계는 0.358864인데, 이것은 매우 약한 것이다. 데이터 점과 회귀선을 그려보자.

```
matplotlib.pyplot.scatter(healthex, lifeexp)

x1 = min(healthex)
y1 = intercept + slope * x1
x2 = max(healthex)
y2 = intercept + slope * x2
matplotlib.pyplot.plot([x1,x2],[y1,y2])
matplotlib.pyplot.show()
```

그림 6에 결과가 나타나 있다.

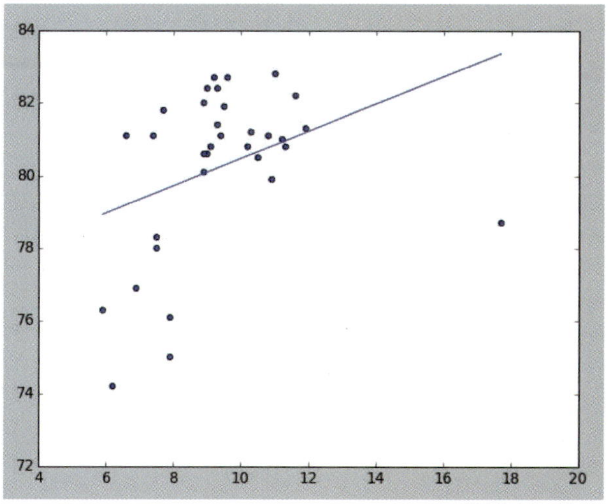

그림 6 건강 지출과 장수의 상관관계

한 이상한 점(outlier)이 보이는데, 장수의 측면에서 상응하는 수익을 얻지 않고 의료 서비스에 다른 국가보다 훨씬 더 많은 지출을 하는 나라가 하나 있다. 바로 미국이다. 이 이상한 점을 제거하면 약 0.61의 상관관계가 생성된다(연습문제 Toolbox P7.40 참조).

예제 코드 전체 프로그램은 보조 사이트의 소스 코드에서 `toolbox_4/regression/regression.py`를 참조하라.

실제 데이터를 분석하기 위해 통계 함수를 사용하는 몇 가지 예를 보았다. 더 많은 함수가 있으며 통계 상황에서 다른 상황에 적합한 것을 알 수 있도록 통계 과정 수업을 수강하는 것이 좋다. 연구 분야의 데이터 분석에 직면했을 때 파이썬을 사용하도록 영감을 얻었기를 바란다.

WORKED EXAMPLE 7.3

버블 차트 생성하기 _*Creating a Bubble Chart*

버블 차트는 **3차원 데이터**(three-dimensional data)의 관계를 나타낸다. 즉, 각 데이터 점은 3개의 값 (x, y, z)으로 구성된다. 개별 데이터 점은 원 또는 "버블"로 표시된다. 버블의 중심은 x 및 y 값을 기준으로 그래프에서 가로 및 세로로 배치되며 z 값은 버블의 크기를 뜻한다.

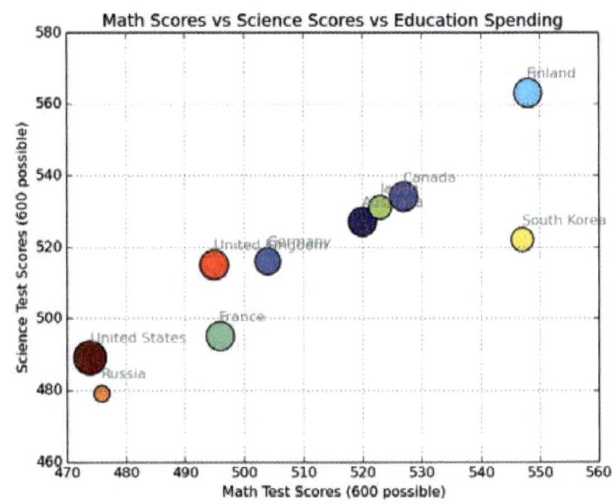

문제 정의 이번 임무는 `matplotlib` 라이브러리(이 라이브러리를 설치하지 않은 경우 Toolbox 2.1을 참조)를 사용해 수학 및 과학에서 국가의 연간 교육 지출과 학생 시험 점수 사이의 관계를 보여주는 버블 차트를 만드는 것이다. 데이터는 텍스트 파일로 저장되어 있다.

1단계 작업을 단계로 나눈다.

이 문제는 세 단계로 나눌 수 있다.

텍스트 파일에서 데이터를 로드한다.
데이터를 그린다.
그래프 모양을 개선한다.

2단계 처리해야 할 작업을 이해한다.

파일에서 데이터를 로드하려면 파일이 저장된 형식을 이해해야 한다. `education.txt` 파일의 내용은 다음과 같다.

```
Australia
5766 520 527
Canada
5749 527 534
Germany
4682 504 516
. . .
```

각 레코드에는 두 줄에 걸쳐 네 개의 정보가 있다. 첫 번째 줄은 국가를 나타내고, 두 번째 줄에는 국가의 1인당 교육 지출(달러), 그다음에 (해당 국가에서 중등 교육을 마친 학생들이 얻은) 평균 수학 점수와 평균 과학 점수가 표시된다. 두 점수 모두 최대 600점이다.

국가 이름을 얻으려면 첫 번째 줄을 읽는다. 각 국가와 관련된 세 개의 값을 얻으려면 두 번째 줄의 세 부분의 문자열을 해당 유형으로 변환하라.

```
parts = line.split()
dollars = int(parts[0])
math = int(parts[1])
science = int(parts[2])
```

3단계 파일 전체에 걸쳐서 반복 또는 개별 행 읽기 중에서 선택한다.

각 레코드에는 파일에 두 줄이 있으므로 각 레코드마다 한 쌍의 행을 읽어야 한다.

```
done = False
while not done :
   country = infile.readline()
   if country == "" :
      done = True
   else :
      line = infile.readline()
      . . .
```

4단계 데이터 저장 방법을 선택하라.

버블 차트는 pyplot 모듈의 scatter 함수를 사용하여 만든다. 이 함수는 각 데이터 점과 관련된 세 개의 값마다 하나씩 세 개의 리스트를 받아들인다. 따라서 x 값(수학 점수)을 리스트에, y 값(과학 점수)을 다른 리스트에, z 값(지출)을 세 번째 리스트에 저장한다. 따라서 각 리스트의 해당 원소에는 단일 데이터 원소에 대한 값이 포함된다.

또한 각 버블에 레이블을 지정하고 네 번째 리스트에 국가 이름을 저장한다.

5단계 그래프 데이터를 로드한다.

데이터를 로드하는 알고리즘은 다음과 같다.

```
데이터를 저장할 빈 리스트를 만든다.
파일을 연다.
파일에 레코드가 있는 동안 반복한다.
   레코드의 첫 줄을 읽는다.
   국가 리스트에 추가.
   레코드의 두 번째 줄을 읽는다.
   읽은 부분을 세 부분으로 나눈다.
   세 부분을 수학 점수, 과학 점수, 지출 리스트에 저장.
```

6단계 데이터를 그린다.

pyplot 모듈의 scatter 함수에는 x 값 리스트, y 값 리스트, z 값 리스트 및 색상의 네 개 인자가 필요하다.

우리는 버블이 무슨 색인지 상관하지 않고, 각 버블마다 다른 색이면 된다. 파이썬이 임의의 색상을 할당하면, 서로 다른 정수 리스트(기본 색상표의 색인)를 전달한다.

```
pyplot.scatter(mathScores, sciScores, spending, range(0, len(countries)))
```

또한 각 버블에 레이블을 지정한다. 국가에 대해 반복하고 버블 위치에 각 국가의 레이블을 배치하면 된다.

```
for i in range(len(countries)) :
   pyplot.text(mathScores[i], sciScores[i], countries[i], color="gray")
```

7단계 그래프 모양을 개선한다.

마지막 단계는 제목을 추가하고 축에 레이블을 지정해 그래프의 모양을 개선하는 것이다. 보다 낫게 보이기 위해 그리드를 켤 수도 있다. 전체 프로그램은 아래와 같다.

worked_example_3/bubblechart.py

```
##
#  This program constructs a bubble chart that illustrates the relationship between
#  annual education spending and math and science test scores.
#

from matplotlib import pyplot

# Load the data from the text file.
infile = open("education.txt")
countries = []
mathScores = []
sciScores = []
spending = []

done = False
while not done :
   country = infile.readline()
   if country == "" :
      done = True
   else :
      line = infile.readline()
      countries.append(country)
      parts = line.split()

      dollars = int(parts[0])
      math = int(parts[1])
      science = int(parts[2])

      spending.append(dollars / 10)   # Scaling the bubbles so they don't overlap
      mathScores.append(math)
      sciScores.append(science)

infile.close()

# Construct the bubble chart.
pyplot.scatter(mathScores, sciScores, spending,
   range(0, len(countries)))

# Label each bubble.
for i in range(len(countries)) :
   pyplot.text(mathScores[i], sciScores[i],
      countries[i], color="gray")

pyplot.grid("on")
pyplot.xlabel("Math Test Scores (600 possible)")
pyplot.ylabel("Science Test Scores (600 possible)")
pyplot.title("Math Scores vs Science Scores vs Education Spending")

pyplot.show()
```

7장 요약 _Chapter Summary

파일을 읽고 쓰는 프로그램을 개발하라.

- 파일을 열기 위해 디스크에 저장된 파일 이름과 파일을 어떤 목적으로 여는지 모드를 제공하라.
- 처리가 끝나면 모든 파일을 닫는다.
- readline 메소드를 사용하여 파일에서 텍스트 라인을 읽는다.
- write 메소드 또는 출력 함수를 이용하여 파일에 쓴다.

파일에서 텍스트를 처리할 수 있어야 한다.

- 파일 객체에 대해 반복하여 파일의 텍스트 줄을 읽을 수 있다.
- 텍스트 줄에서 줄바꿈 문자를 제거하려면 rstrip 메소드를 사용하라.
- split 메소드를 사용해 문자열을 개별 단어로 나눈다.
- read 메소드로 하나 또는 그 이상의 문자를 읽는다.

프로그램의 명령행 인자를 처리하라.

- 명령행에서 시작하는 프로그램은 sys 모듈에 정의된 argv 리스트의 명령행 인자를 받는다.

이진 파일을 읽고 쓰는 프로그램을 개발하라.

- 이진 파일을 읽기 위해 열려면 모드 문자열 "rb"를 사용하고, 쓰기 위해 열려면 모드 문자열 "wb"를 사용하라.
- 읽기 또는 쓰기 작업 전에 파일 마커를 이동하여 임의 접근 파일의 모든 위치에 접근할 수 있다.
- 서로 다른 종류의 이미지 파일은 이미지 정보 및 픽셀 값에 대해 서로 다른 레이아웃을 사용한다.
- 파일을 읽기도 하고 쓰기도 하기 위해 열 수 있다.

예외 처리를 사용하여 제어를 오류가 발생한 곳에서 오류 처리기로 전달한다.

- 예외적인 조건을 알리려면 raise문을 사용하여 예외 객체를 발생시킨다.
- 예외가 발생하면 예외 처리기에서 처리가 계속된다.
- try 블록 내에 예외를 일으킬 수 있는 문장을 배치하고 except 절 내에 예외 처리기를 배치하라.
- try 블록에 들어가면 finally 절의 문장이 예외 발생 여부와 상관없이 실행된다.
- 문제가 감지하는 즉시 예외를 발생시켜라. 문제를 처리할 수 있는 경우에만 처리하라.

입력을 처리하는 프로그램에서 예외 처리를 사용하라.

- 프로그램을 설계할 때, 어떤 종류의 예외가 발생할 수 있는지 스스로에게 물어보라.
- 각 예외에 대해, 잘 처리할 수 있는 프로그램 부분을 결정해야 한다.

연습문제

■■ R7.1 존재하지 않는 파일을 읽기 위해 열려고 하면 어떻게 되나? 존재하지 않는 파일을 쓰기 위해 열려고 하면 어떻게 되나?

■■ R7.2 쓰기 위해 파일을 열려고 하는데 파일이나 장치가 쓰기 금지(읽기 전용)되어 있는 경우 어떻게 되나? 간단한 테스트 프로그램으로 시도해 보라.

■ R7.3 `c:\temp\output.dat`와 같이 이름에 백슬래시가 포함된 파일을 어떻게 열 수 있나?

■ R7.4 프로그램 Woozle이 다음 명령으로 시작된 경우

```
python woozle.py -Dname=piglet -Ieeyore -v heff.txt a.txt lump.txt
```

`argv[0]`, `argv[1]` 등의 값은 무엇인가?

■ R7.5 예외 발생과 예외 처리의 차이점은 무엇인가?

■■ R7.6 프로그램이 `raise`문을 실행하면 다음에 어떤 문이 실행되는가?

■■ R7.7 예외에 일치하는 `except` 절이 없으면 어떻게 되나?

■■ R7.8 `except` 절이 받는 예외 객체로 프로그램은 무엇을 할 수 있는가?

■ R7.9 순차 접근과 임의 접근의 차이점은 무엇인가?

■ R7.10 텍스트 파일과 이진 파일의 차이점은 무엇인가?

■ R7.11 파일 마커는 무엇이며 어떻게 이동하나? 현재의 위치를 어떻게 결정하나?

■■ R7.12 파일 마커를 파일 끝으로 이동하려고 하면 어떻게 되나? 시도해 보고 결과를 보고하라.

■ R7.13 ISO 8601 형식으로 다음과 같이 날짜와 시간을 기록하는 출력문을 작성하라.

```
2018-03-01 09:35
```

날짜와 시간이 연, 월, 일, 시, 분이라는 다섯 개의 정수 변수로 주어진다고 가정하라.

■ R7.14 제품 설명, 수량, 단가 및 총 가격을 달러와 센트로 포함하는 표의 한 줄을 기록하는 출력 문장을 쓰라. 다음과 같이 열을 정렬하려고 한다.

Item	Qty	Price	Total
Toaster	3	$29.95	$89.85
Hair Dryer	1	$24.95	$24.95
Car Vacuum	2	$19.99	$39.98

■ **R7.15** 명령행이란 무엇인가? 프로그램이 명령행을 어떻게 읽을 수 있나?

■ **R7.16** `try/except` 블록과 함께 사용되는 `finally` 절의 목적은 무엇인가? 사용 방법의 예를 제시하라.

■■ **R7.17** Programming Tip 7.2에서는 `try/except` 블록을 사용하여 예외를 처리하고 별도의 `try/finally` 블록을 사용하여 파일을 닫을 것을 제안했다. 아래와 같이 두 블록을 하나의 블록으로 결합할 때, `open` 함수에서 예외가 발생하면 어떻게 되나?

```
try :
   outfile = open(filename, "w")
   Write output.
except IOError :
   Handle exception.
finally :
   outfile.close()
```

`open` 호출을 `try` 블록 외부로 옮겨 문제를 극복 할 수 있다. 그러면 어떤 문제가 있나?

■■ **R7.18** 예외가 발생하고 `finally` 절의 코드가 실행되고 해당 코드가 원래의 예외와 다른 종류의 예외를 발생시키면 어떻게 되나? 주변 절에 어느 것이 잡히나? 시도해 보기 위한 샘플 프로그램을 작성하라.

■■ **R7.19** 7.6절의 프로그램이 다음 값을 포함하는 파일을 읽는다고 가정한다.

```
1
2
3
4
```

결과는 어떻게 되나? 더 정확한 오류 보고서를 제공하기 위해 프로그램을 어떻게 개선할 수 있나?

■■■ **Toolbox R7.20** 보조 사이트의 소스 코드 `exercises/deductions.csv` 파일에는 (웹 사이트 `http://www.irs.gov/uac/Tax-Stats-2`에서 얻은) 많은 세금 공제에 대한 정보가 들어 있다. 주택 담보 대출에 대한 공제액을 분석하는 파이썬 프로그램을 작성하라. 각 소득 그룹의 납세자 평균 공제액은 얼마인가? 상위 n개 그룹에 대해 공제액이 없어지면 재무부는 얼마나 더 세금을 걷게 되나?

■ **Toolbox R7.21** 확장자가 `.txt`인 현재 디렉토리에 있는 파일의 이름만 어떻게 출력할 수 있나?

■■ **Toolbox R7.22** 현재 작업 디렉토리의 상위 디렉토리는 두 개의 마침표 `".."`를 포함하는 문자열로 지정된다. 현재 작업 디렉토리를 제외하고 부모 디렉토리의 내용을 어떻게 나열할 수 있나?

■ **Toolbox R7.23** 파일에 있는 모든 단어 길이의 평균과 표준 편차를 어떻게 계산하나?

■ **Toolbox R7.24** 표 7의 행과 열이 뒤집힌 것으로 가정한다. 카이 제곱(chi-square) 검정에 어떤 영향을 미치나?

■ **Toolbox R7.25** Toolbox 7.4의 ANOVA 테스트가 흑인 및 아시아 학생들에게만 제한되면 0.725968의 확률이 보고된다. 이것이 무슨 뜻인가?

■ **Toolbox R7.26** Toolbox 7.4의 선형 회귀 예제에서 특이값(outlier)이 제거되면 회귀선의 기울기에 어떤 영향이 있나?

■ **Toolbox R7.27** Toolbox 7.4의 선형 회귀 예제에서 특이값을 제거한 후 선형 상관 계수가 1이 아닌 이유는 무엇인가?

프로그래밍 연습문제

■ **P7.1** 다음 작업을 수행하는 프로그램을 작성하라.

hello.txt라는 이름의 파일을 열라..
"Hello, World!" 메시지를 파일에 저장하라.
파일을 닫는다.
같은 파일을 다시 연다.
메시지를 문자열 변수로 읽고 출력한다.

■ **P7.2** 텍스트가 포함된 파일을 읽는 프로그램을 작성하라. 각 행을 읽고 행 번호가 앞에 나오는 출력 파일로 내보내라. 입력 파일이 다음과 같으면

```
Mary had a little lamb
Whose fleece was white as snow.
And everywhere that Mary went,
The lamb was sure to go!
```

© Chris Price/iStockphoto.

프로그램은 다음과 같은 출력 파일을 만든다.

```
/* 1 */ Mary had a little lamb
/* 2 */ Whose fleece was white as snow.
/* 3 */ And everywhere that Mary went,
/* 4 */ The lamb was sure to go!
```

사용자에게 입력 및 출력 파일 이름을 묻도록 하라.

■ **P7.3** P7.2를 반복하라. 그러나 사용자가 명령 줄에서 파일 이름을 지정할 수 있도록 한다. 사용자가 파일 이름을 지정하지 않으면 이름을 입력하라는 프롬프트가 표시된다.

■ **P7.4** 두 개의 부동-소수점 숫자 열을 포함하는 파일을 읽는 프로그램을 작성하라. 파일 이름을 입력하도록 하고, 각 열의 평균을 출력하라.

■■ **P7.5** 사용자에게 파일 이름을 요구하고 해당 파일의 문자, 단어, 라인 수를 인쇄하는 프로그램을 작성하라.

■■ **P7.6** 명령행에 지정된 모든 파일을 검색하고 지정된 단어를 포함하는 모든 행을 인쇄하는 `find.py` 프로그램을 작성하라. 예를 들어 다음과 같이 실행하면

```
python find.py ring report.txt address.txt homework.py
```

그러면 프로그램은 다음과 같이 출력한다.

```
report.txt: has broken up an international ring of DVD bootleggers that
address.txt: Kris Kringle, North Pole
address.txt: Homer Simpson, Springfield
homework.py: string = "text"
```

지정된 단어는 항상 첫 번째 명령행 인자이다.

■■ **P7.7** 파일에 있는 모든 단어의 철자를 검사하는 프로그램을 작성하라. 파일의 각 단어를 읽고 단어 목록에 포함되어 있는지 확인해야 한다. 단어 목록은 대부분의 Linux 시스템에서 `/usr/share/dict/words` 파일에 있다. (Linux 시스템에 접근할 수 없으면 보조 사이트의 소스 코드의 `ch08/sec01/words`를 사용하라.) 프로그램은 단어 목록에서 찾을 수 없는 모든 단어를 출력해야 한다.

■■ **P7.8** 파일의 각 줄을 거꾸로 바꾸는 프로그램을 작성하라. 예를 들어 다음을 실행하면

```
python reverse.py hello.py
```

`hello.py`의 내용이 다음처럼 바뀐다.

```
.margorp nohtyP tsrif yM #
)"!dlroW ,olleH"(tnirp
```

물론 같은 파일에 `Reverse`를 두 번 실행하면 다시 원래 파일로 복구되어야 한다.

■■ **P7.9** 파일의 각 줄을 읽고, 줄을 바꾸어 다른 파일에 쓰는 프로그램을 작성하라. 예를 들어, `input.txt` 파일에 다음과 같은 행이 포함된 경우

```
Mary had a little lamb
Its fleece was white as snow
And everywhere that Mary went
The lamb was sure to go.
```

다음과 같이 실행하면

```
reverse input.txt output.txt
```

출력인 `output.txt`이 다음과 같아야 한다.

```
The lamb was sure to go.
And everywhere that Mary went
Its fleece was white as snow
Mary had a little lamb
```

■■ **P7.10** 이전 몇 년간의 아기 이름에 대한 데이터를 사회보장국으로부터 받은 후, 그 표 데이터를 `babynames2010.txt`란 이름의 파일에 붙여 넣는다. `babynames.py` 프로그램을 수정하여 파일 이름을 묻도록 하는 메시지를 표시하라. 이름 빈도수의 추세를 파악할 수 있는가?

■■ **P7.11** `worked_example_1/babynames.txt`를 읽고 `boynames.txt`와 `girlnames.txt`라는 두 개의 파일을 생성하여 남아와 여아의 데이터를 분리하는 프로그램을 작성하라.

■■■ **P7.12** `worked_example_1/babynames.txt`와 같은 형식의 파일을 읽고, 남아 이름과 여아 이름으로 같이 쓰이는 이류(예: Alexis 또는 Morgan)을 모두 출력하는 프로그램을 작성하라.

■■ **P7.13** 사용자에게 일련의 부동-소수점 값을 입력하도록 요청하는 프로그램을 작성하라. 사용자가 숫자가 아닌 값을 입력하면 사용자에게 다시 값을 입력할 수 있는 기회를 제공하라. 두 번의 기회를 얻은 후 입력 읽기를 종료하라. 올바르게 입력된 모든 값을 더하고 사용자가 데이터 입력을 완료하면 합계를 출력하라. 잘못된 입력을 감지하기 위해 예외 처리를 사용하라.

■■ Toolbox P7.14 Toolbox 7.3에 설명된 메커니즘을 사용해 웹 페이지에서 모든 데이터를 읽고 파일에 쓰는 프로그램을 작성하라. 웹 페이지 URL과 파일 이름은 사용자가 입력해야 한다.

■ Toolbox P7.15 Toolbox 7.3에 설명된 메커니즘을 사용해 웹 페이지에서 모든 데이터를 읽고 다음과 같은 양식의 모든 하이퍼 링크를 출력하는 프로그램을 작성하라.

<a href="*link*">*link text*</a>

프로그램이 찾은 링크를 따라가고 해당 웹 페이지에서도 링크를 찾을 수 있는 경우 추가 점수가 주어진다. (Google 같은 검색 엔진이 웹 사이트를 찾는 데 사용하는 방법이다.)

■■■ Toolbox P7.16 웹 페이지(Toolbox 7.3)를 읽으려면 문자 인코딩(Special Topic 7.3)을 알아야 한다. 웹 페이지의 URL을 명령행 인자로 사용하고 적절한 인코딩으로 페이지 내용을 가져오는 프로그램을 작성하라. 다음과 같이 인코딩을 결정하라:

1. `urlopen`을 호출한 후 `input.headers["content-type"]`을 호출하라. `"text/html; charset=windows-1251"`와 같은 문자열을 얻을 수 있다면 문자 세트 속성 값을 인코딩으로 사용하라.
2. `"latin_1"` 인코딩을 사용하여 첫 번째 줄을 읽는다. 파일의 처음 2바이트가 254 255 또는 255 254이고 인코딩은 `"utf-16"`이다. 파일의 처음 3바이트가 239 187 191이면 인코딩은 `"utf-8"`이다.
3. `"latin_1"` 인코딩을 사용하여 페이지를 계속 읽고 다음 문자열을 찾아라.

   `encoding=. . .`

   또는

   `charset=. . .`

일치하는 항목을 찾으면 문자 인코딩을 추출하고(인용 부호는 무시) 해당 인코딩으로 문서를 다시 읽는다. 이 중 하나도 없다면 인코딩을 결정할 수 없다는 오류 메시지를 작성하라.

■■ P7.17 `how_to_1/worldpop.txt` 파일에서 국가 데이터를 읽는 프로그램을 작성하라. 파일을 편집하지 마라. 각 줄을 처리할 때는 다음 알고리즘을 사용하라. 국가 이름에 공백이 아닌 문자를 추가하라. 공백이 있으면 공백이 아닌 다음 문자를 찾아라. 숫자가 아닌 경우 국가 이름에 공백과 해당 문자를 추가하라. 그렇지 않으면 나머지 숫자를 문자열로 읽고 첫 번째 숫자를 추가한 다음 숫자로 변환하라. 모든 국가 인구의 총계를 출력하라("European Union" 항목 제외).

■ P7.18 한 파일을 다른 파일로 복사하는 프로그램 복사 파일을 작성하라. 파일 이름은 다음 예와 같이 명령행에 지정되어 있다.

```
copyfile report.txt report.sav
```

■■ P7.19 여러 파일의 내용을 하나의 파일로 연결하는 프로그램을 작성하라. 예를 들어, 다음처럼 실행하면

```
catfiles chapter1.txt chapter2.txt chapter3.txt book.txt
```

chapter1.txt, chapter2.txt 및 chapter3.txt 파일의 내용을 포함하는 긴 파일 chapter1.txt를 만든다. 최종 파일은 항상 명령행에 지정된 마지막 파일이다.

■■ P7.20 *랜덤 모노알파벳 암호*. 모든 글자를 고정된 숫자만큼 이동시키는 Caesar 암호는 해독하기가 너무 쉽다. 더 좋은 아이디어는 암호키를 숫자가 아닌 단어를 사용하는 것이다. 암호키 단어가 FEATHR라고 가정하자. 그런 다음 먼저 중복 문자를 제거하여 FEATHR을 만들고 알파벳의 남아 있는 문자를 역순으로 추가하라.

F	E	A	T	H	R	Z	Y	X	W	V	U	S	Q	P	O	N	M	L	K	J	I	G	D	C	B

이제 다음과 같이 문자를 암호화한다.

A	B	C	D	E	F	G	H	I	J	K	L	M	N	O	P	Q	R	S	T	U	V	W	X	Y	Z
↓	↓	↓	↓	↓	↓	↓	↓	↓	↓	↓	↓	↓	↓	↓	↓	↓	↓	↓	↓	↓	↓	↓	↓	↓	↓
F	E	A	T	H	R	Z	Y	X	W	V	U	S	Q	P	O	N	M	L	K	J	I	G	D	C	B

이 암호를 사용하여 파일을 암호화하거나 해독하는 프로그램을 작성하라. 예를 들어, 다음처럼 실행하면

```
crypt -d -kFEATHER encrypt.txt output.txt
```

키워드 FEATHR를 사용하여 파일을 해독한다. 키워드를 제공하지 않으면 오류가 발생한다.

■ P7.21 *문자 주파수*. P7.20의 암호를 사용해 파일을 암호화하면 모든 문자가 뒤죽박죽이 되어 키워드를 모르면 암호 해독의 희망이 없어 보인다. 키워드를 추측하는 것도 어려워 보이는데, 가능한 키워드가 너무 많기 때문이다. 그러나 암호 해독에 익숙한 사람은 이 암호를 쉽게 깰 수 있다. 영어 문자의 평균 문자 빈도는 잘 알려져 있다. 가장 일반적인 문자는 E이며, 이는 전체 글자의 약 13%이다. 글자의 평균 빈도는 다음과 같다.

A	8%	F	3%	K	<1%	P	3%	U	3%	X	<1%
B	<1%	G	2%	L	4%	Q	<1%	V	1%	Y	2%
C	3%	H	4%	M	3%	R	8%	W	2%	Z	<1%
D	4%	I	7%	N	8%	S	6%				
E	13%	J	<1%	O	7%	T	9%				

입력 파일을 읽고 해당 파일의 문자 빈도를 표시하는 프로그램을 작성하라. 이러한 도구는 코드 차단기에 도움이 된다. 암호화된 파일에서 가장 빈번한 문자가 H와 K이면 E와 T가 암호화됐을 가능성이 높다.

위와 같은 표에 결과를 표시하고 열이 정렬되어 있는지 확인하라.

■■ P7.22 *Vigenère 암호*. 간단한 문자 빈도 분석을 피하기 위해 Vigenère 암호는 입력 문서에서의 위치에 따라 문자를 여러 암호 문자 중 하나로 인코딩한다. 키워드를 선택하고(예: TIGER), 그런 다음 입력 텍스트의 첫 글자를 다음과 같이 인코딩하라:

A	B	C	D	E	F	G	H	I	J	K	L	M	N	O	P	Q	R	S	T	U	V	W	X	Y	Z
T	U	V	W	X	Y	Z	A	B	C	D	E	F	G	H	I	J	K	L	M	N	O	P	Q	R	S

인코딩된 알파벳은 TIGER 키워드의 첫 번째 문자 T에서 시작하도록 이동된 일반 알파벳이다. 두 번째 문자는 다음 맵에 따라 암호화된다.

A	B	C	D	E	F	G	H	I	J	K	L	M	N	O	P	Q	R	S	T	U	V	W	X	Y	Z
I	J	K	L	M	N	O	P	Q	R	S	T	U	V	W	X	Y	Z	A	B	C	D	E	F	G	H

입력 텍스트의 세 번째, 네 번째 및 다섯 번째 문자는 문자 G, E 및 R로 시작하는 알파벳 순서를 사용해 암호화된다. 키의 길이는 5글자이므로 입력 텍스트의 6번째 문자는 첫 번째 문자와 같은 방식으로 암호화된다.

이 암호에 따라 입력 텍스트를 암호화하거나 해독하는 프로그램을 작성하라.

■■ P7.23 *플레이 페어 암호*. 암호화된 텍스트의 간단한 문자 빈도 분석을 방해하는 또 다른 방법은 문자쌍을 함께 암호화하는 것이다. 이를 위한 간단한 체계는 Playfair 암호이다. 키워드를 선택하고 중복된 글자를 제거하라. 그런 다음 키워드와 알파벳의 나머지 문자를 5 × 5 정사각형으로 채운다. (25개의 사각형만 있기 때문에 I와 J는 같은 문자로 간주된다.)

키워드 PLAYFAIR를 사용한 이러한 배열이다.

```
P L A Y F
I R B C D
E G H K M
N O Q S T
U V W X Z
```

AM이라는 문자쌍을 암호화하려면 모서리 A와 M이 있는 사각형을 보라.

```
P L A Y F
I R B C D
E G H K M
N O Q S T
U V W X Z
```

이 쌍의 인코딩은 사각형의 다른 두 모서리(이 경우 FH)를 보면 형성된다. 두 문자가 같은 행이나 열에 있는 경우(예: GO) 간단히 두 문자를 바꾸어라. 암호 해독도 같은 방식으로 수행된다.

이 암호에 따라 입력 텍스트를 암호화하거나 해독하는 프로그램을 작성하라.

■ P7.24 7.4절의 이미지 파일을 편집하고 파랑 및 초록 값을 30% 줄이는 기술을 사용해 "일몰" 효과를 주는 프로그램을 작성하라.

Courtesy of Cay Horstmann.

■ **P7.25** 7.4절의 기술을 사용하여 이미지 파일을 그레이 스케일 이미지로 바꾸는 프로그램을 작성하라.

각 픽셀을 청색, 초록 및 빨강 구성 요소에 대해 동일한 회색조 값을 사용하는 픽셀로 교체하라. 픽셀의 회색조 값은 픽셀의 빨강 값의 30%, 초록 값의 59%, 파랑 값의 11%를 더해 계산된다. (인체의 색 감각 원추 세포는 빨강, 초록, 파랑 빛에 대한 감도가 다르다.)

Courtesy of Cay Horstmann.

■■ **P7.26** *정크 메일.* template과 database의 두 파일을 읽는 프로그램을 작성하라. template 파일에는 텍스트와 태그가 포함되어 있다. 태그의 형태는 |1| |2| |3|... 이고 현재 데이터베이스 레코드의 첫 번째, 두 번째, 세 번째… 필드로 교체되어야 한다.

전형적인 데이터베이스는 다음과 같다.

```
Mr.|Harry|Morgan|1105 Torre Ave.|Cupertino|CA|95014
Dr.|John|Lee|702 Ninth Street Apt. 4|San Jose|CA|95109
Miss|Evelyn|Garcia|1101 S. University Place|Ann Arbor|MI|48105
```

그리고 여기 전형적인 형태의 편지가 있다:

```
To:
|1| |2| |3|
|4|
|5|, |6| |7|

Dear |1| |3|:

You and the |3| family may be the lucky winners of $10,000,000 in the Python
clearinghouse sweepstakes! . . .
```

■■ **P7.27** 세 개의 파일에서 정보를 질의하는 프로그램을 작성하라. 첫 번째 파일에는 그룹 사람들의 이름과 전화번호가 포함되어 있다. 두 번째 파일에는 그룹 사람들의 이름과 사회 보장 번호가 포함되어 있다. 세 번째 파일에는 사회 보장 번호와 그룹 사람들의 연간 소득이 포함되어 있다. 사람들의 그룹은 겹치지만 완전히 동일할 필요는 없다. 프로그램에서 사용자에게 전

화번호를 요청한 다음 해당 정보를 확인할 수 있는 경우 이름, 사회 보장 번호 및 연간 수입을 출력해야 한다.

■■ P7.28 학생 성적을 출력하는 프로그램을 작성하라. classes.txt와 같이 대학에서 가르치는 모든 수업과목의 이름을 포함하는 다음과 같은 파일이 있다고 가정한다.

classes.txt

```
CSC1
CSC2
CSC46
CSC151
MTH121
. . .
```

각 수업마다 학생 ID 번호와 성적이 기록된 파일이 있다.

CSC2.txt

```
11234 A-
12547 B
16753 B+
21886 C
. . .
```

모든 수업 파일을 검색해 학생 ID를 요청하고 해당 학생의 성적 보고서를 출력하는 프로그램을 작성하라. 다음은 샘플 보고서이다.

```
Student ID 16753
CSC2 B+
MTH121 C+
CHN1 A
PHY50 A-
```

■■■ Business P7.29 호텔 영업 사원이 판매 실적을 텍스트 파일에 입력한다. 각 줄에는 다음과 같은 내용이 세미콜론(;)으로 구분되어 있다.

고객 이름, 판매된 서비스(예: 저녁 식사, 회의, 숙박 등), 판매 금액, 날짜

이러한 파일을 읽고 각 서비스 범주의 총량을 표시하는 프로그램을 작성하라. 파일이 없거나 형식이 올바르지 않으면 오류를 표시하라.

■■ Business P7.30 Business P7.29에 설명된 대로 텍스트 파일을 읽고 해당 범주의 항목을 포함하는 각 서비스 범주에 대해 별도의 파일로 저장하는 프로그램을 작성하라. 출력 파일 이름을 Dinner.txt, Conference.txt 등으로 지정하라.

■■ Business P7.31 상점 주인은 매일 현금 거래 기록을 텍스트 파일로 보관한다. 각 라인에는 송장 번호, 현금 금액 및 금액이 지불된 경우 글자 P, 또는 수령된 경우 글자 R의 세 항목이 있다. 항목은 공백으로 구분된다. 상점 소유자에게 하루의 시작과 끝의 현금 금액과 파일 이름을 묻는 프로그램을 작성하라. 프로그램은 하루가 끝날 때 실제 현금 금액이 예상값과 같은지 확인해야 한다.

■■■ **Science P7.32** 아래 그림의 스위치가 닫힌 후 커패시터 양단의 전압(볼트)은 다음 식으로 표시된다.

$$v(t) = B\left(1 - e^{-t/(RC)}\right)$$

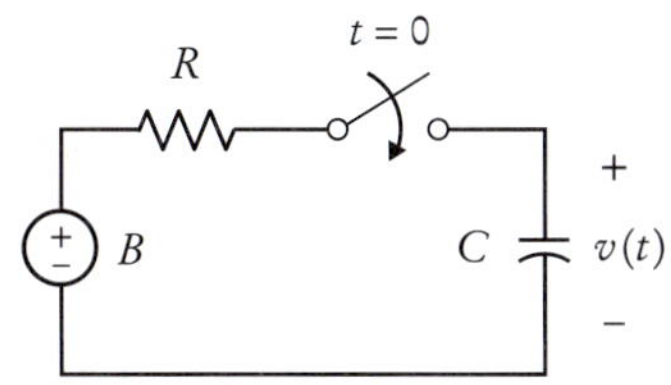

전기 회로의 인자가 $B = 12\text{V}$, $R = 500\Omega$ 및 $C = 0.25\ \mu\text{F}$라고 가정하자. 따라서 전압 식은 다음과 같다.

$$v(t) = 12\left(1 - e^{-0.008t}\right)$$

여기서 시간 t의 단위는 μs이다. `exercises/params.txt` 파일(보조 사이트의 소스 코드에 있음)을 읽으면 B, R, C의 값과 t의 시작 및 끝 값이 포함된다. 시간 t와 해당 커패시터 전압 $v(t)$에 대한 값을 `rc.txt` 파일에 작성하라. 여기서 t는 지정된 시작 값에서 지정된 종료값으로 100단계로 움직인다. 이 예에서 t가 0에서 1,000 μs로 바뀌면 출력 파일의 12번째 항목은 다음과 같다.

```
110  7.02261
```

■■ **Science P7.33** 아래 그림은 Science P7.32에 표시된 회로의 커패시터 전압 그림을 보여준다. 커패시터 전압이 0V에서 BV로 증가한다. "상승 시간"은 커패시터 전압이 $v_1 = 0.05 \times B$에서 $v_2 = 0.95 \times B$로 변하는 데 필요한 시간으로 정의된다.

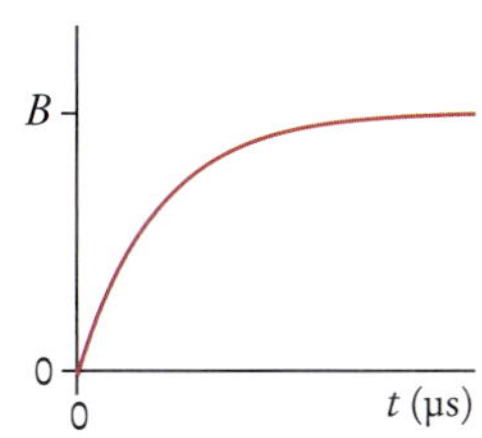

보조 사이트의 소스 코드에서의 `exercises/rc.txt` 파일에는 시간 t 값과 해당 커패시터 전압 $v(t)$가 포함된 리스트가 있다. μs의 시간과 그때의 해당 전압이 볼트로 같은 라인에 출력되어 있다. 예를 들어

```
110  7.02261
```

는 시간이 110 μs일 때 커패시터 전압이 7.02261V임을 나타낸다. 데이터 파일에서 시간이 증가하고 있다.

`rc.txt` 파일을 읽고 데이터를 사용하여 상승 시간을 계산하는 프로그램을 작성하라.

파일의 마지막 라인에 있는 전압을 B로 근사화하고 $0.05 \times B$ 및 $0.95 \times B$에 가장 가까운 데이터 포인트를 찾아라.

■ **Science P7.34** 파일에 다음 형식의 공유 결합에 대한 결합 에너지와 결합 길이가 포함되어 있다고 가정한다.

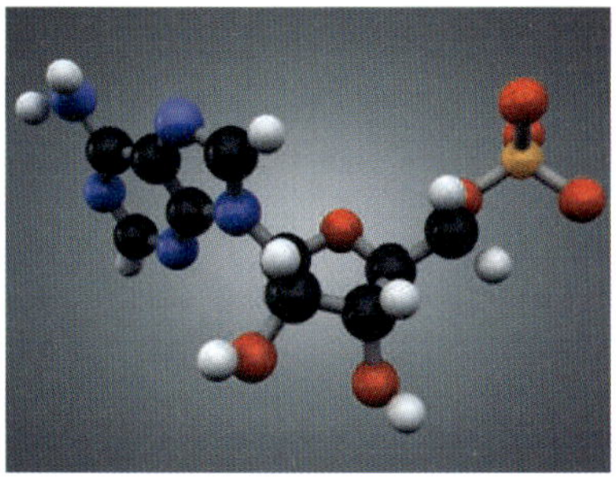

© Chris Dascher/iStockphoto.

Single, double, or triple bond	Bond energy (kJ/mol)	Bond length (nm)
C|C	370	0.154
C||C	680	0.13
C|||C	890	0.12
C|H	435	0.11
C|N	305	0.15
C|O	360	0.14
C|F	450	0.14
C|Cl	340	0.18
O|H	500	0.10
O|O	220	0.15
O|Si	375	0.16
N|H	430	0.10
N|O	250	0.12
F|F	160	0.14
H|H	435	0.074

한 열의 데이터를 받아들이고 저장된 파일의 다른 열의 해당 데이터를 반환하는 프로그램을 작성하라. 입력 데이터가 다른 행과 일치하면 일치하는 모든 행 데이터를 반환한다. 예를 들어, 결합 길이 입력이 0.12이면 3중 결합 C|||C와 결합 에너지 890 KJ/mol 및 단일 결합 N|O와 결합 에너지 250 KJ/mol을 반환해야 한다.

■ **Toolbox P7.35** 보조 사이트의 소스 코드에 있는 `exercises/planets.csv` 파일에는 태양계 행성에 대한 정보가 있다. 파일에서 스프레드시트 데이터를 읽고 행성의 질량을 나타내는 프로그램을 작성하라.

■■ **Toolbox P7.36** 보조 사이트의 소스 코드에 있는 `exercises/census.csv` 파일에는 (웹 사이트 `https://www.census.gov/programs-surveys/popest/data/data-sets.html`에서 가져온) 마지막 인구 조사에 의해 알려진 미국의 모든 주에 대한 인구 및 추가 정보 데이터가 들어 있다. CSV 파일을 읽고 주 이름과 인구만 있는 파일을 만드는 프로그램을 작성하라.

■■ **Toolbox P7.37** PISA 데이터에서 수학 및 과학 수업 시간을 분석하도록 Toolbox 7.4의 프로그램을 수정하라.

■ **Toolbox P7.38** Toolbox 7.4의 PISA 설문지의 다섯 가지 질문은 "수학 불안"과 관련이 있다. 그들은 147, 149, 151, 154, 156번 위치에 있으며 1(불안)에서 5(매우 염려)까지의 반응을 보인다. 모든 반응을 평균하여 불안 점수를 만들고, 수학 불안이 인종 또는 성별에 관련 있는지 여부를 분석하라. 다섯 가지 질문에 모두 답한 학생만 고려하라.

■■■ **Toolbox P7.39** Toolbox 7.4 PISA 설문지의 질문 중 하나는 다음과 같다.

> 집에 몇 권의 책이 있는가?
> 책장 1피트당 약 15권의 책을 꽂을 수 있다. 잡지, 신문 또는 교과서를 포함하지 마라.
> 1. 0~10권의 책
> 2. 11~25권의 책
> 3. 26~100권의 책
> 4. 101~200권의 책
> 5. 201~500권의 책
> 6. 500권 이상의 책

Toolbox 7.4의 프로그램을 수정해 이 질문(입력의 124열에 있음)에 대한 응답을 인종별로 분석하라. 실제 책의 권수가 아니고 6개의 범주만 있기 때문에 ANOVA 테스트를 사용할 수 없다.

■ **Toolbox P7.40** Toolbox 7.4의 `regression.py` 프로그램을 수정해 미국의 데이터 포인트를 제거한다. 회귀선을 그리고 상관관계를 출력하라.

■ **Toolbox P7.41** Toolbox 7.4의 OECD 데이터 세트를 사용해 일인당 소득과 다른 지표 사이의 상관관계를 결정하라.

■■ **Toolbox P7.42** How To 7.1의 데이터와 Toolbox 7.4의 도구를 사용해 국가 크기와 인구 사이의 상관관계를 결정하라.

■■■ **Toolbox P7.43** UFO 목격 보고서가 미국의 UFO 보고 센터 온라인 데이터베이스(`http://www.nuforc.org/webreports.html`)에 포함되어 있다. 주당 목격 횟수는 미국 주 인구와 얼마나 관련이 있나?

■■■ **Toolbox P7.44** 2000년 미국 대통령 선거의 플로리다에서의 투표수에 대한 데이터는 `http://lib.stat.cmu.edu/datasets/fl2000.txt`에서 찾을 수 있다. 당시 다른 투표기 기술이 유권자들이 의도하지 않은 후보자에게 실수로 투표할 수 있는 것으로 의심되었다. 다른 좌파 지역에서는 Buchanan이 놀랍게 많은 표를 얻었다. 또한, 다중선택을 했거나 선택이 전혀 없는 투표지가 많이 발생했다. 사용된 투표기 유형에 따라 투표 비율 Nader: Gore와 Buchanan: Bush의 투표 비율과 초과 투표율과 미달 투표율이 상관있는지 조사하라.

■ **Toolbox P7.45** 파일을 저장할 때 많은 프로그램이 새 내용을 쓰기 전에 기존 파일의 백업 복사본을 만든다. 확장자 `.bak`를 파일 이름에 추가해 백업 파일을 작성하는 `backup`이라는 함수를 작성하라. 백업 파일이 이미 있으면 먼저 삭제해야 한다.

■■■ **Toolbox P7.46** 문자열 `data`를 파일에 쓰는 함수 `saveWithBackup(data, file)`을 작성하는데(이전의 내용을 대체함), 이전 내용이 다른 경우 먼저 이전 파일을 백업하라.

■■ **Toolbox P7.47** 디렉토리에 있는 이미 백업 파일이 아닌 모든 파일을 백업하는 프로그램을 작성하라. 모든 백업 파일에 확장자 `.bak`를 추가하고, 디렉토리는 건너뛰어라.

■■■ **Toolbox P7.48** 두 디렉토리에 정확히 동일한 파일이 있는지 확인하는 프로그램을 작성하라. 파일 이름이 다른 순서로 나열될 수 있다.

■ **Toolbox P7.49** Toolbox 7.3의 링크 검색 프로그램을 개선한다. `href`라는 단어는 대문자일 수 있다. 이것의 앞에는 공백이 있고 뒤에는 `=` 기호(공백 문자로 둘러싸일 수 있는)가 있는지 확인하라. 링크는 작은따옴표나 큰따옴표로 묶거나 전혀 따옴표로 묶지 않을 수 있다(이 경우 다음 공백 또는 `>`로 확장된다).

■ **Toolbox P7.50** `ezgraphics` 캔버스에 도형을 그릴 때 사용할 수 있는 색상 이름 리스트는 텍스트 파일(`http://ezgraphics.org/data/colornames.txt`)에 제공된다. 각 줄에는 공백으로 구분된 단일 색상의 이름과 해당 RGB 값이 포함된다. 파일의 처음 여섯 줄은 다음과 같다.

```
alice blue 240 248 255
AliceBlue 240 248 255
antique white 250 235 215
AntiqueWhite 250 235 215
AntiqueWhite1 255 239 219
AntiqueWhite2 238 223 204
```

Toolbox 7.3의 `urllib` 모듈을 사용해 웹에 저장된 파일에서 데이터를 읽을 수 있다. `dataFile = urllib.request.urlopen(address)` 문장에서 반환된 객체는 텍스트 파일과 같은 방법으로 사용할 수 있다.

```
dataFile = urllib.request.urlopen(address)
for line in dataFile :
   Process the line.
```

`urllib` 모듈을 사용해 사용자에게 문자열(예: "노란색")을 입력하도록 하고 해당 문자열이 포함된 파일의 모든 행을 출력하는 프로그램을 작성하라.

■ **Toolbox P7.51** Toolbox P7.50에서와 같이 `colornames.txt` 파일을 읽은 다음 사용자가 지정한 색에 "가까운" 색을 검색하라. 빨강, 초록, 파랑 값을 입력하라는 메시지를 표시하고 빨강, 초록, 파랑 값과 사용자가 제공한 값의 차이가 10보다 작은 라인을 출력해야 한다.

■ **Toolbox P7.52** 수천 개의 공항에 대한 정보가 포함된 원격 데이터 파일에서 얻은 공항 이름 리스트를 출력하는 프로그램을 설계하고 구현하라. 해당 파일은 다음 주소에 있다.

```
https://github.com/jpatokal/openflights/blob/master/data/airlines.dat
```

■ **Toolbox P7.53** `exercises/google.csv` 파일에는 Google, Inc.의 2014년 주식 데이터가 포함되어 있다.

	A	B	C	D	E	F
1	Google Stock Data					
2						
3	Date	Open	Maximum	Minimum	Closing	Shares
4	2014-12-31	531.25	532.6	525.8	526.4	1364500
5	2014-12-30	528.37	531.07	527.3	530.39	30100
6	2014-12-29	532.19	535.48	530.01	530.33	2272300
7	2014-12-26	528.77	534.25	527.31	534.03	1033200
8	2014-12-24	530.51	531.76	527.02	528.77	704000
9	2014-12-23	527	534.56	526.29	530.59	2145800
10	2014-12-22	516.08	526.46	516.08	524.87	2716300
11	2014-12-19	511.51	517.72	506.91	516.35	3566200

CSV 파일에서 데이터를 읽고 최대 및 최소 열을 제외한 모든 데이터를 새 CSV 파일에 쓰는 프로그램을 작성하라.

Toolbox P7.54 다음과 같은 형식의 텍스트 파일(`exercises/grades.txt`)에서 여러 학생의 시험 성적을 읽고,

```
Luigi
80 69 75
Spiny
85 89 92
Gumby
78 87 82
Arthur
89 94 91
```

아래에 표시된 스프레드시트를 만드는 데 사용할 수 있는 CSV 파일을 만드는 프로그램을 작성하라.

	A	B	C	D	E
1	Basket Weaving 101				
2					
3	Student	Exam 1	Exam 2	Exam 3	Average
4	Luigi	80	69	75	74.67
5	Spiny	85	89	92	88.67
6	Gumby	78	87	82	82.33
7	Arthur	89	94	91	91.33

CHAPTER 08

세트와 딕셔너리

SETS AND DICTIONARIES

이 장의 목표 _Chapter Goals

- 세트 컨테이너를 만들고 사용하기
- 데이터 처리를 위한 공통 세트 조작을 학습하기
- 딕셔너리 컨테이너를 만들고 사용하기
- 표 조회를 위해 딕셔너리로 작업하기
- 복잡한 데이터 구조를 이용해 작업하기

8장 차례 _Chapter Contents

프로그램에서 여러 개의 값을 다뤄야 할 경우 컨테이너에 값을 배치할 수 있다. 이전에 소개한 리스트 컨테이너는 파이썬에서 제공하는 여러 컨테이너 중의 하나이다. 이 장에서는 두 종류의 추가 내장 컨테이너인 세트와 딕셔너리에 대해 설명한다. 그다음 컨테이너를 결합해 복잡한 구조를 모델링하는 방법을 공부한다.

8.1 세트 _Sets

세트는 고유한 값의 모음을 저장한다.

세트(set)는 고유한 값의 모음을 저장하는 컨테이너이다. 리스트 원소와 달리 세트의 원소 또는 멤버는 특정 순서로 저장되지 않으며 위치별로 접근할 수 없다. 이 절에서 살펴볼 세트에 사용할 수 있는 연산은 수학 집합에 대해 수행되는 연산과 같다. 세트는 특정 순서를 유지할 필요가 없으므로 세트 연산은 동등한 리스트 조작보다 훨씬 빠르다(Programming Tip 8.1 참조).

© parema/iStockphoto.

세트 원소는 특정 순서로 저장되지 않는다.

그림 1은 영국, 캐나다 및 이탈리아 국기의 세 가지 색상 집합을 보여준다. 각 집합에서 원소의 순서는 중요하지 않고, 색깔들도 중복되지 않는다.

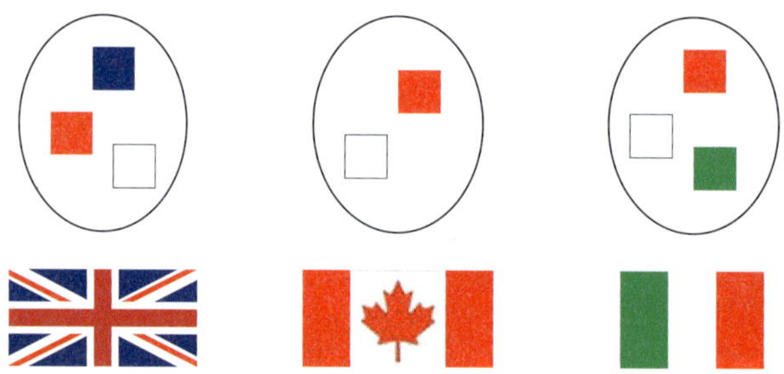

그림 1
국기 색상 집합

8.1.1 세트의 생성과 사용

초기 원소로 세트를 작성하려면 수학에서와 같이 중괄호로 묶은 원소를 지정할 수 있다.

```
cast = { "Luigi", "Gumbys", "Spiny" }
```

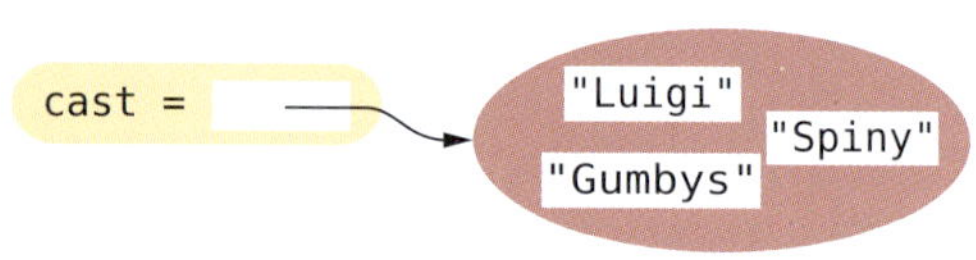

또는 set 함수를 사용해 어떤 시퀀스든 세트로 변환할 수 있다.

```
names = ["Luigi", "Gumbys", "Spiny"]
cast = set(names)
```

```
vowels = set("AEIOU")
```

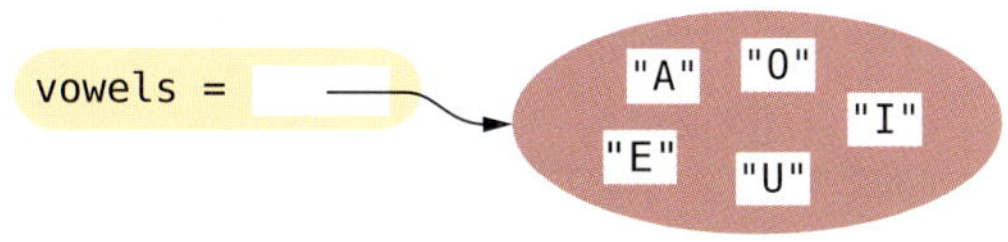

세트는 세트 리터럴 또는 set 함수를 사용해 만든다.

빈 세트는 {}를 사용해 만들 수는 없고, 대신에 인자가 없는 set 함수를 이용해 만든다.

```
cast = set()
```

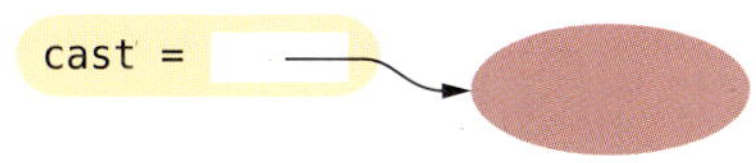

다른 컨테이너와 마찬가지로 len 함수를 사용하여 세트의 원소 수를 얻을 수 있다.

```
numberOfCharacters = len(cast)
```

in 연산자는 원소가 집합의 멤버인지 확인하는 데 사용된다.

원소가 세트에 포함되어 있는지 알고 싶으면 in 또는 not in 연산자를 사용하라.

```
if "Luigi" in cast :
   print("Luigi is a character in Monty Python's Flying Circus.")
else :
   print("Luigi is not a character in the show.")
```

세트는 순서가 없기 때문에 리스트에서와 같이 위치를 이용해 세트의 원소에 접근할 수 없다. 대신 for 루프를 사용해 각 원소에 접근한다.

```
print("The cast of characters includes:")
for character in cast :
   print(character)
```

세트의 원소를 방문하는 순서는 내부적으로 저장되는 방법에 따라 다른데, 위의 루프는 다음과 같이 출력한다.

```
The cast of characters includes:
Gumbys
Spiny
Luigi
```

출력할 때 원소의 순서는 세트가 작성된 순서와 같지 않다(세트에서 사용되는 순서에 대한 자세한 내용은 Special Topic 8.1을 참조하라).

세트 연산을 할 때 세트가 초기 순서를 유지하지 않는다는 것이 문제가 되지는 않는다. 실제로 세트는 순서가 없기 때문에 작업을 매우 효율적으로 구현할 수 있다.

그러나 보통 원소를 정렬된 순서로 표시하고 싶어 한다. sorted 함수를 사용하면 정렬된 순서대로 원소 리스트(세트가 아님)를 반환받는다. 다음과 같은 루프는 cast를 정렬된 순서로 출력한다.

```
for character in sorted(cast) :
   print(character)
```

8.1.2 원소의 추가 및 제거

리스트와 마찬가지로 세트는 변경 가능한 컨테이너이므로 원소를 추가하고 제거할 수 있다.

add 메소드를 사용하여 새 요소를 추가할 수 있다.

예를 들어, 앞 절에서 만든 세트 cast에 더 많은 문자를 추가해야 한다고 가정한다. add 메소드를 사용하여 원소를 추가하라.

```
cast = {"Luigi", "Gumbys", "Spiny"} ❶
cast.add("Arthur") ❷
```

추가되는 원소가 아직 세트에 없으면 세트에 추가되고 세트의 크기가 1씩 증가한다. 그러나 세트에는 중복 원소가 포함될 수 없다. 이미 세트에 있는 원소를 추가하려고 하면, 세트는 변경되지 않는다(그림 2 참조).

```
cast.add("Spiny") ❸
```

discard 메소드를 사용해 세트에서 원소를 제거하라.

세트에서 개별 원소를 제거하는 데 사용할 수 있는 두 가지 방법이 있다. discard 메소드는 원소가 존재하는 경우 원소를 제거한다(그림 2 참조).

```
cast.discard("Arthur") ❹
```

그러나 지정된 원소가 세트의 멤버가 아닌 경우에는 효과가 없다.

```
cast.discard("The Colonel")   # 효과 없다
```

반면 remove 메소드는 원소가 존재하는 경우 원소를 제거하지만 주어진 원소가 세트의 멤버가 아닌 경우 예외를 발생시킨다.

```
cast.remove("The Colonel")   # 예외 발생
```

마지막으로 clear 메소드는 세트의 모든 원소를 제거하고 빈 세트를 남긴다.

```
cast.clear()   # cast는 이제 크기가 0이다
```

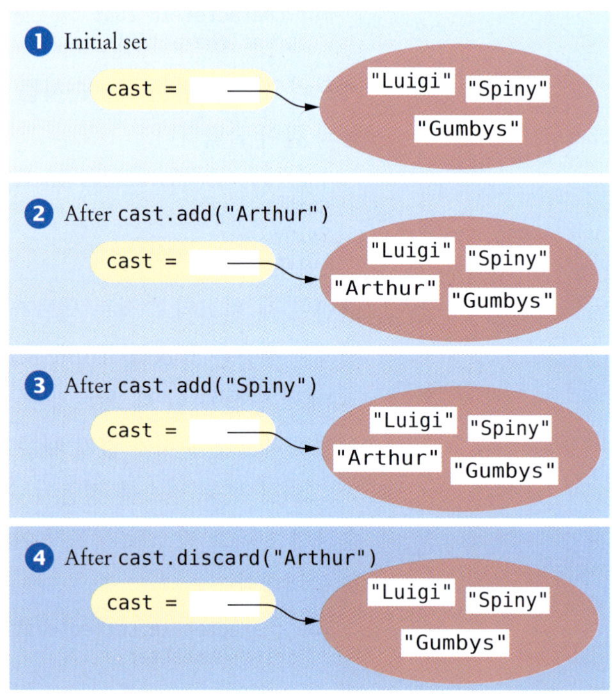

그림 2
세트 원소의 추가와 제거

8.1.3 부분집합

첫 번째 세트의 모든 원소가 두 번째 세트의 원소인 경우에만 첫 번째 세트가 두 번째 세트의

부분집합(subset)이다. 예를 들어 그림 3에서 캐나다 국기의 색상은 영국 국기 색상의 부분집합이지만 이탈리아 국기 색상은 부분집합이 아니다(영국 국기에는 초록색이 없다).

issubset 메소드는 한 세트가 다른 세트의 부분집합인지 테스트한다.

issubset 메소드는 한 세트가 다른 세트의 부분집합인지의 여부를 알려주기 위해 True 또는 False를 반환한다.

```
canadian = { "Red", "White" }
british = { "Red", "Blue", "White" }
italian = { "Red", "White", "Green" }

if canadian.issubset(british) :
   print("All Canadian flag colors occur in the British flag.")
if not italian.issubset(british) :
   print("At least one of the colors in the Italian flag does not.")
```

==와 != 연산자를 사용해 두 세트 간의 동등성을 시험할 수 있다. 두 세트는 원소가 완전히 같은 경우에만 동일하다.

```
french = { "Red", "White", "Blue" }
if british == french :
   print("The British and French flags use the same colors.")
```

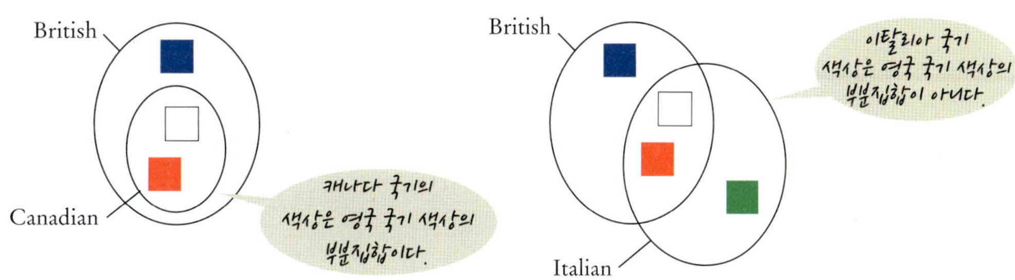

그림 3 세트가 다른 세트 내에 완전히 포함된 경우 세트는 부분집합이다.

8.1.4 합집합, 교집합, 차집합

union 메소드는 두 세트의 원소를 포함하는 새 세트를 생성한다.

두 세트의 **합집합**(union)은 두 세트의 모든 원소를 포함하며 중복은 제거된다(그림 4 참조).

두 세트의 합집합을 만들려면 union 메소드를 다음 예와 같이 사용하라.

```
inEither = british.union(italian)    # The set {"Blue", "Green", "White", "Red"}
```

british와 italian 세트 모두 "Red" 및 "White" 색상을 포함하지만 union은 세트이므로 각 색상의 인스턴스를 하나만 포함한다.

union 메소드는 새 세트를 반환하고, 호출하는 세트 모두 수정하지 않는다.

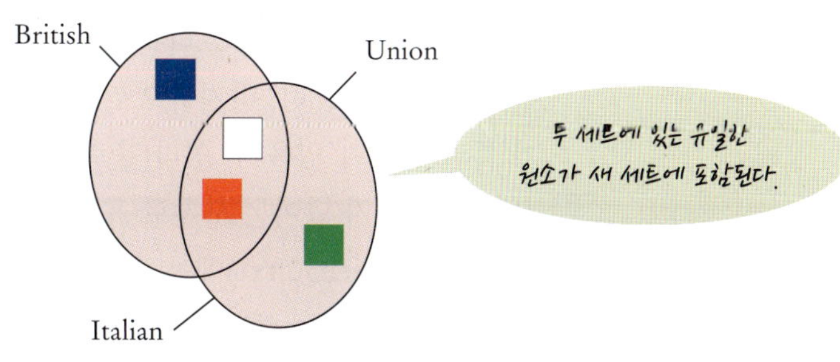

그림 4
두 세트의 합집합

intersection 메소드는 두 세트에 포함된 원소로 새로운 세트를 생성한다.

두 세트의 **교집합**(intersection)에는 두 세트에 모두 들어 있는 원소가 포함된다(그림 5 참조).

두 파이썬 세트의 교집합을 만들려면 intersection 메소드를 사용하라.

```
inBoth = british.intersection(italian))    # The set {"White", "Red"}
```

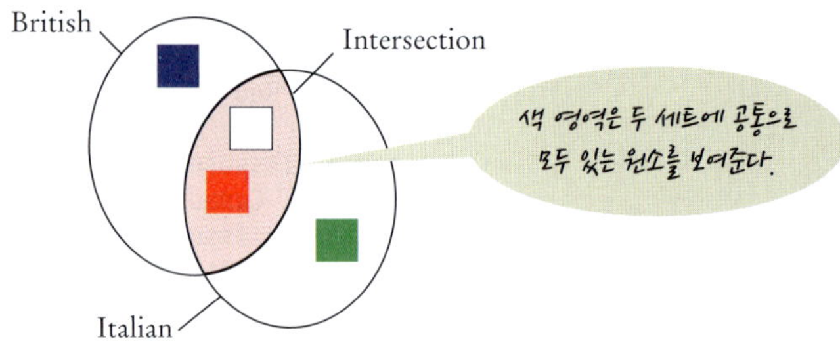

그림 5
두 세트의 교집합

difference 메소드는 첫 번째 세트에는 속하지만 두 번째 세트에는 속하지 않는 원소로 새 세트를 생성한다.

마지막으로 두 세트의 **차집합**(difference)은 두 번째 세트에는 없는 첫 번째 세트의 원소로 구성된 새 세트이다. 예를 들어, 이탈리아 국기 색상과 영국 국기 색상의 차집합은 "Green"만 포함된 세트이다(그림 6 참조).

difference 메소드를 사용해 차집합을 구하라.

```
print("Colors that are in the Italian flag but not the British:")
print(italian.difference(british))    # {'Green'}을 출력
```

두 세트의 합집합 또는 교집합을 만들 때 순서는 중요하지 않다. 예를 들어 british.union(italian)과 italian.union(british)는 같은 세트다. 그러나 차집합을 만들 때는 순서가 중요하다. 다음에 의해 반환된 세트는

```
british.difference(italian)
```

{"Blue"}이다.

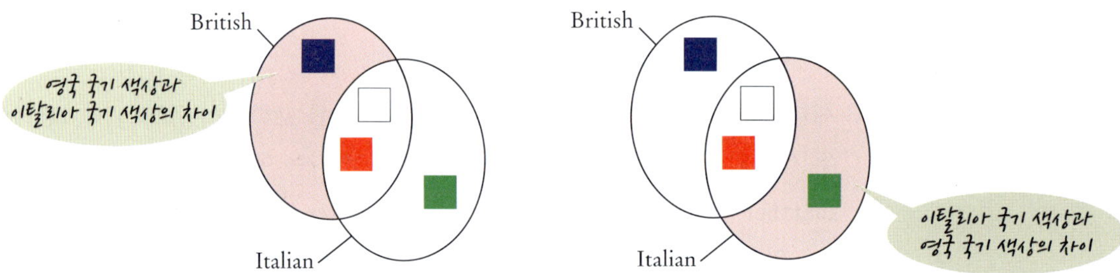

그림 6 두 세트의 차집합

다음 프로그램은 세트의 실제 적용 예를 보인다. 철자가 올바른 단어가 포함된 파일을 읽고 단어를 세트에 넣는다. 그다음 『이상한 나라의 앨리스』라는 책에 있는 모든 단어를 읽어 두 번째 세트에 넣는다. 마지막으로 문서에서 철자가 바르지 않은 모든 단어를 출력한다. 철자가 틀린 단어가 있을 수 있다(출력에서 볼 수 있듯이 미국 단어 목록을 사용했고, clamour 같은 영국 철자 단어는 오류로 표시되었다).

책 파일(alice30.txt)에는 우리가 생략하려는 배포 권한을 설명하는 긴 헤더가 있으므로 readWords 함수에는 헤더의 마지막 행을 표시하는 문자열(*END*)이 포함된 인자가 있다. 건너

될 것이 없으면 빈 문자열을 전달한다.

표 1 기본적인 세트 연산

연산	설명

`s = set()`
`s = set(seq)`
`s = {e1, e2, ..., en}`
	비어 있거나, 순서 *seq*의 복제본이거나,제공된 초기 요소{$e_1, e_2, \ldots, e_n$}를 포함하는 새 세트를 작성.

`len(s)`	세트 *s*의 원소 수를 반환.
`element in s` `element not in s`	원소 *element*가 세트에 있는지 여부를 판별.
`s.add(element)`	세트에 새로운 원소 *element*를 추가. 원소가 이미 세트에 있으면 아무 효과 없음.
`s.discard(element)` `s.remove(element)`	세트에서 *element*를 제거. *element*가 세트의 원소가 아닌 경우, `discard`는 효과가 없지만 `remove`는 예외를 발생시킴.
`s.clear()`	세트에서 모든 원소를 제거.
`s.issubset(t)`	세트 *s*가 세트 *t*의 하위 집합인지 여부 반환.
`s == t` `s != t`	세트 *s*가 세트 *t*와 같은지 여부를 반환.
`s.union(t)`	세트 *s* 및 세트 *t*의 모든 원소를 포함하는 새 세트를 반환.
`s.intersection(t)`	세트 *s* 및 세트 *t* 모두에 있는 원소를 포함하는 새 세트를 반환.
`s.difference(t)`	세트 *s*에는 있고 세트 *t*에는 없는 원소를 포함하는 새 세트를 반환.

sec01/spellcheck.py

```
##
#  This program checks which words in a file are not present in a list of
#  correctly spelled words.
#

#  Import the split function from the regular expression module.
from re import split

def main() :
   # Read the word list and the document.
   correctlySpelledWords = readWords("words", "")
   documentWords = readWords("alice30.txt", "*END*")  # Skip the prefix

   # Print all words that are in the document but not the word list.
   misspellings = documentWords.difference(correctlySpelledWords)
   for word in sorted(misspellings) :
      print(word)

## Reads all words from a file.
#  @param filename the name of the file
#  @param skipUntil skip all lines until a line starts with a string
#  @return a set with all lowercased words in the file. Here, a word is a
#  sequence of upper- and lowercase letters
```

```
#
def readWords(filename, skipUntil) :
   wordSet = set()
   inputFile = open(filename, "r")
   skip = True

   for line in inputFile :
      line = line.strip()
      if not skip :
         # Use any character other than a-z or A-Z as word delimiters.
         parts = split("[^a-zA-Z]+", line)
         for word in parts :
            if len(word) > 0 :
               wordSet.add(word.lower())
      elif line.find(skipUntil) >= 0 :
         skip = False

   inputFile.close()
   return wordSet

# Start the program.
main()
```

Program Run

```
...
centre
chatte
clamour
comfits
conger
croqueted
croqueting
daresay
dinn
draggled
dutchess
...
```

WORKED EXAMPLE 8.1

유일한 단어 계산 _Counting Unique Words

문제 정의 텍스트 문서에 포함된 고유 단어의 수를 결정하라. 예를 들어, 동요 〈Mary has a little lamb〉에는 57개의 고유한 단어가 포함되어 있다. 텍스트 문서를 읽고 고유 단어의 수를 결정하는 프로그램을 작성하라.

1단계 처리해야 할 작업을 이해한다.

텍스트 문서에서 고유 단어 수를 세려면 각 단어를 처리하고 문서에서 이전에 단어가 발견되었는지 확인할 필요가 있다. 단어가 맨 처음 나타난 것만 고유한 것으로 계산해야 한다.

이 작업을 해결하는 가장 쉬운 방법은 파일에서 각 단어를 읽고 세트에 추가하는 것이다. 세트는 중복을 포함할 수 없으므로 add 메소드는 이전에 발생한 단어가 세트에 추가되지 않도록 한다. 문서의 모든 단어를 처리한 후 세트의 크기는 문서에 포함된 고유 단어의 수이다.

2단계 작업을 단계로 분해한다.

이 문제는 몇 가지 간단한 단계로 나눌 수 있다.

```
빈 세트를 만든다.
텍스트 문서의 각 단어에 대해
    단어를 세트에 추가
고유 단어 수 = 세트의 크기
```

빈 집합을 만들고, 집합에 원소를 추가하고, 각 단어가 추가된 후 집합의 크기를 결정하는 것은 표준 세트 연산이다. 파일에서 단어를 읽는 것은 별도의 작업으로 처리할 수 있다.

3단계 고유한 단어 세트를 만든다.

고유한 단어 세트를 만들려면 파일에서 개별 단어를 읽어야 한다. 편의상 리터럴 파일 이름을 사용하지만, 파일 이름을 사용자로부터 입력받으면 더 유용한 프로그램이 된다.

```
inputFile = open("nurseryrhyme.txt", "r")
for line in inputFile :
   theWords = line.split()
   for word in theWords :
      Process word.
```

단어를 처리하는 것은 단어 세트에 단어를 추가하는 것과 관련이 있다. 그러나 고유한 단어를 계산할 때 단어는 글자가 아닌 문자를 포함할 수 없다. 또한 대문자로 된 단어는 대문자가 아닌 버전과 동일한 것으로 계산해야 한다. 이러한 특수한 경우를 처리할 수 있도록 단어를 세트에 추가하기 전에 단어를 "깨끗이" 하는 데 사용할 수 있는 별도의 함수를 설계해 보자.

4단계 단어를 정리하라.

글자가 아닌 모든 문자를 제거하려면 문자열을 한 번에 한 문자씩 반복하고 소문자 버전의 문자를 사용하여 새로운 깨끗한 단어를 작성할 수 있다.

```
def clean(string) :
   result = ""
   for char in string :
      if char.isalpha() :
         result = result + char.lower()

   return result
```

5단계 함수들을 단일 프로그램으로 결합한다.

기본 함수를 구현하고 한 파일에서 다른 함수 정의들과 결합하라.

다음은 완전한 프로그램이다.

worked_example_1/countwords.py

```
##
#  This program counts the number of unique words contained in a text document.
#

def main() :
   uniqueWords = set()

   filename = input("Enter filename (default: nurseryrhyme.txt): ")
   if len(filename) == 0 :
```

```
        filename = "nurseryrhyme.txt"
    inputFile = open(filename, "r")

    for line in inputFile :
        theWords = line.split()
        for word in theWords :
            cleaned = clean(word)
            if cleaned != "" :
                uniqueWords.add(cleaned)

    print("The document contains", len(uniqueWords), "unique words.")

## Cleans a string by making letters lowercase and removing characters
#  that are not letters.
#  @param string the string to be cleaned
#  @return the cleaned string
#
def clean(string) :
    result = ""
    for char in string :
        if char.isalpha() :
            result = result + char.lower()

    return result

# Start the program.
main()
```

Program Run

```
Enter filename (default: nurseryrhyme.txt):
The document contains 57 unique words.
```

Programming Tip 8.1

효율적인 세트 작업을 위해 리스트 대신 파이썬 세트를 사용하라

고유 항목 모음을 관리하는 프로그램을 작성할 때 세트가 리스트보다 훨씬 효율적이다. 일부 프로그래머는 익숙한 리스트를 선호하여 다음 대신

```
itemSet.add(item)
```

이것을 사용한다.

```
if (항목 목록에 없는 항목) :
   itemList.append(항목)
```

그러나 이 경우 프로그램이 훨씬 느려진다.

예제 코드 Worked Example 8.1의 리스트 버전 프로그램인 programming_tip_1/countwords2.py를 war-and-peace.txt 파일과 함께 사용해 보라. 테스트한 시스템에서는 45초가 걸리지만, 세트 버전은 단지 4초가 걸린다.

Special Topic 8.1

해싱 _Hashing

리스트에 특정값이 포함되어 있는지 확인하려면 일치하는 항목을 찾거나 끝에 도달할 때까지 리스트를 탐색해야 한다. 리스트가 길면 시간이 많이 걸리는 작업이다. 세트는 원소의 순서를 유지하지 않아도 되므로 원소를 훨씬 빠르게 찾을 수 있다. 내부적으로 파이썬 세트는 해시 테이블이라는 데이터 구조를 사용한다.

세트 구현은 원소를 빠르게 찾을 수 있도록 위치시킨다.

해시 테이블의 기본 개념은 간단하다. 세트 요소는 같은 특성을 공유하는 더 작은 원소 무리로 그룹화된다. 책들의 해시 테이블은 각 색깔에 대한 그룹을 가지는 것으로 상상할 수 있다. 따라서 동일한 색상의 책들은 동일한 그룹에 들어 있다. 책이 이미 있는지 확인하려면 모든 책과 비교하지 않고, 동일한 색상 그룹의 책과 비교한다.

책장에 같은 색상의 책이 함께 그룹화된다. 마찬가지로, 해시 테이블에서 동일한 해시 코드를 가진 객체는 동일한 그룹에 배치된다.

© Alfredo Ragazzoni/iStockphoto.

실제로 해시 테이블은 색상을 사용하지는 않고 원소에서 계산할 수 있는 정수 값(**해시 코드**(hash code)라고 함)을 사용한다. 파이썬에서는 `hash` 함수가 해시 코드를 계산한다. 다음은 여러 해시 코드를 보여주는 대화식 세션이다.

```
>>> hash(42)
42
>>> hash(4.2)
461168601842739204
>>> hash("Gumby")
1811778348220604920
```

값이 세트에 있는지 확인하기 위해 `hash(value)`를 계산한 다음, 이 값을 동일한 해시 코드를 가진 원소와 비교한다. 동일한 해시 코드를 가진 여러 원소가 있을 수 있지만 그다지 많지 않다.

해시 함수는 대부분의 값에 대해 서로 다른 해시 코드를 생성해 해시 테이블에 분산된다.

© one clear vision/iStockphoto.

파이썬에서는 해시할 수 있는 값으로만 세트를 구성할 수 있다. 숫자와 문자열을 세트에 포함시킬 수 있다. 그러나 변경 가능한 값(예 : 리스트 또는 세트)을 해시할 수 없다. 따라서 파이썬에서 세트의 세트를 만들 수 없다. 시퀀스를 수집해야 하는 경우 튜플의 세트를 사용하라(Special Topic 6.5 참조).

8.2 딕셔너리 _Dictionaries

딕셔너리는 키와 값 사이의 연결을 유지한다.

딕셔너리(dictionary)는 **키**(key)와 **값**(value) 사이의 연결을 유지하는 컨테이너이다. 딕셔너리의 모든 키에는 관련 값이 있다. 키는 고유하지만 값이 여러 키와 연관될 수 있다. 그림 7은 전형적인 예인데, 이름과 색상을 연결하는 딕셔너리는 다양한 사람들이 선호하는 색상을 설명할 수 있다. 딕셔너리 구조는 고유한 키를 값에 매핑하므로 **맵**(map)이라고도 한다. 딕셔너리는 키, 값 및 이들 간의 연관을 저장한다.

Syntax 8.1 세트 및 딕셔너리 리터럴

```
colors = { "Red", "Green", "Blue" }

favoriteColors = { "Romeo": "Green", "Adam": "Red" }

emptyDict = {}
```

세트

세트와 딕셔너리의 원소는 중괄호로 둘러싸인다.

키 / 값

딕셔너리는 키/값 쌍을 갖는다.

빈 중괄호는 딕셔너리이다.

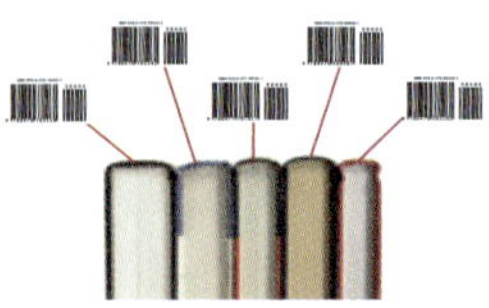

(books) © david franklin/iStockphoto

각 바코드(키)는 책(값)과 연결된다. 파이썬에서는 키/값 쌍을 딕셔너리에 저장할 수 있다.

그림 7에서 키와 값 간의 매핑이 화살표로 표시되는 항목 모음의 딕셔너리 객체를 보인다.

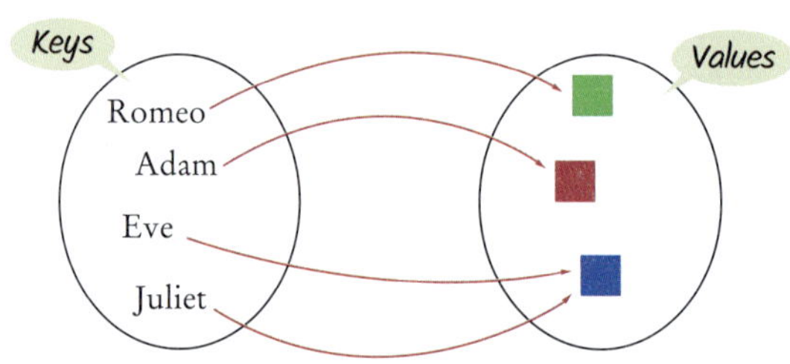

그림 7 딕셔너리

8.2.1 딕셔너리의 생성

휴대폰 주소록에 있는 사람의 전화번호를 검색하는 프로그램을 작성한다고 가정하자. 사람 이름이 키이고 전화번호가 값으로 된 딕셔너리를 사용할 수 있다. 딕셔너리를 사용하면 여러 사람을 특정 번호로 연결할 수도 있다.

예를 들어 다음과 같이 네 개의 항목이 있는 연락처 딕셔너리를 만들 수 있다(그림 8).

```
contacts = { "Fred": 7235591, "Mary": 3841212, "Bob": 3841212, "Sarah": 2213278 }
```

각 키/값 쌍은 콜론(:)으로 구분되고 각 쌍은 세트를 만들 때처럼 중괄호로 묶는다. 중괄호가 키/값 쌍을 가지고 있으면 그것은 세트가 아니고 딕셔너리이다. 비어 있는 {}는 애매한데, 이 경우에는 빈 세트가 아니고 빈 딕셔너리다.

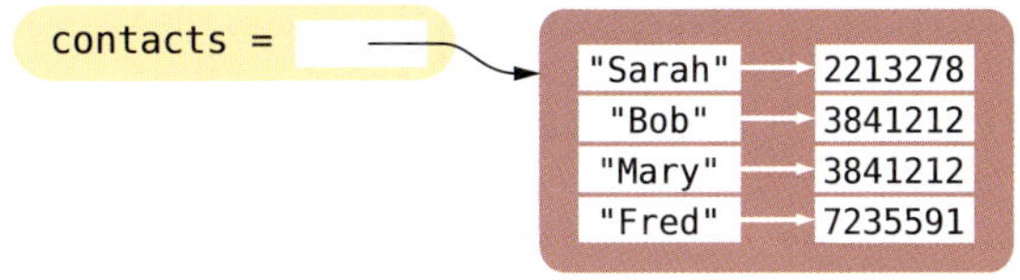

그림 8
네 개의 항목이 있는 딕셔너리

dict 함수를 이용해 딕셔너리의 복사본을 만들 수 있다.

```
oldContacts = dict(contacts)
```

8.2.2 딕셔너리값 사용하기

[] 연산자는 키와 관련된 값을 반환받는 데 사용한다.

[] 연산자는 키와 관련된 값을 반환받는 데 사용한다. 다음 문장은

```
print("Fred's number is", contacts["Fred"])
```

7235591을 출력한다.

딕셔너리는 리스트와 같은 순서형 자료구조가 아니다. 딕셔너리에 [] 연산자가 사용되어도 첨자 또는 위치에 따라 항목에 접근할 수 없다. 값은 연관된 키를 통해서만 접근할 수 있다.

in 연산자는 키가 딕셔너리에 있는지 테스트하는 데 사용한다.

사용하는 키는 딕셔너리에 있는 유효한 키만 사용해야지 그렇지 않으면 KeyError 예외가 발생한다. 키가 딕셔너리에 있는지 확인하려면 in(또는 not in) 연산자를 사용하라.

```
if "John" in contacts :
   print("John's number is", contacts["John"])
else :
   print("John is not in my contact list.")
```

가끔 키가 없는 경우 기본값을 사용하고 싶을 때가 있다. 예를 들어 Fred의 번호가 없으면 번호안내로 전화하고 싶을 것이다. in 연산자 사용 대신 get 메소드를 사용해 키와 기본값을 전달하면 된다. 맞는 번호가 없으면 기본값이 반환된다.

```
number = contacts.get("Fred", 411)
print("Dial " + number)
```

8.2.3 항목의 추가와 수정

새 항목은 [] 연산자를 사용하여 추가하거나 수정할 수 있다.

딕셔너리는 가변 컨테이너이어서, 작성된 후에 내용을 변경할 수 있다. 리스트와 같이 첨자 연산자 []를 사용하여 새 항목을 추가할 수 있다(그림 9 참조).

```
contacts["John"] = 4578102 ❶
```

주어진 키와 관련된 값을 변경하려면 기존 키에서 [] 연산자를 사용하여 새 값을 설정하라.

```
contacts["John"] = 2228102 ❷
```

때로는 딕셔너리를 만들 때 어떤 항목이 딕셔너리에 포함될지 모를 수 있기 때문에 다음과 같이 빈 딕셔너리를 만들 수도 있다.

```
favoriteColors = {}
```

그리고 필요에 따라 새 항목을 추가한다.

```
favoriteColors["Juliet"] = "Blue"
```

```
favoriteColors["Adam"] = "Red"
favoriteColors["Eve"] = "Blue"
favoriteColors["Romeo"] = "Green"
```

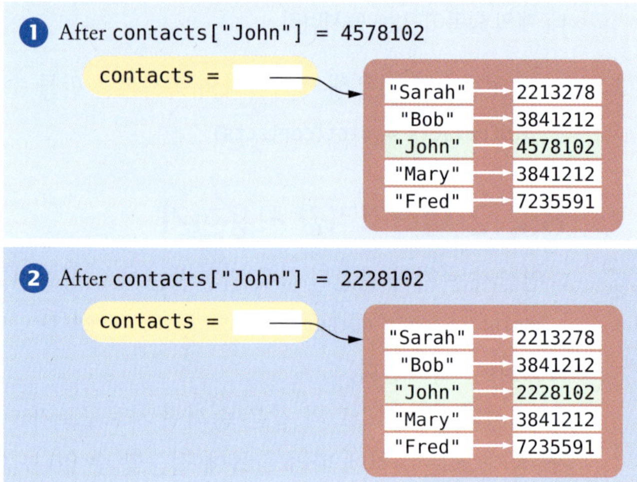

그림 9 딕셔너리 항목 추가 및 수정

8.2.4 항목의 삭제

pop 메소드를 사용해 딕셔너리의 항목을 제거한다.

딕셔너리에서 항목을 제거하려면 키를 인자로 사용하여 pop 메소드를 호출한다.

```
contacts.pop("Fred")
```

그러면 키와 관련 값이 있는 전체 항목이 제거된다(그림 10 참조). pop 메소드는 제거할 항목의 값을 반환하므로 이를 사용하거나 변수에 저장할 수 있다.

```
fredsNumber = contacts.pop("Fred")
```

키가 딕셔너리에 없으면 pop 메소드는 KeyError 예외를 발생시킨다. 예외가 발생하지 않도록 딕셔너리에서 키를 테스트할 수 있다.

```
if "Fred" in contacts :
   contacts.pop("Fred")
```

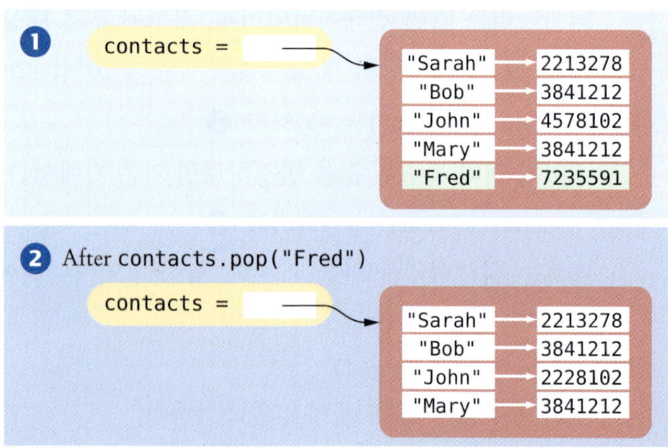

그림 10 딕셔너리 항목 제거

8.2.5 딕셔너리 탐색

for 루프를 사용하여 딕셔너리에서 개별 키에 대해 반복할 수 있다.

```
print("My Contacts:")
for key in contacts :
   print(key)
```

이 코드 부분의 결과는 다음과 같다.

```
My Contacts:
Sarah
Bob
John
Mary
Fred
```

딕셔너리는 효율성을 위해 최적화된 순서대로 항목을 저장한다. 이 순서는 추가되는 순서가 아닐 수도 있다. (세트와 마찬가지로 딕셔너리는 해시 테이블을 사용한다(Special Topic 8.1 참조)).

루프 본문에서 키와 연관된 값에 접근하려면 첨자 연산자와 함께 루프 변수를 사용할 수 있다. 예를 들어, 다음 문장은 연락처의 이름과 전화번호를 모두 출력한다.

```
print("My Contacts:")
for key in contacts :
   print("%-10s %d" % (key, contacts[key]))
```

다음 형식으로 출력된다.

```
My Contacts:
Sarah      2213278
Bob        3841212
John       4578102
Mary       3841212
Fred       7235591
```

키 방문 순서는 항목이 내부적으로 저장된 순서에 따른다. 정렬된 순서로 키를 훑어가며 반복하려면 sorted 함수를 for 루프의 일부로 사용할 수 있다.

```
print("My Contacts:")
for key in sorted(contacts) :
   print("%-10s %d" % (key, contacts[key]))
```

이제 연락처 목록이 이름순으로 출력된다.

```
My Contacts:
Bob        3841212
Fred       7235591
John       4578102
Mary       3841212
Sarah      2213278
```

values 메소드를 사용하여 키 대신에 항목의 값에 걸쳐서 반복할 수도 있다. 이것은 딕셔너리에 있는 모든 전화번호를 포함하는 리스트를 만드는 데 유용하다.

```
phoneNumbers = []   # 빈 리스트 만들기
for number in contacts.values() :
   phoneNumbers.append(number)
```

다른 방법으로 다음과 같이 values 메소드의 결과를 list 함수에 전달해 같은 리스트를 만들 수 있다.

표 2 일반적인 딕셔너리 연산

연산	설명
d = dict() *d* = dict(*c*)	비어 있는 새 딕셔너리 또는 딕셔너리 *c*의 사본을 만든다.
d = {} *d* = {k_1: v_1, k_2: v_2, ..., k_n: v_n}	비어 있는 새 딕셔너리 또는 제공된 초기 항목이 포함된 딕셔너리를 만든다. 각 항목은 키(*k*)와 콜론으로 구분된 값(*v*)으로 구성.
len(*d*)	딕셔너리 *d*의 항목 수를 반환.
key in *d* *key* not in *d*	키가 딕셔너리에 있는지 판별.
d[*key*] = *value*	키가 없는 경우 딕셔너리에 새 키/값 항목을 추가. 키가 존재하면 키와 연관된 값을 수정.
x = *d*[*key*]	주어진 키와 관련된 값을 반환. 키가 존재해야 함. 그렇지 않으면 예외가 발생.
d.get(*key*, *default*)	주어진 키와 관련된 값을 반환. 키가 없는 경우, *default* 값을 반환.
d.pop(*key*)	딕셔너리에서 키와 관련 값을 제거하고 값을 반환. 키가 없으면 예외를 발생.
d.values()	딕셔너리의 모든 값을 포함하는 시퀀스를 반환.

```
phoneNumbers = list(contacts.values())
```

딕셔너리의 사용을 보여주는 간단한 예제는 이름이 전화번호와 연관된 전화 데이터베이스이다. 다음의 예제 프로그램에서 findNames 함수는 지정된 번호에 연관된 모든 이름을 딕셔너리에서 검색한다. printAll 함수는 모든 항목의 알파벳순 리스트를 작성한다.

sec02/telephone.py

```
##
#  This program maintains a dictionary of name/phone number pairs.
#

def main() :
   myContacts = {"Fred": 7235591, "Mary": 3841212,
                 "Bob": 3841212, "Sarah": 2213278 }

   # See if Fred is in the list of contacts.
   if "Fred" in myContacts :
      print("Number for Fred:", myContacts["Fred"])
   else :
      print("Fred is not in my contact list.")

   # Get and print a list of every contact with a given number.
   nameList = findNames(myContacts, 3841212)
   print("Names for 384-1212: ", end="")
   for name in nameList :
```

```
         print(name, end=" ")
      print()

      # Print a list of all names and numbers.
      printAll(myContacts)

## Find all names associated with a given telephone number.
#  @param contacts  the dictionary
#  @param number  the telephone number to be searched
#  @return  the list of names
#
def findNames(contacts, number) :
   nameList = []
   for name in contacts :
      if contacts[name] == number :
         nameList.append(name)

   return nameList

## Print an alphabetical listing of all dictionary items.
#  @param contacts  the dictionary
#
def printAll(contacts) :
   print("All names and numbers:")
   for key in sorted(contacts) :
      print("%-10s %d" % (key, contacts[key]))

# Start the program.
main()
```

Program Run

```
Number for Fred: 7235591
Names for 384-1212: Bob Mary
All names and numbers:
Bob        3841212
Fred       7235591
Mary       3841212
Sarah      2213278
```

Special Topic 8.2

딕셔너리 항목에 걸쳐 반복 _*Iterating over Dictionary Items*

파이썬에서는 items 메소드를 사용하여 딕셔너리의 항목에 걸쳐 반복할 수 있다. 이것은 키에 걸쳐 반복하고 각 키의 값을 찾는 것보다 조금 더 효율적이다.

items 메소드는 모든 항목의 키와 값을 포함하는 일련의 튜플을 반환한다. (튜플에 대한 자세한 내용은 Special Topic 6.5를 참조하라.) 예를 들어 다음 코드를 보자.

```
for item in contacts.items() :
   print(item[0], item[1])
```

여기에서 루프 변수 item에는 첫 번째 자리에 키와 두 번째 자리에 값을 포함하고 있는 튜플이 할당된다.

또는 다음과 같이 튜플 할당을 사용할 수 있다.

```
for (key, value) in contacts.items() :
   print(key, value)
```

Special Topic 8.3

데이터 레코드 저장 _Storing Data Records

각 레코드가 여러 필드로 구성되는 데이터 레코드는 매우 일반적이다. 7장에서 서로 다른 파일 형식을 사용하는 텍스트 파일에서 데이터 레코드를 추출하는 방법을 배웠다. 경우에 따라 저장을 단순하게 하기 위해 레코드의 개별 필드를 리스트에 저장하였다. 그러나 이를 위해서는 각 필드가 리스트의 어떤 원소에 저장되었는지 기억해야 한다. 레코드를 처리할 때 잘못된 리스트 원소를 사용하면 프로그램에 실행-시간 오류가 발생할 수 있다.

파이썬에서는 딕셔너리를 사용해 데이터 레코드를 저장하는 것이 일반적이다. 키가 필드 이름이고 값이 해당 필드의 데이터 값인 각 데이터 레코드에 대한 항목을 작성한다. 예를 들어 `record`라는 이름의 딕셔너리에는 ID, name, class, GPA 필드가 있는 한 학생의 레코드가 저장된다.

```
record = { "id": 100, "name": "Sally Roberts", "class": 2, "gpa": 3.78 }
```

파일에서 레코드를 추출하기 위해, 단일 레코드를 읽고 이를 딕셔너리로 반환하는 함수를 정의할 수 있다. 이 예제에서 읽을 파일에는 콜론으로 구분된 국가 이름과 인구 데이터로 구성된 레코드가 들어 있다.

```
def extractRecord(infile) :
   record = {}
   line = infile.readline()
   if line != "" :
      fields = line.split(":")
      record["country"] = fields[0]
      record["population"] = int(fields[1])
   return record
```

반환된 딕셔너리 레코드에는 두 개의 항목이 있다. 한 항목은 키 `"country"`를 가지고 있고 다른 항목은 키 `"population"`을 가지고 있다. 이 함수의 결과는 모든 레코드를 터미널에 출력하는 데 사용할 수 있다. 딕셔너리를 사용하면 (리스트에서 사용했을 위치 대신) 이름으로 데이터 필드에 접근할 수 있다.

```
infile = open("populations.txt", "r")
record = extractRecord(infile)
while len(record) > 0 :
   print("%-20s %10d" % (record["country"], record["population"]))
   record = extractRecord(infile)
```

WORKED EXAMPLE 8.2

문자 메시지 번역 _Translating Text Messages

문제 정의 휴대용 장치의 IM(인스턴트 메시징) 및 문자 메시지에는 간단한 메시지에 유용한 일련의 일반적인 약어가 사용된다. 그러나 어떤 사람은 이러한 약어를 이해하지 못할 수 있다. 일반적인 약어가 포함된 한 줄짜리 문자 메시지를 읽고 파일에 저장된 여러 번역을 사용하여 메시지를 영어로 번역하는 프로그램을 작성하라. 예를 들어, 사용자가 다음과 같이 문자 메시지를 입력하면

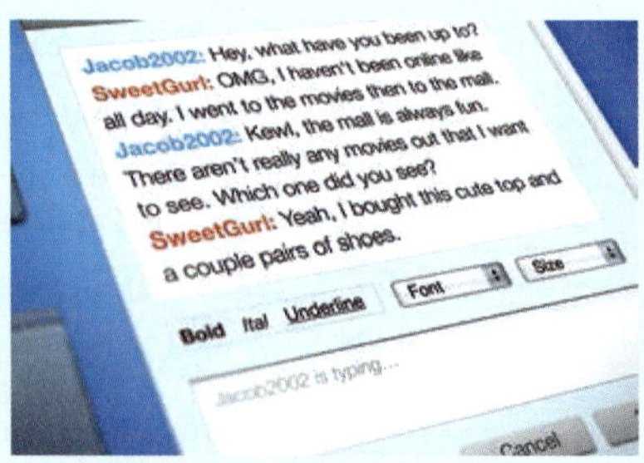

© Spiffyj/Getty Images, Inc.

```
y r u l8?
```

프로그램은 다음과 같이 출력해야 한다.

```
why are you late?
```

1단계 작업을 단계별로 나눈다.

이 문제는 몇 가지 간단한 단계로 나눌 수 있다.

표준 번역을 딕셔너리에 로드한다.
사용자로부터 메시지를 받는다.
메시지를 여러 부분으로 나눈다.
각 부분에 대해 번역한다.
번역된 메시지를 출력한다.

메시지를 읽고 `split` 함수를 사용하여 부분으로 나누는 방법은 이미 알고 있다. 결과 번역을 출력하는 것도 명확하다. 번역을 로드하고 부분을 번역하는 방법은 다음 단계에서 다룬다.

2단계 표준 번역을 로드한다.

표준 번역은 한 줄에 하나씩 각 약어/번역 한 쌍이 콜론으로 구분되어 있는 텍스트 파일에 저장되어 있다.

```
r:are
y:why
u:you
ttyl:talk to you later
l8:late
...
```

파일 항목을 읽고 딕셔너리를 작성하기 위해 각 약어마다 하나의 항목씩 `transMap` 딕셔너리에 추가한다. 약어가 키이고 번역이 값이다.

```
transMap = {}
infile = open(filename, "r")
for line in infile :
    parts = line.split(":")
    transMap[parts[0]] = parts[1].rstrip()
```

3단계 단일 약어를 번역한다.

처리가 상당히 복잡하기 때문에 이를 분리해 단일 약어를 번역하는 작업을 `translateAbbr` 함수에 맡긴다.

약어가 구두점 기호(`.?!,;:`)로 끝나는 경우 구두점을 제거하고 약어를 번역한 후 구두점을 다시 추가한다.

약어를 알 수 없는 경우 원본을 번역으로 사용한다.

```
if 약어가 구두점으로 끝남
    마지막 문자 = 구두점
    약어 = 구두점이 제거된 약어
Else
    마지막 문자 = ""
if 약어가 딕셔너리에 있음
    번역 결과 = 번역[약어]
Else
    번역 결과 = 약어
번역 결과 = 번역 결과 + 마지막 문자
```

4단계 번역된 부분을 합친다.

사용자로부터 메시지를 받은 다음, 단어로 나눈다. 그다음 한 번에 하나의 약어를 번역하고 최종 번역이 포함된 문자열을 만든다.

```
theParts = message.split()
translation = ""
for abbrv in theParts :
   translation = translation + translateAbbrv(transMap, abbrv) + " "
```

5단계 함수들을 단일 프로그램으로 합친다.

다음 프로그램은 메인 함수와 모든 추가 함수의 구현을 하나의 파일로 보여준다.

worked_example_2/translate.py

```
##
#  This program translates a single line of text from text messaging
#  abbreviations to English.
#

def main() :
   transMap = buildMapping("textabbv.txt")

   print("Enter a message to be translated:")
   message = input("")
   theParts = message.split()

   translation = ""
   for abbrv in theParts :
      translation = translation + translateAbbrv(transMap, abbrv) + " "

   print("The translated text is:")
   print(translation)

## Extracts abbreviations and their corresponding English phrases from a
#  file and builds a translation mapping.
#  @param filename  name of the file containing the translations
#  @return  a dictionary associating abbreviations with phrases
#
def buildMapping(filename) :
   transMap = {}
   infile = open(filename, "r")
   for line in infile :
      parts = line.split(":")
      transMap[parts[0]] = parts[1].rstrip()

   infile.close()
   return transMap

## Translates a single abbreviation using the translation map. If the abbre-
#  viation ends with a punctuation mark, it remains part of the translation.
#  @param transMap  a dictionary containing the common translations
#  @param abbrv  a string that contains the abbreviation to be translated
#  @return  the word or phrase corresponding to the abbreviation. If the
#  abbreviation cannot be translated, it is returned unchanged
#
def translateAbbrv(transMap, abbrv) :
   # Determine if the word ends with a punctuation mark.
   lastChar = abbrv[len(abbrv) - 1]
   if lastChar in ".?!,;:" :
      abbrv = abbrv.rstrip(lastChar)
```

```
    else :
        lastChar = ""

    # Translate the abbrv.
    if abbrv in transMap :
        word = transMap[abbrv]
    else :
        word = abbrv

    # Return the translated word and the original punctuation mark.
    return word + lastChar

# Start the program.
main()
```

Program Run

```
Enter a message to be translated:
y r u l8?
The translated text is:
why are you late?
```

8.3 복합 구조 _Complex Structures

복합 구조는 처리할 데이터를 보다 잘 구성하는 데 도움이 된다.

컨테이너는 값의 모음을 저장하는 데 매우 유용하다. 그러나 일부 데이터 수집에는 더 복잡한 구조가 필요할 수 있다. 6장에서는 표 형식의 데이터를 저장하는 데 사용하는 2차원 구조를 만들기 위해 리스트의 리스트를 사용했다. 파이썬에서 리스트 및 딕셔너리 컨테이너는 다른 컨테이너를 포함하여 모든 유형의 데이터를 포함할 수 있다. 이 절에서는 복합 구조를 사용해야 하는 문제를 살펴본다.

8.3.1 세트의 딕셔너리

책의 색인은 각 용어가 발생하는 페이지를 지정한다. 다음과 같은 형식의 텍스트 파일에 포함된 페이지 번호와 용어에서 책 색인을 작성하는 작업을 생각해 보자.

```
6:type
7:example
7:index
7:program
8:type
10:example
11:program
20:set
...
```

파일에는 색인에 포함할 모든 용어와 용어가 있는 페이지가 모두 들어 있다. 색인을 작성할 때 동일한 페이지에서 어떤 용어가 두 번 이상 나타나면 색인에는 페이지 번호가 한 번만 포함된다.

프로그램의 출력은 다음과 같이 알파벳 순서로 된 단어 목록 뒤에 그 용어가 나오는 페이지 번호가 쉼표로 구분되어 있어야 한다.

```
example 7, 10
index 7
program 7, 11
set 20
type 6, 8
```

이 문제에 적합한 컨테이너 유형 또는 구조는 무엇일까?

가장 실용적인 것은 세트의 딕셔너리이다. 각 키는 용어이고 해당하는 값은 그 용어가 나타나는 페이지 번호의 세트일 수 있다(그림 11 참조).

© Neil Kurtzman/iStockphoto.

세트의 딕셔너리에서 각 키는 값의 세트와 연관된다.

이 구조를 사용하면 몇 가지 요구 사항을 충족할 수 있다.

- 색인의 용어는 고유해야 한다. 각 용어를 딕셔너리 키로 만들면 각 용어의 인스턴스가 하나만 있게 된다.
- 색인 리스트는 알파벳순으로 제공되어야 한다. 색인을 만들기 위해서는 정렬된 딕셔너리의 키에 대해 반복하면 된다.
- 한 용어의 중복된 페이지 번호는 한 번만 포함해야 한다. 각 페이지 번호를 세트에 추가하면 중복이 추가되지 않는다.

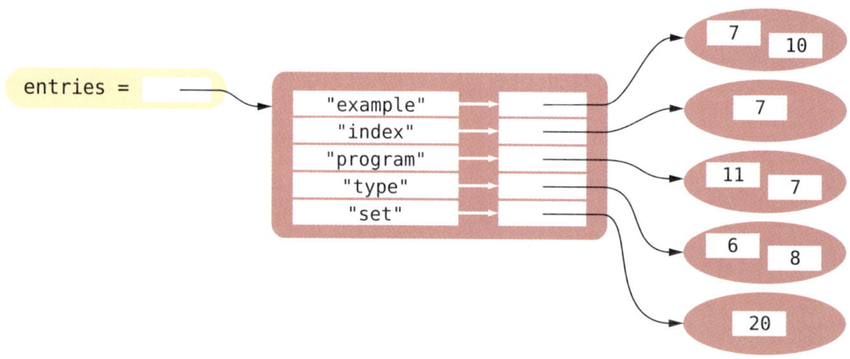

그림 11 인덱스 생성을 위한 딕셔너리 세트

이 문제에 대한 완전한 해결책은 다음과 같다.

sec03_01/buildindex.py

```
##
#  This program builds the index of a book from terms and page numbers.
#

def main() :
   # Create an empty dictionary.
   indexEntries = {}

   # Extract the data from the text file.
   infile = open("indexdata.txt", "r")
```

```
    fields = extractRecord(infile)
    while len(fields) > 0 :
       addWord(indexEntries, fields[1], fields[0])
       fields = extractRecord(infile)

    infile.close()

    # Print the index listing.
    printIndex(indexEntries)

## Extract a single record from the input file.
#  @param infile  the input file object
#  @return  a list containing the page number and term or an empty list if
#  the end of file was reached
#
def extractRecord(infile) :
    line = infile.readline()
    if line != "" :
       fields = line.split(":")
       page = int(fields[0])
       term = fields[1].rstrip()
       return [page, term]
    else :
       return []

## Add a word and its page number to the index.
#  @param entries  the dictionary of index entries
#  @param term  the term to be added to the index
#  @param page  the page number for this occurrence of the term
#
def addWord(entries, term, page) :
    # If the term is already in the dictionary, add the page to the set.
    if term in entries :
       pageSet = entries[term]
       pageSet.add(page)

    # Otherwise, create a new set that contains the page and add an entry.
    else :
       pageSet = set([page])
       entries[term] = pageSet

## Print the index listing.
#  @param entries  a dictionary containing the entries of the index
#
def printIndex(entries) :
    for key in sorted(entries) :
       print(key, end=" ")
       pageSet = entries[key]
       first = True
       for page in sorted(pageSet) :
          if first :
             print(page, end="")
             first = False
          else :
             print(",", page, end="")

       print()

# Start the program.
main()
```

8.3.2 리스트의 딕셔너리

© fotofrog/iStockphoto.

알다시피 고유 키와 연관된 딕셔너리의 값은 컨테이너를 포함하여 어떤 자료형이든 될 수 있다. 파이썬에서 딕셔너리를 사용하는 일반적인 경우는, 각 리스트가 유일한 이름 즉 키와 연관되어 있고 이러한 리스트들을 모아서 저장할 때이다. 예를 들어, 한 아이스크림 회사의 여러 매장에서 팔린 여러 종류의 아이스크림 맛의 연간 판매량을 나타내는 다음과 같은 텍스트 파일에서 데이터를 추출하는 문제를 고려하자.

```
vanilla:8580.0:7201.25:8900.0
chocolate:10225.25:9025.0:9505.0
rocky road:6700.1:5012.45:6011.0
strawberry:9285.15:8276.1:8705.0
cookie dough:7901.25:4267.0:7056.5
```

데이터를 처리하여 다음과 같은 보고서를 만들어야 한다.

```
chocolate       10225.25   9025.00   9505.00       28755.25
cookie dough     7901.25   4267.00   7056.50       19224.75
rocky road       6700.10   5012.45   6011.00       17723.55
strawberry       9285.15   8276.10   8705.00       26266.25
vanilla          8580.00   7201.25   8900.00       24681.25
                42691.75  33781.80  40177.50
```

이 보고서에는 각 상점에 있는 여러 아이스크림 맛의 매출이 알파벳 순서로 정리되어 있다. 각 아이스크림 맛별 및 상점별 총 판매량도 포함된다.

보고서에서 레코드들은 아이스크림 종류를 알파벳순으로 나열해야 하므로, 보고서를 생성하기 전에 모든 레코드를 읽어야 한다.

이 판매 데이터는 행과 열로 구성된 표 형식 데이터의 한 예다. 6장에서 표 형식 데이터를 저장할 리스트의 리스트를 만들었다. 그러나 이 구조는 항목들이 문자열과 부동-소수점 값으로 구성되며 아이스크림 종류별로 정렬되어야 하기 때문에 최선의 선택이 아니다.

데이터를 표 형식으로 저장하되 리스트의 리스트를 사용하는 대신 리스트의 딕셔너리를 사용한다(그림 12 참조). 이 구조에서 표의 각 행은 딕셔너리의 각 항목이 된다. 아이스크림

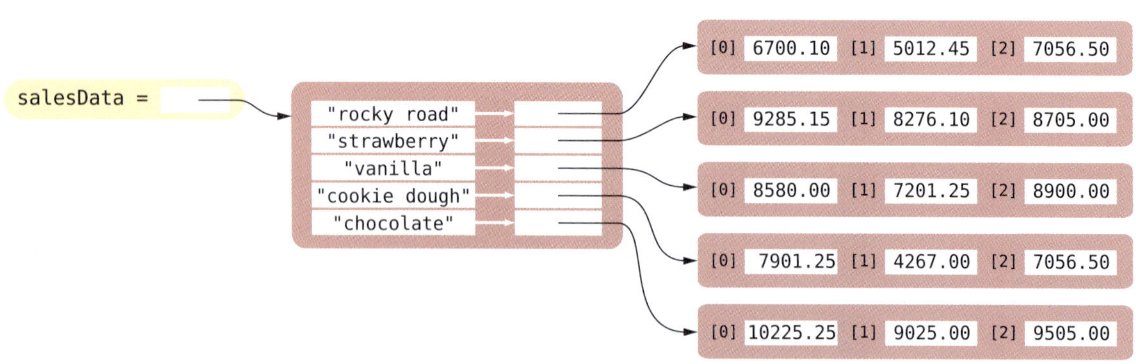

그림 12 표 형식 데이터를 나타내는 리스트의 딕셔너리

맛의 이름은 표에서 특정 행을 식별하는 데 사용되는 키가 된다. 각 키의 값은 그 아이스크림 맛의 매장별 판매량을 포함하는 리스트이다.

다음은 위의 표 형식으로 된 데이터를 출력하는 하나의 완전한 해결책이다.

sec03_02/icecreamsales.py

```
##
#  This program processes a collection of sales data for flavors of ice cream
#  and prints a report sorted by flavor.
#

def main() :
   salesData = readData("icecream.txt")
   printReport(salesData)

## Reads the tabular data.
#  @param filename name of the input file
#  @return a dictionary whose keys are ice cream flavors and
#  whose values are sales data
#
def readData(filename) :
   # Create an empty dictionary.
   salesData = {}

   infile = open(filename, "r")

   # Read each record from the file.
   for line in infile :
      fields = line.split(":")
      flavor = fields[0]
      salesData[flavor] = buildList(fields)

   infile.close()
   return salesData

## Builds a list of store sales contained in the fields split from a string.
#  @param fields a list of strings comprising the record fields
#  @return a list of floating-point values
#
def buildList(fields) :
   storeSales = []
   for i in range(1, len(fields)) :
      sales = float(fields[i])
      storeSales.append(sales)

   return storeSales

## Prints a sales report.
#  @param salesData a table composed of a dictionary of lists
#
def printReport(salesData) :
   # Find the number of stores as the length of the longest store sales list.
   numStores = 0
   for storeSales in salesData.values() :
      if len(storeSales) > numStores :
         numStores = len(storeSales)

   # Create a list of store totals.
   storeTotals = [0.0] * numStores

```

```
   # Print the flavor sales.
   for flavor in sorted(salesData) :
      print("%-15s" % flavor, end="")

      flavorTotal = 0.0
      storeSales = salesData[flavor]
      for i in range(len(storeSales)) :
         sales = storeSales[i]
         flavorTotal = flavorTotal + sales
         storeTotals[i] = storeTotals[i] + sales
         print("%10.2f" % sales, end="")

      print("%15.2f" % flavorTotal)

   # Print the store totals.
   print("%15s" % " ", end="")
   for i in range(numStores) :
      print("%10.2f" % storeTotals[i], end="")
   print()

# Start the program.
main()
```

Special Topic 8.4

사용자 모듈 _User Modules

작은 프로그램을 작성할 때는 모든 코드를 하나의 소스 파일에 넣을 수 있다. 하지만 프로그램이 커지거나 팀 단위로 일하게 되면 상황이 바뀌어서 코드를 별도의 소스 파일들로 쪼개서 조직화시키고자 할 것이다.

이렇게 코드를 분할하는 것이 필요한 두 가지 이유가 있다. 첫째, 큰 프로그램을 모두 하나의 소스 파일에 둔다면, 관리 및 디버깅이 어려워지는 수백 개의 함수로 구성될 수 있다. 여러 소스 파일에 함수를 분배하고 관련 함수를 그룹화하면 다양한 함수를 테스트하고 디버깅하기가 더 쉬워진다. 두 번째 이유는 팀에서 다른 프로그래머와 작업할 때 분명해진다. 여러 프로그래머가 단일 소스 파일을 동시에 편집하는 것은 매우 어렵다. 따라서 각 프로그래머가 별도의 파일들에 대해서는 단독으로 책임을 지도록 프로그램 코드를 분할한다.

복잡한 프로그램의 코드는 여러 파일로 나뉜다.

큰 파이썬 프로그램은 일반적으로 **드라이버 모듈**(driver module)과 하나 이상의 보조 모듈로 구성된다. 드라이버 모듈에는 메인 함수 또는 메인 함수가 사용되지 않은 경우 첫 번째 실행문이 포함된다. 보조 모듈에는 지원 함수와 상수 변수가 포함되어 있다.

예를 들어 8.3.2절의 프로그램을 두 개의 모듈로 나눌 수 있다. `tabular-data.py` 모듈에는 파일에서 데이터를 읽고 행과 열 합계가 있는 리스트의 딕셔너리를 출력하는 함수가 있다. `salesreport.py` 모듈은 메인 함수가 포함된 드라이버 모듈이다. 프로그램을 두 개의 모듈로 분할하면 `tabular-data.py` 모듈의 함수들은 주어진 숫자 리스트를 처리해야 하는 다른 프로그램에서 재사용할 수 있다.

함수를 호출하거나 사용자 모듈에 정의된 상수 변수를 사용하려면 먼저 표준 라이브러리 모듈을 가져온 것과 같은 방법으로 모듈을 가져올 수 있다.

```
from tabulardata import readData, printReport
```

그러나 모듈이 많은 함수를 정의하면 다음과 같은 형식을 사용하는 것이 더 낫다.

```
import tabulardata
```

이 형식을 사용하면 함수 이름 앞에 모듈 이름을 붙여야 한다.

```
tabulardata.printReport(salesData)
```

이 책의 보조 사이트의 소스 코드에는 두 모듈이 들어 있다. 프로그램을 실행하려면 명령어 라인에서 다음과 같이 드라이버 모듈을 실행하거나

```
python salesreport.py
```

또는 통합 개발 환경을 사용하라.

예제 코드 모듈은 `special_topic_4/salesreport.py`와 `tabulardata.py`를 참조하라.

WORKED EXAMPLE 8.3

그래픽스: 파이 차트 _*Graphics: Pie Charts*

파이 차트는 일반적으로 다양한 데이터 분포를 그래피컬하게 보여주는 데 사용된다. 원형 파이를 각 조각의 크기가 전체의 비율을 나타내는 조각으로 나눈다. 각 조각의 범주와 비율에 대한 간단한 설명은 일반적으로 차트의 일부로 표시되며, 예시 색상을 사용해 이러한 정보를 특정 조각에 매핑하는 범례로써 표시한다.

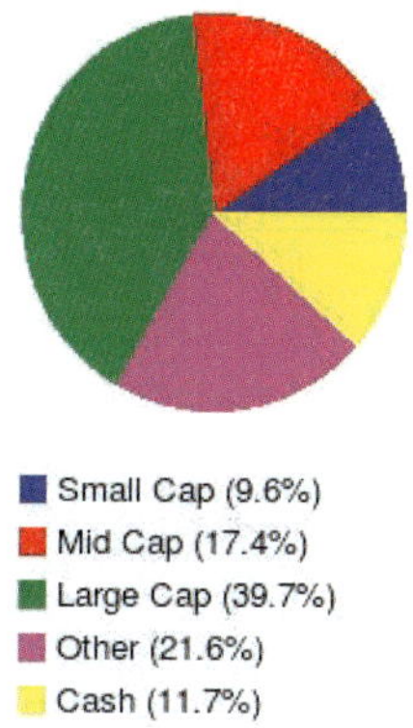

문제 정의 파이 차트와 해당 범례를 그려 여러 범주에 걸쳐 개인의 투자 분포를 나타내는 프로그램을 설계하고 구현하라.

모듈형 설계를 사용해 해결책을 원형 차트 그리기, 차트 데이터 만들기 및 범례 그리기의 세 부분으로 나눈다.

파이 차트 및 범례

파이 차트는 여러 개의 부채꼴을 그려서 만드는데, 각 부채꼴은 차트의 한 범주를 표현하는 슬라이스이다. ezgraphics 모듈에서 캔버스 메소드 `drawArc`를 사용하여 부채꼴을 그릴 수 있다.

```
canvas.drawArc(x, y, diameter, startAngle, extent)
```

부채꼴을 그리려면 원의 지름 다음에 타원처럼 경계 사각형의 x, y 좌표를 지정한다. 또한 부채꼴이 원에서 시작되는 각도(0~360)와 부채꼴의 각도 범위 즉 크기를 표시해야 한다.

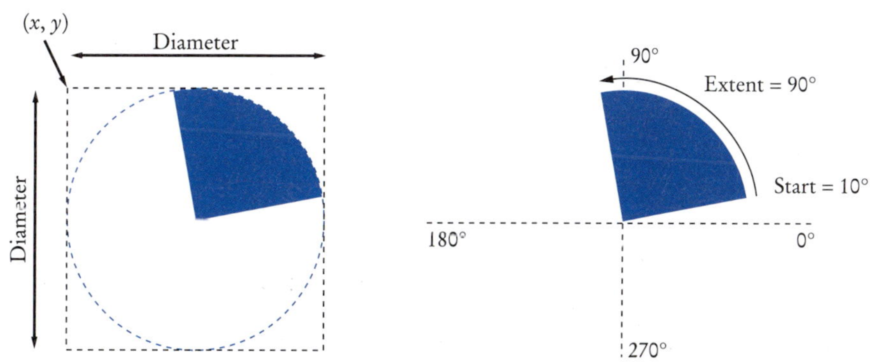

파이 차트를 그리기 위해 모든 유형의 데이터에 대한 차트를 그리는 데 사용할 수 있는 일반적인 그리

기 함수를 구현할 수 있다. 파이 차트를 그리는 데 필요한 정보에는 파이(또는 원)의 크기, 원의 경계 사각형의 왼쪽 상단 모서리의 (x, y) 좌표, 차트를 그릴 캔버스, 각 슬라이스의 전체 비율(백분율), 각 슬라이스의 색상 등이 포함된다.

각 슬라이스에 대해 여러 데이터 값이 필요하므로 이 정보를 딕셔너리의 리스트로 제공할 수 있다. 리스트의 각 딕셔너리에는 한 슬라이스의 "size", "color", "label"의 세 항목이 포함된다. 데이터 필드 이름을 딕셔너리의 키로 사용해 이름으로 필드에 접근할 수 있다. 그렇게 하면 리스트와 마찬가지로 각 필드가 차지하는 위치를 기억할 필요가 없다.

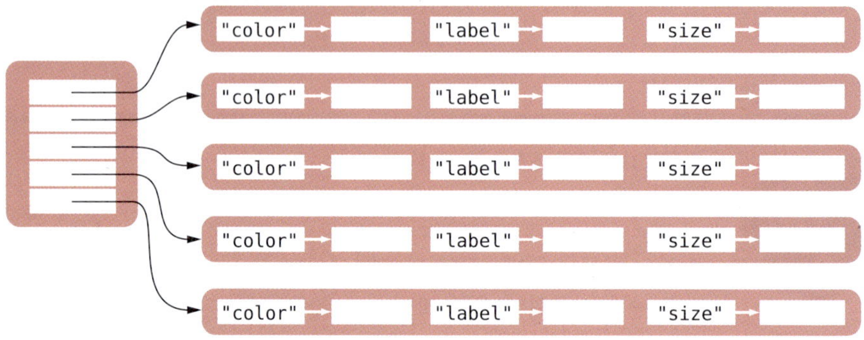

파이의 각 슬라이스는 개별적인 부채꼴로 그려진다. 각 슬라이스에 대한 데이터는 별도의 딕셔너리에 저장되므로 딕셔너리의 리스트에 걸쳐서 반복해 각 슬라이스를 차례로 그릴 수 있다.

부채꼴의 크기는 전체 파이에 대한 슬라이스의 비율이다. 원의 각도는 360도이므로 개별 슬라이스의 각도 범위는 다음과 같이 계산한다.

슬라이스의 각도 범위 = 360 x 슬라이스의 비율

여기서 슬라이스 비율은 백분율로 지정된다. 간단히 하기 위해 첫 번째 슬라이스를 0도 각도(양의 x 축에서)로 시작한다. 각 후속 슬라이스가 시작되는 각도는 이전 슬라이스가 종료된 각도이다. 슬라이스의 종료 각도는 단순히 시작 각도에 슬라이스의 각도 범위를 더한 것이다. 슬라이스를 그리기 전에 윤곽선 및 채우기 색상을 해당 슬라이스에 지정된 색상으로 설정해야 한다. 이 작업은 다음과 같이 구현된다.

```
## 보이지 않는 경계 사각형 안에 있는 캔버스에 파이 차트를 그린다.
#  @param x 경계 사각형의 왼쪽 상단 모서리의 x 좌표
#  @param y 경계 사각형의 오른쪽 상단 모서리의 y 좌표
#  @param diameter 경계 정사각형의 지름
#  @param slices "size"와 "color"를 지정하는 딕셔너리의 리스트
#  @param canvas 파이 차트를 그릴 캔버스
#
def drawPieChart(x, y, diameter, slices, canvas) :
   startAngle = 0
   for piece in slices :
      extent = 360 * piece["size"]
      canvas.setColor(piece["color"])
      canvas.drawArc(x, y, diameter, startAngle, extent)
      startAngle = startAngle + extent
```

또한 파이 차트에 범례를 포함시켜 각 슬라이스의 범주와 비율을 나타낸다. 이 예의 범례에는 작은 색상자와 각 조각에 대한 짧은 레이블이 포함된다. 범례 항목은 깔끔하게 정리하여 쌓을 것이다.

캔버스에 범례를 그리려면 모든 유형의 차트에 사용할 수 있는 함수를 다시 구현해야 한다. 이 함수를 위해 경계 상자의 왼쪽 위 모서리에 대한 (x, y) 좌표, 범례를 그릴 캔버스, 각 슬라이스의 색상, 레이블 및 크기가 필요하다. 범례는 원형 차트와 함께 사용될 가능성이 높으므로 슬라이스 정보를 딕셔너리의 리스트로 drawLegend 함수에 전달한다. 이것을 이용해 두 함수 모두에 동일한 구조를 사용할 수 있다. 범례를 그리려면 각 딕셔너리는 "size", "color", "label"의 세 항목이 필요하다. drawLegend 함수의 구현은 다음과 같다.

```
## 색 상자와 텍스트로 구성된 범례를 캔버스에 그린다.
#  @param x 항목의 시작 위치에 대한 x 좌표
#  @param y 항목의 시작 위치에 대한 y 좌표
#  @param entries 각 항목 "color", "label", "size"에 대한 정보를 지정하는 딕셔너리의 리스트
#  @param canvas 범례를 그릴 캔버스
#
def drawLegend(x, y, entries, canvas) :
   for entry in entries :
      canvas.setColor(entry["color"])
      canvas.drawRect(x, y, 10, 10)
      canvas.setColor("black")
      text = entry["label"] + " (%.1f%%)" % (entry["size"] * 100)
      canvas.drawText(x + 15, y, text)
      y = y + 20
```

함수 drawPieChart와 함수 drawLegend가 서로 관련되어 있으므로 이 두 함수의 구현을 단일 모듈(piechart.py)에 둘 수 있다. 나머지 프로그램에서 이 두 함수를 분리함으로써 파이 차트나 범례를 그려야 하는 다른 프로그램에서 이 함수들을 쉽게 재사용할 수 있다.

주식 포트폴리오

이 프로그램의 두 번째 모듈에는 텍스트 파일에서 주식 포트폴리오를 추출하고 두 개의 그리기 함수에 필요한 딕셔너리의 리스트를 작성하는 데 필요한 함수가 포함된다. 간단히 다음 형식의 주식 정보가 포함된 텍스트 파일을 가정한다.

```
PETS small 8250.0
BBY mid 6535.0
NVDA mid 5500.0
LXK mid 2825.0
LOW large 5800.0
COP large 9745.0
TGT large 6200.0
VZ large 12185.0
bonds misc 18500.0
cash cash 10000.0
```

각 줄에는 주식 기호, 주식 범주 및 해당 주식의 달러 가격이라는 세 개의 필드로 구성된 단일 레코드가 들어 있다.

범주별 주식 분포를 설명하기 위해 각 범주의 총액을 누적해야 한다. 각 키가 범주이고 해당 값은 그 범주에 속하는 주식의 총량인 딕셔너리를 사용한다. 파일에서 각 레코드를 추출할 때 범주가 이미 딕셔너리에 있는지 확인한다. 없으면 현재 레코드의 금액과 함께 새 항목을 추가한다. 범주가 딕셔너리에 있는 경우에는 이 레코드의 양만큼 값을 증가시킨다. 모든 레코드가 추출된 후 함수는 딕셔너리를 반환한다.

```
## 주식 포트폴리오로부터 각 범주별 할당 상황을 로딩한다.
#  @param filename 포트폴리오를 포함하는 파일의 이름
#  @return 범주 코드와 범주당 종합으로 구성된 딕셔너리를 반환
#
def loadAllocations(filename) :
   # 주식 포트폴리오 파일을 연다.
   infile = open("stocks.txt", "r")

   # 주식들을 추출하여 해당 범주 합에 누적시킨다.
   allocations = {}
```

```
for line in infile :
   fields = line.split()
   cat = fields[1]
   amount = float(fields[2])
   if cat in allocations :
      allocations[cat] = allocations[cat] + amount
   else :
      allocations[cat] = amount

infile.close()
return allocations
```

파이 차트와 범례를 그리려면 loadAllocations 함수에서 반환한 범주 할당을 받아서 drawPieChart 및 drawLegend 함수에 필요한 딕셔너리의 리스트를 작성해야 한다. 이 작업을 하는 함수가 범주별로 주식 배분 비율을 계산할 필요는 있지만, 각 범주의 색상과 레이블은 하드 코딩한다.

이 함수의 구현은 다음과 같다.

```
## 범주, 할당 백분율 및 슬라이스 색상이 포함된 딕셔너리의 리스트를 만든다.
#  @param allocations 범주별 주식 할당을 포함하는 딕셔너리
#  @return 파이 차트와 범례 정보가 포함된 딕셔너리의 리스트를 반환한다.
#
def buildChartData(allocations) :
   categories = [
      {"cat": "small", "color": "blue", "text": "Small Cap"},
      {"cat": "mid", "color": "red", "text": "Mid Cap"},
      {"cat": "large", "color": "green", "text": "Large Cap"},
      {"cat": "misc", "color": "magenta", "text": "Other"},
      {"cat": "cash", "color": "yellow", "text": "Cash"}
   ]

   # 총 할당액을 계산한다.
   total = sum(allocations.values())

   # 범주별 백분율을 계산하고 범주의 리스트를 생성한다.
   slices = []
   for info in categories :
      category = info["cat"]
      info["size"] = allocations[category] / total
      slices.append(info)

   return slices
```

드라이버 모듈

드라이버 모듈은 ezgraphics 모듈 외에 두 사용자 정의 모듈인 piechart와 portfolio을 불러오고 메인 함수를 제공한다.

```
주식 할당을 로드하라.
그리기 루틴과 함께 사용할 구조를 만든다.
그래픽 창을 만든다.
캔버스에 파이 차트와 범례를 그린다.
```

이러한 간단한 단계를 구현하는 파이썬 코드는 다음과 같다. 모든 크기의 파이 차트를 허용하기 위해 너비에 대한 상수 변수를 정의한다. 이 변수는 창의 크기와 범례의 위치를 계산하는 데 사용된다.

```
from ezgraphics import GraphicsWindow
from piechart import drawPieChart, drawLegend
from portfolio import loadAllocations, buildChartData
PIE_SIZE = 150

# 주식 할당을 로드하고 백분율을 계산한다.
```

```
allocations = loadAllocations("stocks.txt")
slices = buildChartData(allocations)

# 그래픽 창을 만들고 파이 차트와 범례를 그린다.
height = PIE_SIZE + 75 + len(slices) * 20

win = GraphicsWindow(PIE_SIZE + 100, height)
canvas = win.canvas()
drawPieChart(50, 25, PIE_SIZE, slices, canvas)
drawLegend(50, PIE_SIZE + 50, slices, canvas)
win.wait()
```

예제 코드 완전한 주식 배분 프로그램은 eText 또는 보조 사이트의 소스 코드에서 worked_example_3을 참조하라.

TOOLBOX 8.1

웹에서 JSON 데이터 수집 _*Harvesting JSON Data from the Web*

많은 웹 응용 프로그램은 다른 프로그램에서 사용할 수 있는 데이터를 제공한다. 웹 응용 프로그램은 지정된 URL에 연결될 때 웹 서버에서 실행되는 프로그램이다. 어떤 웹 응용 프로그램은 브라우저에 표시할 웹 페이지를 작성하고, 어떤 웹 응용 프로그램은 데이터를 반환한다. 웹 응용 프로그램에서 데이터를 얻으려면 API(Application Programming Interface)를 통해 웹 사이트에 접근한다. 웹 응용 프로그램이 원하는 결과를 낼 수 있도록 하기 위해서는 API가 필요한 웹 주소와 모든 인자들을 지정해야 한다.

데이터를 공유하거나 교환하기 위해 웹 응용 프로그램은 일반적으로 JSON(JavaScript Object Notation) 형식을 사용한다. JSON은 일반 텍스트로 응용 프로그램 간에 데이터를 교환할 수 있는 표준 데이터 형식이다. 여러 데이터 필드가 있는 큰 레코드 데이터에 특히 유용하다.

이 절에서는 파이썬의 json 모듈을 사용해 JSON 형식의 웹 데이터를 처리하는 방법을 배운다.

런던의 현재 날씨 상태를 알고 싶다고 가정하자. openweathermap.org 웹 사이트에서 이 정보를 다운로드하는 프로그램을 작성할 수 있다. 데이터를 얻으려면 웹 주소를 얻고,

```
address = "http://api.openweathermap.org/data/2.5/weather"
```

웹 연결을 열기 전에 도시 이름과 측정 단위를 인자로 추가하자.

```
url = address + "?" + "q=London,UK&units=imperial"
webData = urllib.request.urlopen(url)
```

그런 다음 데이터를 하나의 큰 덩어리로 읽어 문자열로 변환한다.

```
results = webData.read().decode()
```

문자열에는 다음과 같이 JSON 형식으로 저장된 데이터가 포함되어 있다.

```
{
   "coord": {"lon": -0.13,"lat": 51.51},
   "sys": {
      "type": 3,
      "id": 186527,
      "message": 1.2806,
      "country": "GB",
      "sunrise": 1427348916,
      "sunset": 1427394217
   },
```

```
    "weather": [
       {  "id": 800,
          "main: "Clear",
          "description": "Sky is Clear",
          "icon": "01d"
       }
    ],
    "base": "stations",
    "main": {
       "temp": 50.77,
       "humidity": 59,
       "pressure": 999.658
       "temp_min": 48.99,
       "temp_max": 53.01
    },
    "wind": {"speed": 13.63, "deg": 308},
    "rain": {"3h": 0},
    "clouds": {"all": 0},
    "dt": 1427392093,
    "id": 2643743,
    "name": "London",
    "cod": 200
}
```

보다시피 JSON은 리스트와 딕셔너리에 파이썬과 동일한 표기법을 사용한다.

프로그램에서 데이터를 사용하려면 JSON 형식에서 딕셔너리로 변환해야 한다. json 모듈의 loads 함수를 사용하여 변환하자.

```
data = json.loads(results)
```

각 데이터 값은 JSON 형식의 정의에 따라 적절한 데이터 유형으로 변환된다(문자열은 큰따옴표로 묶어야 하며 숫자는 파이썬과 같은 규칙을 따른다). 따라서 데이터 필드를 추가로 변환하지 않고도 데이터를 사용할 수 있다.

```
current = data["main"]
degreeSym = chr(176)
print("Temperature: %d%sF" % (current["temp"], degreeSym))  # F for Fahrenheit
print("Humidity: %d%%" % current["humidity"])
print("Pressure: %d" % current["pressure"])
```

앞에서 설명한 것처럼 연결을 열 때 URL 안에 인자로써 웹 응용 프로그램에 정보를 제공해야 한다. openweathermap.org 웹 응용 프로그램은 최소로 도시 이름만을 필요로 하지만, 앞에서는 온도와 바람 데이터가 제공될 때 사용할 단위까지 제공하였다.

때로는 인자로 전달된 데이터에 공백이나 특수 문자가 포함될 수 있다. 그러나 유효한 URL에는 이러한 문자가 포함될 수 없다. 유효한 URL을 만들기 위해 urllib.parse 모듈의 urlencode 함수를 사용해 파이썬이 자동으로 작업하도록 할 수 있다.

먼저 각 인자가 키로 저장되고 인자의 인자가 키 값으로 저장되는 딕셔너리를 작성하라.

```
params = {"q": "London, UK", "units": "imperial" }
```

그다음 딕셔너리에서 URL로 인코딩된 문자열을 만들고 웹 주소에 "?"로 구분하여 덧붙여라.

```
arguments = urllib.parse.urlencode(params)
url = address + "?" + arguments
```

다음은 사용자가 지정하는 위치에 대한 현재의 날씨 정보를 얻는 완전한 프로그램이다.

toolbox_1/weather.py

```
##
#  This program prints information about the current weather in a user-chosen city.
#

import urllib.request
import urllib.parse
import json

# Get the location information from the user.
city = input("Enter the location: ")

# Build and encode the URL parameters.
params = {"q": city, "units": "imperial" }
arguments = urllib.parse.urlencode(params)

# Get the weather information.
address = "http://api.openweathermap.org/data/2.5/weather"
url = address + "?" + arguments

webData = urllib.request.urlopen(url)
results = webData.read().decode
webData.close()

# Convert the json result to a dictionary.
data = json.loads(results)

# Print the results.
current = data["main"]
degreeSym = chr(176)
print("Temperature: %d%sF" % (current["temp"], degreeSym))
print("Humidity: %d%%" % current["humidity"])
print("Pressure: %d" % current["pressure"])
```

8장 요약 _Chapter Summary

집합 이론에서의 연산들을 파이썬 세트에서 어떻게 사용하는지 이해하라.

- 세트는 고유한 값의 모음을 저장한다.
- 세트 리터럴 또는 set 함수를 사용하여 세트를 만든다.
- in 연산자는 원소가 세트의 멤버인지 여부를 테스트하는 데 사용된다.
- add 메소드를 사용하여 새 원소를 추가할 수 있다.
- discard 메소드를 사용하여 세트에서 원소를 제거한다.
- issubset 메소드는 한 세트가 다른 세트의 부분 집합인지 테스트한다.
- union 메소드는 두 세트의 원소를 모두 포함하는 새 세트를 생성한다.
- intersection 메소드는 두 세트의 공통 원소만을 포함하는 새로운 세트를 생성한다.
- difference 메소드는 첫 번째 세트에는 속하지만 두 번째 세트에는 속하지 않는 원소로 새 세트를 생성한다.

- 세트의 구현은 원소들을 빠르게 찾을 수 있도록 원소들을 정리한다.

파이썬 딕셔너리로 작업하라.

- 딕셔너리는 키와 값 사이의 연관을 보관한다.
- [] 연산자를 사용하여 키와 연관된 값에 접근한다.
- in 연산자는 키가 딕셔너리에 있는지 테스트하는 데 사용된다.
- [] 연산자를 사용하여 새 항목을 추가하거나 수정할 수 있다.
- pop 메소드를 사용하여 딕셔너리 항목을 제거한다.

복잡한 구조를 가진 데이터를 모델링하기 위해 컨테이너를 결합한다.

- 복합 구조는 처리할 데이터를 보다 잘 구성하는 데 도움이 된다.
- 복잡한 프로그램의 코드는 여러 파일로 분산하라.

연습문제

- **R8.1** 학교 웹 사이트는 학생 컴퓨터에서 차단된 웹 사이트의 모음을 관리한다. 차단된 사이트를 검사하는 프로그램이 사이트 주소를 저장하기 위해 리스트, 세트, 또는 딕셔너리를 사용해야 할까? 근거와 함께 답을 설명하라.
- **R8.2** 도서관은 어떤 책을 어떤 고객에게 빌려주었는지 추적하려고 한다. 어떤 컨테이너를 사용해야 할까?
- **R8.3** 세트와 리스트의 차이점은 무엇인가?
- **R8.4** 리스트와 딕셔너리의 차이점은 무엇인가?
- **R8.5** 운송장에는 구매한 품목이 포함되어 있다. 이 구매 품목을 리스트, 세트, 또는 딕셔너리로 구현해야 할까? 근거와 함께 답을 설명하라.
- **R8.6** 수업 일정을 관리하는 프로그램을 고려하라. 회의 정보를 리스트, 세트, 또는 딕셔너리로 구현해야 할까? 근거와 함께 답을 설명하라.
- **R8.7** 달력을 구현하는 한 가지 방법은 날짜를 이벤트 설명에 매핑하는 딕셔너리이다. 그러나 이것은 특정 날짜에 단일 이벤트가 있는 경우에만 작동한다.

  특정 날짜에 여러 이벤트를 허용하기 위해 어떤 유형의 복합 구조를 사용할 수 있을까?
- **R8.8** 일년 중 한 달을 정수 값으로 나타내는 것이 일반적이다. 달의 숫자 번호 대신 달 이름을 인쇄하는 프로그램을 작성해야 한다고 가정하자. 주어진 달의 이름을 선택하기 위해 큰 if/elif/else문을 사용하는 대신 구조에 이름을 저장할 수 있다. 이름이 리스트, 세트, 딕셔너리에 저장되어야 하나? 답을 설명하라.

반대로 월 이름에서 정수로의 변환을 자주 수행해야 한다고 가정하자. 리스트, 세트, 딕셔너리 중 어느 것을 사용하나? 답을 설명하라.

■ **R8.9** 파이썬이 세트 컨테이너를 제공하지 않았을 경우, 프로그램에 어떤 유형의 컨테이너를 대신 사용할 수 있을까? 답을 설명하라.

■ **R8.10** 파이썬이 세트 컨테이너를 제공하지 않을 경우 R8.9의 컨테이너를 사용하여 교집합 작업을 수행하는 함수를 구현하라.

■ **R8.11** 딕셔너리가 같은 값을 가진 두 개의 키를 가질 수 있나? 같은 키를 가진 두 개의 값은?

■ **R8.12** 월 이름 약어를 월 이름에 매핑하는 딕셔너리를 정의하라.

■ **R8.13** 학번을 학생의 이름으로 매핑하는 다섯 개 항목의 딕셔너리를 정의하라.

■ **R8.14** 현재 수강 중인 과목의 과목 번호를 해당 과목명에 매핑하는 딕셔너리를 정의하라.

■ **R8.15** 교과서의 ISBN 번호를 제목에 매핑하는 딕셔너리를 정의하라.

■ **R8.16** 문자열 인수를 가져와 다음을 반환하는 함수를 작성하라.

a. 문자열에서 가장 많이 나오는 문자

b. 문자열에 포함되지 않은 소문자로 구성된 세트

c. 문자열에서 각 문자가 나타나는 횟수를 포함하는 딕셔너리

■ **R8.17** 두 개의 문자열 인수를 사용하여 다음을 반환하는 함수를 작성하라.

a. 두 문자열에 포함된 대문자와 소문자로 구성된 세트

b. 어느 문자열에도 포함되지 않은 대문자와 소문자로 구성된 세트

c. 두 문자열에 포함된 알파벳이 아닌 모든 문자로 구성된 세트

■ **R8.18** 다음 딕셔너리가 주어질 때

```
gradeCounts = { "A": 8, "D": 3, "B": 15, "F": 2, "C": 6 }
```

다음을 출력할 파이썬 문장을 작성하라.

a. 모든 키

b. 모든 값

c. 모든 키와 값 쌍

d. 모든 키와 값 쌍을 키 순서로 표시

e. 값의 평균

f. 각 행에 키가 있고 키의 데이터 값과 같은 수의 별표가 있는 다음과 유사한 차트. 행은 아래와 같이 키 순서대로 인쇄해야 한다.

```
A: ********
B: ***************
C: ******
D: ***
F: **
```

■ **R8.19** 아래의 세트가 정의되었을 때, 다음 질문에 답하라.

```
set1 = { 1, 2, 3, 4, 5 }
set2 = { 2, 4, 6, 8 }
set3 = { 1, 5, 9, 13, 17 }
```

a. set1은 set2의 부분집합인가?

b. set1과 set3의 교집합이 비어 있나?

c. set1과 set2에서 합집합을 수행한 결과는?

d. set2 및 set3에서 교집합을 수행한 결과는?

e. 세 세트 모두에서 교집합을 수행한 결과는?

f. set1과 set2에서 차집합(set1 - set2)을 수행한 결과는?

g. 명령어 set1.discard(5)의 결과는?

h. 명령어 set2.discard(5)의 결과는?

■■ **R8.20** set1, set2 및 set3 세 세트가 주어질 때, 다음 작업을 수행하는 파이썬 문장을 작성하라.

a. set1 또는 set2에 있지만 둘 다가 아닌 모든 원소의 새 세트를 작성하라.

b. 세 세트 set1, set2 및 set3 중 하나에만 있는 모든 원소의 새 세트를 작성하라.

c. 정확히 set1, set2 및 set3 세트 중 두 세트에 있는 모든 원소의 새 세트를 작성하라.

d. set1에 없는 1~25 범위의 모든 정수 원소의 새 세트를 작성하라.

e. 세 세트 set1, set2 또는 set3에 속하지 않는 1~25 범위의 모든 정수 원소의 새 세트를 작성하라.

f. 세 세트 set1, set2 및 set3에 모두 없는 1~25 범위의 모든 정수 원소의 새 세트를 작성하라.

프로그래밍 연습문제

■ **P8.1** if문 대신 딕셔너리를 사용하여 5장의 intname.py 프로그램의 새 버전을 작성하라.

■ **P8.2** 텍스트 파일에서 각 단어의 발생 빈도를 세는 프로그램을 작성하라.

■■ **P8.3** P8.2의 프로그램을 개선해 가장 많이 나타나는 단어 100개를 인쇄하라.

■■ **P8.4** 에라토스테네스의 체를 구현하라. 즉, 고대 그리스인들에게 알려져 있는 방법으로 소수를 찾는 함수를 구현하라.
정수 n을 선택하라. 이 함수는 n까지의 모든 소수를 찾아낸다. 먼저 1에서 n까지의 모든 숫자를 세트에 넣는다. 그다음 모든 2의 배수를 지워라(2는 제외). 즉, 4, 6, 8,10, 12, ...을 지운다. 모든 3의 배수, 즉 6, 9, 12, 15 등을 지운다. 이 방법으로 $\sqrt{n}$까지 반복한다. 이때 남아 있는 숫자는 모두 소수다.

■■ **P8.5** 키가 학생의 이름인 문자열이고 값이 과목의 학점인 문자열인 딕

셔너리를 관리하는 프로그램을 작성하라. 프로그램 사용자가 학생을 추가 또는 제거하거나, 성적을 수정하거나, 모든 성적을 출력할 수 있어야 한다. 출력물은 이름별로 정렬되어 다음과 같은 형식이어야 한다.

```
Carl: B+
Joe: C
Sarah: A
Francine: A
```

■■■ **P8.6** 파이썬 소스 파일을 읽고 파일 내의 모든 식별자의 색인을 생성하는 프로그램을 작성하라. 각 식별자마다 식별자가 나타나는 모든 줄을 인쇄하라. 간단히 하기 위해 문자, 숫자 그리고 밑줄로만 구성된 문자열을 식별자로 생각하라.

■■■ **P8.7** 다음과 같은 다항식을 계수들의 리스트로 저장할 수 있는 프로그램을 작성하라.

$$p(x) = 5x^{10} + 9x^7 - x - 10$$

각 항은 계수와 x의 거듭제곱 수를 가지고 있다. 예를 들어 $p(x)$는 다음과 같이 저장한다.

$$(5,10),(9,7),(-1,1),(-10,0)$$

다항식을 더하는 함수, 곱하는 함수, 그리고 출력하는 함수를 만들어라. 단일 항으로부터 다항식을 만드는 함수를 제공하라. 예를 들어, 다항식 p는 다음과 같이 구성될 수 있다.

```
p = newPolynomial(-10, 0)
addTerm(p, -1, 1)
addTerm(p, 9, 7)
addTerm(p, 5, 10)
```

그다음 $p(x) \times p(x)$를 계산하라.

```
q = multiply(p, p)
printPolynomial(q)
```

다항식 함수를 위한 모듈을 별도로 만들고, 이 모듈을 드라이버 모듈로 불러오라.

■■■ **P8.8** P8.7을 반복하되, 계수에 대한 딕셔너리를 사용하라.

■■ **P8.9** 사용자에게 두 개의 문자열을 입력하도록 요청하고 다음을 출력하는 프로그램을 작성하라.

- 두 문자열에서 모두 발생하는 문자.
- 한 문자열에서 발생하지만 다른 문자열에서는 발생하지 않는 문자.
- 어느 문자열에도 나타나지 않는 문자.

문자열을 문자의 집합으로 바꾸기 위해 set 함수를 사용하라.

■■ **P8.10** 두 개의 텍스트 파일을 읽고 두 파일에 공통인 모든 단어를 정렬된 순서로 출력하는 프로그램을 작성하라.

■■■ **P8.11** 텍스트 파일을 읽고, 모든 단어를 소문자로 변환하고, 파일에 있는 단어들 중 문자 a를 포함하는 모든 단어, 문자 b를 포함하는 모든 단어 등등을 출력하는 프로그램을 작성하라. 키가

소문자들이고 그 키의 값이 주어진 소문자를 포함하는 단어의 세트인 딕셔너리를 작성하라.

■■■ **P8.12** P8.11과 같이 텍스트 파일을 읽고 딕셔너리를 만드는 프로그램을 작성하라. 그런 다음 프롬프트를 출력해 사용자에게 한 단어를 입력하도록 하고, 파일에 들어 있는 단어 중에서 입력한 단어의 모든 문자를 포함하는 단어를 모두 출력하라. 예를 들어, 프로그램이 영어 사전(예 : UNIX 시스템의 `/usr/share/dict/words` 또는 보조 사이트의 소스 코드에서 `ch08/sec01/words`)을 읽고 사용자가 세 글자 단어 `hat`을 입력하면 프로그램은 hat, that, heat, theater 등의 그 세 글자를 포함하는 모든 단어를 출력한다.

■■■ **P8.13** 멀티 세트는 각 항목들이 빈도수와 같이 표현되는 집합이다. 예를 들어 바나나 두 개와 사과 세 개로 구성된 멀티 세트가 있을 수 있다. 멀티 세트는 키가 항목이고 값이 빈도수인 딕셔너리로 구현할 수 있다. 이러한 두 딕셔너리를 인자로 받아서 멀티 세트의 합집합, 교집합, 차집합에 대한 딕셔너리를 반환하는 파이썬 함수 `union`, `intersection`, `difference`를 작성하라. 합집합에서 각 항목의 빈도는 두 세트의 각 항목의 빈도의 합이고, 교집합에서 각 항목의 빈도는 두 세트의 각 항목의 빈도 중 작은 것, 차집합에서 각 항목의 빈도는 두 세트에서의 각 항목의 빈도의 차(0보다 작지 않은 값)이다.

■■ **P8.14** 먼저 "sex", "drugs", "C++" 등과 같은 "나쁜 단어"가 있는 파일을 읽고 세트에 배치한 다음, 임의의 텍스트 파일을 읽는 "censor" 프로그램을 작성하라. 프로그램은 텍스트의 새 단어를 별표로 바꾸어 새 텍스트 파일에 기록해야 한다.

■■ **P8.15** 특정 약어가 있는 파일을 읽는 대신 다음과 같은 패턴을 가진 파일을 읽을 수 있도록 Worked Example 8.2의 프로그램을 수정하라.

```
8:ate
2:to
2:too
4:for
@:at
&:and
```

이러한 패턴을 딕셔너리에 배치하라. 텍스트를 읽고 오른쪽에 있는 단어를 왼쪽에 있는 단어로 바꾼다. 예를 들어, `"fortunate"`는 `"4tun8"`이 되고 `"tattoo"`은 `"t@2"`가 된다.

■■ **P8.16** 8.3.2절의 프로그램을 수정해 입력 파일의 첫 줄에 콤마로 구분된 일련의 머리글이 다음과 같이 포함되도록 한다.

```
Downtown Store:Pleasantville Mall:College Corner
```

■■ **P8.17** `https://www.cia.gov/library/publications/the-world-factbook/rankorder/rawdata_2004.txt`의 데이터를 읽어 키가 국가 이름이고 값이 1 인당 소득인 딕셔너리로 읽는 프로그램을 작성하라. 그다음 프로그램은 사용자에게 국가 이름을 입력하라는 프롬프트를 표시해 해당 소득 값을 출력해야 한다. 사용자가 `quit`를 입력하면 중지한다.

■■ **P8.18** P8.17 프로그램은 사용자가 국가 이름의 정확한 철자를 알아야 하기 때문에 사용자에게 친숙하지 않다. 개선 사항으로, 사용자가 한 글자를 입력할 때마다 해당 글자로 시작하는 모든

국가를 출력하라. 키가 문자이고 값이 국가 이름 세트인 딕셔너리를 사용하라.

■ **P8.19** 딕셔너리를 유용하게 응용한 한 예는 이전에 얻었던 결과를 다시 요청할 경우에 캐시로부터 가져올 수 있도록 이전 결과들을 기억하는 것이다. 사용자가 파일 이름을 반복해서 입력할 수 있도록 P8.2의 단어 개수 프로그램을 수정하라. 사용자가 동일한 파일 이름을 두 번 이상 입력한 경우 파일에서 단어를 다시 세는 대신 딕셔너리에서 답을 찾아라.

■■■ **P8.20** 미로의 이미지가 포함된 텍스트 파일을 읽는 프로그램을 작성하라.

```
* *******
*   * * *
* ***** *
* * *   *
* * *** *
*   *   *
***** * *
*     * *
******* *
```

여기서 *는 벽이고 공간은 복도이다. 키가 복도 위치의 튜플(행, 열)이고 값이 인접한 복도 위치 세트인 딕셔너리를 생성한다. 위의 예에서 `(1, 1)`은 이웃 `{ (1, 2), (0, 1), (2, 1) }`이 있다. 이 딕셔너리를 출력하라.

■■■ **P8.21** P8.20의 프로그램에서 계속하여 미로의 어느 지점에서 탈출 경로를 찾는 프로그램을 작성하라. 키가 복도 위치이고 값이 문자열 `"?"`인 새 딕셔너리를 작성하라. 그런 다음 키를 탐색하라. 미로의 경계에 있는 키의 경우 `"?"` `"N"`, `"E"`, `"S"`, `"W"` 값으로 탈출 경로의 나침반 방향을 나타낸다. 이제 값이 `"?"`인 키를 반복해서 탐색하라. 첫 번째 딕셔너리를 사용하여 이웃을 찾으면서 이웃이 `"?"`가 아닌지 확인하라. 그런 이웃을 찾을 때마다 `"?"`을 나침반 방향으로 교체하라. 주어진 순회에서 이러한 교체를 수행할 수 없는 경우 중지하라. 마지막으로, 각 복도 위치에서 다음 탈출 위치로 나침반 방향으로 미로를 출력하라. 예를 들어 다음과 같이 출력한다.

```
*N*******
*NWW*?*S*
*N*****S*
*N*S*EES*
*N*S***S*
*NWW*EES*
*****N*S*
*EEEEN*S*
*******S*
```

■■ **P8.22** 희소 배열은 대부분의 항목이 0인 수열이다. 희소 배열을 저장하는 효율적인 방법은 키가 0이 아닌 값을 갖는 위치이고 값이 수열의 해당 값인 딕셔너리이다. 예를 들어, 순서 0 0 0 0 0 4 0 0 0 2 9는 딕셔너리 `{ 5: 4, 9: 2, 10: 9 }`로 표시된다. `sparseArraySum` 함수를 작성하라. 인자는 두 개의 딕셔너리 `a` 및 `b`이며 **벡터합**(vector sum)인 희소 배열을 생성한다. 즉, 위치 `i`의 결과값은 위치 `i`의 `a` 및 `b` 값의 합이다.

■ **Toolbox P8.23** 웹 사이트 `http://openweathermap.org`에서는 위도와 경도로 지정된 위치에 대한 현재 날씨

정보를 얻을 수 있다(URL 인수 `lat=#&lon=#`). `toolbox_1/weather.py` 프로그램을 수정해 이름 대신 위치의 위도와 경도를 제공할 수 있도록 하라.

■ Toolbox P8.24 다음과 같이 호출해 웹 서버에 연결할 수 있고(Toolbox 7.3에 설명된 대로)

```
response = urllib.request.urlopen(url)
```

다음과 같이 호출하여 "응답 헤더"를 질의할 수 있다.

```
dict = response.getheaders()
```

결과는 무엇보다도 웹 서버, 문서가 마지막으로 수정된 날짜 및 해당 URL에 저장된 자원의 컨텐츠 유형을 식별하는 딕셔너리이다.

주어진 URL에 대해 이 딕셔너리를 출력하는 프로그램을 작성하고 여러 다른 URL로 프로그램을 테스트하라.

■■ Toolbox P8.25 많은 CSV 파일(Toolbox 7.1 참조)은 다음과 같이 열 이름을 지정하는 헤더 행으로 시작한다.

```
id,name,score,grade
1729,"Harry Smith",48,F
2358,"Susan Lee",99,A
4928,"Sammy Davis, Jr",78,C
```

이러한 파일이 있으면 csv 모듈의 `DictReader`를 사용해 각 행을 딕셔너리로 읽고 열 이름을 값에 맵핑할 수 있다. 이렇게 하는 것이 정수 인덱스로 열에 접근하는 것보다 낫다. 코드 개요는 다음과 같다.

```
reader = csv.DictReader(open(filename))
for row in reader :
   Process the dictionary row.
```

이 기법을 사용해 위에 제공된 것과 같은 CSV 파일을 읽는 프로그램을 작성하고, 점수가 가장 높고 가장 낮은 학생의 ID와 이름을 표시하라.

CHAPTER 09

객체와 클래스

OBJECTS AND CLASSES

이 장의 목표 _*Chapter Goals*

클래스, 객체, 캡슐화 개념 이해하기

인스턴스 변수, 메소드, 생성자 구현하기

자신만의 클래스를 설계하고 구현하여 테스트하기

객체 레퍼런스의 동작 특성 이해하기

9장 차례 _*Chapter Contents*

이 장에서는 복잡한 프로그램을 작성하는 데 도움이 되는 중요한 기법 중 하나인 객체-지향 프로그래밍(object-oriented programming)을 소개한다. 객체-지향 프로그램에서는 단순하게 숫자와 문자열을 다루는 대신, 만들고자 하는 응용 프로그램에서 의미를 가지는 객체를 중심으로 작업을 한다. (왼쪽에 있는 풍차와 같이) 동일한 동작 특성을 가진 객체를 클래스(class)로 그룹 짓는다. 프로그래머는 이 클래스에 대한 메소드(method)를 구체적으로 명시하고 구현함으로써 원하는 동작 특성을 제공한다. 이 장에서는, 자신만의 클래스를 어떻게 찾아내고 명시하며 구현하지는지와 함께 프로그램에서 이 클래스들을 어떻게 사용하는지에 대해 배울 것이다.

9.1 객체-지향 프로그래밍 _Object-Oriented Programming

지금까지는 작업들을 함수로 쪼갬으로써 프로그램을 어떻게 구조화하는지 배웠다. 이것은 훌륭한 기법이기는 하지만, 경험상 한계가 있음을 곧 알게 된다. 왜냐하면 매우 많은 수의 함수로 이루어진 프로그램을 이해하고 업데이트한다는 것은 어렵기 때문이다.

이러한 문제를 극복하고자, 컴퓨터 공학자들은 상호 협동하는 객체로 작업을 해결하는 **객체-지향 프로그래밍**(object-oriented programming) 기법을 개발하였다. 이 기법에서 객체는 자신만의 데이터와 이 데이터에 대해 작용하는 여러 메소드를 갖게 된다.

그런데, 사실 이러한 프로그래밍 스타일은 앞에서 문자열과 리스트, 파일 객체를 사용할 때 경험한 적이 있다. 이 객체들은 각자의 메소드를 가지고 있었는데, 예를 들면 리스트 객체는 `insert` 또는 `remove` 메소드를 가지고 있었다.

객체-지향 프로그램 개발에서는 자신이 만드는 응용 프로그램에서 중요하고 의미가 있는 자신만의 객체를 생성하게 된다. 예를 들어 학생 데이터베이스 응용 프로그램을 만든다면, 아마도 `Student`나 `Course` 객체 같은 것들을 다루게 될 것이다. 물론 객체를 정의한 다음 이러한 객체들에 대한 메소드를 제공해야만 한다.

클래스는 동일한 동작 특성을 갖는 객체들의 집합을 기술한다.

파이썬에서 **클래스**(class)는 동일한 동작 특성을 갖는 객체들의 집합을 기술한다. 예를 들면, `str` 클래스는 모든 문자열이 갖는 동작 특성을 기술한다. 이 클래스는 하나의 문자열이 문자들을 어떻게 저장하는지, 문자열에 대해 어떠한 메소드를 사용할 수 있는지, 그리고 이

© Media Bakery.

Car 클래스는 4~5명의 사람들을 태우고 약간의 수하물을 실을 수 있는 승용차를 기술한다.

엔진이 어떻게 동작하는지 모르더라도 운전대와 페달만을 조작함으로써 차를 운전할 수 있다. 이와 비슷하게 객체를 사용할 때, 구현은 숨겨져 있고 메소드를 통해 이 객체를 이용하게 된다.

© Damir Cudic/iStockphoto.

메소드가 어떻게 구현되는지를 지정한다.

반면에, `list` 클래스는 여러 개의 값들을 저장하는 데 사용될 수 있는 객체들의 동작 특성을 기술한다. 6장에서 이 `list` 클래스를 사용하여 리스트를 어떻게 생성하고 사용하는지 본 적이 있다.

각 클래스는 그 클래스의 객체에 대해 사용할 수 있는 여러 개의 구체적인 메소드들을 정의한다. `str` 클래스는 `upper`라는 메소드를 정의하고 있으므로, 다음과 같이 `"Hello, World"`라는 `str` 객체에 대해 `upper` 메소드를 호출할 수 있다.

```
"Hello, World".upper()
```

그러나 `list` 클래스에는 `upper` 메소드가 정의되어 있지 않기 때문에, 예를 들어 다음과 같은 `list` 객체에 대한 `upper` 메소드의 호출은 문법에 맞지 않다.

```
["Hello", "World"].upper()
```

대신 `list` 클래스는 `pop` 메소드를 정의하기 때문에 다음과 같은 `list` 객체에 대한 `pop` 메소드의 호출은 문법에 맞다.

```
["Hello", "World"].pop()
```

각 클래스는 클래스의 객체들을 조작할 수 있는 메소드의 모음인 공용 인터페이스를 가지고 있다.

클래스가 제공하는 모든 메소드를 메소드의 동작 특성을 기술한 것과 합쳐서 이 클래스의 **공용 인터페이스**(public interface)라 한다.

전기자동차 운전자는 차 엔진이 기존에 운전하던 일반 자동차와 크게 다르더라도 새롭게 조작 방법을 배울 필요가 없다. 이와 비슷하게, 구현 방식이 개선된 객체를 사용하는 프로그래머도 객체가 이전과 동일한 메소드를 제공한다면 새롭게 사용 방법을 익힐 필요가 없다.

© iStockphoto.com/Christian Waadt.

캡슐화는 공용 인터페이스를 제공하고 구현의 세부적인 내용은 숨기는 행위다.

어떤 클래스의 객체를 다룰 때, 그 객체가 데이터를 어떻게 저장하는지 또는 메소드들이 어떻게 구현되었는지 몰라도 된다. 예를 들면, str 객체가 내부적으로 문자 배열을 어떻게 조직하는지 또는 list 객체가 내부적으로 어떻게 원소들을 저장하는지 알 필요가 없다. 객체에 어떤 메소드를 적용할 수 있고 메소드가 무슨 일을 하는지와 같은 공용 인터페이스만 알면 된다. 이렇게 구현의 세부적인 내용은 숨기면서 공용 인터페이스를 제공하는 과정을 **캡슐화**(encapsulation)라 한다.

여러분도 자신만의 클래스를 설계할 때, 캡슐화를 사용하게 될 것이다. 즉, 공용 메소드를 지정하면서 구현의 상세 내용은 숨길 것이다. 그러면 여러분이 str과 list 클래스를 사용할 수 있었던 것과 마찬가지로, 여러분이 속해 있는 팀의 다른 프로그래머들도 클래스가 어떻게 구현되었는지 알 필요 없이 여러분이 생성한 클래스를 사용할 수 있을 것이다.

캡슐화를 사용하면 클래스의 사용자에게는 영향을 주지 않으면서도 구현 내용은 수정할 수 있다.

매우 오랜 시간에 걸쳐서 개발되고 있는 프로그래밍 작업을 한다면, 객체를 좀 더 효율적이거나 강력하게 만들기 위해 개발 과정 중에 상세한 구현 내용을 바꾸기 십상이다. 이렇게 수정을 할 수 있으려면 캡슐화가 필수다. 구현이 숨겨져 있으므로 이렇게 객체를 개선하는 작업이 그 객체를 사용하는 다른 프로그래머들의 작업에 영향을 주지 않기 때문이다.

9.2 간단한 클래스 구현하기 _*Implementing a Simple Class*

이 절에서는 매우 간단한 클래스의 구현을 통해 객체가 어떻게 데이터를 저장하고, 메소드들이 어떻게 객체의 데이터에 접근하는지 보게 될 것이다. 비록 매우 간단한 예지만, 이를 통해 클래스가 어떻게 동작하는지 알게 된다면 이 장의 후반부에서 보다 더 복잡한 클래스를 설계하고 구현할 때 큰 도움을 받을 수 있을 것이다.

첫 번째 예는 **집계 계수기**(tally counter)를 모델링한 Counter 클래스다. 집계 계수기는 예를 들면 콘서트에 얼마나 많은 사람이 입장했는지 또는 버스에 몇 명이 탑승했는지 등 사람의 수를 셀 때 사용하는 기계 장치다(그림 1 참조).

계수기의 값은 조작자가 버튼을 누를 때마다 하나씩 증가한다. 이러한 동작을 click 메소드로 모델링한다. 물리적인 계수기에는 현재 값을 보여주는 디스플레이가 있다. 이것을 흉내 내어 이러한 물리적인 디스플레이 장치를 대신할 getValue 메소드를 사용한다.

© Jasmin Awad/iStockphoto.

그림 1 집계 계수기

Counter 클래스는 다음과 같이 사용할 수 있을 것이다. 먼저 클래스의 객체를 생성한다.

```
tally = Counter()
```

객체 생성에 대해서는 9.5절에서 자세하게 설명한다.

객체를 생성한 다음, 객체에 대한 메소드를 호출한다. 예를 들면, reset 메소드를 호출하여 계수기를 0으로 리셋시키고 버튼을 두 번 누르는 동작을 흉내 내어 click 메소드를 두 번 호출한 다음 마지막으로, 버튼이 몇 번 눌렸는지 체크하기 위해 getValue 메소드를 호출한다.

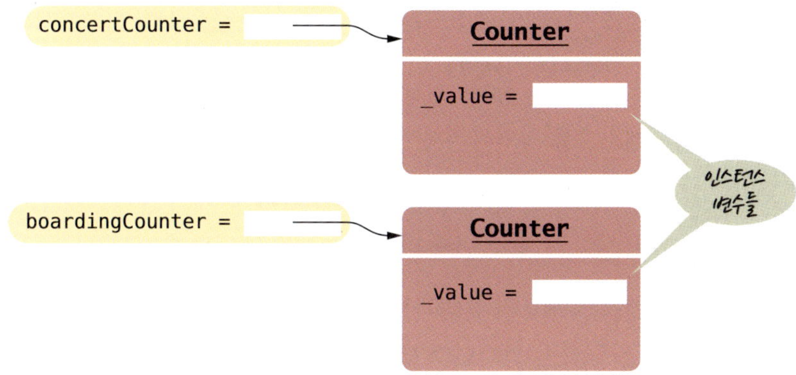

그림 2 인스턴스 변수

```
tally.reset()
tally.click()
tally.click()
result = tally.getValue()    # result를 2로 설정
```

그리고 다음과 같이 이 메소드들을 다시 호출하면 result 값은 달라질 것이다.

```
tally.click()
result = tally.getValue()    # result를 3으로 설정
```

여기서 볼 수 있듯이, tally 객체는 이전 메소드의 호출을 기억하고 영향을 받는다.

Counter 클래스를 구현할 때, 각 Counter 객체가 어떻게 데이터를 저장하는지 지정해 줄 필요가 있다. 이러한 작업은 이 간단한 예에서는 매우 단순한데, 각 Counter 객체마다 계수기의 값이 얼마나 증가했는지 추적하는 변수 하나만 있으면 된다.

객체의 인스턴스 변수는 객체의 메소드를 실행하는 데 요구되는 데이터를 저장한다.

객체는 객체의 데이터를 **인스턴스 변수**(instance variable)에 저장한다. 클래스의 인스턴스란 클래스의 객체를 가리킨다. 따라서, 인스턴스 변수는 클래스의 각 객체들 내부에 존재하는 저장 위치다. 위 예에서는, 각 Counter 객체는 _value라는 이름의 인스턴스 변수를 갖는다. 관례상 파이썬에서 인스턴스 변수는 private이어야 함을 표시하기 위해 밑줄 표시로 시작한다. 인스턴스 변수는 클래스 사용자에게는 숨겨야 하는 구현 상세 내용의 일부분으로서 오직 그 자신 클래스의 메소드로만 접근해야 한다. 파이썬 언어는 이러한 제약을 강제하지는 않지만, 이 밑줄 표시가 클래스 사용자에게 인스턴스 변수를 직접 접근해서는 안 된다는 점을 알려주고 있다.

클래스의 각 객체는 그 자신의 인스턴스 변수 집합을 갖는다.

클래스의 각 객체는 자신만의 인스턴스 변수 집합을 갖는다. 예를 들어, 만일 concertCounter와 boardingCounter가 Counter 클래스의 두 객체라고 한다면, 각 객체는 자신들만의 _value 변수를 갖는다(그림 2 참조).

다음으로, Counter 클래스의 구현을 가볍게 살펴보자. 클래스는 다음과 같이 class 명령어를 사용하여 구현한다.

```
class Counter :
    . . .
```

그리고 . . . 의 위치에 해당하는 클래스의 본문에서 이 클래스가 제공하는 메소드를 정의한다.

먼저 click 메소드는 _value 변수의 값을 1만큼 증가시키므로 다음과 같이 정의한다.

```
def click(self) :
    self._value = self._value + 1
```

메소드를 정의하는 것은 함수를 정의하는 것과 매우 비슷한데 다음과 같은 점에서 다르다.

- 메소드는 클래스를 정의하는 본문 안에서 클래스의 한 부분으로 정의된다.
- 메소드의 첫 번째 파라미터 변수는 self라 한다.

메소드는 작용 대상인 객체의 인스턴스 변수에 접근할 수 있다.

메소드 헤드의 문법과 self 파라미터 변수를 특별히 사용하는 내용은 다음 절에서 다룰 것이다. 당분간 인스턴스 변수는 self 파라미터를 사용하여 메소드의 내부에서 참조되어야 한다는 점(self._value)만 주의하면 된다.

click 메소드가 어떻게 인스턴스 변수 _value를 증가시키는지에 주목하자. 증가시키는 인스턴스 변수는 어떤 인스턴스 변수일까? 바로 이 메소드가 호출되는 객체에 속하는 인스턴스 변수다. 예를 들면, 다음과 같은 호출은

```
concertCounter.click()
```

concertCounter 객체의 변수인 _value 값을 증가시킨다. click 메소드의 정의를 보면 self 파라미터 변수가 있는데도(def click(self) :) 불구하고 실제 click 메소드를 호출할 때에는 아무 인자도 전달되지 않았음(click())을 알 수 있다. 이 때 self 파라미터 변수는 자동으로 이 메소드가 호출된 객체를 가리킨다. 즉, 바로 위의 예에서는 concert-Counter 객체를 가리킨다.

Counter 클래스의 다른 메소드도 살펴보자. getValue 메소드는 다음과 같이 현재의 _value 값을 반환한다.

```
def getValue(self) :
    return self._value
```

이 메소드의 기능은 어떤 특정한 계수기가 몇 번이나 클릭되었는지 Counter 클래스의 사용자가 알 수 있게 해주는 것이다. 클래스 사용자는 어떠한 인스턴스 변수라도 직접 접근해서는 안 된다(즉, 이 예에서는 직접 _value 값을 읽으려고 하면 안 된다). 이렇게 인스턴스 변수에 직접 접근하는 것을 제한함으로써 프로그래머는 클래스의 구현을 클래스 사용자로부터 숨길 수 있다. 즉, 인스턴스 변수에 대한 접근 제한은 캡슐화의 핵심 부분이다.

이 시계들은 공통된 동작 특성을 보이지만, 각각의 시계는 서로 다른 상태를 갖는다. 이와 비슷하게, 한 클래스의 객체들은 각 객체들의 인스턴스 변수들을 서로 다른 값으로 설정할 수 있다.

reset 메소드는 계수기를 리셋한다.

```
def reset(self) :
   self._value = 0
```

파이썬에서는 인스턴스 변수를 명시적으로 선언하지 않는다. 그 대신, 맨 처음으로 인스턴스 변수에 값을 할당할 때 인스턴스 변수가 자동으로 생성된다. 위의 샘플 프로그램에서는 다른 메소드들을 호출하기 전에 reset 메소드를 가장 먼저 호출하여 _value 인스턴스 변수가 생성되고 초기화되고 있음에 주의한다. (이것보다는 더 나은 방법으로 인스턴스 변수를 좀 더 편하게 생성하는 방법은 9.5절에서 보게 될 것이다.)

구현이 완료된 전체의 Counter 클래스와 구동 모듈은 다음과 같다.

sec02/counterdemo.py

```
##
#  This program demonstrates the Counter class.
#

# Import the Counter class from the counter module.
from counter import Counter

tally = Counter()
tally.reset()
tally.click()
tally.click()

result = tally.getValue()
print("Value:", result)

tally.click()
result = tally.getValue()
print("Value:", result)
```

sec02/counter.py

```
##
#  This module defines the Counter class.
#

## Models a tally counter whose value can be incremented, viewed, or reset.
#
class Counter :
   ## Gets the current value of this counter.
   #  @return the current value
   #
   def getValue(self) :
      return self._value

   ## Advances the value of this counter by 1.
   #
   def click(self) :
      self._value = self._value + 1

   ## Resets the value of this counter to 0.
   #
   def reset(self) :
      self._value = 0
```

Program Run

```
Value: 2
Value: 3
```

9.3 클래스의 공용 인터페이스 지정하기
_Specifying the Public Interface of a Class

클래스의 설계는 클래스의 **공용 인터페이스**(public interface)를 지정하면서 시작한다. 클래스의 공용 인터페이스는 클래스의 사용자가 객체에 적용하기를 원할 수 있는 모든 메소드들로 이루어져 있다.

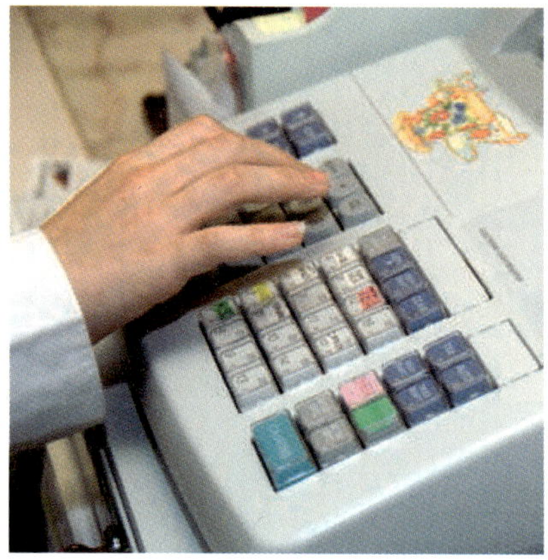

© James Richey/iStockphoto.

간단한 예를 생각해 보자. 금전 등록기를 모사하는 객체를 사용하고 싶다고 하자. 수납원이 새 판매를 시작하는 어떤 키를 누른 다음, 각 물품들을 입력한다. 그러면 디스플레이에는 구매하는 물품의 총 수량뿐만 아니라 지불 금액이 나타나는 상황이다.

이 예에서는, 금전 수납기 객체에 대해 다음과 같은 메소드들을 호출하고자 한다:

- 물품의 가격 더하기
- 지불해야 할 총 금액과 구매 물품의 수 얻어내기
- 새로운 판매를 시작하기 위해 금전 등록기 현재 내용 초기화하기

메소드의 헤더와 메소드의 주석을 이용하여 클래스의 공용 인터페이스를 명시할 수 있다.

여기까지의 내용을 반영한 `CashRegister` 클래스의 전체적인 틀은 다음과 같다. 각 메소드의 사용 목적을 문서화하도록 모든 메소드에 주석을 단 점에 주목한다.

```
## 물품 수와 지불해야 할 총 금액을 추적하는 금전 등록기 모사
#
class CashRegister :
   ## 금전 등록기에 물품 하나를 추가
   #  @param price  물품의 가격
   #
   def addItem(self, price) :
      구현 — 9.6절 참조

   ## 현재 진행 중인 판매의 모든 물품들의 가격을 얻음
   #  @return the total price
   #
   def getTotal(self) :
      구현 — 9.6절 참조

   ## 현재 진행 중인 판매의 물품 개수를 얻음
   #  @return the item count
   #
   def getCount(self) :
      구현 — 9.6절 참조
```

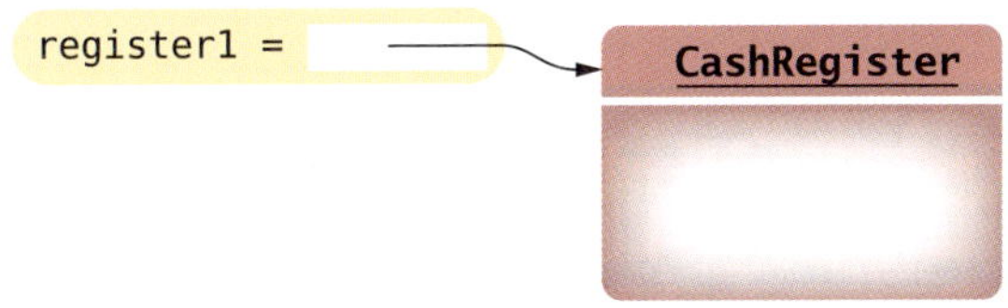

그림 3 객체 참조와 객체

```
## 물품 수와 총합을 초기화
#
def clear(self) :
   구현 — 9.6 절 참조
```

메소드 정의와 주석은 클래스의 **공용 인터페이스**를 구성하고, 데이터와 메소드 본문은 클래스의 private한 구현을 구성하게 된다.

메소드가 작동하는지 보기 위해, 먼저 객체를 생성할 필요가 있다.

```
register1 = CashRegister()
   # CashRegister 객체 생성하기
```

이 명령문은 `register1` 변수를 정의하고 새로운 `CashRegister` 객체를 참조하도록 초기화한다(그림 3 참고). 객체 생성 과정은 9.5절에서, 객체 참조는 9.10절에서 설명한다.

일단 객체가 생성되고 나면, 다음과 같이 메소드를 호출할 준비가 된 것이다.

```
register1.addItem(1.95)    # 메소드 호출
```

설정자 메소드는 호출되는 객체를 수정한다.

클래스의 공용 인터페이스를 살펴볼 때, 메소드들을 **설정자**(mutator)와 **접근자**(accessor)로 구별하는 것이 유용하다. **설정자** 메소드는 동작 대상의 객체를 수정한다. `CashRegister`에는 `addItem`과 `clear`라는 두 개의 설정자 메소드가 있다. 이 메소드 중 어느 하나를 호출하면 객체가 수정되고, 수정된 내용은 접근자 메소드인 `getTotal` 또는 `getCount` 메소드를 호출하여 확인할 수 있다.

접근자 메소드는 호출되는 객체를 수정하지 않는다.

접근자 메소드는 객체를 수정하지 않고 몇 가지 정보를 객체에게 질의한다. `CashRegister` 클래스에는 `getTotal`과 `getCount`라는 두 개의 접근자 메소드가 있다. `CashRegister` 객체에 이 메소드 중 어느 하나를 호출하면 단순히 어떤 값을 반환하기만 하고 객체의 상태를 바꾸지는 않는다. 예를 들면, 다음 명령문은 현재의 총 금액과 물품 수를 출력한다.

```
print(register1.getTotal(), register1.getCount())
```

클래스의 공용 인터페이스만 정의를 한 지금까지 상황에서는 `CashRegister` 객체가 **'무엇'**을 하는지는 알 수는 있지만, **'어떻게'** 그 일을 해내지는 모른다. 물론 `CashRegister` 객체를 사용하는 클래스 사용자의 입장에서는 어떻게 객체가 작업을 해내는지에 대해 알 필요는 없다.

이제 다음 절에서 `CashRegister` 클래스를 어떻게 구현하는지 자세히 살펴보자.

9.4 데이터 표현 설계하기 _*Designing the Data Representation*

클래스를 구현할 때, 각 객체가 어떤 데이터를 저장할 필요가 있는지 결정해야 한다. 객체는

어떠한 메소드가 호출되더라도 이 호출을 처리하는 데에 필요한 모든 정보를 가지고 있어야 한다.

모든 메소드를 쭉 살펴보고 어떤 데이터가 필요할지 생각해 본다. 접근자 메소드부터 시작하는 것이 좋은 방법인데, 예를 들어 `CashRegister` 객체는 `getTotal` 메소드가 호출되면 현재의 값을 반환할 수 있어야 한다. 그렇게 하기 위해서는 입력되는 모든 가격을 저장하고 있다가 메소드가 호출될 때 총액을 계산하거나 또는 총액 자체를 저장해야 한다.

© migin/iStockphoto.

험지 탐험가가 필요할지도 모르는 모든 물품을 가지고 다녀야 하는 것처럼, 객체는 어떤 메소드 호출이라도 이를 처리하는 데 필요한 데이터를 저장하고 있어야 한다.

각 접근자 메소드에 대해, 객체는 결과를 저장하거나 또는 결과를 계산해 내는 데에 필요한 데이터를 저장해야만 한다.

이제 `getCount` 메소드도 같은 방식으로 생각해 보자. 금전 등록기가 입력되는 모든 가격을 개별적으로 저장한다면, `getCount` 메소드에서 물품 수를 셀 수 있을 것이다. 만일 가격을 개별적으로 저장하지 않는다면, 물품 개수 저장을 위한 변수가 별도로 필요하다.

`addItem` 메소드는 인자로서 가격을 받고 이 가격을 기록해야만 한다. 만일 `CashRegister` 객체가 입력된 가격의 리스트를 저장한다면(즉, 입력되는 모든 물품의 가격을 저장한다면), `addItem` 메소드는 현재 입력된 가격을 리스트에 덧붙이면 된다. 반면에, 단지 물품의 총액과 개수만을 저장하기로 했다면, `addItem` 메소드는 이 두 변수를 업데이트해야 한다.

마지막으로, `clear` 메소드는 가격 리스트를 비우거나 총액과 개수를 0으로 설정함으로써 다음 판매를 위해 금전 등록기를 준비시켜야 한다.

일반적으로, 객체의 데이터를 표현하는 한 가지 이상의 방법이 존재하고, 그중에 하나를 선택해야만 한다.

위와 같이 객체에서 필요한 데이터를 표현하는 데에 서로 다른 두 가지 방법을 발견하였다. 어느 방법이든 동작은 할 것이므로 둘 중 선택을 해야 하는데, 여기에서는 더 간단한 선택을 하기로 하자. 즉, 총 가격과 물품의 개수를 저장하기 위한 인스턴스 변수 `_totalPrice`와 `_itemCount`를 선택한다. (다른 선택은 연습문제 Business P9.19와 Business P9.20에서 살펴본다.)

메소드 호출은 어떤 순서로든 올 수 있다는 점에 유의하자. 예를 들면, `CashRegister` 클래스를 생각할 때, 다음 메소드를 호출한 후

```
register1.getTotal()
```

프로그램은 다음과 같이 또 다른 호출을 할 수 있다.

```
register1.addItem(1.95)
```

선택한 데이터 표현 방식은 어떤 순서로든 메소드 호출을 지원할 수 있음을 보장해야 한다.

이때 `getTotal`을 앞서 호출할 때 합을 초기화시킬 수 있다고 가정해서는 안 된다. 차에 탄 사람이 어떤 순서로든 다양한 버튼을 누를 수 있는 것과 같이 선택한 데이터 표현 방식은 임의의 순서로 메소드를 호출하더라도 문제가 없도록 보장해야 한다.

Programming Tip 9.1

모든 인스턴스 변수는 private으로, 모든 메소드는 public으로 만들어라

모든 인스턴스 변수는 private이어야 하고, 대부분의 메소드는 public이어야 한다. 대부분의 객체-지향 언어가 외부의 접근으로부터 private 멤버를 명시적으로 감추거나 보호하는 메커니즘을 제공하고 있지만, 파이썬은 그렇지 않다. 대신, 클래스의 설계자가 어떤 인스턴스 변수와 메소드가 private이어야 하는지를 지정해 줘야 한다. 이렇게 지정된 private 접근 제한을 어기지 않는 것은 클래스 사용자의 책임이다.

private 인스턴스 변수와 메소드는 단일 밑줄 기호로 시작하는 것이 파이썬 프로그래머들 사이에서의 관례다. 이 단일 밑줄 기호는 클래스 사용자에게 이 멤버가 private이라는 것을 알리는 플래그 역할을 한다. 그리고 클래스 사용자가 이 아이템들을 직접적으로 접근하지 않을 것이라고 믿어야만 한다. 도큐멘트 생성 도구로 프로그램의 문서화 작업을 할 때, 이 도구는 단일 밑줄 기호로 플래그 처리된 인스턴스 변수와 메소드가 private임을 자동으로 인식한다.

언제나 캡슐화를 사용해야 하는데, 캡슐화에서는 모든 인스턴스 변수는 private이고 오직 메소드로만 조작할 수 있다.

일반적으로, 메소드는 public이다. 그러나 가끔 어떤 메소드는 오직 다른 메소드의 헬퍼(helper) 메소드 역할만 할 수도 있다. 그러한 경우에는 단일 밑줄 기호로 시작하는 메소드의 이름을 사용함으로써 이 헬퍼 메소드를 private으로 만들어야 한다.

9.5 생성자 _Constructors

생성자는 객체의 인스턴스 변수를 초기화한다.

생성자는 객체의 인스턴스 변수를 정의하고 초기화한다. 생성자는 객체가 생성될 때마다 자동으로 호출된다.

클래스의 인스턴스를 생성하기 위해서는 클래스의 이름을 마치 생성자가 필요로 하는 인자들을 가진 하나의 함수처럼 사용한다. 예를 들어 `CashRegister` 클래스의 인스턴스를 생성하기 위해 다음 명령문을 사용한다.

```
register = CashRegister()
```

생성자는 객체에 대한 조립 지침서들의 집합과 같다.

© Ann Marie Kurtz/iStockphoto.

Syntax 9.1 생성자

Syntax

```
class ClassName :
   def __init__(self, parameterName1, parameterName2, . . .) :
      constructor body
```

```
class BankAccount :
   def __init__(self) :
      self._balance = 0.0
   . . .

class BankAccount :
   def __init__(self, initialBalance = 0.0) :
      self._balance = initialBalance
   . . .
```

__init__라는 특별한 이름을 사용하여 생성자를 정의한다.

생성자는 인스턴스 변수를 정의하고 초기화한다.

하나의 클래스에 생성자는 꼭 하나만 있을 수 있다. 생성자는 서로 다른 형태의 객체를 생성하기 위해 디폴트 인자를 포함할 수 있다.

생성자는 객체가 생성될 때 자동으로 호출된다.

여기에서 객체가 하나 생성되고 `CashRegister` 클래스의 생성자가 자동으로 호출된다. 이 예에서의 생성자는 인자가 필요없음을 알 수 있다.

생성자는 객체에 담길 모든 인스턴스 변수들을 정의하고 생성하는 역할을 담당한다. 생성자가 작업을 마치면 새롭게 생성되어 초기화된 객체에 대한 참조가 반환된다. 이 참조는 하나의 변수에 저장되고 이 변수를 이용하여 나중에 이 객체에 대해 메소드를 호출할 수 있게 된다.

생성자는 특별한 이름인 `__init__`를 사용하여 정의된다.

파이썬은 생성자에 대해 특별한 이름인 `__init__`를 사용하는데 생성자의 목적이 클래스의 인스턴스를 초기화하는 것이기 때문이다. `CashRegister` 클래스 생성자의 한 예는 다음과 같다.

```
def __init__(self) :
   self._itemCount = 0
   self._totalPrice = 0.0
```

생성자 정의에 있는 `self` 파라미터 변수에 주목한다. 모든 생성자의 첫 번째 파라미터 변수는 `self`여야만 한다. 새로운 객체를 만들기 위해 생성자를 호출할 때, 이 `self` 파라미터 변수는 현재 초기화되고 있는 객체가 되도록 설정된다.

생성자 안에서 처음으로 어떤 인스턴스 변수를 언급할 때, 해당 인스턴스 변수가 생성된다. 예를 들면,

```
self._itemCount = 0
```

은 새롭게 생성된 객체 안에 `_itemCount` 인스턴스 변수를 생성하고 이것을 0으로 초기화한다.

때때로, 한 가지 방식이 아닌 여러 가지 다른 방식으로 객체가 생성되도록 허용하는 것이 유용할 수 있다. 예를 들면, 다음 형식으로 `list` 생성자를 이용하여 빈 리스트를 생성할 수도 있고,

```
empty = list()
```

또는 다음과 같이 다른 버전의 `list` 생성자를 사용하여 기존 리스트의 사본을 생성할 수도 있다.

```
duplicate = list(values)
```

생성자에서 디폴트 인자를 사용함으로써 여러 다른 방식으로 객체를 생성할 수 있다.

파이썬에서는 클래스마다 오직 한 개의 생성자만 정의할 수 있다. 그러나 디폴트 인자 값을 이용하면 마치 여러 가지 버전으로 정의할 수 있는 것처럼 생성자를 정의할 수 있다(Special Topic 9.1 참조). 예를 들면, 두 가지 형태의 생성자가 필요한 `BankAccount` 클래스를 생각하자. 한 생성자는 초기 잔액에 대한 인자를 받아들이고, 또 하나의 생성자는 별도의 인자 없이 초기 잔액을 기본적으로 0으로 사용한다. 이렇게 두 가지 버전의 생성자를 만드는 작업은 `initialBalance` 파라미터 변수를 다음과 같이 디폴트 인자로 포함시킴으로써 달성할 수 있다.

```
class BankAccount :
   def __init__(self, initialBalance = 0.0) :
      self._balance = initialBalance
```

이 클래스의 사용자는 객체를 생성할 때 인자가 있고 없음에 따라 어떤 형태의 생성자를 사용할지 선택할 수 있다. 즉 `BankAccount` 객체를 생성할 때 다음과 같이 아무런 값도 생성자에 전달하지 않는다면,

```
joesAccount = BankAccount()
```

초기 잔액으로 기본값 0이 사용될 것이다. 그러나 다음과 같이 생성자에 어떤 값을 인자로 전달한다면,

```
joesAccount = BankAccount(499.95)
```

기본값 대신 인자로 전달된 값이 초기 잔액으로 사용될 것이다.

Common Error 9.1

생성자 호출 시도하기

생성자는 다음과 같이 객체가 생성될 때 자동으로 호출된다.

```
register1 = CashRegister()
```

객체가 생성된 후에는, 이 객체의 생성자를 다음과 같이 다시 직접 호출해서는 안 된다.

```
register1.__init__()    # 나쁜 스타일
```

생성자가 새로운 `CashRegister` 객체를 초기화된 상태로 설정할 수 있는 것은 사실이지만, 이미 생성된 기존 객체에 대해 생성자를 호출해서는 안 된다. 대신, 그 객체를 다음과 같은 명령문을 이용하여 새로운 객체로 대체하라.

```
register1 = CashRegister()    # OK
```

일반적으로, 이중 밑줄 기호로 시작하는 파이썬 메소드를 직접 호출하면 안 된다. 이중 밑줄 기호로 시작하는 모든 메소드는 특별한 내부 목적으로 사용된다(`__init__()`의 경우에는 새롭게 생성되는 객체를 초기화하는 목적).

Special Topic 9.1

디폴트와 명명된 인자 *_Default and Named Arguments*

앞 절에서, 디폴트 인자를 사용하여 어떻게 한 가지 이상의 방식으로 객체를 초기화할 수 있는지 보았

다. 이러한 성질은 생성자에만 국한되는 것은 아니다. 파이썬에서는 모든 함수 또는 메소드의 파라미터 인자에 대해 디폴트 값을 지정할 수 있다. 다음 예를 보자.

```
def readIntBetween(prompt, low = 0, high = 100) :
```

이 함수를 readIntBetween("Temperature:")와 같이 호출하면 디폴트 인자가 자동으로 제공되어 마치 readIntBetween("Temperature:", 0, 100)을 호출하는 것과 같은 효과를 얻는다. 몇 개의 디폴트 값만 선택하여 덮어쓸 수도 있고 또는 모든 디폴트 값을 덮어쓸 수도 있다. 예를 들면, readIntBetween("Percent:", 10)은 readIntBetween("Percent", 10, 100)을 호출하는 것과 같다.

함수 또는 메소드를 호출할 때 인자는 함수 또는 메소드의 파라미터 변수에 지정된 순서대로 전달된다. 그러나 다음과 같이 **명명된 인자**(named arguments)를 사용한다면 임의의 순서로 인자를 전달할 수 있다.

```
temp = readIntBetween(low=-50, high=50, prompt="Temperature:")
```

사실 이미 명명된 인자의 예를 본 적이 있다. 즉, print 함수의 end 인자가 그것이다.

명명된 인자를 사용할 때는 모든 인자에 이름을 붙일 필요는 없다. 순서와 상관없이 지정되는 파라미터 변수에 대한 인자만 명명해 주면 된다. 다음 예에서,

```
temp = readIntBetween("Price:", high=1000)
```

prompt 파라미터 변수는 "Price:"로 설정되고, low는 이것의 기본값인 0으로 설정되고, high는 1000으로 설정된다.

9.6 메소드 구현하기 _Implementing Methods

클래스를 구현할 때, 모든 메소드에 대한 본문을 제공할 필요가 있다. 메소드 구현은 하나의 본질적인 차이점을 제외하고 함수 구현과 거의 비슷하다. 그 본질적인 차이점이란 메소드 본문에서는 객체의 인스턴스 변수에 접근한다는 것이다.

예를 들면, 다음 CashRegister 클래스의 addItem 메소드 구현을 보자(나머지 메소드의 구현은 이 절의 끝부분에 나온다).

```
def addItem(self, price) :
   self._itemCount = self._itemCount + 1
   self._totalPrice = self._totalPrice + price
```

메소드가 적용되는 객체는 메소드의 self 파라미터 변수로 자동으로 전달된다.

생성자에서와 같이, 모든 메소드는 self라는 특별한 파라미터 변수를 포함해야 하고, 이 파라미터 변수는 인자 리스트에서 가장 앞에 있어야 한다. 다음과 같이 메소드를 호출할 때,

```
register1.addItem(2.95)
```

호출 대상의 객체에 대한 참조(register1)는 자동으로 self 파라미터 변수로 전달된다(그림 4 참고). 나머지 파라미터 변수들은 메소드 호출의 인자로서 제공해야 한다. 앞의 예에서, price 파라미터 변수는 2.95로 설정된다.

메소드 안에서, self 파라미터 변수를 통해 인스턴스 변수에 접근한다.

_itemCount 또는 _totalPrice와 같은 인스턴스 변수에 접근하기 위해서는, self 참조를 통해 변수 이름에 접근해야만 한다. 이것은 메소드가 다른 CashRegister 객체의 인스턴스 변수가 아닌, 호출되는 대상 객체의 인스턴스 변수에 접근한다는 것을 가리킨다.

addItem 메소드에서 첫 번째 명령문은

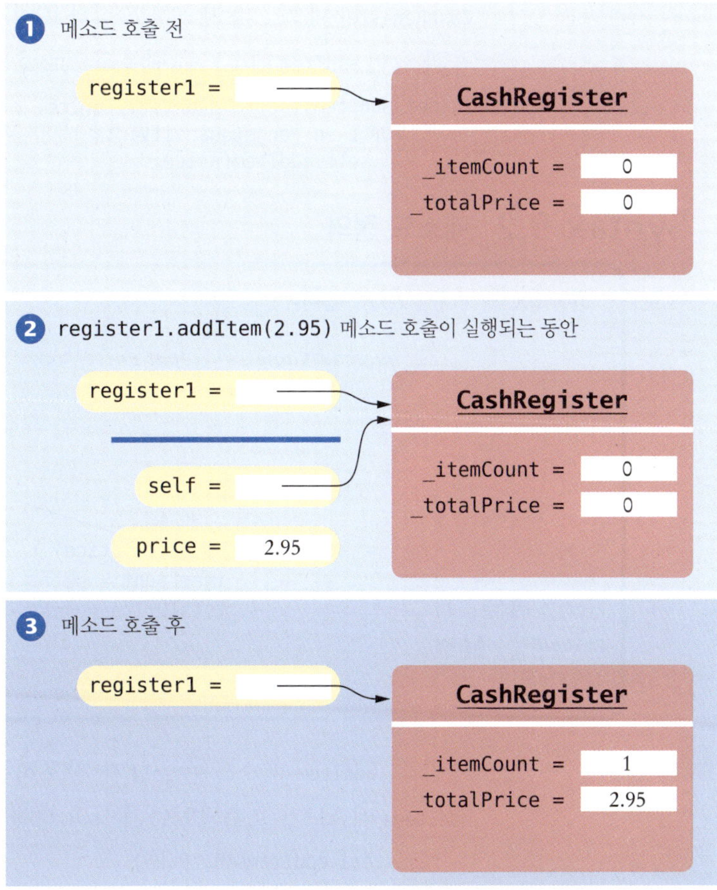

그림 4
self 참조 할당

```
self._itemCount = self._itemCount + 1
```

이다. 어떤 객체의 _itemCount가 증가하는 것일까? 이 호출에서는 register1 객체의 _itemCount 이다(그림 4 참고).

하나의 메소드가 동일한 객체의 다른 메소드를 호출할 필요가 있을 때는, self 파라미터에 대해 메소드를 호출한다. 예를 들어, 동일한 물품인 다수의 인스턴스들을 더하는

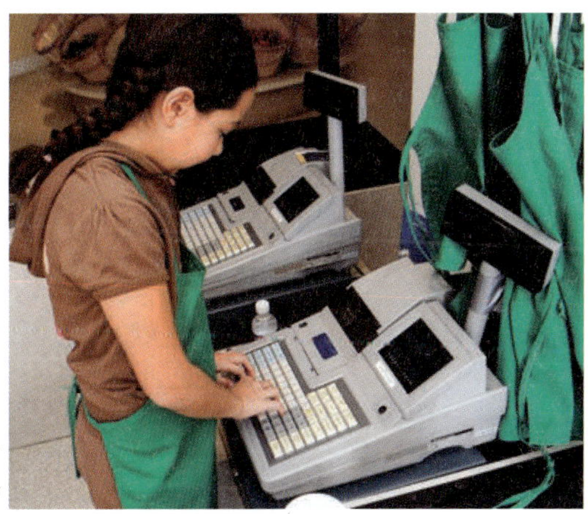

물품을 하나 추가하는 행위는 물품 추가 메소드가 호출되는 대상이 되는 금전 등록기 객체의 인스턴스 변수에 영향을 준다.

CashRegister 메소드를 제공하고 싶다고 하자. 이 메소드를 구현하는 한 가지 쉬운 방법은 다음과 같이 addItem 메소드를 반복적으로 호출하는 것이다:

```
def addItems(self, quantity, price) :
   for i in range(quantity) :
      self.addItem(price)
```

Syntax 9.2 메소드 정의

Syntax

```
class ClassName :
   . . .
   def methodName(self, parameterName1, parameterName2, . . .) :
      method body
   . . .
```

```
class CashRegister :
   . . .
   def addItem(self, price) :
      self._itemCount = self._itemCount + 1
      self._totalPrice = self._totalPrice + price
   . . .
```

모든 메소드는 self라는 특별한 파라미터 변수를 반드시 포함해야 한다. 메소드를 호출할 때 자동으로 이 변수에 값이 할당된다.

인스턴스 변수는 self 파라미터를 이용하여 참조한다.

지역 변수

여기서, addItem 메소드는 self가 참조하는 객체에 대해 호출된다. 그런데 그것은 바로 addItems 메소드가 호출되었던 대상의 객체였다. 예를 들면, 다음 호출에서

```
register1.addItems(6, 0.95)
```

addItem 메소드는 register1 객체에 대해 여섯 번 호출된다.

이제 CashRegister 클래스를 구현하는 데 필요한 모든 개념들을 설명하였고, 이 클래스를 완전하게 구현한 코드가 아래에 있다. 다음 절에서는, 어떻게 이 클래스를 테스트하는지 알게 될 것이다.

sec06/cashregister.py

```
##
#  This module defines the CashRegister class.
#

## A simulated cash register that tracks the item count and the total amount due.
#
class CashRegister :
   ## Constructs a cash register with cleared item count and total.
   #
   def __init__(self) :
      self._itemCount = 0
      self._totalPrice = 0.0

   ## Adds an item to this cash register.
   #  @param price the price of this item
   #
   def addItem(self, price) :
      self._itemCount = self._itemCount + 1
      self._totalPrice = self._totalPrice + price
```

```

   ## Gets the price of all items in the current sale.
   #  @return the total price
   #
   def getTotal(self) :
      return self._totalPrice

   ## Gets the number of items in the current sale.
   #  @return the item count
   #
   def getCount(self) :
      return self._itemCount

   ## Clears the item count and the total.
   #
   def clear(self) :
      self._itemCount = 0
      self._totalPrice = 0.0
```

Programming Tip 9.2

인스턴스 변수는 오직 생성자 안에서만 정의하라

파이썬은 인스턴스 변수를 포함하여 모든 변수들이 실행 시간에 생성되는 동적인 언어다. 그러므로, 클래스의 어떤 메소드 내부에서든 인스턴스 변수를 생성하는 것을 막을 길은 없다. 예를 들면, 9.2절에서 `_value` 인스턴스 변수를 생성하기 위해 `reset` 메소드를 호출하였다. 하지만 그것은 아직 생성자를 다루지 않았기 때문에 임시적인 해법일 뿐이었다.

생성자는 (객체가 생성될 때 자동으로 호출되므로) 임의의 다른 메소드가 호출될 수 있기 전에 가장 먼저 호출된다는 것을 알고 있다. 그러므로 생성자 안에서 생성된 모든 인스턴스 변수들은 어떤 메소드에서든 확실하게 사용 가능하다. 반면에, 생성자가 아닌 별도의 메소드에서 인스턴스 변수를 생성하는 것은 위험하다. 9.2절에서의 코드를 예로 들면, 만일 프로그래머가 `reset` 메소드를 호출하지 않고 새로 생성된 객체에 대해 `click` 메소드를 호출한다면, `click` 메소드는 아직 존재하지 않는 `_value` 변수를 증가시키고자 시도할 것이고, 이때 실행-시간 오류가 발생할 것이다.

그러므로, 모든 인스턴스 변수는 생성자 안에서 생성하도록 습관을 들여야 한다.

Special Topic 9.2

클래스 변수 _Class Variables_

가끔씩 어떤 값이 클래스의 객체가 아닌 클래스 자체에 속하는 것이 적절한 경우가 있는데, 이럴 때는 **클래스 변수**(class variable)를 사용한다. (클래스 변수는 자주 정적 변수(static variables)라고도 부르는데, 이 용어는 C++ 언어에서 유래한 것이다.)

클래스 변수의 대표적인 예는 다음과 같다. 은행 계좌에 순차적으로 숫자를 부여하고자 한다. 즉, 은행 계좌 생성자가 숫자 1001을 가진 첫 번째 계좌를 생성하고, 그다음은 1002 등이 부여되도록 하고 싶다. 이 문제를 해결하기 위해서는, 클래스의 객체가 아닌 클래스 자체에 속해 있는 `_lastAssignedNumber`라는 단일 값을 가질 필요가 있다. 클래스 변수는 메소드와 동등한 레벨에서 선언된다. (반면에, 인스턴스 변수는 생성자에서 생성된다.)

```
class BankAccount :
   _lastAssignedNumber = 1000   # 클래스 변수
   def __init__(self) :
      self._balance = 0.0
      BankAccount._lastAssignedNumber = BankAccount._lastAssignedNumber + 1
      self._accountNumber = BankAccount._lastAssignedNumber

   . . .
```

클래스 변수는 클래스의 인스턴스가 아니고 클래스에 속해 있다.

모든 BankAccount 객체는 그 자신만의 _balance와 _accountNumber 인스턴스 변수를 가지고 있지만, _lastAssignedNumber 변수는 오직 단 하나만 존재한다. 이 변수는 BankAccount 객체 바깥에 있는 별도의 장소에 저장된다.

BankAccount._lastAssignedNumber와 같이 클래스 변수를 참조한다는 점에 유의한다.

인스턴스 변수와 마찬가지로, 클래스 변수는 다른 클래스의 메소드가 이 값을 바꾸지 않도록 언제나 private이어야 한다. 그러나 클래스 상수는 public일 수 있다. 예를 들면, BankAccount 클래스는 다음과 같이 public인 상수 값을 정의할 수 있다.

```
class BankAccount :
   OVERDRAFT_FEE = 29.95
   . . .
```

어떤 클래스로부터의 메소드이든 BankAccount.OVERDRAFT_FEE와 같이 이 상수를 참조할 수 있다.

© Diane Diederich/iStockphoto.

"정적"이라는 용어는 이 용어의 일반적인 사용과는 아무런 상관이 없는 C++ 언어로부터의 유물이다.

9.7 클래스 테스트하기 _Testing a Class

© Chris Fertnig/iStockphoto.

엔지니어는 부품 하나씩 따로 테스트를 한다. 이것이 단위 테스트의 좋은 예다.

앞 절에서 CashRegister 클래스 구현을 완료하였는데, 이제 이 클래스를 가지고 무엇을 할 수 있을까? 궁극적으로는 이렇게 만들어진 클래스는 사용자들과 상호 작용하고 파일을 저장하는 등의 더 큰 기능을 가진 프로그램의 한 부분이 될 것이다. 그러나 구현한 클래스를 바로 프로그램에 통합하기 전에, 격리시켜 테스트해 보는 것이 좋다. 전체 프로그램의 바깥에서 격리시켜 테스트하는 것을 **단위 테스트**(unit test)라고 한다.

단위 테스트는 전체 프로그램 바깥에서 격리된 상태로 정확하게 동작하는지 확인한다.

자신이 작성한 클래스를 테스트하기 위해서는 두 가지 선택지가 있다. 어떤 대화형 개발 환경은 개별적인 명령문들을 실행시킬 수 있는 파이썬 셸(Programming

Tip 1.1 참고)에 접근하도록 해준다. 이러한 환경에서는 객체를 생성하고 메소드를 호출하며 원하는 반환값을 얻는지 확인함으로써 클래스를 테스트할 수 있다. 아래는 이러한 방법으로 CashRegister 클래스를 테스트하는 대화형 세션의 일부분이다.

```
>>> from cashregister import CashRegister
>>> reg = CashRegister()
>>> reg.addItem(1.95)
>>> reg.addItem(0.95)
>>> reg.addItem(2.50)
>>> print(reg.getCount())
3
>>> print(reg.getTotal())
5.4
>>>
```

대화형 테스트는 빠르고 편리하기는 하지만, 실수를 발견하여 수정하고자 할 때에는 테스트 환경에서 다시 한번 타이핑을 해야 하는 단점이 있다.

클래스를 테스트하기 위해, 대화형 테스팅 환경을 이용하거나 테스트 명령문들을 실행시키는 테스터 프로그램을 작성한다.

클래스가 점점 더 복잡해질수록, **테스터 프로그램**(tester program)을 작성해야만 한다. 테스터 프로그램은 일종의 구동 모듈인데, 클래스를 불러와서 클래스의 여러 메소드들을 실행시키는 명령문을 포함하고 있다. 테스터 프로그램은 일반적으로 다음 단계를 수행한다:

1. 테스트 대상인 클래스의 객체를 한 개 이상 생성한다.
2. 한 개 이상의 메소드를 호출한다.
3. 한 개 이상의 결과를 출력한다.
4. 기대했던 결과들을 출력한다.

아래는 CashRegister 클래스의 메소드들을 실행시키는 프로그램이다. CashRegister 형식의 객체를 생성하여 addItem 메소드를 세 번 호출하고, getCount와 getTotal 메소드의 결과를 출력하도록 한다.

sec07/registertester.py

```
##
#  This program tests the CashRegister class.
#

from cashregister import CashRegister

register1 = CashRegister()
register1.addItem(1.95)
register1.addItem(0.95)
register1.addItem(2.50)
print(register1.getCount())
print("Expected: 3")
print("%.2f" % register1.getTotal())
print("Expected: 5.40")
```

Program Run

```
3
Expected: 3
5.40
Expected: 5.40
```

위 샘플 프로그램에서는, 총 $5.40인 세 개의 물품을 추가한다. 메소드의 결과들을 출력할 때, 기대하는 값들을 설명하는 메시지 또한 함께 출력한다.

미리 원하는 결과들을 결정하는 것은 테스트 과정의 중요한 한 부분이다.

이것은 매우 중요한 단계인데, 테스트 프로그램을 실행하기 전에 원하는 결과가 무엇인지에 대해 곰곰이 생각해 보는 시간을 갖는 것이 좋다. 이러한 사고 과정은 자신이 작성한 프로그램이 어떻게 동작해야 하는지 이해하도록 도와줄 것이고, 초기 단계에서 오류들을 찾아내는 데에 도움이 될 것이다.

테스트하고 있는 클래스(여기서는 `CashRegister` 클래스)를 다음과 같은 명령문을 사용하여 구동 모듈로 불러올 필요가 있다:

```
from cashregister import CashRegister
```

프로그램을 실행하기 위한 구체적인 사항들은 개발 환경에 따라 다를 수 있지만, 대부분의 환경에서 두 모듈이 동일한 디렉토리 안에 있어야 한다.

HOW TO 9.1

클래스 구현하기 _Implementing a Class

흔히 하는 작업 중 하나는 지정된 여러 동작들을 수행할 수 있는 객체들의 클래스를 구현하는 것이다. 이번 How To에서는 클래스를 구현하는 데 필요한 단계를 차근차근 살펴보자.

한 예로써, `Menu` 클래스를 생각하자. 이 클래스의 객체는 다음과 같은 메뉴를 표시할 수 있다.

```
1) Open new account
2) Log into existing account
3) Help
4) Quit
```

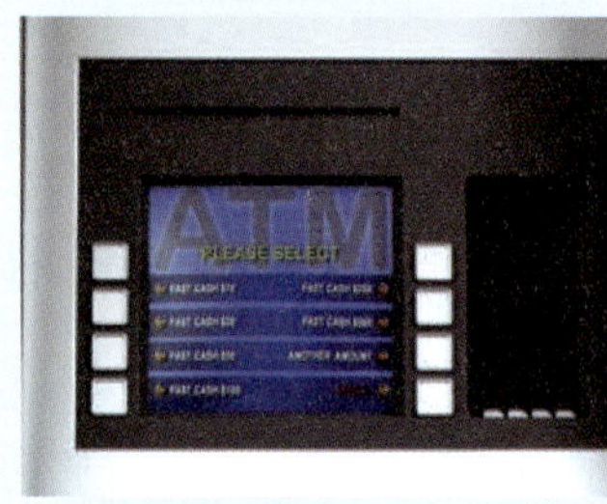

© Mark Evans/iStockphoto.

그런 다음 이 메뉴는 사용자가 어떤 값 하나를 제공하기를 기다린다. 만일 사용자가 유효한 값을 입력하지 않는다면, 이 메뉴는 다시 표시될 것이고 사용자는 다시 입력을 시도할 수 있다.

1단계 객체가 담당할 책임에 대해 격식에 매이지 않는 간편한 임시 목록을 작성한다.

이 단계에서는 문제에서 요구하는 성질에만 제한하도록 주의해야 한다. 금전 등록기 또는 은행 계좌와 같은 현실 세계의 아이템에서는, 잠재적으로 구현할 만한 수십 가지의 기능들이 존재한다. 그러나 여기서 해야 할 일은 이런 수십 가지 기능들을 모두 가지도록 실제 세계를 충실하게 모델링하는 것이 아니므로 주어진 구체적인 문제를 해결하기 위해 필요한 기능들만 결정할 필요가 있다.

이 메뉴의 경우에는, 다음이 필요하다.

메뉴를 표시한다.
사용자 입력을 받는다.

이제 문제 정의에서는 드러나 있지 않은 숨어 있는 책임들을 찾아보자. 객체는 어떻게 생성될까? 앞의 금전 등록기의 예에서는 각 판매 시작 시점에서 초기화시켰던 것과 같이, 어떤 행동을 반드시 해야 할 필요가 있을까?

이 메뉴 예에서는 메뉴를 어떻게 생성할지 생각해 보자. 프로그래머는 빈 메뉴 객체를 생성하고 난 다음 "Open new account", "Help" 등과 같은 선택 항목들을 추가할 것이다. 이것은 수행해야 할 또

다른 책임이다:

선택 항목을 추가한다.

2단계 공용 인터페이스를 지정한다.

1단계에서 작성한 목록을 메소드들의 집합으로 바꾼다. 이 때 메소드는 구체적인 특정 파라미터 변수와 반환값을 갖도록 한다. 많은 프로그래머들은 다음과 같이 하나의 샘플 객체에 적용되는 메소드 호출들을 쭉 적어보면, 이 단계가 더 간단해지는 것을 알게 되었다.

```
mainMenu = Menu()
mainMenu.addOption("Open new account")
# 좀 더 많은 옵션 추가
input = mainMenu.getInput()
```

이제 다음과 같이 구체적인 메소드 목록이 생겼다.

- addOption(option)
- getInput()

메뉴 디스플레이는 어떤가? 사용자에게 입력을 요구하지 않고서 메뉴를 표시하는 것은 우스꽝스럽다. 그리고 사용자가 만일 비유효 값을 입력한다면 getInput은 한 번 이상 메뉴를 표시할 필요가 있을 수 있다. 따라서 display는 헬퍼 메소드로서 좋은 후보가 될 수 있지만 이 예에서는 헬퍼 메소드가 필요할 만큼 화면 표시가 복잡하지 않으므로 목록에 포함시키지는 않는다.

공용 인터페이스를 마무리하기 위해 생성자를 명시해야 한다. 클래스의 객체를 생성하기 위해 어떤 정보가 필요한지 자문해 본다. 만일 객체를 생성하는 데에 사용자 제공 값이 필요하다면, 생성자는 하나 또는 그 이상의 파라미터 변수를 지정해야만 한다.

이 메뉴 예의 경우에는, 별도 인자가 없는 생성자를 얻을 수 있다.

이것을 종합하면 공용 인터페이스는 다음과 같다.

```
class Menu :
   def __init__(self) :
      . . .
   def addOption(self, option) :
      . . .
   def getInput(self) :
      . . .
```

3단계 공용 인터페이스를 문서화한다.

문서화를 위해 클래스와 각 메소드에 대한 주석을 단다.

```
## 터미널 창에 표시될 메뉴
#
class Menu :
   ## 선택 항목이 없이 메뉴를 생성한다.
   #
   def __init__(self) :

   ## 이 메뉴의 끝에 선택 항목 하나를 추가한다.
   #  @param option 추가할 선택 항목
   #
   def addOption(self, option) :

   ## 숫자 1로 시작하는 옵션들로 이루어진 메뉴를 표시하고,
   #  사용자가 입력을 넣도록 프롬프트를 띄운다. 유효한 입력이 제공될 때까지 반복한다.
   #  @return 사용자가 제공한 숫자
   #
```

```
def getInput(self) :
```

4단계 인스턴스 변수를 결정한다.

객체가 작업을 하기 위해 어떤 정보를 저장해야 하는지 자문해 본다. 객체가 인스턴스 변수와 메소드의 인자만을 이용하여 모든 메소드를 처리할 수 있어야 한다는 점에 주의한다.

간단하거나 또는 관심 있는 메소드에서 출발하여 각 메소드를 살펴보고, 메소드의 작업을 해내기 위해 객체가 필요한 것이 무엇인지 자문해 본다. 메소드 인자 외에 추가적으로 필요한 데이터 항목을 생각해 보고 이 데이터 항목에 대한 인스턴스 변수를 만든다.

이 예에서는, addOption 메소드부터 시작하자. 명확하게도 나중에 메뉴에 표시될 수 있도록 추가된 메뉴 선택 항목들을 저장할 필요가 있다. 이 선택 항목들을 어떻게 저장해야 할까? 문자열 리스트로? 아니면 하나의 긴 문자열로? 두 가지 방법 모두 동작하게 만들 수 있겠지만, 여기서는 리스트를 사용할 것이다. 연습문제 P9.3는 이와는 다른 방법인 긴 문자열 하나로 구현하는 문제다.

다음으로 getInput 메소드를 생각하자. 이 메소드는 저장된 선택 항목들을 보여주고 정수 값 하나를 읽어들인다. 이 입력이 유효한지 여부를 체크할 때, 메뉴 항목의 개수를 알 필요가 있다. 메뉴 항목들을 리스트에 저장하기 때문에, 메뉴 항목의 개수는 단순히 이 리스트의 크기와 같다. 만일 이 메뉴 항목들을 하나의 긴 문자열에 저장하였다면, 선택 항목의 개수를 저장하기 위한 또 하나의 인스턴스 변수를 정의했을 것이다.

5단계 생성자를 구현한다.

인스턴스 변수를 정의하고 초기화하는 클래스의 생성자를 구현한다. 이 경우에는 _options이라는 인스턴스 변수를 빈 리스트로 설정한다.

```
def __init__(self) :
   self._options = []
```

6단계 메소드를 구현한다.

가장 쉬운 것부터 시작하여 한 번에 하나씩 클래스 내부에 메소드들을 구현한다. 예를 들면, addOption 메소드의 구현은 다음과 같다.

```
def addOption(self, option) :
   self._options.append(option)
```

다음은 getInput 메소드다. 이 메소드는 약간 더 복잡하다. 이 메소드는 메뉴의 선택 항목을 표시한 다음 사용자의 입력을 읽어들이는데, 사용자가 유효한 값을 입력할 때까지 이 작업을 루프문으로 반복한다.

```
def getInput(self) :
   done = False
   while not done :
      for i in range(len(self._options)) :
         print("%d %s" % (i + 1, self._options[i]))

      userChoice = int(input())
      if userChoice >= 1 and userChoice < len(self._options) :
         done = True

   return userChoice
```

만일 메소드 중 일부의 구현에서 어려움이 있다면, 인스턴스 변수를 적절하게 선택하였는지 다시 생각할 필요가 있다. 흔히 초보자들은 객체의 상태를 정확하게 기술할 수 없는 인스턴스 변수들로 시작하는 경향이 있다. 그런 경우에는 바로 4단계로 돌아가서 구현 전략에 대해 다시 생각해야 한다.

7단계 클래스를 테스트한다.

짧은 테스터 프로그램을 작성하고 실행 시킨다. 테스터 프로그램은 2단계에서 발견했던 메소드들을 호출해야만 한다.

how_to_1/menutester.py

```
##
#  This program tests the Menu class.
#

from menu import Menu

mainMenu = Menu()
mainMenu.addOption("Open new account")
mainMenu.addOption("Log into existing account")
mainMenu.addOption("Help")
mainMenu.addOption("Quit")
choice = mainMenu.getInput()
print("Input:", choice)
```

Program Run

```
1) Open new account
2) Log into existing account
3) Help
4) Quit
5
1) Open new account
2) Log into existing account
3) Help
4) Quit
1
Input: 1
```

완전한 Menu 클래스는 다음과 같다.

how_to_1/menu.py

```
##
#  This module defines the Menu class.
#

## A menu that is displayed in the terminal window.
#
class Menu :
   ## Constructs a menu with no options.
   #
   def __init__(self) :
      self._options = []

   ## Adds an option to the end of this menu.
   #  @param option the option to add
   #
   def addOption(self, option) :
      self._options.append(option)

   ## Displays the menu, with options numbered starting with 1, and prompts
   #  the user for input. Repeats until a valid input is supplied.
   #  @return the number that the user supplied
```

```
   #
   def getInput(self) :
      done = False
      while not done :
         for i in range(len(self._options)) :
            print("%d %s" % (i + 1, self._options[i]))

         userChoice = int(input())
         if userChoice >= 1 and userChoice < len(self._options) :
            done = True

      return userChoice
```

WORKED EXAMPLE 9.1

은행 계좌 클래스 구현하기 _*Implementing a Bank Account Class*

문제 정의 은행 계좌를 모델링한 클래스를 작성하여 보자. 이 계좌는 입출금이 가능하고 출금하기에 충분한 돈이 없을 때는 $10의 초과 인출 수수료가 부과된다. 매달 말일에 이자가 계좌에 추가되고, 이 자율은 달마다 다를 수 있다.

1단계 객체가 담당할 책임에 대한 임시 목록을 만든다.

문제 정의로부터 다음 기능들이 언급되어 있다.

돈을 입금한다.
돈을 출금한다.
이자를 더한다.

또한 숨어 있는 기능도 있는데, 즉 계좌에 얼마나 많은 돈이 들어 있는지 알 필요가 있다.

잔고를 알려준다.

2단계 공용 인터페이스를 명시한다.

파라미터 변수를 제공하고 메소드를 접근자(accessor)와 설정자(mutator)로 구분할 필요가 있다.

입출금을 하기 위해서는 입금 또는 출금할 금액을 알 필요가 있으므로 파라미터 변수 `amount`가 필요하다.

```
def deposit(self, amount) :
def withdraw(self, amount) :
```

이자를 추가하기 위해서는, 적용될 이자율을 알 필요가 있으므로 파라미터 변수 `rate`가 필요하다.

```
def addInterest(self, rate) :
```

이 메소드들은 계좌의 금액을 바꾸기 때문에 모두 설정자들이다.

마지막으로, 다음 메소드가 있다.

```
def getBalance(self) :
```

잔고에 대해 질의한다고 해서 잔고를 바꾸지는 않기 때문에 이 메소드는 접근자에 해당한다.

이제 생성자로 가보자. 생성자는 계좌의 초기 잔고를 받아들여야 한다. 그러나 디폴트 인자를 사용하여 초기에 잔고가 0인 것도 허용하는 것이 유용할 수 있다(Special Topic 9.1 참고).

그러므로 완전한 공용 인터페이스는 다음과 같다:

- 생성자

```
def __init__(self, initialBalance = 0.0) :
```

- 설정자 메소드

```
def deposit(self, amount) :
def withdraw(self, amount) :
def addInterest(self, rate) :
```

- 접근자 메소드

```
def getBalance(self) :
```

3단계 공용 인터페이스를 문서화한다.

```
## 입금 및 출금에 의해 잔고가 변하는 은행 계좌
#
class BankAccount :
   ## 잔고가 주어진 금액만큼인 은행 계좌를 생성한다.
   #  @param initialBalance 초기 계좌 잔고 (기본값 = 0.0)
   #
   def __init__(self, initialBalance = 0.0) :

   ## 계좌로 돈을 입금한다.
   #  @param amount 입금할 금액
   #
   def deposit(self, amount) :

   ## 계좌로부터 출금하거나 충분한 돈이 없을 때에는 수수료를 부과한다.
   #  출금할 금액
   #  @param amount
   #
   def withdraw(self, amount) :

   ## 이자를 계좌에 추가한다.
   #  @param rate 퍼센트 단위의 이자율
   #
   def addInterest(self, rate) :

   ## 계좌의 현재 잔고를 알려준다.
   #  @return 현재 잔고
   #
   def getBalance(self) :
```

4단계 인스턴스 변수를 결정한다.

잔고 금액을 저장할 필요가 있음은 명확하다.

```
self._balance = initialBalance
```

이자율을 저장할 필요가 있을까? 아니다–이것은 매달 변하고 addInterest 메소드의 인자로 주어진다. 출금에 대한 수수료는 어떨까? 문제 정의에서는 이 수수료가 $10로 고정되어 있다고 하였다. 따라서 저장할 필요가 없다. 대부분의 실제 은행 계좌의 경우와 같이 이 수수료가 시간에 따라 변한다면, 이 수수료를 어딘가 저장할 필요가 있을 것이다(아마도 Bank 객체 내부에), 그러나 여기에서 실제 세계의 모든 면들을 다 모델링할 필요는 없다.

5단계 생성자와 메소드들을 구현한다.

간단한 것부터 시작하자.

```
def getBalance(self) :
   return self._balance
```

deposit 메소드는 조금 더 흥미롭다.

```
def deposit(self, amount) :
   self._balance = self._balance + amount
```

withdraw 메소드는 잔고가 부족할 때 수수료를 부과할 필요가 있다.

```
def withdraw(self, amount) :
   PENALTY = 10.0
   if amount > self._balance :
      self._balance = self._balance - PENALTY
   else :
      self._balance = self._balance - amount
```

마지막으로, addInterest 메소드는 다음과 같다. 이자를 계산한 다음 이것을 잔고에 추가한다.

```
def addInterest(self, rate) :
   amount = self._balance * rate / 100.0
   self._balance = self._balance + amount
```

생성자는 꽤 간단하다.

```
def __init__(self, initialBalance = 0.0) :
   self._balance = initialBalance
```

이것으로 구현을 마무리한다.

6단계 클래스를 테스트한다.

다음은 구현 완료된 클래스와 모든 메소드들을 사용한 간단한 테스터 프로그램이다.

```
from bankaccount import BankAccount

harrysAccount = BankAccount(1000.0)
harrysAccount.deposit(500.0)    # 잔고는 이제 $1500
harrysAccount.withdraw(2000.0)    # 잔고는 이제 $1490
harrysAccount.addInterest(1.0)    # 잔고는 이제 $1490 + 14.90
print("%.2f" % harrysAccount.getBalance())
print("Expected: 1504.90")
```

Program Run

```
1504.90
Expected: 1504.90
```

예제 코드 완성된 클래스의 코드는 eText 또는 보조 사이트의 소스 코드에서 worked_example_1/bankaccount.py를 참조하라.

9.8 문제 해결: 객체 추적하기 _*Problem Solving: Tracing Objects*

손으로 따라가는 기법이 프로그램이 어떻게 동작하는지 이해하는 데 얼마나 유용한지 이미 본 적이 있다. 작성하는 프로그램에 클래스가 포함된다면, 객체 데이터와 캡슐화에 대해 좀 더 잘 이해할 수 있도록 이 기법을 변용하는 것도 유용하다.

카드의 앞면에 메소드를 적고, 뒷면에는 인스턴스 변수를 적는다.

각 객체마다 한 장의 인덱스 카드 또는 한 장의 포스트잇 메모지를 사용한다. 앞면에는 그 객체가 실행할 수 있는 메소드를 적고, 뒷면에는 인스턴스 변수들의 값을 적는 표를 만든다.

예로써, 다음은 CashRegister 객체에 대한 카드이다.

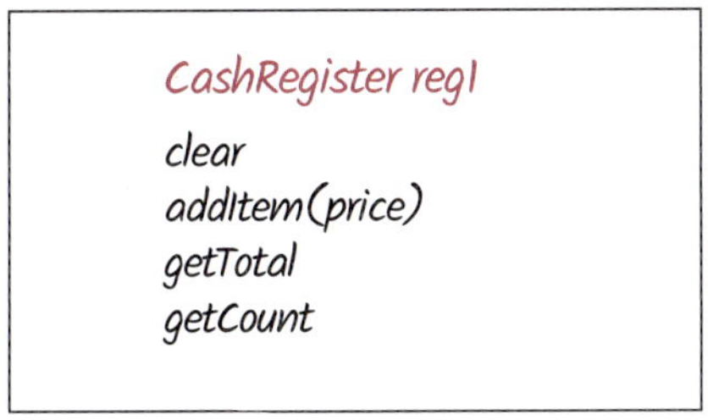

앞면

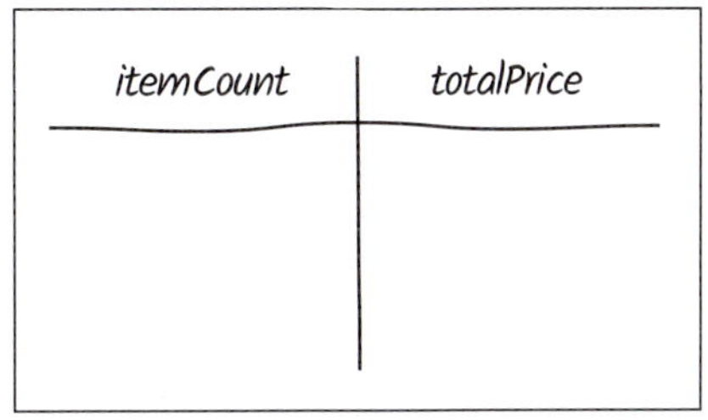

뒷면

작게나마 이것은 캡슐화에 대한 감을 느끼게 해준다. 즉, 객체는 객체의 공용 인터페이스를 통해 조작되고(카드의 앞면), 인스턴스 변수들은 뒷면에 숨어 있다. (여기서, 변수 이름에 밑줄 기호를 덧붙이지는 않았다. 밑줄 기호는 파이썬 구현과 관련된 상세 내용일 뿐이다.)

객체를 생성할 때, 인스턴스 변수들의 초깃값들을 다음과 같이 채운다.

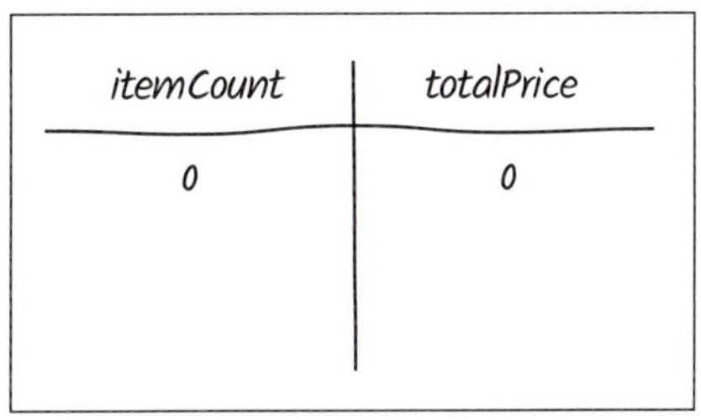

설정자 메소드를 호출하면 인스턴스 변수들의 값을 업데이트한다.

설정자 메소드가 실행될 때마다, 예전 값을 지우고 아래에 새로운 값을 적는다. 다음은 `addItem` 메소드에 대한 호출 후 어떤 일이 발생하는지 보여준다.

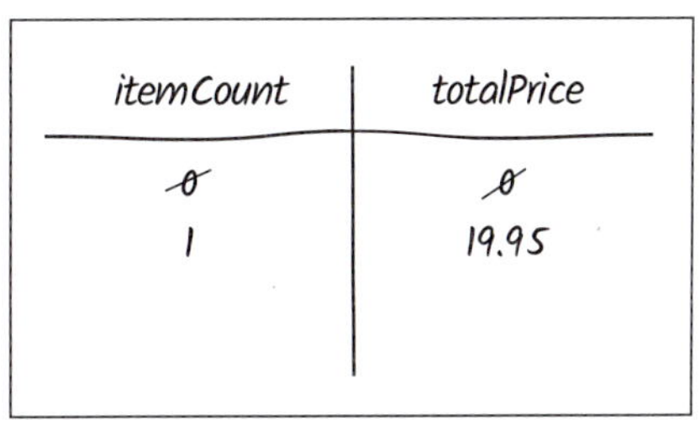

프로그램 내에 하나 이상의 객체가 있다면, 각 객체마다 한 장씩 여러 장의 카드가 있을 것이다.

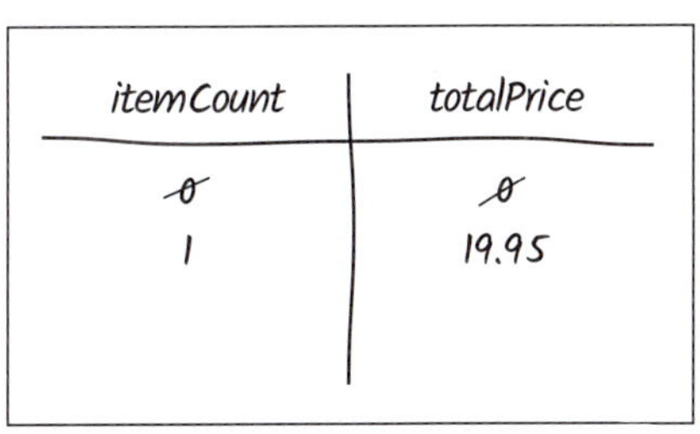

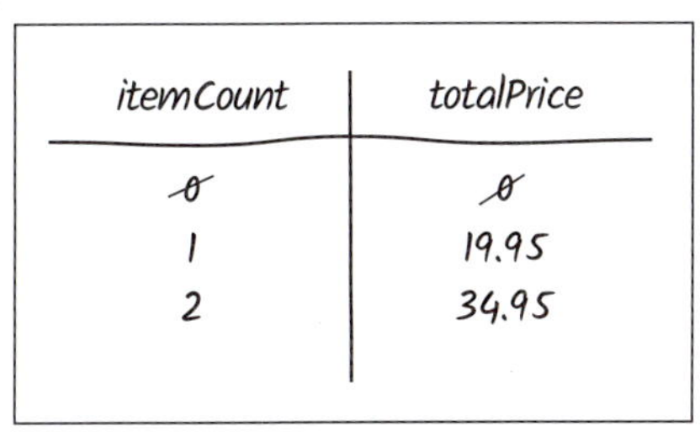

이 다이어그램은 또한 클래스를 설계할 때도 유용하다. 앞서 구현하였던 `CashRegister` 클래스를 보강하여 부가세를 추가적으로 계산할 수 있도록 요청받았다고 하자. 카드의 앞면에 `getSalesTax` 메소드를 추가하고, 카드를 뒤집어 인스턴스 변수들을 살펴본 다음 이 객체가

원하는 답을 계산하는 데 충분한 정보를 가지고 있는지 자문해 본다. 각 객체는 독립적인 단위임에 주의하고, 어떤 계산을 하는 데 사용할 수 있는 데이터 값은 반드시 다음 둘 중 하나여야 한다.

- 인스턴스 변수
- 메소드의 인자

부가세를 계산하기 위해서는 세율과 세금 부과가 가능한 물품의 총액을 알아야 한다. (예를 들어 미국의 많은 주에서는 음식 품목에 대해서는 부가세를 매기지 않는다.) 변경 전의 클래스에는 아직 그런 정보가 들어 있지 않으므로, 세율과 세금부가가 가능한 총액을 저장하기 위한 인스턴스 변수를 추가하자. (이 객체가 생성되어 사라질 때까지는 세율이 고정된 채로 유지된다고 가정하고) 생성자에서 세율을 설정할 수 있다. 물품을 추가할 때마다 이 물품에 세금을 부가하는 것이 가능한지 여부를 질문하여 세금 부가가 가능할 때만 이 가격을 세금 부과 총액에 더한다.

예를 들면, 다음 명령문들을 생각하자.

```
register2 = CashRegister(7.5)       # 7.5퍼센트 세율
register2.addItem(3.95, False)      # 세금 부과 불가
register2.addItem(19.95, True)      # 세금 부과 가능
```

이 효과를 카드에 기록한다면, 다음과 같이 보일 것이다.

itemCount	*totalPrice*	*taxableTotal*	*taxRate*
~~0~~	~~0~~	~~0~~	7.5
~~1~~	~~3.95~~		
2	23.90	19.95	

이제 세금 부과가 가능한 총액에 대한 정보를 가지고 있으므로 세금을 계산하기가 쉽다. 즉, 세금은 *taxableTotal* × *taxRate* / 100으로 계산된다. 객체를 추적하는 이러한 기법이 인스턴스 변수 추가가 필요한 상황을 이해하는 데에 도움이 된다는 사실을 알 수 있다. 부가세를 계산하는 보강된 `CashRegister` 클래스는 다음과 같다.

sec08/cashregister2.py

```
##
#  This module defines the CashRegister class.
#

## A simulated cash register that tracks the item count and the total amount due.
#
class CashRegister :
   ## Constructs a cash register with cleared item count and total.
   #  @param taxRate the tax rate to use with this cash register
   #
   def __init__(self, taxRate) :
      self._itemCount = 0
      self._totalPrice = 0.0
```

```
      self._taxableTotal = 0.0
      self._taxRate = taxRate

   ## Adds an item to this cash register.
   #  @param price the price of this item
   #  @param taxable True if this item is taxable
   #
   def addItem(self, price, taxable) :
      self._itemCount = self._itemCount + 1
      self._totalPrice = self._totalPrice + price
      if taxable :
         self._taxableTotal = self._taxableTotal + price

   ## Gets the price of all items in the current sale.
   #  @return the total price
   #
   def getTotal(self) :
      return self._totalPrice + self._taxableTotal * self._taxRate / 100

   ## Gets the number of items in the current sale.
   #  @return the item count
   #
   def getCount(self) :
      return self._itemCount

   ## Clears the item count and the total.
   #
   def clear(self) :
      self._itemCount = 0
      self._totalPrice = 0.0
      self._taxableTotal = 0.0
```

sec08/registertester2.py

```
##
#  This program tests the enhanced CashRegister class.
#

from cashregister2 import CashRegister

register1 = CashRegister(7.5)
register1.addItem(3.95, False)
register1.addItem(19.95, True)
print(register1.getCount())
print("Expected: 2")
print("%.2f" % register1.getTotal())
print("Expected: 25.40")
```

9.9 문제 해결: 객체 데이터를 위한 패턴

_Problem Solving: Patterns for Object Data

클래스를 설계할 때, 그 클래스를 사용하는 프로그래머의 필요사항을 먼저 고려하게 된다. 클래스의 설계자는 클래스의 사용자들이 객체를 다룰 때 호출하게 될 메소드를 제공해야 하고, 구현 과정에서 이 클래스의 인스턴스 변수들을 생각해 내야 한다. 이러한 일들을 어떻게 해낼 것인지가 언제나 명확한 건 아니니다. 그런데 다행스럽게도, 클래스를 설계할 때 응용해서 사용할 수 있는, 자주 반복되는 몇 개의 설계 패턴들이 존재한다. 다음 소절들에서 이러한 패턴들을 소개하고자 한다.

9.9.1 총합 유지하기

많은 클래스에서 특정한 메소드가 호출될 때 어떤 양이 증가하거나 또는 감소하고, 이 값을 따라가며 저장해야 할 필요가 있다. 다음 예들이 이에 해당한다.

- 은행 계좌의 잔고는 입금하면 증가하고, 출금하면 감소한다.
- 금전 등록기에서 총합은 물품을 판매 목록에 추가하면 증가하고, 판매가 완료된 후에는 초기화된다.
- 자동차 연료 탱크의 기름양은 주유를 하면 증가하고, 운전을 하면 감소한다.

총합에 대한 인스턴스 변수는 총합의 양을 증가 혹은 감소시키는 메소드에서 업데이트된다.

이러한 모든 경우에서 구현 전략은 비슷하다. 현재의 총합을 나타내는 인스턴스 변수를 유지하는 것이다. 예를 들면, 금전 등록기의 경우에 `_totalPrice` 인스턴스 변수를 정의하였다.

그리고 이 총합에 영향을 주는 메소드를 정의한다. 흔히 다음과 같이 주어진 양만큼 총합을 증가시키는 메소드가 존재한다.

```
def addItem(self, price) :
   self._totalPrice = self._totalPrice + price
```

클래스의 성격에 따라, 총합을 줄이거나 초기화시키는 메소드가 있을 수도 있다. 금전 등록기의 경우에는 다음과 같이 `clear` 메소드가 존재하였다.

```
def clear(self) :
   self._totalPrice = 0.0
```

이와 함께 일반적으로 현재 총합을 넘겨주는 메소드가 존재한다. 다음과 같이 구현은 쉽다.

```
def getTotal(self) :
   return self._totalPrice
```

총합을 관리하는 모든 메소드들은 동일한 기본적인 패턴을 따른다. 즉, 총합에 영향을 주는 메소드를 찾고 총합을 증가시키거나 감소시키는 적절한 코드를 부여한다. 또한 총합의 상태를 알리거나 이용하는 메소드를 찾아 이 메소드들이 현재의 총합을 읽어내도록 한다.

9.9.2 이벤트 세기

종종 특정한 이벤트가 객체의 한 생애 주기 동안 얼마나 자주 발생하는지 셀 필요가 있다. 다음 예들이 이에 해당한다.

- 금전 등록기의 경우, 판매 품목에 얼마나 많은 물품들이 추가되었는지 알 필요가 있다.
- 은행 계좌는 각 거래마다 수수료를 부과한다. 그러므로 거래가 몇 번이나 이루어졌는지 셀 필요가 있다.

이벤트를 세는 카운터 값은 그 이벤트에 응답하는 메소드에서 증가된다.

이런 경우에는 _itemCount와 같은 카운터를 하나 유지하고, 다음과 같이 세고자 하는 이벤트에 응답하는 메소드들에서 이 카운터 값을 증가시킨다.

```
def addItem(self, price) :
   self._totalPrice = self._totalPrice + price
   self._itemCount = self._itemCount + 1
```

또한, 예를 들면, 판매가 끝나는 시점이나 내역서의 한 주기 끝에서 다음과 같이 이 카운터를 초기화시킬 필요가 있을 수 있다.

```
def clear(self) :
   self._totalPrice = 0.0
   self._itemCount = 0
```

이 외에도 클래스 사용자에게 이 카운터 값을 알리는 메소드가 존재할 수도 있고 존재하지 않을 수도 있다. 예를 들어 이 카운터가 단지 수수료나 평균을 계산하는 데에만 쓰인다면, 카운터 값을 읽어오는 메소드가 굳이 필요하지 않을 것이다. 클래스 안에서 어떤 메소드가 이 카운터 값을 사용하는지 발견해 내고, 그러한 메소드들 안에서 현재의 카운트 값을 직접 접근하면 된다.

9.9.3 값 모으기

어떤 객체들은 수, 문자열 또는 다른 객체들을 모은다. 예를 들면 객관식 문제는 여러 개의 선택 항목이 있고, 금전 등록기는 현재 판매 목록의 모든 가격들을 저장할 필요가 있을 것이다.

하나의 객체가 다른 객체들을 리스트에 모을 수 있다.

이런 경우에는 리스트를 사용하여 값들을 저장한다. 생성자에서 인스턴스 변수를 하나 정의하고 이것을 빈 컨테이너가 되도록 초기화한다.

```
def __init__(self) :
   self._choices = []   # 빈 리스트
```

값들을 추가하기 위한 몇 가지 메커니즘을 제공할 필요가 있는데, 다음과 같이 이 모음에 값 하나를 덧붙이기 위한 메소드를 제공하는 것이 일반적이다.

© paul prescott/iStockphoto.

쇼핑 카트 객체는 여러 아이템들의 모음을 다루어야 한다.

```
def addChoice(self, choice) :
   self._choices.append(choice)
```

객관식 문제 Question 객체의 사용자는 다양한 선택 항목들을 추가하기 위해 이 메소드를 여러 번 호출할 수 있을 것이다.

9.9.4 객체의 속성 관리하기

객체의 속성은 접근자 메소드로 접근하고 설정자 메소드로 바꿀 수 있다.

객체의 속성이란 이 객체의 사용자가 설정할 수 있고 얻어낼 수 있는 객체의 값이다. 예를 들면, Student 객체의 이름과 학번은 이 객체의 속성이 될 수 있다.

다음과 같이 이 속성 값을 저장할 인스턴스 변수를 제공하고 이 값을 얻어내거나 설정하기 위한 메소드를 작성한다.

```
class Student :
   def __init__(self) :
      self._name = ""

   def getName(self) :
      return self._name
   def setName(self, newName) :
      self._name = newName
```

설정자 메소드에 오류 체크 기능을 추가하는 것이 일반적이다. 예를 들면, 비어 있는 이름은 거절하고 싶을 것이다. 따라서 다음과 같이 설정자 메소드를 수정할 수 있다:

```
def setName(self, newName) :
   if len(newName) > 0 :
      self._name = newName
```

어떤 속성들은 생성자에서 일단 설정되고 난 후에는 바뀌지 말아야 한다. 예를 들면, 학생의 학번은 (바뀔 수도 있는 학생의 이름과는 다르게) 고정될 것이다. 그 경우에는 설정자 메소드를 제공하면 안 된다:

```
class Student :
   def __init__(self, anId) :
      self._id = anId

   def getId(self) :
      return self._id

   # No setId 메소드 없음
   . . .
```

9.9.5 개별적인 상태를 가진 객체를 모델링하기

객체의 상태 중 동작 특성에 영향을 미치는 상태가 존재한다면, 이 상태의 현재값을 저장할 수 있는 인스턴스 변수를 제공한다.

어떤 객체들은 과거에 발생했던 사건에 따라 동작 특성이 달라질 수 있다. 예를 들면, `Fish` 객체는 배가 고플 땐 먹이를 찾지만 먹이를 먹고 난 후에는 먹잇감을 무시할 것이다. 이러한 동작 특성을 가진 객체는 최근에 먹이를 먹었는지 여부를 기억할 필요가 있을 것이다.

© John Alexander/iStockphoto.

만일 물고기가 배고픈 상태라면, 물고기의 동작 특성이 바뀐다.

이런 경우에는 상태를 구분해 주기 위한 몇 개의 상수와 함께, 이 상태를 모델링하는 인스턴스 변수를 제공한다.

```
class Fish :
   # 상수 정적 값들
   NOT_HUNGRY = 0
   SOMEWHAT_HUNGRY = 1
   VERY_HUNGRY = 2

   def __init__(self) :
      self._hungry = Fish.NOT_HUNGRY
   . . .
```

어떤 메소드가 이 상태의 값을 바꿀 것인지 결정하라. 이 예에서는, 물고기가 방금 먹이를 먹었다면(`eat()`) 배가 고프지 않을 것이고, 움직이는 동안에(`move()`) 점점 배가 고파질 것이다.

```
def eat(self) :
   self._hungry = Fish.NOT_HUNGRY
   . . .

def move(self) :
   . . .
   if self._hungry < Fish.VERY_HUNGRY :
      self._hungry = self._hungry + 1
```

마지막으로, 어디에서 이 상태가 객체의 동작 특성에 영향을 주는지 결정한다. 예들 들어 물고기가 매우 배가 고프다면, 먼저 먹이를 구하고자 할 것이다.

```
def move(self) :
   if self._hungry == Fish.VERY_HUNGRY :
      Look for food.
   . . .
```

9.9.6 객체의 위치를 기술하기

어떤 객체들은 생애 주기 동안 움직이면서 그들의 현재 위치를 기억한다. 다음 예들이 여기에 해당한다.

- 선로를 따라 움직이는 열차는 종착역으로부터의 거리를 계속 파악한다.
- 격자무늬 위에서 살고 있는 벌레는 한 격자에서 다른 격자로 기어가거나 또는 왼쪽 또는 오른쪽으로 90도 회전한다.
- 공중으로 발사된 대포알은 중력에 의해 아래쪽으로 떨어진다.

이러한 객체들은 자신의 위치를 저장할 필요가 있다. 객체 움직임의 성격에 따라, 방향 또는 속도도 또한 저장할 필요도 있을 수 있다.

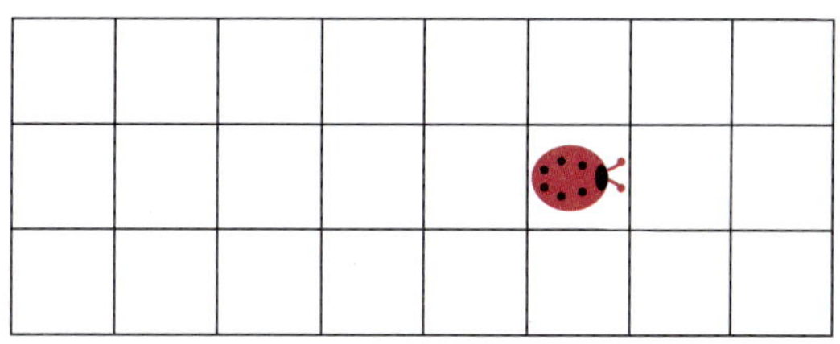

격자 무늬 위에 놓여 있는 벌레는 자신의 행과 열의 위치와 방향 정보를 저장해야 한다.

움직이는 객체를 모델링하기 위해서는, 객체의 위치를 저장하고 업데이트할 필요가 있다.

만일 객체가 일직선 위에서 움직인다면, 객체의 위치를 한 고정된 점으로부터의 거리로 나타낼 수 있다.

```
self._distanceFromTerminus = 0.0
```

만일 객체가 격자무늬에서 움직인다면, 격자무늬 내에서 현재의 위치와 방향을 기억한다.

```
self._row = 0
self._column = 0
self._direction = "N"
```

대포알과 같은 물리적인 객체를 모델링할 때는, 2차원 또는 3차원에서의 위치와 속도를 모두 따라갈 필요가 있다. 만일 수직 방향으로 쏘아 올려진 대포알을 모델링한다면, x- 또는 y-위치는 필요 없고 높이만 추적하면 된다.

```
self._zPosition = 0.0
self._zVelocity = 0.0
```

이 위치를 업데이트하는 메소드가 있을 것이다. 가장 간단한 경우에는, 단순히 이 객체가 얼마나 멀리 움직였는지 전달받을 것이다. 그러면 다음과 같이 위치를 업데이트할 수 있다.

```
def move(self, distanceMoved) :
   self._distanceFromTerminus = self._distanceFromTerminus + distanceMoved
```

그러나 움직임이 격자무늬 내에서 발생한다면, 다음과 같이 현재의 방향에 따라 행 또는 열을 업데이트할 필요가 있다.

```
def moveOneUnit(self) :
   if self._direction == "N" :
      self._row = self._row - 1
   elif self._direction == "E" :
      self._column = self._column + 1
   . . .
```

연습문제 Science P9.28에서는 속도를 알 때 어떻게 물리적인 객체의 위치를 업데이트하는지 생각해 본다.

움직이는 객체가 있을 때마다, 이 객체의 움직임을 프로그램이 어떤 식으로든 모사해야 한다는 사실을 기억해야 한다. 그렇게 하기 위해 객체가 직선 위에서 움직이는지 또는 정수 좌표로 표현되는 격자 무늬 위에서 움직이는지와 같이, 움직임을 모사하는 규칙을 찾아내야 한다. 이 규칙으로 현재의 위치를 어떻게 나타낼지를 결정한다. 그런 다음 객체를 움직이는 메소드를 배치하여 움직임을 모델링한 규칙에 따라 객체의 위치를 업데이트한다.

9.10 객체 참조 _Object References

파이썬에서는 변수가 객체를 실제로 다 담고 있는 것은 아니다. 변수는 단지 객체의 **메모리 주소**(memory location)를 담고 있을 뿐이다. 객체 자체는 다른 어딘가에 저장되어 있다(그림 5 참고).

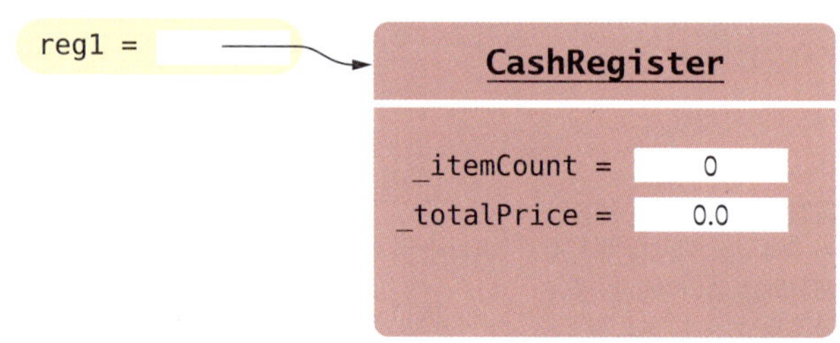

그림 5
객체 참조를 포함하고 있는 객체 변수

객체 참조는 객체의 위치를 지정한다.

객체의 메모리 위치를 의미할 때 기술적인 용어인 **객체 참조**(object reference)를 사용한다. 한 변수가 객체의 메모리 주소를 담고 있을 때, 이것을 객체를 **참조**한다고 한다. 예를 들면, 다음 명령문 후에

```
reg1 = CashRegister()
```

변수 reg1은 생성된 하나의 CashRegister 객체를 참조한다. 기술적으로 말하자면, 생성자가 새로운 객체에 대한 참조를 반환하고 이 참조가 reg1 변수에 저장된다.

9.10.1 공유된 참조

다수의 객체 변수가 동일한 객체에 대한 참조를 저장할 수 있다.

© Jacob Wackerhausen/ iStockphoto.

예를 들면, 다음과 같이 한 변수를 다른 변수에 할당함으로써, 동일한 객체에 대한 참조를 저장하는 두 개(또는 그 이상)의 변수가 있을 수 있다.

```
reg2 = reg1
```

이제 그림 6에 보이는 것과 같이 변수 reg1 또는 reg2 어느 것으로든 모두 동일한 CashRegister 객체에 접근할 수 있다.

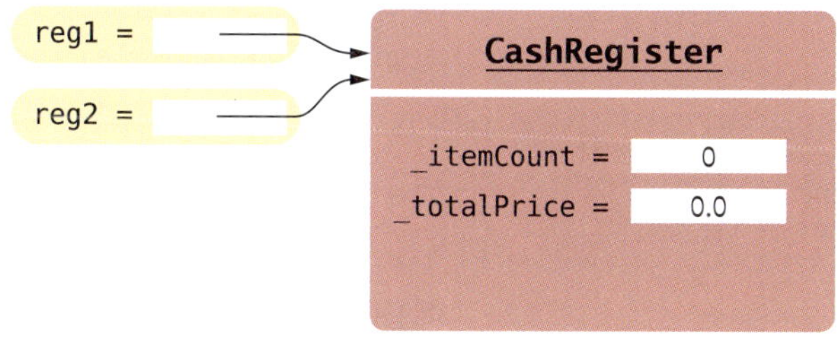

그림 6

동일한 객체를 참조하는 두 개의 객체 변수

객체 참조를 복사하면, 원래의 참조와 복사된 참조 모두 동일한 객체에 대한 참조가 된다(그림 7 참고):

```
reg1 = CashRegister()  ❶
reg2 = reg1  ❷
reg2.addItem(2.95)  ❸
```

그림 7

객체 참조 복사하기

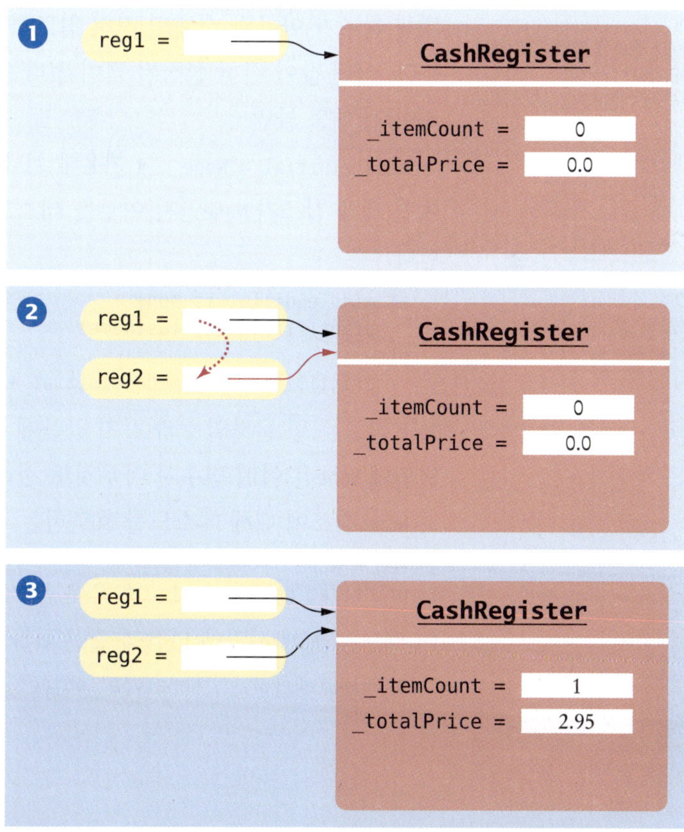

reg1과 reg2가 단계 ❷ 이후에 동일한 금전 등록기를 참조하기 때문에, 이제 두 변수가 모두 물품 카운트 값 1과 총 가격 2.95를 가진 금전 등록기를 참조하게 된다. 동일한 객체를 참조하는 두 개의 변수를 **별칭**(alias)이라고 한다.

두 개의 변수가 별칭인지 여부를 is(또는 그 역인 is not) 연산자를 이용하여 테스트할 수 있다.

```
if reg1 is reg2 :
   print("The variables are aliases.")

if reg1 is not reg2 :
   print("The variables refer to different objects.")
```

두 개의 변수가 별칭인지 여부를 테스트할 때 is와 is not 연산자를 사용한다.

is와 is not 연산자는 이 객체에 담겨 있는 데이터가 동일한지의 여부는 체크하지 않고, 다만 두 변수가 동일한 객체를 참조하는지의 여부만 체크한다. 동일한 데이터를 포함하고 있는 객체를 동일한 변수로 참조할 수도 있고 아닐 수도 있다.

예를 들면, 세 번째 금전 등록기를 생성하고 여기에 물품을 하나 추가하면

```
reg3 = CashRegister()
reg3.addItem(2.95)
```

reg3은 reg1과 동일한 데이터를 가지게 될 것이지만, 이 변수들이 별칭들은 아니다. 왜냐하면 이 변수들은 서로 다른 객체를 참조하기 때문이다.

9.10.2 None 참조

None 참조는 아무런 객체도 참조하지 않는다.

객체 참조가 아무런 객체도 전혀 참조하지 않는다면 이 객체 참조는 특별한 값인 None을 갖는다. 어떤 값이 전혀 설정된 적이 없다는 것을 나타내기 위해 None 값을 사용하는 것이 일반적이다. 예를 들면,

```
middleInitial = None   # 가운데 이니셜이 없음
```

어떤 객체 참조가 None인지 여부를 테스트하는 데에 is 연산자(그리고 not == 연산자)를 사용한다.

```
if middleInitial is None :
   print(firstName, lastName)
else :
   print(firstName, middleInitial + ".", lastName)
```

None 참조는 빈 문자열 ""과 같지 않음에 유의한다. 빈 문자열은 길이가 0인 유효한 문자열인 반면에 None은 어떤 변수가 아무것도 전혀 참조하지 않음을 가리킨다.

None 참조에 대해 메소드를 호출하는 것은 오류다. 예를 들면,

```
reg = None
print(reg.getTotal())   # 오류 - None 참조에 대해 메소드를 호출할 수 없다.
```

이 코드는 실행 시간에 다음과 같은 AttributeError 예외를 야기한다.

```
AttributeError: 'NoneType' object has no attribute 'getTotal'.
```

9.10.3 self 참조

self 파라미터 변수는 메소드가 호출되는 대상의 객체를 참조한다.

모든 메소드는 호출되는 대상의 객체에 대한 참조를 가지고 있고, 이 참조는 self 파라미터 변수에 저장된다. 예를 들면, 다음과 같은 메소드 호출에서

```
reg1.addItem(2.95) :
```

파라미터 변수 self는 reg1과 동일한 객체를 참조한다(그림 8 참고).

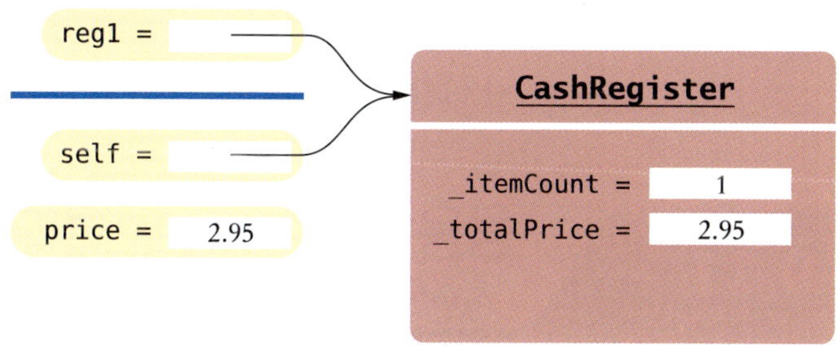

그림 8
메소드 호출의 self 파라미터 변수

이미 보았듯이, self 참조는 메소드가 호출되는 대상 객체의 인스턴스 변수에 접근하는 데에 사용된다. 예를 들면, 다음 메소드를 생각하자.

```
def addItem(self, price) :
   self._itemCount = self._itemCount + 1
   self._totalPrice = self._totalPrice + price
```

reg1.addItem(2.95)와 같은 호출에서, self는 reg1을 참조하도록 초기화되고, price는 2.95로 초기화된다. 그러면 self._itemCount 및 self._totalPrice는 reg1._itemCount 및 reg1._totalPrice와 동일하다.

메소드를 또한 self에 대해서도 호출할 수 있다. 예를 들면, 다음과 같이 생성자를 구현할 수도 있을 것이다.

```
def __init__(self) :
   self.clear()
```

생성자에서, self는 생성되고 있는 객체에 대한 참조이다. clear 메소드는 이 객체에 대해 호출된다.

마지막으로, 때때로 다른 메소드에 self를 전달할 때가 있다. 예를 들면, Person이라는 클래스가 있고, 이 클래스의 메소드로서 SNS에서 한 사람이 다른 사람을 좋아하는지 여부를 체크하는 likes(self, other)가 있다고 가정하자. 그러면 다음과 같이 메소드를 정의할 수 있다.

```
def isFriend(self, other) :
   return self.likes(other) and other.likes(self)
```

마지막 메소드 호출에서, 어떻게 self가 likes 메소드로 전달되는지 주목하길 바란다.

9.10.4 객체의 생애

생성자로 객체를 생성할 때, 생성자의 self 변수는 이 객체의 메모리 위치로 설정된다. 초기에는 이 객체에 아무런 인스턴스 변수도 존재하지 않다가, 생성자가 다음과 같은 명령문을

실행할 때

```
self._itemCount = 0
```

비로소 인스턴스 변수가 이 객체에 추가된다. 마지막으로, 생성자의 호출이 끝날 때, 이 객체에 대한 참조를 반환하고, 이 참조는 일반적으로 한 변수에 저장된다.

```
reg1 = CashRegister()
```

객체와 객체의 모든 인스턴스 변수는 최소한 하나의 객체 참조가 존재하는 한 살아 있다. 객체가 더 이상 참조되지 않을 때, 이 객체는 "쓰레기 수집기(garbage collector)"라고 하는 가상 머신의 한 부분에 의해 마침내 제거된다.

9.11 응용: Fraction 클래스 작성하기 _Application: Writing a Fraction Class

이 책 전반에서 부동-소수점 수를 다루고 있다. 그러나 컴퓨터는 이진값만을 저장하기 때문에, 모든 실수를 정확하게 표현할 수는 없다. 실수의 정밀도가 중요한 응용에서는, 정확한 값을 저장하기 위해 **유리수**(rational numbers)를 사용할 수 있다. 유리수를 사용하면 산술 연산을 수행할 때 발생할 수 있는 반올림 오차를 줄이거나 제거할 수 있다.

유리수는 7/8과 같이 두 정수의 비로 표현할 수 있는 수다. 위쪽의 수를 **분자**라고 하고 아래쪽의 수를 **분모**라고 하며 분모는 0이 될 수 없다. 이 절에서는, 유리수를 모델링한 Fraction 클래스의 설계와 구현을 따라가 보도록 한다.

9.11.1 Fraction 클래스 설계

9.3절에서 배운 대로, 클래스를 설계할 때 첫 번째 단계는 클래스의 공용 인터페이스를 지정하는 것이다. 유리수를 정수 또는 부동-소수점 수를 사용하는 것처럼 사용하길 원하므로, 작성할 Fraction 클래스는 다음 동작들을 수행해야만 한다.

- 유리수 생성하기
- 개별적으로 분자와 분모에 각각 접근하기
- 유리수가 음수인지 또는 0인지 판별하기
- 두 개의 유리수에 일반적인 수학 연산을 수행하기(덧셈, 뺄셈, 곱셈, 나눗셈, 거듭제곱)
- 두 수의 크기를 비교하기
- 유리수의 문자열 표현을 생성하기

Fraction 클래스의 객체들은 불변(immutable)이다. 왜냐하면 어떤 연산도 객체의 인스턴스 변수들을 바꾸지 않기 때문이다. 이것은 파이썬에서 사용되는 int와 float 타입이 불변인 것과 비슷하다.

연산들을 명시했으니 이제 Fraction 객체에 어떤 데이터를 저장해야 할지 결정해야 한다. 유리수는 두 개의 정수로 이루어져 있으므로, 이 값을 저장하는 데에 두 개의 인스턴스 변수

1/6 + 1/3은 얼마인가? 1/6 + 2/6 = 3/6 = 1/2다.
Fraction *클래스의* add *메소드는 이러한 계산을 해준다.* © Debbi Smirnoff/Getty Images, Inc.

가 필요하다.

```
self._numerator = 0
self._denominator = 1
```

어떠한 경우에도 유리수를 부동-소수점 값으로 변환하면 안 된다. 부동-소수점 값으로 바꿔 버린다면 유리수를 사용함으로써 얻게 되는 정확성의 장점을 잃게 된다. 따라서 모든 연산은 분자와 분모의 정수 값을 사용하여 수행해야 한다.

값 0은 수많은 다른 형태의 유리수로 나타낼 수 있다. 즉, 분자가 0이고 분모가 0이 아닌 모든 유리수는 0과 동일하다. Fraction 클래스에서는 0 값은 분자를 0으로 하고 분모를 1로 설정하기로 한다.

음의 유리수와 양의 유리수도 또한 각각 두 가지 형태를 가질 수 있다. 예를 들면, 양수 값은 1/2 또는 –1/-2와 같이 나타낼 수 있고, 음수 값은 –2/5 또는 2/-5와 같이 나타낼 수 있다. 두 유리수의 산술 연산과 크기 비교 등을 간단하게 하기 위해, 유리수가 음수일 때는 분자만 음수로 하고, 양수일 때는 분자와 분모가 모두 양의 정수인 것으로 선택한다.

마지막으로, 유리수는 값 하나를 수많은 다른 형태로 나타낼 수 있다. 예를 들면, 1/4는 1/4, 2/8, 16/64, 123/492와 같이 쓸 수 있다. 두 유리수의 크기를 비교할 때나 유리수의 문자열 표현식을 만들 때, 기약 분수 형태로 저장하기로 한다.

9.11.2 생성자

Fraction 클래스의 구현을 생성자부터 시작하자. Fraction 객체는 불변이기 때문에, 객체가 생성될 때 값들을 설정해 줘야 한다. 따라서 생성자에는 분자와 분모에 대한 파라미터가 필요하다.

```
def __init__(self, numerator, denominator) :
```

이 클래스의 사용자가 생성자에 정수로 인자를 전달한다고 가정한다. 그런데 만일 분모의 값을 0으로 전달한다면? 유리수는 분모가 0이 될 수 없다는 점을 기억하라. 그러므로 이러한 일이 발생하지 않도록 분모의 값을 체크하고 필요하다면 ZeroDivisionError 예외를 제기한다.

분모가 0이 아님을 확인한 후에는 유리수가 0 또는 음수인지 여부를 체크할 필요가 있다. 유리수가 0이면, 이 수는 분자를 0으로 분모가 1이 되게끔 저장해야 한다.

음수는 분자가 음의 정수가 되게끔 저장될 것이다. 또한 0이 아닌 유리수에 대해서는, 기약 분수 형태로 저장해야 한다. 유리수를 기약분수로 고치기 위해서는 분자와 분모의 최대

공약수를 구해야 한다.

최대공약수를 계산하기 위해 약 BC 300년경에 유클리드가 발표한 알고리즘을 사용한다. 0보다 큰 두 개의 정수, a와 b가 주어졌을 때, 더 큰 수를 더 작은 수로 나누어 더 큰 수를 이 나머지로 대체한다. 이 과정으로 얻은 두 수 중 어느 하나가 0이 될 때까지 앞의 과정을 반복한다. 그러면 마지막 단계에서 남게 되는 0이 아닌 다른 수가 a와 b의 최대공약수다.

지금까지의 내용을 반영하여 다음과 같이 생성자를 구현할 수 있다.

```
class Fraction :
   ## 0 또는 사용자가 지정한 값으로 초기화되는 유리수를 생성한다.
   #  @param numerator  분수의 분자(디폴트는 0)
   #  @param denominator  분수의 분모(0이 될 수 없음)
   #
   def __init__(self, numerator = 0, denominator = 1) :
      # 분모는 0이 될 수 없다.
      if denominator == 0 :
         raise ZeroDivisionError("Denominator cannot be zero.")

      # 만일 유리수가 0이면, 분모를 1로 설정한다.
      if numerator == 0 :
         self._numerator = 0
         self._denominator = 1

      # 만일 유리수가 0이 아니면, 유리수를 기약 분수 형태로 저장한다.
      else :
         # 부호를 결정한다.
         if (numerator < 0 and denominator >= 0 or
             numerator >= 0 and denominator < 0) :
            sign = -1
         else :
            sign = 1

         # 기약 분수 형태로 만든다.
         a = abs(numerator)
         b = abs(denominator)
         while a % b != 0 :
            tempA = a
            tempB = b
            a = tempB
            b = tempA % tempB

         self._numerator = abs(numerator) // b * sign
         self._denominator = abs(denominator) // b
```

아래와 같이 다양한 값의 분자와 분모로 몇 개의 객체를 생성해 보면 Fraction 클래스를 어떻게 사용하는지 알 수 있다.

```
frac1 = Fraction(1, 8)      # 1/2로 저장
frac2 = Fraction(-2, -4)    # –1/2로 저장
frac3 = Fraction(-2, 4)     #
                              –3/7로 저장
frac4 = Fraction(3, -7)     #
frac5 = Fraction(0, 15)     # 0/1로 저장
frac6 = Fraction(8, 0)      # 오류! 예외가 제기됨
```

9.11.3 특별 메소드

파이썬에서는 클래스의 인스턴스에 (+, *, ==, <와 같은) 표준적인 파이썬 연산자를 적용할 때

객체에 표준 연산자를 사용하기 위해서는, 이에 해당하는 특별 메소드를 정의한다.

자동으로 호출될 메소드를 정의 및 구현할 수 있다. 이렇게 하면 메소드를 이름으로 호출하는 것보다 객체를 좀 더 자연스럽게 사용할 수 있게 된다. 예를 들면, 두 분수가 같은지 여부를 테스트하기 위한 isequal이라는 이름의 메소드를 구현하고 다음과 같이 사용할 수 있을 것이다:

```
if frac1.isequal(frac2) :
   print("The fractions are equal.")
```

그러나 이러한 의미의 연산이라면 isequal 메소드보다는 좀 더 직관적인 == 연산자를 더 선호할 것이다. 이것은 특별한 메소드인 __eq__를 다음과 같이 정의하면 된다.

```
def __eq__(self, rhsValue) :  # rhs = right-hand side, 즉 우변
   return (self._numerator == rhsValue._numerator and
           self._denominator == rhsValue._denominator)
```

이 메소드는 == 연산자를 사용하여 두 개의 Fraction 객체를 비교할 때 자동으로 호출된다.

```
if frac1 == frac2 :   # frac1.__eq__(frac2)을 호출한다
   print("The fractions are equal.")
```

몇몇 특별 메소드들은 클래스의 인스턴스가 내장 함수로 전달될 때 호출되기도 한다. 예를 들면, 다음과 같이 float 함수를 이용하여 Fraction 객체를 부동-소수점 수로 변환하려 한다고 하자.

```
x = float(frac1)
```

그러면 내부적으로 __float__라는 특별 메소드가 호출되는데, 이 메소드의 정의는 다음과 같을 것이다.

```
def __float__(self) :
  return self._numerator / self._denominator
```

객체의 문자열 표현을 생성하기 위해서는 __repr__라는 특별 메소드를 정의하라.

이와 비슷하게, 한 객체를 출력하거나 또는 이 객체를 문자열로 변환할 때, 파이썬은 그 객체에 대해 __repr__라는 특별 메소드를 자동으로 호출한다. 이 메소드는 그 객체의 값을 표현하는 의미 있는 문자열을 만들어 반환하도록 되어 있다. Fraction 클래스에 대해 다음과 같이 정의함으로써, 이 메소드가 "#/#" 형식의 유리수를 포함한 문자열을 반환하도록 할 수 있다.

```
def __repr__(self) :
   return str(self._numerator) + "/" + str(self._denominator)
```

특별 메소드들은 어떠한 파이썬 연산자에 대해서도 정의될 수 있다(표 1 참고). 이 특별 메소드들은 이중 밑줄 기호로 시작하고 이중 밑줄 기호로 끝난다. 이 특별 메소드들은 직접 호출하면 안 되고, 대신 이에 해당하는 연산자 또는 함수를 사용하여 파이썬이 이 메소드들을 호출하도록 해야 한다.

구현하고자 하는 모든 클래스에 대해 연산자들을 정의하고 싶을 수 있겠지만, 연산자가 의미 있는 목적을 가지고 있을 때에만 정의해야 한다. Fraction 클래스의 경우, 산술 연산자 +, −, *, /, **와 논리 연산자 ==, !=, <, <=, >, >=에 대한 특별 메소드들을 정의할 수 있을 것이다. 다음 절에서는, 이것들 중 몇 가지를 구현해 보고 나머지 몇 가지는 연습문제로 남겨둔다.

표 1 자주 쓰는 특별 메소드들

표현식	메소드 이름	반환값	설명
x + *y*	`__add__(self, y)`	객체	덧셈
x - *y*	`__sub__(self, y)`	객체	뺄셈
x * *y*	`__mul__(self, y)`	객체	곱셈
x / *y*	`__truediv__(self, y)`	객체	나눗셈
x // *y*	`__floordiv__(self, y)`	객체	버림 나눗셈
x % *y*	`__mod__(self, y)`	객체	나머지
x ** *y*	`__pow__(self, y)`	객체	거듭제곱
x == *y*	`__eq__(self, y)`	부울 값	같다
x != *y*	`__ne__(self, y)`	부울 값	같지 않다
x < *y*	`__lt__(self, y)`	부울 값	작다
x <= *y*	`__le__(self, y)`	부울 값	작거나 같다
x > *y*	`__gt__(self, y)`	부울 값	크다
x >= *y*	`__ge__(self, y)`	부울 값	크거나 같다
-*x*	`__neg__(self)`	객체	단항 마이너스
abs(*x*)	`__abs__(self)`	객체	절댓값
float(*x*)	`__float__(self)`	부동-소수점 수	부동-소수점 값으로 변환
int(*x*)	`__int__(self)`	정수	정수 값으로 변환
str(*x*) print(*x*)	`__repr__(self)`	문자열	읽을 수 있는 문자열로 변환
x = *ClassName*()	`__init__(self)`	객체	생성자

9.11.4 산술 연산자

`Fraction` 객체에 대해 수행되는 모든 산술 연산들은 새로운 `Fraction` 객체로 그 결과를 반환해야 한다. 예를 들면, 다음 명령문이 실행되면,

```
newFrac = frac1 + frac2
```

`frac1`이 `frac2`에 더해져야 하고 그 결과가 `newFrac` 변수에 할당되는 새로운 `Fraction` 객체로 반환되어야 한다.

덧셈부터 시작하자. 덧셈은 `__add__`라는 특별한 메소드를 구현해야 한다.

```
def __add__(self, rhsValue) :
```

두 분수를 더하기 위해서는 분모가 같아야 한다는 사실을 알고 있을 것이다. 만일 두 분수의 분모가 공통분모가 아니라면, 다음 공식을 이용하여 두 분수를 더할 수 있다.

$$\frac{a}{b} + \frac{c}{d} = \frac{d \cdot a + b \cdot c}{b \cdot d}$$

파이썬 코드에서는, 다음과 같이 self와 rhsValue로 참조되는 두 객체로부터의 인스턴스 변수를 사용하여 덧셈 결과의 분자와 분모를 계산한다.

```
num = (self._numerator * rhsValue._denominator +
       self._denominator * rhsValue._numerator)
den = self._denominator * rhsValue._denominator
```

이렇게 분자와 분모를 계산한 후, 이 값으로 새로운 Fraction 객체를 생성하여 반환해야 한다.

```
return Fraction(num, den)
```

이 덧셈의 결과로 만들어진 유리수를 기약분수의 형태로 변환해야 하는지는 신경 쓰지 않아도 된다. 왜냐하면 이 문제는 새로운 객체가 생성될 때 자동으로 생성자에서 다룰 것이기 때문이다.

완전한 덧셈 메소드는 다음과 같다.

```
## 한 분수를 이 분수에 더한다.
#  @param rhsValue 우변에 있는 분수
#  @return 덧셈 결과인 새로운 Fraction 객체
#
def __add__(self, rhsValue) :
   num = (self._numerator * rhsValue._denominator +
          self._denominator * rhsValue._numerator)
   den = self._denominator * rhsValue._denominator
   return Fraction(num, den)
```

두 유리수의 뺄셈도 다음과 같이 덧셈과 매우 유사하다.

```
## 한 분수를 이 분수로부터 뺀다.
#  @param rhsValue 우변에 있는 분수
#  @return 뺄셈 결과인 새로운 Fraction 객체
#
def __sub__(self, rhsValue) :
   num = (self._numerator * rhsValue._denominator -
          self._denominator * rhsValue._numerator)
   den = self._denominator * rhsValue._denominator
   return Fraction(num, den)
```

남은 산술 연산자들의 구현은 연습문제로 남겨둔다.

9.11.5 논리 연산자

만일 클래스에서 비교 연산자들(==, !=, <, <=, >, >=)이 구현되어 있다면, 두 객체를 논리적으로 비교할 수 있을 것이다. 예를 들면, 이미 앞에서 두 유리수가 같은지의 여부를 테스트하기 위한 __eq__ 메소드를 구현하였다.

다음으로, 한 유리수가 다른 유리수보다 더 작은지의 여부를 판단해 보자. $a/b < c/d$는 (양변에 bd를 곱하여) $a \cdot b < c \cdot d$일 때 성립한다는 점에 주목한다.

이러한 관찰에 기반하여, 더 작은 연산은 다음과 같이 __lt__ 메소드로 구현된다.

```
## 이 분수가 또 하나의 다른 분수보다 더 작은지 여부를 결정한다.
#  @param rhsValue 우변에 있는 분수
#  @return True 이 분수가 다른 분수보다 더 작다면
#
def __lt__(self, rhsValue) :
   return (self._numerator * rhsValue._denominator <
           self._denominator * rhsValue._numerator)
```

이러한 두 개의 관계(==와 <)로부터, 나머지 네 개도 정의할 수 있다. 왜냐하면

- $x > y$는 $y < x$일 때 성립
- $x \geq y$는 x가 y보다 작지 않을 때 성립
- $x \leq y$는 y가 x보다 작지 않을 때 성립
- $x \neq y$는 x가 y보다 작지 않을 때 성립

하기 때문이다.

`Fraction` 클래스의 구현을 테스터 클래스와 함께 아래에 제시하였다.

sec11/fraction.py

```
##
#  This module defines the Fraction class.
#

## Defines an immutable rational number with common arithmetic operations.
#
class Fraction :
   ## Constructs a rational number initialized to zero or a user specified value.
   #  @param numerator the numerator of the fraction (default is 0)
   #  @param denominator the denominator of the fraction (cannot be 0)
   #
   def __init__(self, numerator = 0, denominator = 1) :
      # The denominator cannot be zero.
      if denominator == 0 :
         raise ZeroDivisionError("Denominator cannot be zero.")

      # If the rational number is zero, set the denominator to 1.
      if numerator == 0 :
         self._numerator = 0
         self._denominator = 1

      # Otherwise, store the rational number in reduced form.
      else :
         # Determine the sign.
         if (numerator < 0 and denominator >= 0 or
             numerator >= 0 and denominator < 0) :
            sign = -1
         else :
            sign = 1

         # Reduce to smallest form.
         a = abs(numerator)
         b = abs(denominator)
         while a % b != 0 :
            tempA = a
            tempB = b
            a = tempB
            b = tempA % tempB

         self._numerator = abs(numerator) // b * sign
         self._denominator = abs(denominator) // b

   ## Adds a fraction to this fraction.
   #  @param rhsValue the right-hand side fraction
   #  @return a new Fraction object resulting from the addition
   #
```

```
   def __add__(self, rhsValue) :
      num = (self._numerator * rhsValue._denominator +
             self._denominator * rhsValue._numerator)
      den = self._denominator * rhsValue._denominator
      return Fraction(num, den)

   ## Subtracts a fraction from this fraction.
   #  @param rhsValue  the right-hand side fraction
   #  @return  a new Fraction object resulting from the subtraction
   #
   def __sub__(self, rhsValue) :
      num = (self._numerator * rhsValue._denominator -
             self._denominator * rhsValue._numerator)
      den = self._denominator * rhsValue._denominator
      return Fraction(num, den)

   ## Determines if this fraction is equal to another fraction.
   #  @param rhsValue  the right-hand side fraction
   #  @return True if the fractions are equal
   #
   def __eq__(self, rhsValue) :
     return (self._numerator == rhsValue._numerator and
             self._denominator == rhsValue._denominator)

   ## Determines if this fraction is less than another fraction.
   #  @param rhsValue  the right-hand side fraction
   #  @return True if this fraction is less than the other
   #
   def __lt__(self, rhsValue) :
     return (self._numerator * rhsValue._denominator <
             self._denominator * rhsValue._numerator)

   ## Determines if this fraction is not equal to another fraction.
   #  @param rhsValue  the right-hand side fraction
   #  @return True if the fractions are not equal
   #
   def __ne__(self, rhsValue) :
     return not self == rhsValue

   ## Determines if this fraction is less than or equal to another fraction.
   #  @param rhsValue  the right-hand side fraction
   #  @return True if this fraction is less than or equal to the other
   #
   def __le__(self, rhsValue) :
     return not rhsValue < self

   ## Determines if this fraction is greater than another fraction.
   #  @param rhsValue  the right-hand side fraction
   #  @return True if this fraction is greater than the other
   #
   def __gt__(self, rhsValue) :
     return rhsValue < self

   ## Determines if this fraction is greater than or equal to another fraction.
   #  @param rhsValue  the right-hand side fraction
   #  @return True if this fraction is greater than or equal to the other
   #
   def __ge__(self, rhsValue) :
     return not self < rhsValue
```

```
## Converts a fraction to a floating-point number.
#  @return the floating-point value of this fraction
#
def __float__(self) :
   return self._numerator / self._denominator

## Gets a string representation of the fraction.
#  @return a string in the format #/#
#
def __repr__(self) :
   return str(self._numerator) + "/" + str(self._denominator)
```

Special Topic 9.3

객체 타입과 인스턴스 _Object Types and Instances

함수와 메소드를 정의했을 때, 사용자가 올바른 데이터 타입의 인자들을 제공할 것이라고 가정하였다. 이것을 확실히 하기 위해, 파이썬은 isinstance라는 내장 함수를 제공하여 변수가 참조하는 객체의 타입을 체크할 수 있도록 해준다. 예를 들면, 9.11.2절에서 Fraction 클래스의 생성자는 두 개의 정수를 요구하는데, 다음과 같이 타입을 체크하기 위해 isinstance 함수를 사용하고 필요하다면 예외를 제기할 수 있다.

```
class Fraction :
   def __init__(self, numerator, denominator) :
      if (not isinstance(numerator, int) or
          not isinstance(denominator, int)) :
         raise TypeError("The numerator and denominator must be integers.")
```

isinstance 함수는 첫 번째 인자(numerator)가 참조하는 객체가 두 번째 인자(int)로 지정한 데이터 타입의 인스턴스이면 True를 반환하고, 그렇지 않으면 False를 반환환다. 두 번째 인자로 사용되는 데이터 타입은 임의의 내장 타입(int, float, str, list, dict, set)이거나 사용자가 정의한 클래스의 이름이 될 수 있다.

isinstance 함수는 또한 인자로 전달되는 데이터의 타입에 따라 서로 다른 행동을 할 수 있도록 함수 또는 메소드 내에서 사용될 수도 있다. 예를 들면, 다음 코드에서와 같이 유리수에 정수를 더하고 싶다고 하자.

```
frac = Fraction(2, 3)
newFrac = frac + 5
```

연산자를 사용할 때, 파이썬은 연산자의 왼쪽에 있는 객체에 대해 연산자와 연관된 특별 메소드를 호출한다. 이 예에서는, frac에 의해 참조되는 Fraction 객체에 대해 __add__ 메소드가 호출될 것이다. 연산자의 오른쪽에 있는 객체 또는 값은 이 메소드의 인자로서 전달된다. 앞에서 구현했던 __add__ 메소드는 오른쪽의 인자가 또한 Fraction 객체이기를 가정하였다. 따라서, 유리수에 유리수가 아닌 정수를 더하기 위해서는, isinstance 함수를 이용하여 인자의 타입을 체크하고, 그 타입에 기반하여 적절한 행동을 취해야 할 것이다.

```
class Fraction :
   . . .
   def __add__(self, rhsValue) :
      if isinstance(rhsValue, int) :
         rhsFrac = Fraction(rhsValue, 1)
      elif isinstance(rhsValue, Fraction) :
         rhsFrac = rhsValue
```

```
      else :
         raise TypeError("Argument must be an int or Fraction object.")

      num = (self._numerator * rhsFrac._denominator +
             self._denominator * rhsFrac._numerator)
      den = self._denominator * rhsFrac._denominator
      return Fraction(num, den)
```

WORKED EXAMPLE 9.2

그래픽스: Die 클래스 _Graphics: A Die Class_

© ktsimage/iStockphoto.

Worked Example 5.4에서, 다섯 개의 주사위 굴리기를 모사하는 그래피컬한 프로그램을 개발하였다. 그 프로그램에서는 하향식 설계를 사용하여 각 작업을 개별적인 함수들로 나누었는데, 프로그램의 한 부분을 클래스로 구현할 수 있다.

문제 정의 주사위를 굴려 캔버스 위에 여섯 면 중 하나를 그릴 수 있도록 주사위를 모델링한 클래스를 정의하고 구현하라. 주사위를 굴리는 작업을 호출하는 프로그램 또는 주사위의 면을 그리는 작업을 호출하는 프로그램에서 구현된 클래스를 사용할 수 있을 것이다.

클래스 설계

일반적인 주사위는 여섯 면을 가진 객체이고 각 면에는 하나부터 여섯 개까지의 점이 있고, 이 점의 개수가 해당 면의 값을 나타낸다. 주사위를 굴리면 여섯 면 중 하나가 위로 향해 나타나고, 이 면의 값이 한 번 주사위를 굴렸을 때의 주사위의 값에 해당한다.

면이 여섯 개인 주사위를 모델링하는 클래스를 설계하고자 한다. 주사위를 굴리고 주사위의 윗면을 캔버스 위에 그래피컬하게 디스플레이해야 한다. Worked Example 5.4에서 만들었던 `rolldice` 프로그램에서 했던 것과 같이, `Die` 클래스는 다음 연산들을 정의해야만 한다.

- 사용자가 위치와 크기를 지정하여 주사위를 생성한다.
- 주사위의 위치와 크기에 접근한다.
- 주사위를 굴린다.
- 나타난 주사위의 윗면의 값에 접근한다.
- 주사위를 그리는 데 사용되는 색을 설정한다.
- 캔버스에 주사위를 그린다.

이렇게 연산들을 지정한 후에, `Die` 객체에 어떤 데이터를 저장해야 할지 결정한다. 캔버스에 주사위를 그리기 위해서는 주사위의 위쪽 왼편의 x 및 y 좌표와 주사위의 크기가 필요하다. 앞에서 작성한 프로그램에서는, 주사위 면의 테두리 색과 주사위 면을 채우는 색, 그리고 점의 색깔 등 세 가지의 색을 사용하여 주사위를 그렸다. 주사위를 굴리면 윗면은 여섯 개의 값 중 하나다. 이 값은 인스턴스 변수로 저장되어야 한다. 종합하면, 다음과 같이 일곱 개의 인스턴스 변수가 필요할 것이다: `_x`, `_y`, `_size`, `_value`, `_fillColor`, `_outlineColor`, `_dotColor`.

클래스 구현

생성자부터 시작하여 Die 클래스의 구현을 시작하자. 가능한 주사위를 자유자재로 위치시킬 수 있도록, 사용자가 주사위의 크기와 주사위를 그릴 주사위의 왼쪽 위 코너의 좌표값을 지정할 수 있게 한다. 이전 프로그램과 동일하게 기본 크기는 60픽셀로 지정한다. 주사위 면의 기본 색은 흰색이고, 프레임과 점의 기본 색은 검은색이다.

```
## 굴리고 난 다음 캔버스에 그릴 여섯 면의 주사위를 모사함
#
class Die :
   ## 주사위를 생성함
   #  @param x 주사위의 왼쪽 위 x-좌표
   #  @param y 주사위의 왼쪽 위 y-좌표
   #  @param size 주사위의 크기
   #
   def __init__(self, x, y, size = 60) :
      self._x = x
      self._y = y
      self._size = size
      self._value = 1
      self._fillColor = "white"
      self._outlineColor = "black"
      self._dotColor = "black"
```

Die 클래스에 대해 지정된 몇 가지 기초적인 조작들은 접근자 메소드로 구현된다. 이 메소드는 단순하게 인스턴스 변수의 값들을 반환한다.

```
## 주사위 면의 값을 얻기
#  @return 주사위 윗면의 값
#
def faceValue(self) :
   return self._value
## 주사위의 왼쪽 위 x-좌표를 얻어냄
#  @return x-좌표
#
def getX(self) :
   return self._x

## 주사위의 왼쪽 위 y-좌표를 얻어냄
#  @return y-좌표
#
def getY(self) :
   return self._y

## 주사위의 크기를 얻어냄
#  @return 주사위 크기
#
def getSize(self) :
   return self._size
```

Die 객체가 생성될 때 생성자가 기본 색들을 설정하기는 하지만, 사용자가 색을 바꿀 수 있도록 두 개의 설정자 메소드를 만든다.

```
## 주사위 면의 채우기 색과 경계선의 색을 설정한다.
#  @param fill 채우기 색
#  @param outline 경계선 색
#
def setFaceColor(self, fill, outline) :
   self._fillColor = fill
   self._outlineColor = outline
```

```
## 주사위 면에 그릴 점의 색을 설정한다.
#  @param color 점 색
#
def setDotColor(self, color) :
   self._dotColor = color
```

주사위를 굴리는 동작을 모사하기 위해, 1부터 6 사이의 수에서 랜덤하게 숫자를 생성하는 랜덤 숫자 발생기를 사용하고, 이 값은 _value 인스턴스 변수에 할당한다.

```
## 랜덤 숫자 발생기를 사용하여 주사위 굴리기를 모사함
#
def roll(self) :
   self._value = randint(1, 6)
```

마지막으로, 캔버스에 주사위의 면을 그리는 것은 Worked Example 5.4에서 사용된 접근 방법과 동일하다. 유일한 차이점은 위치와 크기, 색을 지정하는 데 사용되는 파라미터들을 인스턴스 변수로부터 얻어낼 수 있다는 점이다.

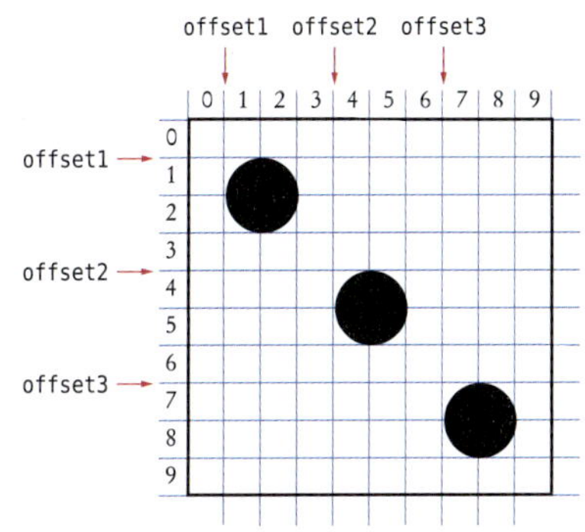


```
## 캔버스에 주사위 그리기
#  @param canvas  주사위를 그릴 그래픽 캔버스
#
def draw(self, canvas) :
   # 점의 크기와 위치는 주사위의 크기에 기준을 둘 것이다.
   dotSize = self._size // 5
   offset1 = dotSize // 2
   offset2 = dotSize // 2 * 4
   offset3 = dotSize // 2 * 7

   # 주사위를 나타낼 사각형을 그림
   canvas.setFill(self._fillColor)
   canvas.setOutline(self._outlineColor)
   canvas.setLineWidth(2)
   canvas.drawRect(self._x, self._y, self._size, self._size)

   # 점에 사용할 색을 설정함
   canvas.setColor(self._dotColor)
   canvas.setLineWidth(1)

   # 가운데 점을 그리고, 필요하다면 가운데에 세로 점들을 그림
   if self._value == 1 or self._value == 3 or self._value == 5 :
      canvas.drawOval(self._x + offset2, self._y + offset2, dotSize, dotSize)
   elif self._value == 6 :
      canvas.drawOval(self._x + offset1, self._y + offset2, dotSize, dotSize)
      canvas.drawOval(self._x + offset3, self._y + offset2, dotSize, dotSize)

   # 필요하다면, 왼쪽 위와 오른쪽 아래 점들을 그림
   if self._value >= 2 :
      canvas.drawOval(self._x + offset1, self._y + offset1, dotSize, dotSize)
      canvas.drawOval(self._x + offset3, self._y + offset3, dotSize, dotSize)

   # 필요하다면, 왼쪽 아래와 오른쪽 위 점들을 그림
   if self._value >= 4 :
      canvas.drawOval(self._x + offset1, self._y + offset3, dotSize, dotSize)
      canvas.drawOval(self._x + offset3, self._y + offset1, dotSize, dotSize)
```

예제 코드 Die 클래스의 완전한 구현은 보조 사이트의 소스 코드에서 worked_example_2/die.py를 참조하고, 이 클래스를 사용하여 다섯 개의 주사위를 굴리는 것을 모사하는 프로그램은 rolldice.py를 참조하라.

9장 요약 _Chapter Summary

클래스, 객체, 캡슐화의 개념을 이해한다.

- 클래스는 동일한 동작 특성을 가진 객체들의 집합을 기술한다.
- 함수란 일련의 명령들에 이름을 붙인 것이다.
- 인수는 함수가 호출될 때 제공된다.
- 모든 클래스는 공용 인터페이스를 가진다. 공용 인터페이스는 이것을 통해 클래스의 객체들을 조작할 수 있는 메소드들의 집합이다.

- 캡슐화는 공용 인터페이스를 제공하고 구현 세부 사항을 감추는 행위다.
- 캡슐화 덕분에 클래스의 사용자에게 영향을 주지 않고 구현을 수정할 수 있다.

간단한 클래스의 인스턴스 변수와 메소드 구현을 이해한다.

- 객체의 인스턴스 변수는 메소드들을 실행할 때 필요한 데이터를 저장한다.
- 클래스의 각 객체는 자기만의 인스턴스 변수 집합을 갖는다.

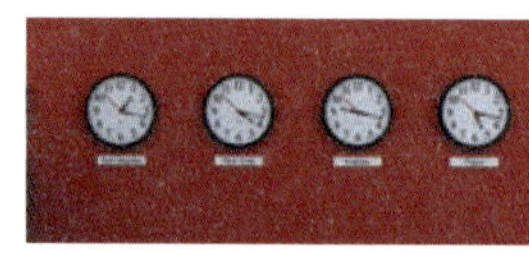

- 메소드는 적용 대상이 되는 객체의 인스턴스 변수들에 접근할 수 있다.

클래스의 공용 인터페이스를 기술하는 메소드 헤더를 작성한다.

- 클래스의 공용 인터페이스를 지정하는 데에 메소드 헤더와 메소드 주석을 사용한다.
- 설정자 메소드는 메소드가 작용하는 대상의 객체를 바꾼다.
- 접근자 메소드는 메소드가 작용하는 대상의 객체를 바꾸지 않는다.

클래스의 적절한 데이터 표현을 선택한다.

- 각 접근자 메소드를 위해, 객체는 결과를 저장하거나 또는 그 결과를 계산하는 데 필요한 데이터를 저장해야만 한다.
- 일반적으로, 객체의 데이터를 표현하는 하나 이상의 방법이 존재하고 여러 가지 방법 중에서 하나를 선택해야만 한다.
- 선택한 데이터 표현이 어떤 순서로든 메소드를 확실하게 지원하도록 보장해야 한다.

생성자를 설계하고 구현한다.

- 생성자는 객체의 인스턴스 변수를 초기화한다.
- 생성자는 객체가 생성될 때 자동으로 호출된다.
- 생성자는 특별한 메소드 이름인 `__init__`를 이용하여 정의한다.
- 생성자에서 디폴트 인자를 사용하면 몇 가지 다른 방식으로 객체를 생성할 수 있다.

클래스에 대한 인스턴스 메소드의 구현을 제공한다.

- 메소드가 적용되는 객체는 메소드의 `self` 파라미터 변수로 자동으로 전달된다.
- 메소드 내에서, 이 `self` 파라미터 변수를 통해 인스턴스 변수에 접근한다.
- 클래스 변수는 클래스 자체에 속해 있고, 클래스의 한 특정한 인스턴스에 속하지 않는다.

클래스가 제대로 동작하는지 확인하는 테스트 프로그램을 작성한다.

- 단위 테스트는 전체 프로그램 바깥에서 단독으로 제대로 클래스가 동작하는지 확인한다.
- 클래스를 테스트하기 위해, 대화형 테스트를 위한 환경을 이용하거나 테스트 명령어들을 실행시키는 테스터 프로그램을 작성한다.
- 미리 원하는 결과를 결정하는 것은 테스트 과정의 중요한 일부분이다.

객체의 동작 특성을 시각화하기 위해 객체를 추적하는 기법을 사용한다.

- 카드의 앞면에 메소드를 쓰고, 뒷면에 인스턴스 변수들을 쓴다.
- 설정자 메소드가 호출될 때 인스턴스 변수들의 값을 업데이트한다.

클래스의 데이터 표현을 설계하는 데에 패턴을 사용한다.

- 총합에 대한 인스턴스 변수는 총합의 값을 증가시키거나 감소시키는 메소드 내에서 업데이트한다.
- 이벤트를 세는 카운터는 이벤트에 해당하는 메소드 내에서 증가한다.
- 객체는 다른 객체를 리스트로 모을 수 있다.
- 객체의 성질은 접근자 메소드로 접근할 수 있고 설정자 메소드로 바꿀 수 있다.
- 만일 객체에 동작 특성에 영향을 주는 하나 이상의 상태가 있다면, 현재 상태에 대한 인스턴스 변수를 제공한다.
- 움직이는 객체를 모델링하기 위해서는 이 객체의 위치를 저장하고 업데이트하는 것이 필요하다.

객체 레퍼런스의 동작 특성을 기술한다.

- 객체 레퍼런스는 객체가 저장된 메모리의 위치를 지정한다.
- 다수의 객체 변수가 동일한 객체에 대한 레퍼런스를 담고 있을 수 있다.
- 두 개의 변수가 별칭인지 아닌지를 테스트하기 위해 `is`와 `is not` 연산자를 사용한다.
- `None` 레퍼런스는 아무런 객체도 가리키지 않는다.
- `self` 파라미터 변수는 메소드가 호출되는 대상의 객체를 가리킨다.

클래스 사용자가 표준 연산자를 사용하여 객체를 다룰 수 있도록 해주는 특별 메소드를 정의한다.

- 사용자가 설계한 클래스의 객체에 대해 표준 연산자를 사용하기 위해서는, 각각의 연산자에 해당하는 특별 메소드를 정의한다.
- 객체의 문자열 표현을 생성하기 위해서는 특별 메소드 `__repr__`를 정의한다.

연습문제

■ **R9.1** 캡슐화(encapsulation)란 무엇인가? 캡슐화는 왜 유용한가?

■ **R9.2** 다음 명령문들 후에 `reg1.getCount()`, `reg1.getTotal()`, `reg2.getCount()`, 그리고 `reg2.getTotal()`을 호출하면 어떤 값들이 반환되는가?

```
reg1 = CashRegister()
reg1.addItem(3.25)
reg1.addItem(1.95)
reg2 = CashRegister()
reg2.addItem(3.25)
reg2.clear()
```

■ **R9.3** How To 9.1에서의 `Menu` 클래스를 생각하자. 다음 호출이 실행될 때 출력되는 것은 무엇인가?

```
simpleMenu = Menu()
simpleMenu.addOption("Ok")
simpleMenu.addOption("Cancel")
response = simpleMenu.getInput()
```

■ **R9.4** 클래스의 **공용 인터페이스**(public interface)란 무엇인가? 이것은 클래스의 구현과 어떻게 다른가?

■■ **R9.5** 9.8절에서의 부가가치세를 추적하는 금전 등록기의 데이터 표현을 생각하자. 세금 부과가 가능한 합계를 따라가는 대신에, 총합의 부가가치세를 따라가도록 하라. 이렇게 바꾼 후 프로그램을 다시 한번 따라가 보라.

■■■ **R9.6** `CashRegister` 클래스가 이전 품목 추가를 취소하는 `undo()` 메소드를 제공할 필요가 있다고 가정하자. 이 기능으로 수납원이 재빨리 실수를 정정할 수 있게 된다. 이렇게 수정하려면 `CashRegister` 클래스에 어떤 인스턴스 변수를 추가해야 할까?

■ **R9.7** 설정자(mutator) 메소드란 무엇인가? 접근자(accessor) 메소드란 무엇인가?

■ **R9.8** 생성자(constructor)란 무엇인가?

■ **R9.9** 하나의 클래스는 얼마나 많은 생성자를 가질 수 있는가? 생성사가 없는 클래스도 가능한가?

■ **R9.10** 9.8절에서 설명한 객체 추적 기법을 이용하여, 9.7절의 끝부분에 있는 프로그램을 따라가 보라.

■■ **R9.11** 9.8절에서 설명한 객체 추적 기법을 이용하여 Worked Example 9.1에 있는 프로그램을 따라가 보라.

■■■ **R9.12** Worked Example 9.1에 있는 `BankAccount` 클래스를 매달 첫 다섯 번의 거래에 대해서는 무료이고 이후 추가되는 거래에 대해서는 거래당 $1의 수수료를 부가하도록 수정하라. 매달 말일에 수수료를 추출하는 메소드를 제공하라. 추가적으로 어떤 인스턴스 변수가 필요할까? 9.8절에서의 객체 추적 기법을 이용하여, 2개월에 걸쳐 수수료가 어떻게 계산되는지 보여주

는 시나리오를 따라가 보라.

■ **R9.13** 인스턴스 변수는 이름의 맨 첫 문자로 밑줄 기호를 사용함으로써 "감추어져야" 하는데, 그렇게 썩 잘 감추어져 있지는 않다. 파이썬에서, 클래스의 메소드가 아닌 다른 어딘가에서 한 클래스의 인스턴스 변수를 접근하려고 시도하면 어떤 일이 발생하는가?

■■■ **R9.14** CashRegister 클래스의 `_itemCount` 인스턴스 변수를 `getCount` 접근자 메소드로 읽어낼 수 있다. 이 인스턴스 변수의 값을 바꾸기 위해 `setCount`라는 설정자 접근자가 반드시 존재해야 할까? 답변과 함께 그 이유를 설명하라.

■■ **R9.15** `self` 레퍼런스란 무엇인가? 이것을 왜 사용하는가?

■■ **R9.16** 숫자 0, `None` 레퍼런스, `False` 값, 그리고 빈 문자열 사이의 차이점은 무엇인가?

프로그래밍 연습문제

■ **P9.1** 조작자가 우연히 누른 클릭 버튼을 취소할 수 있도록 9.2절의 계수 카운터에 버튼 하나를 추가하고자 한다. 이러한 버튼을 모델링한 다음과 같은 메소드를 제공하라.

```
def undo(self)
```

추가적으로 주의를 준다면, 조작자가 클릭 버튼을 누른 횟수보다 취소 버튼을 더 많이 누르지 않도록 해야 한다.

■ **P9.2** 제한된 수의 인원만 허용하는 데에 사용할 수 있는 계수 카운터를 모델링하라. 먼저, 다음 호출로 허용 인원을 설정한다.

```
def setLimit(self, maximum)
```

만일 클릭 버튼이 이 허용된 수보다 더 눌리게 된다면, "한계 초과" 메시지를 출력하는 식으로 알람을 주도록 하라.

■■■ **P9.3** How To 9.1에서의 `Menu` 클래스를 모든 메뉴 항목을 하나의 긴 문자열로 저장할 수 있도록 다시 구현하라. *힌트*: 옵션 수에 대한 별도의 카운터 값을 가지고 있어야 한다. 새로운 옵션이 추가될 때, 옵션의 카운트 값과, 옵션 내용과 새줄 문자(`\n`)를 덧붙인다.

■■ **P9.4** `Address` 클래스를 구현하라. 주소는 건물번호, 거리명, (선택 사항으로 아파트 번호), 도시명, 광역시 또는 도 이름, 우편번호로 이루어져 있다. 아파트 번호가 있거나 또는 없는 두 가지 방식 중 한 가지로 객체가 생성될 수 있도록 생성자를 정의하라. 거리명을 한 줄에 나타내고 다음 줄에 도시명, 주이름, 우편번호가 나타나도록 주소를 출력하는 `print` 메소드를 제공하라. 또한 우편번호로 비교하였을 때 이 주소가 `other` 주소보다 앞에 나오는지 여부를 테스트하는 `comesBefore(self, other)` 메소드를 제공하라.

■ **P9.5** `getSurfaceArea()`와 `getVolume()` 메소드가 있는 `SodaCan` 클래스를 구현하라. 객체가 생성될 때

캔의 높이와 반지름을 사용자가 제공하도록 생성자를 정의하라.

© Miklos Voros/iStockphoto.

■■ **P9.6** 다음 성질을 가진 `Car` 클래스를 구현하라. 이 클래스가 모델링한 자동차는 (마일/갤런의 값으로 측정되는) 연비와 연료통에 남아 있는 기름의 양을 속성으로 갖는다. 연비는 생성자에서 사용자가 지정하고 초기 기름의 수위는 0이다. 어느 정도의 거리를 운전하였을 때 연료통의 수위를 감소시키는 `drive` 메소드, 현재 기름의 수위를 반환하는 `getGasLevel` 메소드, 그리고 연료통을 채우는 `addGas` 메소드를 제공하라. 사용 예는 다음과 같다.

```
myHybrid = Car(50)   # 50마일/갤런
myHybrid.addGas(20)   # 20갤런 채움
myHybrid.drive(100)   # 100마일 운전함
print(myHybrid.getGasLevel())   # 남아 있는 기름의 양을 출력함
```

■■ **P9.7** 학생의 이름과 퀴즈 성적의 총합을 속성으로 가지는 `Student` 클래스를 구현하라. 적절한 생성자와 `getName()`, `addQuiz(score)`, `getTotalScore()`, `getAverageScore()` 메소드를 제공하라. 맨 마지막 메소드를 구현하기 위해서는 학생이 치른 **퀴즈의 횟수**를 또한 저장할 필요가 있을 것이다.

■■ **P9.8** P9.7의 `Student` 클래스를 평점(grade point average, GPA)을 계산하도록 수정하라. 점수 하나를 추가하는 메소드와 현재의 평점을 얻어내는 메소드가 필요하다. 이때, 평점은 `Grade` 클래스의 한 속성으로 지정하라. 그리고 `"B+"`와 같이 문자열로부터 평점을 만드는 생성자를 제공하라. 또한 학점을 수치값으로 해석하는(예를 들면, `"B+"`은 3.3이 된다) 메소드도 필요할 것이다.

■■■ **P9.9** 여기 그림에 보이는 것과 같이 체육관 라커에서 번호 자물쇠처럼 작동하는 `ComboLock` 클래스를 구현하라. 이 자물쇠는 0부터 39 사이의 세 개 숫자의 조합으로 구성된다. `reset` 메소드는 다이얼이 0을 가리키도록 설정한다. `turnLeft`와 `turnRight` 메소드는 다이얼을 주어진 눈금 수만큼 왼쪽 또는 오른쪽으로 돌린다. `open` 메소드는 자물쇠를 열려고 시도한다. 사용자가 처음에 설정한 숫자 조합의 첫 숫자만큼 오른쪽으로 돌리고, 두 번째 숫자만큼 왼쪽으로 돌린 다음, 세 번째 숫자만큼 오른쪽으로 돌리면 자물쇠가 열린다.

© pixhook/iStockphoto.

```
class ComboLock :
   def ComboLock(self, secret1, secret2, secret3) :
      . . .
   def reset(self) :
      . . .
   def turnLeft(self, ticks) :
      . . .
   def turnRight(self, ticks) :
      . . .
   def open(self) :
      . . .
```

■■ **P9.10** 간단한 선거에서 사용할 수 있는 `VotingMachine` 클래스를 구현하라. 기계의 상태를 초기화시

키는 메소드, 민주당에 투표하는 메소드, 공화당에 투표하는 메소드, 그리고 각 당에 투표한 횟수를 얻어내는 메소드가 있어야 한다.

■■ P9.11 간단한 편지를 쓰기 위한 Letter 클래스를 정의하라. 다음과 같이 생성자에 보내는 사람과 받는 사람의 이름을 제공하라.

```
def __init__(self, letterFrom, letterTo)
```

편지의 본문에 텍스트 한 줄을 추가하기 위한 다음과 같은 메소드를 제공하라.

```
def addLine(self, line)
```

편지 전체 텍스트를 반환하는 다음과 같은 메소드를 제공하라.

```
def getText(self)
```

텍스트는 다음과 같이 형식을 갖는다:

```
Dear 받는 사람 이름:
빈 줄
본문 첫 번째 줄
본문 두 번째 줄
...
본문 마지막 줄
빈 줄
Sincerely,
빈 줄
보내는 사람 이름
```

또한, 다음과 같이 편지 내용을 출력하는 구동 프로그램을 제공하라.

```
Dear John:

I am sorry we must part.
I wish you all the best.

Sincerely,

Mary
```

Letter 클래스의 객체를 생성하고 addLine을 두 번 호출하라.

■■ P9.12 수평선 위를 움직이는 벌레를 모델링하는 Bug 클래스를 작성하라. 벌레는 왼쪽 또는 오른쪽으로 움직인다. 최초에는 이 벌레가 오른쪽으로 움직이지만, 방향을 바꿀 수 있다. 각 움직임에서, 벌레의 위치는 현재 방향으로 한 단위씩 바뀐다. 다음과 같은 생성자와

```
def __init__(self, initialPosition)
```

다음 메소드들을 제공하라.

- `def turn(self)`
- `def move(self)`
- `def getPosition(self)`

사용 예는 다음과 같다.

```
bugsy = Bug(10)
bugsy.move()   # 이제 위치는 11
bugsy.turn()
bugsy.move()   # 이제 위치는 10
```

벌레 한 마리를 생성하고 움직이며 몇 번 방향을 바꾸면서 실제 위치와 예상 위치를 출력하는 구동 프로그램을 작성하라.

■■ **P9.13** 나방이 일직선을 따라 날아가도록 모델링하는 `Moth` 클래스를 구현하라. 나방은 속성으로서 위치와 원점으로부터의 거리를 갖는다. 나방이 빛의 방향을 향해 움직일 때, 나방의 새로운 위치는 광원의 위치와 이전 위치의 가운데 지점이 된다. 다음과 같은 생성자와

```
def __init__(self, initialPosition)
```

다음 메소드들을 제공하라.

- `def moveToLight(self, lightPosition)`
- `def getPosition(self)`

나방 한 마리를 생성하고 한 쌍의 광원을 향해 날아가게 하면서 나방의 위치가 예상한 대로인지 체크하는 구동 프로그램을 작성하라.

■■■ **P9.14** 반지름이 r인 구, 밑면의 반지름이 r이고 높이가 h인 원기둥, 밑면의 반지름이 r이고 높이가 h인 원뿔의 부피와 겉넓이를 계산하는 함수를 작성하라.

- `def sphereVolume(r)`
- `def sphereSurface(r)`
- `def cylinderVolume(r, h)`
- `def cylinderSurface(r, h)`
- `def coneVolume(r, h)`
- `def coneSurface(r, h)`

이 함수들을 `geometry` 모듈 내에 배치하라. 그런 다음 사용자가 반지름과 높이 값을 입력하도록 하고, 여섯 개의 함수들을 호출하여 그 결과를 출력하는 프로그램을 작성하라.

■■ **P9.15** `Sphere` 객체, `Cylinder` 객체, `Cone` 객체를 구현하여 P9.14를 풀어라. 이 방법과 P9.14의 방법 중 어떤 접근 방법이 더 객체-지향적인가?

■ **P9.16** 9.11.5절에서의 `Fraction` 클래스에 대한 곱셈과 나눗셈 연산자를 구현하라.

■ **P9.17** 9.11.5절에서의 `Fraction` 클래스에 단항 마이너스 연산자를 추가하라. `self + (-rhsValue)`를 호출하도록 이항 마이너스 연산자를 다시 구현하라.

■ **P9.18** 9.11.5절의 `Fraction` 클래스에서 두 수 중 어느 것도 더 크거나 작지 않다면 두 수는 동일하다는 사실을 이용하여 `__eq__` 메소드를 다시 구현하라.

■■ **Business P9.19** 리스트에 추가되는 각 물품들의 가격을 기록하도록 `CashRegister` 클래스를 다시 구현하

라. _itemCount와 _totalPrice 인스턴스 변수를 제거하라. clear, addItem, getTotal, 그리고 getCount 메소드를 다시 구현하라. 현재 진행 중인 판매에서의 모든 물품들의 가격을 디스플레이하는 displayAll 메소드를 추가하라.

■■ Business P9.20 총 가격을 (센트로 계산된 총 가격인) 정수로 기록하도록 CashRegister 클래스를 다시 구현하라. 예를 들면, 17.29를 저장하는 대신 정수 1729를 저장한다. 이런 식의 구현을 흔히 사용하는 이유는 반올림 오차가 누적되는 것을 피하기 때문이다. 클래스의 공용 인터페이스는 바꾸지 않고 그대로 두어야 한다.

■■ Business P9.21 폐점 시간이 지난 후, 상점 매니저가 그날 얼마만큼의 거래가 있었는지 알고 싶어 한다고 하자. 이러한 기능이 가능하도록 CashRegister 클래스를 수정하라. 모든 판매 건수와 총 판매액을 얻을 수 있도록 getSalesTotal과 getSalesCount 메소드를 제공하라. 다음 날 판매가 0에서 시작할 수 있도록 모든 카운터와 총합을 리셋시키는 resetSales 메소드를 제공하라.

■■ Business P9.22 Portfolio 클래스를 구현하라. 이 클래스는 Worked Example 9.1에서 만들었던 BankAccount 타입의 checking과 savings, 이렇게 두 개의 객체를 갖는다. 다음과 같은 네 개의 메소드를 구현하라.

- def deposit(self, amount, account)
- def withdraw(self, amount, account)
- def transfer(self, amount, account)
- def getBalance(self, account)

여기서 account 문자열은 "S" 또는 "C"이다. 이 문자열로 두 타입 중 어떤 타입의 계좌로 입출금을 하는지 지정한다. 두 계좌 사이에서 이체를 할 때는, 이 문자열이 송금 계좌를 표시한다. 즉, 이 문자열로 지정된 계좌로부터 지정되지 않은 다른 계좌로 자금을 이체한다.

■■ Business P9.23 국가명과 인구, 면적을 저장하는 Country 클래스를 설계하고 구현하라. 그런 다음 몇 개의 국가에 대한 정보를 읽어서 다음을 출력하는 프로그램을 작성하라.

- 가장 면적이 넓은 나라
- 가장 인구가 많은 나라
- 가장 인구 밀도가 높은(제곱 킬로미터당 인구수) 나라

■■ Business P9.24 이메일 메시지를 모델링한 Message 클래스를 설계하라. 메시지에는 수신인과 발신인, 메시지 본문이 들어 있다. 다음 메소드들을 제공하라.

- 발신인과 수신인을 인자로 받는 생성자
- 메시지 본문에 텍스트 한 줄을 덧붙이는 append 메소드
- 메시지를 하나의 긴 문자열로 만드는 toString 메소드. 예를 들면, "From: Harry Morgan\nTo: Rudolf Reindeer\n . . ."와 같은 문자열로 만든다.

이 클래스를 사용하여 메시지를 만들고 출력하는 프로그램을 작성하라.

■■ Business P9.25 Business P9.24의 `Message` 클래스를 이용하여, 이메일 메시지를 저장하는 `Mailbox` 클래스를 설계하라. 다음 메소드들을 구현하라.

- `def addMessage(self, message)`
- `def getMessage(self, index)`
- `def removeMessage(self, index)`

■■ Business P9.26 고객 충성도 마케팅 캠페인을 다루기 위한 `Customer` 클래스를 설계하라. 누적 구매 금액이 \$100가 되면, 이 고객은 다음 구매에서 \$10 할인을 받는다. 다음 메소드들을 제공하라.

- `def makePurchase(self, amount)`
- `def discountReached(self)`

테스트 프로그램을 작성하여 한 번 할인 혜택을 받은 어떤 고객이 다시 \$90를 넘겼지만 아직 \$100보다는 작은 구매를 한 시나리오를 테스트하라. 이러한 상황에서는 두 번째 할인을 해주어서는 안 된다. 그런 다음 두 번째 할인을 해주도록 구매를 추가하도록 한다.

■■■ Business P9.27 한 시내 마케팅 연합회에서는 Business P9.26에서와 비슷한 충성 프로그램으로 시내 쇼핑을 촉진시키고자 한다. 이 연합회에 속해 있는 가게들은 1부터 20까지의 숫자로 식별된다. Business P9.26에서의 `makePurchase` 메소드에 상점을 나타내는 새로운 파라미터 변수를 추가한다. 이 할인 혜택은 최소한 세 개 이상의 다른 상점에서 총 \$100 이상의 구매를 한 고객에게 주도록 한다.

© ThreeJays/iStockphoto.

■■■ Science P9.28 공중으로 발사된 대포알을 모델링하는 `Cannonball` 클래스를 설계하라. 이 대포알은 다음 정보를 갖는다.

- x축과 y축 위치
- x축과 y축 속도

다음 메소드들을 제공하라.

- x 위치를 인자로 갖는 생성자(y 위치는 초기에 0이다)
- 대포알을 다음 위치로 움직이게 하는 `move(sec)` 메소드(먼저 현재의 속도를 이용하여 `sec`초 동안 움직인 거리를 계산한다. 그런 다음 x와 y의 위치를 업데이트한다. 그런 다음 중력 가속도 –9.81 m/sec^{2}를 고려하여 y축 속도를 업데이트한다. x축 방향 속도는 바뀌지 않는다.)
- 대포알의 현재 위치를 얻는 `getX`와 `getY` 메소드
- 각도 α와 초기 속도 v를 인자로 갖는 `shoot` 메소드($v \cos \alpha$로 x축 속도를, $v \sin \alpha$로 y축 속도를 계산한다. 그런 다음 y축 위치가 근사적으로 0이 될 때까지 0.1초 간격으로 `move`를 계속 호출한다. 매번 움직인 후 `getX`와 `getY`를 호출하여 위치를 디스플레이한다.)

사용자에게 시작 각도와 초기 속도를 입력하도록 하는 프로그램에서 이 클래스를 사용한다. 그런 다음 `shoot`를 호출한다.

Science P9.29 오른쪽 그림의 맨 위에 보이는 저항에 표시된 색깔 띠들은 6.2 kΩ±5의 저항을 나타낸다. ±5%의 저항 허용 오차는 받아들일 수 있는 저항의 변화값을 가리킨다. 그러므로 6.2 kΩ±5 저항은 최소 5.89 kΩ 또는 최대 6.51 kΩ의 저항값을 가질 수 있다. 6.25 kΩ은 이 저항의 명목값(nominal value)이고 실제 저항값은 5.89 kΩ에서 6.51 kΩ 사이의 어떤 값이든 될 수 있다.

저항을 클래스로 표현하는 프로그램을 작성하라. 명목값과 허용 오차를 받아들이고 랜덤하게 실제 값을 계산하는 생성자를 제공하라. 이 클래스는 명목 저항값, 허용 오차, 실제 저항값을 얻어 내는 public 메소드를 제공해야 한다.

330 kΩ±10% 저항 열 개에 대해 실제 저항값을 디스플레이함으로써 이 클래스가 적절하게 동작하는지 보여주는 프로그램용 `main` 함수를 작성하라.

Science P9.30 Science P9.29의 `Resistor` 클래스에서, 저항과 허용 오차에 대한 "색깔 띠"에 대한 설명을 반환하는 메소드를 제공하라. 저항은 다음과 같이 네 개의 색깔 띠를 갖는다.

- 첫 번째 띠는 저항값의 맨 처음 주요 자릿수다.
- 두 번째 띠는 저항값의 두 번째 주요 자릿수다.
- 세 번째 띠는 10의 거듭제곱이다.
- 네 번째 띠는 허용 오차를 나타낸다.

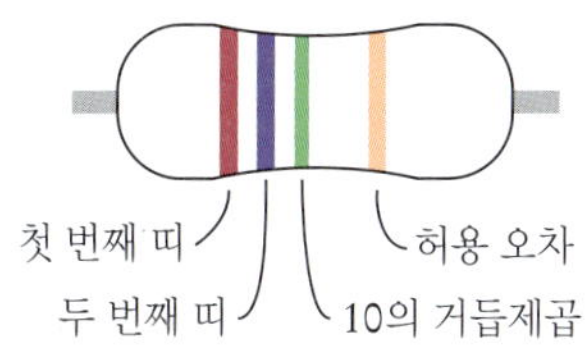

색깔	단위 수	10의 거듭제곱	허용 오차
검정	0	$\times 10^0$	-
갈색	1	$\times 10^1$	±1%
빨강	2	$\times 10^2$	±2%
주황	3	$\times 10^3$	-
노랑	4	$\times 10^4$	-
초록	5	$\times 10^5$	±0.5%
파랑	6	$\times 10^6$	±0.25%
보라	7	$\times 10^7$	±0.1%
회색	8	$\times 10^8$	±0.05%

색깔	단위 수	10의 거듭제곱	허용 오차
하양	9	$\times 10^8$	-
금색	-	$\times 10^{-1}$	±5%
은색	-	$\times 10^{-2}$	±10%
없음	-	-	±20%

예를 들면 (표에서의 값을 사용하여) 왼쪽으로부터 오른쪽으로 띠의 색깔이 빨강, 보라, 초록, 금색인 저항은 첫 번째 자릿수는 2, 두 번째 자릿수는 7인데 여기에 $10^3 = 1000$이 곱해지고 허용 오차는 ±5%, 즉 2,700 kΩ±5%의 저항값을 갖는다.

■■■ Science P9.31 아래 그림은 "전압 분배기"라고 하는 자주 사용되는 회로다. 이 회로에 대한 입력은 전압 v_i이고 출력은 v_o이다. 전압 분배기의 출력은 입력에 비례하고, 이 비례 상수를 이 회로의 "이득"이라고 한다. 전압 분배기는 다음 식으로 표현된다.

$$G = \frac{v_o}{v_i} = \frac{R_2}{R_1 + R_2}$$

여기서 G는 이득, R_1과 R_2는 전압 분배기를 구성하는 두 저항의 저항값이다.

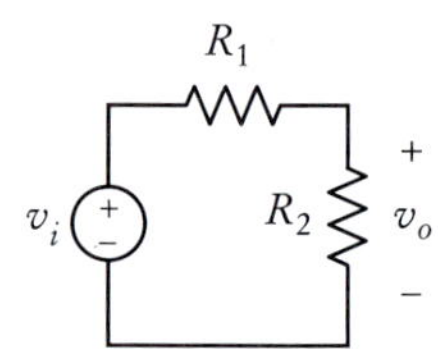

Science P9.29에서 설명한 대로 제조상의 변동에 의해 실제 저항값은 명목 값에서 벗어나게 된다. 결과적으로, 저항값에서의 변동은 전압 분배기의 이득값에서의 변동으로 나타난다. 명목 저항값을 이용하여 명목 이득값을 계산하고, 실제 저항값을 이용하여 실제 이득값을 계산한다.

두 개의 클래스, `VoltageDivider`와 `Resistor`를 포함하는 프로그램을 작성하라. `Resistor` 클래스는 Science P9.29에서 설명하였다. `VoltageDivider` 클래스는 `Resistor` 클래스의 객체인 두 개의 인스턴스 변수를 가지고 있어야 한다. 두 개의 `Resistor` 객체와 이들 저항의 명목 저항값 그리고 허용 오차를 받아들이는 생성자를 제공하라. 이 클래스는 전압 분배기의 명목 이득값과 실제 이득값을 얻는 public 메소드를 제공해야 한다.

명목 저항값이 $R_1 = 250\ \Omega$, $R_2 = 750\ \Omega$이고 각 저항의 허용 오차는 5%인 저항으로 이루어진 전압 분배기의 명목 이득값과 실제 이득값을 디스플레이함으로써 이 클래스가 적절하게 동작하는지를 보여주는 구동 프로그램을 작성하라.

James King-Holmes/Bletchley Park Trust/Photo Researchers, Inc.

CHAPTER 10

상속

INHERITANCE

이 장의 목표 _Chapter Goals

상속에 대해 배우기

상위 클래스의 메소드를 상속하고 오버라이딩하는 하위 클래스 구현하기

다형성의 개념 이해하기

10장 차례 _Chapter Contents

서로 관련된 클래스들의 객체들은 일반적으로 공통된 성격과 동작 특성을 공유한다. 예를 들면, 승용차, 버스, 오토바이는 모두 바퀴가 있고, 연료가 필요하며 사람을 태워 나를 수 있다. 이 장에서는, 특수한 클래스와 일반적인 클래스 사이의 관계를 상속이라는 개념이 어떻게 표현하는지에 대해 배울 것이다. 상속을 이용하면 클래스들 사이에서 코드를 공유할 수 있고 다수의 클래스에서 사용 가능한 서비스를 제공할 수 있다.

10.1 상속 계층 _Inheritance Hierarchies

하위 클래스는 상위 클래스로부터 데이터와 동작 특성을 상속받는다.

객체-지향 설계에서, **상속**(inheritance)은 (**상위 클래스**(superclass)라고 하는) 좀 더 일반적인 클래스와 (**하위 클래스**(subclass)라고 하는) 좀 더 특수화된 클래스 사이의 관련성을 의미한다. 하위 클래스는 상위 클래스로부터 데이터와 동작 특성을 상속받는다. 예를 들면, 그림 1에 묘사된 서로 다른 종류의 차량들 사이의 관련성을 생각해 보자.

모든 승용차는 하나의 차량이다. 승용차는 한 장소에서 다른 장소로 사람들을 운송하는 능력과 같이 모든 차량들이 가지는 공통 특성들을 가지고 있다. 이런 경우에 `Car` 클래스가 `Vehicle` 클래스를 상속한다고 한다. 이 관련성에서, `Vehicle` 클래스는 상위 클래스이고 `Car` 클래스는 하위 클래스다. 그림 2에서, 상위 클래스와 하위 클래스는 상위 클래스 쪽으로 향하는 화살표로 연결된다.

언제나 상위 클래스 객체 자리에 하위 클래스 객체를 대신 사용할 수 있다.

`Vehicle` 객체를 다루는 알고리즘이 있다고 가정하자. 승용차는 차량의 한 특별한 종류이기 때문에, 이러한 알고리즘에서 `Vehicle` 객체 대신 `Car` 객체를 사용할 수 있고, 그렇게 `Vehicle` 객체를 `Car` 객체로 대체하더라도 이 알고리즘은 올바르게 동작할 것이다. **대체 원리**

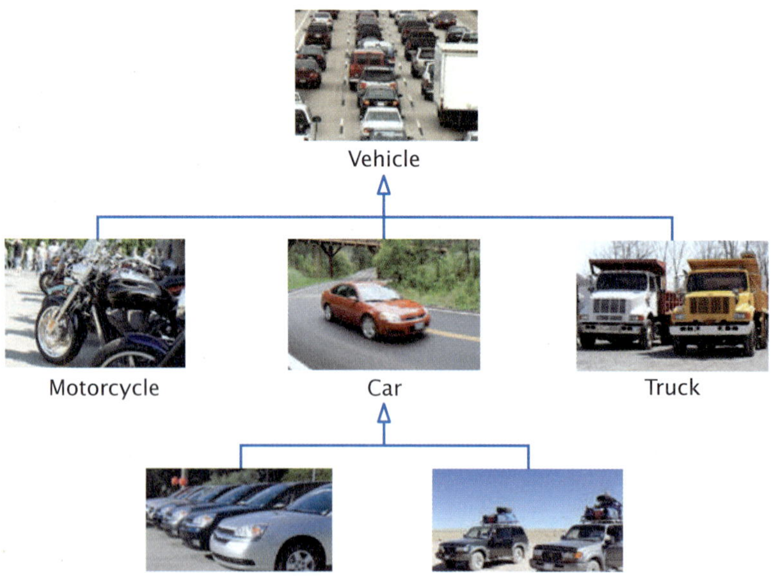

그림 1 Vehicle 클래스의 상속 계층

© Richard Stouffer/iStockphoto (vehicle); © Ed Hidden/iStockphoto (motorcycle); © YinYang/iStockphoto (car); © Robert Pernell/iStockphoto (truck); nicholas belton/iStockphoto (sedan); © Cezary Wojtkowski/Age Fotostock America (SUV).

(substitution principle)라는 것은 상위 클래스 객체가 와야 할 자리에 하위 클래스 객체를 언제나 사용할 수 있음을 말한다. 예를 들면, `Vehicle` 타입의 인자를 받는 다음 함수를 생각하자.

```
processVehicle(vehicle)
```

`Car`는 `Vehicle`의 하위 클래스이므로, 이 함수를 다음과 같이 `Car` 객체로도 호출할 수 있다.

```
myCar = Car(. . .)
processVehicle(myCar)
```

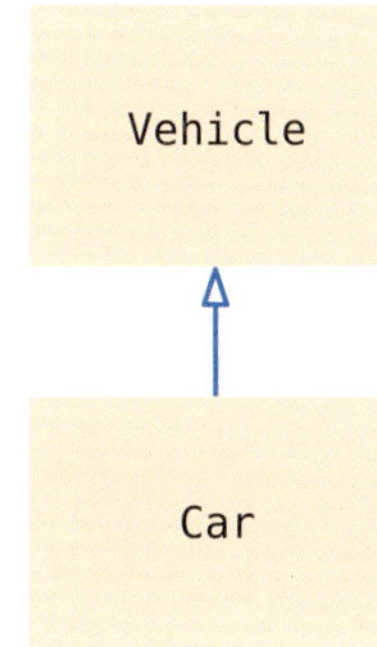

그림 2 상속 다이어그램

왜 `Car` 객체 대신 `Vehicle` 객체를 처리하는 함수를 제공할까? 이 함수는 (`Truck`과 `Motorcycle` 객체를 포함하여) 어떤 종류의 차량이디라도 다룰 수 있기 때문에 좀 더 유용하게 사용할 수 있다. 일반적으로, 클래스들을 상속 계층으로 묶으면, 클래스들 사이에서 공통된 코드를 공유할 수 있다.

이 장에서는, 시험 문제를 나타내는 클래스의 간단한 계층에 대해 생각해 볼 것이다. 시험은 여러 개의 문제들로 이루어져 있으며 다음과 같이 몇 가지 서로 다른 유형의 문제들이 있다.

© paul kline/iStockphoto.

상속을 설명하기 위해 간단하지만 탄력적인 시험 치르기 프로그램을 짤 것이다.

- 빈칸 채우기 문제
- (하나 또는 여러 개를 선택할 수 있는) 객관식 문제
- 단답형 문제(근사 답도 허용. 예를 들면 실제 답이 4/3일 때 1.33도 허용)
- 서술형 문제

그림 3은 이러한 시험 문제들의 유형에 대한 상속 계층을 보여준다.

이 계층도의 밑바탕에는 `Question` 타입이 있다. 모든 시험 문제에 공통적인 일반적인 성

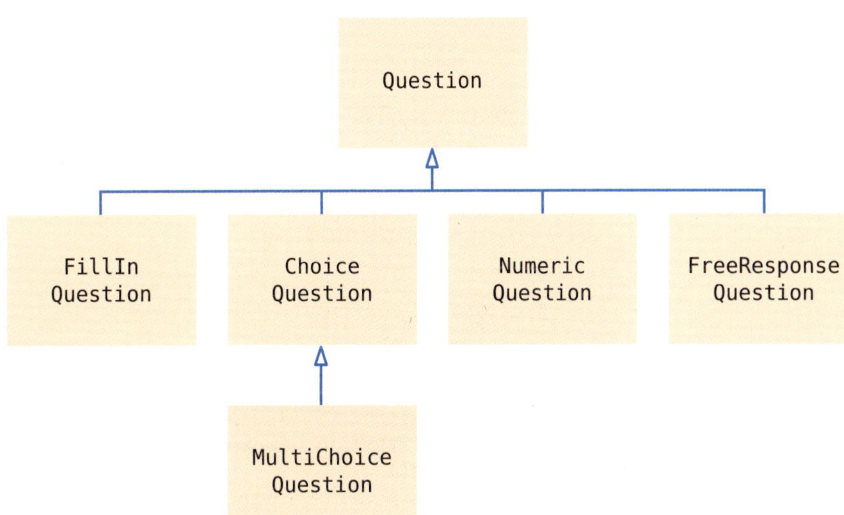

그림 3
시험 문제 유형의 상속 계층

질은 문제에 해당하는 텍스트를 출력하고, 시험자의 응답이 올바른 답인지의 여부를 체크할 수 있다는 것이다.

이 시험 문제 클래스는 매우 기초적이어서 객관식과 단답형 등의 문제는 다루고 있지 않다. 다음 절에서는, 어떻게 이 `Question` 클래스의 하위 클래스들을 만드는지 보게 될 것이다.

다음은 간단한 테스트 프로그램과 완전한 `Question` 클래스에 대한 코드다.

sec01/questions.py

```
##
#  This module defines a class that models exam questions.
#

## A question with a text and an answer.
#
class Question :
   ## Constructs a question with empty question and answer strings.
   #
   def __init__(self) :
      self._text = ""
      self._answer = ""

   ## Sets the question text.
   #  @param questionText the text of this question
   #
   def setText(self, questionText) :
      self._text = questionText

   ## Sets the answer for this question.
   #  @param correctResponse the answer
   #
   def setAnswer(self, correctResponse) :
      self._answer = correctResponse

   ## Checks a given response for correctness.
   #  @param response the response to check
   #  @return True if the response was correct, False otherwise
   #
   def checkAnswer(self, response) :
      return response == self._answer

   ## Displays this question.
   #
   def display(self) :
      print(self._text)
```

sec01/questiondemo1.py

```
##
#  This program shows a simple quiz with one question.
#

from questions import Question

# Create the question and expected answer.
q = Question()
q.setText("Who is the inventor of Python?")
```

```
q.setAnswer("Guido van Rossum")

# Display the question and obtain user's response.
q.display()
response = input("Your answer: ")
print(q.checkAnswer(response))
```

Program Run

```
Who was the inventor of Python?
Your answer: Guido van Rossum
True
```

Programming Tip 10.1

값의 변화에 대해서는 단일 클래스를 사용하고, 동작 특성의 변화에 대해서는 상속을 사용하라

상속의 목적은 서로 다른 동작 특성을 가진 객체들을 모델링하는 것이다. 대체적으로 학생들이 상속에 대해 처음 배울 때, 이것을 남용하는 경향이 있다. 그래서 어떤 변화를 단순히 인스턴스 변수로 표현할 수 있는데도 불구하고 여러 개의 클래스를 만들고는 한다.

주행 거리와 다시 연료를 채운 양을 기록하여 어떤 한 무리의 승용차들의 연비를 추적하는 프로그램이 있다고 하자. 이 무리 중 일부 차량이 하이브리드 차량이라고 해서, `HybridCar`라는 하위 클래스를 생성해야 할까? 이 응용 문제에서는 그렇지 않다. 하이브리드 차량이라고 해도 운전이나 주유에 있어서는 다른 승용차들과 동작이 다르지 않다. 단지 조금 더 좋은 연비를 가질 뿐이다. 부동-소수점 값을 저장하는 다음과 같은 인스턴스 변수를 가진 하나의 `Car` 클래스이면 충분하다.

```
milesPerGallon
```

그러나 만일 서로 다른 종류의 차량을 어떻게 수리하는지 보여주는 프로그램을 작성한다면, 이번에는 별도의 `HybridCar` 클래스를 가지는 것이 타당하다. 수리에 관해서는, 하이브리드 차량은 다른 차량들과 동작 특성이 다르기 때문이다.

Special Topic 10.1

전 우주적 상위 클래스: `object` _The Cosmic Superclass: object

파이썬에서는, 명시적인 상위 클래스 없이 선언된 모든 클래스는 자동으로 `object` 클래스를 확장한 것이다. 즉, `object` 클래스는 직접적으로 또는 간접적으로 파이썬에서의 모든 클래스의 상위 클래스다(그림 4 참고). `object` 클래스는 `__repr__` 메소드를 포함하여 매우 일반적인 몇 가지 메소드들을 정의하고 있다.

`__repr__` 메소드는 각 객체에 대한 문자열 표현을 반환한다. 이 문자열에는 기본적으로 이 객체가 생성된 클래스의 이름과 이 클래스가 정의된 모듈의 이름이 포함된다. 예를 들면, 다음과 같이 두 개의 `Question` 객체를 생성하고 각 객체의 문자열 표현을 출력할 수 있다.

```
first = Question()
second = Question()
print(first)
print(second)
```

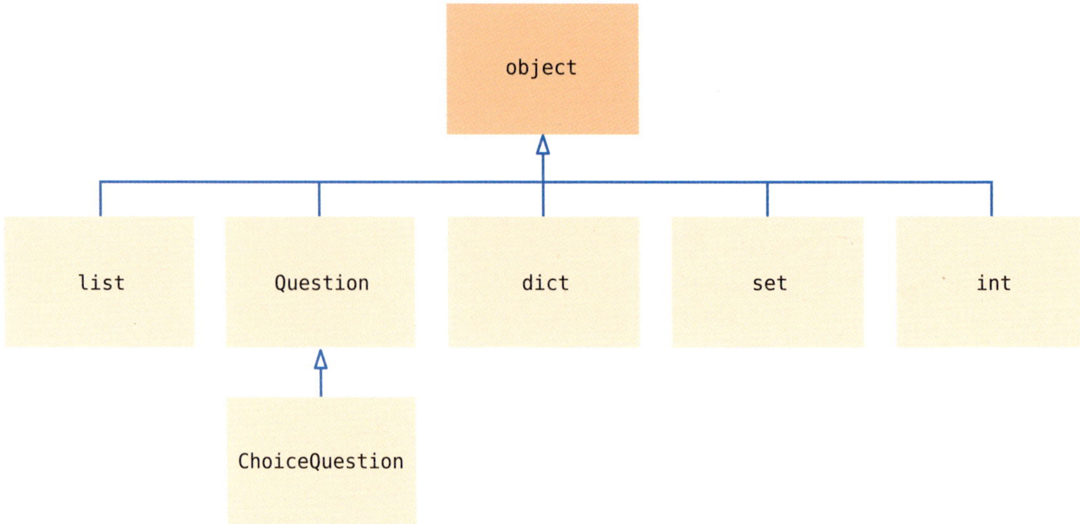

그림 4 object 클래스는 모든 파이썬 클래스의 상위 클래스다

위와 같은 코드는 다음과 같은 결과를 출력한다.

```
<questions.Question object at 0xb7498d2c>
<questions.Question object at 0xb7498d4c>
```

9.11.3절에서 배운 것처럼, `__repr__` 메소드는 객체를 좀 더 의미 있게 표현하기 위해 사용자-정의 클래스에서 오버라이딩시킬 수 있다. 예를 들면 `Fraction` 클래스에서, 유리수의 문자열 표현을 `#/#`와 같은 형태로 반환하도록 `__repr__` 메소드를 정의한 적이 있다.

`__repr__` 메소드는 종종 디버깅에서 사용하기 위해 하위 클래스에서 오버라이딩되기도 한다. 예를 들면, 질문 내용과 정답을 반환하도록 `Question` 클래스 내의 `__repr__` 메소드를 다음과 같이 오버라이딩시킬 수 있다.

```
class Question :
   . . .
   def __repr__(self) :
      return "Question[%s, %s]" % (self._text, self._answer)
```

이와 같이 `__repr__` 메소드를 구현하였다면, `Question` 클래스의 구현을 테스트할 때, 다음과 같이 테스트용 객체를 생성하고 이 객체들이 올바른 데이터를 담고 있는지 확인하기 위해 객체의 내용을 출력하도록 할 수 있다.

```
q = Question()
print("Created object:", q)
q.setText("Who was the inventor of Python?")
print("Added the text:", q)
q.setAnswer("Guido van Rossum")
print("Added the answer:", q)
```

이 코드는 다음과 같은 출력 결과를 만들어낸다.

```
Created object: Question[, ]
Added the text: Question[Who was the inventor of Python?, ]
Added the answer: Question[Who was the inventor of Python?, Guido van Rossum]
```

코드를 디버깅할 때, 한 연산이 실행된 후 객체의 상태 또는 내용을 안다는 것은 단순히 모듈과 객체의 클래스 이름을 아는 것보다 훨씬 더 의미가 있다.

10.2 하위 클래스 구현하기 _Implementing Subclasses

이 절에서는, 어떻게 하위 클래스를 만들고 어떻게 하위 클래스가 자동으로 상위 클래스로부터 기능들을 상속받는지 보게 될 것이다.

다음과 같은 질문을 다루는 프로그램을 작성하려고 한다고 가정하자.

```
In which country was the inventor of Python born?
1. Australia
2. Canada
3. Netherlands
4. United States
```

일단 첫 시도로써, 질문을 준비하고 질문 내용을 표시하며 답을 체크하는 각각의 메소드를 갖는 `ChoiceQuestion` 클래스를 작성할 수 있을 것이다. 그러나 이렇게 하는 대신 상속을 사용하여 `Question` 클래스의 하위 클래스로 `ChoiceQuestion`을 구현할 수도 있다(그림 5 참고). 이렇게 하면 하위 클래스인 `ChoiceQuestion`이 `Question` 클래스와 공유하는 성질들과 동작 특성들을 `Question` 클래스로부터 상속받을 수 있게 된다.

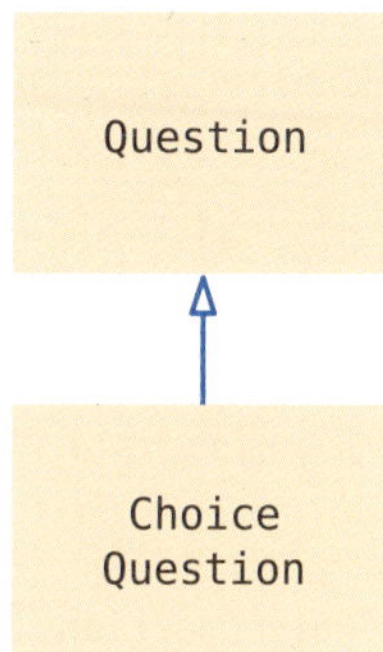

그림 5
`ChoiceQuestion` 클래스는 `Question` 클래스의 하위 클래스다

파이썬에서는, 하위 클래스가 상위 클래스와 다른 것이 되게 만드는 것들을 명시함으로써 하위 클래스를 형성한다.

하위 클래스 객체들은 자동적으로 상위 클래스에서 선언된 인스턴스 변수들을 갖게 된다. 오직 상위 클래스 객체의 일부분이 아닌 인스턴스 변수들만 하위 클래스에서 선언된다.

하위 클래스는 오버라이드 하지 않은 모든 메소드들을 상속받는다.

하위 클래스는 또한 상위 클래스로부터 모든 메소드들을 상속받는다. 하위 클래스에서는 상위 클래스에는 없던 임의의 새로운 메소드들을 선언하고, 만일 상속받는 동작 특성이 적

일반적인 승용차에서 출발하여 이것을 개조함으로써 확장형 리무진을 만든 제조사와 같이, 프로그래머는 다른 클래스를 수정하여 하위 클래스를 만든다.

Media Bakery.

절하지 않다면 상속받은 메소드의 구현을 수정한다. 상속받는 메소드에 대해 새로운 구현을 제공할 때, 메소드를 **오버라이드**(override)한다고 한다.

하위 클래스는 새로운 구현을 함으로써 상위 클래스의 메소드를 오버라이드할 수 있다.

ChoiceQuestion 객체는 다음 세 가지 면에서 Question 객체와 다르다.

- 이 객체는 응답 대상이 되는 다양한 선택 항목을 저장한다.
- 선택 항목을 추가하기 위한 메소드가 존재한다.
- ChoiceQuestion 클래스의 display 메소드는 응답자가 여러 선택 항목 중 하나를 선택할 수 있도록 이러한 선택 항목들을 보여준다.

ChoiceQuestion 클래스가 Question 클래스로부터 상속받을 때, 이러한 세 가지 차이점을 간결하게 설명할 필요가 있다.

```
class ChoiceQuestion(Question) :
   # 이 하위 클래스 만의 생성자
   def __init__(self) :
      . . .
      # 이 인스턴스 변수는 하위 클래스에서 추가된 것이다.
      self._choices = []

   # 이 메소드는 하위 클래스에서 추가된 것이다.
   def addChoice(self, choice, correct) :
      . . .

   # 이 메소드는 상위 클래스로부터의 메소드를 오버라이드한 것이다.
   def display(self) :
      . . .
```

클래스 헤더에서 괄호 안의 클래스 이름은 이 클래스가 상위 클래스로부터 상속받고 있음을 가리킨다.

클래스 헤더에서 괄호 안의 클래스 이름은 이 클래스가 다른 클래스로부터 상속받고 있음을 나타낸다.

그림 6은 ChoiceQuestion 객체의 레이아웃을 보여준다. 상위 클래스인 Question에서 선언된 _text와 _answer 인스턴스 변수가 있고, _choices라는 인스턴스 변수가 추가되어 있다.

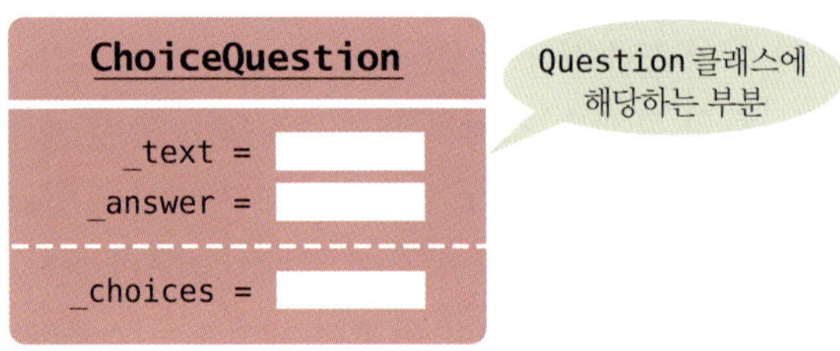

그림 6 하위 클래스 객체의 데이터 레이아웃

addChoice 메소드는 ChoiceQuestion 클래스 고유의 메소스다. 이 메소드는 일반적인 Question 객체에는 적용할 수 없고 오직 ChoiceQuestion 객체에만 적용할 수 있다.

반면에, display 메소드는 이미 상위 클래스에 존재하는 메소드다. 하위 클래스가 이 메소드를 오버라이드함으로써, 선택 항목들이 적절하게 표시될 수 있게 된다.

Question 클래스의 모든 다른 메소드들은 자동으로 ChoiceQuestion 클래스에 의해 상속된다.

다음과 같이 하위 클래스 객체에 대해 이 상속받는 메소드를 호출할 수 있다.

```
choiceQuestion.setAnswer("2")
```

그러나 상위 클래스의 인스턴스 변수는 그 클래스에 대해 private 속성이다. 오직 상위 클래스의 메소드만이 상위 클래스의 인스턴스 변수에 접근해야 한다. 파이썬이 상위 클래스의 인스턴스 변수를 보호하는 방법을 제공하고 있지는 않지만, 좋은 프로그래밍 습관으로 이러한 규칙을 스스로 강제해야 한다.

특히, ChoiceQuestion 메소드는 _answer 인스턴스 변수에 직접적으로 접근해서는 안 된다. 이 메소드들이 private한 데이터에 접근하기 위해서는 다른 모든 함수 또는 메소드와 같이 반드시 Question 클래스의 공용 인터페이스를 사용해야만 한다.

Syntax 10.1 하위 클래스 정의

Syntax class *SubclassName*(*SuperclassName*) :
    constructor
    methods

```
class ChoiceQuestion(Question) :
   def __init__(self) :
      . . .
      self._choices = []

   def addChoice(self, choice, correct) :
      . . .

   def display(self) :
      . . .
```

하위 클래스 (ChoiceQuestion) / 상위 클래스 (Question)

인스턴스 변수를 하위 클래스에 추가할 수 있다. (self._choices = [])

하위 클래스에 추가되는 메소드를 정의한다. (def addChoice)

하위 클래스가 오버라이드하는 메소드를 정의한다. (def display)

이것을 보기 위해, addChoice 메소드를 구현하여 보자. 이 메소드에는 두 개의 인자가 있는데, 하나는 (선택 항목 리스트에 덧붙여지는) 추가될 선택 항목이고 다른 하나는 이 선택 항목이 정답인지 여부를 가리키는 부울 값이다. 예를 들면, 다음과 같이 호출된다.

```
question.addChoice("Canada", True)
```

첫 번째 인자는 _choices 인스턴스 변수에 추가된다. 만일 두 번째 인자가 True이면, 인스턴스 변수 _answer는 현재의 선택 항목의 개수가 된다. 예를 들면, len(self._choices)가 2이면, _answer는 문자열 "2"로 설정된다.

```
def addChoice(self, choice, correct) :
   self._choices.append(choice)
   if correct :
      # 리스트의 길이를 문자열로 변환한다.
      choiceString = str(len(self._choices))
      self.setAnswer(choiceString)
```

하위 클래스에서 상위 클래스의 _answer 변수에 직접 접근해서는 안 된다. 운이 좋게도, Question 클래스는 이 변수에 접근할 수 있는 setAnswer 메소드를 가지고 있으므로, 이 메소드를 호출할 수 있다. 그렇다면 이 호출은 어떤 객체에 대해서 호출되는 것일까? 바로 현재 수정하고 있는 문제, 즉 addChoice 메소드가 호출되는 대상의 객체이다. 9장에서 배웠듯이,

메소드가 호출되는 대상의 객체는 자동으로 그 메소드의 self 파라미터 변수로 전달된다. 따라서, 그 객체에 대해 setAnswer 메소드를 호출하도록, 다음과 같이 self 레퍼런스를 사용한다.

```
self.setAnswer(choiceString)
```

Common Error 10.1

상위 클래스와 하위 클래스 혼동하기

ChoiceQuestion 타입의 객체와 Question 타입의 객체를 비교해 보면, 다음 사실을 알 수 있다.

- ChoiceQuestion 객체가 더 크다. (Question 객체에는 없는) 추가된 인스턴스 변수 _choices를 가지고 있다.
- ChoiceQuestion 객체가 더 능력이 많다. (Question 객체에는 없는) addChoice 메소드를 가지고 있다.

ChoiceQuestion이 모든 면에서 더 뛰어난 객체처럼 보인다. 그런데 왜 ChoiceQuestion를 하위 클래스라고 하고 Question을 상위 클래스라고 할까?

상위/하위(super/sub) 용어는 집합 이론에서 온 것이다. 모든 문제들로 이루어진 집합을 생각해 보자. 모든 문제들이 ChoiceQuestion은 아니다. 이것들 중 어떤 문제들은 다른 종류의 문제들이다. 따라서 ChoiceQuestion 객체들의 집합은 모든 Question 객체들 집합의 부분(하위) 집합이고, Question 객체의 집합은 ChoiceQuestion 객체 집합의 상위 집합이다. 부분집합에 들어 있는 좀 더 특별화된 객체들이 더 풍부한 상태와 더 많은 능력을 가지고 있다.

10.3 상위 클래스 생성자 호출하기 _Calling the Superclass Constructor

하위 클래스 객체를 생성하는 과정을 생각해 보자. 하위 클래스의 생성자는 단지 하위 클래스의 인스턴스 변수만을 정의할 수 있다. 그러나 상위 클래스의 인스턴스 변수 또한 정의될 필요가 있다.

상위 클래스는 자신의 인스턴스 변수를 정의해야 하는 책임이 있다.

하위 클래스의 생성자는 명시적으로 상위 클래스의 생성자를 호출해야만 한다.

상위 클래스는 그 자신의 인스턴스 변수를 정의해야 하는 책임이 있다. 인스턴스 변수는 그 자신의 생성자에서 정의되므로, 하위 클래스의 생성자는 상위 클래스의 인스턴스 변수를 정의하기 위해 명시적으로 상위 클래스의 생성자를 호출해야만 한다. 그런데, 상위 클래스의 생성자를 호출하기 위해, 특별 메소드 __init__를 사용하게 되면, 하위 클래스와 상위 클래스의 생성자의 이름이 동일하다는 문제가 있다. 따라서, 상위 클래스의 생성자와 하위 클래스의 생성자를 구분하기 위해, 상위 클래스의 생성자를 호출할 때 다음과 같이 self 레퍼런스 대신 super 함수를 사용해야만 한다.

```
class ChoiceQuestion(Question) :
   def __init__(self) :
      super().__init__()
      self._choices = []
```

상위 클래스의 생성자를 호출하기 위해서는 super 함수를 사용한다.

상위 클래스의 생성자는 하위 클래스가 그 자신의 인스턴스 변수를 정의하기 전에 호출해야만 한다. self 레퍼런스는 여전히 하위 클래스의 인스턴스 변수를 정의하는 데에 사용되어야 한다는 점에 유의한다.

만일 상위 클래스의 생성자가 인자를 요구한다면, `__init__` 메소드에 이 인자들을 제공해야만 한다. 예를 들면, 상위 클래스인 `Question`의 생성자가 질문의 텍스트를 설정하기 위한 인자를 허용한다고 가정하자. 다음은 이런 경우에 어떻게 하위 클래스의 생성자가 상위 클래스의 생성자를 호출하는지 보여준다.

```
class ChoiceQuestion(Question) :
   def __init__(self, questionText) :
      super().__init__(questionText)
      self._choices = []
```

Syntax 10.2 하위 클래스 생성자

Syntax

```
class SubclassName(SuperclassName) :
   def __init__(self, parameterName1, parameterName2, . . .) :
      super().__init__(arguments)
      constructor body
```

```
class ChoiceQuestion(Question) :
   def __init__(self, questionText) :
      super().__init__(questionText)

      self._choices = []
```

super() 함수로 상위 클래스를 참조한다.

상위 클래스의 생성자를 먼저 호출한다.

하위 클래스 생성자의 본문에는 추가적인 명령문들이 있을 수 있다.

또 하나의 예로, 다음과 같이 `Vehicle` 클래스를 정의하였고 생성자에서 인자가 필요하다고 가정하자.

```
class Vehicle :
   def __init__(self, numberOfTires) :
      self._numberOfTires = numberOfTires
   . . .
```

다음과 같이 하위 클래스 `Car`를 정의함으로써 `Vehicle` 클래스를 확장할 수 있다.

```
class Car(Vehicle) :
   def __init__(self) : ❶
      # 상위 클래스의 인스턴스 변수를 정의하기 위해 상위 클래스의 생성자를 호출
      super().__init__(4) ❷

      # 이 인스턴스 변수는 하위 클래스에 의해 설정됨
      self._plateNumber = "??????" ❸
   . . .
```

다음과 같이 `Car` 객체가 하나 생성될 때,

```
aPlainCar - Car()
```

하위 클래스인 `Car`의 생성자는 상위 클래스의 생성자를 호출하고 값 4를 인자로 전달한다(왜냐하면 표준적인 승용차는 네 개의 바퀴를 가지고 있기 때문이다). 상위 클래스인 `Vehicle`은 이 값을 이용하여 인스턴스 변수 `_numberOfTires`를 초기화한다. 그림 7은 `Car` 객체를 생성하는 데 관련된 각 단계들을 보여준다.

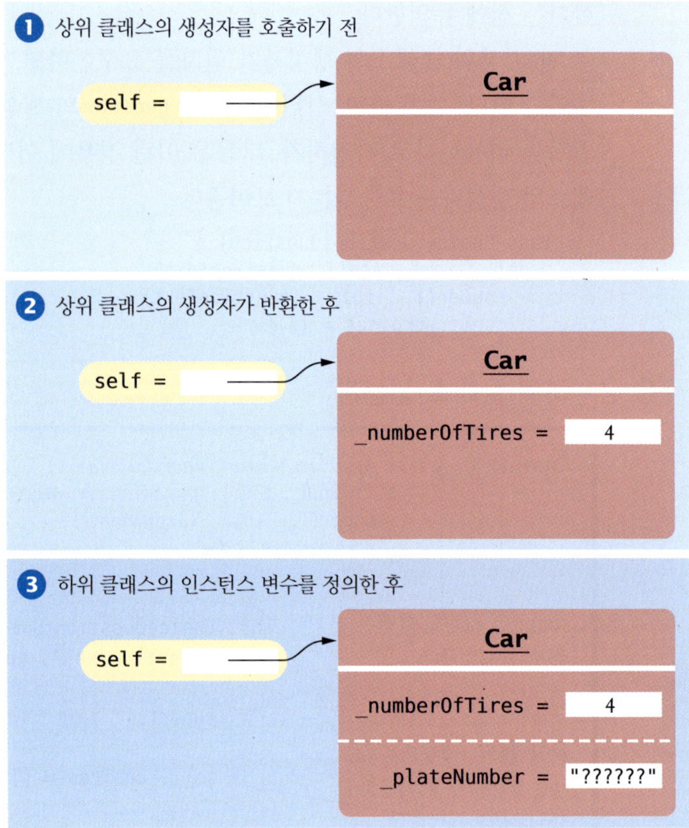

그림 7 하위 클래스의 객체 생성하기

다음은 전체 Vehicle 클래스 및 Car 클래스와 간단한 테스트 프로그램이다.

sec03/car.py

```
##
#  This module defines classes that model vehicle classes.
#

## A generic vehicle superclass.
#
class Vehicle :
   ## Constructs a vehicle object with a given number of tires.
   #  @param numberOfTires the number of tires on the vehicle
   #
   def __init__(self, numberOfTires) :
      self._numberOfTires = numberOfTires

   ## Gets the number of tires on the vehicle.
   #  @return number of tires
   #
   def getNumberOfTires(self) :
      return self._numberOfTires

   ## Changes the number of tires on the vehicle.
   #  @param newValue the number of tires
   #
   def setNumberOfTires(self, newValue) :
```

```
        self._numberOfTires = newValue

    ## Gets a description of the vehicle.
    #  @return a string containing the description
    #
    def getDescription(self) :
        return "A vehicle with " + self._numberOfTires + " tires"


## A specific type of vehicle - car.
#
class Car(Vehicle) :
    ## Constructs a car object.
    #
    def __init__(self) :
        # Call the superclass constructor to define its instance variables.
        super().__init__(4)

        # This instance variable is set by the subclass.
        self._plateNumber = "??????"

    ## Sets the license plate number of the car.
    #  @param newValue a string containing the number
    #
    def setLicensePlateNumber(self, newValue) :
        self._plateNumber = newValue

    ## Gets a description of the car.
    #  @return a string containing the description
    #
    def getDescription(self) :
        return "A car with license plate " + self._plateNumber
```

sec03/cardemo.py

```
##
#  This program provides a simple test of the Car class.
#

from car import Car

def main() :
    aPlainCar = Car()
    printInfo(aPlainCar)

    aLimo = Car()
    aLimo.setLicensePlateNumber("W00H00")
    aLimo.setNumberOfTires(8)
    printInfo(aLimo)

def printInfo(car) :
    print(car.getDescription())
    print("Tires:", car.getNumberOfTires())

# Start the program
main()
```

Program Run

```
A car with license plate ??????
Tires: 4
A car with license plate W00H00
Tires: 8
```

10.4 메소드 오버라이드하기 _Overriding Methods

메소드를 오버라이드하면 상위 클래스 메소드의 기능을 확장하거나 대체할 수 있다.

하위 클래스는 상위 클래스 내의 메소드들을 상속받는다. 상속받은 메소드의 동작 특성이 만족스럽지 않다면, 하위 클래스에서 새로운 구현을 지정하여 이 메소드를 오버라이드한다.

ChoiceQuestion 클래스의 display 메소드를 생각해 보자. 이 메소드는 답변을 고를 수 있는 선택 항목들을 보여주기 위해 상위 클래스의 display 메소드를 오버라이드한다. 이렇게 오버라이드를 하게 되면, 하위 클래스의 메소드가 상위 클래스 메소드의 동작을 수행하고(이 경우에는 문제의 내용(지시문)을 표시), 또한 몇 가지 추가적인 작업들을 하게 된다(이 경우에는 선택 항목들을 표시). 오버라이드의 다른 경우에는 하위 클래스의 메소드가 상위 클래스 메소드의 기능을 대체하여, 완전히 다른 동작 특성을 구현할 수도 있다.

ChoiceQuestion 클래스의 display 메소드의 구현으로 돌아가보자. 이 메소드는

- 문제의 내용(지시문)을 표시하고
- 답변으로 고를 선택 항목을 표시

할 필요가 있다. 이 중 두 번째 동작은 쉬운데, 왜냐하면 답변의 선택 항목은 하위 클래스의 인스턴스 변수이기 때문이다.

```
class ChoiceQuestion(Question) :
   . . .
   def display(self) :
      # 문제 내용(지시문) 표시
      . . .
      # 답변 문항들 표시
      for i in range(len(self._choices)) :
         choiceNumber = i + 1
         print("%d: %s" % (choiceNumber, self._choices[i]))
```

집을 증축해야 할까 아니면 완전히 새로 지어야 할까? 상위 클래스의 메소드를 오버라이드할 때 이와 동일한 문제에 부딪힌다.

© Andrew Howe/iStockphoto.

상위 클래스의 메소드를 호출하기 위해서는 super 함수를 사용한다.

그러나 첫 번째 동작을 위해서는 문제의 내용(지시문)이 필요한데 이것을 어떻게 얻어낼 수 있을까? 문제의 텍스트는 상위 클래스의 인스턴스 변수인 _text에 저장되어 있으나, 이 변수는 private이므로 직접 접근할 수 없다.

직접 접근하는 대신, super 함수를 이용하여 상위 클래스의 display 메소드를 호출할 수 있다.

```
def display(self) :
   # 문제 내용(지시문) 표시하기
   super().display()   # OK
   # 답변 항목들 표시하기
   . . .
```

만약에 다음과 같이 super 함수 대신에 self 레퍼런스를 사용한다면, 이 메소드는 의도했던 대로 동작하지 않을 것이다.

```
def display(self) :
   # 문제 내용(지시문) 표시하기
   self.display()   # 오류 — ChoiceQuestion의 display()를 호출함
   . . .
```

self 파라미터는 ChoiceQuestion 타입의 객체를 참조하게 되고, ChoiceQuestion 클래스에도 display라는 이름의 메소드가 존재하기 때문에, 바로 이 하위 클래스의 메소드가 호출될 것이다. 그런데, 이것은 지금 현재 작성하고 있는 메소드다! 그러므로 이런 식으로 작성한다면, 이 메소드는 그 자신을 계속 반복적으로 호출할 것이다.

다음은 두 개의 ChoiceQuestion 객체로 이루어진 퀴즈를 보게 하는 프로그램이다. 두 개의 객체를 생성하고 이것을 각각 presentQuestion 함수로 전달한다. 이 함수는 사용자에게 문제를 표시하고 사용자 응답이 올바른지 여부를 체크한다. (questions.py는 10.1절에서 바뀌지 않았다.)

sec04/questiondemo2.py

```
##
#  This program shows a simple quiz with two choice questions.
#

from choicequestions import ChoiceQuestion

def main() :
   first = ChoiceQuestion()
   first.setText("In what year was the Python language first released?")
   first.addChoice("1991", True)
   first.addChoice("1995", False)
   first.addChoice("1998", False)
   first.addChoice("2000", False)

   second = ChoiceQuestion()
   second.setText("In which country was the inventor of Python born?")
   second.addChoice("Australia", False)
   second.addChoice("Canada", False)
   second.addChoice("Netherlands", True)
   second.addChoice("United States", False)

   presentQuestion(first)
   presentQuestion(second)
```

```

## Presents a question to the user and checks the response.
#  @param q the question
#
def presentQuestion(q) :
   q.display()
   response = input("Your answer: ")
   print(q.checkAnswer(response))

# Start the program.
main()
```

sec04/choicequestions.py

```
##
#  This module defines a class that extends the base Question class.
#

from questions import Question

## A question with multiple choices.
#
class ChoiceQuestion(Question) :
   # Constructs a choice question with no choices.
   def __init__(self) :
      super().__init__()
      self._choices = []

   ## Adds an answer choice to this question.
   #  @param choice the choice to add
   #  @param correct True if this is the correct choice, False otherwise
   #
   def addChoice(self, choice, correct) :
      self._choices.append(choice)
      if correct :
         # Convert len(choices) to string.
         choiceString = str(len(self._choices))
         self.setAnswer(choiceString)

   # Override Question.display().
   def display(self) :
      # Display the question text.
      super().display()

      # Display the answer choices.
      for i in range(len(self._choices)) :
         choiceNumber = i + 1
         print("%d: %s" % (choiceNumber, self._choices[i]))
```

Program Run

```
In what year was the Python language first released?
1: 1991
2: 1995
3: 1998
4: 2000
Your answer: 2
False
```

```
In which country was the inventor of Python born?
1: Australia
2: Canada
3: Netherlands
4: United States
Your answer: 3
True
```

Common Error 10.2

상위 클래스 메소드를 호출할 때 super 함수 사용을 잊어버리기

상위 클래스 메소드의 기능을 확장할 때 저지르기 쉬운 흔한 오류는 super 함수를 사용해야 한다는 것을 잊어버리는 것이다. 예를 들면, 매니저의 월급은 기본적인 Employee 객체의 월급에 보너스를 더하여 계산한다고 하자.

```
class Manager(Employee) :
   . . .
   def getSalary(self) :
      base = self.getSalary()    # 오류 — super().getSalary()여야 함
      return base + self._bonus
```

여기에서 self는 Manager 타입의 객첵를 가리키고 Manager 클래스에는 getSalary 메소드가 존재한다. 그러므로 이 메소드를 호출하는 것은 재귀적인 호출이 되고, 결코 멈추지 않게 된다. self 대신 super 함수를 사용하여, 다음과 같이 상위 클래스 메소드를 명시적으로 호출해야만 한다.

```
class Manager(Employee) :
   . . .
   def getSalary(self) :
      base = super().getSalary()
      return base + self._bonus
```

동일한 이름을 가진 하위 클래스의 메소드로부터 상위 클래스의 메소드를 호출할 때마다, self 레퍼런스 대신 반드시 super 함수를 사용해야 한다.

10.5 다형성 _Polymorphism

이 절에서는, 동일 프로그램 내에서 서로 다른 타입의 객체를 처리하기 위해 상속을 어떻게 사용하는지 배우게 될 것이다.

첫 번째 샘플 프로그램을 생각해 보자. 이 프로그램은 사용자에게 두 개의 Question 객체를 제시하였다. 그리고 두 번째 샘플 프로그램은 두 개의 ChoiceQuestion 객체를 제시하였다. 이 두 문제의 유형이 섞여 있는 시험 문제를 보여주는 프로그램을 작성할 수 있을까?

상속으로 이러한 목표를 쉽게 달성할 수 있다. 사용자에게 문제를 제시하는 데에, 문제의 정확한 타입을 알 필요가 없다. 단지 문제를 제시하고 사용자가 올바른 답을 했는지 여부만 체크하면 된다. 상위 클래스인 Question은 이러한 (문제를 표시하고 답을 체크하는) 목적을 위한 메소드를 가지고 있다. 따라서, Question 타입 객체를 인자로서 기대하는

presentQuestion 함수를 다음과 같이 정의할 수 있다.

```
def presentQuestion(q) :
   q.display()
   response = input("Your answer: ")
   print(q.checkAnswer(response))
```

즉, Question 클래스에 의해 정의된 q 파라미터 변수에 대한 어떤 메소드든 호출할 수 있다.

상위 클래스 레퍼런스가 기대될 때 하위 클래스를 사용할 수 있다.

10.1절에서 논의한 것과 같이, 상위 클래스 객체가 기대되는 곳에 하위 클래스 객체를 사용할 수 있다.

```
second = ChoiceQuestion()
presentQuestion(second)    # ChoiceQuestion을 인자로 전달하는 것은 OK
```

그러나 반대로 하위 클래스가 기대되는 곳에 상위 클래스를 사용할 수는 없다. 예를 들어, 문제의 선택 항목 추가를 위해, 어떤 리스트로부터 꺼낸 문자열들을 ChoiceQuestion 객체에 추가하는 addAllChoices 함수를 다음과 같이 정의한다고 가정하자.

```
def addAllChoices(q, choices, correct) :
   for i in range(len(choices)) :
      if i == correct :
         q.addChoice(choices[i], True)
      else :
         q.addChoice(choices[i], False)
```

이 함수는 다음과 같이 첫 번째 인자로서 ChoiceQuestion 객체를 전달하면 제대로 동작한다.

```
text = "In which year was Python first released?"
answers = ["1991", "1995", "1998", "2000"]
correct = 1

first = ChoiceQuestion()
first.setText(text)
addAllChoices(first, answers, correct)
```

addAllChoices 함수가 실행될 때, q 파라미터 변수는 ChoiceQuestion 객체를 참조한다. 그러나 다음과 같이 ChoiceQuestion 객체 대신 Question 객체를 생성하여 이것을 addAllChoices 함수로 전달한다면,

```
. . .
first = Question()
first.setText(text)
addAllChoices(first, answers, correct)
```

AttributeError 예외가 제기될 것이다. 이것은 당연히 그래야 하는데, 왜냐하면 이 경우에는 q 파라미터 변수는 Question 객체를 참조하게 되고, Question 클래스는 addAllChoices 메소드를 정의하지 않고 있기 때문이다(즉, 그 객체의 클래스에서 정의되지 않은 메소드를 호출하게 된다). 어떤 객체의 클래스에 의해 정의되지 않은 메소드를 이 객체에 대해 호출할 수는 없다.

이제 presentQuestion 함수 내부를 좀 더 자세하게 들여다보자. 이 함수는 다음 호출로 시작한다.

```
q.display()   # 이 명령문은 Question.display를 호출하는가 아니면
                ChoiceQuestion.display를 호출하는가?
```

이 명령문은 어떤 클래스의 display 메소드를 호출할까? 아래 프로그램에서 출력을 보면,

호출된 이 메소드는 파라미터 변수 q의 내용에 따라 결정된다는 것을 알 수 있을 것이다. 첫 번째 경우에 q는 Question 객체를 참조하고 따라서 Question.display 메소드가 호출된다. 그러나 두 번째 경우에는 q가 ChoiceQuestion 객체를 참조하고 따라서 ChoiceQuestion.display 메소드가 호출되면서, 선택 항목들의 리스트를 보여주게 된다.

어떤 클래스의 메소드가 호출되는지는 언제나 실제 객체의 타입에 기반하여 실행 시간 때 결정된다. 이것을 **동적 메소드 검색**(dynamic method lookup)이라고 한다. 동적 메소드 검색은 균일한 방식으로 여러 다른 클래스들의 객체들을 다룰 수 있게 해준다. 이 특성을 **다형성**(polymorphism)이라 한다. 한 작업을 다수의 객체가 수행하도록 요청하고, 각 객체들은 각자의 방식으로 그 작업을 수행한다.

("여러 가지 형태를 가진") 다형성은 작업들이 서로 다른 방식으로 실행되더라도, 그 작업들을 공유하는 객체들을 일관된 방식으로 다룰 수 있게 해준다.

© Alpophoto/iStockphoto.

차량들의 움직임 방식들이 서로 다를 수 있는 것과 마찬가지로, 다형성을 가진 객체는 서로 다른 방식으로 작업을 수행할 수 있다.

다형성 덕분에 프로그램을 쉽게 확장할 수 있다. 예를 들어, 근사 답도 기꺼이 받아들이는 새로운 종류의 계산 문제를 만들고자 한다고 가정하자. 이 때 Question 클래스를 확장한 새로운 클래스 NumericQuestion 클래스를 정의하고, 이 클래스가 자신만의 checkAnswer 메소드를 갖도록 하기만 하면 된다. 그런 다음 **단순 문제**(Question 클래스), **객관식 문제**(ChoiceQuestion 클래스), **수치 단답형 문제**(NumericQuestion 클래스)를 섞어서 presentQuestion 함수를 호출할 수 있다. presentQuestion 함수는 바뀔 필요가 전혀 없다! 동적 메소드 검색 덕분에, display와 checkAnswer 메소드에 대한 호출은 각 상황에 맞는 올바른 클래스의 메소드를 자동적으로 선택한다.

sec05/questiondemo3.py

```
##
#  This program shows a simple quiz with two question types.
#

from questions import Question
from choicequestions import ChoiceQuestion

def main() :
   first = Question()
   first.setText("Who was the inventor of Python?")
   first.setAnswer("Guido van Rossum")

   second = ChoiceQuestion()
   second.setText("In which country was the inventor of Python born?")
   second.addChoice("Australia", False)
   second.addChoice("Canada", False)
   second.addChoice("Netherlands", True)
   second.addChoice("United States", False)

   presentQuestion(first)
   presentQuestion(second)
```

```

## Presents a question to the user and checks the response.
#  @param q the question
#
def presentQuestion(q) :
   q.display()   # Uses dynamic method lookup.
   response = input("Your answer: ")
   print(q.checkAnswer(response))   # checkAnswer uses dynamic method lookup.

# Start the program.
main()
```

Program Run

```
Who was the inventor of Python?
Your answer: Bjarne Stroustrup
False
In which country was the inventor of Python born?
1: Australia
2: Canada
3: Netherlands
4: United States
Your answer: 3
True
```

Special Topic 10.2

하위 클래스와 인스턴스 _Subclasses and Instances

Special Topic 9.3에서, 한 객체가 어떤 특정한 클래스의 인스턴스인지 여부를 결정하는 데에 isinstance 함수를 사용할 수 있음을 배웠다. 그러나 isinstance 함수는 또한 한 객체가 어떤 클래스의 인스턴스인지 여부를 결정하는 데에 사용할 수도 있다. 이 때 대상이 되는 클래스는 인자로 주어지는 클래스 뿐만 아니라 그 클래스의 하위 클래스까지 포함한다. 예를 들면, 다음 함수 호출은

```
isinstance(q, Question)
```

q가 Question 클래스의 인스턴스이거나 또는 Question 클래스를 확장한 임의의 하위 클래스의 인스턴스이면 True를 반환할 것이고, 그렇지 않다면 False를 반환한다.

isinstance 함수는 어떤 함수 또는 메소드에 전달되는 인자들이 올바른 타입인지를 확인하는 데에 일반적으로 사용된다. presentQuestion 함수를 생각해 보자. 이 함수는 인자로서 Question 클래스 또는 이 클래스의 하위 클래스의 인스턴스인 객체를 요구한다. 이때 인자로 제공되는 객체가 올바른 타입인지 확인하기 위해, 다음과 같이 isinstance 함수를 사용할 수 있다.

```
def presentQuestion(q) :
   if not isintance(q, Question) :
      raise TypeError("The argument is not a Question or one of its subclasses.")
   q.display()
   response = input("Your answer: ")
   print(q.checkAnswer(response))
```

이 함수가 호출될 때 인자의 타입을 체크하여 만일 유효하지 않은 객체 타입이 함수로 전달되면, TypeError 예외가 제기된다.

```
first = Question()
second = ChoiceQuestion()
```

```
. . .
presentQuestion(first)    # OK
presentQuestion(second)    # OK—Question의 하위 클래스
presentQuestion(5)    # 오류 — 정수는 Question의 하위 클래스가 아님
```

Special Topic 10.3

동적 메소드 검색 _Dynamic Method Lookup

Question 클래스 자체의 한 메소드로서 다음과 같이 presentQuestion을 추가한다고 가정하자.

```
class Question :
   . . .
   def presentQuestion(self) :
      self.display()
      response = input("Your answer: ")
      print(self.checkAnswer(response))
```

이제 다음 호출을 생각하자.

```
cq = ChoiceQuestion()
cq.setText("In which country was the inventor of Python born?")
. . .
cq.presentQuestion()
```

여기서 presentQuestion 메소드는 어떤 클래스의 display와 checkAnswer 메소드를 호출할까? presentQuestion 메소드의 코드를 살펴보면, 이 메소드들은 self 레퍼런스 파라미터에 대해 실행되는 것을 알 수 있다.

self 레퍼런스 파라미터는 메소드가 호출되는 대상의 객체에 대한 참조임을 기억하라. 이 경우에는, self는 ChoiceQuestion 타입의 객체를 참조한다. 동적 메소드 검색 때문에, ChoiceQuestion 버전의 display와 checkAnswer 메소드가 자동으로 호출된다. presentQuestion 메소드가 ChoiceQuestion 클래스가 아닌, ChoiceQuestion 클래스에 대해 전혀 모르는 Question 클래스에서 선언되더라도 이러한 일이 발생한다.

지금까지 볼 수 있듯이, 다형성은 매우 강력한 메커니즘이다. Question 클래스는 질문을 제시하는 일반적인 성질, 즉 질문을 표시하고 응답을 체크하는 것을 지정하는 presentQuestion 메소드를 제공한다. 이러한 문제 제시와 정답 체크를 어떻게 수행하는지는 하위 클래스의 몫이다.

Special Topic 10.4

추상 클래스 _Abstract Classes

기존 클래스를 확장할 때, 상위 클래스의 메소드를 오버라이드할지 또는 하지 않을지를 선택할 수 있다. 그러나 때때로 프로그래머가 메소드를 오버라이드하도록 강제하는 것이 바람직할 때가 있다. 이러한 일은 상위 클래스에 대해 좋은 디폴트 구현이 존재하지 않고, 오직 하위 클래스의 프로그래머만이 그 메소드를 적절하게 구현하는 방법을 알 수 있을 때 발생한다. 여기 한 예가 있다. First National Bank of Python이 모든 계좌 디입에 월 수수료를 도입하기로 결정했다고 가정하자. 이에 따라 다음과 같이 deductFees 메소드를 Account 클래스에 추가해야 한다.

```
class Account :
   . . .
   def deductFees(self) :
      . . .
```

그러나 이 메소드가 무엇을 해야 할까? 물론, 이 메소드가 아무것도 하지 않도록 할 수도 있다. 그러나 그렇게 하면 새로운 하위 클래스를 구현하는 프로그래머가 deductFees 메소드 구현을 잊어버릴 수도 있고, 그러면 새로운 계좌는 상위 클래스의 아무것도 하지 않는 메소드를 그대로 상속받게 될 것이다. 이것보다 더 좋은 방법이 있다. deductFees 메소드를 **추상 메소드**(abstract method)로 선언하는 것이다. 추상 메소드는 자체 구현을 가지고 있지 않으며, 이 메소드에 대한 실제 구현을 하위 클래스를 구현하는 사람이 하도록 강제한다. (물론, 어떤 하위 클래스는 아무것도 하지 않는 메소드를 구현하고자 할 수도 있지만, 이것은 하위 클래스 구현자의 선택이지, 기본 값으로 조용히 상속받는 것은 아니다.)

최소한 하나의 추상 메소드를 포함하고 있는 클래스를 **추상 클래스**(abstract class)라고 한다. 추상 메소드를 하나도 포함하지 않은 클래스는 때때로 **실제 클래스**(concrete class)라고 한다.

추상 메소드는 구현이 지정되지 않은 메소드다.

파이썬에서는, 어떤 메소드를 추상 메소드로 지정하는 명시적인 방법은 없다. 대신에, 파이썬 프로그래머 사이에서 사용되는 일반적인 관례는 다음과 같이 메소드의 유일한 문장으로서 메소드가 NotImplementedError 예외를 제기하도록 하는 것이다.

```
class Account :
   . . .
   def deductFees(self) :
      raise NotImplementedError
```

이러한 식으로, 만일 이 클래스의 사용자가 상위 클래스의 메소드를 호출하려고 시도한다면, 구현이 빠졌음을 알리는 예외가 제기될 것이다.

이것은 상위 클래스 또는 하위 클래스의 객체를 생성하도록 해주기는 하지만, 프로그래머가 구현을 완벽하게 테스트하여 적절하게 구현되지 않은 추상 메소드들을 발견해야 한다. 한편 파이썬 외의 다른 객체-지향 언어에서는, 추상 클래스에 대한 구현이 누락된 사실은 컴파일 시간에 발견된다. 왜냐하면 다른 언어에서는 추상 메소드를 포함하고 있는 클래스의 인스턴스를 생성하는 것이 허용되지 않기 때문이다.

추상 클래스를 사용하는 이유는 프로그래머가 하위 클래스를 생성하도록 강제하는 것이다. 어떤 메소드들을 추상 메소드로 지정함으로써, 다른 누군가가 실수로 상속받을지도 모르는 쓸모없는 디폴트 메소드들을 생산해 내야 하는 번거로움을 피하게 된다.

Common Error 10.3

타입 테스트를 사용하지 마라

몇몇 프로그래머들은 각 클래스마다 변하는 동작 특성을 구현하기 위해 특정한 타입 테스트를 사용하기도 한다.

```
if isinstance(q, ChoiceQuestion) :   # 이렇게 하지 마라.
   # ChoiceQuestion 방식으로 작업을 한다.
elif isinstance(q, Question) :
   # Question 방식으로 작업을 한다.
```

이것은 나쁜 전략이다. NumericQuestion과 같은 새로운 클래스가 추가된다면, 또 하나의 케이스를 추가하여 타입 테스트를 하는 프로그램의 모든 부분을 새로 작성할 필요가 있다.

```
elif isinstance(q, NumericQuestion) :
   # NumericQuestion 방식으로 작업을 한다.
```

반면에, NumericQuestion 클래스를 앞서 작성한 퀴즈 프로그램에 추가하는 것을 생각해 보자. 이 프로그램은 타입 테스트가 아닌 다형성을 사용하기 때문에 그 프로그램에서 수정해야 할 필요가 전혀 없다.

클래스 계층에서의 타입 테스트를 시도하고 있는 자신을 발견할 때마다 다시 한번 생각해 보고, 대신 다형성을 사용하라. 상위 클래스에서 doTheTask 메소드를 선언하고, 하위 클래스에서 이것을 오버라이드한 다음 호출하라.

```
q.doTheTask()
```

HOW TO 10.1

상속 계층 작성하기 _*Developing an Inheritance Hierarchy*

여러 개의 클래스를 가지고 작업할 때, 이 클래스 중 어떤 것은 좀 더 일반적이고 어떤 것은 좀 더 구체적이라면, 이 클래스들을 하나의 상속 계층으로 조직화하기를 원할지 모른다. 상속 계층을 만들어서 조직화하면 서로 다른 클래스들을 균일한 방식으로 처리할 수 있게 된다.

문제 정의 다음 두 종류의 계좌를 고객에게 제공하는 은행을 모델링하라.

- 이자가 붙는 적립 계좌(saving account). 이자는 매달 복리로 그달의 최소 잔고 기준으로 계산된다.
- 이자가 전혀 없는 자유입출금 계좌(checking account). 매달 수수료 없이 세 번 출금할 수 있고, 이후 추가 출금에 대해서는 매 거래마다 $1의 수수료를 부과한다.

이 프로그램은 두 종류로 이루어진 여러 개의 계좌들을 관리할 것이고, 주요 처리 루프에 영향을 끼치지 않으면서 다른 종류의 계좌가 추가될 수 있도록 구성될 것이다. 다음과 같은 메뉴를 제공한다.

```
D)eposit  W)ithdraw  M)onth end  Q)uit
```

입금 및 출금을 위해 계좌 번호와 금액을 물어본다. 또한 각 거래 후 계좌의 잔고를 출력한다.

"Month end" 명령으로는, 계좌의 종류에 따라 이자를 누적시키거나(적립 계좌) 거래 횟수 카운터 값을 초기화시킨다(자유입출금 계좌). 그런 다음 모든 계좌의 잔고를 출력한다.

1단계 계층을 이루는 클래스들을 나열한다.

이 경우에는, 문제의 정의로부터 두 개의 클래스, SavingsAccount와 CheckingAccount가 바로 나온다. 물론 이들 각각을 개별적으로 구현할 수도 있지만, 그렇게 좋은 생각은 아닐 수 있는데 왜냐하면 계좌 잔고를 업데이트하는 것과 같이 공통 기능들을 반복해야 할 것이기 때문이다. 이러한 공통 기능을 담당하는 또 하나의 클래스가 필요하다. 문제 정의에서는 그러한 클래스를 명시적으로 언급하고 있지는 않으므로 발견해 내야 할 필요가 있다. 물론 이 경우에서는 해법은 간단하다. 적립 계좌와 자유입출금 계좌는 은행 계좌의 특별한 경우들이다. 따라서 BankAccount라는 공통 상위 클래스를 도입할 것이다.

2단계 클래스들을 상속 계층으로 조직화한다.

상위 클래스와 하위 클래스를 보여주는 상속 다이어그램을 그린다. 이 경우에 대한 한 예는 다음과 같다.

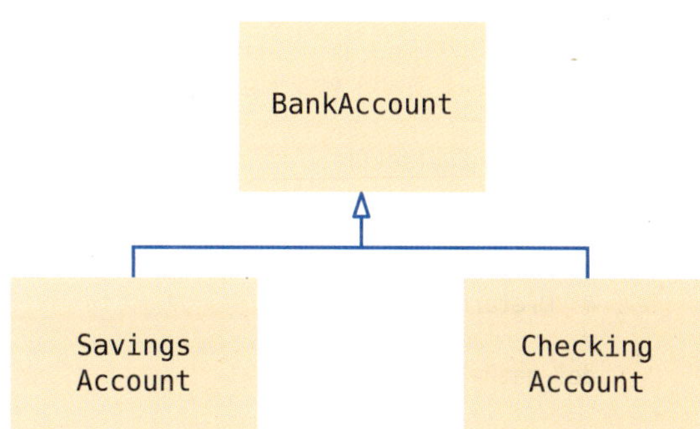

3단계 공통으로 수행해야 하는 작업들을 결정한다.

2단계에서, 계층도의 기저에 있는 하나의 클래스를 찾았을 것이다. 이 클래스는 당면한 작업들을 수행해야 할 충분한 책임이 있다. 그러한 작업들이 무엇인지 알아내기 위해, 다음과 같이 객체를 처리하는 의사코드를 작성한다.

```
각 사용자 입력에 대해
    만일 사용자 입력이 입금 또는 출금이면
        지정된 계좌에 금액을 입금하거나 지정된 계좌로부터 출금한다.
        잔고를 출력한다.
    만일 월말 처리이면
        모든 계좌마다
        월말 처리 함수를 호출한다.
        잔고를 출력한다.
```

이 의사코드로부터, 모든 계좌들이 수행해야 하는 공통 책임 사항에 대한 리스트를 다음과 같이 얻는다.

```
돈을 입금한다.
돈을 출금한다.
잔고를 얻어낸다.
월말 처리를 수행한다.
```

4단계 어떤 메소드들을 하위 클래스에서 오버라이드할지 결정한다.

각 하위 클래스와 공통 책임 사항들 각각에 대해, 동작 특성들이 상속이 가능한지 또는 오버라이드될 필요가 있는지 결정한다. 상속되거나 오버라이드되는 모든 메소드들은 계층의 기저에서 반드시 선언되도록 한다.

```
## 은행 계좌는 잔고가 있고 매달 말에 이자 또는 수수료를 적용하는 메커니즘이 있다.
#
class BankAccount :
   ## 잔고를 0으로 하여 은행 계좌를 생성한다.
   #
   def __init__(self) :
      . . .

   ## 이 계좌에 입금을 한다.
   #  @param amount 입금할 금액
   #
   def deposit(self, amount) :
      . . .

   ## 이 계좌로부터 출금하거나, 잔고가 부족하면 수수료를 부과한다.
   #  @param amount 출금할 금액
   #
   def withdraw(self, amount) :
      . . .

   ## 이 계좌에 적절한 월말 처리를 한다.
   #
   def monthEnd(self) :
      . . .

   ## 이 은행 계좌의 잔고를 얻어낸다.
   #  @return 현재 잔고
   #
   def getBalance(self) :
      . . .
```

SavingsAccount와 CheckingAccount 클래스는 모두 monthEnd 메소드를 오버라이드한다. SavingsAccount 클래스는 또한 최소 잔고를 계속 추적하도록 withdraw 메소드를 오버라이드해야 한다. Checking-Account 클래스는 withdraw 메소드에서 거래 횟수를 업데이트해야만 한다.

5단계 각 하위 클래스의 공용 인터페이스를 정의한다.

일반적으로, 하위 클래스들은 상위 클래스가 갖는 책임 외에 다른 책임이 있다. 오버라이드할 필요가 있는 메소드뿐만 아니라 이러한 책임 사항들도 나열한다. 또한 하위 클래스의 객체들을 어떻게 생성해야 하는지에 대해서도 지정해 줄 필요가 있다.

이 예에서는, 적립 계좌에 대한 이자율을 설정해 주는 방법이 필요하다. 또한, 생성자와 오버라이드되는 메소드를 지정할 필요가 있다.

```
## 적립 계좌는 최소 잔고에 대해 이자가 붙는다.
#
class SavingsAccount(BankAccount) :
   ## 잔고를 0으로 하여 적립 계좌를 하나 생성한다.
   #
   def __init__(self) :
      . . .

   ## 이 계좌에 대한 이자율을 설정한다.
   #  @param rate 퍼센트로 표현된 월 이자율
   #
   def setInterestRate(self, rate) :
      . . .

   # 이 메소드들은 상위 클래스의 메소드를 오버라이드한다.
   def withdraw(self, amount) :
      . . .

   def monthEnd(self) :
      . . .

## 자유입출금 계좌에는 수수료가 면제되는 출금 횟수가 있다.
#
class CheckingAccount(BankAccount) :
   ## 잔고가 0인 자유입출금 계좌를 하나 생성한다.
   #
   def __init__(self) :
      . . .

   # 이 메소드들은 상위 클래스의 메소드를 오버라이드한다.
   def withdraw(self, amount) :
      . . .

   def monthEnd(self) :
      . . .
```

6단계 인스턴스 변수를 찾는다.

각 클래스에 대해 인스턴스 변수들을 나열한다. 만일 모든 클래스에 공통된 인스턴스 변수를 발견한다면, 이 변수는 반드시 계층도의 기저에서 정의하도록 한다.

모든 계좌는 잔고가 있다. 이 값을 하나의 float로 저장하는 _balance 인스턴스 변수를 상위 클래스인 BankAccount에 정의한다.

SavingsAccount 클래스는 이자율을 저장할 필요가 있다. 또한 출금을 할 때마다 업데이트시켜야 하는 최소 월 잔고도 저장할 필요가 있다. 이 값들은 _interestRate와 _minBalance 인스턴스 변수에 부동-소수점 값으로 저장할 것이다.

CheckingAccount 클래스는 무료 출금 한계에 도달한 후 수수료를 적용할 수 있도록 출금 횟수를 저장할 필요가 있다. 이 값을 위해 _withdrawals 인스턴스 변수를 하위 클래스인 CheckingAccount에서 정의한다.

7단계 생성자와 메소드들을 구현한다.

BankAccount 클래스의 메소드들은 잔고를 업데이트하고 반환한다.

```
class BankAccount :
   def __init__(self) :
      self._balance = 0.0

   def deposit(self, amount) :
      self._balance = self._balance + amount

   def withdraw(self, amount) :
      self._balance = self._balance - amount

   def getBalance(self) :
      return self._balance
```

상위 클래스인 BankAccount 수준에서는 월말 처리에 대해서는 아무것도 말할 수 없다. 왜냐하면 이 처리는 계좌 종류에 따라 다르기 때문이다. 따라서, 이 메소드는 해당 계좌의 종류에 따라 적절한 처리를 수행하도록 각각의 하위 클래스에서 구현되어야 할 것이다. 여기서는 다음과 같이 이 메소드가 아무것도 하지 않는 것으로 선택한다.

```
def monthEnd(self) :
   return
```

또는 아래와 같이 이 메소드가 NotImplementedError 예외를 제기하도록 하는 것도 또한 적절할 것이다. 이렇게 하는 것은 이 메소드가 추상 메소드임을 가리킬 것이고(Special Topic 10.4), 하위 클래스에서 이 메소드를 오버라이드해야 한다.

```
def monthEnd(self) :
   raise NotImplementedError
```

SavingsAccount 클래스의 withdraw 메소드에서는, 최소 잔고를 업데이트한다. 상위 클래스의 메소드를 호출하는 부분에 주의한다.

```
def withdraw(self, amount) :
   super().withdraw(amount)
   balance = self.getBalance()
   if balance < self._minBalance :
      self._minBalance = balance
```

SavingsAccount 클래스의 monthEnd 메소드에서는, 이자가 이 계좌로 입금된다. _balance 인스턴스 변수에 직접 접근하지 않기 때문에 deposit 메소드를 호출해야만 한다. 최소 잔고는 다음 달 처리를 위해 리셋된다.

```
def monthEnd(self) :
   interest = self._minBalance * self._interestRate / 100
   self.deposit(interest)
   self._minBalance = self.getBalance()
```

CheckingAccount 클래스의 withdraw 메소드는 출금 횟수를 체크할 필요가 있다. 너무 많은 출금이 이루어졌다면, 수수료를 부과한다. 다시 한번, 이 메소드가 상위 클래스 메소드를 어떻게 호출하는지 유의하길 바란다.

```
def withdraw(self, amount) :
   FREE_WITHDRAWALS = 3
   WITHDRAWAL_FEE = 1
```

```
      super().withdraw(amount)
      self._withdrawals = self._withdrawals + 1
      if self._withdrawals > FREE_WITHDRAWALS :
         super().withdraw(WITHDRAWAL_FEE)
```

자유입출금 계좌에 대한 월말 처리는 단순히 이 출금 횟수를 리셋하는 것이다.

```
   def monthEnd(self) :
      self._withdrawals = 0
```

8단계 서로 다른 하위 클래스들의 객체들을 생성하고 이 객체들을 처리한다.

샘플 프로그램에서는 다섯 개의 자유입출금 계좌와 다섯 개의 적립 계좌를 할당하고 이것들을 은행 계좌 리스트에 저장한다. 그런 다음 사용자의 명령을 받아 입금, 출금, 그리고 월말 처리를 실행한다.

```
# 계좌 생성하기
accounts = []
. . .

# 명령을 실행한다.
done = False
while not done :
   action = input("D)eposit W)ithdraw M)onth end Q)uit: ")
   action = action.upper()
   if action == "D" or action == "W" :   # 입금 또는 출금
      num = int(input("Enter account number: "))
      amount = float(input("Enter amount: "))

      if action == "D" :
         accounts[num].deposit(amount)
      else :
         accounts[num].withdraw(amount)

      print("Balance:", accounts[num].getBalance())

   elif action == "M" :   # 월말 처리
      for n in range(len(accounts)) :
         accounts[n].monthEnd()
         print(n, accounts[n].getBalance())
   elif action == "Q" :
      done = True
```

예제 코드 how_to_1/accountdemo.py, how_to_1/accounts.py

WORKED EXAMPLE 10.1

급여 처리를 하기 위한 종업원 계층 구현하기 _*Implementing an Employee Hierarchy for Payroll Processing*

문제 정의 서로 다른 종류의 종업원들에 대한 급여 처리를 구현한다

Jose Luis Pelaez Inc./Getty Images, Inc.

- 시간제 종업원들은 한 시간 단위로 급여를 받는다. 일주일에 40시간 이상 근무를 한다면, 초과 수당은 1시간 30분 단위로 받는다.
- 월급제 종업원들은 몇 시간을 일하는지 상관없이 정해진 월급을 받는다.

- 관리자들은 월급에 더하여 보너스를 받는 월급제 종업원이다.

작성해야 할 프로그램은 모든 종업원들에 대한 급여를 계산해야 한다. 각 종업원들에 대해, 한 주 동안 일한 시간을 물어보고 받게 될 급여를 표시한다.

1단계 계층을 이루는 클래스들을 나열한다.

이 경우에는, 문제 정의에서 HourlyEmployee, SalariedEmployee, Manager 등 세 개의 클래스를 나열하고 있다. 이들 사이의 공통성을 표현하는 Employee 클래스가 필요하다.

2단계 이 클래스들을 상속 계층으로 조직화한다.

이 클래스들에 대한 상속 다이어그램은 다음과 같다.

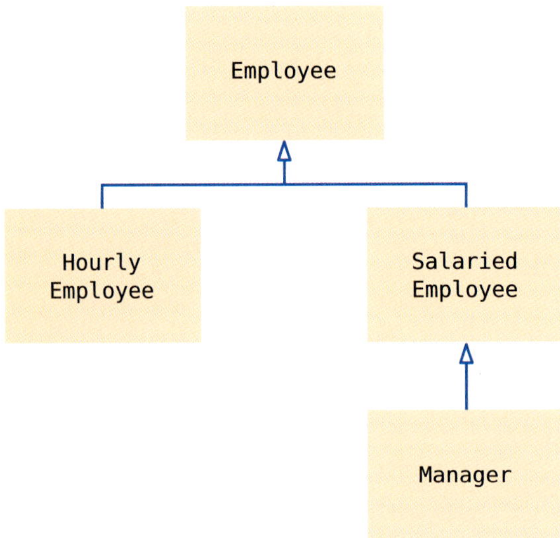

3단계 클래스들의 공통 책임 사항들을 결정한다.

공통 책임 사항을 발견하기 위해, 객체 처리를 위한 의사코드를 작성한다.

```
각 종업원에 대해
    종업원의 이름을 출력한다.
    일한 시간을 읽어들인다.
    일한 시간에 대한 임금을 계산한다.
```

상위 클래스인 Employee가 다음과 같은 책임이 있다고 결론 내린다.

```
이름을 얻어낸다.
주어진 시간 만큼에 대한 임금을 계산한다.
```

4단계 어떤 메소드를 하위 클래스에서 오버라이드할지 결정한다.

이 예에서는, 종업원들의 이름을 얻어내는 데에는 하위 클래스들 사이에서 변화가 없으나, 월급은 각 하위 클래스에서 다르게 계산되므로 weeklyPay 메소드는 각 하위 클래스에서 오버라이드될 것이다.

```
## 종업원 각자의 이름이 있고, 주단위 급여를 계산하는 방식이 있다.
#
class Employee :
   . . .

   ## 종업원의 이름을 얻어낸다.
   #  @return 이름
```

```
    #
    def getName(self) :
       . . .

    ## 한 주의 급여를 계산한다.
    #  @param hoursWorked 그 주에 일한 시간
    #  @return 주어진 시간에 대한 급여
    #
    def weeklyPay(self, hoursWorked) :
       . . .
```

5단계 각 클래스의 공용 인터페이스를 선언한다.

이름과 월급 정보를 제공하여 종업원들을 생성할 것이다.

```
class HourlyEmployee(Employee) :
   ## 주어진 이름과 시간당 임금으로 시간제 종업원을 생성한다.
   #  @param name 종업원의 이름
   #  @param wage 시간당 급여
   #
   def __init__(self, name, wage) :
      . . .

class SalariedEmployee(Employee) :
   ## 주어진 이름과 연봉으로 월급제 종업원을 생성한다.
   #  @param name 종업원의 이름
   #  @param salary 연봉
   #
   def __init__(self, name, salary) :
      . . .

class Manager(SalariedEmployee) :
   ## 주어진 이름, 연봉, 주당 보너스로 매니저를 생성한다.
   #  @param name 이 종업원의 이름
   #  @param salary 연봉
   #  @param bonus 주당 보너스
   #
   def __init__(self, name, salary, bonus) :
      . . .
```

이 생성자들은 Employee 객체의 이름을 설정할 필요가 있다. 이 이름을 인자로 지정하도록 Employee 클래스의 생성자를 정의할 것이다.

```
class Employee :
   ## 주어진 이름의 종업원을 생성한다.
   #  @param name 종업원의 이름
   #
   def __init__(self, name) :
      self._name = name
```

물론, 각 하위 클래스는 주당 급여를 계산하는 메소드가 필요하다.

```
# 이 메소드는 상위 클래스의 메소드를 오버라이드한다.
def weeklyPay(self, hoursWorked) :
   . . .
```

이 예에서는, 더 이상의 메소드가 요구되지 않는다.

6단계 인스턴스 변수들을 찾아낸다.

모든 종업원들은 이름이 있다. 따라서, Employee 클래스에는 이름을 저장할 _name 인스턴스 변수가 있어야 한다(아래 수정된 계층도를 참고한다).

급여에 대한 인스턴스 변수는 어떨까? 시간제 종업원은 시급으로 받고, 반면에 월급제 종업원은 연봉으로 임금을 받는다. 이 값들을 상위 클래스의 인스턴스 변수에 저장하는 것도 가능하겠지만, 그리 좋은 생각은 아닐 것 같다. 왜냐하면, 그 결과 얻게 되는 코드는 이 수가 무엇을 의미하는지 이해해야 할 필요가 있을 것이고 그러면 코드가 복잡해지고 오류가 발생할 가능성이 있기 때문이다.

대신에, `HourlyEmployee` 객체는 시급을 저장하고 `SalariedEmployee` 객체는 연봉을 저장하도록 한다. `Manager` 객체는 주당 보너스를 저장할 필요가 있다.

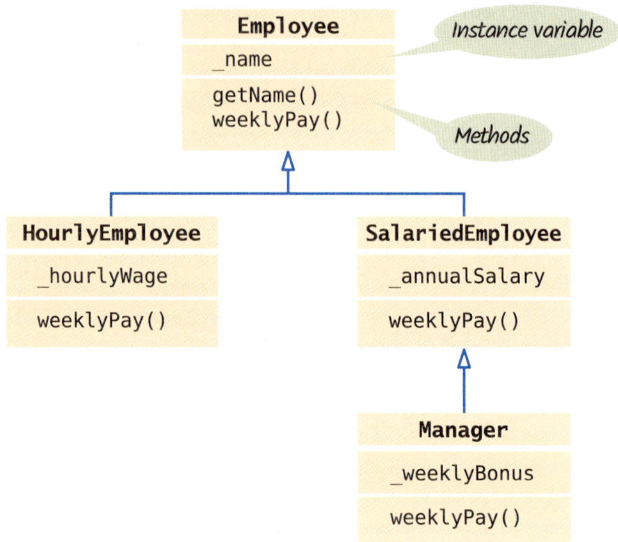

7단계 생성자와 메소드들을 구현한다.

하위 클래스의 생성자에서, 상위 클래스의 인스턴스 변수들을 설정해야 함을 기억할 필요가 있다. 상위 클래스는 그 자신의 인스턴스 변수들을 초기화하는 책임을 지고 있으므로, 종업원의 이름을 상위 클래스의 생성자에게 전달한다.

```
class HourlyEmployee(Employee) :
   def __init__(self, name, wage) :
      super().__init__(name)
      self._hourlyWage = wage
   . . .

class SalariedEmployee(Employee) :
   def __init__(self, name, salary) :
      super().__init__(name)
      self._annualSalary = salary
   . . .

class Manager(SalariedEmployee) :
   def __init__(self, name, salary, bonus) :
      super().__init__(name, salary)
      self._weeklyBonus = bonus
   . . .
```

주당 임금은 문제 정의에서 지정한 대로 계산할 필요가 있다.

```
class HourlyEmployee(Employee) :
   . . .
   def weeklyPay(self, hoursWorked) :
      pay = hoursWorked * self._hourlyWage
      if hoursWorked > 40 :
         # 초과 수당 추가
```

```
        pay = pay + ((hoursWorked - 40) * 0.5) * self._hourlyWage
    return pay

class SalariedEmployee(Employee) :
   . . .
   def weeklyPay(self, hoursWorked) :
      WEEKS_PER_YEAR = 52
      return self._annualSalary / WEEKS_PER_YEAR
```

Manager의 경우에는, 상위 클래스인 SalariedEmployee 버전의 메소드를 호출할 필요가 있다.

```
class Manager(SalariedEmployee) :
   . . .
   def weeklyPay(self, hoursWorked) :
      return super().weeklyPay(hoursWorked) + self._weeklyBonus
```

8단계 서로 다른 하위 클래스들의 객체들을 생성하고 이것들을 처리한다.

샘플 프로그램에서는, 종업원들의 리스트를 여러 명으로 채우고 주당 급여를 계산한다.

```
staff = []
staff.append(HourlyEmployee("Morgan, Harry", 30.0))
staff.append(SalariedEmployee("Lin, Sally", 52000.0))
staff.append(Manager("Smith, Mary", 104000.0, 50.0))

for employee in staff :
   hours = int(input("Hours worked by " + employee.getName() + ": "))
   pay = employee.weeklyPay(hours)
   print("Salary: %.2f" % pay)
```

예제 코드 worked_example_1/salarydemo.py, worked_example_1/employees.py

10.6 응용: 기하학적 형상 클래스 계층
Application: A Geometric Shape Class Hierarchy

2장에서는 ezgraphics 모듈을 이용하여 어떻게 기하학적 형상들을 그리는지 배웠다. 다양한 형태의 도형을 그리는 데에 Canvas 클래스의 메소드들을 이용하였다. 그러나 복잡한 장면을 생성하기 위해서는 다양한 색깔과 크기 또는 위치를 가진 매우 많은 기하학적 형상이 필요할 것이다. 이럴 때 다양한 메소드들을 반복하고 또 반복하여 호출하는 것 대신, 다양한 기하 형상을 모델링한 클래스를 가지고 있다면 유용할 것이다. 그러면 사용자는 적당한 객체들을 생성하고 조작함으로써 복잡한 화면을 쉽게 디자인할 수 있을 것이다.

이 절에서는, 기하학적 형상에 대한 클래스를 설계하고 구현할 것이다. 프로그래머는 이 도형 클래스를 이용하여 특정한 성질을 가진 도형 객체를 생성하고, 그런 다음 이 동일한 객체를 이용하여 약간의 수정만으로 다수의 도형 인스턴스를 그릴 수 있다. 예를 들면, 왼쪽 위 모퉁이의 위치가 (0, 0)인 빨간색 직사각형 객체를 정의할 수 있을 것이다. 같은 크기의 또

GeometricShape 클래스는 모든 기하학적 형태에 공통되는 메소드를 제공한다.

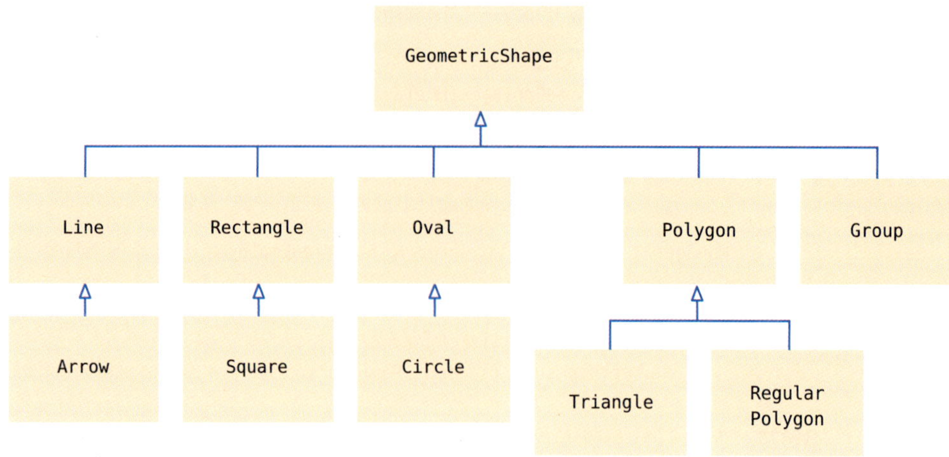

그림 8 기하학적 형상의 상속 다이어그램

하나의 빨간색 직사각형을 (100, 200)의 위치에 그리기 위해서는, 이 직사각형 객체의 위치만 바꾸면 된다.

도형 클래스 계층의 기저 클래스는 모든 기하학적 형상에 공통되는 성질과 동작을 정의하고 관리하며, 각 하위 클래스는 개별 형태들의 독특한 성질과 동작을 정의하고 관리할 것이다.

클래스 계층 설계는 그림 8에서 보는 것과 같이 모든 도형의 클래스를 포함한다. 이 중 몇 개의 설계와 구현에 대해서만 논의하고 나머지는 연습문제에서 구현하도록 남겨둘 것이다.

10.6.1 기저 클래스

계층도의 기저에 있는 클래스의 설계와 구현부터 시작한다. GeometricShape 클래스는 다양한 하위 클래스들 사이에서의 공통적인 기능을 제공해야만 한다. 이러한 기능에는 다음과 같은 것들이 포함된다.

- 도형을 그릴 때 사용되는 색을 설정하기
- 도형을 둘러싼 박스의 왼쪽 위 모퉁이에 대한 좌표를 얻고 설정하기
- 도형 모양(또는 도형을 정의하는 데 사용되는 둘러싼 박스)의 폭과 높이를 계산하기
- 캔버스에 도형을 그리기

GeometricShape의 각 하위 클래스는 draw 메소드를 오버라이드해야 한다.

모든 하위 클래스들은 draw 메소드를 오버라이드해야 한다. 기저 클래스는 모든 형태의 도형을 어떻게 그려야 할지 아마도 모를 것이며 이러한 동작을 다루는 것은 하위 클래스에 의존할 수밖에 없다. 이와 비슷하게, 폭과 높이를 계산하는 메소드도 하위 클래스에서 제공되어야 한다.

공통된 동작과 오버라이드되어야 하는 동작들을 식별한 후에, 기저 클래스에 대한 인스턴스 변수들을 결정할 필요가 있다. 도형에서 사용되는 채우기 색과 경계선 색을 저장하기 위해 _fill과 _outline 인스턴스 변수가 필요하다.

또한 도형을 둘러싼 박스의 왼쪽 위 모퉁이 좌표를 저장하기 위한 _x와 _y 인스턴스 변수를 제공한다.

기저 클래스인 GeometricShape의 생성자는 공통 인스턴스 변수들을 정의할 필요가 있다. 생성자에 x 및 y 좌표를 인자로서 전달한다.

```
class GeometricShape :
   ## 기초적인 기하학적 형상을 생성한다.
   #  @param x 도형의 x 좌표
   #  @param y 도형의 y 좌표
   #
   def __init__(self, x, y) :
      self._x = x
      self._y = y
      self._fill = None
      self._outline = "black"
```

다음으로, 인스턴스 변수에 저장되어 있는 값들을 반환하는 접근자 메소드를 구현한다.

```
## 도형의 맨 왼쪽 x 위치 얻기
#  @return x 좌표
#
def getX(self) :
   return self._x

## 도형의 맨 왼쪽 y 위치 얻기
#  @return y 좌표
#
def getY(self) :
   return self._y
```

getWidth와 getHeight 메소드는 0을 반환한다. 이 메소드들은 하위 클래스에서 오버라이드되어야 한다.

```
## 도형의 폭을 얻는다.
#  @return 폭
#
def getWidth(self) :
   return 0

## 도형의 높이를 얻는다.
#  @return 높이
#
def getHeight(self) :
   return 0
```

색을 설정하기 위한 세 개의 설정자 메소드를 정의한다. 두 개의 메소드는 개별적으로 경계선과 채우기 색을 설정하고 세 번째 메소드는 경계선과 채우기 색을 동일한 색으로 설정한다.

```
## 채우기 색 설정하기
#  @param color 채우기 색
#
def setFill(self, color = None) :
   self._fill = color

## 경계선 색 설정하기
#  @param color 경계선 색
#
def setOutline(self, color = None) :
```

```
      self._outline = color

   ## 채우기와 경계선을 동일한 색으로 설정하기
   #  @param color 새로운 색
   #
   def setColor(self, color) :
      self._fill = color
      self._outline = color
```

setFill과 setOutline 메소드에서 디폴트 인자를 사용한 점에 유의한다. None 값은 아무런 색도 사용하지 않을 때 사용된다. 여기서 이렇게 지정한 이유는 이 메소드들을 이에 상응하는 GraphicsCanvas 메소드들과 동일한 방식으로 사용할 수 있도록 하기 위해서다. 참고로 (인자 없이) canvas.setFillColor() 호출은 채우기 색을 None으로 설정한다.

다음 메소드는 주어진 양만큼 도형을 옮긴다.

```
   ## 좌표를 조정하여 도형을 새로운 위치로 옮긴다.
   #  @param dx x 방향으로 움직일 양
   #  @param dy y 방향으로 움직일 양
   #
   def moveBy(self, dx, dy) :
      self._x = self._x + dx
      self._y = self._y + dy
```

마지막으로, 개별적인 도형을 그리는 데 사용할 draw 메소드를 정의한다. 앞에서 언급한 대로, 이 메소드는 각 하위 클래스의 특정한 형태에 맞게 오버라이드되어야 한다. 그러나 모든 하위 클래스가 그리기 전에 수행해야 할 공통적인 동작이 존재한다. 바로 그리는 데 사용할 색을 설정하는 것이다. 따라서 기저 클래스의 draw 메소드가 색을 설정하도록 정의한다. 다음 절에서는 각 하위 클래스에서 draw 메소드가 어떻게 호출되는지 보게 될 것이다.

```
   ## 캔버스에 도형을 그린다.
   #  @param canvas 도형을 그릴 그래픽 캔버스
   #
   def draw(self, canvas) :
      canvas.setFill(self._fill)
      canvas.setOutline(self._outline)
```

10.6.2 기본 도형들

클래스 계층은 도형을 그리기 위한 수많은 하위 클래스를 포함하고 있다. 이 절에서는, 오직 세 개의 하위 클래스인 Rectangle, Square, Line에만 집중할 것이다.

직사각형은 왼쪽 위 모퉁이, 폭, 높이로 지정되는 기하학적 형상이다. Rectangle 클래스는 GeometricShape으로부터 상속받는다. 이 생성자는 왼쪽 위 모퉁이를 상위 클래스로 전달하고 폭과 높이를 저장한다.

도형 클래스의 생성자는 도형의 왼쪽 위 모퉁이의 좌표를 초기화하기 위해 super 함수를 호출해야만 한다.

```
class Rectangle(GeometricShape) :
   ## (x, y)에 왼쪽 위 모퉁이가 있는 폭과 높이를 가진 직사각형을 생성한다.
   #  @param x 왼쪽 위 모퉁이의 x 좌표
   #  @param y 왼쪽 위 모퉁이의 y 좌표
   #  @param width 가로 크기
   #  @param height 세로 크기
   #
   def __init__(self, x, y, width, height) :
```

```
      super().__init__(x, y)
      self._width = width
      self._height = height
```

draw 메소드는 적절한 canvas 메소드에 대한 호출을 포함하기 위해 하위 클래스인 Rectangle 에서 오버라이드된다.

```
   # 직사각형을 그리기 위해 상위 클래스의 메소드를 오버라이드한다.
   def draw(self, canvas) :
      super().draw(canvas)
      canvas.drawRect(self.getX(), self.getY(), self._width, self._height)
```

상위 클래스인 GeometricShape의 draw 메소드는 직사각형을 그리는 데 사용하는 색을 지정하기 위해 호출된다는 점에 유의한다.

각 도형 하위 클래스는 폭과 높이를 계산하는 메소드를 오버라이드해야 한다.

또한 0을 반환하는 상위 클래스의 메소드를 오버라이드하기 위해, 폭과 높이를 반환하는 메소드를 제공할 필요가 있다.

```
   def getWidth(self) :
      return self._width

   def getHeight(self) :
      return self._height
```

하위 클래스인 Square는 **포장 클래스**(wrapper class)의 한 예다. 포장 클래스는 좀 더 편리한 인터페이스를 제공하기 위해 다른 클래스의 기능을 감싸거나 캡슐화시킨다. 예를 들면, 정사각형을 그리기 위해 하위 클래스인 Rectangle를 이용할 수도 있을 것이지만, 이 클래스는 폭과 높이를 제공하도록 요구하고 있다. 정사각형은 직사각형의 한 특별한 경우이므로, 이 Rectangle 클래스를 확장하거나 또는 감싸서 오직 한 변의 길이에 대한 값 하나만을 요구하는 Square 하위 클래스를 정의할 수 있다.

```
   class Square(Rectangle) :
      ## (x, y)에 위치한 주어진 크기의 정사각형을 생성한다.
      #  @param x 왼쪽 위 모퉁이의 x 좌표
      #  @param y 왼쪽 위 모퉁이의 y 좌표
      #  @param size 한 변의 길이
      #
      def __init__(self, x, y, size) :
         super().__init__(x, y, size, size)
```

이제 Line 클래스의 구현으로 가보자. 선분은 시작점과 끝점으로 지정된다. 그림 9에서 볼 수 있는 것처럼, 이 두 점 중 어느 점도 둘러싼 박스의 왼쪽 위 모퉁이가 아닐 수도 있다.

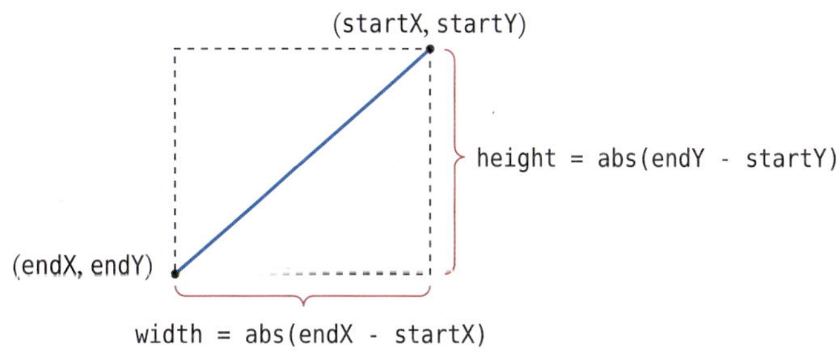

그림 9 선분을 둘러싼 박스

대신 x와 y 좌표 중 더 작은 값을 계산하여 이 값을 상위 클래스의 생성자로 전달할 필요가 있다. 또한 선분을 그리는 데에 시작점과 끝점이 필요하기 때문에 이 점들을 인스턴스 변수에 저장할 필요가 있다.

```
class Line(GeometricShape) :
   ## 선분 하나를 생성한다.
   #  @param x1 시작점의 x 좌표
   #  @param y1 시작점의 y 좌표
   #  @param x2 끝점의 x 좌표
   #  @param y2 끝점의 y 좌표
   #
   def __init__(self, x1, y1, x2, y2) :
      super().__init__(min(x1, x2), min(y1, y2))
      self._startX = x1
      self._startY = y1
      self._endX = x2
      self._endY = y2
```

언제나 그렇듯이, `draw` 메소는 오버라이드되어야 한다.

```
def draw(self, canvas) :
   super().draw(canvas)
   canvas.drawLine(self._startX, self._startY, self._endX, self._endY)
```

폭과 높이는 시작점과 끝점의 x 및 y 좌표의 차다. 그러나 만일 선분이 아래로 내려가지 않는다면, 이 차의 절댓값을 취할 필요가 있다(그림 9 참고).

```
def getWidth(self) :
   return abs(self._endX - self._startX)

def getHeight(self) :
   return abs(self._endY - self._startY)
```

마지막으로, 왼쪽 위 모퉁이에 더해 시작점과 끝점을 조정할 수 있도록 `moveBy` 메소드를 오버라이드할 필요가 있다.

```
def moveBy(self, dx, dy) :
   super().moveBy(dx, dy)
   self._startX = self._startX + dx
   self._startY = self._startY + dy
   self._endX = self._endX + dx
   self._endY = self._endY + dy
```

예제 코드 아래 프로그램은 기하학적 형상 클래스의 사용 예를 보여준다. 기하학적 형상 클래스의 구현을 보기 위해서는 보조 사이트의 소스 코드에서 `sec06/shapes.py` 모듈을 참조하라.

sec06_02/testshapes.py

```
##
#  This program tests several of the geometric shape classes.
#

from ezgraphics import GraphicsWindow
from shapes import Rectangle, Line

# Create the window.
win = GraphicsWindow()
canvas = win.canvas()

# Draw a rectangle.
rect = Rectangle(10, 10, 90, 60)
rect.setFill("light yellow")
```

```
rect.draw(canvas)

# Draw another rectangle.
rect.moveBy(rect.getWidth(), rect.getHeight())
rect.draw(canvas)

# Draw six lines of different colors.
colors = ["red", "green", "blue", "yellow", "magenta", "cyan"]

line = Line(10, 150, 300, 150)

for i in range(6) :
   line.setColor(colors[i])
   line.draw(canvas)
   line.moveBy(10, 10)

win.wait()
```

10.6.3 도형들의 모음

Group은 한꺼번에 그려지고 움직일 도형들을 포함한다.

그림 8에 보이는 계층도에서 하위 클래스인 Group은 실제로 도형을 그리지는 않는다. 대신 이 클래스는 여러 도형들을 담는 하나의 컨테이너다. Group 클래스는 하나의 복잡한 형태를 그리기 위해 여러 개의 기본 도형들을 그룹화하는 데 사용될 수 있다. 예를 들면, 문을 그리는 데 직사각형 하나와 문고리를 위한 원 하나 그리고 작은 구멍을 위한 원 하나를 사용한다고 가정하자. 이 세 개의 개별적인 도형 원소들을 한 그룹 내에서 상대적인 위치로 정의되는 Group 하나에 저장할 수 있다. 이렇게 하면 각각의 개별적인 도형들을 움직일 필요 없이 한꺼번에 전체 그룹을 다른 위치로 옮길 수 있다. 일단 전체 그룹을 한 번 생성하면, draw 메소드를 한 번만 호출해도 이 그룹을 한꺼번에 그릴 수 있다. 또한, Group은 또 다른 그룹을 저장할 수 있어서, 좀 더 복잡한 장면을 연출할 수도 있다.

새로운 도형이 Group 객체에 추가될 때, 둘러싼 박스의 폭과 높이는 새로운 도형을 둘러싸도록 확장된다. 그림 10은 도형 세 개로 이루어진 이루어진 하나의 그룹을 둘러싼 박스를 보여준다.

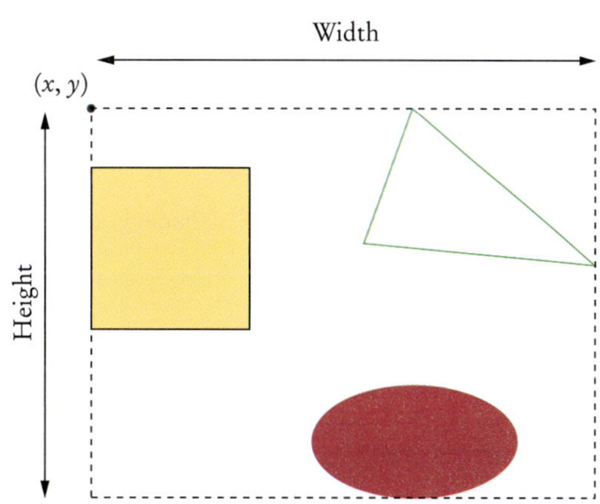

그림 10 Group의 둘러싼 박스

Group 하나를 생성하기 위해, 둘러싼 박스의 왼쪽 위 모퉁이의 좌표를 제공한다. 이 클래스는 한 그룹 안에 포함되는 여러 개의 도형들을 리스트에 저장하는 인스턴스 변수를 정의한다.

```
class Group(GeometricShape) :
   ## 둘러싼 박스가 (x, y)에 위치하도록 그룹을 생성한다.
   #  @param x  둘러싼 박스의 왼쪽 위 모퉁이의 x 좌표
   #  @param y  둘러싼 박스의 왼쪽 위 모퉁이의 y 좌표
   #
   def __init__(self, x = 0, y = 0) :
      super().__init__(x, y)
      self._shapeList = []
```

이 그룹에 도형 하나를 추가하는 것은 몇 개의 단계를 거쳐서 이루어진다. 먼저, 이 도형을 리스트에 덧붙여야 한다.

```
## 도형을 그룹에 추가하기
#  @param shape  추가할 도형
#
def add(self, shape) :
   self._shapeList.append(shape)
```

개별적인 도형들은 이 그룹을 둘러싼 박스의 왼쪽 위 모퉁이의 좌표에 대해 상대적으로 놓이게 된다. 각 도형이 이 점보다 아래 그리고 오른쪽에 놓이도록 해야 한다. 만일 그렇지 않다면, 도형들을 움직여야 한다.

```
# 도형이 둘러싼 박스의 왼쪽 위 꼭짓점 이내에 있도록 한다.
if shape.getX() < 0 :
   shape.moveBy(-shape.getX(), 0)
if shape.getY() < 0 :
   shape.moveBy(0, -shape.getY())
```

위의 세 단계가 결합된 완전한 add 메소드는 다음과 같다.

```
## 그룹에 도형 추가하기
#  @param shape  추가할 도형
#
def add(self, shape) :
   self._shapeList.append(shape)

   # 도형이 둘러싼 박스의 왼쪽 위 꼭짓점 이내에 있도록 한다.
   if shape.getX() < 0 :
      shape.moveBy(-shape.getX(), 0)
   if shape.getY() < 0 :
      shape.moveBy(0, -shape.getY())
```

그룹의 폭은 임의의 그룹 원소들 중 맨 오른쪽으로 뻗어나간 정도로 결정된다. 한 도형이 맨 오른쪽으로 뻗어나간 정도는 shape.getX() + shape.getWidth()이다. 다음 메소드는 이 범위 중 최댓값을 계산한다.

```
def getWidth(self) :
   width = 0
   for shape in self._shapeList :
      width = max(width, shape.getX() + shape.getWidth())
   return width
```

그룹의 높이(맨 아래로 뻗어나간 정도)도 이와 동일한 방식으로 계산된다.

```
def getHeight(self) :
```

```
      height = 0
      for shape in self._shapeList :
         height = max(height, shape.getY() + shape.getHeight())
      return height
```

마지막으로, 이 전체 그룹을 캔버스에 그릴 수 있다. 그룹에 속해 있는 도형들은 둘러싼 박스의 왼쪽 위 모퉁이에 대해 상대적으로 정의된다. 도형을 그리기 전에, 그룹을 둘러싼 박스의 왼쪽 위 모퉁이에 대한 상대적인 위치로 먼저 이 도형을 옮겨야 한다. 예를 들면, 직사각형이 (10, 5)에 위치하여 있고, 그룹은 (100, 25)에 위치하고 있다면, 이 직사각형은 왼쪽 위 모퉁이가 (110, 30)에 위치하도록 그려져야 한다. 도형을 그린 후에는, 움직였던 상대적인 위치만큼 다시 되돌아와야 한다.

```
   ## 도형들을 그릴 그래픽 캔버스
   #  @param canvas 모든 도형들을 캔버스에 그린다.
   #
   def draw(self, canvas) :
      for shape in self._shapeList :
         shape.moveBy(self.getX(), self.getY())
         shape.draw(canvas)
         shape.moveBy(-self.getX(), -self.getY())
```

하위 클래스인 Group을 어떻게 사용하는지 보여주기 위해, How To 2.2에서 작성하였던 italianflag.py 프로그램을 아래와 같이 다시 설계하였다.

sec06/italianflag.py

```
##
#  This program draws two Italian flags using the geometric shape classes.
#

from ezgraphics import GraphicsWindow
from shapes import Rectangle, Line, Group

# Define constants for the flag size.
FLAG_WIDTH = 150
FLAG_HEIGHT = FLAG_WIDTH * 2 // 3
PART_WIDTH = FLAG_WIDTH // 3

# Create the graphics window.
win = GraphicsWindow(300, 300)
canvas = win.canvas()

# Build the flag as a group shape.
flag = Group()

part = Rectangle(0, 0, PART_WIDTH, FLAG_HEIGHT)
part.setColor("green")
flag.add(part)

part = Rectangle(PART_WIDTH * 2, 0, PART_WIDTH, FLAG_HEIGHT)
part.setColor("red")
flag.add(part)

flag.add(Line(PART_WIDTH, 0, PART_WIDTH * 2, 0))
flag.add(Line(PART_WIDTH, FLAG_HEIGHT, PART_WIDTH * 2, FLAG_HEIGHT))

# Draw the first flag in the upper-left area of the canvas.
```

```
flag.moveBy(10, 10)
flag.draw(canvas)

# Draw the second flag in the bottom-right area of the canvas.
flag.moveBy(130, 180)
flag.draw(canvas)

win.wait()
```

TOOLBOX 10.1

게임 프로그래밍 _Game Programming

컴퓨터 프로그램을 쇼핑 어플리케이션 또는 컴퓨터 게임과 같이 일반적인 몇 개의 범주로 나누는 경향이 있다. 종종 전문 지식을 가진 사람들이 어떤 한 특정한 범주 내의 모든 프로그램에 공통적인 메커니즘을 제공하는 코드 라이브러리를 개발하여 왔다. 그러한 라이브러리들은 상속을 이용하여 공유된 동작 특성을 모델링할 수 있다.

이 Toolbox에서는 어떻게 pygame 패키지를 사용하여 비디오 게임을 설계하는지 보게 될 것이다. 자신이 제작하는 비디오 게임에서 특별한 것은 무엇인지 지정하고, 모든 게임에 공통된 동작 특성들은 상속받게 될 것이다. (Toolbox 2.1에서 설명한 대로 라이브러리를 아직 설치하지 않았다면, 시작하기 전에 pygame 패키지를 설치할 필요가 있다.)

이벤트 루프

pygame 패키지는 이차원 격자무늬 위에서 도형들을 조작하는 게임을 위해 설계되었다. 이것은 고전적인 아케이드 게임을 구현하기에 적합하다.

게임 프로그래밍에서는, 사용자가 마우스를 클릭하거나 키보드를 누를 때마다 게임의 상태를 업데이트할 필요가 있다. 또한 다양한 도형들이 화면상에서 움직이도록 이 도형들의 위치를 업데이트할 필요가 있다. 마지막으로, 두 도형이 충돌하는 것과 같은 뭔가 흥미로운 일들이 발생할 때에도 게임 상태를 업데이트할 필요가 있다. 예를 들면, 사운드를 재생하거나, 시각적인 효과를 보여주거나, 또는 하나 이상의 도형을 추가 또는 제거하는 것과 같은 업데이트가 필요하다.

키 눌림과 마우스 클릭을 이벤트(event)라고 한다. 또 다른 이벤트는 "게임을 중단하기"와 같은 것인데, 이 이벤트는 게임이 디스플레이되고 있는 창을 사용자가 닫을 때 발생한다. pygame 패키지에서는, 다음과 같이 이벤트에 귀를 기울이고 있다가 이벤트의 발생에 대해 반응하는 하나의 루프를 사용한다.

```
while 게임이 진행 중:
for event in pygame.event.get() :
   if event.type == pygame.QUIT :
      게임을 저장하고 끝낸다.
   elif event.type == pygame.MOUSEBUTTONDOWN :
      event.pos에서 마우스 눌림을 처리한다.
   elif event.type == pygame.KEYDOWN :
      event.key 코드를 가지고 키 눌림을 처리한다.
```

pygame.event.get() 호출을 하게 되면 다음 이벤트가 발생할 때까지 기다린다. 그런 다음 이벤트를 기술하는 객체를 반환한다. 이벤트의 추가적인 세부 사항뿐만 아니라 이벤트 타입을 찾기 위해 event.type 인스턴스 변수를 체크한다.

9장에서, 객체의 인스턴스 변수에 직접 접근하지 않도록 권고했었다. 그러나 pygame 패키지에서는 접근자 메소드를 사용하는 클래스가 거의 없다. 따라서 인스턴스 변수를 직접 읽고 이 변수를 언제 업데이트하는 것이 안전한지 알아야 할 필요가 있다.

마우스 이벤트는 마우스의 x와 y 위치를 포함하는 튜플 (x, y)로 설정된 pos 인스턴스 변수를 가지고 있다. 키 이벤트는 키를 기술하는 정수 키 코드 값을 담고 있는 key 인스턴스 변수를 가지고 있다. 키보드상의 각 키에 대해 pygame.K_LEFT와 pygame.K_a와 같은 상수가 존재한다.

이벤트가 발생하면 게임의 일부분을 업데이트하고 그런 다음 수정된 내용을 새로 그리고 싶어 할 것이다.

게임은 다음과 같이 얻은 디스플레이 객체 위에 그린다.

```
display = pygame.display.set_mode((width, height))
```

이 호출에서 픽셀 단위의 폭과 높이를 전달하는 점에 유의한다. 이제 곧 어떻게 디스플레이 위에 이미지를 그리는지 보게 될 것이다.

pygame 라이브러리는 게임의 수정 내용을 효과적으로 다시 그리기 위한 몇 가지 전략을 제공한다. 이러한 전략들은 특히나 덜 강력한 컴퓨터상에서도 고성능 게임을 만들어내는 데에 핵심이 된다. 이 예에서는, 빠르지는 않지만 프로그램하기 쉬운 간단한 전략을 하나 사용할 것이다.

먼저 디스플레이를 지우고 모든 것을 다시 그린다. 그리는 작업은 실제로는 스크린 밖 디스플레이에서 하기 때문에 스크린이 짜증 나게 하는 깜박거림을 보이지는 않을 것이다. 디스플레이상에서 모든 그리는 동작을 완료했을 때에야, pygame에게 픽셀 단위로 실제 스크린 디스플레이를 업데이트하라는 명령을 내린다.

```
display.fill(WHITE)
모든 것을 그린다.
pygame.display.update()
```

최신 컴퓨터는 게임 상태를 매우 빠르게 업데이트하고 디스플레이할 수 있다. 오히려 디스플레이가 다시 바뀌기 전에 사용자가 디스플레이를 관찰할 시간을 갖도록 이벤트 루프를 느리게 할 필요가 있다. 인간의 눈이 부드러운 움직임을 감지하기 위해서는, 디스플레이를 초당 30번 업데이트하는 것으로 충분하다. 이것은 클럭 객체로 한다.

```
clock = pygame.time.Clock()
framesPerSecond = 30
while 게임이 진행 중:
    이벤트를 처리한다.
    게임 상태를 업데이트한다.
    게임 상태를 디스플레이한다.
    clock.tick(framesPerSecond)
```

tick 메소드를 호출하게 되면 지정한 시간만큼 기다리는데, 이 경우에는 tick에 대한 앞선 호출로부터 1/30초 동안 기다린다. 이것으로 루프가 초당 30번 반복하게 된다.

스프라이트와 그룹

스프라이트(sprite)는 그래픽 하드웨어의 특별한 지원을 받아 효과적으로 디스플레이될 수 있는 이미지를 말한다. pygame에서 스프라이트는 이미지 파일로부터 가져올 수도 있고, 또는 도형으로 그릴 수도 있다. 여기 Toolbox에서는 이미지 파일로부터 만들어진 스프라이트만 살펴보도록 한다.

어떤 pygame 구현들은 투명한 픽셀을 지원하지 않는 낡은 BMP 포멧 버진의 이미지에서만 작동한다. 이런 상황일 때 제2의 해결책으로서, 이미지 내에 포함되지 않기를 원하는 모든 픽셀들을 어떤 특정한 색깔, 예를 들면 자홍색 등으로 색칠한다. 그렇게 한 다음, 다음 명령어로 이 이미지를 로딩한다.

```
img = pygame.image.load(filename).convert()
MAGENTA = (255, 0, 255)
```

```
img.set_colorkey(MAGENTA)
self.image = img
self.rect = self.image.get_rect()
self.rect.x = x
self.rect.y = y - self.rect.height
```

pygame 패키지는 이미지를 로딩할 때 주어진 색깔 키를 가진(위 예에서는 자홍색) 모든 픽셀들을 투명한 픽셀로 대체한다.

다음으로, 이 이미지를 가지고 Sprite 객체를 생성하고 이 스프라이트를 둘러싼 박스의 x와 y 좌표를 설정함으로써 원하는 위치에 이 이미지를 배치한다.

```
sprite = pygame.sprite.Sprite()
sprite.image = img
sprite.rect = self.image.get_rect()
sprite.rect.x = x
sprite.rect.y = y - self.rect.height    # y는 이미지의 맨 아래
```

다시 한번 public 인스턴스 변수를 자유롭게 사용한다는 점에 유의한다.

하나의 스프라이트는 하나 이상의 **그룹**에 배치될 수 있다. 이것은 충돌 상황을 감지할 때 유용하다. 공이 하나 있고 어떤 게임 요소와 이 공이 부딪히는지 알고 싶다고 하자. 모든 후보들을 하나의 그룹에 넣고 spritecollideany 함수를 사용한다.

```
if pygame.sprite.spritecollideany(ball, group) : . . .
```

이 함수는 이 공이 충돌하는 스프라이트를 반환하거나 또는 충돌하는 요소가 없다면 None을 반환한다.

그룹은 한 무리의 스프라이트를 그리고 업데이트하는 데 또한 유용하다. 다음 호출은 모든 스프라이트들을 디스플레이에 그리는데, 스프라이트들을 둘러싸고 있는 사각형 안에 이미지들을 위치시킨다.

```
group.draw(display)
```

Group 클래스의 하위 클래스인 LayeredUpdates를 사용한다면, 각 스프라이트들을 어떤 레이어에 그릴지 제어할 수 있다. 더 높은 레이어의 스프라이트는 더 낮은 레이어의 스프라이트 위에 겹쳐서 그려진다. 인스턴스 변수 _layer를 설정함으로써 이 레이어를 제어할 수 있다. (약간 모순되게, 이 인스턴스 변수는 public 접근용이면서도 밑줄 기호가 있다.)

각 스프라이트에 대해 update 메소드를 호출한다.

```
group.update()
```

디폴트로 이 메소드는 아무 일도 하지 않는다. 여기에서 상속이 도입된다. 게임을 프로그래밍하는 실제 작업자가 Sprite 클래스의 하위 클래스를 제공하면서 스프라이트의 상태를 다시 계산하는 update 메소드를 구현하게 된다.

예를 들면, 차선 위에서 차량들이 움직이는 게임을 구현한다고 하자. 다음은 차량을 한 픽셀 오른쪽 또는 왼쪽으로 움직이는 update 메소드를 보여준다.

```
class Car(pygame.sprite.Sprite) :
   . . .
   def update(self) :
      if self._lane == 0 :
         self.rect.x = self.rect.x + 1
      else :
         self.rect.x = self.rect.x - 1
```

게임 프레임워크

pygame 패키지는 매우 다양한 종류의 게임에 적합하다. 예를 들어 앞에서 기술한 이벤트 루프를 반드시 프로그램해야 한다는 요구사항도 없다. 하지만 간단한 게임에 대해서는 확립된 관행을 따르는 것

이 좋다. 여기에서는 여러분이 작성하는 게임이 상속할 수 있는 기저 클래스 하나를 제공한다. 이 클래스의 run 메소드는 이벤트 루프를 구현하고 여러분이 작성하는 게임에 특화된 동작 특성을 보이도록 오버라이드 가능한 mouseButtonDown, keyDown, update, quit 메소드들을 호출한다.

GameBase 클래스는 한 그룹의 스프라이트를 관리한다. pygame와는 다르게, GameBase 클래스는 내부 상태에 접근하기 위한 메소드들을 제공한다. 자신만의 스프라이트를 추가하고 싶다면 add 메소드를 호출하면 된다. 그러면 추가된 스프라이프들의 상태가 업데이트되고 그려질 것이다.

또한 경과한 타이머의 틱 수를 산출해 내는 tick 메소드를 제공한다. 예를 들어, 주기적으로 새로운 스프라이트를 추가하는 것과 같이 시간상 특정한 시점에서 어떤 동작을 수행하고자 한다면 이 메소드를 사용할 수 있다.

다음은 GameBase 클래스에 대한 코드다.

```
class GameBase:
   def __init__(self, width, height) :
      pygame.init()
      self._width = width
      self._height = height

      self._display = pygame.display.set_mode((self._width, self._height))
      self._clock = pygame.time.Clock()
      self._framesPerSecond = 30
      self._sprites = pygame.sprite.LayeredUpdates()
      self._ticks = 0
      pygame.key.set_repeat(1, 120)

   def mouseButtonDown(self, x, y) :
      return

   def keyDown(self, key) :
      return

   def update(self) :
      self._sprites.update()

   def draw(self) :
      self._sprites.draw(self._display)

   def add(self, sprite) :
      self._sprites.add(sprite)

   def getTicks(self) :
      return self._ticks

   def quit(self) :
      pygame.quit()

   def run(self) :
      while True :
         for event in pygame.event.get() :
            if event.type == pygame.QUIT :
               self.quit()
            elif event.type == pygame.MOUSEBUTTONDOWN :
               self.mouseButtonDown(event.pos[0], event.pos[1])
            elif event.type == pygame.KEYDOWN :
               self.keyDown(event.key)

         self.update()
         WHITE = (255, 255, 255)
         self._display.fill(WHITE)
         self.draw()
         pygame.display.update()
```

```
        self._clock.tick(self._framesPerSecond)
        self._ticks = self._ticks + 1
```

또한 이미지를 로딩하는 귀찮은 작업을 다루는 `ImageSprite` 클래스도 제공한다. 생성자에서 이미지를 지정하는데, (예를 들어, 게임 캐릭터의 상태가 바뀌었음을 반영하기 위해) 이미지를 교체하기 위해서는 `loadImage` 메소드를 다시 한번 호출한다. `moveBy` 메소드는 스프라이트를 주어진 양만큼 움직인다.

```
class ImageSprite(
      pygame.sprite.Sprite) :
   def __init__(self, x, y, filename) :
      super().__init__()
      self.loadImage(x, y, filename)

   def loadImage(self, x, y, filename) :
      img = pygame.image.load(filename).convert()
      MAGENTA = (255, 0, 255)
      img.set_colorkey(MAGENTA)
      self.image = img
      self.rect = self.image.get_rect()
      self.rect.x = x
      self.rect.y = y - self.rect.height

   def moveBy(self, dx, dy) :
      self.rect.x = self.rect.x + dx
      self.rect.y = self.rect.y + dy
```

샘플 게임

1980년대, Frogger는 유명한 고전 게임이었다. Frogger는 개구리가 혼잡한 고속도로를 건넌 다음 통나무, 거북이, 악어의 등을 타고 헤엄쳐서 수련 잎에 도달하도록 플레이어가 개구리를 조정하는 게임이다. 이 게임의 일부분인 고속도로 건너기를 구현해 보도록 하자. 저작권 문제를 피하기 위해, 그리고 파이썬 정신에 입각하여(*역자 주*: 파이썬 언어의 기원은 드라마의 이름으로 알려져 있지만, 여기서는 파이썬을 매우 큰 뱀의 이름으로도 씀) 보상으로 주어지는 도로의 반대편에 있는 맛있는 개구리에 도착하도록 뱀 한 마리가 길을 건너도록 할 것이다.

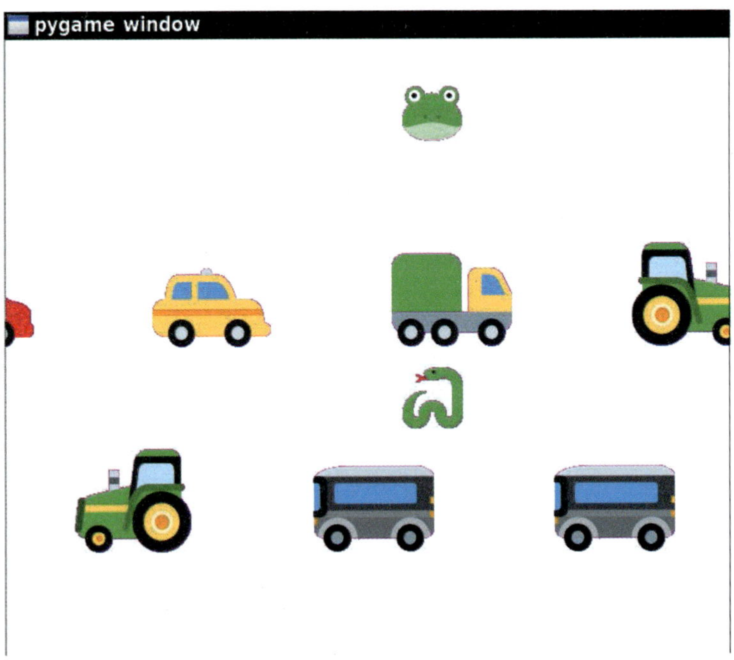

The images are from the Twitter Emoji set (https://github.com/twitter/twemoji/) and licensed under Creative Commons CC-BY 4.0 (https://creativecommons.org/licenses/by/4.0/).

Snake 클래스는 편리한 ImageSprite 클래스의 하위 클래스다. 뱀이 살아 있는 한, 이 뱀은 키보드로 – 화살표 키 또는 많은 게임 플레이어들이 선호하는 WASD 키를 이용하여 – 위, 아래, 왼쪽, 오른쪽으로 움직일 수 있다. 뱀이 죽는다면, 뱀의 이미지를 수평 방향과 수직 방향으로 뒤집는다.

```
class Snake(ImageSprite) :
   def __init__(self, x, y) :
         super().__init__(x, y, "snake.bmp")
         self._alive = True
         self._layer = 2

   def keyDown(self, key) :
      if self._alive :
         distance = 20
         if key == pygame.K_w or key == pygame.K_UP :
            self.moveBy(0, -distance)
         elif key == pygame.K_a  or key == pygame.K_LEFT :
            self.moveBy(-distance, 0)
         elif key == pygame.K_s  or key == pygame.K_DOWN :
            self.moveBy(0, distance)
         elif key == pygame.K_d  or key == pygame.K_RIGHT :
            self.moveBy(distance, 0)

   def die(self) :
      if self._alive :
         self.image = pygame.transform.flip(self.image, True, True)
         self._alive = False
```

또 다른 스프라이트 클래스는 Car 클래스인데, 이 클래스의 update 메소드는 이전에 본 적이 있을 것이다. 여기서는 이 클래스의 상위 클래스를 ImageSprite로 바꾼다. 차 이미지는 왼쪽을 향한 차량 열 개의 이미지 중 랜덤하게 고른다. 만일 차가 오른쪽으로 움직인다면 이 이미지를 수평방향으로 뒤집는다.

```
class Car(ImageSprite) :
   def __init__(self, x, lane) :
      self._lane = lane
      y = 300 + 200 * lane
      super().__init__(x, y, "car" + str(randint(0, 9)) + ".bmp")

      if lane == 0 :
         self.image = pygame.transform.flip(self.image, True, False)
      self._layer = 1
   . . .
```

우리가 작성 중인 게임의 SnakeGame 클래스는 GameBase 클래스로부터 상속받는다. 이 클래스는 뱀, 개구리, 차량들에 대한 인스턴스 변수들을 (충돌 테스트를 위해 사용할 하나의 스프라이트 그룹 안에) 가지고 있다. addCar 헬퍼 메소드는 주어진 차선에 새로운 차 하나를 추가한다. 이 차는 _cars 스프라이트 그룹에 추가되고, 상위 클래스의 add 메소드를 호출함으로써 _sprites 그룹에도 추가된다.

```
class SnakeGame(GameBase) :
   def __init__(self) :
     super().__init__(800, 600)
     self._snake = Snake(400, 600)
     self._frog = ImageSprite(400, 100, "frog.bmp")
     self._cars = pygame.sprite.Group()

   def addCar(self, lane) :
      if lane == 0 :
         x = -100
      else:
         x = self._width
      newCar = Car(x, lane)
```

```
        self._cars.add(newCar)
        self.add(newCar)
```

사용자가 키를 누를 때, 상위 클래스인 GameBase의 이벤트 루프는 keyDown 메소드를 호출한다. 눌려진 키의 코드를 _snake 객체에 보내기 위해 이 메소드를 오버라이드한다.

```
class SnakeGame(GameBase) :
   . . .
   def keyDown(self, key) :
      self._snake.keyDown(key)
   . . .
```

SnakeGame 클래스의 update 메소드는 대부분의 게임 로직을 담고 있다. 매 240틱마다, 새로운 차 하나가 각 차선에 추가된다. 충분히 차들이 많아지면 뱀과 개구리가 나타난다.

뱀이 차와 충돌한다면 뱀이 죽고, 뱀이 개구리와 충돌한다면 개구리가 죽는다. (Sprite 클래스의 kill 메소드는 모든 그룹으로부터 스프라이트들을 제거한다.)

```
class SnakeGame(GameBase) :
   . . .
   def update(self) :
      super().update()

      if self.getTicks() % 240 == 0 : # Add a new car to each lane
         self.addCar(0)
         self.addCar(1)

      if self.getTicks() == 480 :
         self.add(self._snake)
         self.add(self._frog)

      if pygame.sprite.spritecollideany(self._snake, self._cars) :
         self._snake.die()

      if (pygame.sprite.collide_rect(self._snake, self._frog)) :
         self._frog.kill()
```

update 메소드가 상위 클래스의 메소드를 호출하고 있음에 유의한다. 만일 그렇지 않다면, 차들은 움직이지 않을 것이다.

이제 매우 간단한 게임을 어떻게 구현하고 게임 캐릭터들의 동작 특성들을 어떻게 제어하는지 보았다. 물론, 실제 컴퓨터 게임과 경쟁이 되려면, 이 게임을 좀 더 흥미롭게 만들어야 할 것이다. 연습문제 Toolbox P10.28부터 Toolbox P10.32까지에서 이에 대한 몇 가지 제안을 하고 있다.

예제 코드 보조 사이트의 소스 코드에서 toolbox_1을 보면 샘플 게임 프로그램을 볼 수 있다.

10장 요약 _Chapter Summary

상속, 상위 클래스, 하위 클래스의 개념을 설명하라.

- 하위 클래스는 상위 클래스로부터 데이터와 동작 특성을 상속받는다.
- 상위 클래스 객체 자리에 언제든 하위 클래스 객체를 사용할 수 있다.

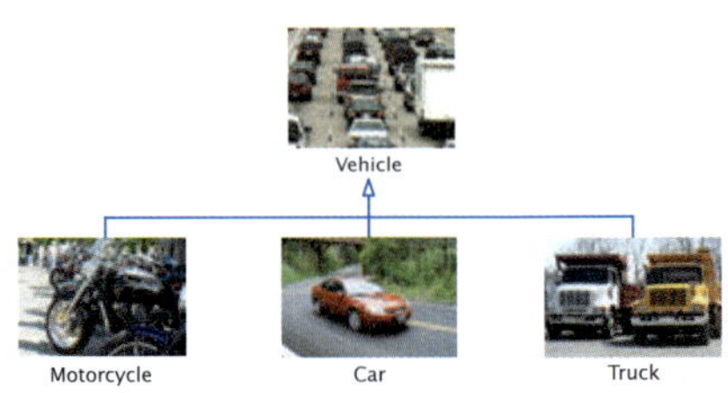

파이썬으로 하위 클래스를 구현하라.

- 하위 클래스는 오버라이드하지 않은 모든 메소드들을 상속받는다.
- 하위 클래스는 새로운 구현을 제공함으로써 상위 클래스의 메소드를 오버라이드할 수 있다.
- 클래스 헤더에서 괄호 안의 클래스 이름은 클래스가 상위 클래스로부터 상속받는다는 사실을 가리킨다.

상위 클래스 생성자를 언제 어떻게 호출하는지 이해하라.

- 상위 클래스는 그 자신의 인스턴스 변수를 정의할 책임이 있다.
- 하위 클래스 생성자는 명시적으로 상위 클래스 생성자를 호출해야만 한다.
- 상위 클래스 생성자를 호출할 때 `super` 함수를 사용한다.

상위 클래스의 메소드를 오버라이드하는 메소드를 구현하라.

- 오버라이딩한 메소드는 상위 클래스 메소드의 기능을 확장하거나 대체할 수 있다.
- 상위 클래스 메소드를 호출할 때 `super` 함수를 사용한다.

연관되어 있는 타입의 객체들을 처리하기 위해 다형성을 사용하라.

- 하위 클래스의 레퍼런스는 상위 클래스의 레퍼런스가 기대되는 곳에 사용할 수 있다.
- 다형성("여러 형태를 가진다"는 의미)은 작업들이 서로 다른 방식으로 실행되더라도, 여러 작업들을 공유하는 객체들을 다룰 수 있게 해준다.
- 추상 메소드는 구현이 지정되지 않은 메소드다.

도형의 계층을 설계하기 위해 상속을 사용하라.

- `GeometricShape` 클래스는 모든 도형에 공통된 메소드들을 제공한다.
- `GeometricShape`의 각 하위 클래스는 `draw` 메소드를 오버라이드해야 한다.
- 도형 클래스 생성자는 도형의 왼쪽 위 모퉁이의 좌표를 초기화하기 위해 `super` 함수를 호출해야만 한다.
- 각 도형의 하위 클래스는 폭과 높이를 계산하기 위해 메소드들을 오버라이드해야 한다.
- `Group`은 함께 그려지고 움직이는 도형들을 포함한다.

연습문제

■ **R10.1** 다음 각 클래스 쌍에서 상위 클래스와 하위 클래스를 식별하라.

a. `Fmployee, Managcr`

b. `GraduateStudent, Student`

c. `Person, Student`

d. Employee, Professor

e. BankAccount, CheckingAccount

f. Vehicle, Car

g. Vehicle, Minivan

h. Car, Minivan

i. Truck, Vehicle

■ **R10.2** 소규모 도구 가게의 재고를 관리하는 프로그램을 생각하자. 상위 클래스로 SmallAppliance가 있고, 하위 클래스로 Toaster, CarVacuum, TravelIron 등이 있는 것은 왜 유용하지 않을까?

■ **R10.3** ChoiceQuestion 클래스는 상위 클래스로부터 어떤 메소드들을 상속받는가? 어떤 메소드들을 오버라이드하는가? 어떤 메소드들을 추가하는가?

■ **R10.4** How To 10.1에서 SavingsAccount 클래스는 상위 클래스로부터 어떤 메소드들을 상속받는가? 어떤 메소드들을 오버라이드하는가? 어떤 메소드들을 추가하는가?

■ **R10.5** How To 10.1에서 CheckingAccount 객체의 인스턴스 변수들을 나열하라.

■■ **R10.6** 다음 클래스들의 상속 관계를 보여주는 상속 다이어그램을 작성하라.

- Person(사람)
- Employee(직원)
- Student(학생)
- Instructor(강사)
- Classroom교실)
- object(객체)

■ **R10.7** 객체-지향 교통 시뮬레이션 시스템에서, 아래와 같은 클래스들이 있다. 이 클래스들의 상속 관계를 보여주는 상속 다이어그램을 작성하라.

- Vehicle(차량)
- Car(승용차)
- Truck(트럭)
- Sedan(세단)
- Coupe(쿠페)
- PickupTruck(픽업 트럭)
- SportUtilityVehicle(SUV)
- Minivan(미니밴)
- Bicycle(자전거)
- Motorcycle(오토바이)

■ **R10.8** 다음 클래스들 사이에서 상속 관계를 수립하라.

- Student(학생)
- Professor(교수)
- TeachingAssistant(조교)
- Employee(종업원)
- Secretary(비서)
- DepartmentChair(학과장)
- Janitor(수위)
- SeminarSpeaker(세미나 발표자)
- Person(사람)
- Course(교과목)
- Seminar(세미나)
- Lecture(수업)
- ComputerLab(실험실)

■ **R10.9** 그림 8의 클래스 계층에서 Rectangle 클래스는 상위 클래스인 GeometricShape의 하위 클래스

로서 정의된다. 그런데 직사각형은 단순히 다각형의 한 특별한 형태다. GeometricShape 클래스 대신 Polygon 클래스를 상위 클래스로 하여 하위 클래스인 Rectangle 클래스를 정의하고 구현하라. Polygon 클래스는 Graphics P10.11에서와 같이 구현된다고 가정한다.

- **Graphics R10.10** (10.6.3절에서) Group 클래스의 draw 메소드에서 다형성의 역할을 설명하라.
- **Graphics R10.11** Group 객체를 또 다른 Group 객체에 추가할 수 있을까? 답과 함께 그 이유를 설명하라.
- **Graphics R10.12** Group 객체를 그 자신에게 추가하면 어떤 일이 발생할까?
- **Graphics R10.13** (10.6.2절에서의) Line 클래스에, 선분의 시작점 또는 끝점의 *x* 및 *y* 좌표로 구성된 튜플을 반환하는 접근자 메소드, getStartPoint와 getEndPoint를 적절하게 추가하라.
- **Graphics R10.14** (10.6.1절에서의) GeometricShape 클래스는 도형을 그리는 데에 사용되는 색을 지정하기 위해 인스턴스 변수 _fill과 _outline을 정의한다. 그러나 이 값에 접근하는 메소드는 정의되어 있지 않다. GeometricShape 계층 내에서 적절하게 접근자 메소드 getFill과 getOutline를 정의하라. *힌트*: 만일 한 도형 클래스가 채우기 색 또는 경계선 색 중 하나 또는 둘 모두를 사용하지 않는다면, 이 클래스의 인스턴스에 대해서는 채우기 또는 경계선 값이 반환되어서는 안 된다.

프로그래밍 연습문제

- ■■ **P10.1** 10.1절의 문제 계층에 NumericQuestion 클래스를 추가하라. 만일 사용자의 응답과 기대했던 답변이 0.01 이내로 차이가 난다면, 이 답변을 정답으로 처리하라.
- ■■ **P10.2** 10.1절의 문제 계층에 FillInQuestion 클래스를 추가하라. 이 클래스의 질문은 해답을 "The inventor of Python was _Guido van Rossum_"과 같이 밑줄 기호로 양쪽에서 감싼 문자열이 되도록 생성한다. 하지만 문제의 내용은 다음과 같이 해답 자리를 밑줄로 대체하여 표시하여야 한다.

```
The inventor of Python was _____
```

- ■ **P10.3** 사용자의 응답이 철자만 일치한다면 여러 종류의 빈칸 문자가 들어 있거나 대문자/소문자가 매치되지 않더라도 상관없도록 Question 클래스의 checkAnswer 메소드를 수정하라. 예를 들면, "GUIDO van Rossum"이라는 응답은 "Guido van Rossum"이라는 정답과 부합한다.
- ■■ **P10.4** 10.1절의 문제 계층에 정답이 여러 개가 될 수도 있도록 AnyCorrectChoiceQuestion 클래스를 추가하라. 응답자는 여러 개의 정답 항목 중 어느 하나만 제시하면 된다. 정답 문자열은 빈칸으로 구분된 모든 정답 항목들로 이루어져 있다. 문제 내용에 이에 대한 지시 사항을 반영하라.
- ■■ **P10.5** 10.1절의 문제 계층에 정답이 여러 개가 될 수 있도록 MultiChoiceQuestion 클래스를 추가하라. 응답자는 빈칸으로 구별된 모든 정답 항목들을 제시해야 한다. 문제 내용에 이에 대한 지

시 사항을 반영하라.

■■ P10.6 상위 클래스인 Question에 addText 메소드를 추가하고 선택 항목의 리스트를 저장하는 대신 addText를 호출하는 ChoiceQuestion의 또 다른 구현을 제공하라.

■ P10.7 Question 클래스와 ChoiceQuestion 클래스에 대한 __repr__ 메소드를 제공하라.

■■ P10.8 상위 클래스인 Person을 구현하라. Person으로부터 상속 받는 두 개의 클래스, Student 클래스와 Instructor 클래스를 만들어라. 사람에게는 이름과 태어난 해가 있다. 학생은 전공이 있고 교사는 월급을 받는다. 클래스 선언, 생성자, 그리고 모든 클래스에 대한 __repr__ 메소드를 작성하라. 이 클래스들과 메소드들을 테스트하는 테스트 프로그램을 제공하라.

■■ P10.9 이름과 월급을 속성으로 갖는 Employee 클래스를 만들고, Manager 클래스를 이 Employee 클래스로부터 상속받도록 하라. 문자열을 저장하는 _department 인스턴스 변수를 추가하라. 관리자의 이름, 소속, 월급을 출력하는 __repr__ 메소드를 제공하라. Executive 클래스를 Manager 클래스로부터 상속받도록 하라. 모든 클래스에 대한 적절한 __repr__ 메소드를 제공하라. 모든 클래스와 메소드들을 테스트하는 테스트 프로그램을 제공하라.

■■ Graphics P10.10 GeometricShape의 하위 클래스로서 라벨을 붙인 한 점을 모델링한 LabeledPoint 클래스를 구현하라. 라벨을 붙인 한 점에는 x 및 y 좌표와 문자열로 된 라벨 텍스트가 있고 생성자는 LabeledPoint(x, y, label)과 같이 이 값들을 인자로 받는다. 이 점의 위치에 작은 원을 그리고 라벨 텍스트를 표시하는 draw 메소드를 제공하라.

■■ Graphics P10.11 GeometricShape 클래스의 하위 클래스 Polygon을 구현하라. 생성자 __init__(self, vertexList)를 제공하라. 여기서 vertexList는 Worked Example 6.4에서와 같이 점들의 리스트이고, 각 점은 x와 y 좌표의 리스트다.

■■ Graphics P10.12 생성자 __init__(self)와 메소드 addVertex(self, x, y)를 가진 GeometricShape의 하위 클래스 Polygon을 구현하라.

■■ Graphics P10.13 Graphics P10.11에서의 Polygon 클래스의 하위 클래스 RegularPolygon을 구현하라. RegularPolygon은 정다각형을 모델링한다.

■ Graphics P10.14 Graphics P10.13에서의 RegularPolygon 클래스의 하위 클래스 Diamond를 구현하라. Diamond는 마름모를 모델링한다.

■ Graphics P10.15 Graphics P10.11에서의 Polygon 클래스의 하위 클래스 Triangle을 구현하라. Triangle은 삼각형을 모델링한다.

■■ Graphics P10.16 Group 객체는 이 객체를 둘러싼 박스의 왼쪽 위 모퉁이를 가지고 생성된다. 그러나 왼쪽 또는 위쪽의 경계에 닿는 도형이 추가되지 않는다면 실제 둘러싼 박스는 더 작을 것이다. 생성자가 (반드시 둘러싼 박스의 왼쪽 위 모퉁일 필요는 없는) 하나의 앵커 점을 받아들이도록 Group 클래스를 다시 구현하라. 모든 추가된 도형들의 위치는 이 앵커 점에 대해 상대적이다.

둘러싼 박스의 왼쪽 위 모퉁이를 업데이트하는 `add` 메소드를 다시 구현하라. `add` 메소드에서 도형을 더 이상 움직일 필요가 없음에 유의한다.

■■ Graphics P10.17 10.6절의 도형 계층에서 왼쪽 위 모퉁이를 기저 클래스에 저장하지 않고 각각의 하위 클래스에서 계산하도록 클래스들을 다시 구현하라.

■■ Graphics P10.18 10.6.2절에서 `Line` 클래스의 하위 클래스 `Arrow`는 화살표를 모델링한다. `draw` 메소드는 직선을 그리고 끝점에 두 개의 짧은 직선(화살표 팁)을 그려야 한다.

■■■ Graphics P10.19 10.6.2절에서 `Line` 클래스의 하위 클래스 `DashedLine`을 구현하라. `DashedLine`은 점선을 모델링한다. 생성자에 점선의 길이와 점선들 사이의 간격을 인자로서 제공하라.

■■■ Graphics P10.20 `GeometricShape` 클래스에 `scale(factor)` 메소드를 추가하고 각 하위 클래스에서 이 메소드를 구현하라. 이 메소드는 주어진 배율(factor)만큼 도형을 확대하거나 축소해야 한다. 예를 들면, `shape.scale(0.5)`와 같은 호출은 둘러싼 박스를 반으로 축소하고, 왼쪽 위 모퉁이를 캔버스의 왼쪽 위 모퉁이의 중간 지점으로 옮겨야 한다.

■■ Business P10.21 How To 10.1에서의 `CheckingAccount` 클래스를 월별 입금 또는 출금의 세 번의 초과 거래에 대해 수수료 $1를 부과하도록 수정하라. 이 수수료를 계산하기 위한 코드를 `deposit` 메소드와 `withdraw` 메소드에서 호출하는 별도의 메소드에 넣도록 하라.

■■ Business P10.22 상위 클래스 `Appointment`와 하위 클래스 `Onetime`, `Daily`, `Monthly`를 구현하라. 약속에는 내용(예를 들면, "치과 방문")과 날짜가 있다. 약속이 특정한 날짜에 잡혀 있는지 체크하는 `occursOn(year, month, day)` 메소드를 작성하라. 예를 들면, 월별 약속에 대해, 그달의 그 날짜가 일치하는지 체크해야 한다. 그런 다음 여러 개의 약속을 갖는 `Appointment` 객체 리스트를 채워라. 사용자가 날짜를 입력하도록 하고 그 날짜에 잡혀 있는 모든 약속을 출력하라.

© Pali Rao/iStockphoto.

■■ Business P10.23 Business P10.22의 약속 예약 프로그램을 개선시켜라. 사용자에게 새로운 약속을 추가할 수 있는 옵션을 제공하라. 사용자는 약속의 종류, 내용, 날짜를 명시해야 한다.

■■■ Business P10.24 Business P10.22와 Business P10.23의 약속 예약 프로그램을 개선시켜라. 사용자가 약속 데이터를 파일에 저장하고 파일로부터 그 데이터를 다시 로딩할 수 있도록 하라. 저장하는 부분은 간단하다. `save` 메소드를 만들어 약속의 종류, 내용, 날짜를 파일에 저장하라. 로딩 부분은 그렇게 간단하지 않다. 먼저 로딩할 약속의 종류를 결정하고, 해당 약속 종류의 객체를 생성한 다음 데이터를 로딩하기 위한 `load` 메소드를 호출하라.

■■■ Science P10.25 이 연습문제에서는 저항을 임의로 구성한 회로를 모델링할 것이다. `getResistance` 메소드를 제공하는 상위 클래스인 `Circuit`을 정의하라. 단일 저항을 나타내는 하위 클래스 `Resistor`와 `Circuit` 객체들의 리스트를 포함하는 하위 클래스 `Serial`과 `Parallel`을 정의하라. `Serial` 회

로는 단일 저항 또는 또 다른 회로가 직렬로 연결된 회로를 모델링한다. 이와 유사하게, `Parallel` 회로는 병렬로 연결된 여러 개의 회로를 모델링한다. 예를 들면, 다음 회로는 단일 저항과 하나의 `Serial` 회로를 포함하고 있는 `Parallel` 회로다.

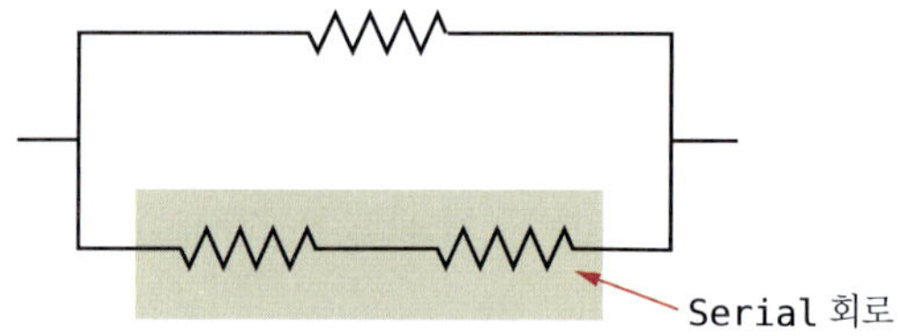

옴의 법칙(Ohm's law)을 사용하여 통합 저항을 계산하라.

■■ Science P10.26 아래 그림의 (a)는 **증폭기**(amplifier)라고 하는 전기 회로를 표현하는 기호다. 이 증폭기의 입력은 전압 v_i이고 출력은 전압 v_0이다. 증폭기의 출력은 입력에 비례한다. 이 비례 상수를 증폭기의 "이득"이라고 한다.

그림 (b), (c), (d)는 세 가지 종류의 증폭기인 **반전 증폭기**(inverting amplifier)와 **비반전 증폭기**(non-inverting amplifier), **전압-분할 증폭기**(voltage-divider amplifier)의 회로도다. 이 세 개의 증폭기 각각은 두 개의 저항과 하나의 op 앰프로 이루어져 있다. 각 증폭기의 이득은 이들 저항값에 따라 달라진다. 특히, 반전 증폭기의 이득 g는 $g = -\frac{R_2}{R_1}$으로 주어진다. 비슷하게, 비반전 증폭기의 이득과 전압 분할 증폭기의 이득은 각각 $g = 1 + \frac{R_2}{R_1}$과 $g = \frac{R_2}{R_1 + R_2}$로 주어진다.

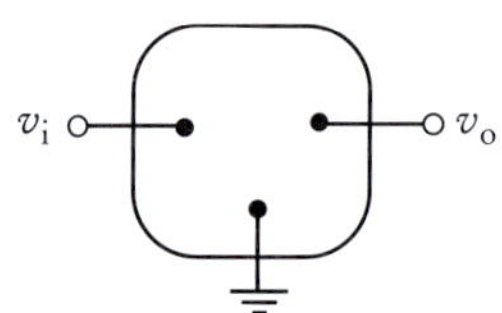

(a) 증폭기

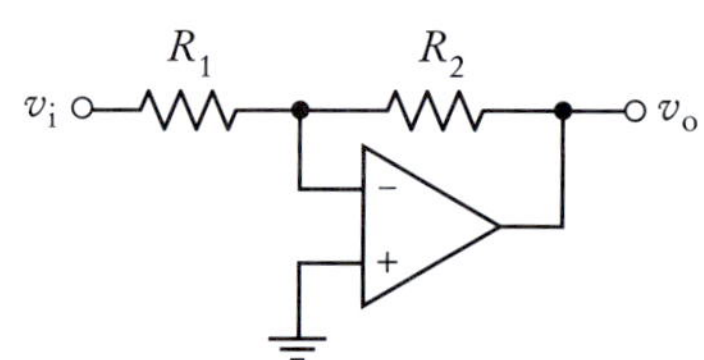

(b) 반전 증폭기

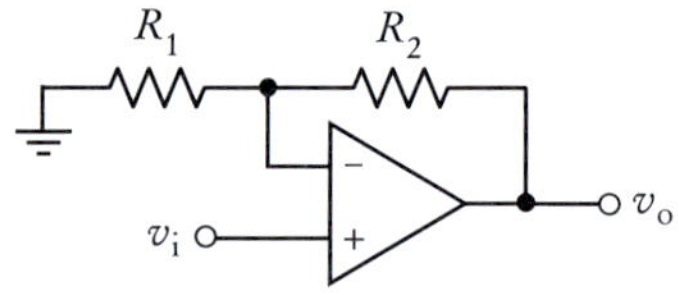

(c) 비반전 증폭기

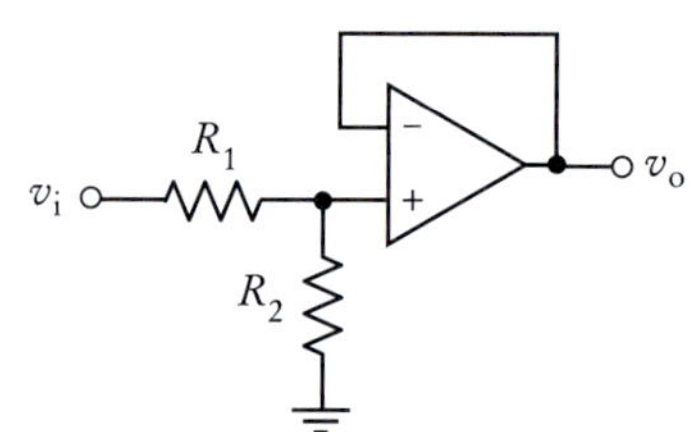

(b) 전압-분할 증폭기

증폭기를 상위 클래스로 표현하고 반전, 비반전, 전압 분할 증폭기들을 하위 클래스로 나타내는 파이썬 프로그램을 작성하라. 이 때 상위 클래스 메소드인 `getGain`은 증폭기의 이득을 얻어내고 `getDescription`은 증폭기를 식별하는 문자열을 반환하도록 구현하라. 각 하위 클래스의 생성자는 증폭기의 저항값을 두 개의 인자로 갖는다.

이 하위 클래스들은 상위 클래스의 `getGain`과 `getDescription` 메소드를 오버라이드할 필요가 있다.

샘플 저항값들에 대해 하위 클래스들이 모두 적절하게 동작하는지 보여주는 프로그램도 제공하라.

■■ Science P10.27 공진 회로는 여러 신호들 중에서 하나의 신호를(예를 들면, 라디오 방송국 또는 TV 채널) 선택하는 데 사용된다. 공진 회로는 아래 그림에 보이는 것과 같은 주파수 응답으로 특징짓는다. 공진 주파수 응답은 세 개의 파라미터, 즉 공진 주파수 ω_0, 대역폭 B, 그리고 공신 주파수에서의 이득 k로 완전하게 기술할 수 있다.

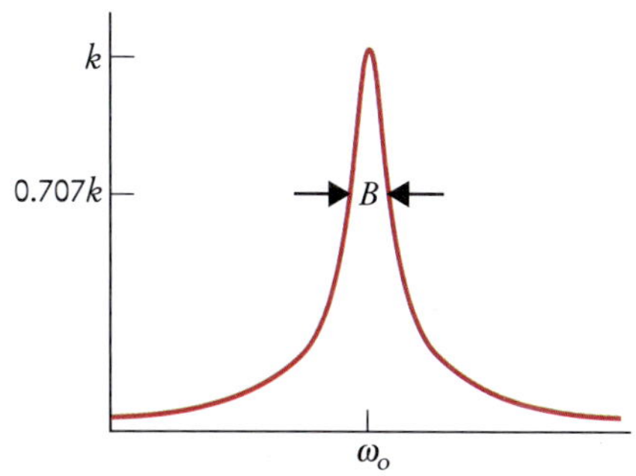

두 개의 간단한 공진 회로가 아래 그림에 나와 있다. (a) 회로는 **병렬 공진 회로**라 하고 (b) 회로는 **직렬 공진 회로**라 한다. 두 공진 회로 모두 저항값 R인 저항 하나, 커패시턴스 C인 커패시터 하나, 인덕턴스 L인 인덕터 하나로 이루어져 있다.

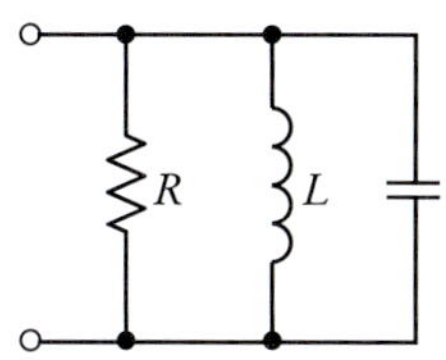

(a) 병렬 공진 회로

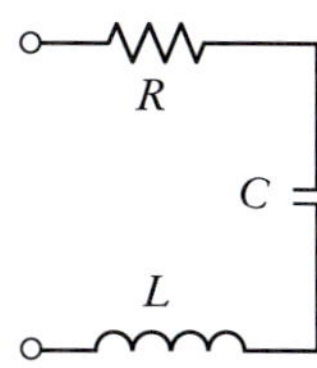

(b) 직렬 공진 회로

이 회로의 설계는 공진 주파수 응답이 지정된 ω_0, B, k의 값이 되도록 R, L, C의 값을 결정하는 것이다. 병렬 공진 회로에 대한 설계 방정식은 다음과 같다.

$$R = k, \quad C = \frac{1}{BR}, \text{그리고 } L = \frac{1}{\omega_o^2 C}$$

비슷하게, 직렬 공진 회로에 대한 설계 방정식은 다음과 같다.

$$R = \frac{1}{k}, \quad L = \frac{R}{B}, \text{그리고 } C = \frac{1}{\omega_o^2 L}$$

ResonantCircuit가 상위 클래스를 표현하고 SeriesResonantCircuit과 ParallelResonantCircuit이 하위 클래스를 표현하도록 하는 파이썬 프로그램을 작성하라. 상위 클래스에는 공진 주파수 응답의 파라미터 ω_0, B, k를 나타내는 세 개의 인스턴스 변수가 있다. 이 상위 클래스는 이 변수들 각각을 얻어내고 설정하는 공용 메소드를 제공해야만 한다. 또한 이 상위 클래스의 display 메소드는 공진 주파수 응답을 기술하는 문자열을 출력해야 한다.
각 하위 클래스는 각각 병렬 및 직렬 공진 회로를 설계하는 메소드를 제공해야 한다. 하위 클래스는 또한 주파수 응답 (ω_0, B, k의 값)과 회로 (R, L, C의 값)의 설명을 출력하도록 상위 클래스의 display 메소드를 오버라이드해야 한다.
모든 클래스들은 적절한 생성자를 제공해야 한다.
하위 클래스들이 적절하게 동작하는 것을 보여주는 프로그램 또한 제공하라.

■ **Toolbox P10.28** Toolbox 10.1의 뱀 게임의 한 가지 약점은 게임이 끝난 후에도 여전히 키를 가지고 뱀을 움직일 수 있다는 것이다. 게임에서 이기면 왕관 또는 월계관 스프라이트를 뱀에게 씌우고 움직이지 못하게 하는 win 메소드를 snake에 추가하라.

■ **Toolbox P10.29** Toolbox 10.1의 뱀 게임을 여러 번 실행할 수 있도록 개선하라.

■■ **Toolbox P10.30** Toolbox P10.29에서 뱀 게임의 기능을 강화시킨 것과 같이, Toolbox 10.1의 뱀 게임에 최고 점수를 보여주는 점수판을 보여주도록 기능을 강화하라. 사용자가 자신의 이름의 머리글자를 입력할 수 있도록 하라. 텍스트를 그리는 데 필요한 단계는 pygame 문서를 검색하라.

■■■ **Toolbox P10.31** Toolbox P10.30에서 기술한 것과 같은 최고 점수판은 어떤 종류의 게임에서든 쓸모가 많다. 이 기능을 GameBase 클래스에 추가하라. 게임 프로그램을 중단하면, 10위까지의 최고 점수와 이름 머리글자를 파일에 저장하고 게임이 재시작될 때 이것을 복원하라.

■■ **Toolbox P10.32** 일반적으로 "뱀"이라고 부르는 게임에서, 사용자가 방향 키를 사용하여 다수의 선분들로 이루어진 뱀의 방향을 바꾸고 먹이 아이템(일반적으로 사과) 쪽을 향하도록 한다. 먹이를 먹게 되면, 뱀은 선분 하나를 추가한다. 그리고 벽에 부딪히면 뱀은 죽는다. Toolbox 10.1의 게임 프레임워크를 이용하여 이러한 게임을 구현하라.

부록 A

파이썬 연산자 정리

Python Operator Summary

아래 표에 파이썬의 연산자들을 우선순위가 높은 순으로 그룹 지어 나열하였다. 표에서 가로줄은 연산자의 우선순위가 바뀜을 나타낸다. 더 높은 우선순위를 가진 연산자는 더 낮은 우선순위를 가진 연산자들보다 좀 더 강하게 묶인다. 예를 들면, `x + y * z`는 `x + (y * z)`를 의미하는데, `*` 연산자가 `+` 연산자보다 더 높은 우선순위를 갖기 때문이다. 아래 표를 보면, `x and y or z`는 `(x and y) or z`를 의미한다는 것을 알 수 있는데, `or` 연산자의 우선순위가 더 낮기 때문이다.

연산자의 **결합법칙**(associativity)은 연산자들이 왼쪽으로부터 오른쪽으로 묶일지 오른쪽으로부터 왼쪽으로 묶일지를 나타낸다. 파이썬에서의 모든 연산자들은 거듭제곱(exponentiation)을 제외하고는 모두 왼쪽으로부터 오른쪽으로 결합된다. 예를 들면, `-` 연산자는 왼쪽으로부터 오른쪽으로 묶인다. 그렇기 때문에 `x - y - z`는 `(x - y) - z`를 의미한다. 그러나 `**` 연산자는 오른쪽으로부터 왼쪽으로 묶이고 `x ** y ** z`는 `x ** (y ** z)`를 의미한다.

연산자	설명	참고 위치
[]	인덱스	2.4.4절, 6.1.2절
[:]	슬라이스 연산자	Special Topic 6.3
()	함수 호출 또는 메소드 호출	2.2.4절
.	메소드 또는 인스턴스 변수 접근	2.4.5절, 9.2절
**	거듭제곱	2.2.2절
+ (단항)	양수	2.2.1절
– (단항)	음수	2.2.1절
~ (단항)	비트별 *not*	부록 E
*	곱셈	2.2.1절
/	실수 나눗셈	2.2.1절
//	버림 나눗셈	2.2.3절
%	정수 나머지	2.2.3절
*	시퀀스 복제	2.4.2절

<table>
<tr><th>연산자</th><th>설명</th><th>참고 위치</th></tr>
<tr><td>+</td><td>덧셈</td><td>2.2.1절</td></tr>
<tr><td>+</td><td>시퀀스 덧붙이기</td><td>2.4.2절</td></tr>
<tr><td>-</td><td>뺄셈</td><td>2.2.1절</td></tr>
<tr><td><<</td><td>비트별 왼쪽 이동</td><td>부록 E</td></tr>
<tr><td>>></td><td>비트별 오른쪽 이동</td><td>부록 E</td></tr>
<tr><td>&</td><td>비트별 and</td><td>부록 E</td></tr>
<tr><td>^</td><td>비트별 exclusive or</td><td>부록 E</td></tr>
<tr><td>|</td><td>비트별 or</td><td>부록 E</td></tr>
<tr><td>in</td><td>원소 테스트: 컨테이너 포함</td><td>3.8절, 6.3.5절</td></tr>
<tr><td>not in</td><td>원소 테스트: 컨테이터 불포함</td><td>3.8절, 6.3.5절</td></tr>
<tr><td>is</td><td>동등 테스트: 별칭임</td><td>9.10.1절</td></tr>
<tr><td>is not</td><td>동등 테스트: 별칭이 아님</td><td>9.10.1절</td></tr>
<tr><td><</td><td>작음</td><td>3.2절</td></tr>
<tr><td><=</td><td>작거나 같음</td><td>3.2절</td></tr>
<tr><td>></td><td>큼</td><td>3.2절</td></tr>
<tr><td>>=</td><td>크거나 같음</td><td>3.2절</td></tr>
<tr><td>!=</td><td>같지 않음</td><td>3.2절</td></tr>
<tr><td>==</td><td>같음</td><td>3.2절</td></tr>
<tr><td>not</td><td>부울 not</td><td>3.7절</td></tr>
<tr><td>and</td><td>부울 “단락 회로” and</td><td>3.7절</td></tr>
<tr><td>or</td><td>부울 “단락 회로” or</td><td>3.7절</td></tr>
<tr><td>if - else</td><td>조건 표현식</td><td>Special Topic 3.1</td></tr>
<tr><td>lambda</td><td>익명 함수</td><td>다루지 않음</td></tr>
</table>

파이썬 예약어 정리

Python Reserved Word Summary

예약어	설명	참고 위치
`and`	부울 *and*	3.7절
`as`	객체의 다른 이름을 지정하기 위한 `try` 또는 `with` 구문의 일부분으로 사용됨	7.5절
`assert`	조건이 충족됨을 확인함	다루지 않음
`break`	현재 루프에서 벗어남	Special Topic 4.2
`class`	클래스를 정의함	9.2절
`continue`	루프 몸체의 남은 부분들을 생략함	다루지 않음
`def`	함수 또는 메소드를 정의함	5.2절, 9.2절
`del`	컨테이너에서 원소 하나를 제거함	다루지 않음
`elif`	대안 조건 분기문	3.4절
`else`	`if`문에서 대안 구문	3.1절
`except`	`try` 블록에서의 예외 상황 처리기	7.5절
`finally`	항상 실행되는 `try` 블록의 구문	7.5절
`for`	컨테이너의 원소들에 걸쳐서 반복하는 루프	4.6절
`False`	거짓 부울 값	3.7절
`from`	모듈로부터 항목들을 포함시키기 위해 `import` 구문과 함께 사용됨	2.2절
`global`	변수가 전역 범위를 가지고 있음을 선언함	5.8절
`if`	조건 분기문	3.1절
`import`	한 모듈 내에서 개별 항목들 또는 다른 모듈의 전체 내용을 포함시킴	2.2절, Special Topic 2.1
`in`	컨테이너에 포함되어 있는 원소인지 여부를 테스트함	3.8절
`is`	변수가 별칭인지 여부를 테스트함	9.10절
`lambda`	익명 함수를 생성할 때 사용됨	다루지 않음

예약어	설명	참고 위치
None	존재하지 않은 참조를 가리키는 특별한 값	9.10절
not	부울 *not*	3.7절
or	부울 *or*	3.7절
pass	명령문이 요구될 때	다루지 않음
raise	예외 상황 제기	7.5절
return	메소드로부터 반환	5.4절
True	참 부울 값	3.7절
try	예외 처리기 또는 finally 처리기의 코드 블록	7.5절
with	특정 문맥 내에서 실행되는 코드 블록	Special Topic 7.4
while	루프문	4.1절
yield	생성자 함수의 결과를 반환함	다루지 않음

부록 C

파이썬 표준 라이브러리

The Python Standard Library

여기서는 표준 파이썬 라이브러리와 이 책에서 사용한 그래픽 모듈의 모든 함수 및 클래스에 대해 간략하게 설명한다.

내장 함수

- `abs`(*x*)

이 함수는 절댓값 |*x*|를 계산한다.

파라미터: *x* 수치 값

반환값: 인자의 절댓값

- `bytes`()
- `bytes`(*x*)

이 함수는 새로운 bytes 시퀀스를 생성한다. 인자가 주어지지 않으면, 빈 bytes 시퀀스가 생성된다. 정수 인자가 주어지면, 주어진 수만큼의 0 bytes 시퀀스가 생성된다. 시퀀스 인자가 제공되면, 그 시퀀스의 원소들을 포함한 bytes 시퀀스가 생성된다.

파라미터: *x* 정수 또는 시퀀스

반환값: 새로운 bytes 시퀀스

- `chr`(*x*)

이 함수는 유니코드 값이 *x*인 단일 문자 하나만을 포함하는 문자열을 생성한다.

파라미터: *x* 정수 값

반환값: 유니코드 값이 *x*인 문자 하나만을 포함한 문자열

- `dict`()
- `dict`(*container*)

이 함수는 새로운 딕셔너리를 생성한다. 인자가 없으면 빈 딕셔너리를 생성하고, *container*가 딕셔너리면 이 딕셔너리의 복사본이 생성된다. 만일 *container*가 변경 불가한 객체들의 시퀀스이면, 이 컨테이너의 원소들은 새로운 딕셔너리의 키가 된다.

파라미터: *container* 시퀀스 또는 새로운 딕셔너리를 생성할 딕셔너리

반환값: 새로운 딕셔너리

- `float`(*x*)

이 함수는 문자열 또는 정수 값을 부동-소수점 값으로 변환한다.

파라미터: *x* 문자열 또는 수치 값

반환값: 새로운 부동-소수점 값

- `hash`(*object*)

이 함수는 *object*에 대한 해시(hash) 값을 생성한다. 해시 값들은 딕셔너리 키들을 비교할 때 사용된다.

파라미터: *object* 임의의 타입인 객체

반환값: 정수인 해시 값

- `input`()
- `input`(*prompt*)

이 함수는 키보드(표준 입력)를 통한 사용자의 입력을 문자들의 시퀀스로 얻어낸다. 인자가 제공되면, 문자들이 입력되기 전에 *prompt* 문자열이 콘솔 창(표준 출력)에 표시된다.

파라미터: *prompt* 사용자에 대한 프롬프트로서 표시될 문자열

반환값: 사용자가 입력한 문자들을 포함한 문자열

- `int`(*x*)

이 함수는 수 또는 문자열을 하나의 정수 값으로 변환한다.

파라미터: *x* 문자열 또는 수치 값
반환값: 새로운 정수 객체

- `isinstance`(*object*, *name*)
- `isinstance`(*object*, *nametuple*)

이 함수는 객체가 어떤 클래스 또는 그 클래스의 하위 클래스의 인스턴스인지 여부를 결정한다. 두 번째 인자는 단일 클래스의 이름이거나 클래스 이름들의 튜플이 될 수 있다. 만일 튜플이 제공되면, 이 함수는 객체가 튜플에서 지정된 임의의 클래스들의 인스턴스인지 여부를 결정한다.

파라미터: *object* 임의의 타입인 객체
name 단일 클래스 이름
nametuple 클래스 이름의 튜플
반환값: 이 객체가 인자로서 주어진 임의의 클래스들의 인스턴스이면 `True`, 그렇지 않으면 `False`

- `issubclass`(*class*, *name*)
- `issubclass`(*class*, *nametuple*)

이 함수는 한 클래스가 다른 클래스의 하위 클래스인지 여부를 결정한다. 두 번째 인자는 단일 클래스의 이름이거나 클래스 이름들의 튜플이 될 수 있다. 만일 튜플이 제공된다면, 이 함수는 이 클래스가 튜플에서 지정된 임의의 클래스들의 하위 클래스인지 여부를 결정한다.

파라미터: *class* 클래스 이름
name 단일 클래스 이름
nametuple 클래스 이름의 튜플
반환값: 클래스가 인자로서 주어진 임의의 클래스들의 하위 클래스이면 `True`, 그렇지 않으면 `False`

- `len`(*container*)

이 함수는 *container* 안에 있는 원소들의 수를 반환한다.

파라미터: *container* 컨테이너
반환값: 원소들의 수를 가리키는 정수

- `list`()
- `list`(*container*)

이 함수는 새로운 리스트를 생성한다. 인자가 없으면 빈 리스트를 생성한다. *container*가 리스트이면 이 리스트의 복사본을 생성하고, *container*가 딕셔너리면 이 딕셔너리의 키를 포함한 리스트를 생성한다. *container*가 시퀀스이면, 새로운 리스트는 이 시퀀스의 원소들을 포함한다.

파라미터: *container* 새로운 리스트를 생성하는 데 사용될 원소들로 이루어진 컨테이너
반환값: 새로운 리스트

- `max`(arg_1, arg_2, ...)
- `max`(*container*)

이 함수는 어떤 한 집합에서의 가장 큰 값을 반환한다. 인자가 하나만 주어지고 이 인자가 컨테이너이면 이 컨테이너 안의 가장 큰 원소가 반환된다. 이 컨테이너는 비어 있으면 안 된다. 만일 다수의 인자가 주어지면, 이 함수는 그 값들 중 가장 큰 값을 반환한다.

파라미터: *container* 컨테이너
arg_1, arg_2, ... 비교가 가능한 임의의 타입의 값들
반환값: 한 집합에서의 가장 큰 값

- `min`(arg_1, arg_2, ...)
- `min`(*container*)

이 함수는 어떤 한 집합에서의 가장 작은 값을 반환한다. 인자가 하나만 주어지고 이 인자가 컨테이너이면 이 컨테이너 안의 가장 작은 원소가 반환된다. 이 컨테이너는 비어 있으면 안 된다. 만일 다수의 인자가 주어지면, 이 함수는 그 값들 중 가장 큰 값을 반환한다.

파라미터: *container* 컨테이너
arg_1, arg_2, . . . 비교가 가능한 임의의 타입의 값들
반환값: 한 집합에서 가장 작은 값

- `next`(*iterator*)

이 함수는 컨테이너 또는 반복자(iterator)로부터 다음 아이템을 반환한다.

파라미터: *iterator* `for` 루프에서 사용될 수 있는 반복자 객체 또는 컨테이너
반환값: 컨테이너 또는 반복자에서의 다음 아이템. 더

이상의 아이템이 없다면, `StopIteration` 예외가 제기된다.

- **open**(*filename*, *mode*)

이 함수는 *filename* 이름을 가진 텍스트 파일 또는 이진 파일을 열고, 이것을 파일 객체와 연관시킨다. 파일은 읽기용, 쓰기용, 또는 읽기 및 쓰기용으로 열 수 있다. 읽기용으로 파일을 열 때는 파일이 반드시 존재해야 하고 그렇지 않으면 예외가 제기된다. 쓰기용으로 파일을 여는데 파일이 존재하지 않는다면, 새로운 파일이 생성된다. 만일 쓰기용으로 파일을 여는데 이미 존재하는 파일이라면, 기존 파일의 내용은 삭제된다. 파일을 덧붙이기 모드로 여는데 파일이 존재하지 않는다면, 새로운 파일이 생성된다. 만일 덧붙이기로 파일을 여는데 파일이 존재한다면, 새로운 텍스트가 기존 파일의 마지막 부분에 덧붙여진다.

파라미터: *filename* 디스크상의 파일 이름을 나타내는 문자열

mode 텍스트 파일을 여는 모드를 나타내는 문자열: 읽기(`"r"`), 쓰기(`"w"`), 덧붙이기(`"a"`), 읽기/쓰기(`"r+"`). 이진 파일에 대해서는: 읽기(`"rb"`), 쓰기(`"wb"`), 덧붙이기(`"ab"`), 읽기/쓰기(`"rb+"`)

반환값: 디스크상의 파일과 연관된 파일 객체

- **ord**(*char*)

이 함수는 한 문자에 대한 유니코드 값을 반환한다.

파라미터: *char* 문자 하나를 포함하고 있는 문자열

반환값: 문자열 안에 있는 문자의 유니코드 값

- **print**()
- **print**(arg_1, arg_2, ...)
- **print**(arg_1, arg_2, ..., end=*string*, sep=*string*, file=*fileobj*)

이 함수는 인자들(arg_1, arg_2, . . .)을 `sep` 문자열로 구분되어 `end` 문자열로 끝나도록 콘솔 창(표준 출력)에 출력한다. 아무런 인자도 주지 않는다면, 이 함수는 단순히 새로운 줄을 시작한다. 기본적으로 인자들은 빈칸으로 구분되고 마지막 인자 다음으로 줄바꿈 문자(`\n`)가 따라와서, 새로운 줄을 시작한다. 마지막에 줄바꿈 문자가 나타나지 않게 하려면, 빈 문자열을 `end` 문자열로 지정한다(`end=""`). 인자들을 빈칸이 아닌 다른 문자열로 구분하기 위해서는 새로운 `sep` 문자열을 지정한다. 표준 출력 대신 텍스트 파일에 출력하기 위해서는 `file=` 인자로서 파일 객체를 지정한다.

파라미터: arg_1, arg_2, . . . 출력할 값들

`end=`*string* *string*이 가장 나중 인자의 값에 뒤따라 출력될 것임을 나타내는 인자

`sep=`*string* *string*이 인자 값들 사이에 출력될 것임을 나타내는 인자

`file=`*fileobj* 인자들이 출력될 텍스트 파일 객체 *fileobj*를 가리키는 인자

- **range**(*stop*)
- **range**(*start*, *stop*)
- **range**(*start*, *stop*, *step*)

이 함수는 `for`문에서 사용될 수 있는 정수 값들의 시퀀스 컨테이너를 생성한다. 이 정수들의 시퀀스는 *start* 값부터 *stop* 값보다 1 작은 값까지 *step* 값만큼씩 증가하는 값들이다. 만일 *stop* 값만 주어지면, *start*는 0이고 *step*은 1이다. 만일 *start*와 *stop*만 주어지면, *step*은 1이다.

파라미터: *start* 범위 안의 첫 번째 값을 나타내는 정수

stop 범위에 포함될 마지막 값보다 최소한 1 큰 값을 나타내는 정수

step 시퀀스 내에서 각 값들 사이의 간격을 나타내는 정수

반환값: `for`문에서 사용될 수 있는 반복자 객체

- **round**(*value*)
- **round**(*value*, *digits*)

이 함수는 한 수치 값을 주어진 위치의 소수점 자리로 반올림한다. 만일 *value*값만 주어지면, 가장 가까운 정수로 반올림한다.

파라미터: *value* 반올림할 정수 또는 부동-소수점 값

반환값: 인자를 가장 가까운 정수 또는 주어진 위치의

소수점 자리로 반올림한 값

- **set**()
- **set**(*container*)

이 함수는 새로운 세트를 생성한다. 인자가 없으면, 빈 세트를 생성한다. 만일 *container*가 세트이면, 이 세트의 복사본이 생성된다. 만일 *container*가 딕셔너리면, 이 딕셔너리의 키를 포함하는 세트가 생성된다. 그렇지 않고 *container*가 시퀀스이면, 이 시퀀스의 유일한 원소들을 포함하는 새로운 세트를 생성한다.

파라미터: *container* 새로운 세트를 생성하는 데 사용될 원소를 포함하고 있는 컨테이너

반환값: 새로운 세트

- **sorted**(*container*)

이 함수는 컨테이너의 원소들로부터 정렬된 리스트를 생성한다. 원소들은 기본적으로 오름차순으로 정렬된다.

파라미터: *container* 정렬될 원소들의 컨테이너

반환값: 새로 정렬된 리스트

- **str**(*object*)

이 함수는 객체를 문자열로 변환한다.

파라미터: *object* 변환될 객체

반환값: 새로운 문자열

- **sum**(*container*)

이 함수는 컨테이너 원소들의 합을 계산한다. 이 컨테이너는 반드시 수를 포함하고 있어야 한다.

파라미터: *container* 더할 수치 값들의 컨테이너

반환값: 컨테이너 원소들의 합

- **super**()

이 함수가 반환하는 객체에 대해 메소드를 호출하면, 상위 클래스의 메소드가 호출된다.

- **tuple**()
- **tuple**(*container*)

이 함수는 새로운 튜플을 생성한다. 인자가 없으면, 빈 튜플을 생성한다. 만일 *container*가 튜플이면, 이 튜플의 복사본이 생성된다. 만일 *container*가 딕셔너리면, 이 딕셔너리의 키를 포함하는 튜플이 생성된다. 그렇지 않고 *container*가 시퀀스 컨테이너면, 이 새 튜플은 시퀀스 원소들을 포함한다.

파라미터: *container* 새 튜플을 생성하는 데 사용되는 원소들의 컨테이너

반환값: 새 튜플

내장 클래스

dict 클래스

- *d* = **dict**()
- *d* = **dict**(*c*)

이 함수는 새 딕셔너리를 생성한다. 만일 *c*가 딕셔너리면, 이 딕셔너리의 복사본이 생성된다. 만일 *c*가 불변인 객체의 시퀀스이면, 이 시퀀스 원소들은 새로운 딕셔너리의 키다. 인자가 없다면, 빈 딕셔너리를 생성한다.

파라미터: *c* 새로운 딕셔너리가 생성될 딕셔너리 또는 시퀀스

반환값: 새로운 딕셔너리

- *value* = *d*[*key*]

[] 연산자는 딕셔너리에서 *key*와 연관된 값을 반환한다. 이 키는 반드시 존재해야 하고 그렇지 않으면 예외가 제기된다.

- *d*[*key*] = *value*

만일 *key*가 딕셔너리에 존재하지 않는다면, [] 연산자는 새로운 *key*/*value* 항목을 딕셔너리에 추가한다. 만일 *key*가 존재한다면, *value*는 이 *key*와 연관된다.

- *key* **in** *d*
- *key* **not in** *d*

in/not in 연산자는 *key*가 딕셔너리 *d*에 있는지 여부를 결정한다.

- **len**(*d*)

이 함수는 딕셔너리의 항목의 개수를 반환한다.

파라미터: *d* 딕셔너리

반환값: 딕셔너리 항목의 수를 나타내는 정수

- *d*.**clear**()

이 메소드는 딕셔너리로부터 모든 항목들을 제거한다.

- *d*.**get**(*key*, *default*)

이 메소드는 *key*와 연관된 값을 반환한다. 만일, *key*가 존재하지 않는다면, *default*를 반환한다.

파라미터: *key* 탐색 키
default 이 키가 딕셔너리에 존재하지 않을 때 반환되는 값

반환값: 이 키와 연관된 값 또는 이 키가 딕셔너리에 존재하지 않는다면, *default* 값

- *d*.**items**()

이 메소드는 딕셔너리 항목들의 리스트를 반환한다. 이 리스트는 딕셔너리의 각 항목마다 하나씩의 튜플을 포함하고 있다. 각 튜플의 첫 번째 원소는 키를, 두 번째 원소는 이 키와 연관된 값을 포함한다.

반환값: 딕셔너리 항목들을 포함하는 튜플의 리스트

- *d*.**keys**()

이 메소드는 딕셔너리 키들의 리스트를 반환한다.

반환값: 딕셔너리의 키들을 포함하는 리스트

- *d*.**pop**(*key*)

이 메소드는 딕셔너리로부터 이 *key*와 연관된 값을 제거한다.

파라미터: *key* 탐색 키

반환값: 이 키와 연관된 값

- *d*.**values**()

이 메소드는 딕셔너리 값들의 리스트를 반환한다.

반환값: 딕셔너리의 값들을 포함하는 리스트

list 클래스

- *l* = **list**()
- *l* = **list**(*sequence*)

이 함수는 비어 있거나 또는 *sequence*의 모든 원소들을 포함하는 새 리스트를 생성한다.

파라미터: *sequence* 새 리스트가 생성될 시퀀스

반환값: 새 리스트

- *value* = *l*[*position*]

[] 연산자는 리스트에서 *position*에 위치한 원소를 반환한다. 이 위치는 유효한 범위 내에 있어야 한다. 그렇지 않다면 예외가 제기된다.

- *l*[*position*] = *value*

[] 연산자는 리스트에서 *position*에 위치한 원소를 교체한다. 이 위치는 유효한 범위 내에 있어야 한다. 그렇지 않다면 예외가 제기된다.

- *element* **in** *l*
- *element* **not in** *l*

in/not in 연산자는 *element*가 이 리스트에 있는지 여부를 결정한다.

- **len**(*l*)

이 함수는 리스트 내의 원소의 수를 반환한다.

파라미터: *l* 리스트

반환값: 리스트 내의 원소의 수를 나타내는 정수

- *l*.**append**(*element*)

이 메소드는 *element*를 리스트의 끝에 덧붙인다.

파라미터: *element* 덧붙일 원소

- *l*.**index**(*element*)

이 메소드는 리스트에서 *element*의 위치를 반환한다. 이 원소는 이 리스트 안에 있어야 한다. 그렇지 않으면 예외가 제기된다.

파라미터: *element* 위치를 찾고자 하는 원소

반환값: 이 원소를 포함하고 있는 리스트 내의 위치

- *l*.**insert**(*position*, *element*)

이 메소드는 리스트 내의 *position* 위치에 *element*를 삽입한다. 주어진 위치와 이후의 원소들은 한 자리씩 뒤로 움직인다.

파라미터: *position* 원소가 삽입될 위치
element 삽입될 원소

- *l*.**pop**()
- *l*.**pop**(*position*)

이 메소드는 리스트로부터 맨 마지막 원소를 제거하거나 *position* 위치에 있는 원소를 제거한다. 주어진 위치 후의 모든 원소들은 한 자리씩 앞으로 움직인다.

파라미터: *position* 제거될 원소의 위치

반환값: 제거된 원소

- *l*.**remove**(*element*)

이 메소드는 리스트로부터 *element*를 제거하고 이후의 원소들을 모두 한 자리씩 위로 움직인다. 이 원소는 반드시 리스트 내에 있어야 하고 그렇지 않다면 예외가 제기된다.

파라미터: *element* 제거될 원소

- *l*.**sort**()

이 메소드는 가장 작은 것부터 가장 큰 것 순으로 리스트 내의 원소들을 정렬한다.

set 클래스

- *s* = **set**()
- *s* = **set**(*sequence*)

이 함수는 비어 있는 새 세트 또는 *sequence*의 복사본을 생성한다. 만일 *sequence*가 중복된 값을 포함한다면, 이 값 중 딱 하나의 인스턴스만 세트에 추가된다.

파라미터: *sequence* 새 세트가 생성될 시퀀스

반환값: 새 세트

- *element* **in** *s*
- *element* **not in** *s*

in/not in 연산자는 *element*가 이 세트에 있는지 여부를 판단한다.

- **len**(*s*)

이 함수는 세트 내의 원소들의 수를 반환한다.

파라미터: *s* 세트

반환값: 세트 원소의 수를 나타내는 정수

- *s*.**add**(*element*)

이 메소드는 세트에 *element*를 추가한다. 만일 이 원소가 이미 세트에 존재한다면, 어떤 동작도 발생하지 않는다.

파라미터: *element* 새 원소

- *s*.**clear**()

이 메소드는 세트로부터 모든 원소들을 제거한다.

- *s*.**difference**(*t*)

이 메소드는 세트 *s*에는 있고 세트 *t*에는 없는 원소들을 포함한 새 세트를 생성한다.

파라미터: *t* 세트

반환값: 차집합의 결과로 얻어지는 새 세트

- *s*.**discard**(*element*)

이 메소드는 세트로부터 *element*를 제거한다. 만일 이 원소가 세트의 원소가 아니면, 아무런 동작도 발생하지 않는다.

파라미터: *element* 세트로부터 제거될 원소

- *s*.**intersection**(*t*)

이 메소드는 세트 *s*와 세트 *t*에 모두 들어 있는 원소들을 포함하는 새 세트를 생성하고 반환한다.

파라미터: *t* 세트

반환값: 교집합의 결과로 얻어지는 새 세트

- *s*.**issubset**(*t*)

이 메소드는 세트 *s*가 세트 *t*의 부분집합인지 여부를 결정한다.

파라미터: *t* 세트

반환값: *s*가 *t*의 부분집합이면 True, 그렇지 않으면 False

- *s*.**remove**(*element*)

이 메소드는 세트로부터 *element*를 제거한다. 만일 *element*가 이 세트에 없다면, 예외가 제기된다.

파라미터: *element* 제거될 원소

- *s*.**union**(*t*)

이 메소드는 세트 *s* 또는 세트 *t*에 들어 있는 모든 원소들을 포함한 새로운 세트를 생성하고 반환한다.

파라미터: *t* 세트

반환값: 합집합의 결과로 얻어지는 새 세트

str 클래스

- *s* = **str**()
- *s* = **str**(*object*)

이 함수는 빈 문자열 또는 *object*를 문자열로 변환한 결과를 생성한다.

파라미터: *object* 변환될 객체

반환값: 새 문자열

- *substring* **in** *s*
- *substring* **not in** *s*

in/not in 연산자는 *substring*이 문자열 *s*에 들어 있는지 여부를 판단한다.

- **len**(*s*)

이 함수는 문자열 *s*의 길이를 반환한다.

파라미터: *s* 문자열

반환값: 이 문자열 내의 문자의 개수를 나타내는 정수

- *s*.**count**(*substring*)

이 메소드는 문자열 *s* 내에서 *substring*이 겹치지 않고 나타나는 빈도를 반환한다.

파라미터: *substring* 찾고자 하는 문자열

반환값: 문자열 내에서 하위 문자열의 발생 횟수

- *s*.**endswith**(*substring*)

이 메소드는 문자열 *s*가 *substring*으로 끝나는지 여부를 결정한다.

파라미터: *substring* 찾고자 하는 문자열

반환값: 문자열 *s*가 *substring*으로 끝나면 True, 그렇지 않으면 False

- *s*.**find**(*substring*)
- *s*.**find**(*substring*, *begin*)

이 메소드는 문자열 *s* 내에서 *substring*이 시작하는 가장 낮은 인덱스를 반환하거나 *substring*을 찾을 수 없으면 −1을 반환한다. *begin* 인자가 주어지면, *begin* 인덱스부터 시작하여 문자열 *s*의 끝까지 이러한 탐색을 수행한다.

파라미터: *substring* 찾고자 하는 문자열

begin 탐색을 시작하는 문자열 *s* 내부의 시작 인덱스

반환값: 문자열 내에서 *substring*이 시작하는 위치

- *s*.**isalnum**()

이 메소드는 문자열 *s*가 단지 문자와 숫자로만 이루어져 있고 최소한 하나 이상의 문자를 포함하는지 여부를 테스트한다.

반환값: 두 조건을 모두 만족하면 True, 그렇지 않으면 False

- *s*.**isalpha**()

이 메소드는 문자열 *s*가 오직 문자로만 이루어져 있으며 최소한 하나 이상의 문자를 포함하는지 여부를 테스트한다.

반환값: 두 조건을 모두 만족하면 True, 그렇지 않으면 False

- *s*.**isdigit**()

이 메소드는 문자열 *s*가 오직 숫자로만 이루어져 있으며 최소한 하나 이상의 문자를 포함하는지 여부를 테스트한다.

반환값: 두 조건을 모두 만족하면 True, 그렇지 않으면 False

- *s*.**islower**()

이 메소드는 문자열 *s*가 오직 소문자로만 이루어져 있으며 최소한 하나 이상의 문자를 포함하는지 여부를 테스트한다.

반환값: 두 조건을 모두 만족하면 True, 그렇지 않으면 False

- *s*.**isspace**()

이 메소드는 문자열 *s*가 오직 공백 문자(빈칸, 새 줄, 탭)로만 이루어져 있으며 최소한 하나 이상의 문자를 포함하는지 여부를 테스트한다.

반환값: 두 조건을 모두 만족하면 True, 그렇지 않으면 False

- *s*.**isupper**()

이 메소드는 문자열 *s*의 소문자 버전인 새로운 문자열을 반환한다.

반환값: 문자열의 새로운 소문자 버전

- *s*.**lstrip**()
- *s*.**lstrip**(*chars*)

이 메소드는 문자열 *s*의 앞단(맨 왼쪽)으로부터 공백 문자(빈칸, 탭, 새 줄)가 제거된 문자열 *s*의 새로운 버전을 반환한다. 만일 인자기 주어지면, 문자열 내에서 *chars* 문자들이 빈칸 문자 대신 제거된다.

파라미터: *chars* 제거된 문자들을 지정하는 문자열

반환값: 문자열의 새로운 버전

- `s.replace(old, new)`

이 메소드는 *old* 문자열이 나타난 곳이 모두 문자열 *new*로 대체된 문자열 *s*의 새로운 버전을 반환한다.

파라미터: *old* 교체될 문자열
new 이전 문자열을 교체할 문자열

반환값: 문자열의 새로운 버전

- `s.rstrip()`
- `s.rstrip(chars)`

이 메소드는 문자열 *s*의 뒷단(맨 오른쪽)으로부터 공백 문자(빈칸, 탭, 새 줄)가 제거된 문자열 *s*의 새로운 버전을 반환한다. 만일 인자가 주어진다면, 문자열 내에서 *chars* 문자들이 빈칸 문자 대신 제거된다.

파라미터: *chars* 제거된 문자들을 지정하는 문자열

반환값: 문자열의 새로운 버전

- `s.rsplit(sep, maxsplit)`

이 메소드는 하위문자열 *sep*을 구획문자로 이용하여 문자열 *s*의 맨 오른쪽부터 시작하여 쪼갠 문자열 *s*로부터 얻어진 단어의 리스트를 반환한다.

파라미터: *sep* 쪼개는 데 사용되는 구분자를 지정하는 하위문자열
maxsplit 쪼개는 최대 횟수

반환값: 문자열을 쪼갠 결과로 얻는 단어들의 리스트

- `s.split()`
- `s.split(sep)`
- `s.split(sep, maxsplit)`

이 메소드는 문자열 *s*로부터의 단어들의 리스트를 반환한다. 하위문자열 *sep*이 주어지면, 이것은 구획문자로 사용되고, 만일 *sep*이 주어지지 않으면 임의의 공백 문자가 구획문자로 사용된다. *maxsplit*이 주어지면, 단지 그 수만큼 쪼개지게 되어, 결과적으로 최대 *maxsplit* + 1개의 단어들을 얻게 된다.

파라미터: *sep* 쪼개는 데 사용되는 구분자를 지정하는 부분문자열
maxsplit 쪼개는 최대 횟수

반환값: 문자열을 쪼갠 결과로 얻는 단어들의 리스트

- `s.splitlines()`

이 메소드는 줄바꿈 문자 `\n`을 구획문자로 이용하여 문자열의 개별 줄을 포함한 리스트를 반환한다.

반환값: 문자열로부터 쪼개진 개별 줄들을 포함한 리스트

- `s.startswith(substring)`

이 메소드는 문자열 *s*가 *substring*으로 시작하는지 여부를 판단한다.

파라미터: *substring* 탐색하고자 하는 부분문자열

반환값: 문자열 *s*가 *substring*으로 시작하면 `True`, 그렇지 않으면 `False`

- `s.strip()`
- `s.strip(chars)`

이 메소드는 문자열 *s*의 양 끝(앞과 뒤)에서 모두 공백 문자(빈칸, 탭, 새 줄)가 제거된 문자열 *s*의 새로운 버전을 반환한다. 인자가 주어지면, 문자열 *chars* 내의 문자들이 공백 문자 대신 제거된다.

파라미터: *chars* 제거할 문자들을 지정하는 문자열

반환값: 문자열의 새로운 버전

- `s.upper()`

이 메소드는 문자열 *s*의 대문자 버전인 새로운 문자열을 반환한다.

반환값: 문자열의 새로운 대문자 버전

파일 입출력

공통 메소드와 함수

다음 메소드와 함수들은 텍스트 파일과 이진 파일에서 모두 공통이다.

- `open(filename, mode)`

이 함수는 이름이 *filename*인 텍스트 또는 이진 파일을 열고 이것을 파일 객체와 연관시킨다. 파일은 읽기용, 쓰기용, 또는 읽기 및 쓰기용으로 열 수 있다. 파일을 읽기용으로 연다면 이 파일은 반드시 존재해야 하고, 그렇지 않으면 예외가 제기된다. 파일을 쓰기용으로 열고 이 파일이 존재하지 않는다면, 새로운 파일이 생성된다. 만일 파일이 존재한다면, 기존 파일의 내용은 지워진다.

파일을 덧붙이기 모드로 열고 파일이 존재하지 않는다면, 새로운 파일이 생성된다. 만일 파일이 존재한다면, 새로운 텍스트가 기존 파일의 끝부분에 덧붙여진다.

파라미터: *filename* 디스크상의 파일 이름을 나타내는 문자열

mode 파일이 열리는 모드를 지정하는 문자열. 텍스트 파일에 대한 모드는 다음과 같다. 읽기 모드("r"), 쓰기 모드("w"), 덧붙이기 모드("a"), 읽기/쓰기 모드("r+"). 이진 파일에 대한 모드는 다음과 같다. 읽기 모드("rb"), 쓰기 모드("wb"), 덧붙이기 모드("ab"), 읽기/쓰기 모드("rb+")

반환값: 디스크상의 이 파일과 연관된 파일 객체

- *f*.`close()`

이 메소드는 열려 있는 파일을 닫는다. 파일이 이미 닫혀 있다면, 아무런 효과도 나타나지 않는다.

- *f*.`seek`(*offset*, *relative*)

이 메소드는 파일 마커를 주어진 *offset* 바이트만큼 움직인다. *relative* 인자는 이 파일 마커가 파일의 시작 위치를 기준으로 움직일지(SEEK_SET), 현재 파일 마커의 위치를 기준으로 움직일지(SEEK_CUR), 또는 파일의 끝 위치를 기준으로 움직일지(SEEK_END)를 나타낸다.

파라미터: *offset* 파일 마커를 움직일 바이트 수를 나타내는 정수

relative `SEEK_SET`, `SEEK_CUR`, `SEEK_END` 중 하나(os 모듈에서 정의되어 있음)

반환값: 파일 마커의 새로운 절대 위치

- *f*.`tell()`

이 메소드는 파일 마커의 현재 위치를 알려준다.

반환값: 파일 마커의 절대 위치

텍스트 파일 메소드

다음 메소드들은 텍스트 파일에서 사용할 수 있다.

- *f*.`read()`
- *f*.`read`(*num*)

이 메소드는 읽기 모드로 열려져 있는 파일로부터 다음 *num*만큼의 문자들을 읽고 이것들을 하나의 문자열로 반환한다. 인자가 주어지지 않으면, 전체 파일을 읽고 파일의 내용을 단일 문자열로 반환한다. 파일로부터 모든 문자들을 이미 읽었다면 빈 문자열이 반환된다.

파라미터: *num* 읽어야 할 문자들의 수를 나타내는 정수

반환값: 파일로부터 읽은 문자들을 포함하는 문자열

- *f*.`readline()`

이 메소드는 읽기 모드로 열려져 있는 파일로부터 다음 한 줄의 텍스트를 읽고 이것을 문자열로 반환한다. 파일의 끝에 다다르면 빈 문자열이 반환된다.

반환값: 파일로부터 읽은 문자들을 포함하는 문자열

- *f*.`readlines()`

이 메소드는 읽기 모드로 열려져 있는 파일로부터 나머지 텍스트들을 읽고 이것을 문자열의 리스트로 반환한다. 이 리스트의 각 원소는 파일로부터의 각 줄 하나를 담고 있다.

반환값: 파일로부터 읽은 텍스트들의 줄들을 포함하는 문자열의 리스트

- *f*.`write`(*string*)

이 메소드는 쓰기 모드로 열려 있는 파일에 *string*을 쓴다.

파라미터: *string* 쓸 문자열

이진 파일 메소드

다음 메소드들은 이진 파일에서 사용할 수 있다.

- *f*.`read()`
- *f*.`read`(*num*)

이 메소드는 읽기 모드로 열려 있는 이진 파일로부터 다음 *num* 바이트를 읽고 이것을 bytes 시퀀스로 반환한다. 인자가 주어지지 않으면, 전체 파일을 읽고 그 내용을 단일 bytes 시퀀스로 반환한다.

파라미터: *num* 읽을 바이트의 수를 나타내는 정수

반환값: 파일로부터 읽은 바이트들을 포함한 bytes 시퀀스

- *f*.**write**(*data*)

이 메소드는 쓰기 모드로 열려 있는 이진 파일에 바이트 시퀀스를 쓴다.

파라미터: *data* bytes 시퀀스

csv 모듈

reader 클래스

- *r* = **reader**(*filename*)

이 함수는 CSV 파일의 내용 전반에 걸쳐 반복하는 데 사용될 수 있는 새로운 읽기 객체를 반환한다. 이 파일은 반드시 존재해야 하고 그렇지 않으면 예외가 제기된다.

파라미터: *filename* CSV 파일의 이름을 포함한 문자열

반환값: CSV 읽기 객체

writer 클래스

- *w* = **writer**(*filename*)

이 함수는 새로운 CSV 파일을 생성하는 데 사용될 수 있는 새로운 쓰기 객체를 생성한다. 만일 파일이 존재하지 않으면 새로운 파일이 생성되고, 파일이 존재한다면 기존 파일의 내용은 삭제된다.

파라미터: *filename* CSV 파일의 이름을 포함한 문자열

반환값: CSV 쓰기 객체

- *w* = **writerow**(*row*)

이 메소드는 CSV 파일에 열 데이터의 다음 행을 추가한다. 이 데이터는 반드시 문자열 또는 수의 시퀀스로 전달해야 한다.

파라미터: *row* 다음 행을 구성할 문자열 또는 수의 시퀀스

email.mime.multipart 모듈

- *m* = **MIMEMultipart**()

이 함수는 이메일 메시지를 생성하는 데 사용되는 MIME Message 객체를 생성하고 반환한다.

반환값: Message 객체

Message 클래스

- *m*.**add_header**(*field*, *value*)

이 메소드는 이메일 메시지에 새로운 헤더 항목을 추가한다. 헤더 항목은 필드와 이에 해당하는 값으로 이루어져 있다.

파라미터: *field* 이메일 메시지 헤더 필드의 이름을 포함한 문자열

value 주어진 헤어 필드와 연관된 값을 포함한 문자열

- *m*.**attach**(*content*)

이 메소드는 이메일 메시지의 본문에 내용을 추가한다. *content*는 반드시 MIME 내용 객체여야 한다.

파라미터: *content* 추가될 내용을 포함한 MIME 내용 객체

email.mime.text 모듈

- **MIMEText**(*data*, *type*)

이 함수는 *data* 내에서 제공되는 텍스트를 저장하는 새로운 MIME 내용 객체를 생성한다.

파라미터: *data* MIME 내용 객체에 저장될 텍스트를 포함한 문자열

type 텍스트의 MIME 인코딩 타입을 포함한 문자열. 많이 쓰는 값은 "plain"과 "text"가 있음

반환값: MIME 내용 객체

email.mime.image 모듈

- **MIMEImage**(*data*)

이 함수는 이미지의 원시 데이터를 저장하는 새로운 MIME 내용 객체를 생성한다. 이 새로운 내용 객체는 제공되는 *data*로 초기화된다.

파라미터: *data* 원시 이미지 데이터를 포함하는 문자열

반환값: MIME 내용 객체

email.mime.application 모듈

- **MIMEApplication**(*data*)

이 함수는 PDF 문서와 스프레드시트와 같은 응용프로그램의 특유의 데이터를 저장하는 새로운 MIME 내용 객체를 생성한다. 이 새로운 내용 객체는 주어진 *data*로 초기화된다.

파라미터: *data* 응용프로그램-특유 데이터를 포함한 문자열

반환값: MIME 내용 객체

json 모듈

- **dumps**(*d*)

이 함수는 딕셔너리의 전체 내용을 JSON-포맷의 문자열로 변환한다.

파라미터: *d* JSON 문자열이 생성될 딕셔너리

반환값: JSON-포맷 문자열

- **loads**(*s*)

이 함수는 JSON-포맷 문자열을 딕셔너리로 변환한다. JSON 문자열에서 지정된 수치 값은 적절한 데이터형인 정수 또는 부동-소수점 수로 변환된다.

파라미터: *s* JSON 포맷으로 저장되어 있는 데이터를 포함한 문자열

반환값: JSON 문자열로부터 얻어진 데이터를 포함한 딕셔너리

math 모듈

- e

이 상수는 자연 로그의 밑인 e의 값이다.

- pi

이 상수는 π 값이다.

- **acos**(*x*)

이 함수는 주어진 코사인 값의 각을 반환한다.

$\cos^{-1} x \in [0, \pi]$

파라미터: *x* –1부터 1 사이의 부동-소수점 값

반환값: 인자의 아크코사인 (라디안)

- **asin**(*x*)

이 함수는 주어진 사인 값의 각을 반환한다.

$\sin^{-1} x \in [-\pi/2, \pi/2]$

파라미터: *x* –1부터 1 사이의 부동-소수점 값

반환값: 인자의 아크사인 (라디안)

- **atan**(*x*)

이 함수는 주어진 탄젠트 값의 각을 반환한다.

$\tan^{-1} x \in (-\pi/2, \pi/2)$

파라미터: *x* 부동-소수점 값

반환값: 인자의 아크탄젠트 (라디안)

- **atan2**(*y*, *x*)

이 함수는 주어진 코사인 값의 각을 반환한다. $\tan^{-1}(y/x) \in (-\pi, \pi)$. x가 0이거나 "북서"를 "남동"과 구분할 필요가 있다면 atan(*y*/*x*) 대신 이 함수를 사용하라.

파라미터: *y*, *x* 두 개의 부동-소수점 값

반환값: (0, 0)과 (x, y) 사이의 각(라디안)

- **ceil**(*x*)

이 함수는 x보다 크거나 같은 가장 작은 정수를 반환한다.

파라미터: *x* 부동-소수점 값

반환값: 인자보다 크거나 같은 가장 작은 정수

- **cos**(*x*)

이 함수는 주어진 각(라디안)의 코사인을 반환한다.

파라미터: *x* 라디안 단위의 각

반환값: 인자의 코사인

- **degrees**(*x*)

이 함수는 라디안을 60분법의 각으로 변환한다.

파라미터: *x* 라디안 단위의 각

반환값: 60분법 단위의 각

- **exp**(*x*)

이 함수는 e가 자연 로그의 밑일 때, e^x의 값을 반환한다.

파라미터: *x* 부동-소수점 값

반환값: e^x

- **fabs**(*x*)

이 함수는 부동-소수점 값의 절댓값 $|x|$를 반환한다.

파라미터: *x* 수치 값

반환값: 부동-소수점으로 표현된 인자의 절댓값

- `factorial(x)`

이 함수는 x의 계승, $x!$을 반환한다.

파라미터: x 0보다 크거나 같은 정수

반환값: 인자의 계승

- `floor(x)`

이 함수는 x보다 작거나 같은 가장 큰 정수를 반환한다.

파라미터: x 부동-소수점 값

반환값: 인자보다 작거나 같은 가장 큰 정수

- `hypot(x, y)`

이 함수는 유클리드 노옴(norm) $\sqrt{x^2 + y^2}$을 반환한다.

파라미터: x, y 두 수치 값

반환값: 원점으로부터 점 (x, y)까지의 벡터의 길이

- `log(x)`
- `log(x, base)`

이 함수는 x의 (밑이 e인) 자연 로그를 반환하거나, 또는 두 번째 인자가 주어지면, 주어진 밑의 로그 x를 반환한다.

파라미터: x 0.0보다 큰 수

base 정수

반환값: 인자의 로그값

- `log2(x)`
- `log10(x)`

이 함수는 밑이 2 또는 10인 로그 x의 값을 반환한다.

파라미터: x 0.0보다 큰 수

반환값: 밑이 2 또는 10인 인자의 로그 값

- `radians(x)`

이 함수는 60분법의 각을 라디안의 각으로 변환한다.

파라미터: x 60분법 단위의 각

반환값: 라디안 단위의 각

- `sin(x)`

이 함수는 라디안으로 주어진 각의 사인값을 반환한다.

파라미터: x 라디안으로 주어진 각

반환값: 인자의 사인값

- `sqrt(x)`

이 함수는 x의 제곱근, $\sqrt{x}$를 반환한다.

파라미터: x 0.0보다 크거나 같은 부동-소수점 값

반환값: 인자의 제곱근

- `tan(x)`

이 함수는 라디안으로 주어진 각의 탄젠트 값을 반환한다.

파라미터: x 라디안으로 주어진 각

반환값: 인자의 탄젠트 값

- `trunc(x)`

이 함수는 부동-소수점 값 x를 정수로 버림 연산을 한다.

파라미터: x 부동-소수점 값

반환값: 정수로 표현된 인자의 정수 부분

os 모듈

- `SEEK_CUR`
- `SEEK_END`
- `SEEK_SET`

이 상수들은 파일 마커가 오프셋되는 기준 위치를 지정하기 위해 `seek` 메소드에서 사용된다. 즉, `SEEK_CUR`는 파일 마커의 현재 위치에 상대적으로 오프셋됨을 나타내고, `SEEK_END`는 파일의 끝에서 상대적으로 그리고 `SEEK_SET`은 파일의 시작에서 상대적으로 오프셋됨을 나타낸다.

- `chdir(path)`

이 함수는 현재의 작업 디렉토리를 *path*로 바꾼다.

파라미터: *path* 디렉토리의 절대 또는 상대 이름을 포함한 문자열

- `getcwd()`

이 함수는 현재 작업 디렉토리의 완전한 경로 이름을 반환한다.

반환값: 현재 작업 디렉토리의 이름을 포함한 문자열

- `listdir()`
- `listdir(path)`

이 함수는 현재 디렉토리 또는 *path*로 주어진 디렉토리 내의 항목들(파일, 하위 디렉토리)의 이름을 포함한 리스트를 반환한다.

파라미터: *path* 디렉토리의 절대 또는 상대 이름을 포

함한 문자열

반환값: 디렉토리 내의 항목들의 이름을 포함한 문자열의 리스트

- `remove`(*filename*)

이 함수는 기존 파일을 삭제한다.

파라미터: *filename* 기존 파일의 절대 또는 상대 이름을 가진 문자열

- `rename`(*source*, *dest*)

이 함수는 파일의 이름을 바꾸거나 옮긴다.

파라미터: *source* 기존 파일의 절대 또는 상대 이름을 가진 문자열

dest 파일의 새로운 절대 또는 상대 이름을 포함한 문자열

os.path 모듈

- `exists`(*path*)

이 함수는 *path*가 기존 파일 또는 디렉토리를 가리키는지 여부를 판단한다.

파라미터: *path* 디렉토리 또는 파일의 절대 또는 상대 이름을 포함한 문자열

반환값: 파일 또는 디렉토리가 존재하면 `True`, 그렇지 않으면 `False`

- `getsize`(*path*)

이 함수는 파일 이름이 *path*로 지정된 파일의 크기를 반환한다.

파라미터: *path* 파일의 상대 또는 절대 이름을 포함한 문자열

반환값: 바이트 단위의 파일 크기

- `isdir`(*path*)

이 함수는 *path*가 디렉토리를 가리키는지 여부를 나타낸다.

파라미터: *path* 디렉토리의 상대 또는 절대 이름을 포함한 문자열

반환값: *path*가 디렉토리의 이름이면 `True`, 아니면 `False`

- `isfile`(*path*)

이 함수는 *path*가 파일을 가리키는지 여부를 나타낸다.

파라미터: *path* 파일의 상대 또는 절대 이름을 포함한 문자열

반환값: *path*가 파일의 이름이면 `True`, 아니면 `False`

- `join`(*path*, *name*)

이 함수는 사용되는 운영시스템에 대한 적절한 경로 구분자를 포함하여 한 경로에 파일 또는 디렉토리 이름을 덧붙인다.

파라미터: *path* 상대 또는 절대 경로 이름을 포함한 문자열

name 경로에 덧붙일 파일 또는 디렉토리 이름을 포함한 문자열

반환값: 새로운 경로 이름을 포함한 문자열

random 모듈

- `randint`(*first*, *last*)

이 함수는 랜덤 수 발생기로부터 추출된 *first*부터 *last*(포함)까지의 영역에서 균등하게 분포된 정수인 다음 유사-랜덤 수를 반환한다.

파라미터: *first*, *last* 정수 영역의 첫 번째 값과 마지막 값

반환값: *first*보다 크거나 같고 *last*보다 작거나 같은 범위에서의 다음 유사-랜덤 정수

- `random()`

이 함수는 랜덤 수 발생기로부터 추출된 0.0(포함)과 1.0(불포함) 사이의 균등하게 분포된 부동-소수점 수인 다음 유사-랜덤 수를 반환한다.

반환값: 0.0보다 크거나 같고 1.0보다 작은 범위에서의 다음 유사-랜덤 부동-소수점 수

re 모듈

- `split`(*pattern*, *string*)

이 함수는 문자열 *string*을 정규 표현식 *pattern*이 나타날 때마다 쪼개서 그 결과 얻게 되는 부분 문자열들의 모음을 리스트로 반환한다.

파라미터: *pattern* 주어진 문자열을 어디에서 쪼개야 할지 판단하는 데 사용되는 정규 표현식을 포함한 문자열

string 주어진 표현식 패턴에 기반하여 쪼갤 문자열

반환값: 문자열을 쪼갬으로써 얻게 되는 부분 문자열 또는 단어들을 포함한 리스트

shutil 모듈

- **copy**(*source*, *dest*)

이 함수는 소스 파일의 전체 내용을 디렉토리 또는 새로운 파일로 복사한다.

파라미터: *source* 기존 파일의 절대 또는 상대 이름을 가진 문자열

dest 기존 디렉토리 또는 새로운 파일의 절대 또는 상대 이름을 포함한 문자열

smtplib 모듈

SMTP 클래스

- *c* = **SMTP**(*host*, *port*)

이 함수는 이메일 메시지를 보내기 위해 이메일 서버에 연결하기 위한 새로운 SMTP(Simple Mail Transfer Protocol) 객체를 생성한다.

파라미터: *host* 이메일 서버의 호스트명을 포함한 문자열

port 이메일 서버와의 연결이 생성되는 네트워크 포트 넘버를 가리키는 정수 값

반환값: SMTP 연결 객체

- *c*.**starttls**()

이 메소드는 이메일 서버와의 연결을 생성하고 보안 통신을 켠다.

- *c*.**login**(*username*, *password*)

이 메소드는 주어진 자격 사항(credential)을 이용하여 이메일 서버로 로그인한다.

파라미터: *username* 메시지가 보내질 계정의 사용자 이름을 포함하는 문자열

password 계정의 패스워드를 포함하는 문자열

- *c*.**send_message**(*msg*)

이 메소드는 자신의 컴퓨터로부터 서버로 이메일 메시지를 전송하고, 이것은 다시 적절한 수신자에게 보내어진다.

파라미터: *msg* 이메일 메시지에 대한 헤더와 본문 내용을 포함하는 올바르게 작성된 Message 객체

- *c*.**quit**()

이 메소드는 서버와의 연결을 닫고 이메일 세션을 종료한다.

sys 모듈

- argv

이 변수는 명령행으로부터 프로그램으로 전달된 문자열 인자 리스트를 참조한다.

- **exit**()
- **exit**(*message*)

이 함수는 프로그램을 끝낸다. 인자가 주어지면, *message*가 종료되기 전에 표시된다.

파라미터: *message* 콘솔 창에 출력된 문자열

time 모듈

- **sleep**(*seconds*)

이 함수는 주어진 시간(초)만큼 프로그램을 중지시킨다.

파라미터: *seconds* 프로그램을 중단시킬 초의 수

- **time**()

이 함수는 만국 표준시(Universal Time)로 1970년 1월 1일 자정부터 현재 시각까지의 차를 초 단위로 반환한다.

반환값: 1970년 1월 1일 이후 초 단위 현재 시간

urllib.parse 모듈

- **urlencode**(*params*)

이 함수는 urllib.request.urlopen 함수에서 사용할 목적으로 형식화된 URL 인자의 시퀀스를 포함한 문자열을 생성한다. 이 문자열에 포함될 인자들은 주어진 딕셔너리 내에서 키/값 쌍으로 지정된다.

파라미터: *params* URL 인자의 키/값 쌍을 포함하는 딕셔너리

반환값: 올바르게 형식화된 URL 인자 시퀀스를 포함한 문자열

urllib.request 모듈

- *r* = **urlopen**(*url*)

이 함수는 웹 페이지에 접속하고 그 페이지를 읽기 위해 연다. HTTPResponse 객체가 반환되고, 이것이 실제 읽어오는 동작을 관할한다.

파라미터: *url* 읽어야 할 웹 페이지의 URL(universal resource locator)를 포함한 문자열

반환값: HTTPResponse 객체

HTTPResponse 클래스

- *r*.**read**()

이 메소드는 웹 페이지의 본문을 읽고 이것을 바이트 시퀀스로 반환한다.

반환값: 웹 페이지 본문의 전체 내용을 포함한 바이트 시퀀스

- *r*.**close**()

이 함수는 HTTPResponse 객체를 닫고 웹 페이지와의 연결을 끊는다.

ezgraphics 모듈

ezgraphics 모듈은 오픈소스 프로젝트로부터의 내용들에 기반을 두고 있다. 이 프로젝트에 대한 더 많은 정보를 얻기 위해서는 http://ezgraphics.org 웹 사이트를 방문하고 전체 기능 사용에 대한 튜토리얼을 살펴보기 바란다.

GraphicsWindow 클래스

- *w* = **GraphicsWindow**()
- *w* = **GraphicsWindow**(*width*, *height*)

이 함수는 빈 그래픽 캔버스를 포함하는 새로운 그래픽 윈도우를 생성한다. 폭과 높이가 제공되지 않는다면 기본으로 이 캔버스의 크기는 400 × 400이다.

파라미터: *width*, *height* 창에 포함될 캔버스의 픽셀 단위 크기

반환값: 그래픽 윈도우 객체

- *w*.**canvas**()

이 메소드는 창에 포함된 그래픽 캔버스에 대한 참조를 반환한다.

반환값: 그래픽 캔버스에 대한 참조

- *w*.**close**()

이 메소드는 그래픽 윈도우를 닫고 데스크톱에서 영원히 제거한다. 이 윈도우가 닫힌 후에는 그래픽 객체를 더 이상 사용할 수 없다.

- *w*.**getKey**()

이 메소드는 사용자가 누른 다음 키를 얻어 반환한다. 프로그램은 중단되고 사용자가 어떤 키든 누르기를 기다린다.

반환값: 어떤 키가 눌렸는지 나타내는 문자열

- *w*.**getMouse**()

이 메소드는 캔버스상에서 다음 마우스 버튼 클릭의 위치를 얻어 반환한다. 프로그램은 중단되고 캔버스 영역 내에서 사용자가 마우스 버튼을 누를 때까지 기다린다.

반환값: 버튼이 눌렸을 때 마우스 포인터의 캔버스 좌표를 포함한 원소가 두 개인 튜플(x, y)

- *w*.**hide**()

이 메소드는 그래픽 윈도우를 숨기고 아이콘화시킨다. 윈도우는 여전히 열린 상태이고 사용 가능하지만, 데스크톱에서 보여지지 않는다. 윈도우가 유효하지 않다면, 예외가 세기된다.

- *w*.**isValid**()

이 메소드는 그래픽 윈도우가 유효한지(열려 있는지) 여부를 결정한다.

반환값: 그래픽 윈도우가 유효하면(열려 있으면) `True` 또는 닫혀 있다면 `False`

- *w*.**setTitle**(*title*)

이 메소드는 윈도우의 제목 막대 부분에 표시될 텍스트를 설정한다.

파라미터: *title* 윈도우 제목이 될 문자열

- *w*.**show**()

이 메소드는 데스크톱에 그래픽 윈도우를 디스플레이한다. 그래픽 윈도우가 유효하지 않다면, 예외가 제기된다.

- *w*.**wait**()

이 메소드는 그래픽 윈도우가 열려 있는 상태를 유지하고 사용자가 제목 막대 내의 "닫힘" 버튼을 누르거나 또는 프로그램이 `close` 메소드를 호출하기를 기다린다.

GraphicsCanvas 클래스

- *c*.**clear**()

이 메소드는 캔버스 위에 이전에 그려진 텍스트와 모든 기하학적 도형들을 제거하면서 캔버스를 깨끗하게 지운다.

- *c*.**drawArc**(*x*, *y*, *diameter*, *startAngle*, *extent*)

이 메소드는 캔버스 위에 호를 그린다. 이 호를 그리는데 사용되는 스타일은 `setArcStyle` 메소드를 이용하여 지정된다. 기본 스타일(`"slice"`)은 부채꼴을 그린다.

파라미터: x, y 호를 둘러싼 정사각형의 왼쪽 위 모퉁이의 좌표
diameter 호가 그려지는 원의 크기(정수로 주어짐)
startAngle 호가 시작되는 원의 바깥쪽을 둘러싼 각(도 단위로 주어짐). 각도 0은 x-축에 평행하면서 원의 중심을 지나는 직선이다.
extent 도 단위로 주어진 호의 크기

반환값: 캔버스상에서의 호, 현, 또는 부채꼴을 식별하는 고유한 정수 값

- *c*.**drawImage**(*image*)
- *c*.**drawImage**(*x*, *y*, *image*)

이 메소드는 캔버스 위에 이미지를 그린다. 이 이미지는 캔버스상에서 왼쪽 상단 모퉁이가 (0, 0)에 위치하거나 (x, y)에 위치하도록 그려진다. (x, y)가 주어지지 않는다면, 캔버스는 이 이미지에 꼭 맞게끔 크기가 재조정된다.

파라미터: x, y 이미지의 왼쪽 상단 모퉁이의 좌표
image 디스플레이될 이미지를 포함한 `GraphicsImage` 객체

반환값: 캔버스상에서 이 이미지를 식별하는 고유한 정수 값

- *c*.**drawLine**(x_1, y_1, x_2, y_2)

이 메소드는 두 점 사이의 선분을 그린다.

파라미터: x_1, y_1 정수로 주어지는 시작 점의 좌표
x_2, y_2 정수로 주어지는 끝 점의 좌표

반환값: 캔버스상에서 이 직선을 식별하는 고유한 정수 값

- *c*.**drawOval**(*x*, *y*, *width*, *height*)

이 메소드는 캔버스에 타원을 그린다.

파라미터: x, y 둘러싼 직사각형의 왼쪽 위 모퉁이의 좌표
width, *height* 둘러싼 직사각형의 폭과 높이

반환값: 캔버스상에서 이 타원을 식별하는 고유한 정수 값

- *c*.**drawPoint**(*x*, *y*)

이 메소드는 캔버스 위에 점 하나를 그린다.

파라미터: x, y 정수로 주어지는 점의 좌표

반환값: 캔버스상에서 이 점을 식별하는 고유한 정수 값

- *c*.**drawPoly**(*sequence*)
- *c*.**drawPoly**(x_1, y_1, x_2, y_2, x_3, y_3, ...)

이 메소드는 연속된 x- 및 y- 좌표값으로 주어진 꼭짓점들을 이용하여 캔버스 위에 다각형을 그린다. 이 좌표들은 단일 인자인 시퀀스 컨테이너 내에서 주어지거나 다

수 인자들로 주어진다.

파라미터: *sequence* 다각형 꼭짓점의 좌표들을 지정하는 정수들의 리스트 또는 튜플. 최소한 값 여섯 개를 포함해야 한다.

$x_1, y_1, x_2, y_2, x_3, y_3, \ldots$ 다각형 꼭짓점의 정수 좌표들

반환값: 캔버스상에서 이 다각형을 식별하는 고유한 정수 값

- `c.drawRect(x, y, width, height)`

이 메소드는 캔버스 위에 직사각형 하나를 그린다.

파라미터: *x*, *y* 직사각형의 왼쪽 상단 모퉁이의 좌표

width, *height* 직사각형의 폭과 높이

반환값: 캔버스상에서 이 직사각형을 식별하는 고유한 정수 값

- `c.drawText(x, y, text)`

이 메소드는 캔버스 위에 텍스트를 그린다. 이 텍스트는 앵커 점 (*x*, *y*)에 대해 상대적으로 그려진다. 이 앵커 점의 기본 위치는 이 텍스트를 둘러싼 박스의 북서쪽 모퉁이이다. 이 문자열이 줄바꿈 문자를 포함한다면, 여러 줄의 텍스트가 그려질 것이다.

파라미터: *x*, *y* 앵커 점 좌표

text 그려질 텍스트를 포함한 문자열

반환값: 캔버스상에서 이 텍스트를 식별하는 고유한 정수 값

- `c.drawVector(x1, y1, x2, y2)`

이 메소드는 끝점에 화살촉을 가진 두 점 사이의 화살표를 그린다.

파라미터: x_1, y_1 정수로 주어진 시작점의 좌표

x_2, y_2 정수로 주어진 끝점의 좌표

반환값: 캔버스상에서 이 벡터를 식별하는 고유한 정수 값

- `c.height()`

이 메소드는 캔버스의 높이(수식 크기)를 반환한다.

반환값: 캔버스의 높이

- `c.width()`

이 메소드는 캔버스의 폭(수평 크기)을 반환한다.

반환값: 캔버스의 폭

- `c.setAnchor(position)`

이 메소드는 캔버스 위에 새로운 텍스트를 그릴 때 사용되는 앵커 점을 설정한다. 이 위치는 텍스트를 둘러싼 박스 위의 점이고, 지리학적 방향으로 지정된다.

파라미터: *position* 문자열로 주어진 앵커 위치. 반드시 다음 중 하나여야 함: `"n"`, `"s"`, `"e"`, `"w"`, `"nw"`, `"ne"`, `"sw"`, `"se"`, 또는 `"center"`

- `c.setArcStyle(style)`

이 메소드는 캔버스 위에 새로운 호를 그릴 때 사용되는 스타일을 설정한다. 호는 다음 세 가지 방법 중 하나로 그릴 수 있다. 호 둘레로부터 원의 중심으로 선분이 그려진 부채꼴, 둘레만 그려지는 호, 또는 호의 양 끝점이 직선으로 이어진 현

파라미터: *style* 문자열로 주어지는 호 스타일로서, 반드시 다음 중 하나여야 한다. `"slice"`, `"arc"`, 또는 `"chord"`

- `c.setBackground(name)`
- `c.setBackground(red, green, blue)`

이 메소드는 캔버스의 배경 색깔을 설정한다. 이 색깔은 이름 또는 빨강, 초록, 파랑 성분의 값으로 지정할 수 있다.

파라미터: *name* 문자열로 주어진 색상 이름

red, *green*, *blue* 0에서 255까지의 정수

- `c.setColor(name)`
- `c.setColor(red, green, blue)`

이 메소드는 캔버스 위에 새로운 도형과 텍스트를 그리는 데 사용되는 채우기 및 경계선 색을 동일한 색으로 설정한다. 이 색은 이름 또는 빨강, 초록, 파랑 성분의 값으로 지정할 수 있다.

파라미터: *name* 문자열로 주어진 색 이름

red, *green*, *blue* 0에서 255까지의 정수

- `c.setFill()`
- `c.setFill(name)`
- `c.setFill(red, green, blue)`

이 메소드는 캔버스에 그려지는 새로운 도형을 채우는

데 사용하는 색을 설정한다. 이 색은 이름 또는 빨강, 초록, 파랑 성분의 값으로 지정할 수 있다. 만일 인자가 없으면, 채우기 색은 투명이다.

파라미터: *name* 문자열로 주어진 색 이름
red, green, blue 0에서 255까지의 정수

- *c*.**setFont**(*family*, *style*, *size*)

이 메소드는 캔버스 위에 새로운 텍스트를 그릴 때 사용되는 폰트를 설정한다. 폰트는 세 가지 특성, *family*, *size* 그리고 *style*로 지정한다.

파라미터: *family* 문자열로 된 폰트 이름으로 반드시 다음 중 하나여야 한다. `"arial"`, `"courier"`, `"times"`, 또는 `"helvetica"`
style 문자열로 된 폰트 스타일로서 반드시 다음 중 하나여야 한다. `"normal"`, `"bold"`, `"italic"`, 또는 `"bold italic"`
size 양의 정수인 폰트의 크기

- *c*.**setHeight**(*size*)

이 메소드는 캔버스의 높이를 바꾼다.

파라미터: *size* 새로운 높이를 나타내는 양의 정수

- *c*.**setJustify**(*style*)

이 메소드는 캔버스 위에 여러 줄의 텍스트를 그릴 때 사용되는 줄맞춤 방식을 설정한다.

파라미터: *style* 문자열로 된 스타일로서 반드시 다음 중 하나여야 한다. `"left"`, `"right"`, 또는 `"center"`

- *c*.**setLineWidth**(*size*)

이 메소드는 캔버스에 그려질 새로운 선분의 폭을 설정한다.

파라미터: *size* 0보다 크거나 같은 정수

- *c*.**setLineStyle**(*style*)

이 메소드는 캔버스에 새로운 선분을 그릴 때 사용되는 스타일을 설정한다. 선분은 점선 또는 실선일 수 있다.

파라미터: *style* 문자열로 주어지는 선분의 스타일로서 반드시 `"solid"`이거나 `"dashed"`여야 한다.

- *c*.**setOutline**()
- *c*.**setOutline**(*name*)
- *c*.**setOutline**(*red*, *green*, *blue*)

이 메소드는 캔버스 위에 새로운 선분과 텍스트를 그릴 때 사용되는 색을 설정한다. 이 색은 이름 또는 빨강, 초록, 파랑 성분의 값으로 지정할 수 있다. 인자가 없다면, 경계선 색은 투명이다.

파라미터: *name* 문자열로 주어진 색 이름
red, green, blue 0부터 255까지의 정수

- *c*.**setWidth**(*size*)

이 메소드는 캔버스의 폭을 바꾼다.

파라미터: *size* 새로운 폭을 나타내는 양의 정수

GraphicsImage 클래스

- *i* = **GraphicsImage**(*filename*)
- *i* = **GraphicsImage**(*width*, *height*)

이 함수는 RGB 컬러 이미지를 생성하거나 조작하는 데 사용되는 새로운 그래픽 이미지를 생성한다. 주어진 크기의 빈 이미지가 생성될 수도 있고, 파일로부터 이미지 하나가 적재될 수도 있다.

파라미터: *filename* GIF 또는 PPM 이미지 파일의 이름을 포함한 문자열
width, height 새로운 빈 이미지의 크기

반환값: 그래픽 이미지 객체

- *i*.**clear**()

이 메소드는 이미지를 지우고 픽셀들을 투명하게 설정한다. 이미지의 크기는 변하지 않는다.

- *i*.**copy**()

이 메소드는 이미지의 사본을 생성한다.

반환값: 복제된 그래픽 이미지 객체

- i.**getPixel**(*row*, *col*)

이 메소드는 이미지 내의 지정된 픽셀의 색깔을 반환한다. 이 색깔은 빨강, 초록, 파랑 성분을 포함한 원소가 세 개인 튜플로 반환된다.

파라미터: *row, col* 픽셀의 수직 및 수평 좌표

반환값: 색성분 값을 포함한 튜플

- *i*.**getRed**(*row*, *col*)
- *i*.**getBlue**(*row*, *col*)
- *i*.**getGreen**(*row*, *col*)

이 메소드들은 이미지 내의 지정된 픽셀의 각각에 색성분 값을 반환한다.

파라미터: *row*, *col* 픽셀의 수직 및 수평 좌표

반환값: 정수로서의 색성분 값

- *i*.**height**()

이 메소드는 이미지의 높이(수직 크기)를 반환한다.

반환값: 이미지의 높이

- *i*.**save**(*filename*)

이 메소드는 이미지의 사본을 GIF 이미지 형식으로 파일에 저장한다.

파라미터: *filename* GIF 이미지 파일의 이름을 포함한 문자열

- *i*.**setPixel**(*row*, *col*, *red*, *green*, *blue*)
- *i*.**setPixel**(*row*, *col*, *color*)

이 메소드들은 이미지 내의 지정된 픽셀의 색을 설정한다. 이 색깔은 빨강, 초록, 파랑 성분에 대한 개별적인 값으로 지정되거나 이 세 성분의 값을 포함한 하나의 튜플로 지정할 수 있다.

파라미터: *row*, *col* 픽셀의 수직 및 수평 좌표
color 0부터 255까지의 세 정수를 포함한 튜플
red, *green*, *blue* 0에서 255까지의 정수

- *i*.**width**()

이 메소드는 이미지의 폭(수평 크기)을 반환한다.

반환값: 이미지의 폭

turtle 모듈

- **backward**(*distance*)

이 함수는 직선을 따라 반대 방향으로 거북이를 *distance*만큼 움직인다.

파라미터: *distance* 거북이를 움직일 픽셀 수

- **clear**()

이 함수는 창에서 거북이가 그린 것을 지우지만 거북이를 움직이지는 않는다.

- **forward**(*distance*)

이 함수는 직선을 따라 현재 방향으로 거북이를 *distance*만큼 움직인다.

파라미터: *distance* 거북이를 움직일 픽셀 수

- **goto**(*x*, *y*)

이 함수는 거북이를 창에서 절대 위치 (*x*, *y*)로 움직인다.

파라미터: *x*, *y* 정수로 주어진 창에서의 위치 좌표

- **heading**()

이 함수는 각으로 거북이의 현재 방향을 반환한다.

반환값: 부동-소수점 값으로 주어진 현재의 방향

- **hideturtle**()

이 함수는 거북이를 숨긴다. 숨겨진 거북이는 창에 그려질 수 없다.

- **home**()

이 함수는 거북이를 원점 (0, 0)으로 움직이고 방향을 동쪽으로 설정한다.

- **left**(*angle*)

이 함수는 거북이를 왼쪽으로 *angle* 도만큼 돌린다.

파라미터: *angle* 부동-소수점 값으로 주어진 각

- **pencolor**(*colorname*)
- **pencolor**(*red*, *green*, *blue*)

이 함수는 거북이가 창에 그릴 때 사용하는 펜의 색깔을 설정한다. 이 색은 이름 또는 빨강, 초록, 파랑 성분으로 지정할 수 있다.

파라미터: *colorname* 문자열로 주어진 색 이름
red, *green*, *blue* 0부터 255까지의 정수

- **pendown**()

이 함수는 거북이가 움직일 때 그리기 위해 펜을 아래로 놓는다.

- **pensize**(*width*)

이 함수는 거북이가 그리는 직선의 두께를 *width* 픽셀로 설정한다.

파라미터: *width* 정수로 주어진 폭

- `penup()`

이 함수는 거북이가 움직일 때 그리는 것을 멈추도록 펜을 들어 올린다.

- `reset()`

이 함수는 창에서 거북이를 지우고, 거북이를 원점 (0, 0)으로 옮기고 방향을 동쪽으로 설정한다.

- `right(`*angle*`)`

이 함수는 거북이를 오른쪽으로 *angle* 도만큼 돌린다.

파라미터: *angle* 부동-소수점 값으로 주어진 각

- `showturtle()`

이 함수는 거북이를 보여준다. 거북이를 창에 그리기 위해서는 반드시 나타나 있어야 한다.

부록 D

유니코드의 기본 라틴 및 라틴-1 부분

The Basic Latin And Latin-1 Subsets Of Unicode

이 부록에서는 서구 유럽어를 처리하는 데 가장 자주 사용되는 유니코드 문자들을 정리한다. 유니코드 문자의 전체 표는 `http://unicode.org`에서 찾아볼 수 있다.

표 1 몇 가지 제어 문자

문자	코드	십진수	이스케이프 시퀀스
Tab	'\u0009'	9	'\t'
Newline	'\u000A'	10	'\n'
Return	'\u000D'	13	'\r'
Space	'\u0020'	32	

표 2 유니코드의 기본 라틴(ASCII) 부분

문자	코드	십진수	문자	코드	십진수	문자	코드	십진수
			@	'\u0040'	64	`	'\u0060'	96
!	'\u0021'	33	A	'\u0041'	65	a	'\u0061'	97
"	'\u0022'	34	B	'\u0042'	66	b	'\u0062'	98
#	'\u0023'	35	C	'\u0043'	67	c	'\u0063'	99
$	'\u0024'	36	D	'\u0044'	68	d	'\u0064'	100
%	'\u0025'	37	E	'\u0045'	69	e	'\u0065'	101
&	'\u0026'	38	F	'\u0046'	70	f	'\u0066'	102
'	'\u0027'	39	G	'\u0047'	71	g	'\u0067'	103
(	'\u0028'	40	H	'\u0048'	72	h	'\u0068'	104
)	'\u0029'	41	I	'\u0049'	73	i	'\u0069'	105
*	'\u002A'	42	J	'\u004A'	74	j	'\u006A'	106
+	'\u002B'	43	K	'\u004B'	75	k	'\u006B'	107
,	'\u002C'	44	L	'\u004C'	76	l	'\u006C'	108
-	'\u002D'	45	M	'\u004D'	77	m	'\u006D'	109
.	'\u002E'	46	N	'\u004E'	78	n	'\u006E'	110
/	'\u002F'	47	O	'\u004F'	79	o	'\u006F'	111
0	'\u0030'	48	P	'\u0050'	80	p	'\u0070'	112
1	'\u0031'	49	Q	'\u0051'	81	q	'\u0071'	113
2	'\u0032'	50	R	'\u0052'	82	r	'\u0072'	114
3	'\u0033'	51	S	'\u0053'	83	s	'\u0073'	115
4	'\u0034'	52	T	'\u0054'	84	t	'\u0074'	116
5	'\u0035'	53	U	'\u0055'	85	u	'\u0075'	117
6	'\u0036'	54	V	'\u0056'	86	v	'\u0076'	118
7	'\u0037'	55	W	'\u0057'	87	w	'\u0077'	119
8	'\u0038'	56	X	'\u0058'	88	x	'\u0078'	120
9	'\u0039'	57	Y	'\u0059'	89	y	'\u0079'	121
:	'\u003A'	58	Z	'\u005A'	90	z	'\u007A'	122
;	'\u003B'	59	[	'\u005B'	91	{	'\u007B'	123
<	'\u003C'	60	\	'\u005C'	92	|	'\u007C'	124
=	'\u003D'	61	]	'\u005D'	93	}	'\u007D'	125
>	'\u003E'	62	^	'\u005E'	94	~	'\u007E'	126
?	'\u003F'	63	_	'\u005F'	95			

표 3 유니코드의 라틴-1 부분

문자	코드	십진수	문자	코드	십진수	문자	코드	십진수
			À	'\u00C0'	192	à	'\u00E0'	224
¡	'\u00A1'	161	Á	'\u00C1'	193	á	'\u00E1'	225
¢	'\u00A2'	162	Â	'\u00C2'	194	â	'\u00E2'	226
£	'\u00A3'	163	Ã	'\u00C3'	195	ã	'\u00E3'	227
¤	'\u00A4'	164	Ä	'\u00C4'	196	ä	'\u00E4'	228
¥	'\u00A5'	165	Å	'\u00C5'	197	å	'\u00E5'	229
¦	'\u00A6'	166	Æ	'\u00C6'	198	æ	'\u00E6'	230
§	'\u00A7'	167	Ç	'\u00C7'	199	ç	'\u00E7'	231
¨	'\u00A8'	168	È	'\u00C8'	200	è	'\u00E8'	232
©	'\u00A9'	169	É	'\u00C9'	201	é	'\u00E9'	233
ª	'\u00AA'	170	Ê	'\u00CA'	202	ê	'\u00EA'	234
«	'\u00AB'	171	Ë	'\u00CB'	203	ë	'\u00EB'	235
¬	'\u00AC'	172	Ì	'\u00CC'	204	ì	'\u00EC'	236
-	'\u00AD'	173	Í	'\u00CD'	205	í	'\u00ED'	237
®	'\u00AE'	174	Î	'\u00CE'	206	î	'\u00EE'	238
¯	'\u00AF'	175	Ï	'\u00CF'	207	ï	'\u00EF'	239
°	'\u00B0'	176	Ð	'\u00D0'	208	ð	'\u00F0'	240
±	'\u00B1'	177	Ñ	'\u00D1'	209	ñ	'\u00F1'	241
²	'\u00B2'	178	Ò	'\u00D2'	210	ò	'\u00F2'	242
³	'\u00B3'	179	Ó	'\u00D3'	211	ó	'\u00F3'	243
´	'\u00B4'	180	Ô	'\u00D4'	212	ô	'\u00F4'	244
µ	'\u00B5'	181	Õ	'\u00D5'	213	õ	'\u00F5'	245
¶	'\u00B6'	182	Ö	'\u00D6'	214	ö	'\u00F6'	246
·	'\u00B7'	183	×	'\u00D7'	215	÷	'\u00F7'	247
¸	'\u00B8'	184	Ø	'\u00D8'	216	ø	'\u00F8'	248
¹	'\u00B9'	185	Ù	'\u00D9'	217	ù	'\u00F9'	249
º	'\u00BA'	186	Ú	'\u00DA'	218	ú	'\u00FA'	250
»	'\u00BB'	187	Û	'\u00DB'	219	û	'\u00FB'	251
¼	'\u00BC'	188	Ü	'\u00DC'	220	ü	'\u00FC'	252
½	'\u00BD'	189	Ý	'\u00DD'	221	ý	'\u00FD'	253
¾	'\u00BE'	190	Þ	'\u00DE'	222	þ	'\u00FE'	254
¿	'\u00BF'	191	ß	'\u00DF'	223	ÿ	'\u00FF'	255

부록 E

이진수와 비트 연산

Binary Numbers And Bit Operations

십진 표기법은 예를 들면 다음과 같이 10의 거듭제곱으로 수를 표현한다.

$$1729_{\text{십진수}} = 1 \times 10^3 + 7 \times 10^2 + 2 \times 10^1 + 9 \times 10^0$$

10을 선택한 특별한 이유는 없다. 다만 몇 가지 역사적인 수 체계가 사람들이 손가락을 이용하여 수를 센 것으로부터 기인하였다. 인류의 역사 전체에 걸쳐 다양한 문화에서 12, 20, 60 등의 기수를 사용한 다른 수 체계를 사용한 적도 있다. 그러나 컴퓨터는 2를 기수로 하는 수 체계를 사용한다. 왜냐하면 서로 다른 열 개의 전기 신호를 표현하도록 하는 것보다 단지 전류가 흐르거나 흐르지 않거나로 표현하는 두 개의 값으로 동작하는 전자 부품을 만드는 것이 훨씬 쉽기 때문이다. 기수를 2로 한 수를 **이진수**(binary number)라고 한다.

이진수의 예는 다음과 같다,

$$1101_{\text{이진수}} = 1 \times 2^3 + 1 \times 2^2 + 0 \times 2^1 + 1 \times 2^0 = 8 + 4 + 1 = 13$$

소수점 이하의 자릿수는 2의 음의 거듭제곱을 사용한다.

$$\begin{aligned} 1.101_{\text{이진수}} &= 1 \times 2^0 + 1 \times 2^{-1} + 0 \times 2^{-2} + 1 \times 2^{-3} \\ &= 1 + \frac{1}{2} + \frac{1}{8} \\ &= 1 + 0.5 + 0.125 = 1.625 \end{aligned}$$

일반적으로, 이진수를 십진수로 변환하기 위해서는 단순히 값 1을 가진 자릿수에 해당하는 2의 거듭제곱을 계산하고 이것들을 더하면 된다. 표 1은 처음 몇 개의 2의 거듭제곱을 보여준다.

십진수를 이진수로 바꾸기 위해서는, 정수를 계속하여 2로 나누고, 나머지를 기록한다. 몫이 0이 되면 나눗셈을 멈춘다. 그러면 가장 나중 나머지부터 차례대로 쓰게 되면 이 수가 등가인 이진수가 된다. 예를 들면,

100 ÷ 2 = 50 나머지 0

50 ÷ 2 = 25 나머지 0

25 ÷ 2 = 12 나머지 1

12 ÷ 2 = 6 나머지 0

6 ÷ 2 = 3 나머지 0

표 1 2의 거듭제곱

지수	십진값
2^0	1
2^1	2
2^2	4
2^3	8
2^4	16
2^5	32
2^6	64
2^7	128
2^8	256
2^9	512
2^{10}	1,024
2^{11}	2,048
2^{12}	4,096
2^{13}	8,192
2^{14}	16,384
2^{15}	32,768
2^{16}	65,536

$3 \div 2 = 1$ 나머지 1
$1 \div 2 = 0$ 나머지 1

따라서, $100_{\text{십진수}} = 1100100_{\text{이진수}}$다.

역으로, 1보다 작은 분수를 이진수 형식으로 변환하기 위해서는, 계속하여 2를 곱한다. 곱한 결과가 1보다 크면, 1을 뺀다. 곱셈 결과가 0이면 멈춘다. 그러면 맨 처음 정수 부분부터 차례대로 쓰면 이 수가 이진수가 된다. 예를 들면

$$0.35 \cdot 2 = 0.7$$
$$0.7 \cdot 2 = 1.4$$
$$1.4 \cdot 2 = 0.8$$
$$0.8 \cdot 2 = 1.6$$
$$0.6 \cdot 2 = 1.2$$
$$0.2 \cdot 2 = 0.4$$

여기서 패턴이 반복한다. 즉, 0.35의 이진수 표현은 0.01011001100110...이다.

임의의 부동-소수점 수를 이진수로 변환하기 위해서는, 정수 부분과 소수 부분을 별도로 변환한다.

2의 보수(Two's complement)

파이썬은 음의 정수를 표현하는 데에 "2의 보수" 표현법을 사용한다. 한 정수의 음수를 만들기 위해서는

- 모든 비트를 반대로 한다.
- 1을 더한다.

예를 들면, –13을 8비트 값으로 계산하기 위해서는 먼저 13에 해당하는 00001101의 모든 비트를 뒤집어서 11110010을 얻은 다음, 1을 더한다. 그러므로 다음과 같다.

$$-13 = 11110011$$

음수를 더하는 데에 특별한 규칙은 없다. 단순히 덧셈에 대한 기본 규칙을 따르고 해당 자릿수와 이전 올림수의 합이 2 또는 3이면 다음 자리로 올림을 한다. 예를 들면

```
      1 1111 111
+13     0000 1101
-13     1111 0011
      -----------
      1 0000 0000
```

그러나 단지 마지막 8비트만 센다. 그러면 당연하게도 +13과 –13을 더하면 0이 된다.

특히, –1의 2의 보수 표현은 모든 비트가 1인 1111 . . . 1111이다.

2의 보수로 표현된 수는 양수이면 맨 왼쪽의 비트가 0이고 음수이면 1이다.

비트 및 이동 연산

파이썬에는 네 개의 비트 연산이 존재한다. 단항 연산인 부정(~)과 이항 연산인 *and*(&), *or*(|), 그리고 때때로 *xor*로 불리는 *exclusive or*(^)가 있다.

표 2와 표 3은 파이썬에서의 비트 연산에 대한 진리표를 보여준다. 비트 연산을 정수에 적용하면, 해당 비트에 대해 연산이 수행된다.

예를 들면, `46 & 13`을 계산한다고 하자. 먼저 두 값을 이진수로 바꾼다. 46 = 101110(실제로는 32비트 정수로는 00000000000000000000000000101110)이고 13 = 1101이다. 해당하는 비트들을 결합하면

```
  0.....0101110
& 0.....0001101
---------------
  0.....0001100
```

따라서 답은 $1100_{이진수} = 12_{십진수}$다.

표 2 단항 부정 연산

a	~a
0	1
1	0

표 3 이항 and, or, xor 연산

a	b	a & b	a | b	a ^ b
0	0	0	0	0
0	1	0	1	1
1	0	0	1	1
1	1	1	1	0

때때로 두 비트 패턴을 결합하는 데 | 연산자가 사용되고 있음을 보게 된다. 예를 들면, 기호 상수 `BOLD`는 값이 1이고, 기호 상수 `ITALIC`은 값이 2다. 이진 *or* 연산 `BOLD | ITALIC`은 볼드체이면서 이탤릭체인 비트 설정을 갖는다.

```
  0.....0000001
| 0.....0000010
---------------
  0.....0000011
```

개별 비트에 작용하는 연산뿐만 아니라, 한 숫자의 비트 패턴을 받아 주어진 위치 개수만큼 왼쪽 또는 오른쪽으로 이동시키는 두 개의 **이동**(shift) 연산자도 존재한다.

왼쪽 이동(<<)은 모든 비트들을 왼쪽으로 움직이고 최하위 비트들을 0으로 채운다. n 비트만큼 왼쪽으로 이동시키는 것은 2^n만큼 곱한 결과와 동일하다. 오른쪽 이동(>>)은 모든 비트들을 오른쪽으로 움직이고 맨 오른쪽의 비는 자리를 부호 비트의 값으로 채운다. 따라서, 그 결과는 양수 및 음수 모두 정수를 2^n으로 나눈 것과 같다.

다음 표현식은

```
1 << n
```

n번째 비트를 켜는 비트 패턴을 만들어낸다(0비트가 최하위 비트다).

어떤 수의 n번째 비트를 켜기 위해서는, 다음 연산을 수행한다.

```
x = x | 1 << n
```

n번째 비트가 켜져 있는지 여부를 체크하기 위해서는 다음 테스트를 수행한다.

```
if (x & 1 << n) != 0 :
```

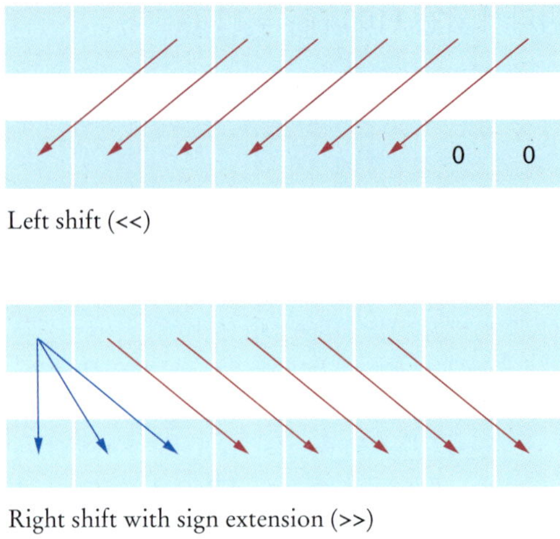

그림 1 이동 연산

부록 F

HTML 요약

Html Summary

HTML의 간략한 소개

웹 페이지는 HTML(Hypertext Markup Language)이라고 부르는 언어로 작성된다. 파이썬 코드와 마찬가지로, HTML 코드는 어떠한 엄격한 규칙을 따르는 텍스트로 이루어져 있다. 브라우저가 웹 페이지를 읽을 때, 브라우저는 그 코드를 해석하고 문자, 폰트, 문단, 표, 이미지 등을 표시하면서 페이지를 렌더링(rendering)한다.

HTML 파일은 텍스트와 브라우저에게 이 텍스트를 어떻게 렌더링할 것인지 알려주는 태그(tag)로 구성되어 있다. 요 근래에는 수십 개의 HTML 태그가 존재하고, 가장 주요한 태그들은 표 1에 요약되어 있다. 운이 좋게도, 시작하는 데에는 이 중 몇 개 정도로 충분하다. 대부분의 HTML 태그들은 여는 태그와 닫는 태그 한 쌍으로 이루어져 있다. 각 태그 쌍은 두 태그 사이에 있는 텍스트에 적용된다. 한 태그 쌍에 대한 일반적인 예는 다음과 같다.

```
Python is a <i>high-level</i> programming language.
```

태그 쌍 `<i> </i>`은 브라우저에게 이 태그 내부에 있는 텍스트들을 다음과 같이 이탤릭체로 표시하도록 지시한다.

Python is a *high-level* programming language.

닫는 태그는 여는 태그와 비슷한데 슬래시(/) 기호가 앞에 붙는다. 예를 들면, 볼드체 텍스트는 `<b> </b>`로 둘러싸여 있고, 한 문단은 `<p> </p>`로 둘러싸여 있다.

```
<p><b>Python</b> is a <i>high-level</i> programming language.</p>
```

결과는 다음과 같이 표시되는 한 문단이다.

Python is a *high-level* programming language.

또 하나의 흔한 구성은 예를 들면 다음과 같이 글머리표가 달린 리스트다.

파이썬은

- 배우기 쉽고
- 이식 가능하고
- 무료 오픈소스다.

다음은 위와 같이 표시하기 위한 HTML 코드다.

표 1 대표적인 HTML 태그

태그	의미	하위 태그	자주 사용되는 속성
html	HTML 문서	head, body	
head	HTML 문서의 머리	title	
title	HTML 문서의 제목		
body	HTML 문서의 몸통		
h1 ... h6	제목 수준 1 ... 6		
p	문단		
ul	순서가 없는 리스트	li	
ol	순서가 있는 리스트	li	
dl	정의 리스트	dt, dd	
li	리스트 항목		
dt	정의될 항목		
dd	정의 데이터		
table	표	tr	
tr	표 열	th, td	
th	표 머리글 셀		
td	표 셀 데이터		
a	앵커		href, name
img	이미지		src, width, height
pre	사전 형식화된 텍스트		
hr	가로줄		
br	줄바꿈		
i or em	기울임체		
b 또는 strong	진하게		
tt 또는 code	타자 또는 코드 서체		
s 또는 strike	가운뎃줄		
u	밑줄		
super	위첨자		
sub	아래첨자		
form	폼		action, method

표 1 대표적인 HTML 태그

태그	의미	하위 태그	자주 사용되는 속성
input	입력 필드		type, name, value, size, checked
select	콤보 상자 스타일 선택자	option	name
option	선택 옵션		
textarea	여러 줄 텍스트 영역		name, rows, cols

```
<p>파이썬은</p>
<ul><li>배우기 쉽고</li>
<li>이식 가능하고</li>
<li>무료 오픈소스다.</li></ul>
```

리스트에서 각 항목은 <li> </li>로 둘러싸여 있고, 전체 리스트는 <ul> </ul>로 둘러싸여 있다.

코드를 읽기 쉽게 하기 위해 HMTL 코드 내에서 공백 문자(빈칸과 줄바꿈)는 자유롭게 사용할 수 있다. 예를 들면, 다음과 같이 리스트를 위한 코드를 펼쳐놓을 수 있다.

```
<p>파이썬은</p>
<ul>
<li>배우기 쉽고</li>
<li>이식 가능하고</li>
<li>무료 오픈소스다.</li>
</ul>
```

브라우저는 이 공백 문자들을 무시한다.

만일 (</li>와 같은) 태그를 생략한다면 대부분의 브라우저는 이 빠진 태그를 추측해 내려고 노력할 것이지만 때때로 다른 결과를 얻게 된다. 모든 태그를 포함시키는 것이 언제나 최선이다.

img 태그로 웹 페이지 내에 이미지를 포함시킬 수 있다. 가장 간단한 형식으로 이미지 태그는 다음과 같은 형식을 갖는다.

```
<img src="hamster.jpeg"/>
```

이 코드는 브라우저에게 hamster.jpeg 파일에 저장되어 있는 이미지를 적재하고 표시하도록 지시한다. 이것은 약간 다른 종류의 태그인데, 태그 쌍 <img> </img> 내부에 텍스트를 넣는 대신, 이 img 태그는 파일 이름을 지정하는 속성을 사용한다. 속성은 이름과 값으로 이루어져 있다. 예를 들어, 이름이 src인 속성의 값은 "hamster.jpeg"이다. 표 2는 자주 사용되는 속성들이다.

표 2 대표적인 HTML 속성들

속성	설명	이 속성이 자주 포함되는 태그
name	형식 요소 또는 앵커의 이름	input, select, textarea, a
href	하이퍼링크 참조	a
src	(이미지의) 소스	img
code	애플릿 코드	applet
width, height	이미지 또는 애플릿의 너비와 높이	img, applet
rows, cols	텍스트 영역의 줄과 열	textarea
type	text, password, checkbox, radio, submit, hidden 과 같은 입력 필드의 타입	input
value	입력 필드의 값 또는 제출 버튼의 레이블	input
size	텍스트 필드의 크기	input
checked	체크 라디오 버튼 또는 체크상자	input
action	폼 처리의 URL	form
method	GET 또는 POST	form

이미지 크기와 대체 설명과 같은, img 태그에 몇 가지 추가적인 속성을 사용하는 것이 좋을 듯하다.

```
<img src="hamster.jpeg" width="640" height="480"
alt="A photo of Harry, the Horrible Hamster"/>
```

이 추가 속성들은 브라우저가 페이지를 배치하고 이미지에 대한 데이터를 수집하는 동안 (또는 맹인 사용자들을 위한 브라우저와 같이 브라우저가 이미지를 표시할 수 없다면) 임시 설명을 표시할 수 있도록 돕는다. 느린 네트워크 연결을 가진 사용자는 이러한 추가 효과를 진심으로 고맙게 여긴다.

닫는 </img> 태그가 없기 때문에, 닫는 기호 > 앞에 슬래시 /를 둔다. 이것은 HTML에서 요구하는 사항은 아니지만, XML-기반의 HTML 후속인 XHTML의 요구 사항이다. (XHTML에 대한 더 많은 정보는 www.w3c.org/TR/xhtml1을 참고한다.)

웹 페이지에서 가장 중요한 태그는 <a> </a> 태그 쌍인데, 이것은 둘러싸인 텍스트를 다른 파일에 대한 링크(link)가 되게 만든다. 웹 페이지들 사이의 링크들이 웹을 거미줄처럼 서로 짜여진 것이 되도록 만든다. 브라우저는 링크를 특별한 방식으로 표시한다(예를 들면, 파랑색의 밑줄이 표시된 텍스트). 일반적인 링크에 대한 예제 코드는 다음과 같다.

```
<a href="http://horstmann.com">Cay Horstmann</a>는 이 책의 저자다.
```

이 웹 페이지의 뷰어가 Cay Horstman이라는 단어를 클릭하면, 브라우저는 horstmann.com에 위치한 웹 페이지를 적재한다. (속성 href의 값은 URL(*Universal Resource Locator*)인데, 이것은 브라우저가 어디로 가야 하는지를 알려준다. *Hypertext Transfer Protocol*

의 약자인 앞첨자 `http:`는 브라우저에게 파일을 웹 페이지로서 가져와야 함을 지시한다. 다른 프로토콜은 다른 동작이 가능하도록 한다. 예를 들면, `ftp:`는 파일을 다운로드하게 하고, `mailto:`는 사용자에게 이메일을 보내도록 하고, `file:`은 지역적인 HTML 파일을 보도록 해준다.)

태그들은 꺾쇠괄호로 둘러싸여 있음을 볼 수 있을 것이다. 그런데 웹 페이지에 꺾쇠 기호가 표시되도록 원한다면 어떨까? HTML은 <와 > 기호를 각각 만들어내는 `<`와 `>` 표시법을 제공한다. 이러한 종류의 다른 코드는 강조된 문자와 같은 기호들을 만들어낸다. 이러한 코드들은 & 기호로 시작한다. 만일 & 기호 자체를 표기하고 싶다면 `&`를 사용한다. 표 3은 이런 특수 기호들을 요약하였다.

표 3 대표적인 HTML 개체들

개체	설명	표시 결과
`<`	~보다 작다	<
`>`	~보다 크다	>
`&`	앰퍼샌드	&
`"`	인용부호	"
` `	같은 줄 빈칸	
`©`	저작권 기호	©

이미 웹 페이지를 WYSIWYG(what you see is what you get) 방식으로 볼 수 있도록 해주는 워드프로세서와 같이 동작하는 웹 편집기를 사용하여 웹 페이지를 만들었을지도 모른다. 그러나 여전히 태그들은 존재하며 이 HTML 파일을 텍스트 편집기로 적재해 보면 이 태그들을 볼 수 있다. WYSIWYG 웹 편집기 사용이 편하다면, HTML 태그들을 전혀 외울 필요가 없다. 그러나 수많은 프로그래머들과 전문 웹 설계자들은 최소한 작업 도중 어느 정도는 직접 태그를 가지고 작업하는 것을 선호한다. 왜냐하면 직접 태그로 작업을 하면 설계하고 있는 페이지를 좀 더 잘 제어할 수 있기 때문이다.

용어 해설

Glossary

가상 머신(Virtual machine) 다양한 종류의 실제 컴퓨터상에서 효율적으로 구현될 수 있는 CPU를 시뮬레이션하는 프로그램. 파이썬 바이트 코드로 주어진 프로그램은 가상 머신 자체를 실행시키는 데 사용되는 CPU가 어떤 것이든 상관없이, 임의의 파이썬 가상 머신에 의해 실행 가능하다.

객체 레퍼런스(Object reference) 메모리상의 객체의 위치를 나타내는 값

객체(Object) 클래스 자료형의 한 값

객체-지향 프로그래밍(Object-oriented programming) 객체들과 객체들의 성질, 객체들 사이의 관계를 찾아내어 프로그램을 설계하는 것

검토(Walkthrough) 컴퓨터 프로그램을 단계마다 수동으로 시뮬레이션하는 것

고급 프로그래밍 언어(High-level programming language) 컴퓨터에 대한 추상적인 관점을 제공하고 해결하고자 하는 문제 영역에 프로그래머가 집중할 수 있도록 해주는 프로그래밍 언어

공백 문자(White space) 빈칸, 탭, 줄바꿈 문자로만 이루어져 있는 시퀀스

공용 인터페이스(Public interface) 모든 클래스의 사용자들이 접근할 수 있는 클래스의 속성들(메소드, 변수, 중첩 자료형)

관계 연산자(Relational operator) 두 개의 값을 비교하여 부울 자료형의 결과를 내는 연산자

구동 모듈(Driver module) 여러 모듈들 중 프로그램 실행이 시작되는 주요 모듈

구체 클래스(Concrete class) 인스턴스를 만들 수 있는 클래스(비교: 추상 클래스)

기계어 코드(Machine code) CPU에서 즉시 실행할 수 있는 명령어들

기본 자료형(Primitive type) 언어 자체가 제공하는 자료형

나머지 연산(Modulus) 정수 나눗셈의 나머지를 계산하는 % 연산자

내부 클래스(Inner class) 다른 클래스 내부에서 정의되는 클래스

내장 함수(Built-in function) 모듈을 불러올 필요 없이 사용할 있는 언어 자체에 의해 정의된 함수

네트워크(Networks) 컴퓨터 및 다른 기기들 간의 상호 연결된 시스템

논리 연산자(Logical operator) 부울 연산자(Boolean operator) 참고

논리 오류(Logic error) 문법적으로는 올바르지만 프로그램이 지정한 것과는 다르게 동작하게 만드는 프로그램 내에서의 오류(일종의 실행-시간 오류) (비교: 컴파일-시간 오류)

다형성(Polymorphism) 동일한 이름을 가진 여러 메소드들 중에서 포함되는 파라미터들의 실제 자료형에 기반하여 메소드 하나를 선택하는 것

단계별 개선(Stepwise refinement) 하나의 문제를 더 작은 문제들로 쪼개고 이것들을 더 작은 문제들로 계속 쪼개어 문제를 해결하기

단락 평가(Short-circuit evaluation) 평가식의 나머지 부분이 결과를 변경하지 않는다면(결과에 아무런 영향을 미치지 않는다면) 표현식의 일부분만 평가하기

단위 테스트(Unit testing) 함수 또는 메소드 자체를 프로그램의 나머지 부분과 격리시켜 테스트하는 것.

단한 연산자(Unary operator) 인자가 하나인 연산자(비교: 이항 연산자)

대소문자 구별(Case sensitive) 대문자와 소문자를 다른 문자로 구별함

대칭 범위(Symmetric bounds) 시작 인덱스와 끝 인덱스를 모두 포함하는 범위(비교: 비대칭 범위)

데이터 레코드(Data records) 한 공통 항목과 관련된 데이터 필드들의 모음

데이터 멤버(Data member) 인스턴스 변수의 다른 이름

도트 기호(Dot notation) 메소드를 호출하거나 인스턴스 변수를 접근하기 위해 사용하는 객체. 메소드(인자) 또는 객체. 변수 기호 표기

동적 메소드 탐색(Dynamic method lookup) 실행 시간에 호출할 메소드를 선택하는 것. 파이썬에서 동적 메소드 탐색은 실제 객체(내부 파라미터)의 클래스가 적절한 메소드를 선택한다고 생각한다.

드모르간 법칙(De Morgan's Law) *and*와 *or*로 만들어진 표현식의 부정식을 만드는 방법을 기술하는 논리 연산에 대한 법칙

디렉토리(Directory) 파일 또는 다른 디렉토리를 담을 수 있는 디스크상의 구조. 폴더(folder)라고도 함

디버거(Debugger) 버그를 분석하기 위해 사용자가 대상 프로그램을 한 번에 한 단계 또는 몇 단계만 가게 하거나 실행을 멈추게 하여 변수를 검사하는 프로그램

딕셔너리(Dictionary) 키와 값 객체 사이의 연관을 보관하는 컨테이너

라이브러리(Library) 프로그램 내에 포함될 수 있는 모듈들의 집합

루프(Loop) 반복적으로 실행되는 명령어들의 시퀀스

루프와 반(Loop and a half) 반복할지 여부에 대한 결정을 맨 앞 또는 맨 끝이 아닌 반복 도중에 하는 루프

리디렉션(Redirection) 프로그램의 입력 또는 출력을 키보드 또는 디스플레이 대신 파일로 연결하는 것

리스트(List) 새로운 원소가 추가되거나 제거되면서 동적으로 늘어나거나 줄어드는 수정 가능한 시퀀스

리터럴(Literal) -2, 3.14, 6.02214115E23, `"Harry"` 또는 `"H"`와 같이 프로그램 내에서 고정된 값에 대한 표현

매직 넘버(Magic number) 아무런 설명 없이 프로그램에서 나타나는 수

메소드(Method) 파라미터와 반환값은 있을 수도 있고 없을 수도 있는, 이름을 가진 일련의 문장들. 함수처럼 서로 다른 파라미터 값으로 몇 번이고 호출할 수 있지만, 메소드는 이 메소드를 정의한 클래스의 객체에 대해서만 적용할 수 있다.

명령행(Command line) DOS 또는 UNIX에서 프로그램을 시작하기 위해 사용자가 타이핑하는 줄 또는 Windows의 명령창. 프로그램명과 뒤따라오는 필요한 인자들로 이루어져 있음

모듈 불러오기(Importing a module) 현재의 모듈 내에서 사용할 목적으로 별개의 파이썬 모듈의 내용을 포함시키는 것

몸체(Body) 함수 또는 메소드의 모든 문장들 또는 문장 블록

무인자 생성자(No-argument constructor) 아무런 인자도 받아들이지 않는 생성자

문법 다이어그램(Syntax diagram) 문법 규칙을 그래피컬하게 표현한 것

문법 오류(Syntax error) 프로그래밍 언어 규칙을 따르지 않아 컴파일러에 의해 거부된 명령어(일종의 컴파일-시간 오류)

문법(Syntax) 한 특정한 프로그래밍 언어에서 명령어를 어떻게 써야 하는지를 정의한 규칙

문자(Character) 단일 문자, 숫자 또는 기호

문자열 리터럴(String literal) 소스 코드 내에서 문자들이 명시적으로 지정된 문자열

문자열(String) 문자들의 시퀀스

문장 블록(Statement block) 같은 수준의 들여쓰기가 되어 있는 하나 이상의 문장들의 모음

문장(Statement) 프로그램 내에서 하나의 문법적인 단위. 파이썬에서 문장은 단순한 문장이거나 복합문임

미리 읽기(Priming read) 이벤트-제어 루프가 시작하기 전에 루프 변수를 초기화하는 사용자 또는 파일 입력. 수정 읽기(modification read)와 함께 사용

바이트 코드(Byte code) 파이썬 가상 머신에서 실행되는 명령어들

바이트(Byte) 8비트로 이루어진 수. 실제적으로 현재 생산

되고 있는 모든 컴퓨터들은 바이트를 메모리 저장 공간의 가장 작은 단위로 사용한다.

반올림 오류(Roundoff error) 컴퓨터는 부동-소수점 수의 오직 유한한 수의 자릿수만큼만 저장할 수 있다는 사실로부터 기인되는 오류

반환값(Return value) return문을 통해 메소드 또는 함수로부터 반환되는 값

버그(Bug) 프로그래밍 오류

버림 나눗셈(Floor division) 두 정수의 나눗셈에서 몫만 남기고 나머지는 버리는 것. 파이썬에서는 // 기호가 버림 나눗셈을 나타낸다. 예를 들면, 11 // 4는 2.75가 아닌 2이다.

범위 오류(Bounds error) 유요한 영역의 바깥에 놓여 있는 시퀀스의 원소를 접근하려는 시도

범위 초과 오류(Out-of-range error) 인덱스가 유효한 인덱스 범위에 있지 않은 원소에 접근하고자 시도하는 것 (동의어: 경계 오류)

범위(Scope) 변수가 정의되는 프로그램의 부분

변수(Variable) 서로 다른 값들을 보관할 수 있는 저장 위치를 구별하는 프로그램 내에서의 기호

병합 정렬(Merge sort) 먼저 데이터 구조의 절반씩 두 개를 정렬한 다음 정렬된 반쪽들을 하나로 합치는 정렬 알고리즘

보조 저장장치(Secondary storage) 예를 들면 하드 디스크와 같이 전력이 공급되지 않더라도 데이터를 보존하는 저장장치(비교: 주저장장치)

보초값(Sentinel) 실제 입력값으로는 사용되지 않고, 입력이 끝났음을 알리는 데에 사용되는 입력의 어떤 값

복합문(Compound statement) 헤더와 문장 블록으로 구성된 문장 구성. 헤더는 콜론(:)으로 끝남

부동-소수점 수(Floating-point number) 소수 부분이 있을 수 있는 수

부울 연산자(Boolean operator) 부울 값에 적용할 수 있는 연산자. 파이썬은 and, or, not의 세 개의 부울 연산자가 있다.

부울 자료형(Boolean type) True와 False, 두 값 중 하나만 갖는 자료형

부호 비트(Sign bit) 수가 양수인지 또는 음수인지를 나타내는 이진수의 비트

불변 객체(Immutable object) 객체의 데이터를 수정할 수 없는 객체

비대칭 범위(Asymmetric bounds) 시작하는 인덱스는 포함하지만 끝나는 인덱스는 포함하지 않는 범위(비교: 대칭 범위)

비트(Bit) 가능한 값이 0과 1뿐인 정보의 최소 단위. n개의 비트로 이루어진 데이터는 최대 2^n가지의 값이 가능하다.

사용자-정의 자료형(User-defined data types) 언어가 제공하는 것이 아닌 사용자가 정의한 자료형. 파이썬에서는, 사용자 정의 자료형을 지정하는 데에 클래스 정의를 사용할 수 있다.

사전식 순서(Lexicographic ordering) 두 문자열에서 일치하는 문자는 넘어가고 일치하지 않은 첫 번째 문자를 비교해 가면서, 문자열을 사전에 나오는 것과 같은 순서로 정렬하는 것. 예를 들면, "orbit"은 "orchid"보다 사전식 순서에서 앞에 온다. 파이썬에서는, 사전과 다르게 이 순서가 대소문자를 구별한다. 즉, Z가 a보다 앞에 온다.

상속(Inheritance) 좀 더 일반적인 상위 클래스와 좀 더 특화된 하위 클래스 사이의 관련성

상수(Constant) 프로그램에 의해 수정될 수 없는 값. 파이썬에서는 상수 이름은 관례상 모두 대문자로 이루어져 있음(비교: 변수)

상위 클래스(Superclass) 이 클래스로부터 좀 더 상세한 클래스(하위 클래스)가 상속되는 일반적인 클래스

상태(State) 객체의 현재 값. 그 객체에 대해 호출되었던 모든 메소드들의 누적된 행동으로 결정됨

상호 재귀(Mutual recursion) 서로서로 호출하는 협력하는 함수 또는 메소드

생성자(Constructor) 새롭게 인스턴스화된 객체를 초기화하기 위한 일련의 문장들

선택 정렬(Selection sort) 남는 원소가 없을 때까지 가장 작은 원소들을 반복적으로 찾는 정렬 알고리즘

선형 탐색(Linear search) 각각의 원소를 하나씩 차례로 검사하면서 한 객체를 찾아(세트 또는 리스트와 같은) 컨테이너를 탐색하는 것

설정자 메소드(Mutator method) 객체의 상태를 바꾸는 메소드

세트(Set) 순서가 없는 모음을 저장하는 하나의 컨테이너로서 원소들을 효과적으로 추가하고, 찾으며, 제거할 수 있도록 해줌

소스 코드(Source code) 컴퓨터에서 실행되기 전에 번역될 필요가 있는 프로그래밍 언어로 된 명령어들

소스 파일(Source file) 파이썬과 같은 프로그래밍 언어로 된 명령어들을 포함하고 있는 파일

소프트웨어(Software) 컴퓨터 또는 다른 기기를 동작시키는 데 필요한 손으로 만져지지 않는 명령어와 데이터

손으로 실행(Hand execution) 검토(Walkthrough) 참고

수정 읽기(Modification read) 루프 변수 값을 수정하는 이벤트-제어 루프 내에서의 사용자 또는 파일 입력. 미리 읽기(priming read)와 함께 사용함

순열(Permutation) 한 무리의 값들을 재배열하는 것

순차 접근(Sequential access) 값들을 하나도 빠트리지 않고 하나씩 차례로 접근하기(비교: 임의 접근)

순차 탐색(Sequential search) 선형 탐색(Linear search) 참고

숫자 리터럴(Number literal) -2 또는 6.02214115E23과 같이 숫자로 명시적으로 쓰인 프로그램 내에서의 고정된 값

스터브(Stub) 기능이 전혀 없거나 또는 최소의 기능만 가진 함수 또는 메소드

시퀀스(Sequence) 정수 인덱스로 접근 가능한 값들의 모음을 저장하는 컨테이너

실제 파라미터(Actual parameter) 함수 또는 메소드에 실제로 전달되는 인자

실행-시간 오류(Run-time error) 문법적으로는 올바르지만 지정된 것과는 다르게 동작하게 만드는 프로그램에서의 오류

쓰레기 수집(Garbage collection) 더 이상 참조되지 않는 객체들이 차지하는 메모리의 자동 재활용

알고리즘(Algorithm) 문제를 해결하기 위한 방법을 모호하지 않고, 실행 가능하며 종료가 되도록 명시한 것

역추적(Traceback) 현재 계류 중인 모든 메소드 호출을 나열하는 호출 스택의 인쇄

연결하기(Concatenation) 하나의 문자열을 다른 문자열 뒤에 붙여서 새로운 문자열을 만들기

연관(Association) 일반적으로 객체 참조를 따라감으로써, 한 클래스의 객체에서 다른 클래스의 객체로 옮겨 다닐 수 있는 클래스들 사이의 관련성

연산자 결합법칙(Operator associativity) 동일한 우선순위를 가진 연산자들이 실행되는 순서를 결정하는 법칙. 예를 들면, 파이썬에서 마이너스 연산자(-)는 왼쪽 결합인데 `a - b - c`를 `(a - b) - c`로 해석하기 때문이고, 거듭제곱 연산자(**)는 오른쪽 결합인데 `a ** b ** c`를 `a ** (b ** c)`로 해석하기 때문이다.

연산자 우선순위(Operator precedence) 어떤 연산자가 먼저 계산되는지 결정하는 규칙. 예를 들면, 파이썬에서는 `and` 연산자가 `or` 연산자보다 우선순위가 높다. 따라서 `a or b and c`는 `a or (b and c)`로 해석된다(부록 A 참고).

연산자(Operator) + 또는 &&와 같이 수학 또는 논리 연산을 나타내는 기호

예약어(Reserved word) 프로그래밍 언어에서 특별한 의미를 가지고 있어서 프로그래머가 이름으로 사용할 수 없는 단어

예외 제기하기(Raise an exception) 프로그램의 정상적인 제어 흐름을 종료시키고 상응하는 `except` 구문으로 제어권을 넘김으로써 비정상적인 조건임을 알리기

예외 처리기(Exception handler) 특정한 종류의 예외가 제기되어 포착되었을 때 제어권이 주어진 일련의 문장들

예외(Exception) 프로그램이 정상적으로 진행되는 것을 방해하는 상황을 알리는 클래스. 그러한 상황이 발생하면, 예외 클래스의 한 객체가 제기된다.

오버라이딩(Overriding) 하위 클래스에서 메소드를 재정의하는 것

오버로딩(Overloading) 하나의 메소드에 하나 이상의 의미를 부여하는 것

윈도우(Window) 프레임과 타이틀 바를 포함하는 데스크톱 구성요소

유니코드(Unicode) 전 세계에서 사용되는 문자들에 2바이트로 이루어진 코드 값을 할당한 표준 코드. 파이썬은 모든 문자들을 각 문자들의 유니코드로 저장한다.

의사코드(Pseudocode) 영어(또는 한국어)와 비공식적인 프로그래밍 언어의 문법을 이용하여 프로그램 또는 알고리즘의 동작을 상위 수준에서 기술한 것

이스케이프 문자(Escape character) 글자 그대로 받아들이지 않고 뒤따라오는 문자 또는 문자들과 결합하여 특수한 의미를 갖는 텍스트 내의 문자. 문자 \가 파이썬 문자열에서는 이스케이프 문자

이스케이프 시퀀스(Escape sequence) \n 또는 \"과 같이 이스케이프 문자로 시작하는 문자들의 시퀀스

이진 탐색(Binary search) 정렬되어 있는 시퀀스에서 값을 찾는 고속 알고리즘. 매 단계마다 시퀀스의 반으로 탐색 영역을 좁힌다.

이진 파일(Binary file) 저장되어 있는 값들이 이진수 표기법으로 저장되어 텍스트로 읽을 수 없는 파일(비교: 텍스트 파일)

이항 연산자(Binary operator) 두 개의 인자를 받아들이는 연산자. 예를 들면 $x + y$에서 + (비교: 단항 연산자)

인스턴스 변수(Instance variable) 클래스의 모든 객체들이 각각의 값을 갖도록 클래스 안에서 정의되는 변수

인자(Argument) 함수 또는 메소드 호출에서 제공되는 값. 또는 연산자에 의해 결합되는 값들 중 하나

임의 접근(Random access) 어떤 값이든 이전의 값을 읽을 필요 없이 즉시 접근하는 능력(비교: 순차 접근)

자료형(Data type) 이름이 있는 값들의 집합과 이 값들을 가지고 수행할 수 있는 이름이 있는 연산들의 집합

재귀 함수 또는 메소드(Recursive function or method) 더 간단한 값으로 자기 자신을 호출하는 함수나 메소드. 가장 간단한 값을 더 이상 자신을 호출하지 않고 다룰 수 있어야만 함

재귀(Recursion) 더 간단한 값들로 입력을 분해하고 동일한 전략을 그 간단한 입력에 대해 적용함으로써 결과를 계산하는 하나의 전략

전역 변수(Global variable) 변수의 영역이 단일 함수 또는 메소드에 제한되지 않는 변수

접근자 메소드(Accessor method) 객체에 접근하지만 객체를 바꾸지는 않는 메소드

정규 표현식(Regular expression) 문자열의 내용에 따라 일치하는 문자열들의 집합을 정의하는 하나의 문자열. 정규 표현식의 각 부분은 특정하게 요구되는 문자들일 수 있음. 몇 가지 예를 들면, [abc]와 같이 허용된 문자들의 집합들 중 하나. 이것은 [a-z]와 같이 범위가 될 수도 있음. [^0-9]와 같이 금지된 문자들의 집합에 들어 있지 않은 임의의 문자, [0-9]+와 같이 하나 또는 그 이상의 반복하는 일치. and|et|und와 같이 여러 대안 집합 중 하나. 또는 다양한 다른 가능성들이 있음. 예를 들면, [A-Za-z][0-9]+는 Cloud9 또는 007와는 일치하지만 Jack은 아님.

정수(Integer) 소수 부분이 없는 수

주석(Comment) 프로그램의 어떤 부분을 읽는 사람이 이해할 수 있도록 도와주는 설명. 인터프리터는 무시함

주저장장치(Primary storage) 전력이 주어지는 동안에만 데이터를 저장할 수 있는 전자 회로(비교: 보조저장장치)

줄바꿈(Newline) 한 줄의 끝을 알리는 "\n" 문자

중앙처리장치(Central processing unit, CPU) 기계어를 실행하는 컴퓨터의 한 부품

중첩 루프(Nested loop) 다른 루프 내에 포함되는 또 하나의 루프

지역 변수(Local variable) 변수의 범위가 함수 또는 메소드인 변수(비교: 전역 변수)

참조(Reference) 객체 참조(Object reference) 참고

초기화(Initialize) 변수가 생성될 때 잘 정의된 값으로 설정하는 것

추상 메소드(Abstract method) 이름, 파라미터 변수, 반환값의 자료형은 가지고 있지만 구현이 없는 메소드

추상 클래스(Abstract class) 인스턴스를 만들 수 없는 클래스

추적 메시지(Trace message) 디버깅 목적으로 프로그램 실행 도중 출력되는 메시지

캡슐화(Encapsulation) 구현의 구체적인 내용을 감추는 것

컨테이너(Container) 객체들의 모음을 담을 수 있고 이

모음을 접근하고 관리하는 매커니즘을 제공하는 (리스트와 같은) 데이터 구조

컴파일러(Compiler) (파이썬과 같은) 고급 언어로 된 코드를 기계 명령어(파이썬 가상 머신에 대한 바이트 코드와 같은)로 번역해 주는 프로그램

컴파일-시간 오류(Compile-time error) 프로그램을 컴파일할 때 검출되는 오류(비교: 실행-시간 오류)

컴퓨터 프로그램(Computer program) 컴퓨터가 실행하는 일련의 명령어들

퀵 정렬(Quicksort) 피벗이라고 부르는 어떤 한 원소를 선택하여 이 피벗보다 더 큰 원소들과 더 작은 원소들로 시퀀스를 나누고 하위 시퀀스들을 이와 동일한 방식으로 재귀적으로 정렬하는 일반적으로 빠른 정렬 알고리즘

큰 O 기호(Big-Oh notation) 기호 $g(n) = O(f(n))$. n에 대한 함수 g의 증가 비율이 함수 f의 증가 비율에 의해 한정됨을 나타냄. 예를 들면, $10n^2 + 100n - 1000 = O(n^2)$

클래스 변수(Class variable) 이 클래스 전체에서 오직 값 하나만 가지고 있는 클래스 내에서 정의된 변수. 이 클래스의 어떤 메소드로도 이 변수의 값을 접근하고 바꿀 수 있음

클래스(Class) 프로그래머가 정의한 자료형

클래스의 인스턴스(Instance of a class) 자료형이 클래스인 객체

탭 문자(Tab character) "\t" 문자. 그 줄에서 다음 문자를 탭 멈춤으로 알려져 있는 고정된 위치들 중 하나로 보냄

터미널 창(Terminal window) 텍스트 명령어를 통해 운영 체제와 상호작용하기 위한 창

텍스트 파일(Text file) 파일 내의 값이 텍스트 표현으로 저장된 파일(비교: 이진 파일)

텍스트 편집기(Text editor) 프로그램의 문장들이나 데이터 파일의 내용과 같이 텍스트 파일의 내용을 입력하는 데에 사용하는 응용 프로그램

토큰(Token) 입력을 분석하기 위한 목적으로 함께 묶여 있는 입력 소스로부터의 연속된 문자들의 시퀀스. 예를 들면, 공백 문자가 아닌 문자들의 시퀀스가 하나의 토큰이 될 수 있음

통합개발환경(Integrated Development Environment, IDE) 편집기, 컴파일러 그리고 디버거 등을 포함하는 프로그래밍 환경

튜플(Tuple) 리스트와 유사한 수정 불가능한 시퀀스

파라미터 변수(Parameter variable) 메소드 또는 함수를 호출할 때 어떤 한 값으로 초기화되는 메소드 또는 함수의 변수

파라미터 전달(Parameter passing) 메소드 또는 함수를 호출할 때 표현식이 메소드 또는 함수의 인자가 되도록 지정하는 것

파이썬 쉘(Python shell) 파이썬 인터프리터와 상호작용하는 데에 사용할 수 있는 사용자 인터페이스

파이썬 인터프리터(Python interpreter) 파이썬 소스 코드를 바이트 코드로 번역하고 파이썬 가상 머신에서 이것을 실행시키는 프로그램

파일 마커(File marker) 임의-접근 파일 내에서 읽거나 쓸 다음 바이트의 위치. 파일 내의 어느 바이트든 접근하기 위해 이동시킬 수 있음

파일 열기(Opening a file) 읽거나 쓰기 위해 파일을 준비시키는 것

파일(File) 디스크에 저장된 바이트의 시퀀스

포장 클래스(Wrapper class) 기존 클래스에 대해 새롭고 더 간단한 인터페이스를 제공하는 클래스

폴더(Folder) 디렉토리(Directory) 참고

표(Table) 원소를 행과 열의 인덱스로 지정하는 원소들의 배열

표준 라이브러리(Standard library) 인터프리터와 함께 딸려오고 모든 파이썬 프로그램에서 사용가능한 모듈들의 집합

표현식(Expression) 상수, 변수, 함수 및 메소드 호출, 그리고 이것들을 결합하는 연산자들로 이루어진 문법적 구조

프로그래밍(Programming) 컴퓨터 프로그램을 설계하고 구현하는 행위

프롬프트(Prompt) 사용자에게 입력을 넣으라고 얘기하는 문자열

플래그(Flag) 부울 자료형(Boolean type) 참고

피보나치 수열(Fibonacci numbers) 각 항이 바로 앞의 두 항의 합인 1, 1, 2, 3, 5, 8, 13 . . .과 같은 수열

하나-차이 오류(Off-by-one error) 어떤 값이 가져야 할 값보다 하나 크거나 또는 하나 작은 흔한 프로그래밍 오류

하드 디스크(Hard disk) 자성을 입힌 회전하는 원판(플래터)에 정보를 저장하는 장치

하드웨어(Hardware) 컴퓨터 또는 다른 장치를 위한 물리적인 장비

하위 클래스(Subclass) 상위 클래스로부터 변수와 메소드를 상속받은 클래스. 또한 인스턴스 변수와 메소드를 추가하고 메소드들을 재정의할 수도 있음(비교: 상위 클래스)

할당(Assignment) 새로운 값을 변수에 넣는 것

함수(Function) 파라미터 변수로 서로 다른 값들을 주면서 여러 번 호출할 수 있는 일련의 문장들

해시 함수(Hash function) 서로 다른 객체는 서로 다른 값들이 나올 가능성이 높도록 객체로부터 하나의 정수를 계산하는 함수

헤더(Header) 콜론(:)으로 끝나는 복합문의 한 요소

형식 연산자(Format operator) 형식이 지정된 문자열을 생성하는 데 사용되는 퍼센트 기호(%)

형식 파라미터(Formal parameter) 파라미터 변수

호출 스택(Call stack) 현재의 메소드 또는 함수로 시작하여 `main`으로 끝나는, 현재 호출되었으나 아직 종료되지 않은 모든 메소드와 함수들의 순서가 있는 모임

확장자(Extension) 파일의 종류를 지정하는 파일명의 가장 마지막 부분. 예를 들면, 확장자 `.py`는 파이썬 파일을 나타냄

API(Application Programming Interface) 프로그램을 구축을 위한 코드 라이브러리

None 레퍼런스(None reference) 아무 객체도 참조하지 않는 레퍼런스

찾아보기

Index

한글 찾아보기

기타

영문 찾아보기

A

B

C

D

E

F

G

H

I

Variable and Constant Definitions

Name / *Initial value*

```
cansPerPack = 6

CAN_VOLUME = 0.335
```

Use uppercase for constants

Mathematical Functions

`abs(x)`	Absolute value $\lvert x \rvert$
`round(x)`	Rounds to nearest integer
`max(x1, x2, ...)`	Largest of the arguments
`min(x1, x2, ...)`	Smallest of the arguments

From `math` module:

`sqrt(x)`	Square root $\sqrt{x}$
`trunc(x)`	Truncates to an integer
`sin(x), cos(x), tan(x)`	Sine, cosine, tangent of x
`degrees(x), radians(x)`	Converts to degrees or radians
`log(x), log(x, base)`	Natural log, $\log_{base}(x)$

Imports

Module / *Imported items*

```
from math import sqrt, log
```

Conditional Statement

Condition

```
if floor >= 13 :
   actualFloor = floor - 1
elif floor >= 0 :
   actualFloor = floor
else :
   print("Floor negative")
```

- `actualFloor = floor - 1` — *Executed when condition is true*
- `elif floor >= 0 :` — *Second condition (optional)*
- `print("Floor negative")` — *Executed when all conditions are false (optional)*

Loop Statements

Condition

```
while balance < TARGET :
   year = year + 1
   balance = balance * (1 + rate / 100)
```

Executed while condition is true

```
for value in values :
   sum = sum + value
```

A container (list, str, range, dict, set)

Function Definition

Function name / *Parameter name*

```
def cubeVolume(sideLength) :
   volume = sideLength ** 3
   return volume
```

Exits method and returns result

Selected Operators and Their Precedence

(See Appendix A for the complete list.)

`[]`	Sequence element access
`**`	Raising to a power
`* / // %`	Multiplication, division, floor division, remainder
`+ -`	Addition, subtraction
`< <= > >= != in`	Comparisons and membership
`not` `or` `and`	Boolean operators

Strings

```
s = "Hello"
```

`len(s)`	The length of the string: 5
`s[1]`	The character with index 1: `"e"`
`s + "!"`	Concatenation: `Hello!`
`s * 2`	Replication: `"HelloHello"`
`s.upper()`	Yields `"HELLO"`
`s.replace("e", "3")`	Yields `"H3llo"`

Lists

```
friends = []
values = [16, 3, 2, 13]

for i in range(len(values))
   values[i] = i * i

friends.append("Bob")
friends.insert(0, "Amy")
if "Amy" in friends :
   n = friends.index("Amy")
   friends.pop(n)
else :
   friends.pop()
friends.remove("Bob")

guests = friends + ["Lee", "Zoe"]
scores = [0] * 12
bestFriends = friends[0 : 3]

total = sum(values)
largest = max(values)
values.sort()
```

- `friends = []` — *An empty list*
- `friends.pop(n)` — *Removes nth*
- `friends.pop()` — *Removes last*
- `guests = friends + ["Lee", "Zoe"]` — *Concatenation*
- `scores = [0] * 12` — *Replication*
- `bestFriends = friends[0 : 3]` — *Slice* (0: *Included*, 3: *Excluded*)
- `total = sum(values)` — *List must contain numbers*
- `largest = max(values)` — *Use* `min` *to get the smallest*

Tables

```
table = [[16, 3, 2, 13],
   [5, 10, 11, 8],
   [9, 6, 7, 12],
   [4, 15, 14, 1]]

for row in range(len(table)) :
   for column in range(len(table[row])) :
      sum = sum + table[row][column]
```

- `len(table)` — *Number of rows*
- `len(table[row])` — *Number of columns*

Input and Output

```
name = input("Your name: ")
age = int(input("Your age: "))
weight = float(input("Your weight: "))
print("You are", age, "years old.")

print("Your age: ", end="")

print("%-20s Age:%3d %8.2f kg" % (name, age, weight))
```

No newline after output

Field width — *Precision*

Left-justified string — *Integer* — *Floating-point number*

Processing Files

```
infile = open("input.txt", "r")

for line in infile :
   line = line.rstrip()
   words = line.split()
   fields = line.split(":")

infile.close()

outfile = open("output.txt", "w")
outfile.write("Hello\n")
outfile.write("%10.2f\n" % value)
outfile.close()
```

Remember to close files

Sets and Dictionaries

```
cast = { "Luigi", "Gumbys", "Spiny" }
audience = set()
if "Luigi" in cast :
   cast.remove("Luigi")

contacts = { "Fred": 7235591, "Mary": 3841212 }
oldContacts = {}

contacts["John"] = 4578102
if "Fred" in contacts :
   contacts.pop("Fred")

for key in contacts :
  print(key, contacts[key])
```

An empty set

An empty dictionary

Class Definition

```
class BankAccount :
   def __init__(initialBalance) :
      self._balance = initialBalance

   def withdraw(amount) :
      self._balance = self._balance - amount

   def getBalance() :
      return self._balance

checking = BankAccount(1000)
checking.withdraw(400)
print(checking.getBalance())
```

Constructor

Instance variable

Methods

Calls constructor

Invokes method

`checking._balance` *is private*

Graphics

```
from graphics import GraphicsWindow

win = GraphicsWindow(400, 200)

c = win.canvas()

c.setOutline("red")
c.setFill(255, 0, 100)

c.setColor("gray")

c.drawLine(x1, y1, x2, y2)

c.drawRect(x, y, width, height)

c.drawOval(x, y, width, height)

c.drawText(x, y, text)

win.wait()
```

Width — *Height*

You draw on the canvas

Sets color for lines, text, and borders

Sets color for the inside of shapes

Red — *Green* — *Blue*

Sets outline and fill color

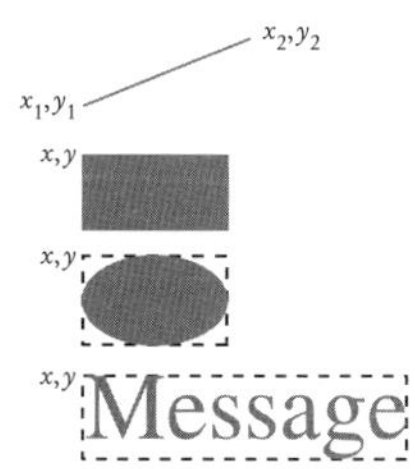

Waits for the user to close the window

Inheritance

```
class CheckingAccount(BankAccount) :
   def __init__(initialBalance) :
      super().__init__(initialBalance)
      self._transactions = 0

   def deposit(amount) :
      super().deposit(amount)
      self._transactions = self._transactions + 1
```

Subclass — *Superclass*

Calls superclass constructor

Instance variable added in subclass

Method overrides superclass method

Calls superclass method

Exceptions

```
if amount > balance :
   raise ValueError("Amount exceeds balance")

try :
   . . .
except IOError :
   print("Could not open input file.")
except ValueError as exceptObj :
   print("Error:", str(exceptObj))
```

When an IOError is raised, execution resumes here.

This is the exception object that was raised.